1 MONTH OF
FREE
READING

at

www.ForgottenBooks.com

By purchasing this book you are eligible for one month membership to ForgottenBooks.com, giving you unlimited access to our entire collection of over 1,000,000 titles via our web site and mobile apps.

To claim your free month visit:
www.forgottenbooks.com/free729808

ISBN 978-0-666-88419-0
PIBN 10729808

„UNTERSUCHUNGEN„

ZU

CICERO'S PHILOSOPHISCHEN SCHRIFTEN

VON

RUDOLF 'HIRZEL'

III. THEIL

ACADEMICA PRIORA.
TUSCULANAE DISPUTATIONES

LEIPZIG

VERLAG VON S. HIRZEL

1883.

Inhalt.

I. Die verschiedenen Formen des Skepticismus.

I. Ursprung der Skepsis.

1. Ursprung der pyrrhonischen Skepsis.

Die beiden Formen, in denen der Skepticismus des Alterthums uns vorzüglich entgegentritt, sind der Pyrrhonismus und die akademische Skepsis. Beide Arten des Skepticismus sind weder als ebenbürtige Rivalen beständig neben einander hergegangen noch haben sie sich in der Weise abgelöst dass die Entwicklung der einen vollständig abgelaufen war ehe die andere einsetzte: vielmehr haben sie nach der Gunst der Zeiten öfter gewechselt und ist im geistigen Leben bald mehr die eine bald mehr die andere hervorgetreten.[1])

---

[1]) Die skeptische Richtung, welche Pyrrhon zuerst eingeschlagen hatte, war die ältere. Schon mit Pyrrhous Schüler Timon verschwindet dieselbe aber wieder von der Oberfläche der philosophischen Bewegung und räumt ihren Platz der akademischen Skepsis ein, die durch Timons Zeitgenossen Arkesilaos begründet worden war und theils durch ihn theils durch seine Nachfolger, namentlich Karneades, rasch zu Ansehen gelangte und zahlreiche Anhänger fand. Dem Pyrrhonismus scheint besonders Chrysipps scharfe Polemik verderblich geworden zu sein. Wenigstens darf man diess aus Cicero de fin. II 43 vermuthen: hic ipse (Erillus) jam pridem est rejectus; post enim Chrysippum non sane est disputatum. Zunächst freilich gelten diese Worte nur von Herillos. Da es indessen vorher auch von Ariston und Pyrrhon heisst „jam pridem contra eos desitum est disputari", und da beide um dieses Umstandes willen auch sonst mit Herillos zusammengestellt werden (Cicero de fin. II 35. V 23. Tuscul. V 85.

Das skeptische Bedürfniss der verschiedenen Zeiten konnte ebenso wohl durch die eine wie durch die andere befriedigt werden. Aber obgleich beide im wesentlichen dieselbe philosophische Richtung darstellen, so ist doch die Art wie sie sie darstellen bei beiden verschieden, und diese Verschiedenheit ist bemerkenswerth da sie auf den verschiedenen Ursprung beider Sekten zurückführt. Letzteres, dass beide Richtungen des Skepticismus, mögen sie in ihren Enden zusammentreffen, von anderen Anfängen ausgegangen sind, ist ein Umstand, der noch nicht, wie er es verdiente, beachtet

---

Acad. pr. 129 f. de off. I 6), so wird es wohl auch derselbe Gegner gewesen sein, dessen Angriffen alle drei erlegen sind. Es scheint daher schon Karneades, auf den die an den angeführten ciceronischen Stellen gegebene Eintheilung der Philosophien zurückgeht, den Pyrrhonismus als eine philosophische Richtung behandelt zu haben, die man nicht mehr zu berücksichtigen brauche. In Athen hörte die Schule, wie es scheint, auf zu existiren. Hierauf bezieht sich wohl die Nachricht, dass Timon keinen Nachfolger hatte (Diog. IX 115: τούτου διάδοχος, ὡς μὲν Μηνόδοτός φησι, γέγονεν οὐδείς, ἀλλὰ διέλιπεν ἡ ἀγωγὴ ἕως αὐτὴν Πτολεμαῖος ὁ Κυρηναῖος ἀνεκτήσατο). Denn Andere wussten allerdings Schüler Timons zu nennen, die die Verbindung in der Reihe der Schulhäupter zwischen ihm und Ptolemaios herstellten (Diog. nach den angeführten Worten: ὡς δ' Ἱππόβοτός φησι καὶ Σωτίων, διήκουσαν αὐτοῦ Διοσκουρίδης Κύπριος καὶ Νικόλοχος Ῥόδιος καὶ Εὐφράνωρ Σελευκεὺς Πραΰλος τ' ἀπὸ Τρωάδος — — — — Εὐφράνορος δὲ διήκουσεν Εὔβουλος Ἀλεξανδρεύς, οὗ Πτολεμαῖος. Diese Reihe mit Zeller IIIb 2, 1 und IIIa 484, 1 für unvollständig zu halten ist kein Grund vorhanden sobald man nur die Zeit Ainesidems richtig bestimmt, vgl. Haas de philosophorum scepticorum successionibus S. 12 f. Wenn der letztere dagegen S. 11 und 23 Menodots Nachricht dahin erläutert, dass die pyrrhonische Schule nach Timon ihre Eigenthümlichkeit eingebüsst und von der akademischen sich nicht unterschieden habe, so lässt sich diess, wie schon Zeller IIIa 483, 2³ bemerkt hat, aus den Worten der Ueberlieferung nicht herauslesen. Ein Theil der Pyrrhoneer scheint nach Timons Tode Athen verlassen und sich nach Alexandrien gewandt

und anerkannt worden ist.[1]) Und doch sprechen überwiegende Gründe dafür, dass die pyrrhonische Skepsis ebenso an Demokrit angeknüpft hat wie die akademische an Sokrates.

Schon die äusseren Verhältnisse, unter denen Pyrrhon lebte, empfehlen diese Annahme, da die einzige zuverlässige Ueberlieferung des Alterthums ihn zu einem Schüler und Begleiter des Demokriteers Anaxarch macht;[2]) und hiermit steht das Zeugniss eines seiner Schüler, dass er besonders gern, öfter als auf irgend einen Andern sich auf Demokrit

zu haben. Hier setzte sich die Schule fort: Denn es ist doch sehr bemerkenswerth, dass Euphranors Schüler und Nachfolger Eubulos ein Alexandriner war, dass dessen Nachfolger Ptolemaios aus dem benachbarten Kyrene stammte (Diog. 115) und auch Ainesidem in Alexandria wirkte (Aristokles bei Euseb. praep. ev. XIV 18, 22). In Alexandrien bildete sich die Lehre im Stillen weiter bis auf den genannten Ainesidem der es verstand wieder die allgemeine Aufmerksamkeit auf sie zu lenken (Aristokles a. a. O.: μηδενὸς δ' ἐπιστραφέντος αὐτῶν, ὡς εἰ μηδὲ ἐγένοντο τὸ παράπαν, ἐχθὲς καὶ πρώην ἐν Ἀλεξανδρείᾳ τῇ κατ' Αἴγυπτον Αἰνησίδημός τις ἀναζωπυρεῖν ἤρξατο τὸν ὕθλον τοῦτον). In dieselbe Zeit fällt das Ende der akademischen Skepsis. Die Folge davon war, dass von nun an, in der philosophischen Bewegung der Kaiserzeit, der Skepticismus nur durch den Pyrrhonismus vertreten ist. Denn die einzige Ausnahme, die sich dagegen geltend machen lässt, die philosophische Stellung des Favorinus, kommt eben als einzige nicht in Betracht, zumal da sie problematischer Natur ist (Haas a. a. O. S. 81 ff. Zeller III[b] 50 ff.).

[1]) Zeller III[a] 479 f. leitet die pyrrhonische und akademische Skepsis im Wesentlichen von denselben Ursachen ab, indem er in beiden vornehmlich eine Reaction gegen die gesteigerte Entwicklung der dogmatischen Philosophien sieht, wie sie in der Lehre des Platon und Aristoteles, der Epikureer und Stoiker vorlag.

[2]) Diog. IX 61 (vgl. 63) beruft sich auf den mir sonst nicht bekannten Abderiten Askanios. Dass derjenige der so nachdrücklich den Zusammenhang der pyrrhonischen Lehre mit Anaxarch hervorhebt (ἤκουσε — — — Ἀναξάρχου ξυνακολουθῶν πανταχοῦ — —. ὅθεν γενναιότατα δοκεῖ φιλοσοφῆσαι, τὸ τῆς ἀκαταληψίας καὶ ἐποχῆς

berufen habe,[1]) in vollem Einklang. Derselbe Anschluss an
Demokrit ergibt sich aber auch, wenn wir die Art und Weise
seiner Skepsis etwas näher betrachten. Wäre Pyrrhon, wie
diess Zellers Ansicht ist (479. 481), durch frühe Anregungen,
die er von der elisch-megarischen Dialektik und der kynischen Lehre empfing, auf die Bahn des Skepticismus geführt
worden, dann müsste auch seine Skepsis etwas vom Charakter
jener Dialektik an sich tragen. Damit soll nicht gesagt sein,
dass Pyrrhon nothwendig die einzelnen von Megarikern und
Kynikern gebrauchten Argumente hätte wiederholen müssen;
wohl aber ist es nothwendig, soll er anders etwas von ihnen
gelernt haben, dass er ab und zu sich ihrer Methode bediente. Nun besteht aber die Eigenthümlichkeit dieser Methode darin die Widersprüche nachzuweisen, mit denen ge-

εἶδος εἰσαγαγών, ὡς Ἀσκάνιος ὁ Ἀβδηρίτης φησίν κτλ. Diog. a. a. O.),
ein Landsmann des letzteren war wird freilich kaum ein Zufall sein.
Die ganze Nachricht für eine Erfindung des abderitischen Local-
patriotismus zu halten haben wir darum noch kein Recht und um so
weniger als die andere Nachricht die aus Pyrrhon einen Schüler des
Megarikers Bryson macht unglaubwürdig ist (Zeller IIIᵃ 481, 1). In
der Reihe der von Diogenes behandelten Philosophen erscheint Pyrrhon
nach Anaxarchos; als einen Schüler des letzteren bezeichnen ihn
Eusebios praep. ev. XIV 18, 20 und Galen hist. phil. 3 (Diels Doxogr.
S. 601). Vgl. dazu Numenios bei Euseb. XIV 6, 3.

[1]) Diog. IX 67: ἀλλὰ καὶ Φίλων ὁ Ἀθηναῖος, γνώριμος αὐτοῦ
γεγονώς, ἔλεγεν ὡς ἐμέμνητο μάλιστα μὲν Δημοκρίτου, εἶτα δὲ καὶ
Ὁμήρου κτλ. Hierher gehört es auch, dass Pyrrhons Schüler Timon
zwar Demokrits in allen Ehren gedenkt (Diog. 40: ὅν γε καὶ Τίμων
τοῦτον ἐπαινέσας τὸν τρόπον ἔχει· „Οἷον Δημόκριτόν τε περίφρονα,
ποιμένα μύθων, Ἀμφίνοον λεσχῆνα μετὰ πρώτοισιν ἀνέγνων), die megarischen Skeptiker aber nicht minder heftig schmäht als die übrigen
Philosophen (Diog. II 107: διὰ ταῦτα δὲ καὶ περὶ αὐτοῦ [Eukleides]
ταῦτά φησι Τίμων, προσπαρατρώγων καὶ τοὺς λοιποὺς Σωκρατικούς·
„Ἀλλ᾿ οὔ μοι τούτων φλεδόνων μέλει, οὐδὲ γὰρ ἄλλου Οὐδενός, οὐ
Φαίδωνος* ὅστις γε* [Wachsmuth de Tim. S. 65], οὐδ᾿ ἐριδάντεω
Εὐκλείδου, Μεγαρεῦσιν ὃς ἔμβαλε λύσσαν ἐρισμοῦ").

wisse aus der sinnlichen Erfahrung gezogene Begriffe wie
namentlich der der Bewegung behaftet sind. Ein solches
dialektisches Verfahren hat aber Pyrrhon allem Anschein nach
nie eingeschlagen. Das dürfen wir daraus schliessen, dass
in den zehn älteren Tropen der skeptischen Schule (Diog.
79 ff. Sext. Emp. Pyrrh. hyp. I 36 ff.) sich keine Spur desselben findet; denn wenn auch die Sammlung und Ordnung
derselben, wie sich von selber versteht, nicht von Pyrrhon
herrührt, so wird doch in derselben auch keines der Argumente fehlen, deren jener sich wirklich bedient hatte. Die
Argumente dieser älteren Tropen sind aber durchweg solche,
die auf einen in den Erfahrungen selber hervortretenden
Widerstreit hinweisen und nicht auf einer dialektischen Erörterung der Begriffe beruhen.[1]) Mehr Bedeutung als dem

---

[1]) Diese älteren Tropen sind folgende. Der erste weist auf die
verschiedene Natur der Thiere und ihrer Sinnesorgane hin und erklärt hieraus dass sowohl die Thiere unter einander wie Thiere und
Menschen von denselben Dingen verschiedene Eindrücke und Vorstellungen empfangen. Der zweite gründet sich auf Verschiedenheiten
der Individualität, wie sie unter den Menschen selber stattfinden
und theils auf die Körperbeschaffenheit theils auf den erwählten Be-
ruf sich beziehen. Der dritte geht auf die Unterschiede der Sinnesorgane unter einander und überhaupt der Mittel der sinnlichen Wahrnehmung zurück und betont dass in jedem derselben das gleiche Ding
in anderer Weise erscheint. Der vierte hebt hervor wie verschieden
uns dieselben Dinge erscheinen je nach den Zuständen in denen wir
uns zeitweilig befinden, ob wir krank oder gesund sind, schlafen oder
wachen u. s. w. Der fünfte, der sich insbesondere gegen die moralischen Vorstellungen richtet, macht auf die Verschiedenheiten der
Anschauung aufmerksam, die sich in der Verschiedenheit der Lebensweise, der Gesetze, der religiösen Ideen, der Sitten und der philosophischen Ueberzeugung kund geben. Während in den bisher erwähnten Tropen die Skepsis auf die Beschaffenheit des betrachtenden
Subjects gegründet wird, leitet sie sich in den folgenden von der
Beschaffenheit der in Betracht kommenden Objecte ab. Der sechste
beruft sich darauf, dass alle Dinge nur mit anderen wie Luft

Vorgange der Kyniker und Megariker legt aber Zeller für
die Entstehung des Skepticismus der kühnen Entwicklung
der platonischen und aristotelischen Speculation bei sowie
dem Hervortreten des stoischen und epikureischen Dogmatismus. Wäre diess der Ausgangspunkt der pyrrhonischen
Skepsis gewesen, dann müsste es sich auch noch an den
Gründen erkennen lassen mit denen dieselbe die Möglichkeit
jeder Erkenntniss bestritt. Nun suchen die zehn Tropen
der Aelteren vorzugsweise die Unzuverlässigkeit jeder aus
den Sinnen abgeleiteten Erkenntniss zu erweisen: dadurch
scheint also Zellers Behauptung bestätigt zu werden, dass
die ungenügende Begründung des sensualistischen Dogmatismus der Stoiker und Epikureer die skeptische Dialektik
herausgefordert habe. Da aber jede Berücksichtigung des
nicht-sensualistischen Dogmatismus fehlt und kein Versuch
gemacht wird die von Platon und Aristoteles benutzten Quellen
der Erkenntniss abzuschneiden,[1]) so wird hierdurch Zellers
Ansicht widerlegt. Und nicht einmal so viel kann zugegeben

Licht u. s. w. verbunden zur Erscheinung kommen, keins für sich allein,
daher auch keins rein und unvermischt erfasst werden kann; der
siebente auf die Verschiedenheit der Lage, des Orts, der Abstände
von andern Dingen, wodurch dasselbe bald gross bald klein bald
eckig bald rund u. s. w. erscheint. Dass die Natur eines Dinges sich
verschieden äussert je nach der Quantität und Qualität, die es gerade hat, und deshalb nicht erkannt werden kann, sagt der achte
Tropos. Der neunte beruft sich auf den verschiedenen Eindruck den
das Gleiche macht wenn es immerwährend und gewöhnlich und wenn
es selten und fremdartig ist; der zehnte darauf dass jedes Ding nur
relativ, in Beziehung auf ein anderes erkannt wird.

[1]) Diesen Versuch machte erst Agrippa in seinen fünf neuen
Tropen, deren Erläuterung bei Sext. Emp. Pyrrh. hyp. I 170 folgendermaassen beginnt: τὸ προτεθὲν ἤτοι αἰσθητόν ἐστιν ἢ νοητόν, ὁποῖον
δ' ἂν ᾖ, διαπεφώνηται· οἱ μὲν γὰρ τὰ αἰσθητὰ μόνα φασὶν εἶναι
ἀληθῆ οἱ δὲ μόνα τὰ νοητά, οἱ δὲ τινὰ μὲν αἰσθητὰ τινὰ δὲ νοητά·

werden, dass die pyrrhonische Skepsis nur aus der Kritik
der stoischen und epikureischen Lehre erwachsen sei. Denn
allein auf die Widerlegung dieser beiden Philosophien einen
allgemeinen Zweifel an jeder philosophischen Erkenntniss zu
gründen war wenigstens in Pyrrhons Zeit nicht möglich. Es
ist diess aber nicht der einzige Punkt, der die Richtigkeit
von Zellers Ansicht vorausgesetzt auffallend bleibt. Man
sollte nämlich meinen, dass, wenn Pyrrhons Skepticismus durch
die Betrachtung der zeitgenössischen Philosophien hervorgerufen worden wäre, er vor allen Dingen auf die zwischen
denselben hervortretende Meinungsverschiedenheit Gewicht
legen würde. So verfuhren die akademischen Skeptiker [1])
und ebenso ein späterer Pyrrhoneer wie Agrippa, der an
die Spitze seiner fünf neuen Tropen denjenigen stellte der
auf die unter den Philosophen herrschende Verschiedenheit
der Ansichten hinwies.[2]) In den zehn älteren Tropen dagegen wird zwar auch dieser Grund zu Gunsten des Skepticismus geltend gemacht aber durchaus nicht so dass ihm
eine grössere Bedeutung beigelegt zu werden scheint als
den übrigen: denn weder steht er zu Anfang der Reihe
noch bildet er überhaupt einen Tropos für sich allein sondern wird nur anhangsweise erwähnt.[3]) Diese beiden Eigen-

---

[1]) Sext. Emp. adv. dogm. III 1: εἰς ἀλλοτρίαν ὕλην ἐμβάντες (οἱ
περὶ τὸν Κλειτόμαχον) καὶ ἐπὶ συγχωρήσει τῶν ἑτεροίως δογματιζομένων ποιούμενοι τοὺς λόγους ἀμέτρως ἐμήκυναν τὴν ἀντίῤῥησιν.

[2]) Diog. 88: οἱ δὲ περὶ Ἀγρίππαν τούτοις ἄλλους πέντε (τρόπους) προσεισάγουσι, τὸν τ᾽ ἀπὸ τῆς διαφωνίας κτλ. ὁ μὲν οὖν ἀπὸ
τῆς διαφωνίας ὃ ἂν προτεθῇ ζήτημα παρὰ τοῖς φιλοσόφοις ἢ τῇ συν-
ηθείᾳ, πλείστης μάχης καὶ ταραχῆς πλῆρες ἀποδεικνύει. Sext. Pyrrh.
I 165.

[3]) Diog. 83: πέμπτος ὁ παρὰ τὰς ἀγωγὰς καὶ τοὺς νόμους καὶ
τὰς μυθικὰς πίστεις καὶ τὰς ἐθνικὰς συνθήκας καὶ δογματικὰς
ὑπολήψεις. Das Beispiel für eine solche Meinungsverschiedenheit
ist: καὶ οἱ μὲν προνοεῖσθαι (θεοὺς ἡγοῦνται), οἱ δ᾽ οὔ (Sext. Emp.

thümlichkeiten des älteren Pyrrhonismus, wie sie gegen die
Ansicht sprechen wonach derselbe von der kynisch-megari-
schen Dialektik und aus der Betrachtung der zeitgenössischen

Pyrrh. I 151). Dass die Meinungsverschiedenheit der Philosophen an
sich und allein noch kein Grund der Skepsis für die älteren Pyrrhoneer war sondern sie dieselbe zu diesem Zweck erst unter allge-
meinere Gesichtspunkte stellten, zeigt sich besonders darin dass sie
ihrer unter verschiedenen Tropen Erwähnung thun, dem zweiten (Sext.
Emp. Pyrrh. I 85 ff.) und fünften (a. a. O. 151. Diog. a. a. O.). Ja
es macht den Eindruck als ob sie überhaupt erst nachträglich unter
die Gründe der Skepsis aufgenommen worden wäre. Denn weder der
eine noch der andere Ort an dem sie genannt wird ist vollkommen
für sie passend. Was den zweiten Tropos betrifft, so ist darin von
den körperlichen und geistigen Idiosynkrasien der einzelnen Menschen
die Rede. Dass mit den daher rührenden Verschiedenheiten die der
philosophischen Ueberzeugung nicht ohne Weiteres zusammengeworfen
werden kann, liegt auf der Hand. Das sahen auch die Skeptiker
ein und hoben deshalb besonders die Verschiedenheit der ethischen
Ansichten hervor (Sext. Pyrrh. I 85: τὸ δὲ μέγιστον δεῖγμα· τῆς κατὰ
τὴν διάνοιαν τῶν ἀνθρώπων πολλῆς καὶ ἀπείρου διαφορᾶς ἡ διαφωνία τῶν παρὰ τοῖς δογματικοῖς λεγομένων περὶ τε τῶν ἄλλων καὶ
περὶ τοῦ τίνα μὲν αἱρεῖσθαι προσήκει τίνα δὲ ἐκκλίνειν): denn da
diese wesentlich auf der verschiedenen Auffassung des Lebensziels
beruht, so lässt sie sich allenfalls mit derjenigen vergleichen, die
sich in der verschiedenen Wahl des Berufs kund gibt (Diog. 81: καὶ
ὁ μὲν ἰατρικῆς, ὁ δὲ γεωργίας, ἄλλος δὲ ἐμπορίας ὀρέγεται· καὶ
ταῦτα οὓς μὲν βλάπτει οὓς δὲ ὠφελεῖ). Aber auch diese Vergleichung
ist nicht ganz zutreffend. Sie lässt nämlich ausser Acht dass die
Verschiedenheit in der Wahl des Berufs von der Eigenthümlichkeit
unserer Natur abhängen soll (der zweite Tropos wird von Diog. 80
bezeichnet als ὁ παρὰ τὰς τῶν ἀνθρώπων φύσεις καὶ τὰς ἰδιοσυγκρι-
σίας) und insofern mit körperlichen Idiosynkrasien (wie die Demo-
phons der im Schatten warm hatte, in der Sonne dagegen fror) verglichen werden kann, die philosophische Ueberzeugung aber, mag
immerhin bei der Wahl derselben auch die individuelle Natur eine
Rolle spielen (wovon indessen Sext. Pyrrh. I 87 f. nichts sagt), sich
hauptsächlich auf Gründe stützt. Noch weniger aber an ihrer Stelle
ist die Meinungsverschiedenheit der Philosophen im fünften Tropos.

Philosophie abgeleitet werden soll, bestätigen auf der andern Seite die Ueberlieferung die ihn an Demokrits Naturphilosophie anknüpft. Denn dass eine aus dieser · Quelle fliessende Skepsis nicht auf dialektische Erörterungen ge-

Nachdem nämlich vorher von den unter den einzelnen Menschen bestehenden Verschiedenheiten die Rede war, geht die Absicht dieses Tropos offenbar dahin auf Verschiedenheiten der Meinung hinzuweisen, die zwischen ganzen Staaten Stämmen und Völkern stattfinden. (Bei Diog. 83 werden deshalb die Beispiele allein von Völkerschaften, den Persern Griechen Massageten u. s. w. entlehnt. Wenn Sext. Pyrrh. I 145. 150. 153. 155. 160 auch Einzelne als Beispiele anführt, so erweckt diess den Verdacht späterer Ergänzung, da diese Einzelnen Philosophen von verschiedener ethischer Richtung sind und als solche in den Bereich des zweiten Tropos gehörten.) Diese Verschiedenheiten treten hervor in der Lebensweise (ἀγωγή), in Gesetzen, religiösen Vorstellungen und Sitten (ἐθνικαὶ συνθῆκαι Diog. ἔθη Sext. a. a. O. 145). Sie sollen aber ausserdem hervortreten in den δογματικαὶ ὑπολήψεις. Als Beispiele derselben werden angeführt die Antworten auf die Fragen ob ein oder mehrere Principien anzunehmen sind, ob die Seele unsterblich ist und ob es eine Vorsehung gibt (Sext. 151). Offenbar ist diese Verschiedenheit eine ganz andere als die vorher genannten, da sie einen Unterschied einzelner Menschen und nicht ganzer Staaten und Völker betrifft, und einen anderen allgemeinen Gesichtspunkt, unter dem sie sich mit den genannten vereinigen liesse, vermag ich nicht zu entdecken. Es scheint daher nichts übrig zu bleiben als die Annahme, dass diese Verschiedenheit hier erst nachträglich hinzugefügt worden ist. Man hatte das Bedürfniss unter den Gründen der Skepsis auch den Streit der naturphilosophischen Lehren geltend zu machen. Im zweiten Tropos, in dem sich allenfalls die Ethik unterbringen liess, war dafür nicht der geeignete Platz. Besser schien sich der fünfte dafür zu eignen, in dem schon ein Kapitel der Naturphilosophie, das der religiösen Vorstellungen, Unterkunft gefunden hatte. Damit verband man also die Naturphilosophie: wobei man freilich das eigenthümliche Wesen des ganzen Tropos ausser Acht liess und nicht bedachte dass Staaten und Völker zwar nach religiösen Vorstellungen sich scheiden, aber nicht nach den Antworten die in ihnen auf die Probleme der Naturphilosophie gegeben werden.

gründet sein konnte, versteht sich von selber. Aber auch
dass in einer Skepsis dieser Art der Meinungsstreit der
Philosophen noch nicht dieselbe Rolle wie später spielt ist
begreiflich. Wir müssen nur bedenken was Agrippa und
seine Genossen unter dem Meinungsstreit verstanden den sie
an die Spitze der skeptischen Argumente stellten: nicht den
Streit über beliebige Lehren sondern denjenigen der die
Grundlage aller Erkenntniss berührte und die Frage betraf
ob die Wahrheit in den Sinneseindrücken gegeben sei oder
durch das Denken gewonnen werde.[1]) Gerade über diesen
Punkt bestand aber unter den vorsokratischen Naturphilosophen keine tiefer gehende Meinungsverschiedenheit: vielmehr blieben alle, so sehr sie gegen die sinnliche Wahrnehmung eifern mochten, doch thatsächlich von ihr abhängig,[2])
ganz abgesehen davon dass die Frage wie und wodurch wir
etwas erkennen noch gar nicht bestimmt aufgestellt worden
war und daher auch eine verschiedene Beantwortung derselben durch verschiedene Philosophen nicht so hervorgetreten
wäre um den Anlass zu skeptischen Zweifeln geben zu können.[3])
Aber nicht bloss durch das was ihnen fehlt sondern auch
durch das was sie enthalten erinnern die älteren Tropen an

---

[1]) Sext. Emp. Pyrrh. I 170: ὅτι δὲ πᾶν τὸ ζητούμενον εἰς τούτους ἀνάγειν τοὺς τρόπους ἐνδέχεται, διὰ βραχέων ὑποδείξομεν οὕτως. τὸ προτεθὲν ἤτοι αἰσθητόν ἐστιν ἢ νοητόν, ὁποῖον δ' ἂν ᾖ
διαπεφώνηται· οἱ μὲν γὰρ τὰ αἰσθητὰ μόνα φασὶν εἶναι ἀληθῆ, οἱ δὲ
μόνα τὰ νοητά, οἱ δὲ τινὰ μὲν αἰσθητὰ τινὰ δὲ νοητά.

[2]) Für die Eleaten, die Vertheidiger der Vernunfterkenntniss,
ist in dieser Beziehung besonders charakteristisch was Aristoteles
(Met. I 5 p. 986ᵇ 18) von Xenophanes sagt: εἰς τὸν ὅλον οὐρανὸν
ἀποβλέψας τὸ ἓν εἶναί φησι τὸν θεόν.

[3]) Ebenso wenig konnte Demokrit nach dem Stande, den die
Philosophie zu seiner Zeit einnahm, die Meinungsverschiedenheit der
Philosophen über ein ethisches Problem berücksichtigen, deren Sextos
Emp. Pyrrh. I 85 ff. gedenkt.

Demokrit, da die Skepsis beider sich im Wesentlichen beschränkt auf die Bestreitung der sinnlichen Wahrnehmung und des Anspruchs den diese erhebt das Wahre zu geben. Dass es ein Akt der Willkür ist, wenn wir unsere eigenen Empfindungen auf die Dinge ausser uns übertragen, sprechen am schärfsten die vier ersten Tropen aus. Dasselbe thut Demokrit in den von Sext. Emp. adv. dogm. I 135 angeführten Worten: *νόμῳ γλυκὺ καὶ νόμῳ πικρόν, νόμῳ θερμὸν νόμῳ ψυχρόν, νόμῳ χροιή.*[1] Beide weisen um die Unzuverlässigkeit der Sinneseindrücke zu begründen auf die Verschiedenheit der Umstände hin, in denen sich sei es das wahrnehmende Subject sei es das wahrgenommene Object befindet. Von den pyrrhonischen Tropen kommen hierbei der vierte und siebente (nach Diogenes, nach Sextos ist es der fünfte) in Betracht, von Demokrit die bei Sext. a. a. O. 136 erhaltenen Worte: *ἡμεῖς δὲ τῷ μὲν ἐόντι οὐδὲν ἀτρεκὲς συνίεμεν, μεταπῖπτον δὲ κατά τε σώματος διαθιγὴν*[2] *καὶ τῶν ἐπεισιόντων καὶ ἀντιστηριζόντων.* Auf die Verschiedenheit der menschlichen Bestrebungen berufen sich sowohl die Pyrrhoneer[3] wie Demokrit,[4] und zwar beide im Wesentlichen zu demselben

---

[1] Auf diese Aeusserung berufen sich auch die Skeptiker bei Diog. 72. Vgl. auch Timons Verse bei Euseb. praep. ev. XIV 18, 15, in denen das verkehrte Treiben der Menschen abgeleitet wird *ἐκ παθέων δόξης τε καὶ εἰκαίης νομοθήκης.* .

[2] Denn so ist statt *διαθήκην* mit Mullach Democr. S. 262 zu schreiben.

[3] Diog. 81: *καὶ ὁ μὲν ἰατρικῆς ὁ δὲ γεωργίας ἄλλος δ᾽ ἐμπορίας ὀρέγεται· καὶ ταῦτα οὓς μὲν βλάπτει, οὓς δὲ ὠφελεῖ· ὅθεν ἐφεκτέον.* Sext. Pyrrh. I 86.

[4] Demokrit im Briefe des Hippokrates (ed. Littré IX S. 364) sagt: *Τί δὲ τὸν ἐμόν, Ἱππόκρατες, ἐμέμψω γέλωτα; οὐ γὰρ αὐτός τις τῆς ἰδίης ἀνοίης, ἀλλ᾽ ἄλλος ἄλλου καταγελᾷ, οἱ μὲν τῶν μεθυόντων, ὅταν αὐτοὶ δοκέωσι νήφειν, οἱ δὲ τῶν ἐρώντων, χαλεπωτέρην νοῦσον νοσεῦντες αὐτοί, οἱ δὲ τῶν πλεόντων, ἄλλοι δὲ τῶν περὶ γεωργίην*

Zwecke. Denn die Pyrrhoneer leiten daraus die Nothwendigkeit der ἐποχή ab; für Demokrit andererseits ist die Verschiedenheit der menschlichen Bestrebungen ein Zeichen
ihrer Eitelkeit, auf die er die Forderung der ἀταραξίη gründet;
auf diese aber läuft auch die skeptische ἐποχή hinaus. [1])
Dagegen scheinen die Pyrrhoneer, indem sie die Wesenlosig-
keit der moralischen Begriffe behaupten und zum Beweise
unter Anderem sich auf die Verschiedenheit der menschlichen Gesetze berufen,[2]) mit Demokrit nicht übereinzustimmen, der es nicht nur überhaupt nicht verschmäht hat
sittliche Vorschriften zu geben sondern insbesondere auch
die Unterwerfung unter die Gesetze predigt. Beides scheint
vorauszusetzen, dass er die Moral, die menschliche und
bürgerliche, für etwas mehr hielt als ein blosses Produkt
menschlichen Meinens und Wollens.[3]) Dass dieser Schein
aber trügt, dass man sittliche Vorschriften, noch dazu dieselben Vorschriften wie Demokrit geben, dass man auch
Gehorsam gegen die Gesetze fordern und dabei doch alle
Sittlichkeit und alle Gesetze für menschliches Machwerk erklären kann, beweisen eben die Pyrrhoneer. Denn das worin
die einzelnen Vorschriften Demokrits zusammenlaufen, die
Gemüthsruhe (ἀταραξίη) und Mässigung der Leidenschaften

ἀσχοληθέντων· οὐ συμφωνέουσι γὰρ οὔτε ταῖς τέχναις οὔτε τοῖς ἔρ-
γοις. In wie fern dieser Brief zur Kenntniss von Demokrits Ansichten benutzt werden darf, s. in meiner Abhandlung über Demokrits
Schrift περὶ εὐθυμίης Hermes XIV 354 ff.

[1]) Diog. 107: τέλος οἱ σκεπτικοί φασι τὴν ἐποχήν, ᾗ σκιᾶς ᾽τρό-
πον ἐπακολουθεῖ ἡ ἀταραξία, ὥς φασιν οἵ τε περὶ Τίμωνα καὶ Αἰνεσίδημον. Sext. Pyrrh. I 29.

[2]) Im fünften Tropos nach Diogenes, im zehnten nach Sextos.

[3]) Das entgegenstehende Zeugniss des Epiphanios exp. fid. 1088 A,
wonach Demokrit die Gesetze für eine schlechte Erfindung erklärt
und gesagt habe, der Weise solle ihnen nicht gehorchen, kann als
ein ganz unzuverlässiges nicht in Betracht kommen. Zeller I 833, 3.

forderten sie ebenfalls[1]) und verlangten nicht minder dass
man sich den Gesetzen unterwerfen solle.[2]) Man wird daher
die Möglichkeit nicht bestreiten können, dass auch Demokrit,
wie energisch und streng er auch seine moralischen Lehren
ausspricht, doch an die absolute Wahrheit und Geltung derselben nicht geglaubt hat. Und diese Möglichkeit wird zur
Wahrscheinlichkeit, wenn wir bedenken dass Demokrit für
das allein Wirkliche die Atome und das Leere erklärte:
denn consequenter Weise musste er hiernach die moralischen
Grundbegriffe des Guten und Bösen für subjective Vorstellungen und die verpflichtende Kraft, die wir ihnen beilegen,
für einen blossen Schein halten.[3]) Wenn er trotzdem diese
Welt des Scheins einer eingehenden Beachtung und ausführlichen Darstellung gewürdigt hat, so ist er darin nicht anders
verfahren als Parmenides im zweiten Theile seines Gedichtes.

---

[1]) Dass die Pyrrhoneer auch die Mässigung der Leidenschaften
forderten, sich nicht mit der Forderung der Leidenschaftslosigkeit
begnügten, zeigt Sextos Pyrrh. I 30: διὰ τοῦτο οὖν ἐν μὲν τοῖς δοξαστοῖς ἀταραξίαν τέλος εἶναί φαμεν τοῦ σκεπτικοῦ, ἐν δὲ τοῖς κατηναγκασμένοις μετριοπάθειαν. Vgl. adv. dogm. V 150 ff. Schon 148
in den Worten ἐν δὲ τοῖς κατ᾽ αἴσθησιν καὶ ἀλόγοις κινήμασιν εἰκάζει ist gewiss statt εἰκάζει herzustellen μετριάζει, wie Bekker vermuthet hat.

[2]) Sext. Pyrrh. I 17: ἀκολουθοῦμεν γάρ τινι λόγῳ κατὰ τὸ φαινόμενον ὑποδεικνύντι ἡμῖν τὸ ζῆν πρὸς τὰ πάτρια ἔθη καὶ τοὺς νόμους καὶ τὰς ἀγωγὰς καὶ τὰ οἰκεῖα πάθη. 231: οἱ κατ᾽ αὐτὴν (τὴν
νέαν Ἀκαδημίαν) κοσμεῖσθαι λέγοντες ἄνδρες τῷ πιθανῷ προσχρῶνται κατὰ τὸν βίον, ἡμεῖς δὲ τοῖς νόμοις καὶ τοῖς ἔθεσι καὶ τοῖς φυσικοῖς πάθεσιν ἑπόμενοι βιοῦμεν ἀδοξάστως. adv. dogm. V 166: ἀναγκαζόμενος (ὁ σκεπτικός) ὑπὸ τυράννου τι τῶν ἀπηγορευμένων πράττειν, τῇ κατὰ τοὺς πατρίους νόμους καὶ τὰ ἔθη προλήψει τυχὸν τὸ
μὲν ἑλεῖται τὸ δὲ φεύξεται. Diog. 108: καὶ αἱρούμεθά τι κατὰ τὴν
συνήθειαν καὶ φεύγομεν καὶ νόμοις χρώμεθα.

[3]) Er konnte nicht wie Heraklit (fr. 91 Byw.) sagen: τρέφονται
πάντες οἱ ἀνθρώπειοι νόμοι ὑπὸ ἑνὸς τοῦ θείου.

Dass aber Demokrit jene Consequenz wirklich gezogen hat,
dass er die Gesetze des menschlichen Handelns nicht für
solche hielt die die Natur dem Menschen sondern die dieser
sich selber gegeben habe, davon glaube ich eine Spur noch
in den theilweise schon angeführten Worten zu erkennen:
*νόμῳ γλυκὺ καὶ νόμῳ πικρόν, νόμῳ θερμὸν νόμῳ ψυχρόν,
νόμῳ χροιή· ἐτεῇ δὲ ἄτομα καὶ κενόν.* Ich fürchte nicht
mich einer falschen Auslegekunst schuldig zu machen,[1] wenn
ich behaupte dass, wer das Wort *νόμος* einmal in diesem
Sinne gebraucht hat, damit immer nur den Begriff von etwas
Conventionellem, von etwas dessen Geltung nur auf menschlicher Vereinbarung und Gewöhnung beruht, verbunden haben
kann. So haben die Meinung Demokrits auch die Pyrrhoneer
gefasst, wenn sie den Gegensatz zwischen Satzung (*νόμος*)
und Wahrheit (*ἐτεή, ἀλήθεια*) über die engen Grenzen
hinaus, die ihm in dem angeführten Fragment gezogen sind,
auf das Gebiet der sittlichen Vorstellungen übertrugen und
damit die Behauptung, Pyrrhon habe sich an den Demokriteer
Anaxarchos angeschlossen, begründen wollten.[2] — Und nicht
bloss in der Skepsis auch in dem Ziel das sie derselben
steckten gingen die Pyrrhoneer auf Demokrit zurück. Dieses
Ziel war die *ἀταραξία.* Zeller hat freilich auch hierin eine
Anlehnung an die Kyniker gesehen (S. 479, 2). Er beruft
sich dafür auf solche Stellen, in denen Kyniker alle Dinge
ausser der Tugend für gleichgiltig erklären und im Sinne

---

[1] Ich bemerke diess wegen Zeller I 833, 3.

[2] Diog. 61: *οὐδὲν γὰρ ἔφασκεν (Πύῤῥων) οὔτε καλὸν οὔτε αἰσ-
χρὸν οὔτε δίκαιον οὔτ' ἄδικον· καὶ ὁμοίως ἐπὶ πάντων μηδὲν εἶναι
τῇ ἀληθείᾳ, νόμῳ δὲ καὶ ἔθει πάντα τοὺς ἀνθρώπους πράττειν· οὐ
γὰρ μᾶλλον τόδε ἢ τόδε εἶναι ἕκαστον.* Mehr an diese Worte als
an das angeführte Fragment Demokrits erinnert in der Form Cicero
Acad. post. 44: opinionibus et institutis omnia teneri, nihil veritati
relinqui. Dieser Gedanke wird aber Demokrit zugeschrieben.

des Antisthenes die ἀτυφία als Lebensziel hingestellt wird.
Es genügt aber nicht bei dieser Uebereinstimmung stehen
zu bleiben, die nur das Allgemeine der Lebensauffassung betrifft, sondern es muss auch die bestimmtere Form die ihr
gegeben ist und die Terminologie in der sie auftritt berücksichtigt werden. Dass die Kyniker ihr Lebensideal durch
ἀταραξία bezeichnet hätten, ist mir wenigstens nicht bekannt
und selbst wenn es einmal so genannt wurde so ist doch
unendlich häufiger der Name ἀπάθεια. Auch auf das skeptische Ideal werden beide Namen angewandt, das Verhältniss
derselben aber ist, was die Häufigkeit der Anwendung betrifft, hier gerade umgekehrt. Ja eine nähere Untersuchung
wird kaum zu einem anderen Resultate führen als dass
ἀταραξία die eigentliche und ursprüngliche Bezeichnung war
und erst später und nur von Einzelnen dafür die von den
Kynikern entlehnte ἀπάθεια eingeführt wurde.[1]) Dass aber

---

[1]) In die ἀταραξία hatte das Ziel der Skepsis schon Timon gesetzt nach Diog. 107 (S. 12, 1), ebenso Ainesidem. Darum ist auch
bei Sextos Pyrrh. 1 25 ff. nur von ihr und nie von der ἀπάθεια die
Rede. Dass die ἀταραξία der Skeptiker von der kynischen ἀπάθεια
oder Unempfindlichkeit wesentlich verschieden ist, zeigt deutlich Sext.
Pyrrh. I 29, wo, nachdem an den Skeptiker die Forderung der ἀταραξία gestellt worden ist, hinzugefügt wird: οὐ μὴν ἀόχλητον πάντῃ
τὸν σκεπτικὸν εἶναι νομίζομεν, ἀλλ᾿ ὀχλεῖσθαί φαμεν ὑπὸ τῶν κατ-
ηναγκασμένων· καὶ γὰρ ῥιγοῦν ποτε ὁμολογοῦμεν καὶ διψῆν καὶ τοι-
ουτότροπά τινα πάσχειν. ἀλλὰ καὶ ἐν τούτοις οἱ μὲν ἰδιῶται δισ-
σαῖς συνέχονται περιστάσεσιν, ὑπό τε τῶν παθῶν αὐτῶν καὶ οὐχ
ἧττον ὑπὸ τοῦ τὰς περιστάσεις ταύτας κακὰς εἶναι φύσει δοκεῖν.
Dass gewisse Dinge ὀχληρὰ seien behaupteten die Stoiker und wollten eben dadurch ihre ἀπάθεια von der der Kyniker unterscheiden.
Weder mit der stoischen noch mit der kynischen ἀπάθεια aber darf
die skeptische verwechselt werden. Sonst könnte sie nicht mit der
μετριοπάθεια verbunden werden, vgl. Sext. a. a. O. 30: ἐν μὲν τοῖς
δοξαστοῖς ἀταραξίαν τέλος εἶναί φαμεν τοῦ σκεπτικοῦ, ἐν δὲ τοῖς
κατηναγκασμένοις μετριοπάθειαν. adv. dogm. V 149 ff. (bes. 161 f. u.

Demokrit seinem Ideal den Namen der ἀταραξία gegeben

166, welche Stellen sich gegen Stoiker und Kyniker zu richten scheinen). Denn es käme diess, sobald unter der ἀταραξία die stoische
oder kynische ἀπάθεια verstanden würde, einer contradictio in ad-
jecto gleich (Dass beides sich nicht vereinigen lässt, hat auch Zeller
eingesehen III^a 490; statt aber die ἀπάθεια aufzugeben nimmt er
lieber an dass die Vorstellung der μετριοπάθεια erst der späteren
Skepsis angehöre. Diess mag was den Namen betrifft richtig sein.)
Nun könnte man sich freilich auf Sext. Pyrrh. III 235 berufen: ἐν
μὲν τοῖς δοξαστοῖς ἀπαθὴς μένει (ὁ σκεπτικός), ἐν δὲ τοῖς κατηναγκασμένοις μετριοπαθεῖ. Diese Stelle ist aber darum nicht beweisend,
weil hier ἀπαθὴς genauer bestimmt wird; denn der Zusatz ἐν τοῖς
δοξαστοῖς deutet an, dass es nicht sowohl den leidenschaftslosen oder
unempfindlichen als den bezeichnet der sich in seiner Meinung nicht
irre machen lässt. Man kann daher aus dieser Stelle nicht schliessen,
dass die Skeptiker um den Begriff der ἀταραξία auszudrücken sich
gelegentlich auch des Wortes ἀπάθεια schlechthin, ohne nähere Bestimmung bedient hätten. Dass aber bisweilen das Ziel der pyrrhonischen Skepsis so bezeichnet wurde, lässt sich nicht leugnen. Wir
lernen es aus Cicero Acad. pr. 130: huic (Aristoni) summum bonum
est in his rebus (in mediis) neutram in partem moveri, quae ἀδιαφορία ab ipso dicitur; Pyrrho autem ea ne sentire quidem sapientem,
quae ἀπάθεια nominatur. Dasselbe bestätigt Diog. 108, von dem wir
aber gleichzeitig erfahren dass es nur Einige (τινές) waren die als
Ziel der Skepsis die ἀπάθεια hinstellten. Wer diese „Einige" waren,
können wir noch einigermaassen bestimmen. Timon und Ainesidem
können es nicht gewesen sein, da, wie Diogenes kurz vorher bemerkt
hat, ihrem Bericht zufolge das Ziel der Skepsis in der ἐποχή und
der auf diese gegründeten ἀταραξία bestand. Es ist auch nicht wahrscheinlich, dass es Skeptiker waren, da sonst diese abweichende Richtung von Sextos Empeirikos wohl einmal erwähnt worden wäre (z. B.
Pyrrh. I 30: διὰ τοῦτο οὖν ἐν μὲν τοῖς δοξαστοῖς ἀταραξίαν τέλος
εἶναί φαμεν τοῦ σκεπτικοῦ, ἐν δὲ τοῖς κατηναγκασμένοις μετριοπάθειαν. τινὲς δὲ τῶν δοκίμων σκεπτικῶν προσέθηκαν τούτοις καὶ τὴν
ἐν ταῖς ζητήσεσιν ἐποχήν). Es sind also wohl solche gemeint, die
über die skeptische Schule berichtet hatten; diese Annahme wird
auch durch die Ausdrucksweise des Diogenes (τινὲς δὲ καὶ τὴν ἀπά-
θειαν, ἄλλοι δὲ τὴν πρᾳότητα τέλος εἰπεῖν φασι τοὺς σκεπτικούς)

hatte, wird ausdrücklich überliefert und überdiess dadurch

nahe gelegt. Unter den Aelteren aber, die von der skeptischen
Schule berichtet hatten, macht sich für uns besonders Antigonos von
Karystos bemerklich, und beachtenswerth ist es dass seine Auffassung
Pyrrhous von der Ainesidems sich nicht unwesentlich unterschied.
Diogenes lässt ihn sagen (denn dem Zusammenhang nach gehört ihm
wenigstens der Inhalt dieser Worte) 62: ἀκόλουθος δ' ἦν (Pyrrhon)
καὶ τῷ βίῳ, μηδὲν ἐκτρεπόμενος μηδὲ φυλαττόμενος, ἅπαντα ὑφιστά-
μενος, ἁμάξας, εἰ τύχοι, καὶ κρημνοὺς καὶ κύνας καὶ ὅλως μηδὲν ταῖς
αἰσθήσεσιν ἐπιτρέπων. σώζεσθαι μέντοι, καθά φασιν οἱ περὶ τὸν
Καρύστιον Ἀντίγονον, ὑπὸ τῶν γνωρίμων παρακολουθούντων. Gegen
diese Auffassung hatte sich Ainesidem erklärt wie das bei Diogenes
Folgende zeigt: Αἰνεσίδημος δέ φησι φιλοσοφεῖν μὲν αὐτὸν κατὰ τὸν
τῆς ἐποχῆς λόγον, μὴ μέντοι γ' ἀπροοράτως ἕκαστα πράττειν. Es
ist dieselbe Auffassung, die auch noch in den weiteren Mittheilungen
des Antigonos bei Diog. 63 hervortritt: ἀεί τ' εἶναι ἐν τῷ αὐτῷ κα-
ταστήματι, ὥστ' εἰ καί τις αὐτὸν καταλίποι μεταξὺ λέγοντα, αὐτῷ
διαπεραίνειν τὸν λόγον, καίτοι κεκινημένον ὄντα ἐν νεότητι. πολλάκις, φησί, καὶ ἀπεδήμει, μηδενὶ προειπών, καὶ συνερρέμβετο οἷστισιν
ἔτυχεν. καί ποτ' Ἀναξάρχου εἰς τέλμα ἐμπεσόντος παρῆλθεν οὐ βοη-
θήσας· τινῶν δ' αἰτιωμένων αὐτὸς Ἀνάξαρχος ἐπήνει τὸ ἀδιάφορον
καὶ ἄστοργον αὐτοῦ. Der in diesen Zügen uns entgegentritt ist keineswegs der Weise nach dem Herzen Timons und Ainesidems, der
sich vielmehr den herrschenden Anschauungen, Sitten und Gesetzen
fügen sollte; der Pyrrhon des Antigonos ist gegen alle äusseren sinnlichen Eindrücke unempfindlich, das vollendete Muster eines ἀπαθής.
Es findet also zwischen Ainesidem und Antigonos im Wesentlichen
derselbe Unterschied statt wie zwischen Timon und Ainesidem einerseits und den Ungenannten, die das Ziel der Skepsis in der ἀπάθεια
erblickten. Wir sind daher wohl berechtigt unter den „Einigen" an
Antigonos oder doch an solche zu denken die in der Auffassung
Pyrrhous mit ihm übereinstimmten. Das Verhalten Pyrrhous, wie es
Antigonos schilderte, liess sich mit keinem besseren Namen als dem
der ἀπάθεια bezeichnen; der Ausdruck ist also in diesem Falle vollkommen sachgemäss. Sonst liesse sich denken, dass ein der kynischen oder stoischen Schule angehöriger Berichterstatter, der es mit
dem Wesen der ἀταραξία nicht zu genau nahm, dieselbe in die
Sprache der eigenen Schule übersetzt und deshalb ἀπάθεια genannt

bestätigt dass denselben Namen auch die epikureische Schule

---

habe. Ich bemerke diess deshalb, weil in einer anderen auf Pyrrhon bezüglichen Darstellung dieser Fall wirklich eingetreten zu sein scheint. Bei Diogenes lesen wir nämlich 66 Folgendes: εὐσεβῶς δὲ καὶ τῇ ἀδελφῇ συνεβίω μαία οὔσῃ, καθά φησιν Ἐρατοσθένης ἐν τῷ περὶ πλούτου καὶ πενίας, ὅτε καὶ αὐτὸς φέρων εἰς τὴν ἀγορὰν ἐπίπρασκεν ὀρνίθια, εἰ τύχοι, καὶ χοιρίδια, καὶ τὰ ἐπὶ τῆς οἰκίας ἐκάθαιρεν ἀδιαφόρως. λέγεται δὲ καὶ δέλφακα λούειν αὐτὸς ὑπ' ἀδιαφορίας. καὶ χολήσας τι ὑπὲρ τῆς ἀδελφῆς, Φιλίστα δ' ἐκαλεῖτο, πρὸς τὸν ἐπιλαβόμενον εἰπεῖν ὡς οὐκ ἐν γυναίῳ ἡ ἐπίδειξις τῆς ἀδιαφορίας. Es ist auffallend dass um das Verhalten Pyrrhons zu bezeichnen hier der Name der ἀδιαφορία festgehalten wird; das Auffallende liegt darin, dass diese Bezeichnung constant gewählt wird und nicht bloss einmal unter anderen, wie diess auch 63 geschehen war, und wird noch dadurch verstärkt dass Cicero Acad. pr. 130 dieselbe gebraucht gerade um ein von dem Pyrrhons verschiedenes Verhalten als solches zu charakterisiren. Die Erklärung liegt darin dass die angeführten Worte auf Eratosthenes zurückgehen der wo nicht ein Anhänger doch ein Zuhörer Aristons war und daher leicht den Ausdruck ἀδιαφορία sich angeeignet haben konnte. (Vgl. II S. 45, 1.) Das Wort ἀπάθεια fanden wir zur Bezeichnung des skeptischen Ideals auch, von Cicero a. a. O. angewandt. Aus der hinzugefügten Erläuterung (ea, nämlich die media, ne sentire quidem sapientem) sehen wir jetzt, dass diese Bezeichnungsweise auf Einen zurückgeht der in der Auffassung Pyrrhons mit Antigonos übereinstimmte. — Was nun die Zuverlässigkeit von Antigonos' Bericht betrifft, um auch darüber noch ein Wort zu sagen, so ist dieselbe in neuester Zeit sehr hoch gestellt worden. Wilamowitz Philol. Unters. IV S. 34 sagt: „wir sind berechtigt, alles was Antigonos erzählt, für historisch zu halten, cum grano salis natürlich bei Anekdoten, welche sich seiner eigenen zuverlässigen Erkundung zeitlich oder örtlich entziehen". Ein solches Maass von Glaubwürdigkeit kann ich Antigonos nicht zugestehen. Nicht bloss streift seine Darstellung Pyrrhons nahe an die Caricatur, sie forderte auch den Widerspruch Ainesidems heraus der doch was er über Pyrrhon berichtete nicht aus der Luft gegriffen haben wird. Schwerer als Ainesidems Zeugniss wiegt das Timons, der jedenfalls am besten über Pyrrhon unterrichtet sein musste. Dass aber Timon in der Auffassung des skeptischen Ideals mit Ainesidem auf einer

festgehalten hatte. Bei aller Uebereinstimmung besteht in-

Seite stand, dass er die ἀπάθεια keineswegs als solches gelten liess,
haben wir bereits gesehen. Zur Bestätigung dient dass er in seinem
Python sich rühmte (oder es von Pyrrhon rühmte, wenn nämlich, wie
Zeller 489, 4 meint, zu ἐκβεβηκέναι in Gedanken Πύῤῥωνα zu ergänzen
ist) nichts wider die gewöhnliche Sitte gethan zu haben (Diog. 105:
ὅθεν καὶ ὁ Τίμων ἐν τῷ Πύθωνί φησι μὴ ἐκβεβηκέναι τὴν συνήθειαν). In Pyrrhon sah aber Timon das skeptische Ideal erfüllt (Aristokles bei Euseb. praep. ev. XIV 18, 4: Τίμων τοῖς μὲν ἄλλοις λοι-
δορεῖται πᾶσι, Πύῤῥωνα δ’ ὑμνεῖ μόνον), und seine Darstellung desselben wird mit der Schilderung von Pyrrhons Leben um so weniger
in Widerspruch getreten sein als sie wie es. scheint in einer und
derselben Schrift gegeben wurde (Diog. 67: καὶ ὁ Τίμων δὲ διασαφεῖ
τὴν διάθεσιν αὐτοῦ ἐν οἷς πρὸς Πύθωνα διέξεισιν). Insofern nun
Antigonos anderes über Pyrrhon berichtet als Timon ist er keineswegs
glaubwürdig und vielleicht durch einen Autor wie den Peripatetiker
Hieronymos (Diog. 112) getäuscht worden. Zu den von einander abweichenden Berichten beider gehört auch dass Antigonos den Pyrrhon
in die Einsamkeit gehen und menschlichen Verkehr meiden lässt (Diog.
63: ἐκπατεῖν τ’ αὐτὸν καὶ ἐρημάζειν σπανίως ποτ’ ἐπιφαινόμενον τοῖς
οἴκοι). Aehnliches wird zwar auch von Timon erzählt (Diog. 112: ὁ
δ’ οὖν φιλόσοφος καὶ φιλόκηπος ἦν σφόδρα καὶ ἰδιοπράγμων, ὡς καὶ
Ἀντίγονός φησι. λόγος γοῦν εἰπεῖν Ἱερώνυμον τὸν περιπατητικὸν
ἐπ’ αὐτοῦ „ὡς παρὰ τοῖς Σκύθαις καὶ οἱ φεύγοντες τοξεύουσι καὶ
οἱ διώκοντες, οὕτω τῶν φιλοσόφων οἱ μὲν διώκοντες θηρῶσι τοὺς
μαθητάς, οἱ δὲ φεύγοντες καθάπερ καὶ ὁ Τίμων“; wenn dagegen 113
in den auf Timon bezüglichen Worten σπουδάζων περὶ τὸ ἠρέμα ζῆν
Wilamowitz a. a. O. S: 43 herstellen will ἐρημάζειν statt ἠρέμα ζῆν,
so übersieht er, dass der Zusammenhang nicht den Begriff des ein-
siedlerischen sondern den des ruhigen Lebens fordert). Er selber
kann aber Pyrrhon nicht als einen Einsiedler geschildert haben, da er
es gerade seinem Mitschüler Philon zum Vorwurf macht dass derselbe
zurückgezogen von anderen Menschen für sich allein lebte und forschte,
vgl. Diog. 69: ὁ δὲ Φίλων τὰ πλεῖστα ἑαυτῷ διελέγετο· ὅθεν καὶ
περὶ τούτου φησὶν οὕτως·

ἢ τὸν ἀπ’ ἀνθρώπων αὐτόσχολον αὐτολαλητήν
οὐκ ἐμπαζόμενον δόξης ἐρίδων τε Φίλωνα

(der Text nach Wachsmuth de Tim. S. 72).

2*

dessen ein wichtiger Unterschied zwischen Demokrit und den
Pyrrhoneern: die Pyrrhoneer suchten die Wahrheit, Demokrit
glaubte sie gefunden zu haben in der Erkenntniss dass die
Atome und das Leere das allein Wirkliche in den Dingen
seien.[1]) Und dieser Unterschied hebt sich auch nicht in
den Schülern Demokrits, in Metrodor und Anaxarchos, auf,
die, wenn sie auch dem Skepticismus noch stärkeren Ausdruck gaben, doch keineswegs auf alle Erkenntniss verzichten
wollten. Ist aber dadurch das Band zwischen Demokrit und
Pyrrhon zerschnitten? Man wird diese Frage so lange nicht
bejahen dürfen als man noch fortfährt Aristipp für einen
Schüler des Sokrates zu halten: denn sowie Aristipp an
sokratische Gedanken anknüpfte, diese aber zu Consequenzen
entwickelte die das Wesen der sokratischen Ethik zerstörten,
ebenso konnte auch Pyrrhon von skeptischen Aeusserungen
Demokrits ausgehend zu Resultaten gelangen die mit dessen
dogmatischer Grundanschauung in Widerspruch standen.
Diese einseitige Auffassung der Lehre Demokrits musste
dann noch befördert werden, wenn dieser vielleicht in einer
Schrift seine dogmatische Grundüberzeugung ganz versteckt
und nur den Skeptiker herausgekehrt hatte. Eine solche
Schrift war aber, wie sich mit einer gewissen Wahrscheinlichkeit sagen lässt, die Schrift περὶ εὐθυμίης. Einen Anlass sich in derselben über die Atomenlehre zu verbreiten
hatte Demokrit durchaus nicht, und ob es passend war in
einer Schrift, die einen ganz populären Charakter trägt, sich
mit einer blossen Andeutung darüber zu begnügen überlasse
ich Jedem selber zu entscheiden. Wahrscheinlich wird er
also ganz davon geschwiegen haben. Andererseits konnte
er durch den Gegenstand seiner Schrift sehr wohl dazu ge-

---

[1]) Dass auch die Skeptiker diesen Unterschied nicht verkannten, lehrt Sext. Pyrrh. I 213 ff. vgl. 147.

führt werden von der Unsicherheit des menschlichen Wissens
zu reden und vor dem Streben danach zu warnen als vor
etwas das der Seelenruhe nicht förderlich sei. Und wirklich
predigt denn auch ein bei Stob. ecl. II 12 erhaltenes Fragment, dass man nicht begehren solle alles zu wissen damit
man nicht die Erkenntniss von allem verliere.[1]) Dass aber
Pyrrhon sich gerade an diese Schrift gehalten habe, sind wir
darum berechtigt anzunehmen weil es Demokrits ethische
Hauptschrift war, Pyrrhon aber vorzugsweise für die Ethik
sich interessirte, und weil das Thema dieser Schrift die
ἀταραξία und ihre Ursachen bildeten, also gerade diejenige
Lehre die Pyrrhon sich von Demokrit angeeignet hatte.
Unter diesen Umständen gewinnt noch eine grössere Bedeutung die Aehnlichkeit, die wir schon vorhin (S. 11, 4) zwischen
einem pyrrhonischen Tropos und Aeusserungen fanden die
Demokrit in jener Schrift gethan hatte. Die hiernach wohl
begründete Annahme, dass Pyrrhon an Demokrit angeknüpft
habe, wird durch das Verhalten seiner Anhänger noch weiter
bestätigt. Dieselben verleugnen den Ursprung ihrer Skepsis
keineswegs. Dahin zielende Aeusserungen Timons sind uns
schon früher (S. 4, 1) vorgekommen. Eben dahin führt aber
auch ein bisher noch nicht beachteter Umstand, der Titel
von dessen Schrift Ἰνδαλμοί. Denn dieses Wort, obgleich
das damit zusammenhängende ἰνδάλλεσθαι sich häufiger
findet, ist uns ausser in dem Titel von Timons Schrift nur
noch in einem Briefe Demokrits erhalten, worin er an Hippokrates schreibt (Hipp. IX S. 380 Littré): ὁκόσα γὰρ ἰνδαλ-
μοῖσι διαλλάττοντα ἀνὰ τὸν ἠέρα πλάζει ἡμέας, ἃ δὴ κό-
σμῳ ξυνεώραται καὶ ἀμειψιρυσμέοντα τέτευχε, ταῦτα νόος

---

[1]) Μὴ πάντα ἐπίστασθαι προθύμεο, μὴ πάντων ἀμαθὴς γένῃ.
Andere ähnliche mehr oder minder sicher auf Demokrit zurückzufüh-
rende Aeusserungen noch bei Mullach fr. eth. 140 ff.

ἐμὸς φύσιν ἐρευνήσας ἀτρεκέως ἐς φάος ἤγαγεν· μάρτυρες δὲ τουτέων βίβλοι ὑπ᾽ ἐμοῖο γραφεῖσαι. Dass diese Worte sich an Demokrits Schriften anlehnen, sagt uns der Schlusssatz und wird überdiess durch Diogenes IX 47 bestätigt der als Titel einer demokritischen Schrift angibt περὶ ἀμειψιρυσμιῶν. Demokrit also scheint sich in seinen Schriften öfter des Wortes ἰνδαλμὸς bedient zu haben, und die Vermuthung ist nicht zu kühn, dass Timon daher die Anregung zum Titel seiner Schrift empfing. Im Sinne Demokrits war endlich das Interesse das gerade die pyrrhonische Schule immer an der Naturwissenschaft genommen hat. Dieses Interesse spricht sich schon darin aus dass Timon seinen Sohn in der Medizin sei es nun selber unterrichtete[1]) sei es durch Andere unterrichten liess; noch mehr aber in der Neigung die im Laufe der Zeit die skeptische Schule gezeigt hat sich mit der der empirischen Aerzte zu verbinden (Bonnet De Galeni subfigur. emp. S. 13). — Das Wichtige des gewonnenen Ergebnisses ist übrigens, wie sich noch zeigen wird, nicht sowohl dass die pyrrhonische Skepsis gerade an Demokrit als dass sie überhaupt an die vorsokratische Naturphilosophie angeknüpft und die von dieser eingeschlagene Richtung weiter verfolgt hat.

2. Ursprung der akademischen Skepsis.

Nur als ein Nebenzweig der pyrrhonischen pflegt die akademische Skepsis zu gelten. So urtheilte man schon im

---

[1]) Diess ist jedenfalls die nächst liegende auch von Wachsmuth gebilligte Auffassung der Worte des Diogenes 109: τὸν μὲν πρεσβύτερον Ξάνθον ἐκάλεσε καὶ ἰατρικὴν ἐδίδαξε καὶ διάδοχον τοῦ βίου κατέλιπε. Und wir haben keinen genügenden Grund sie in Zweifel zu ziehen (Zeller III^a 484 Anm. Bonnet De Galeni subfigur. empir. S. 13).

Alterthum,[1]) und dieser Auffassung sind auch Neuere bei-getreten.[2]) Diese Ansicht scheint durch eine Vergleichung

[1]) Diog. IV 33: ἀλλὰ καὶ τὸν Πύῤῥωνα κατά τινας ἐζηλώκει (Arkesilaos). Καὶ τῆς διαλεκτικῆς εἴχετο καὶ τῶν Ἐρετρικῶν ἥπτετο λόγων· ὅθεν καὶ ἐλέγετο ἐπ᾽ αὐτοῦ ὑπ᾽ Ἀρίστωνος·

Πρόσθε Πλάτων, ὄπιθεν Πύῤῥων, μέσσος Διόδωρος.

καὶ ὁ Τίμων (Wachsmuth fr. 16) ἐπ᾽ αὐτοῦ φησιν οὕτως·

τῇ γὰρ ἔχων Μενέδημον ὑπὸ στέρνοισι μόλυβδον
θεύσεται ἢ Πύῤῥωνα τὸ πᾶν κρέας ἢ Διόδωρον

καὶ διαλιπὼν αὐτὸν ποιεῖ (fr. 17) λέγοντα·

νήξομαι εἰς Πύῤῥωνα καὶ εἰς σκολιὸν Διόδωρον.

Euseb. praep. ev. XIV 6, 3 f.: ὡμιληκὼς δὲ Πύῤῥωνι (Arkesilaos) — — οὗτος μὲν δὴ ἔνθεν καταρτυθείς, πλὴν τῆς προσρήσεως, ἐνέμεινε Πύῤῥωνι ὡς τῇ πάντων ἀναιρέσει. Μνασέας γοῦν καὶ Φιλόμηλος καὶ Τίμων οἱ σκεπτικοὶ σκεπτικὸν αὐτὸν προσονομάζουσιν ὥσπερ καὶ αὐτοὶ ἦσαν, ἀναιροῦντα καὶ αὐτὸν τὸ ἀληθὲς καὶ τὸ ψεῦδος καὶ τὸ πιθανόν. Λεχθεὶς οὖν ἂν αἰτίᾳ(?) τῶν Πυῤῥωνείων Πυῤῥώνειος, αἰδοῖ τοῦ ἐραστοῦ (des Krantor) ὑπέμεινε λέγεσθαι Ἀκαδημαϊκὸς ἔτι. Ἦν μὲν τοίνυν Πυῤῥώνειος, πλὴν τοῦ ὀνόματος, Ἀκαδημαϊκὸς δ᾽ οὐκ ἦν πλὴν τοῦ λέγεσθαι. Sext. Pyrrh. I 232: ὁ μέντοι Ἀρκεσίλαος, ὃν τῆς μέσης Ἀκαδημίας ἐλέγομεν εἶναι προστάτην καὶ ἀρχηγόν, πάνυ μοι δοκεῖ τοῖς Πυῤῥωνείοις κοινωνεῖν λόγοις, ὡς μίαν εἶναι σχεδὸν τὴν κατ᾽ αὐτὸν ἀγωγὴν καὶ τὴν ἡμετέραν. 234: εἰ δὲ δεῖ καὶ τοῖς περὶ αὐτοῦ λεγομένοις πιστεύειν, φασὶν ὅτι κατὰ μὲν τὸ πρόχειρον Πυῤῥώνειος ἐφαίνετο εἶναι, κατὰ δὲ τὴν ἀλήθειαν δογματικὸς ἦν· καὶ ἐπεὶ τῶν ἑταίρων ἀπόπειραν ἐλάμβανε διὰ τῆς ἀπορητικῆς εἰ εὐφυῶς ἔχουσι πρὸς τὴν ἀνάληψιν τῶν Πλατωνικῶν δογμάτων, δόξαι αὐτὸν ἀπορητικὸν εἶναι, τοῖς μέντοιγε εὐφυέσι τῶν ἑταίρων τὰ Πλάτωνος παρεγχειρεῖν· ἔνθεν καὶ Ἀρίστωνα εἰπεῖν περὶ αὐτοῦ

πρόσθε Πλάτων, ὄπιθεν Πύῤῥων, μέσσος Διόδωρος,

διὰ τὸ προσχρῆσθαι τῇ διαλεκτικῇ τῇ κατὰ τὸν Διόδωρον.

[2]) Nach Zeller IIIª 480 und 490 ist die pyrrhonische Skepsis erst in der Akademie sorgfältiger begründet und ausgeführt worden. Vgl. S. 495, 6. Noch weiter geht Leander Haas, wenn er De philos. scepticor. succession. S. 20 sagt: Qui hodie inter Scepticorum et Ar-cesilai doctrinam vere aliquid interesse dicunt, Sexto ipso melius rem se novisse fateantur oportet.

der skeptischen Theorien des Pyrrhon und Arkesilaos nur
bestätigt zu werden. Beide gipfeln in der Forderung der
ἐποχή. Dass aber beide nicht unabhängig hierauf gekommen
sind, beweist der Name, den allem Anschein nach Pyrrhon
zuerst aufgebracht und Arkesilaos von ihm entlehnt hat.[1])
Beide skeptische Theorien begründeten aber auch diese Forderung zum Theil in derselben Weise, indem sie auf das
Gleichgewicht der für und wider jede Ansicht sprechenden

---

[1]) Denn Pyrrhon war der ältere. Wenn also Arkesilaos den
Namen der ἐποχή zuerst gegeben hätte, dann müsste Pyrrhon, da er
doch diesen wichtigsten Begriff seiner Theorie nicht ohne eine bestimmte Bezeichnung lassen konnte, sich dafür eines andern bedient
haben. Welches dieser Name war, müsste dann die Ueberlieferung
verschwiegen haben; denn die ἀφασία (Sext. Pyrrh. I 192 f.) wird doch
kaum jemand dafür ausgeben wollen. Bei der Verehrung der Pyrrhoneer für den Meister ist es aber schwer denkbar, dass sie die von
diesem für das Ideal gewählte Bezeichnung gänzlich hätten in Ver-
gessenheit gerathen lassen. Ueberdiess würde auch der Name ἐφεκτι-
κοί nicht gerade zur Charakteristik der Pyrrhoneer verwandt worden
sein (Diog. IX 70), wenn nicht diesen ursprünglich die ἐποχή eigen
gewesen wäre. Um so weniger kann ich Hiller Hieronymi Rhodii Peripatetici fragm. (in Satura Sauppio oblata) S. 87 beistimmen, wenn er
die Meinung ausspricht dass die Schrift dieses Peripatetikers περὶ
ἐποχῆς sich gegen Arkesilaos gerichtet habe. Ebenso gut kann sie
sich gegen die Pyrrhoneer gerichtet haben, deren Gegner Hieronymos
ebenfalls sein musste und die er, wie das Witzwort über Timon (Diog.
IX 112) zeigt, keineswegs unbeachtet gelassen hatte. Wahrscheinlich
wird sich die Schrift daher gegen beide, pyrrhonische und akademische Skeptiker gerichtet haben. — Dass Galen περὶ ἀρίστ. διδασκ.
c. 3 S. 47k einmal erwähnt τὴν ὑπὸ τῶν πρεσβυτέρων Ἀκαδημαϊκῶν
εἰσαγομένην ἐποχήν, wird wohl niemand dafür geltend machen
wollen dass die Epoche von den Akademikern eingeführt worden sei:
denn abgesehen von der Möglichkeit dass Galen der wahre Sach-
verhalt unbekannt war, so konnte er mit Fug und Recht von einer
Einführung der Epoche seitens der Akademiker sprechen sobald er
nur damit die Einführung in die Akademie meinte, nicht die in die
Philosophie überhaupt.

Gründe hinwiesen.[1]) Während so von der einen Seite die
Auffassung, welche in Arkesilaos nichts als einen selbständigen Anhänger Pyrrhous sieht, sich zu empfehlen scheint,
unterliegt dieselbe auf der anderen Seite gewichtigen Bedenken. Denn wenn wirklich Arkesilaos nur die pyrrhonische Skepsis in einer mehr entwickelten und ausgeführten
Form vertrat, warum blieb er dann überhaupt in der Akademie und nannte sich nicht lieber gleich wie es der Wahrheit entsprach einen Pyrrhoneer?[2]) Es ist daher angezeigt
jene Auffassung in Bezug auf ihre Gründe näher zu prüfen.
Dieselbe konnte sich auf Zeugnisse aus dem Alterthum berufen. Der Werth derselben sinkt aber bei schärferer Betrachtung. Diogenes sagt, einige hätten Arkesilaos zu einem
Anhänger Pyrrhous gemacht. An wen er dabei denkt, können
wir wohl aus dem Folgenden schliessen, wo ausser einem
Worte Aristons zwei Stellen aus Timon angeführt werden.
Als Gewährsmänner derselben Auffassung nennt Eusebios
drei Skeptiker, Mnaseas Philomelos und Timon. Endlich
hat noch Sextos Empeirikos den Arkesilaos für einen Pyrrhoneer erklärt. Man sieht, es sind durchweg parteiische Zeugen.
Der älteste (denn dafür dürfen wir doch Timon ansehen)
und die Mehrzahl sind Pyrrhoneer, die ein besonderes In-

---

[1]) Bekannt ist die Rolle, die die ἰσοσθένεια in der Theorie der
Pyrrhoneer spielt (Diog. IX 73. Sext. Pyrrh. II 130. III 65). Von
Arkesilaos sagt Eusebios XIV 4, 16: φάναι περὶ ἁπάντων ἐπέχειν
δεῖν· εἶναι γὰρ πάντα ἀκατάληπτα καὶ τοὺς εἰς ἑκάτερα λόγους ἰσο-
κρατεῖς ἀλλήλοις. Vgl. dazu Cicero Acad. post. 45: huic rationi
quod erat consentaneum faciebat (Arkesilaos), ut contra omnium sententias disserens de sua plerosque deduceret, ut, cum in eadem re
paria contrariis in partibus momenta rationum invenirent-
tur, facilius ab utraque parte adsensio sustineretur.

[2]) Dass er sich vor Krantor geschämt habe, wie wir bei Eusebios a. a. O. (S. 23, 1) lesen, ist eine Ausrede, der man die Verlegenheit ansieht.

teresse daran hatten Arkesilaos des Plagiats am Pyrrhonismus zu beschuldigen; daneben erscheint Ariston, dessen Worte man ebenfalls nicht als ein historisches Zeugniss wird gelten lassen. Eine Nachricht aber, die auf solchen Zeugen beruht, ist nicht bloss ungenügend beglaubigt, sondern hat ganz das Ansehen einer tendenziösen Entstellung der Wahrheit. Es frägt sich, ob die in der Lehre des Pyrrhon und Arkesilaos vorliegenden Thatsachen ihr eine bessere Stütze bieten. Dass in gewisser Hinsicht beide übereinstimmen, ist schon bemerkt worden; eine nähere Betrachtung lehrt aber auch, worin beide von einander abweichen. Beide stellen die Forderung der ἐποχή. In der Begründung derselben jedoch gehen sie schon auseinander. Denn wenn sie auch im Allgemeinen darin übereinstimmen dass sie auf das Gleichgewicht der für und wider jede Meinung sprechenden Gründe hinweisen, so ist doch die Art und Weise wie sie diess näher ausgeführt haben eine verschiedene gewesen. Während die älteren Pyrrhoneer, und wie wir daher annehmen dürfen auch Pyrrhon selber, rein empirisch verfuhren, hinwiesen auf die Widersprüche wie sie theils zwischen den Wahrnehmungen der Sinne theils zwischen den Meinungen der Menschen stattfinden, so wie auf die jede Erkenntniss ausschliessenden Bedingungen unter denen allein eine sinnliche Wahrnehmung zu Stande kommt, ging Arkesilaos mehr dialektisch zu Werke, indem er seine Skepsis ableitete aus einer Bestreitung derjenigen Erkenntniss die die Stoiker als solche anerkannten.[1]) Hierbei bestritt er nach Sext. adv.

---

[1]) Dass er sich bei seiner Polemik auf die Stoiker beschränkte, müssen wir Sextos glauben, der adv. dogm. I 159 sagt: ταῦτα καὶ ὁ Ἀρκεσίλαος· ὁ δὲ Καρνεάδης οὐ μόνον τοῖς στωικοῖς ἀλλὰ καὶ πᾶσι τοῖς πρὸ αὐτοῦ ἀντιδιετάσσετο περὶ τοῦ κριτηρίου. Vermuthlich setzte er voraus dass, wenn eine Erkenntniss möglich sein sollte, sie nur auf dem Wege stattfinden könnte den die Stoiker in ihrer κα-

dogm. I 153 zuerst die stoische Ansicht nach der die κατάληψις zwischen Wissen (ἐπιστήμη) und Meinen (δόξα) in der
Mitte steht und behauptete dass diese beiden mit der κατάληψις identisch und unter sich nur durch das Subject der
κατάληψις verschieden seien, die in dem einen Falle die des
Weisen in dem anderen die des Nicht-Weisen ist. Danach
bewies er, dass eine κατάληψις, wie sie die Stoiker meinten
d. i. die Zustimmung (συγκατάθεσις) zur καταληπτικὴ φαντασία in Wirklichkeit nicht existirt (ἀνύπαρκτός ἐστι). Der
eine Grund hierfür ist, dass wir unsere Zustimmung nicht
einer blossen Vorstellung (φαντασία) sondern nur einem
Urtheil (λόγος, ἀξίωμα) ertheilen. Der andere, dass eine
solche Vorstellung, wie sie in der Definition der κατάληψις
vorausgesetzt wird, eine καταληπτικὴ φαντασία d. i. eine
solche die die Bürgschaft der Wahrheit in sich trägt und
nie täuschen kann (ἀληθὴς φαντασία, οἵα οὐκ ἂν γένοιτο
ψευδής), uns niemals zu Theil wird. Auf diesen zweiten Grund
scheint Arkesilaos besondern Werth gelegt zu haben, da er
ihn durch viele und mannichfache Argumente zu unterstützen
suchte (ὡς διὰ πολλῶν καὶ ποικίλων παρίσταται). Wäre
nun Arkesilaos ein Pyrrhoneer gewesen, so hätte er sich der
in dieser Schule üblichen Argumente bedienen müssen; denn
die καταληπτικὴ φαντασία war eine durch die Sinne gege-

τάληψις (denn dass dieses Wort erst von Zenon an diesen bestimmten Begriff befestigt worden ist, zeigt Cicero Acad. pr. 145: tum cum
plane conpresserat [sc. digitos] pugnumque fecerat [Zeno], conprehensionem illam esse dicebat, qua ex similitudine etiam nomen ei rei,
quod ante non fuerat, κατάληψιν inposuit) vorgezeichnet hatten. Hatte
er sich in diesem Sinne ausgesprochen, dann ist nicht nur erklärt,
wie er durch eine Widerlegung der Stoiker alle Philosophen für
widerlegt halten konnte, sondern wird auch noch begreiflicher das
freundschaftliche Verhältniss, in dem er zu Kleanthes (Diog. VII
171. 173. Plut. de adul. et am. 11. Comparetti Pap. Herc. S. 26 f.),
vielleicht auch zu Zenon (Comparetti a. a. O.) stand.

bene Vorstellung und gegen die Zuverlässigkeit der sinnlichen
Wahrnehmung richteten sich die meisten der älteren pyrrhonischen Tropen. Trotzdem hat er allem Anschein nach diess
nicht gethan, da er wie wir aus Sextos' Worten sehen die
καταληπτικὴ φαντασία nicht angriff insofern sie auf der
sinnlichen Wahrnehmung beruht sondern insofern es eine
wahre Vorstellung sein soll die sich von jeder falschen unterscheidet. Hiergegen liessen sich die pyrrhonischen Argumente nicht verwenden, die um die Unzuverlässigkeit der
Sinne darzuthun nicht die Gleichheit in deren Angaben sondern im Gegentheil die Verschiedenheiten und Widersprüche
hervorhoben. Arkesilaos wird daher in diesem Falle nicht
anders verfahren sein als die späteren Akademiker die sich
auf solche Erfahrungen beriefen wie die dass zwei Eier oder
Zwillinge nicht unterschieden werden könnten (Sext. adv.
dogm. I 402 ff.). Seine Methode war sonach eine wesentlich
andere als die der älteren Pyrrhoneer. Aber nicht bloss
die Methode sondern auch die dieser entsprechenden Ergebnisse der Forschung. Wer wie die älteren Pyrrhoneer vorzugsweise darauf achtete, dass die gewöhnlichen Vorstellungen
und Wahrnehmungen sich widersprechen und verschieden sind
je nach den Subjecten in denen und den Verhältnissen unter
denen sie sich bilden, musste wie es den Pyrrhoneern wirklich erging zu dem Schlusse kommen dass jene Vorstellungen
und Wahrnehmungen nur subjectiven Werth haben als Thatsachen unseres Bewusstseins und Empfindens, über die wirkliche Natur der Dinge ausser uns aber nichts aussagen.[1]
Wer dagegen wie Arkesilaos davon ausging, dass wir kein
Kennzeichen haben um eine wahre Vorstellung von einer
falschen zu unterscheiden, konnte nicht behaupten dass keine

---

[1]) Vgl. zum Ueberfluss was bei Diog. IX 61 als Ansicht Pyrrhons
bezeichnet wird: μηδὲν εἶναι τῇ ἀληθείᾳ, νόμῳ δὲ καὶ ἔθει πάντα
τοὺς ἀνθρώπους πράττειν· οὐ γὰρ μᾶλλον τόδε ἢ τόδε εἶναι ἕκαστον.

unserer Vorstellungen wahr sei sondern nur dass wir nicht
mit Sicherheit sie als solche zu erkennen vermögen. Das
nothwendige Resultat seiner Skepsis ist daher genau ausgedrückt in den Worten πάντ' ἔσται ἀκατάληπτα (Sext.
dogm. I 155). Denn diese Worte bedeuten nicht, dass nichts
wahrgenommen werden könne, sondern nur, dass nichts so
wahrgenommen werden könne wie es im Wesen der stoischen
κατάληψις oder καταληπτικὴ φαντασία liegt d. h. so dass
wir mit der Wahrnehmung zugleich gewiss sind das Wahre
ergriffen zu haben. Der Unterschied zwischen den Pyrrhoneern und Arkesilaos besteht also darin, dass die Pyrrhoneer
im Hinblick auf die zwischen den gewöhnlichen Vorstellungen stattfindenden Widersprüche leugneten es könne in
ihnen die Wahrheit enthalten sein, Arkesilaos dagegen nur
bestritt dass die möglicher Weise in den Vorstellungen enthaltene Wahrheit jemals von uns erkannt werden könne.
Hieraus erklärt sich, dass zwar die Pyrrhoneer, die nur die
Wahrheit der gewöhnlichen vorhandenen Vorstellungen, aber
nicht die Möglichkeit bestritten zu wahren Vorstellungen
zu gelangen, zum unausgesetzten Suchen der Wahrheit auf-
forderten, aber nicht Arkesilaos, der doch unmöglich dazu
auffordern konnte eine Wahrheit zu suchen die wir vielleicht
längst besitzen die wir aber in wissenschaftlicher Weise niemals zu erfassen vermögen.[1]) — So unterscheidet Arkesilaos

---

[1]) Daher war ζητητικοὶ ein charakteristischer Name der Pyrrhoneer (Diog. IX 69 f. Sext. Pyrrh. I 7). Beide Richtungen des
Skepticismus werden in der hier in Frage kommenden Beziehung
unterschieden von Sextos Pyrrh. I 226: οἱ δὲ ἀπὸ τῆς νέας Ἀκαδημίας, εἰ καὶ ἀκατάληπτα εἶναι πάντα φασί, διαφέρουσι τῶν σκεπτικῶν ἴσως μὲν κατ' αὐτὸ τὸ λέγειν πάντα εἶναι ἀκατάληπτα (διαβεβαιοῦνται γὰρ περὶ τούτου, ὁ δὲ σκεπτικὸς ἐνδέχεσθαι καὶ καταληφθῆναί τινα προσδοκᾷ), διαφέρουσι δὲ κτλ. Hier ist zwar von der
neuen Akademie, also zunächst nicht von Arkesilaos die Rede. Indessen der Satz πάντα εἶναι ἀκατάληπτα, in den hier der Unterschied

sich wesentlich von den Pyrrhoneern, nicht bloss in Bezug auf den Weg den er zur Skepsis eingeschlagen hat sondern auch was den Inhalt derselben betrifft. Während die Pyrrhoneer sich begnügten auf den Widerspruch einzelner Vorstellungen unter einander aufmerksam zu machen, wies Arkesilaos auf die Widersprüche und Ungereimtheiten hin, an

---

der Akademie und des Pyrrhonismus gesetzt wird, bezeichnete das Resultat nicht bloss der Skepsis des Karneades sondern auch des Arkesilaos, wie wir aus Sext. dogm. I 155 sehen. Mit Sextos' Worten scheint in Widerspruch zu stehen (Zeller 495, 6) die Behauptung des Arkesilaos (Cicero Acad. post. 45), man könne nicht einmal das wissen dass man nichts wisse. Indessen ist diess doch nur Schein. Arkesilaos will mit jener Behauptung doch nur in besonders nachdrücklicher Weise aussprechen, dass ein Wissen überhaupt nicht möglich sei, also dasselbe was auch Sextos als die Ansicht der Akademie bezeichnet, und mehr als ein nachdrückliches Aussprechen liegt auch nicht in dem διαβεβαιοῦνται. Noch weniger wird durch jene Behauptung des Arkesilaos der Unterschied zwischen seiner und der pyrrhonischen Skepsis aufgehoben. Vielmehr wird derselbe darin mit aller Schroffheit festgehalten. Arkesilaos erklärt, dass man Nichts wissen könne (Cicero a. a. O.: itaque Arcesilas negabat esse quicquam quod sciri posset, ne illud quidem ipsum, quod Socrates sibi reliquisset; sic omnia latere censebat in occulto, neque esse quicquam quod cerni aut intellegi posset), die Pyrrhoneer dagegen leugneten nur dass man etwas wisse aber nicht dass man etwas wissen könne, sie bestritten nur die Wirklichkeit nicht wie Arkesilaos die Möglichkeit des Wissens (ὁ δὲ σκεπτικὸς ἐνδέχεσθαι καὶ καταληφθῆναί τινα προσδοκᾷ). Das Resultat der pyrrhonischen Skepsis entspricht eben genau ihrer Methode. Denn da dieselbe hauptsächlich in dem Aufzeigen von Verschiedenheiten und Widersprüchen bestand, dergleichen aber sich nur an vorhandenen wirklichen Vorstellungen aufzeigen liessen, so konnte auch der hieraus gezogene Schluss nur für die bereits vorhandenen Vorstellungen gelten. Die Pyrrhoneer konnten daher nur schliessen, dass in keiner der vorhandenen Vorstellungen das Wissen enthalten sei. (Hierauf führt auch was Sextos Pyrrh. I 196 ff. über das Verhalten der Skeptiker sagt. Bes. vgl. 200: οὕτω δὲ φερόμεθα καὶ ὅταν λέγωμεν „πάντα ἐστὶν ἀκατάληπτα"·

denen schon der Begriff der κατάληψις und καταληπτική φαντασία leidet. Ein solches Prüfen und Zergliedern der Begriffe aber ist ein dialektisches Verfahren. So erscheint das Verhältniss des Arkesilaos zu den Pyrrhoneern als das des Dialektikers zu den Empeirikern.[1]) Der Pyrrhonismus kann

καὶ γὰρ τὸ πάντα ὁμοίως ἐξηγούμεθα καὶ τὸ ἐμοὶ συνεκδεχόμεθα, ὡς εἶναι τὸ λεγόμενον τοιοῦτον „πάντα ὅσα ἐφώδευσα τῶν δογ-ματικῶς ζητουμένων ἀδήλων φαίνεταί μοι ἀκατάληπτα“. τοῦτο δέ ἐστιν οὐ διαβεβαιουμένου περὶ τοῦ τὰ παρὰ τοῖς δογματικοῖς ζη-τούμενα φύσεως εἶναι τοιαύτης ὡς εἶναι ἀκατάληπτα, ἀλλὰ τὸ ἑαυτοῦ πάθος ἀπαγγέλλοντος, καθ᾽ ὅ, φησίν, ὑπολαμβάνω ὅτι ἄχρι νῦν οὐδὲν κατέλαβον ἐκείνων ἐγὼ διὰ τὴν τῶν ἀντικειμένων ἰσοσθένειαν. 201: ἀφίσταται ὁ σκεπτικὸς ὡς πρὸς τὸ παρὸν τοῦ τιθέναι τι τῶν ζητουμένων ἀδήλων ἢ ἀναιρεῖν.) Ebenso hängen auch bei Arkesilaos Resultat und Methode aufs Engste zusammen. Er suchte an einzelnen Beispielen nachzuweisen, dass wir ein sicheres Merkmal des Wissens nicht haben; daraus ergab sich denn der allgemeine Schluss dass wir bei keiner Vorstellung, also auch nicht bei einer etwa zukünftig in unsern Geist eintretenden sicher sein können ob sie ein Wissen ist oder nicht. In diesem Zusammenhang gewinnt es Bedeutung, dass auch der Demokriteer Metrodoros nicht die Möglichkeit sondern nur die Wirklichkeit des Wissens leugnete. Seine Worte waren οὐδεὶς ἡμῶν οὐδὲν οἶδεν, οὐδ᾽ αὐτὸ τοῦτο πότερον οἴδαμεν ἢ οὐκ οἴδαμεν (Zeller I 860, 2). Die Pyrrhoneer zeigten sich daher in dem Punkte, in dem sie sich von Arkesilaos unterscheiden, als Fortsetzer der demokritischen Richtung. — Dass diejenige Unterscheidung zwischen Akademikern und Pyrrhoneern, wonach Beide dieselben Ansichten die Einen behauptend die Andern zweifelnd vortrugen, eine äusserst prekäre sei, kann man auch aus Sextos' Worten herauslesen (vgl. Zeller 495, 6) Pyrrh. hyp. I 233: λέγει (Arkesilaos) δὲ ἀγαθὰ μὲν εἶναι τὰς κατὰ μέρος ἐποχάς, κακὰ δὲ τὰς κατὰ μέρος συγκαταθέσεις. πλὴν εἰ μὴ λέγοι τις ὅτι ἡμεῖς μὲν κατὰ τὸ φαινόμενον ἡμῖν ταῦτα λέγομεν καὶ οὐ διαβεβαιωτικῶς, ἐκεῖνος δὲ ὡς πρὸς τὴν φύσιν, ὥστε καὶ ἀγαθὸν μὲν εἶναι αὐτὴν λέγειν τὴν ἐποχήν, κακὸν δὲ τὴν συγ-κατάθεσιν.

[1]) Die Arkesilaos zugeschriebenen tadelnden Aeusserungen über die Dialektik bei Stob. flor. 82, 4 und 10 schliessen nicht aus dass

also nicht die alleinige, ja nicht einmal die vorzügliche Quelle
seines Skepticismus gewesen sein. Einen Wink, wo wir diese
Quelle zu suchen haben, gibt uns Arkesilaos' Verfahren selber.
Besonders ausführlich hatte derselbe zu beweisen versucht,
dass eine falsche Vorstellung einer wahren zum Verwechseln
ähnlich sein könne (οὐδεμία τοιαύτη ἀληϑὴς φαντασία εὑρίσκεται οἵα οὐκ ἂν γένοιτο ψευδής, ὡς διὰ πολλῶν καὶ
ποικίλων παρίσταται. Sext. dogm. I 154). Wir dürfen
daher annehmen, dass nur ein Theil seiner vielen und man-
nichfaltigen Beweisgründe diejenigen sind, die die späteren
Akademiker zu demselben Zwecke vorbrachten. Zu diesen
gehörten aber auch ὁ ἐγκεκαλυμμένος λόγος[1]) und ὁ σω-

---

er nicht trotzdem die Dialektik, soweit er sie brauchen konnte, sich
zu Nutze machte. Vgl. dazu Zeller III[a] 495, 5. Bei Diog. IV 33
heisst es überdiess ausdrücklich καὶ τῆς διαλεκτικῆς εἴχετο.

[1]) Sext. dogm. I 410: καλοῦσι δὲ (οἱ ἀπὸ τῆς Ἀκαδημίας) ἐπὶ
τὰ φαινόμενα τοὺς στωικούς. ἐπὶ γὰρ τῶν ὁμοίων μὲν κατὰ μορφὴν
διαφερόντων δὲ κατὰ τὸ ὑποκείμενον ἀμήχανόν ἐστι διορίζειν τὴν
καταληπτικὴν φαντασίαν ἀπὸ τῆς ψευδοῦς καὶ ἀκαταλήπτου.........
ἐντεῦθεν γοῦν καὶ ὁ ἐγκεκαλυμμένος συνέστη λόγος· ἐὰν γὰρ προ-
κύψαντος δράκοντος ϑέλωμεν τῷ ὑποκειμένῳ ἐπιστῆναι, εἰς πολλὴν
ἀπορίαν ἐμπεσούμεθα, καὶ οὐχ ἕξομεν λέγειν πότερον ὁ αὐτός ἐστι
δράκων τῷ πρότερον προκύψαντι ἢ ἕτερος, πολλῶν ἐνεσπειραμένων
τῷ αὐτῷ φωλεῷ δρακόντων. οὐ τοίνυν ἔχει τι ἰδίωμα ἡ καταληπτικὴ
φαντασία ᾧ διαφέρει τῶν ψευδῶν τε καὶ ἀκαταλήπτων φαντασιῶν.
Mit diesen Worten ist es interessant zu vergleichen a. a. O. 252:
ἐκεῖνοι (οἱ ἀπὸ τῆς στοᾶς) μὲν γὰρ φασιν ὅτι ὁ ἔχων τὴν καταληπτικὴν φαντασίαν τεχνικῶς προσβάλλει τῇ ὑπούσῃ τῶν πραγμάτων διαφορᾷ, ἐπείπερ καὶ εἶχέ τι τοιοῦτον ἰδίωμα ἡ τοιαύτη φαντασία παρὰ
τὰς ἄλλας φαντασίας καθάπερ οἱ κεράσται παρὰ τοὺς ἄλλους ὄφεις·
οἱ δὲ ἀπὸ τῆς Ἀκαδημίας τοὐναντίον φασὶ δύνασθαι τῇ καταληπτικῇ
φαντασίᾳ ἀπαράλλακτον εὑρεθήσεσθαι ψεῦδος. Dass die Stoiker von
selber darauf gekommen sein sollten gewisse Vorstellungen mit einer
bestimmten Art von Schlangen, den sogenannten Hornschlangen, zu
vergleichen, wird man kaum annehmen wollen. Dagegen ist diese
Vergleichung nicht mehr auffallend, sobald wir sie uns als die Ant-

ρίτης.[1]) Da nun beide Schlussformen ursprünglich den Megarikern eigenthümlich sind,[2]) so ist es wahrscheinlich, dass an die Dialektik dieser Philosophenschule die akademische sich ebenso angelehnt hat wie die stoische. Diese Vermuthung wird dadurch bestätigt, dass die pyrrhonischen Skeptiker und Ariston Arkesilaos aus seinem Anschluss an den Megariker Diodoros einen Vorwurf machten.[3]) Ueber das Maass des Einflusses, den die Megariker auf Arkesilaos geübt haben, kann man streiten: es ist möglich dass er ihnen nur die einzelnen Argumente entlehnte; aber ausgeschlossen ist die Annahme nicht dass er auch in der Verwendung derselben zur Bestreitung der Stoiker sich an sie anschloss, da der Megariker Alexinos zu den heftigsten Gegnern Zenons gehörte (Zeller II 1 S. 212, 4). Wollte man auch dieser

---

wort auf den „verhüllten Schluss" (λόγος ἐγκεκαλυμμένος) der Akademiker denken. Denn da in diesem einmal die Vorstellungen, insofern sie nicht von einander unterschieden werden können, mit Schlangen verglichen worden waren, so lag es nahe dem gegenüber auf Schlangen hinzuweisen, die allerdings von anderen leicht zu unterscheiden sind, und diese mit den καταληπτικαὶ φαντασίαι zusammenzustellen.

[1]) Sext. dogm. I 415 ff.

[2]) Dem Eubulides werden beide zugeschrieben bei Diog. II 108. Den ἐγκεκαλυμμένος sollen Einige auf Diodoros zurückgeführt haben nach Diog. II 111. Nach Prantl Gesch. der Logik I 54, 94 würde Diog. VII 82 und Pers. sat. VI 78 Chrysipp als der Erfinder des Sorites bezeichnet. Doch wird an jener Stelle der Sorites nur unter den Bestandtheilen der stoischen Dialektik aufgezählt und von Persius wird derselbe in Worten, die sich an Chrysipp richten, tuus acervus genannt: woraus nur folgt dass die Stoiker, insbesondere Chrysipp, sich den Sorites angeeignet hatten.

[3]) Diog. IV 33. Auf die Pyrrhoneer geht wohl auch zurück Euseb. praep. ev. XIV 6, 3, wo Arkesilaos bezeichnet wird als μετασχὼν Διοδώρου εἰς τὰ πεπανουργημένα πιθάνια (πιθανὰ Viger) ταῦτα τὰ κομψά. Es ist zu beachten, dass der „verhüllte Schluss" bei Einigen als eine Erfindung Diodors galt, s. vor. Anmerkung.

Vermuthung die Frage entgegenhalten, warum Arkesilaos, wenn seine Skepsis ein Ausfluss der megarischen war, sich zu den Akademikern rechnete, so wäre die Antwort hierauf leicht gefunden. Sie liegt darin dass der gemeinschaftliche Boden der Megariker und Akademiker die Sokratik war und auf diesen Anfang die Akademie zurückzuführen das eigentliche Bestreben des Arkesilaos. Man hat diesen letzteren Umstand bisher nicht genug beachtet. Vielleicht nur deshalb nicht, weil man in der ganzen Entwicklung der Akademie nur die gerade Fortsetzung von Platons Lehre sah, in dem Skeptiker und Dogmatiker ihr gemeinsames Haupt verehrt hätten. In der That erscheint unter den Autoritäten der skeptischen Akademie auch Platon. So bei Cicero Acad. pr. 14[1]) und 74[2]) und Acad. post. 46.[3]) Dass aber Arkesilaos' ganzes Bestreben dahin gegangen sei die platonische Lehre neu zu beleben, wird an keiner dieser Stellen gesagt; und würde auch an ihnen die akademische Skepsis auf Platon zurück-geführt, so könnte diess doch von dem Standpunkt Philons

---

[1]) Lucullus, indem er sich an die anwesenden Vertreter der akademischen Skepsis Catulus und Cicero wendet, sagt: similiter vos, cum perturbare, ut illi rem publicam, sic vos philosophiam bene jam constitutam velitis, Empedoclen, Anaxagoran, Democritum, Parmeni-den, Xenophanen, Platonem etiam et Socraten profertis.

[2]) Auf Lucullus' Behauptung, dass Sokrates und Platon den Skeptikern nicht beigezählt werden könnten, erwidert Cicero mit folgenden Worten: et ab iis ajebas removendum Socraten et Platonem. cur? an de ullis certius possum dicere? vixisse cum iis equidem vi-deor: ita multi sermones perscripti sunt, e quibus dubitari non possit quin Socrati nihil sit visum sciri posse; excepit unum tantum „scire se nihil se scire“, nihil amplius. quid dicam de Platone? qui certe tam multis libris haec persecutus non esset, nisi probavisset.

[3]) Hanc Academiam novam appellant, quae mihi vetus videtur, si quidem Platonem ex illa vetere numeramus, cujus in libris nihil adfirmatur et in utramque partem multa disseruntur, de omnibus quaeritur, nihil certi dicitur.

aus geschehen sein und wäre daher für Arkesilaos' Auffassung seiner Skepsis nicht beweisend. Hätten die skeptischen Akademiker vor Philon nichts weiter beabsichtigt als über die alte Akademie des Speusipp und Xenokrates auf Platon zurückzugreifen, so hätten sie nicht gegen ihn polemisiren dürfen. Dass sie diess aber thaten, lehren Lactantius' aus Cicero de rep. geschöpfte Angaben, wonach Karneades nicht bloss Aristoteles' sondern auch Platons Ansicht über die Gerechtigkeit bestritten hatte.[1] Diess ist allerdings nur eine einzelne Spur aber eine sehr bedeutsame. Denn sie zeigt uns, dass Karneades es wagt gegen eine wichtige Lehre und gegen ein Hauptwerk des Stifters der Akademie zu polemisiren, und sie lehrt uns ausserdem, dass man in den Kreisen der skeptischen Akademie nicht schon die dialogische Form an sich als Beweis des Skepticismus gelten liess, berechtigt also zu der Vermuthung, dass man in denselben Kreisen auch noch gegen andere Dialoge, wie z. B. gegen den Phaidon, allerlei einzuwenden fand. Man wird eben alle diejenigen Dialoge verworfen haben, die einen dogmatisirenden Charakter tragen; den Dialogen dagegen, in denen noch die sokratische Weise des Gesprächs lebendig ist und die ohne ein bestimmtes Ergebniss verlaufen, wird man die Zustimmung nicht versagt haben. So lässt sich beides erklären was man von Arkesilaos berichtete: sowohl dass er Platon

---

[1] Cicero de rep. III 6, 9: Carneades autem, ut Aristotelem refelleret ac Platonem, justitiae patronos etc. 7, 10 f.: plurimi quidem philosophorum sed maxime Plato et Aristoteles de justitia multa dixerunt adserentes et extollentes eam summa laude virtutem quod suum cuique tribuat etc. etc. nec immerito exstitit Carneades, homo summo ingenio et acumine, qui refelleret istorum orationem et justitiam quae fundamentum stabile non habebat everteret, non quia vituperandam esse justitiam sentiebat, sed ut illos defensores ejus ostenderet nihil certi, nihil firmi de justitia disputare.

3*

bewunderte[1]) wie dass er der Erste war der in der Akademie von ihm abfiel.[2]) Hierin liegt eigentlich schon ausgesprochen, dass Arkesilaos nicht an Platon anknüpfte sondern an Sokrates, auf den man damals, ähnlich wie heutzutage
von verschiedenen Seiten auf Kant, zurückging. Mit dieser
Ansicht steht auch die glaubwürdige Ueberlieferung im Einklang. Denn dass auf diejenige kein Verlass ist, die ihn
zu einem Pyrrhoneer stempelt, ist schon bemerkt worden.
Eine andere liegt vor bei Cicero nat. deor. I 11: haec in
philosophia ratio contra omnia disserendi nullamque rem
aperte judicandi, profecta a Socrate, repetita ab Arcesila,
confirmata a Carneade, usque ad nostram viguit aetatem;
de fin. II 2: is (Socrates) percontando atque interrogando
elicere solebat eorum opiniones, quibuscum disserebat, ut ad
ea, quae ei respondissent, si quid videretur, diceret. qui
mos cum a posterioribus non esset retentus, Arcesilas eum
revocavit instituitque ut ei, qui se audire vellent, non de
se quaererent sed ipsi dicerent quid sentirent; quod cum
dixissent, ille contra. Einen Grund die Zuverlässigkeit
auch dieser Nachricht zu verdächtigen kenne ich nicht. Sie
wird überdiess bestätigt durch Diog. IV 28.[3]) Hiernach
nahm Arkesilaos zuerst in der Akademie die Gesprächs-
methode wieder auf, und dass diess einen Anschluss an Sokrates bedeutet hebt Cicero an der zweiten der angeführten
Stellen ausdrücklich hervor. Vor Allem aber spricht für

---

[1]) Diog. IV 32: ἐῴκει δὴ θαυμάζειν καὶ τὸν Πλάτωνα καὶ τὰ
βιβλία ἐκέκτητο αὐτοῦ.

[2]) Diog. IV 28: πρῶτος τὸν λόγον ἐκίνησε τὸν ὑπὸ Πλάτωνος παραδεδομένον καὶ ἐποίησε δι᾽ ἐρωτήσεως καὶ ἀποκρίσεως ἐρι-
στικώτερον. Euseb. praep. ev. XIV 4, 16: Πολέμωνα γάρ φασι
διαδέξασθαι Ἀρκεσίλαον, ὃν δὴ κατέχει λόγος ἀφέμενον τῶν Πλάτωνος δογμάτων, ξένην τινὰ καὶ ὥς φασι δευτέραν συστήσασθαι
Ἀκαδημίαν.

[3]) S. vor. Anm.

diese Ueberlieferung, dass ihre Richtigkeit vorausgesetzt nicht
mehr auffallend ist was uns vorher so erscheinen musste.
Es erklärt sich nun wie er Skeptiker sein, wie er die mega-
rische Dialektik benutzen und doch sich einen Akademiker
nennen konnte: denn einen Skeptiker sah er in Sokrates,
von Sokrates leiteten sich die Megariker ab und Sokratiker
wollten auch Platon und seine Anhänger sein. Mit der Annahme, dass Arkesilaos nur das sokratische Philosophiren
neu beleben wollte, erledigt sich endlich ein Bedenken, das
bisher noch nicht zur Sprache gekommen ist und sich gleich-
wohl gegen den Ursprung der akademischen Skepsis aus dem
Pyrrhonismus geltend machen lässt. Wenn Arkesilaos einmal die pyrrhonische Skepsis sich aneignete, warum hat er
dann nicht auch das mit derselben so eng verbundene ethische
Princip übernommen? Ueber die ethischen Ansichten des
Arkesilaos lesen wir bei Sext. dogm. I 158 Folgendes: ἀλλ'
ἐπεὶ μετὰ τοῦτο ἔδει καὶ περὶ τῆς τοῦ βίου διεξαγωγῆς
ζητεῖν, ἥτις οὐ χωρὶς κριτηρίου πέφυκεν ἀποδίδοσθαι, ἀφ'
οὗ καὶ ἡ εὐδαιμονία, τουτέστι τὸ τοῦ βίου τέλος, ἠρτημέ-
νην ἔχει τὴν πίστιν, φησὶν ὁ Ἀρκεσίλαος ὅτι ὁ περὶ πάντων ἐπέχων κανονιεῖ τὰς αἱρέσεις καὶ φυγὰς καὶ κοινῶς
τὰς πράξεις τῷ εὐλόγῳ κατὰ τοῦτό τε προερχόμενος τὸ
κριτήριον κατορθώσει· τὴν μὲν γὰρ εὐδαιμονίαν περιγίνε-
σθαι διὰ τῆς φρονήσεως, τὴν δὲ φρόνησιν κινεῖσθαι ἐν
τοῖς κατορθώμασιν, τὸ δὲ κατόρθωμα εἶναι ὅπερ πραχθὲν
εὔλογον ἔχει τὴν ἀπολογίαν. ὁ προσέχων οὖν τῷ εἰλόγῳ
κατορθώσει καὶ εὐδαιμονήσει. Von der pyrrhonischen Ethik,
die zum Maassstab unseres praktischen Verhaltens die Seelenruhe (ἀταραξία) machte und die einzelnen Handlungen den
herrschenden Sitten und Gesetzen unterwarf, ist hier keine
Spur zu finden. Dagegen werden wir direct und indirect
abermals an Sokrates erinnert: denn sokratisch ist es, dass
als die Quelle der Glückseligkeit und des sittlichen Handelns

die Vernunft ($\varphi\varrho\acute{o}\nu\eta\sigma\iota\varsigma$) bezeichnet wird,[1]) und die Definition des $\varkappa\alpha\tau\acute{o}\varrho\vartheta\omega\mu\alpha$ hat in der stoischen des $\varkappa\alpha\vartheta\tilde{\eta}\varkappa\sigma\nu$ (Theil II S. 346 Anm.) ihr Vorbild, gehört also einer Ethik an die in letzter Hinsicht ebenfalls auf Sokrates zurückführt. Die skeptische Richtung des Arkesilaos ist also nicht in dem Maasse der Akademie ursprünglich fremd, als sie es sein würde wenn sie auf dem Boden des Pyrrhonismus gewachsen wäre. Sie ist auch nicht ganz plötzlich hervorgetreten sondern war vorbereitet durch die Bestrebungen seiner nächsten Vorgänger, des Polemon Krantor und Krates, die dem ethisch-praktischen Theil der Philosophie ein vorwiegendes Interesse zuwandten und dadurch gegen die naturphilosophische und metaphysische Forschung gleichgiltig werden mussten.[2])

Der verschiedene Ursprung der beiden Zweige der Skepsis bewährt sich auch in der weiteren Entwickelung derselben. Wie der Pyrrhonismus nur das Ergebniss der Zerstörung der Grundlagen ist, auf denen die alte Naturphilosophie beruhte, so erscheint auch sein weiterer Verlauf nur als ein fort-schreitender Auflösungsprozess alles Dogmatischen, das von der Alles zersetzenden Skepsis bis in seine letzten Winkel verfolgt wird. Arkesilaos hingegen, indem er an Sokrates anknüpfte, also den Philosophen, der gerade durch die Keime

---

[1]) Mit der Bedeutung, die Arkesilaos der Vernunft für die Ethik beilegte, mag es zusammenhängen, dass er um das Wahrscheinliche zu bezeichnen noch nicht wie die späteren Akademiker sich des Wortes $\pi\iota\vartheta\alpha\nu\grave{o}\nu$ sondern des an $\lambda\acute{o}\gamma\sigma\varsigma$ erinnernden $\varepsilon\H{v}\lambda\sigma\gamma\sigma\nu$ bediente. Den Späteren galten freilich beide Worte als synonyme (Augustin. acad. II 5, 12); dass aber Arkesilaos nur vom $\varepsilon\H{v}\lambda\sigma\gamma\sigma\nu$, noch nicht vom $\pi\iota\vartheta\alpha\nu\grave{o}\nu$ gesprochen hatte, ergibt sich aus einer genauen Er-wägung und Vergleichung von Sext. dogm. I 158 und 166 ff.

[2]) Gegen die gewöhnliche Ansicht, die in Arkesilaos einen Pyr-rhoneer sieht, hatte schon Geffers de Arcesila S. 15 f. geltend ge-macht dass durch sie der Zusammenhang in der Entwickelung der akademischen Philosophie zerrissen würde.

eines künftigen neuen Dogmatismus die er legte Epoche gemacht hat, pflanzte eben dadurch der akademischen Skepsis
von vorn herein die Neigung zum Dogmatisiren ein, eine
Neigung, die sich leise schon bei ihm selber in der Ethik
regte, stärker aber bei seinen Nachfolgern hervortrat. So
kam es dass während die pyrrhonische Skepsis mit der absoluten Negation endete, die akademische schliesslich wieder
in einen Dogmatismus umschlug. Diess muss jetzt noch ins
Einzelne verfolgt werden.

II. Die weitere Entwickelung der Skepsis.

1. Entwickelung der pyrrhonischen Skepsis.

Schon in den Anfängen des Pyrrhonismus scheinen
zwischen den Bekennern desselben Verschiedenheiten hervorgetreten zu sein. So weist uns Timon auf einen solchen
Gegensatz hin, wenn er Eurylochos als den heftigsten Feind
der Sophisten bezeichnet[1] und in Philon den einsam grü-
belnden Denker schildert. [2] Indessen sind diess doch nur
Verschiedenheiten des äusseren Verhaltens, keine die die
Lehre betreffen. Tiefer würde, wenn sie wirklich bestanden
hätte, eine andere einschneiden, die Diogenes 68 berührt.

---

[1] Diog. IX 69: $\tilde{\eta}\nu$ $o\tilde{v}\nu$ $\pi o\lambda\epsilon\mu\iota\dot{\omega}\tau\alpha\tau o\varsigma$ $\tau o\tilde{\iota}\varsigma$ $\sigma o\varphi\iota\sigma\tau\alpha\tilde{\iota}\varsigma$, $\dot{\omega}\varsigma$ $\varkappa\alpha\dot{\iota}$
$T\dot{\iota}\mu\omega\nu$ $\varphi\eta\sigma\dot{\iota}\nu$. Dazu Wachsmuth fr. 62. Was diesen Worten bei
Diogenes vorausgeht, ist im Geiste des Antigonos, wovon man sich
leicht durch Vergleichung seiner Berichte über Pyrrhon (Diog. 62 ff.
bes. 66, zu welcher letzteren Stelle Euseb. XIV 18, 19 zu vergleichen
ist) überzeugen kann. Man mag es daher auf ihn zurückführen, wenn
man ein so unsicheres Kriterion gelten lassen will.

[2] Diog. IX 69: $\dot{o}$ $\delta\dot{\epsilon}$ $\Phi\dot{\iota}\lambda\omega\nu$ $\tau\dot{\alpha}$ $\pi\lambda\epsilon\tilde{\iota}\sigma\tau\alpha$ $\dot{\epsilon}\alpha\upsilon\tau\tilde{\omega}$ (Cobet, $o\dot{\iota}$ Wachsmuth fr. 63) $\delta\iota\epsilon\lambda\dot{\epsilon}\gamma\epsilon\tau o\cdot$ $\ddot{o}\vartheta\epsilon\nu$ $\varkappa\alpha\dot{\iota}$ $\pi\epsilon\rho\dot{\iota}$ $\tau o\dot{\upsilon}\tau o\upsilon$ $\varphi\eta\sigma\dot{\iota}\nu$ $o\tilde{\upsilon}\tau\omega\varsigma\cdot$
$\ddot{\eta}$ $\tau\dot{o}\nu$ $\dot{\alpha}\pi$' $\dot{\alpha}\nu\vartheta\rho\dot{\omega}\pi\omega\nu$ $\alpha\dot{\upsilon}\tau\dot{o}\sigma\chi o\lambda o\nu$ $\alpha\dot{\upsilon}\tau o\lambda\alpha\lambda\eta\tau\dot{\eta}\nu$
$o\dot{\upsilon}\varkappa$ $\dot{\epsilon}\mu\pi\alpha\zeta\dot{o}\mu\epsilon\nu o\nu$ $\delta\dot{o}\xi\eta\varsigma$ $\dot{\epsilon}\rho\dot{\iota}\delta\omega\nu$ $\tau\epsilon$ $\Phi\dot{\iota}\lambda\omega\nu\alpha$.

Er sagt nämlich, niemand weiter als Numenios berichte, dass
Pyrrhon auch dogmatisirt habe;[1]) diesen Numenios aber
müssen wir für denselben halten, den er 102 mit Timon,
Ainesidem und Nausiphanes als Genossen Pyrrhons nennt.[2])
Es ist nun kaum glaublich, dass Numenios, wenn er wirklich ein Anhänger Pyrrhons war, zwar diesen für einen partiellen Dogmatiker erklärt habe, selber aber ein vollkommner
Skeptiker geblieben sei. Wir sind daher zu dem Schlusse
genöthigt, dass Numenios nach sich selber seinen Lehrer
beurtheilt und, wie er selber theilweise Dogmatiker war,
diess auch von Pyrrhon behauptet habe.[3]) So hat man in
der That auch in neuerer Zeit die Berichte des Diogenes
verstanden.[4]) In diesem Fall aber haben wir allen Grund
ihre Zuverlässigkeit zu bezweifeln. Allerdings würde die-

---

[1]) Μόνος δὲ Νουμήνιος καὶ δογματίσαι φησὶν αὐτόν.

[2]) Αὐτὸς μὲν γὰρ ὁ Πύῤῥων οὐδὲν ἀπέλιπεν, οἱ μέντοι συνήθεις
αὐτοῦ Τίμων καὶ Αἰνησίδημος καὶ Νουμήνιος καὶ Ναυσιφάνης καὶ
ἄλλοι τοιοῦτοι.

[3]) Zwei Fälle lassen sich allerdings denken, unter denen Numenios ein vollkommner Skeptiker bleiben und doch von Pyrrhon das
behaupten konnte was ihn Diogenes behaupten lässt. Der eine ist,
dass Numenios das Dogmatisiren Pyrrhons in eine frühere Zeit ver-
legte die der Periode seines Skepticismus vorausging, dass also die
Bemerkung historischer Natur ist und sich auf Pyrrhons philosophische Entwickelung bezieht, nicht aber eine eigenthümliche Auffassung der fertigen Lehre Pyrrhons enthält. Der andere, dass δογματίσαι nicht im strengen Sinne zu nehmen ist, wie ja Diogenes auch
69 von einem Quasi-Dogma (ἀπὸ τοῦ οἷον δόγματος) der Pyrrhoneer
spricht. Doch liegen diese beiden Möglichkeiten so fern, dass sie
schon deshalb hier nicht weiter berücksichtigt zu werden brauchen.

[4]) Leander Haas de philos. sceptic. succ. S. 71 sagt mit Beziehung auf Numenios: ad quem si referenda sunt illa, quae tradit
Diogenes IX 68, solum Numenium esse auctorem statuisse Pyrrho-
nem praecepta, eum non in sincera scepticorum doctrina mansisse
apparet. Wilamowitz Antigonos von Karystos (Philol. Unters. IV

selbe durch den denkbar besten Zeugen bestätigt werden,
wenn wir Wilamowitz glauben wollten, der (Antigonos von
Karystos S. 32, 8) in einem von Timon gebrauchten Verse
eine Anspielung auf Numenios' Dogmatismus fand. Diogenes berichtet 119 von Timon: συνεχές τ᾽ ἐπιλέγειν εἰώ-
ϑει πρὸς τοὺς τὰς αἰσϑήσεις μετ᾽ ἐπιμαρτυροῦντος τοῦ νοῦ
ἐγκρίνοντας

Συνῆλϑον ἀτταγᾶς τε καὶ νουμήνιος.

Dass diese beiden Namen nicht die Eigennamen zweier berühmten Gauner sondern Vogelnamen sind, die appellativisch
zur Bezeichnung von Spitzbuben gebraucht wurden, hatte
schon Menage bemerkt. Der Witz ist auch so vollkommen
klar, erschien aber vielleicht ursprünglich noch zierlicher,
wenn der Vers etwa der Anfang einer Fabel war. Dagegen
meint Wilamowitz, dass den Witz erst die Beziehung auf
Numenios gebe. Nach meiner Ansicht wird dadurch der
Witz überladen und bricht zusammen: denn wenn νουμήνιος
auf den Philosophen gleichen Namens anspielen soll, so fordern wir dass eine ähnliche Beziehung auch in ἀτταγᾶς liege.
Die Beziehung auf Numenios ist aber auch darum unzu-
lässig, weil nach Diogenes' Angabe Timon den Vers gegen
die gebraucht haben soll die das Kriterion in einer Verbindung der Sinne und der Vernunft erblicken. Damit ist
aber die Mehrzahl der Philosophen gemeint. Numenios
würde also, wenn die Vermuthung von Wilamowitz richtig
wäre, nicht ein partieller Dogmatiker, wie ich vorhin als
möglich angenommen hatte, sondern ein Dogmatiker gewöhnlichen Schlages gewesen sein. Wie ein solcher aber über-

---

S. 32, 8) verbindet mit Diogenes' Notiz über Numenios seine Deutung eines von Timon häufig gebrauchten Verses (Diog. 114) und
kommt so zu folgendem Schluss: „er (Numenios) wird also eine Wahrheit zugegeben haben, wenn Wahrnehmung und Verstand stimmten."

haupt noch als Pyrrhoneer gelten und mit Timon und Ainesidemos in eine Reihe gestellt werden konnte, weiss ich nicht.
So hat sich Timons angebliches Zeugniss für Numenios' Dogmatismus als Schein erwiesen. Was übrig bleibt, der Bericht
des Diogenes, reicht nicht aus uns den Glauben an eine
Sache zu geben die an sich höchst unglaubwürdig ist. Denn
wie weit auch immer in der Auffassung der Persönlichkeit
und Lehre des Meisters die unmittelbaren Schüler auseinander gehen mögen, diese Verschiedenheit kann doch nie den
eigentlichen Kern betreffen, wie denn auch in den mannich-
faltigen Formen der Sokratik noch die Züge desselben Ur-
bildes erkennbar sind. Es wäre daher ein Fall ganz uner-
hörter Art, wenn ein unmittelbarer Schüler Pyrrhous diesen
zu einem Dogmatiker gestempelt hätte, während doch Grund
und Wesen des Pyrrhonismus gerade der Gegensatz gegen
alle dogmatische Philosophie war. Jedenfalls müsste die
Autorität, der wir diess glauben sollten, eine bessere sein als
die des Diogenes ist, die hier obenein noch dadurch ge-
schmälert wird dass seine Berichte unter sich nicht im Einklang stehen. Nach dem einen derselben soll Numenios den
Pyrrhon für einen Dogmatiker erklärt und, wie wir daraus
schliessen müssten, selber ein Dogmatiker gewesen sein, nach
dem andern gehörte er zu den Genossen Pyrrhons und zwar
gerade zu denjenigen, gegen die sich die Angriffe der Dogmatiker richteten.[1]) Der Widerspruch erscheint noch greller,
wenn wir sehen[2]) dass den genannten Genossen Pyrrhons von

---

[1]) Diog. 102 fährt nach den früher (S. 40, 2) angeführten Worten
fort: οἷς ἀντιλέγοντες οἱ δογματικοί φασιν αὐτοὺς καταλαμβάνεσθαι
καὶ δογματίζειν· ἐν ᾧ γὰρ δοκοῦσι διελέγχειν καταλαμβάνονται· καὶ
γὰρ ἐν τῷ αὐτῷ κρατύνουσι καὶ δογματίζουσι. καὶ γὰρ ὅτε φασὶ
μηδὲν ὁρίζειν καὶ παντὶ λόγῳ λόγον ἀντικεῖσθαι, αὐτὰ ταῦτα καὶ
ὁρίζονται καὶ δογματίζουσι κτλ.

[2]) Diog. a. a. O.

Seiten ihrer Gegner hauptsächlich die Inconsequenz vorgeworfen wurde mit der sie reine Skeptiker sein wollten, in
Wahrheit aber sich von einem gewissen Dogmatismus nicht
frei halten konnten. Dieser Vorwurf des Dogmatismus konnte
doch unmöglich gegen Numenios erhoben werden, wenn derselbe den Dogmatismus aus freien Stücken zugegeben hatte.
Der Bericht des Diogenes leidet aber auch noch an einem andern Uebelstande. Zu den Vertheidigern der pyrrhonischen
Lehre, und zwar gerade insofern dieselbe Skepticismus ist,
wird nämlich auch Nausiphanes gerechnet; wenigstens wird
er als einer der Genossen Pyrrhons genannt, deren Lehre von
den Dogmatikern bestritten wurde. Nun war Nausiphanes
allerdings ein Zuhörer Pyrrhons und ein Verehrer,[1] aber
keineswegs ein Schüler, der auf die Worte des Meisters
schwor:[2] vielmehr wird uns ausdrücklich gesagt, dass er
nur für die Ethik sein Vorbild bei Pyrrhon fand, im Uebrigen
aber es vorzog seinen eigenen Weg zu gehen, und zu diesem
Verhalten stimmt auch der Umstand dass er der Lehrer
eines Dogmatikers wie Epikur war. Nausiphanes konnte
daher unmöglich unter den Verfechtern des Pyrrhonismus
in erster Linie genannt werden, wie doch bei Diogenes geschieht. Auffallend ist ferner in Diogenes' Bericht, worauf
schon Zeller III 1 S. 483, 1 hingewiesen hatte, dass zwischen
Timon und Nausiphanes d. h. unmittelbaren Schülern Pyrrhous
Ainesidem genannt wird, der doch füglich von dem bald
darauf (106) genannten nicht verschieden sein kann, also
der einer viel späteren Zeit angehörende Skeptiker sein
muss; auffallend ist schon, dass derselbe überhaupt zu den
„Genossen" (συνήθεις) Pyrrhons gezählt wird. Endlich, scheint

---

[1] Diog. 64: ὅθεν καὶ Ναυσιφάνην ἤδη νεανίσκον ὄντα θηρα-
θῆναι. ἔφασκε γοῦν γίνεσθαι δεῖν τῆς μὲν διαθέσεως τῆς Πυρρω-
νείου, τῶν δὲ λόγων τῶν ἑαυτοῦ. Vgl. 69.

[2] Diog. 64 (s. vor. Anmkg.).

es, hat noch Niemand daran Anstoss genommen, dass nach
Nennung des Nausiphanes die Reihe der Genossen Pyrrhons
abgeschlossen wird mit einem καὶ ἄλλοι τοιοῦτοι. Man
sollte dafür καὶ ἄλλοι τινὲς erwarten, da τοιοῦτοι sich nicht
rechtfertigen lässt: denn auf Timon u. s. w. kann es nicht
bezogen werden, da diese Namen nicht der Ausdruck einer
Qualität sind, und auf συνήθεις nur dann, wenn wir eine
plumpe Tautologie annehmen wollen. Für alle diese Mängel
möchte ich nicht Diogenes verantwortlich machen, sondern
glaube, dass derselbe nur geschrieben hatte: αὐτὸς μὲν γὰρ
ὁ Πύρρων οὐδὲν ἀπέλιπεν, οἱ μέντοι συνήθεις αὐτοῦ·
οἷς ἀντιλέγοντες οἱ δογματικοὶ φασιν αὐτοὺς κτλ. So gut
wie die Dogmatiker konnten auch die Genossen Pyrrhons un-
genannt bleiben, und erst ein Interpolator hat vermuthlich
die in den ausgeschiedenen Worten enthaltenen Beispiele
hinzugefügt. Numenios zu nennen wurde er durch Diog. 68
veranlasst. Diese Worte (μόνος δὲ Νουμήνιος καὶ δογματίσαι φησὶν αὐτόν) an sich betrachtet beweisen nun nicht
mehr, dass Numenios ein unmittelbarer Schüler Pyrrhons war.
Sie lassen vielmehr die Möglichkeit offen an irgend einen
Andern dieses Namens zu denken, der so wenig als der kurz
vorher genannte Poseidonios gerade ein Pyrrhoneer zu sein
braucht. Nichts hindert uns überdiess das Natürliche zu
thun und an den bekanntesten dieses Namens zu denken,
den Neupythagoreer Numenios. In den erhaltenen Fragmenten seiner Schriften kommt derselbe allerdings nur einmal (Euseb. praep. ev. XIV 6, 3 f.) und nur beiläufig aus
Anlass des Arkesilaos auf Pyrrhon zu sprechen und findet
hier gerade die vollkommene Skepsis (ἡ πάντων ἀναίρεσις)
für ihn charakteristisch. Aber ebenso urtheilt er an dieser
Stelle auch über Arkesilaos. Und doch macht er diesem
anderwärts einen Vorwurf daraus dass er von der Wahrheit
seiner eigenen Lehre überzeugt gewesen sei d. h. er gibt

ihm einen gewissen Dogmatismus Schuld.[1]) Denselben Vorwurf könnte er also auch an einer andern Stelle seiner zahlreichen Schriften (Thedinga de Numenio S. 5) gegen Pyrrhon erhoben haben, so gut wie diess Aristokles nach Euseb. XIV 18 und überhaupt die Dogmatiker nach Diog. 102 gethan hatten. Nur scheinbar steht damit nicht im Einklang, dass nach Diogenes Numenios der Einzige war, der Pyrrhon für einen Dogmatiker erklärte. Denn der Unterschied könnte der gewesen sein, dass die Uebrigen die Behauptung des Dogmatismus als Ergebniss einer Prüfung und zum Zweck der Widerlegung der pyrrhonischen Lehre aussprachen, Numenios dagegen sie nicht weiter begründet und ihr mehr die Form eines historischen Referats gegeben hatte.

Auf den skeptischen Dogmatiker oder besser den dogmatischen Skeptiker Numenios darf man sich also nicht

---

[1]) Euseb. a. a. O. 8, 2: τοιγαροῦν ἀπάγων (Karneades) τοὺς ἄλλους αὐτὸς ἔμενεν ἀνεξαπάτητος, ὃ μὴ προσῆν τῷ Ἀρκεσιλάῳ. Ἐκεῖνος γὰρ περιερχόμενος (Wyttenbach für περιεχόμενος) τῇ φαρμάξει τοὺς συγκορυβαντιῶντας ἔλαθεν ἑαυτὸν πρῶτον ἐξηπατηκὼς μὴ ᾐσθῆσθαι, πεπεῖσθαι δ' ἀληθῆ εἶναι, ἃ λέγει διὰ τῆς ἀπαξαπάντων ἀναιρέσεως χρημάτων. Dass der im Text bezeichnete Gedanke in diesen Worten liegt, ist wohl keinem Zweifel unterworfen. Ich glaube aber nicht, dass sie richtig überliefert sind. Denn ich weiss nicht was bedeuten soll „er habe es sich selbst eingeredet (ἐξηπατηκώς) dass er nicht mit den Sinnen erfasst habe aber doch überzeugt sei was er sage sei wahr". Vollkommen klar wäre Alles, wenn die Worte μὴ ᾐσθῆσθαι, πεπεῖσθαι δὲ gestrichen würden. Dann wäre der Gedanke, er habe sich selber eingeredet Alles was er sage sei wahr, und sei so — das ist die Meinung des Numenios —, indem er etwas als wahr anerkannte, aus einem Skeptiker ein Dogmatiker geworden. Die getilgten Worte könnten ein Zusatz sein, durch den das ἔλαθεν ἑαυτὸν ἐξηπατηκὼς ἀληθῆ εἶναι erklärt werden sollte; der Sinn desselben würde dann sein, er habe zwar nicht bemerkt (μὴ ᾐσθῆσθαι) dass er von dem was er sage überzeugt sei und so gegen seine eigene Lehre verstosse, in Wirklichkeit aber sei diess doch der Fall gewesen (πεπεῖσθαι δέ).

berufen, wenn es den Nachweis gilt dass die pyrrhonische
Skepsis in ihren Anfängen positiver war als in der späteren
Zeit. Wir brauchen ihn aber auch zu diesem Zwecke nicht.
Denn der Hauptvertreter des älteren Pyrrhonismus, Timon,
beweist uns, dass derselbe noch mit Fäden an den Dogma-
tismus geknüpft war die in späterer Zeit zerrissen wurden.
In den Ἰνδαλμοὶ las man nämlich folgende Verse: [1]

ἢ γὰρ ἐγὼν ἐρέω ὥς μοι καταφαίνεται εἶναι,
μῦθον ἀληθείης ὀρθὸν ἔχων κανόνα,
ὡς ἡ τοῦ θείου τε φύσις καὶ τἀγαθοῦ αἰεί,
ἐξ ὧν ἰσότατος γίνεται ἀνδρὶ βίος.

Dass diese Verse dem Stifter der Schule in den Mund gelegt waren, dürfen wir als sicher betrachten [2] und sie daher
für den echten Ausdruck der pyrrhonischen Lehre, wie dieselbe von Timon aufgefasst wurde, ansehen. Das Auffallende
in diesen Versen ist, dass in ihnen eine Wahrheit nicht bloss
überhaupt sondern als für uns vorhanden anerkannt wird,
ob wir nun ἀληθείης mit κανόνα oder was vernünftiger
Weise allein möglich ist mit μῦθον verbinden. So sehr aber
die späteren Skeptiker das Suchen der Wahrheit forderten,
so leugneten sie doch auf das Entschiedenste dass wir jemals in den Besitz derselben kommen könnten. [3]   Nicht
einmal die Lehre Pyrrhons konnten sie als wahr gelten lassen

---

[1] Sext. dogm. V 20.

[2] Sextos a. a. O. sagt es freilich nicht. Man vergleiche aber die
bei Diog. 65 erhaltenen und wohl dem Anfang desselben Werkes angehörenden Verse:

τοῦτό μοι, ὦ Πύῤῥων, ἱμείρεται ἦτορ ἀκοῦσαι,
πῶς ποτ' ἀνὴρ ἔτ' ἄγεις ῥῆστα μεθ' ἡσυχίης
μοῦνος ἐν ἀνθρώποισι θεοῦ τρόπον ἡγεμονεύων.

Offenbar gehören der Antwort auf diese Frage die von Sextos angeführten Verse an.

[3] Man vgl. z. B. Ainesidem bei Photios Bibl. c. 212.

und vermieden es eben deshalb, um jeden Schein des Dogmatismus zu zerstören, sich Pyrrhoneer zu nennen.[1]) Nehmen
wir nun auch an, dass es sich hier nur um einen sprachlichen Ausdruck und eine Ungenauigkeit im Gebrauche desselben handelt, so haben sich doch — und das eben ist das
Charakteristische — die Späteren diese Ungenauigkeit nicht
gestattet: was wir daraus schliessen müssen, dass bei Diog.
76 f., wo dergleichen unvermeidliche Fehler des Ausdrucks
verzeichnet werden, gerade dieser grobe vergessen ist und
ohne eine Entschuldigung bleibt die man doch anderen viel
leichterer Art gegenüber für nöthig gehalten hat. Dasselbe
ergibt sich aus der Polemik der Gegner: denn nirgends bemerken dieselben dass die Pyrrhoneer ausdrücklich von einer
Wahrheit sprachen,[2]) und doch würden sie, die nach jedem
Schein des Dogmatismus haschten, sich eine so deutliche
Spur desselben kaum haben entgehen lassen. Die Stelle
Timons dagegen, wenn sie vereinzelt war, mochten sie ignoriren oder was ebenfalls denkbar ist sich über dieselbe mit
einer Auslegung hinweghelfen, wie sie von ihnen auch in
anderen Fällen nicht verschmäht wurde. Ein solcher Fall
liegt uns noch vor bei Sextos mathem. I 305 f. Hier wird
Bezug genommen auf Verse Timons, in denen er Pyrrhon mit
der Sonne verglichen hatte:

$$\mu o \tilde{v} v o \varsigma \ \delta' \ \dot{a} v \vartheta \varrho \dot{\omega} \pi o \iota \sigma \iota \ \vartheta \varepsilon o \tilde{v} \ \tau \varrho \dot{o} \pi o v \ \dot{\eta} \gamma \varepsilon \mu o v \varepsilon \dot{v} \varepsilon \iota \varsigma,$$
$$\ddot{o} \varsigma \ \pi \varepsilon \varrho \grave{\iota} \ \pi \tilde{a} \sigma a v \ \dot{\varepsilon} \lambda \tilde{\omega} v \ \gamma a \tilde{\iota} a v \ \dot{a} v a \sigma \tau \varrho \dot{\varepsilon} \varphi \varepsilon \tau a \iota,$$
$$\delta \varepsilon \iota \varkappa v \dot{v} \varsigma \ \varepsilon \dot{v} \tau \dot{o} \varrho v o v \ \sigma \varphi a \dot{\iota} \varrho a \varsigma \ \pi v \varrho \iota \varkappa a \dot{v} \tau o \varrho a \ \varkappa \dot{v} \varkappa \lambda o v.$$

Die Grammatiker, sagt Sextos, werden diese Vergleichung verschieden erklären. Die einen werden darin eine Hindeutung

---

[1]) Diog. 70 berichtet diess wenigstens von Theodosios. Dagegen
vertheidigt die Bezeichnung der Skepsis als einer pyrrhonischen
Sextos Pyrrh. I 7.

[2]) Vgl. Diog. 102 f. Aristokles bei Euseb. XIV 18.

auf den Ruhmesglanz erblicken, der Pyrrhon umstrahlte,
die anderen auf das Licht, das er durch seine Lehre den
Menschen gespendet hatte. Diese zweite Erklärung würde
aber, wie Sextos bemerkt, Timon in einen Widerspruch verwickeln: denn als Skeptiker durfte er nicht zugeben, dass
Pyrrhon die Menschen durch seine Lehre erleuchtet habe,
da die Skepsis statt sie über die im Dunkeln liegende
Wahrheit aufzuklären die Menschen nur noch tiefer in die
Finsterniss gestossen hatte. Gerade diese Eigenschaft der
Skepsis ist nach Sextos das Mittel der Vergleichung. Pyrrhon
ist wie die Sonne: d. h. diejenigen, die ihm folgen, verlieren
ebenso das Licht der Wahrheit und Erkenntniss, wie der
welcher anhaltend in die Sonne schaut dadurch geblendet
wird.[1]) Diese Erklärung kann aber nicht die richtige sein.
Man darf uns das Recht anders als Sextos hierüber zu urtheilen nicht deshalb absprechen, weil uns die Worte nur
als Bruchstück vorliegen, Sextos aber sie im Zusammenhange
gelesen habe. Denn käme der Zusammenhang für die rich-

---

[1]) Τίμωνός τε τοῦ Φλιασίου τὸν Πύρρωνα ἡλίῳ ἀπεικάζοντος
ἐν οἷς φησὶ

μοῦνος δ᾽ ἀνθρώποισι θεοῦ τρόπον ἡγεμονεύεις,
ὃς περὶ πᾶσαν ἐλῶν γαῖαν ἀναστρέφεται,
δεικνὺς εὐτόρνου σφαίρας πυρικαύτορα κύκλον,

δόξει μὲν τοῖς γραμματικοῖς κατὰ τιμὴν αὐτὸ λέγειν καὶ διὰ τὴν περὶ
τὸν φιλόσοφον ἐπιφάνειαν· ἄλλος δὲ ἐπιστήσει μήποτε καὶ μάχεται
τὰ παραδείγματα τῷ σκεπτικῷ βουλήματι τὰ ὑπὸ τοῦ Φλιασίου εἰς
τὸν Πύρρωνα λεχθέντα, εἴγε ὁ μὲν ἥλιος τὰ πρότερον μὴ βλεπόμενα
τῷ φωτὶ καταυγάζων δείκνυσιν, ὁ δὲ Πύρρων καὶ τὰ προδήλως ἡμῖν
ληφθέντα τῶν πραγμάτων εἰς ἀδηλότητα περιστάναι βιάζεται. τὸ
δὲ οὐχ οὕτως ἔχειν φαίνεται τῷ φιλοσοφώτερον ἐπιβάλλοντι, ἀλλ᾽
ἡλίου τρόπον ἐπέχειν φησὶ τὸν Πύρρωνα καθόσον ὡς ὁ θεὸς τὰς
τῶν ἀκριβῶς εἰς αὐτὸν ἀτενιζόντων ὄψεις ἀμαυροῖ, οὕτω καὶ ὁ σκεπτικὸς λόγος τὸ τῆς διανοίας ὄμμα τῶν ἐπιμελέστερον αὐτῷ προσ-
εχόντων συγχεῖ, ὥστε ἀκαταληπτεῖν περὶ ἑκάστου τῶν κατὰ δογματικὴν θρασύτητα τιθεμένων.

tige Auffassung der Worte überhaupt in Betracht d. h. hatte
Timon im Folgenden das Gleichniss irgendwie erläutert, so
musste Sextos diess erwähnen und hätte, wenn Timons Erläuterung seine eigene Erklärung bestätigte, diesen Umstand
sich sicher zu Nutze gemacht. Die Mittel der Erklärung
können daher nur in den fraglichen Worten selber gesucht
werden. Ich weiss nicht, ob hiernach Sextos' Erklärung
überhaupt noch einer Widerlegung bedarf. Denn in Timons
Versen wird die Sonne als Führer und Leiter der Menschen
bezeichnet (ϑεοῦ τρόπον ἡγεμονεύεις); das ist sie aber doch
nicht insofern sie dieselben blendet und so des Gesichtes
beraubt sondern insofern sie ihnen leuchtet und so den Weg
zeigt. Nur auf diese letztere Eigenschaft kann sich daher
auch der Vers δεικνὺς εὐτόρνου σφαίρας πυρικαύτορα κύκλον beziehen. Dann besagen aber die Worte dass Pyrrhon
der Führer der Menschen geworden ist durch das Licht das
von ihm ausging und die bis dahin dunkelen Wege erhellte,
und sprechen in der Form des Gleichnisses die Anerkennung
einer von Pyrrhon geoffenbarten Wahrheit aus. Sie haben
insofern ein doppeltes Interesse. Einmal zeigen sie verglichen mit der Erklärung des Sextos, wie viel consequenter die Späteren den Skepticismus durchführten. Ausserdem
aber bestätigen sie, dass „die Rede der Wahrheit" (μῦθος
ἀληθείης) in dem vorher angeführten Fragment auf Pyrrhons Lehre zu beziehen ist. Sie bestätigen diess um so
mehr als beide Fragmente demselben Werke entnommen
sind[1]) und hier nahe bei einander standen.[2]) — Dass „die

---

[1]) Dass auch das zweite Fragment aus den Ἰνδαλμοί stammt,
lehrt Diog. 65, der wenigstens den ersten Vers desselben daher anführt.

[2]) Denn ich habe schon bemerkt, dass auf die von Diog. 65
angeführten und eine Frage enthaltenden Worte das erste Fragment
die Antwort gibt.

Wahrheit" in Timons Augen nicht eine blosse Redensart ohne
Inhalt und Bedeutung ist, beweisen die Folgen, die er selber
aus der Anerkennung einer solchen für seine übrigen Anschauungen abgeleitet hat. Denn in dem schon angeführten
Fragment lässt er Pyrrhon sagen, dass er bei der Mittheilung seiner Vorstellungen die Rede der Wahrheit als Richtschnur nehmen werde:

$$\ddot{\eta}\ \gamma\grave{\alpha}\varrho\ \dot{\varepsilon}\gamma\grave{\omega}\nu\ \dot{\varepsilon}\varrho\acute{\varepsilon}\omega\ \ddot{\omega}\varsigma\ \mu o\iota\ \varkappa\alpha\tau\alpha\varphi\alpha\acute{\iota}\nu\varepsilon\tau\alpha\iota\ \varepsilon\ddot{\iota}\nu\alpha\iota,$$
$$\mu\tilde{v}\vartheta o\nu\ \dot{\alpha}\lambda\eta\vartheta\varepsilon\acute{\iota}\eta\varsigma\ \dot{o}\varrho\vartheta\grave{o}\nu\ \ddot{\varepsilon}\chi\omega\nu\ \varkappa\alpha\nu\acute{o}\nu\alpha.$$

Diess kann doch nur bedeuten, dass er in seinen Vorstellungen eine Auswahl treffen und nur diejenigen mittheilen
will die sich an der angegebenen Richtschnur bewähren.[1]
Es frägt sich, von was für Vorstellungen hier die Rede ist.
Fassen wir diese Verse, wofür doch alle Wahrscheinlichkeit
spricht, als den Anfang der Antwort, welche Pyrrhon auf
Timons Frage (S. 46, 2) gibt, so können diese Vorstellungen
keine anderen sein als die welche den Inhalt von Pyrrhons
ursprünglich folgendem Vortrage bildeten. „Ich will sagen",
ist der Sinn, „wie es sich mir zu verhalten scheint ($\ddot{\omega}\varsigma\ \mu o\iota$
$\varkappa\alpha\tau\alpha\varphi\alpha\acute{\iota}\nu\varepsilon\tau\alpha\iota\ \varepsilon\ddot{\iota}\nu\alpha\iota$), nämlich mit dem was du mich frägst".

---

[1] Es könnte jemand auf den Gedanken kommen, dass durch
die Worte $\mu\tilde{v}\vartheta o\nu\ \varkappa\tau\lambda.$ die Vorstellungen nicht als solche bezeichnet
werden sollen die der Wahrheit nahe kommen sondern als solche
die der wahre Ausdruck der Ueberzeugung sind. Pyrrhon würde,
wenn diese Erklärung richtig wäre, nur die Versicherung abgeben,
dass er nach bestem Wissen und Gewissen die Wahrheit sagen und
nicht lügen wolle. Nur bei flüchtiger Betrachtung kann indessen
diese Erklärung befriedigen. Ein näheres Zusehen zeigt vielmehr,
dass sie durch zwei Umstände ausgeschlossen wird: erstens weil der-
selbe Gedanke schon in dem vorhergehenden $\ddot{\omega}\varsigma\ \mu o\iota\ \varkappa\alpha\tau\alpha\varphi\alpha\acute{\iota}\nu\varepsilon\tau\alpha\iota$
$\varepsilon\ddot{\iota}\nu\alpha\iota$ zur Genüge ausgedrückt war, und dann weil Timon diesem
Gedanken besser folgende Form gegeben haben würde:
$$\mu\acute{v}\vartheta o\nu\ \dot{\alpha}\lambda\eta\vartheta\varepsilon\acute{\iota}\eta\nu\ \dot{o}\varrho\vartheta\grave{o}\nu\ \ddot{\varepsilon}\chi\omega\nu\ \varkappa\alpha\nu\acute{o}\nu\alpha.$$

Dass die Mittheilung von Vorstellungen den Hauptinhalt von Timons ganzem Werke ausmachte, bestätigt der Titel Ἰν- δαλμοί. Man hat demselben diese am nächsten liegende Deutung bisher wohl nur deshalb nicht gegeben, weil die menschlichen Vorstellungen an sich, und namentlich mit den Augen des Pyrrhoneers angesehen, zu werthlos schienen als dass sie es verdienten in einer eigenen Schrift aufgezeichnet und erörtert zu werden.[1]) Nun sind aber die Vorstellungen

---

[1]) Frühere Versuche den Titel zu erklären hat Wachsmuth S. 11 zurückgewiesen. Die Erklärung, die er selber gibt, ist in folgenden Worten enthalten: Conicio ergo poetam incepisse a laudibus Pyrrhonis eumque interrogasse, quo tandem modo effecisset, ut omnibus cupiditatibus et animi affectibus vacuus semper aequo animo viveret, illum deinde longiore disputatione exposuisse, qua ratione id posset quispiam nancisci, nempe ita ut non passus se decipi philosophorum ἡδυλόγου σοφίης omniumque cupiditatum ἰνδαλμοῖς (Sext. Emp. adv. math. X 351) totum se daret scepticae sectae. Also weil in diesem Werke Timons die Vorstellungen kritisirt, als werthlos, ja schädlich nachgewiesen wurden, darum soll es „Vorstellungen" betitelt worden sein? Mit demselben Recht hätte Kant die Kritik der reinen Vernunft auch „Dogmatische Philosophie" nennen können. Sollte der Titel des Werkes überhaupt von dem Gegenstand der darin angestellten Kritik hergenommen werden, dann hätte er περὶ ἰνδαλμῶν lauten müssen. Aber auch zugegeben dass ἰνδαλμοί der Titel sein könne weil es den Gegenstand der Kritik bezeichnet, so ist ja in Timons Werke nach Wachsmuths eigener Ansicht der Gegenstand der Kritik gar nicht der auf den der Titel hinweisen soll. Denn der Titel lässt auf eine Kritik der Vorstellungen schlechthin und überhaupt schliessen. Nach Wachsmuth aber wurden einer Kritik nur diejenigen Vorstellungen unterworfen, die durch falsche Lehre und durch Begierden und Leidenschaften in uns erregt werden und von denen wir uns frei machen sollen. Es bleiben sonach ausser Spiel alle die Vorstellungen, deren nach der Ansicht der Pyrrhoneer, die in diesem Falle auch die Timons ist (diess ergibt sich aus dem Zusammenhang, in dem sein Vers ἀλλὰ τὸ φαινόμενον πάντη σθένει, οὗπερ ἂν ἔλθῃ von Sextos dogm. I 30 und von Diog. 105 angeführt wird), auch der Weise zum Leben und Handeln nicht entbehren kann, also gerade der wichtigste

gänzlich werthlos nur so lange wir sie lediglich nach ihrem
Nutzen für das Erkennen schätzen; dagegen haben sie mit
Rücksicht auf das menschliche Handeln betrachtet einen sehr
hohen Werth, da sie für dasselbe unentbehrlich sind. Daher
konnte ein Pyrrhoneer sie unter diesem Gesichtspunkt sehr
wohl in einer besonderen Schrift zusammenfassen, zumal da
schon Parmenides im zweiten Theil seines Gedichtes und
Platon im Timaios es gewagt hatten zum Inhalt einer philosophischen Darstellung zu machen was Gegenstand nicht des
vollen Wissens sondern nur des Wähnens oder Glaubens ist.
Dass nun wirklich unter diesem Gesichtspunkt die Vorstellungen in Timons Schrift waren behandelt worden, zeigt der
von Sextos dogm. I 30 und von Diog. 105 aufbewahrte Vers:

$$\mathring{\alpha}\lambda\lambda\mathring{\alpha}\ \tau\grave{o}\ \varphi\alpha\iota\nu\acute{o}\mu\varepsilon\nu o\nu\ \pi\acute{\alpha}\nu\tau\eta\ \sigma\vartheta\acute{\varepsilon}\nu\varepsilon\iota,\ o\mathring{\upsilon}\pi\varepsilon\rho\ \mathring{\alpha}\nu\ \mathring{\varepsilon}\lambda\vartheta\eta.$$

Theil unserer Vorstellungen. Und doch soll, wo der wichtigste fehlt,
das Ganze den Namen hergeben? Die Wachsmuthsche Erklärung
leidet endlich an demselben Fehler wie ihre Vorgängerinnen, dass
sie gesucht ist. Denn der Titel Ἰνδαλμοί führt doch zunächst darauf
an ein Werk zu denken, dessen Inhalt in einer Reihe von Vorstellungen besteht. Diese Vermuthung wird durch den ersten der Pyrrhon
in den Mund gelegten Verse sogleich bestätigt: ἦ γὰρ ἐγὼν ἐρέω ὥς μοι
καταφαίνεται εἶναι. Hiernach war Pyrrhons ganzer Vortrag nichts
weiter als eine Summe von φαινόμενα, dieser Vortrag bildete aber
allem Anschein nach den Hauptinhalt des ganzen Werkes, das daher
wohl nach ihm den Namen Ἰνδαλμοί erhalten konnte. Denn das bedarf kaum eines Wortes, dass zwischen καταφαίνεται und ἰνδάλλεται
ein Unterschied der Bedeutung nicht existirt. Dass Sextos einen
solchen nicht machte, sehen wir aus dogm. I 425: παρὰ τὰς διαφορὰς
τῶν πόρων καὶ παρὰ τὰς τοῦ ἐκτὸς περιστάσεις καὶ παρ' ἄλλους
πλείονας τρόπους οὔτε τὰ αὐτὰ οὔτε ὡσαύτως ἰνδάλλεται ἡμῖν τὰ
πράγματα — —, ὥστε εἰ μὲν φαίνεται πρὸς τῇδε τῇ αἰσθήσει καὶ
τῇδε τῇ περιστάσει δύνασθαι λέγειν, τὸ δ' εἰ ταῖς ἀληθείαις τοιοῦτόν
ἐστιν οἷον καὶ φαίνεται, ἢ ἀλλοῖον μέν ἐστιν ἀλλοῖον δὲ φαίνεται, μὴ
ἔχειν ἡμᾶς διανθεντεῖν. Ausserdem darf man mit Timons Verse wohl
den homerischen (Od. 19, 224) vergleichen: ἀλλὰ καὶ ὣς ἐρέω, ὥς μοι
ἰνδάλλεται ἦτορ.

An sich zwar könnte in diesen Worten auch der Gedanke
liegen, dass das Leben und Handeln der Menschen thatsächlich überall von den Vorstellungen beherrscht werde
ohne dass diese Herrschaft für nothwendig erklärt und deshalb gebilligt würde; in diesem Falle könnten die Worte
recht wohl einer Darstellung angehören, die gegen die Abhängigkeit des menschlichen Handelns von den Vorstellungen
gerichtet war. Der Zusammenhang, in dem die Worte citirt
werden, nöthigt uns aber sie anders aufzufassen. Denn
Sextos beruft sich auf Timon als Zeugen dafür, dass auch
der Skeptiker, wenn er nicht auf jedes Wirken und Handeln
im Leben verzichten wolle, ein Kriterion desselben müsse
gelten lassen, wie es in den Vorstellungen gegeben sei;[1] und
Diogenes führt den Vers zum Beweis an, dass die Skepsis
nicht, wie ihr die Dogmatiker vorwerfen, die Möglichkeit des
Lebens und Handelns aufhebt. Der Sinn des Verses kann
daher nur der sein: die Vorstellungen besitzen eine Gewalt,
der sich Niemand, auch der Weise nicht, entziehen kann.
Damit wollte aber Timon nicht sagen, dass wir jeder zufälligen Vorstellung blind nachgeben sollen. Das konnte er
nicht sagen wollen, da er z. B. die Vorstellung, nach der
die sinnliche Lust ein Gut ist, nicht als maassgebend für
unser Handeln gelten liess.[2] Unsere Abhängigkeit von den
Vorstellungen kann daher nur darin bestehen, dass wir überhaupt von einer Vorstellung ausgehen müssen um handeln

---

[1] Κατ' ἀνάγκην γὰρ ἔδει τὸν ἀπορητικῶς φιλοσοφοῦντα, μὴ εἰς
τὸ παντελὲς ἀνενέργητον ὄντα καὶ ἐν ταῖς κατὰ τόν βίον πράξεσιν
ἄπρακτον, ἔχειν τι κριτήριον αἱρέσεως καὶ φυγῆς, τουτέστι τὸ φαινόμενον, καθὼς καὶ ὁ Τίμων μεμαρτύρηκεν εἰπὼν κτλ.

[2] Athen. VIII 337 A: παγκάλως δὲ καὶ ὁ Τίμων ἔφη

πάντων μὲν πρώτιστα κακῶν ἐπιθυμίη ἐστίν.

In diesen Worten liegt die im Texte angegebene Ansicht eingeschlossen, wenn sie auch nicht geradezu ausgesprochen wird.

zu können; welches dagegen im Einzelnen diese Vorstellung
ist, das zu bestimmen steht in unserer Macht. Insofern also
die Vorstellungen, welche den Inhalt von Timons Schrift
bildeten und nach denen sie den Namen trug, Vorstellungen
sind durch die unser Handeln geregelt werden soll, können
es nicht beliebige sondern müssen es nach einer bestimmten
Rücksicht ausgewählte sein. Auch abgesehen hiervon ist es
nicht möglich, dass Timon alle Vorstellungen die ein Mensch
haben kann oder jemals gehabt hat in seiner Schrift auf-
zählte; durch die in Timons Frage und Pyrrhons Antwort
ausgesprochene ethische Tendenz wird aber auch die Annahme ausgeschlossen, dass Timons ganze Absicht dahin ging
über das weite Gebiet der Vorstellungen durch zweckmässig
gewählte Beispiele eine Uebersicht zu geben. Timons Werk
kann also nur einen Theil der überhaupt möglichen Vorstellungen, muss diesen aber vollständig enthalten haben,
nämlich alle die durch die nach seiner Meinung unser Handeln bestimmt werden sollte. Um dieses Vorstellungsgebiet
gegen andere scharf abzugrenzen bedurfte er natürlich eines
Maasses, und dieses Maass ($\acute{o}\varrho\vartheta\grave{o}\varsigma$ $\varkappa\alpha\nu\acute{\omega}\nu$), wie er selber
Pyrrhon sagen lässt, war die Rede der Wahrheit ($\mu\tilde{v}\vartheta o\varsigma$ $\grave{a}\lambda\eta$-
$\vartheta\varepsilon\acute{\iota}\eta\varsigma$). Welche Vorstellung sich an ihr bewährte, wurde
aufgenommen. Wir sind noch im Stande zu erkennen, wie
er hierbei im Einzelnen verfuhr. Zu den Vorstellungen, von
denen die Rede ist, gehört die Lehre, die er nach Athen.
VIII 337 A in folgenden Vers gebracht hatte:

$$\pi\acute{a}\nu\tau\omega\nu \ \mu\grave{\varepsilon}\nu \ \pi\varrho\acute{\omega}\tau\iota\sigma\tau\alpha \ \varkappa\alpha\varkappa\tilde{\omega}\nu \ \grave{\varepsilon}\pi\iota\vartheta\upsilon\mu\acute{\iota}\eta \ \grave{\varepsilon}\sigma\tau\acute{\iota}\nu.$$

Es ist höchst wahrscheinlich, dass dieser Vers aus den Ἰνδαλμοί genommen ist:[1]) denn erstens ist die Form des Aus-

---

[1]) Diess war schon Wachsmuths Ansicht. Der Grund aber, auf
den er sich stützt und der mit seiner Auffassung des ganzen Werkes
zusammenhängt, kann für uns nach dem früher (S. 51, 1) Bemerkten
nicht mehr in Betracht kommen.

drucks der Art wie sie nach der Ansicht der Pyrrhoneer
nur bei Vorstellungen (φαινόμενα) zulässig war,[1] und zweitens ist der Inhalt eine Vorschrift für unser Handeln, so
dass die beiden Forderungen, die wir an alles was in den
Bereich der Ἰνδαλμοὶ fällt stellen müssen, erfüllt sind. Indessen angenommen dass er aus einer andern Schrift d. h.
den Σίλλοι stammt, so ist er doch von derselben Art wie
das was den Inhalt der Ἰνδαλμοὶ bildete und kann daher
wohl als Beispiel benutzt werden, damit wir daran die Beschaffenheit solcher Vorstellungen, die den Ausgangspunkt für
unser Handeln bilden sollten, näher demonstriren. Welches
ist nun die Eigenschaft, um derentwillen die Vorstellung, dass
die Begierden das grösste Uebel sind, in einem höheren
Grade für unser Handeln maassgebend ist als die entgegengesetzte, dass die Begierden oder das was sie erregt ein
Gut sind? Die Antwort hierauf kann nicht zweifelhaft sein:
die Begierden sind deshalb das grösste Uebel, weil sie mehr
als alles Andere das Glückseligkeitsideal der Pyrrhoneer, die
ἀταραξία, stören. Dieses also ist es, an dem wir die verschiedenen Vorstellungen messen sollen, und dieser Maassstab
entscheidet an welche Vorstellung wir uns in unserm Handeln zu binden haben. In ähnlicher Weise kommt derselbe
Maassstab auch noch in einem anderen Falle zur Anwendung. Dass wir uns den herrschenden Sitten und Gesetzen
unterwerfen, den darin ausgesprochenen Vorstellungen über
Gut und Uebel fügen sollen, war auch Timons Meinung
ebenso wie die der übrigen Pyrrhoneer.[2] Als Grund,

---

[1] Sext. dogm. V 19: ὅταν λέγωμεν σκεπτικῶς „τῶν ὄντων τὰ
μέν ἐστιν ἀγαθὰ τὰ δὲ κακὰ τὰ δὲ μεταξὺ τούτων“, τὸ ἔστιν ἐντάτ-
τομεν οὐχ ὡς ὑπάρξεως ἀλλ' ὡς τοῦ φαίνεσθαι δηλωτικόν.

[2] Hinsichtlich der übrigen Pyrrhoneer vgl. z. B. Sext. Pyrrh. I 17.
Dass Timon derselben Ansicht war, dürfen wir wohl aus Diog. 105
schliessen: ὅθεν καὶ ὁ Τίμων ἐν τῷ Πύθωνί φησι· μὴ ἐκβεβηκέναι
τὴν συνήθειαν.

weshalb er diese Vorstellungen als solche anerkannte, die für
unser Handeln verbindlich sind, liegt es am nächsten den
anzunehmen, dass durch eine solche Anerkennung die ἀταραξία gefördert wurde. Das Glückseligkeitsideal der Pyr-
rhoncer ist also abermals der Maassstab, nach dem über die
Wahl der unser Handeln bestimmenden Vorstellungen entschieden wird. Die Anwendung desselben Maassstabes reicht
aber in diesem Falle noch weiter. Denn die Vorstellung
dass ich mich den Gesetzen u. s. w. unterwerfen soll kann
verschieden sein, je nach dem darin die Vorstellung eingeschlossen ist, dass, was die Gesetze für gut oder übel erklären, beides auch der Natur und Wirklichkeit nach ist,
oder die andere, dass es nur in der Meinung diese beiden
Eigenschaften hat. Timon entschied sich für die letztere
Art der Vorstellung und zwar deshalb weil nur in diesem
Falle die ἀταραξία gewahrt werden kann.[1]) Diese ist also
auch hier der Maassstab, der über die Vorstellung entscheidet durch die unser Handeln bestimmt werden soll.
Jetzt erkennen wir deutlich, was unter der Rede der Wahrheit (μῦθος ἀληθείης) zu verstehen ist, die Pyrrhon bei Timon
zum Maassstab seiner Vorstellungen machen will. Denn an

---

[1]) Sext. dogm. V 140: μόνως οὖν ἔσται φυγεῖν ταύτην, εἰ ὑπο-
δείξαιμεν τῷ ταραττομένῳ κατὰ τὴν τοῦ κακοῦ φυγὴν ἢ κατὰ τὴν
τοῦ ἀγαθοῦ δίωξιν ὅτι οὔτε ἀγαθόν τι ἔστι φύσει οὔτε κακόν,

ἀλλὰ πρὸς ἀνθρώπων ταῦτα νόῳ κέκριται

κατὰ τὸν Τίμωνα. Dass dieser Vers zu den Ueberresten der Ἰνδαλμοὶ
gehört, hat schon Wachsmuth S. 11 daraus geschlossen, dass er Theil
einer im elegischen Maasse gehaltenen Dichtung ist. Dagegen scheint
auf die sprachliche Form noch Niemand besonders geachtet zu haben.
Denn sonst hätte wohl nicht verborgen bleiben können, dass der Gegensatz, in dem diese Worte zu den vorhergehenden ἔστι φύσει stehen,
schärfer zum Ausdruck kommt, wenn wir statt νόῳ schreiben νόμῳ.
Vgl. die S. 11, 1 angeführten Stellen.

sich schon lag es am nächsten darunter die Lehre Pyrrhous
zu verstehen, und diese Auffassung ist jetzt bestätigt worden,
da thatsächlich die Forderung der ἀταραξία von Timon als
Maassstab der Vorstellungen benutzt wurde, diese aber mit
Pyrrhous Lehre eins ist. Auch was Pyrrhon nach der eben
berücksichtigten 'Aeusserung weiter in den Mund gelegt wird,
erhält von dem jetzt gewonnenen Standpunkt aus ein neues
Licht. Da es auf den Zusammenhang der Verse ankommt,
so setze ich sie alle noch einmal her:

$$\text{ἢ γὰρ ἐγὼν ἐρέω ὥς μοι καταφαίνεται εἶναι,}$$
$$\text{μῦθον ἀληθείης ὀρθὸν ἔχων κανόνα,}$$
$$\text{ὡς ἡ τοῦ θείου τε φύσις καὶ τἀγαθοῦ αἰεί,}$$
$$\text{ἐξ ὧν ἰσότατος γίνεται ἀνδρὶ βίος.}$$

Nach der Uebersetzung bei Fabricius und der Interpunction
bei Bekker zu schliessen scheint es dass man die Worte
ὡς ἡ τοῦ θείου κτλ. als den Inbegriff oder doch als einen
Theil der durch ἐρέω angekündigten Aeusserung betrachtete
und ὡς in der Bedeutung von „dass" nahm. Diese Auffassung ist aber nicht haltbar. Denn indem die Aeusserung
durch ὡς aufs Engste an ἐρέω angeknüpft wird, wird sie in
dieselbe Zeit gezogen, in der die Ankündigung geschieht,
also aus der Zukunft, in der sie der Annahme nach stattfinden sollte, in die Gegenwart. Ich kann nicht sagen „ich
werde sagen, dass die Natur des Göttlichen und Guten
immer ist", wenn was ich später sagen werde eben darin
besteht zu sagen dass die Natur des Göttlichen und Guten
immer ist; in diesem Falle hört ja das Sagen auf, ein Zu-
künftiges zu sein, ich werde nicht erst sagen, sondern ich
sage es bereits, dass u. s. w. Nur dann liesse sich ὡς in
der Bedeutung von „dass" festhalten, wenn der sich an-
schliessende Satz nicht selber schon eine der in Aussicht
gestellten Aeusserungen darstellt sondern nur den Inhalt

derselben im Allgemeinen zusammenfasst und so andeutet was erst der folgende Vortrag ins Einzelne ausführt. In diesem Falle würde letzterer keine Absicht haben als den eingehenden Beweis zu liefern, dass das Gute und Göttliche immer ist. Statt dessen war, wie sich daraus ergibt dass er eine Antwort auf Timons Frage- sein sollte, seine Absicht vielmehr Vorschriften zu geben, nach denen auch andere Menschen ein ebenso glückliches Leben führen können wie Pyrrhon. Es bleibt daher nur übrig ὡς in einer andern Bedeutung, der causalen, zu nehmen und zu übersetzen: „denn die Natur des Göttlichen und Guten ist immer". Diese Worte können dann nur die Begründung des unmittelbar vorhergehenden Verses enthalten. Mit dem ersten Verse (ἦ γὰρ ἐγὼν κτλ.) erklärt Pyrrhon, er werde sagen wie es ihm zu sein oder sich zu verhalten scheine, nämlich mit dem wonach ihn Timon gefragt hatte. Wenn er hierauf hinzufügt, er wolle sich dabei die Rede der Wahrheit zur Richtschnur nehmen, so war natürlich eine Andeutung darüber, was er unter der Rede der Wahrheit verstehe und in wie fern dieselbe eine Richtschnur seiner Aeusserungen sein könne, sehr erwünscht. Diesem Bedürfniss genügt der mit ὡς eingeleitete Gedanke. Daraus sehen wir, dass den Inhalt der Rede der Wahrheit die Natur des Göttlichen und Guten bildet; und da nun diese Natur näher bestimmt wird als diejenige wodurch das menschliche Leben zu einem gleichmässigen wird (ἐξ ὧν ἰσότατος γίνεται ἀνδρὶ βίος), dabei aber nur an die ἀταραξία gedacht werden kann, so kommen wir auf anderem Wege zu derselben Erklärung zurück, die wir schon vorher natürlich und wahrscheinlich fanden. Wenn sodann hinzugefügt wird, dass diese Natur immer ist, so soll dadurch die Eigenthümlichkeit an ihr hervorgehoben werden, durch die sie befähigt ist in Mitten des Wechsels und Schwankens unserer Vorstellungen als fester Maassstab zu dienen. — Von verschie-

denen Seiten hat sich uns so bestätigt, dass Timon es nicht
für gleichgiltig hielt, durch welche Vorstellungen unser
Handeln bestimmt wird, sondern zu diesem Zwecke eine Auswahl traf, bei der er sich des angegebenen Maassstabes bediente. Diese Auswahl bildete den Inhalt der Ἰνδαλμοί.
Da nun derselbe eine Antwort auf Timons Frage nach der
Glückseligkeit ist, die Glückseligkeit nach der Ansicht der
Pyrrhoneer aber auf der ἀταραξία beruht, so könnte man
schliessen, dass in den Ἰνδαλμοὶ vor allem das pyrrhonische
Ideal der ἀταραξία und sein Ursprung aus der ἐποχὴ erörtert und begründet wurde. Wäre diess indessen der Hauptinhalt der Schrift gewesen, dann würde der Name Ἰνδαλμοὶ
abermals unerklärt bleiben. Dieser scheinbare Einwand lässt
sich beseitigen, sobald wir näher zusehen, was der Sinn von
Timons Frage ist. Er sagt Diog. 65:

τοῦτό μοι, ὦ Πύρρων, ἱμείρεται ἦτορ ἀκοῦσαι,
πῶς ποτ' ἀνὴρ ἔτ' ἄγεις ῥᾷστα μεθ' ἡσυχίης.

Hieraus sehen wir, dass Timon, was das Wesen von Pyrrhons
Glückseligkeit ausmacht, schon erkannt hat. Es ist die ἡσυχίη,
die mit der ἀταραξίη zusammenfällt.[1] Was er daher von Pyrrhon wissen will, das können nur die Mittel sein, durch die
man sich in den verschiedensten Verhältnissen diese Art von
Glückseligkeit erwirbt und erhält. Diese Mittel aber sind die
Vorstellungen, die ich mir von den einzelnen Dingen bilde
und von denen ich mich in allen besondern Verhältnissen

---

[1] Sext. dogm. V 141: εὐδαίμων μέν ἐστιν ὁ ἀταράχως διεξ-
άγων καὶ, ὡς ἔλεγεν ὁ Τίμων, ἐν ἡσυχία καὶ γαληνότητι καθεστώς·

πάντη γὰρ ἐπεῖχε γαλήνη

καὶ

τὸν δ' ὡς οὖν ἐνόησ' ἐν νηνεμίῃσι γαλήνης.

Vgl. Pyrrh. I 10.

leiten lasse. Die Ἰνδαλμοὶ waren daher eine ethische
Schrift, aber nicht in dem Sinne dass sie die letzten Principien der ' Sittlichkeit erörterten — das blieb anderen
Schriften (vgl. Euseb. praep. ev. XIV 18, 2) vorbehalten und
wurde in den Ἰνδαλμοὶ als μῦϑος ἀληϑείης vorausgesetzt —
sondern darum weil sie diese vorausgesetzten Principien in
ihre Consequenzen verfolgten und Vorschriften über ihre Anwendung in einzelnen Fällen gaben. Um sich eine deut-
lichere Vorstellung von ihrem Inhalt zu machen wird man
die stoischen Schriften περὶ καϑήκοντος oder vielleicht
noch besser Demokrits Schrift περὶ εὐϑυμίης [1]) vergleichen
dürfen.

Mit dem Ergebniss der bisherigen Untersuchung, dass
wir nach Timon uns nicht den Vorstellungen blind überlassen sondern eine Auswahl unter ihnen treffen sollen,
scheint nicht in Einklang zu stehen was in den von Sextos
dogm. V 164 aufbewahrten Worten Timons als dessen Ansicht hervortritt. Dem Skeptiker, heisst es dort, werfen es
die Gegner als Widerspruch vor, ὅτι ὑπὸ τυράννῳ ποτὲ
γενόμενος καὶ τῶν ἀρρήτων τι ποιεῖν ἀναγκαζόμενος ἢ
οὐχ ὑπομενεῖ τὸ προστατόμενον ἀλλ᾽ ἑκούσιον ἑλεῖται
ϑάνατον, ἢ φεύγων τὰς βασάνους ποιήσει τὸ κελευόμενον,
οὕτω τε οὐκέτι ἀφυγὴς καὶ ἀναίρετος ἔσται κατὰ τὸν
Τίμωνα, ἀλλὰ τὸ μὲν ἑλεῖται τοῦ δ᾽ ἀποστήσεται, ὅπερ
ἦν τῶν μετὰ πείσματος κατειληφότων τὸ φευκτόν τι εἶναι
καὶ αἱρετόν. Mit der Forderung, die hiernach Timon ausgesprochen hatte, dass wir nie etwas meiden oder wählen
sollen, scheint die andere, dass wir gewissen Vorstellungen
vor anderen den Vorzug geben sollen, in Widerspruch zu
stehen, und dieser Widerspruch würde noch mehr hervortreten, wenn beide Forderungen, was nicht unwahrscheinlich

---

[1]) Ueber deren Inhalt s. meine Abhandlung in Herm. XIV 354 ff.

ist, in derselben Schrift aufgestellt worden waren. [1]) In
Wahrheit besteht dieser Widerspruch nicht. Timon kann
sich in derselben Weise gerechtfertigt haben wie Sextos
a. a. O. 165, indem er erklärt das eine Mal als Skeptiker
das andere Mal nach der Gewohnheit der Menschen gesprochen zu haben. Man würde diesen Widerspruch als
erledigt ansehen können, wenn sich nicht mit ihm noch ein
anderer verbände. Denn nach Sextos dogm. V 140 leugnete
Timon, dass es überhaupt ein von Natur Gutes ($\varphi \acute{v} \sigma \epsilon \iota$ $\dot{\alpha} \gamma \alpha \vartheta \acute{o} \nu$)
gäbe, in den vorher erörterten Versen aber spricht er von der
Natur des Göttlichen und des Guten ($\dot{\eta}$ $\tau o \tilde{v}$ $\vartheta \epsilon \acute{\iota} o v$ $\tau \epsilon$ $\varphi \acute{v} \sigma \iota \varsigma$
$\varkappa \alpha \grave{\iota}$ $\tau \dot{\alpha} \gamma \alpha \vartheta o \tilde{v}$). Auch hier kann man sich darauf berufen, dass
zwischen dem populären und dem philosophischen Sprach-
gebrauch unterschieden werden müsse. Möglich ist indessen
auch eine andere Erklärung. Wenn Timon leugnete, dass
etwas von Natur gut sei, so behauptete er gleichzeitig, dass
alles dieses nur von den Menschen dafür gehalten werde ($\dot{\alpha} \lambda \lambda \grave{\alpha}$
$\pi \varrho \grave{o} \varsigma$ $\dot{\alpha} \nu \vartheta \varrho \acute{\omega} \pi \omega \nu$ $\pi \acute{\alpha} \nu \tau \alpha$ $\nu \acute{o} \omega$ [$\nu \acute{o} \mu \omega$? s. S. 56, 1] $\varkappa \acute{\epsilon} \varkappa \varrho \iota \tau \alpha \iota$).
Da nun unter den Menschen offenbar die Menschen ausser
den Skeptikern gemeint sind, so kann auch das Gute, dessen
Realität bestritten wird, nur dasjenige sein das bei andern
Menschen als solches gilt. Wenn aber Timon nur geleugnet
hatte, dass dieses sogenannte Gute ein Gut sei, so konnte
er ohne sich zu widersprechen das skeptische Ideal für ein
Gut, eben für das einzige wahre Gut erklären. Dieses Gut
könnte er dann auch zum Gegenstand einer Wahl ($\alpha \tilde{\iota} \varrho \epsilon \sigma \iota \varsigma$,
$\alpha \tilde{\iota} \varrho \epsilon \tilde{\iota} \sigma \vartheta \alpha \iota$) gemacht haben, und die Möglichkeit ist sonach

---

[1]) Wachsmuth S. 10 hat diesen Ausspruch aus einer Prosaschrift
abgeleitet. Indessen stellen die Worte $\dot{\alpha} \varphi v \gamma \grave{\eta} \varsigma$ $\varkappa \alpha \grave{\iota}$ $\dot{\alpha} \nu \alpha \acute{\iota} \varrho \epsilon \tau o \varsigma$ $\check{\epsilon} \sigma \tau \alpha \iota$
sich ungesucht als Theil eines Hexameters dar und geben so, wenn
wir ausserdem den Inhalt berücksichtigen, uns das Recht sie für ein
Fragment der $' I \nu \delta \alpha \lambda \mu o \acute{\iota}$ zu halten, denen Wachsmuth selber S. 11 und
Haas de philos. scept. succ. S. 62, 5 sie zugewiesen haben.

nicht ausgeschlossen, dass auch die Worte ἀφυγὴς καὶ ἀναίρετος ἔσται relativ, d. h. mit Bezug auf die gewöhnlich so
genannten Güter und Uebel zu verstehen sind, die der pyrrhonische Weise weder wählen noch meiden wird.

Halten wir daran fest, dass nach Timon unser Handeln
nicht durch beliebige und zufällige sondern durch solche
Vorstellungen bestimmt werden soll, die am skeptischen Ideal
gemessen sich bewährt haben, so können wir den Unterschied nicht verkennen, der in dieser Beziehung zwischen
ihm und späteren Pyrrhoneern stattfindet. Zunächst freilich
scheinen beide im wesentlichen übereinzustimmen. Auch
die späteren Skeptiker bekannten nicht blindlings zufälligen
Vorstellungen zu folgen sondern solchen die ihnen durch
eine vernünftige Erwägung (λόγος τις) empfohlen wurden;[1)]
und da nun diese vernünftige Erwägung mit der skeptischen
Grundansicht zusammenhängen sollte,[2)] so scheint es im
Sinne auch dieser späteren Pyrrhoneer zu sein, wenn man
diese Grundansicht oder praktisch betrachtet ihr Ideal zum
Maassstab der unser Handeln bestimmenden Vorstellungen

[1)] Sext. Pyrrh. I 17: εἰ δέ τις αἵρεσιν εἶναι φάσκει τὴν λόγῳ
τινὶ κατὰ τὸ φαινόμενον ἀκολουθοῦσαν ἀγωγήν, ἐκείνου τοῦ λόγου
ὡς ἔστιν ὀρθῶς δοκεῖν ζῆν ὑποδεικνύοντος (τοῦ ὀρθῶς μὴ μόνον κατ'
ἀρετὴν λαμβανομένον ἀλλ' ἀφελέστερον) καὶ ἐπὶ τὸ ἐπέχειν δύνασθαι
διατείνοντος, αἵρεσίν φαμεν ἔχειν· ἀκολουθοῦμεν γάρ τινι λόγῳ κατὰ
τὸ φαινόμενον ὑποδεικνύντι ἡμῖν τὸ ζῆν πρὸς τὰ πάτρια ἔθη καὶ τοὺς
νόμους καὶ τὰς ἀγωγὰς καὶ τὰ οἰκεῖα πάθη.

[2)] Sext. a. a. O. Denn der λόγος, der in uns die Vorstellung
hervorbringt, dass wir den Sitten Gesetzen u. s. w. gemäss leben sollen,
ist derselbe welcher zeigt wie man die Vorstellung oder den Glauben
recht zu leben erlangen könne (ἐκείνου τοῦ λόγου ὡς ἔστιν ὀρθῶς
δοκεῖν ζῆν ὑποδεικνύοντος) und auf das ἐπέχειν dringt (καὶ ἐπὶ τὸ
ἐπέχειν δύνασθαι διατείνοντος). Dieser letztere λόγος ist aber offenbar nichts weiter als die skeptische Grund-Theorie, dargestellt nach
ihren beiden Seiten, der ἀταραξία und der ἐποχή.

macht. Der Unterschied ist aber der, dass dieser Maassstab, das Ideal der Schule, bei Timon den Werth einer wissenschaftlichen Wahrheit, bei den späteren Pyrrhoneern nur den einer subjectiven Vorstellung (φαινόμενον) hat.[1]) Daraus ergibt sich, dass auch die von diesem Maassstab abhängigen Einzelvorstellungen, die der nächste Ausgangspunkt unseres Handelns sind, in Timons Augen einen anderen Werth hatten als in denen der späteren Pyrrhoneer. Die letzteren wollten damit, dass sie erklärten in ihrem Handeln sich an gewisse Vorstellungen zu binden, diesen Vorstellungen keinen Vorzug vor anderen zusprechen,[2]) und ebenso wenig wollten sie Anderen dadurch die Pflicht auflegen denselben Vorstellungen zu folgen.[3]) Wer dagegen wie Timon die

---

[1]) Denn dem λόγος — und darunter ist die Grundlehre der Pyrrhoneer gemeint — leisten sie Folge nach Sextos a. a. O. nur κατὰ τὸ φαινόμενον (denn τὴν λόγῳ τινὶ κατὰ τὸ φαινόμενον ἀκολουθοῦσαν ἀγωγὴν nennt er die Skepsis; wir sehen daraus, dass auch in den Worten ἀκολουθοῦμεν γάρ τινι λόγῳ κατὰ τὸ φαινόμενον ὑποδεικνύντι die Worte κατὰ τ. φ. mit ἀκολουθοῦμεν und nicht mit ὑποδεικνύντι zu verbinden sind) d. h. nicht als ob sie ihn für wahr hielten sondern nur weil er thatsächlich in ihrer Vorstellung gegeben ist. Ebenso hatte den Pyrrhonismus schon Ainesidemos aufgefasst, da er im ersten Buch seiner Πυρρώνειοι λόγοι und anderwärts erklärte οὐδὲν ὁρίζειν τὸν Πύρρωνα δογματικῶς διὰ τὴν ἀντιλογίαν, τοῖς δὲ φαινομένοις ἀκολουθεῖν.

[2]) Darauf beruht zum Theil ihr Unterschied von den Akademikern, wie sich aus Sextos Pyrrh. I 226 ff. z. B. aus folgenden Worten ergibt: τάς τε φαντασίας ἡμεῖς μὲν ἴσας λέγομεν εἶναι κατὰ πίστιν ἢ ἀπιστίαν ὅσον ἐπὶ τῷ λόγῳ, ἐκεῖνοι δὲ τὰς μὲν πιθανὰς εἶναι φασι τὰς δὲ ἀπιθάνους.

[3]) Denn diess würde voraussetzen, dass es von unserem Willen abhängt welchen Vorstellungen wir folgen. Das ist es aber gerade was Sextos a. a. O. leugnet, wenn er die φαινόμενα bezeichnet als τὰ κατὰ φαντασίαν παθητικὰ ἀβουλήτως ἡμᾶς ἄγοντα εἰς συγκατάθεσιν.

Wahrheit zum Maassstab der Vorstellungen machte, der gestand eben dadurch den Vorstellungen die mit ihr übereinstimmen einen Werth vor den übrigen zu, die diess nicht
thun, und musste consequenter Weise auch Andere für verpflichtet halten sich denselben Vorstellungen zu unterwerfen.
Wenn man das Ansehen bedenkt, in dem Timon als Ver-
kündiger der pyrrhonischen Lehre (ὁ προφήτης τῶν Πύρ-
ῥωνος λόγων wird er von Sextos adv. math. I 53 genannt)
auch bei den späteren Skeptikern stand, so könnte man
gegen das Ergebniss einer Untersuchung zweifelhaft werden,
das zwischen ihm und den späteren Vertretern der Schule
eine nicht unbedeutende Meinungsverschiedenheit nachweist
und das natürlich mathematische Evidenz nicht besitzt. Auf
der andern Seite aber wird, wenn wir bedenken dass Timon
ein Zeitgenosse des Arkesilaos war und zu diesem in freund-
schaftlichem Verhältnisse stand, die Richtigkeit jenes Ergebnisses bestätigt, da mit der Annahme desselben eine auffallende Uebereinstimmung in den Ansichten beider Männer
hervortritt. Denn der Vorzug der nach Timon gewissen
Vorstellungen zukommt, weil sie ohne wahr zu sein doch
am Maassstab der Wahrheit sich bewähren, kann nur darin
bestehen dass sie wahrscheinlich sind. Das Wahrscheinliche
unter dem Namen des εὔλογον hatte aber auch Arkesilaos
zum Ausgangspunkt unserer Handlungen gemacht (Sext.
dogm. I 158).

Der erste Pyrrhoneer nach Timon, von dem wir mehr
als bloss den Namen wissen, ist Ainesidemos.[1]) Was man
über ihn aus Sextos Empeirikos entnahm, schien ihm bisher
eine eigenthümliche Stellung innerhalb seiner Schule zu

---

[1]) Ich bemerke dass was im Folgenden über diesen Philosophen
gesagt wird schon niedergeschrieben war ehe die in wesentlichen
Punkten damit zusammentreffende Abhandlung von Natorp erschien
(Rhein. Mus. 1883 S. 28 ff.).

sichern, da er, in einer für uns freilich schwer verständlichen
Weise, die dogmatische Lehre Heraklits mit der pyrrhonischen Skepsis verbunden haben sollte. Diesen Anspruch
Ainesidem auf eine Sonderstellung innerhalb der Schule hat
neuerdings Diels doxogr. S. 210 f. bestritten, indem er die
Autorität des Sextos verwarf und als die einzige Quelle,
aus der sich eine Kenntniss des echten Ainesidem schöpfen
lasse, den bei Photios bibl. c. 212 erhaltenen Auszug aus
dessen Πυῤῥώνειοι λόγοι bezeichnete. Diese Ansicht von
Diels ist sodann von Zeller (III 2³ S. 35 ff.) gebilligt und
weiter begründet worden. Hiernach hätte Sextos, indem er
Ainesidem zu einem Herakliteer machte, dessen Darstellung
missverstanden und was ein historischer Bericht sein sollte
als ein dogmatisches Bekenntniss aufgefasst. Ich setze Diels'
eigene Worte her: sicut eclectici ejus saeculi dogmaticorum
omnium miram concordiam contendebant, ita Aenesidemus
dubitationis semina per philosophorum continuationem indagavit et collecta proposuit. qua in re cum illos magis quam
se loquentes faceret (cf. Sext. dogm. I 129: τοῦτον δὴ τὸν
θεῖον λόγον καθ᾽ Ἡράκλειτον δι᾽ ἀναπνοῆς σπάσαντες
νοεροὶ γινόμεθα), errores infinitos apud posteriores procreavit,
qui explanatorem opinionum eundem patronum credebant.
hinc factum ut quem veteres resuscitasse Pyrrhonis sectam
dicebant, eundem inconstantia absurda modo scepticum modo
dogmaticum praesertim Heracliteum viri docti arbitrarentur.
Hiernach wäre Heraklit von Ainesidem nur unter die Vorläufer des Pyrrhonismus gerechnet worden und hätte daher
in einer Reihe mit Anderen gestanden, die als solche Diogenes IX 72 f. nennt, mit den eleatischen Philosophen Xenophanes und Zenon, mit Empedokles Demokrit Hippokrates
und Platon. Warum hat nichtsdestoweniger sich das Missverständniss des Sextos nur an Heraklit geknüpft? Warum
nicht vielmehr an Demokrit, der doch unter den Vorläufern

des Pyrrhonismus viel mehr hervorragt als Heraklit?[1]) Das
sind Fragen, die Diels hätte beantworten sollen. Noch mehr
aber muss man verlangen, dass wer Sextos eines solchen
Missverständnisses beschuldigt, auch das berücksichtigt was
derselbe Pyrrh. I 210 über Ainesidemos sagt. Hiernach hätte
dieser die skeptische Richtung für den Weg zur heraklitischen Philosophie erklärt (οἱ περὶ τὸν Αἰνησίδημον ἔλεγον
ὁδὸν εἶναι τὴν σκεπτικὴν ἀγωγὴν ἐπὶ τὴν Ἡρακλείτειον
φιλοσοφίαν). Von einem Missverständniss auf Seiten des
Sextos kann hier nicht die Rede sein: wollen wir daher ihn
nicht auch zum Lügner machen, so müssen wir glauben was
er Ainesidem sagen lässt. Hieraus scheint aber weiter zu
folgen, dass, wer die heraklitische Philosophie in eine so
enge Verbindung mit der Skepsis setzte, sich ihr auch bis
zu einem gewissen Grade anschloss, also gerade das was
Zeller und Diels mit Bezug auf Ainesidem bestreiten. Zeller
hätte deshalb da, wo er den Irrthum des Sextos zu erklären
sucht (S. 35 ff.), diese Worte nicht unberücksichtigt lassen
dürfen. Berücksichtigt hat diese Worte allerdings Diels.
Indem er nämlich davon spricht, dass nach Ainesidems Ansicht Heraklit die Luft als das Urelement hingestellt habe,

----

[1]) Diess ergibt sich aus der Art wie der Skepticismus beider
bei Diog. a. a. O. begründet wird. Die auf Demokrit bezüglichen
Worte lauten: Δημόκριτος δὲ τὰς ποιότητας ἐκβαλών, ἵνα φησί, Νόμῳ
ψυχρόν, νόμῳ θερμόν, ἐτεῇ δὲ ἄτομα καὶ κενόν· καὶ πάλιν, Ἐτεῇ δὲ
οὐδὲν ἴδμεν· ἐν βυθῷ γὰρ ἡ ἀλήθεια. Bei ihm fand man also Aeusserungen, die das Wesentliche des Pyrrhonismus aussprachen (vgl.
S. 11 f.). Um den Skepticismus Heraklits zu begründen berief man
sich dagegen, wenn wir wenigstens Diogenes glauben wollen, nur auf
folgenden Ausspruch: μὴ εἰκῇ περὶ τῶν μεγίστων συμβαλλώμεθα.
Ich erinnere ausserdem an die früheren Erörterungen über den Ursprung des Pyrrhonismus und insbesondere daran, dass nach dem un-
anfechtbaren Zeugniss seines Schülers Philon Pyrrhon keinen Philosophen so viel im Munde führte als Demokrit (Diog. 67).

bemerkt er (S. 210): simul id elementum proposuit (Ainesidem), unde facillime extenuando et densendo perpetuam vicissitudinem Heraclito affingeret, quam scepticus homo in illo maxime suspiciebat. nam conjuncta est his contrariorum concordia discors, quam Pyrrhoniis viam muniisse Aenesidemus perseveravit. Sext. P. h. I 210. So aufgefasst hören die Worte des Sextos freilich auf ein Hinderniss von Diels' Ansicht zu sein; sie unterstützen dieselbe eher, insofern sie auszusprechen scheinen was diese voraussetzt dass Ainesidem Heraklit unter die Vorläufer des Pyrrhonismus gerechnet habe. Nun legt aber diese Auffassung den Worten einen Sinn unter, der dem den sie wirklich enthalten gerade entgegengesetzt ist. Ainesidem hat nicht gesagt, dass die heraklitische Philosophie der Skepsis die Bahn gebrochen habe sondern umgekehrt dass die Skepsis der heraklitischen Philosophie den Weg bereite.[1]) Welcher bedeutende Unterschied aber zwischen beiden Ausdrucksweisen besteht, liegt auf der Hand: der ersten konnte sich auch Jemand bedienen, der die Identität der Skepsis und des Heraklitismus leugnete, die zweite dagegen führt consequenter Weise dazu dass der Heraklitismus in die Skepsis eingeschlossen wird. Bis daher Sextos auch in dieser Beziehung eines Irrthums überführt worden ist, hat streng genommen die Ansicht von Zeller und Diels auf Beachtung keinen weiteren Anspruch: denn mag es uns noch so räthselhaft dünken, wie Ainesidem zugleich Pyrrhoneer und Herakliteer sein konnte, die Thatsache, dass er diese beiden

---

[1]) 210: οἱ περὶ τὸν Αἰνησίδημον ἔλεγον ὁδὸν εἶναι τὴν σκεπτικὴν ἀγωγὴν ἐπὶ τὴν Ἡρακλείτειον φιλοσοφίαν, διότι προηγεῖται τοῦ τἀναντία περὶ τὸ αὐτὸ ὑπάρχειν τὸ τἀναντία περὶ τὸ αὐτὸ φαίνεσθαι κτλ. 213: ἄτοπον δέ ἐστι τὸ τὴν μαχομένην ἀγωγὴν ὁδὸν εἶναι λέγειν τῆς αἱρέσεως ἐκείνης ᾗ μάχεται· ἄτοπον ἄρα τὸ τὴν σκεπτικὴν ἀγωγὴν ἐπὶ τὴν Ἡρακλείτειον φιλοσοφίαν ὁδὸν εἶναι λέγειν.

5*

philosophischen Richtungen zu verbinden suchte, lässt sich
bis auf Weiteres nicht bestreiten. — Viel geringer als diese
Schwierigkeit, die sich gegen Diels' und Zellers Ansicht erhebt, ist die andere welche sie durch ihre Hypothese zu
beseitigen suchen. Sie finden es auffallend, dass, wo man
erwarten sollte schlechtweg Ainesidem genannt zu sehen,
in der Regel in umständlicher Weise Heraklit als seine Autorität hinzugefügt wird ($Aivησίδημος$ $κατὰ$ $Ἡράκλειτόν$
$φησιν$). „Wozu, frägt Zeller, diese in ihrer ständigen Wiederholung seltsame Ausdrucksweise, wenn Aenesidemos alle jene
Dinge in eigenem Namen und nicht bloss in der Darstellung
fremder Ansichten vorgetragen hatte?" Aber ständig, wie
Zeller behauptet, ist diese Wiederholung nicht. Auch bei
Sext. dogm. IV 38 wird Ainesidem eine dogmatische Bestimmung [1]) zugeschrieben, ohne dass dabei seine Uebereinstimmung mit Heraklit bemerkt würde.[2]) Und allerdings ist
diese Bestimmung eine, die nicht von Heraklit sondern von
den Stoikern herrührt (Zeller III 2 S. 32, 3). Wenn nun
Ainesidem an seiner Uebereinstimmung mit Heraklit etwas
gelegen war, warum soll er sie nicht überall da, wo sie
wirklich stattfand, ausdrücklich hervorgehoben haben? In
diesem Falle würde sich der wiederholte Zusatz $καθ᾽$ $Ἡρά-$
$κλειτον$ in den Berichten über seine Lehre ganz gut erklären.
Aber Zeller sagt S. 36: „Wir können wenigstens in éinem
Falle nachweisen, dass Sextos das, was er zuerst, allen Anzeichen nach aus Aenesidemos, als Heraklits Lehre mitgetheilt hat, nachher seinem skeptischen Vorgänger selbst

---

[1]) Dass Sextos eine dogmatische Bestimmung darin sah, folgt
daraus dass er gegen sie polemisirt, vgl. bes. 44.

[2]) $Οἱ$ $δὲ$ $πλείους$, $ἐν$ $οἷς$ $εἰσὶ$ $καὶ$ $οἱ$ $περὶ$ $τὸν$ $Αἰνησίδημον$, $διττήν$
$τινα$ $κατὰ$ $τὸ$ $ἀνωτάτω$ $κίνησιν$ $ἀπολείπουσι$, $μίαν$ $μὲν$ $τὴν$ $μεταβλη-$
$τικήν$, $δευτέραν$ $δὲ$ $τὴν$ $μεταβατικήν$, $ὧν$ $μεταβλητικὴ$ $μέν$ $ἐστι$ $κίνη-$
$σις$ $κτλ.$

zuschreibt." Bei Sextos lesen wir nämlich adv. dogm. II 8:
οἱ μὲν γὰρ περὶ τὸν Αἰνησίδημον λέγουσί τινα τῶν φαινομένων διαφοράν, καὶ φασὶ τούτων τὰ μὲν κοινῶς πᾶσι
φαίνεσθαι τὰ δὲ ἰδίως τινί, ὧν ἀληθῆ μὲν εἶναι τὰ κοινῶς
πᾶσι φαινόμενα, ψευδῆ δὲ τὰ μὴ τοιαῦτα· ὅθεν καὶ ἀληθὲς
φερωνύμως εἰρῆσθαι τὸ μὴ λῆθον τὴν κοινὴν γνώμην.
Dass Ainesidem die ihm hier zugeschriebene Ansicht im
Anschluss an Heraklit geäussert hatte, sagt Sextos ausdrücklich in den vorangehenden Worten.[1]) Und so wird denn
auch wirklich, worauf Zeller hinweist, von Sextos adv. dogm.
I 129 ff. dieselbe Ansicht unter denen Heraklits aufgeführt.[2])
An sich beweist diess natürlich noch nicht, dass dieselbe
Ansicht nicht auch Ainesidem sich zu eigen gemacht und
als seine eigene, aber unter Berufung auf Heraklit, vorgetragen haben könne. Etwas auffallender würde es sein,
wenn die frühere Stelle des Sextos, wie Diels unter Zustimmung von Zeller meint, ebenfalls von Ainesidem entlehnt
wäre. In diesem Falle müssten wir annehmen, dass Ainesidem das eine Mal über dieselbe Ansicht wie über eine
fremde berichtet, das andere Mal sie als seine eigene wenn
auch unter Nennung ihres Urhebers vorgetragen hätte. Mag

---

[1]) Οἱ δὲ περὶ τὸν Αἰνησίδημον καθ᾽ Ἡράκλειτον καὶ τὸν Ἐπίκουρον ἐπὶ τὰ αἰσθητὰ κοινῶς κατενεχθέντες ἐν εἴδει διέστησαν.
Diese Worte hat Zeller übersehen, wenn er S. 36, 2 sagt, Sextos lege
die betreffende Ansicht Ainesidem bei ohne Heraklit zu nennen.
Uebrigens könnte man, wenn man die enge Zusammengehörigkeit der
beiden von περὶ abhängigen Accusative τὸν Αἰνησίδημον und τὸν
Ἐπίκουρον bedenkt, auf den Gedanken kommen, dass das dazwischen
geschobene καθ᾽ Ἡράκλειτον als ein die Construction störender Zusatz zu tilgen sei.

[2]) Besonders hervorzuheben sind folgende Worte: τοῦτον δὲ τὸν
κοινὸν λόγον ... κριτήριον ἀληθείας φησὶν ὁ Ἡράκλειτος, ὅθεν τὸ
μὲν κοινῇ πᾶσι φαινόμενον τοῦτ᾽ εἶναι πιστόν ... τὸ δὲ τινὶ μόνῳ
προσπῖπτον ἄπιστον ὑπάρχειν.

diess immerhin zunächst auffallend scheinen, so erweist es
sich doch bei näherer Betrachtung keineswegs als unmöglich.
Denn je nach dem Zusammenhang konnte diese Ansicht in
verschiedener Weise vorgetragen werden, und Ainesidem
konnte innerhalb einer rein historischen Darstellung, die nur
über die Ansichten der Früheren berichten wollte, dieselbe
Ansicht ohne ein Wort der Zustimmung Heraklit beilegen,
die er anderwärts, wo es sich um die Darlegung der eigenen
Ueberzeugung handelte, offen für seine eigene erklärte. Aber
wie steht es denn überhaupt damit, dass die frühere Stelle
des Sextos von Ainesidem genommen sein soll? Es ist nöthig
dieselbe ganz herzusetzen: τοῦτον δὴ τὸν θεῖον λόγον καθ᾽
Ἡράκλειτον δι᾽ ἀναπνοῆς σπάσαντες νοεροὶ γινόμεθα καὶ
ἐν μὲν ὕπνοις ληθαῖοι κατὰ δὲ ἔγερσιν πάλιν ἔμφρονες·
ἐν γὰρ τοῖς ὕπνοις μυσάντων τῶν αἰσθητικῶν πόρων χωρί-
ζεται τῆς πρὸς τὸ περιέχον συμφυΐας ὁ ἐν ἡμῖν νοῦς μόνης
τῆς κατὰ ἀναπνοὴν προσφύσεως σῳζομένης οἱονεί τινος
ῥίζης, χωρισθείς τε ἀποβάλλει ἣν πρότερον εἶχε μνημονικὴν
δύναμιν· ἐν δὲ ἐγρηγορόσι πάλιν διὰ τῶν αἰσθητικῶν πόρων
ὥσπερ διά τινων θυρίδων προκύψας καὶ τῷ περιέχοντι
συμβαλὼν λογικὴν ἐνδύεται δύναμιν. ὅνπερ οὖν τρόπον οἱ
ἄνθρακες πλησιάσαντες τῷ πυρὶ κατ᾽ ἀλλοίωσιν διάπυροι
γίνονται χωρισθέντες δὲ σβέννυνται, οὕτω καὶ ἡ ἐπιξενω-
θεῖσα τοῖς ἡμετέροις σώμασιν ἀπὸ τοῦ περιέχοντος μοῖρα
κατὰ μὲν τὸν χωρισμὸν ἄλογος γίνεται κατὰ δὲ τὴν διὰ
τῶν πλείστων πόρων σύμφυσιν ὁμοειδὴς τῷ ὅλῳ καθίσταται.
Hierzu bemerkt Diels: Aenesidemo haec deberi eo maxime
intelligitur, quod τὸ περιέχον (ab Heraclito eadem obscuri-
tate qua ab Anaxagora fr. 2 dictum) quasi τὸν περιέχοντα
[sc. ἀέρα] vulgari consuetudine dixisset, explicavit. nam aera
in istius commentario intellegendum esse patet. Da sich nun
weiter aus den von Diels beigebrachten Stellen ergibt, dass
die Ansicht, wonach die Seele aus Luft (ἀήρ) besteht, von

Ainesidem Heraklit zugeschrieben wurde, so schien zu folgen, dass auch die angeführten Worte auf Ainesidem zurückgehen müssten. Offenbar ist aber dieser Schluss nur dann bündig, wenn feststeht, dass Niemand sonst Heraklit diese Ansicht zugeschrieben hatte. Nun findet Diels selber in dieser Darstellung stoische Einflüsse, indem er die Worte δι' ἀναπνοῆς σπάσαντες auf die stoische Auffassung der Seele als eines ἀπόσπασμα τῆς τοῦ παντὸς ψυχῆς ·bezieht. Könnte also dieser stoische Einfluss sich nicht auch in der Auffassung der Seele und des Weltprincips als Luft geäussert haben? Undenkbar ist diess durchaus nicht, wenn wir uns erinnern, dass die Stoiker das Princip der Natur nach dem Vorgange Heraklits bestimmten. Wenn sie daher dasselbe gelegentlich ebenfalls als ἀήρ bezeichneten,[1] so sollte man meinen, diess setze eine eben solche Auslegung der heraklitischen Lehre voraus wie sie, wenn wir Diels folgen wollten, allein Ainesidem gegeben haben würde. Die Möglichkeit ist hiernach nicht ausgeschlossen, dass der Heraklit betreffende Bericht des Sextos aus einer stoischen Quelle geflossen ist; denn dass auf seine Darstellung nicht bloss Skeptiker sondern direct oder indirect auch Philosophen anderer Richtungen eingewirkt haben, zeigt die Art wie bei ihm Poseidonios und Antiochos erwähnt werden.

Ich habe bisher Diels' Annahme gelten lassen, dass in den Worten des Sextos die Luft als das Princip Heraklits bezeichnet werde. Diese Annahme hält aber bei einer

---

[1] So gibt Philodemos περὶ εὐσεβ. c. 13 S. 80 G (bei Diels S. 546 f.) Folgendes als Lehre Chrysipps: καὶ Δία μὲν εἶναι τὸν περὶ τὴν γῆν ἀέρα, τὸν δὲ σκοτεινὸν Ἅιδην, τὸν δὲ διὰ τῆς γῆς καὶ θαλάττης Ποσειδῶ. Bei Stob. ecl. I 374 lesen wir: Χρύσιππος δὲ τοιοῦτόν τι διεβεβαιοῦτο· εἶναι τὸ ὂν πνεῦμα κινοῦν ἑαυτὸ πρὸς ἑαυτὸ καὶ ἐξ αὐτοῦ, ἢ πνεῦμα ἑαυτὸ κινοῦν πρόσω καὶ ὀπίσω· πνεῦμα δὲ εἴληπται διὰ τὸ λέγεσθαι αὐτὸ ἀέρα εἶναι κινούμενον.

näheren Betrachtung nicht Stich. Sie kann sich nur
darauf gründen, dass nach Sextos das Athemholen der
Weg ist auf dem wir zu einem Antheil am göttlichen
Princip gelangen (δι' ἀναπνοῆς σπάσαντες und τῆς κατὰ
ἀναπνοὴν προσφύσεως). Dieser Grund genügt aber nicht.
Denn daraus folgt doch noch nicht, dass die eingeathmete
Luft und das göttliche Princip identisch sind; vielmehr
kann die Luft auch als das Vehikel gedacht werden, durch
das uns ein Theil des Princips zugeführt wird. Dass man
die Worte so auffassen könne, ergibt sich am einfachsten daraus, dass Zeller sie wirklich so aufgefasst hat, da
er unter Berufung auf Sextos' Worte Heraklits Lehre so
darstellt (I 644 [3]): „ihr (der Seele) Feuer ist nicht allein
von aussen her in den Leib gekommen, sondern es muss
sich auch von dem Feuer ausser ihr nähren, um sich zu
erhalten; eine Anrahme, die schon durch den Athmungs-
process nahe gelegt war, wenn man einmal die Seele der
Lebensluft gleichsetzte. Heraklit nahm daher an, dass
die Vernunft oder der Wärmestoff aus der Atmosphäre theils durch den Athem theils durch die
Sinneswerkzeuge in uns eintrete." Hiernach würden
Sextos' Worte im wesentlichen das aussprechen was wir
berechtigt sind für die wirkliche Lehre Heraklits zu halten
und keineswegs bloss diejenige Form derselben wiedergeben,
die sie nach der Auffassung Ainesidems hatte.[1]) In dieser
Meinung braucht uns auch das Wort περιέχον nicht zu
stören, das Diels hier in einer eigenthümlichen, Ainesidem
charakterisirenden Weise gebraucht findet. Wenn indessen
einmal nachgewiesen ist, dass Sextos' Worte nicht die Ansicht voraussetzen, Heraklits Princip sei die Luft schlechthin
gewesen, so ist auch nicht mehr nothwendig, dass das uns

---

[1]) Vgl. über diese Lehre Heraklits auch noch Schuster S. 161 f.

Umgebende, woraus wir dieses Princip durch Athmen schöpfen, die Luft sei. Das Wort περιέχον könnte daher wohl in einer weiteren Bedeutung genommen werden, in der es ausser der Luft auch das feurige Element begreift. Trotzdem sehe ich nicht ein, warum wir es in dieser Bedeutung nehmen und nicht, wie Zeller (I 645, 1) und Schuster (160, 1) gethan haben, darunter die Atmosphäre verstehen sollen. Mit Heraklits Lehre verträgt sich diess vollkommen. Und dass περιέχον, ursprünglich das Umfassende überhaupt, auf die Luft übertragen worden ist, hat seine Analogie in χάος, das eigentlich den weiten alles befassenden Raum bezeichnet (Sext. Pyrrh. III 121, dogm. IV 11; Curtius Grundz. d. Etymol. S. 178²), dann aber gleichfalls von der Luft gebraucht wurde (Ibykos fr. 28 und dazu Bergk). ¹) — Es ist also nicht nothwendig den Bericht des Sextos über Heraklit auf Ainesidem zurückzuführen. Bestimmte Gründe sprechen ausserdem dagegen. Diels lässt uns im Unklaren, welches nach seiner Ansicht der Zweck war den Ainesidem bei der Darstellung der älteren Philosophie verfolgte. Das eine Mal sagt er, seine Absicht sei gewesen die Keime des Skepticismus bei den früheren Philosophen nachzuweisen (S. 210: sicut eclectici ejus saeculi dogmaticorum omnium miram concordiam contendebant, ita Aenesidemus dubitationis semina per philosophorum continuationem indagavit et

---

¹) Unter diesem Gesichtspunkt fällt ein neues Licht auf Anaximenes' Verhältniss zu Anaximander. Denn das ἄπειρον Anaximanders ist meines Erachtens nichts als der unendliche Raum, also eine Uebersetzung des volksthümlichen oder dichterischen χάος in eine neue Terminologie (wie nahe die Begriffe des χάος und ἄπειρον einander verwandt sind, sieht man aus Marc. Aurel. IV 3: τὸ χάος τοῦ ἐφ' ἑκάτερον ἄπειρον αἰῶνος und 10, an welcher letzteren Stelle ἀχανὲς und ἄπειρον Synonyme sind). Und dieses ἄπειρον wurde von Anaximenes näher als die Luft bestimmt.

collecta proposuit), das andere Mal, Ainesidem habe den
Streit· der verschiedenen Philosophen dadurch ans Licht
stellen und diesen als Grund des Skepticismus benutzen
wollen (S. 211: Aenesidemus dubitandi causam ex philosophorum pugna petivit velut Clitomachus in Ciceronis Lucullo
quem vituperat propterea Sextus adv. math. IX 1 p. 391, 25 B).
Dass Ainesidem mit einer und derselben Darstellung diesen
doppelten Zweck verfolgt habe, ist schwer denkbar. Aber
zugegeben die Möglichkeit, so ist es nach dem, was wir
über die Methode der Skeptiker Sicheres wissen, nicht wahrscheinlich. Denn wir sehen nur, dass sie das eine oder das
andere Verfahren, aber nicht dass sie beide zugleich ein-
schlugen. So macht sich Sextos zwar den Widerspruch der
Philosophen zu Nutze,[1] leugnet aber den von Anderen behaupteten Zusammenhang des Pyrrhonismus mit irgend einer
anderen Philosophie.[2] Und was die Pyrrhoneer betrifft,
die nach Diogenes 71 ff. den Anfängen ihrer Sekte· bis auf
Homer nachgingen, so ist est allerdings wahrscheinlich, dass
sie auch der zehn oder fünf Tropen sich bedient haben, unter
denen der Streit der Philosophen nicht fehlte;[3] aber gerade
die Hauptsache ist zweifelhaft, ob sie auf die Widersprüche
zwischen solchen Philosophen hinwiesen die sie vielleicht
eben ·noch wie z. B. Heraklit und Demokrit als Vorläufer
Pyrrhons hingestellt hatten.[4] Doch kümmert uns hier diese

---

[1] Vgl. z. B. dogm. I 46 ff., bes. 46: ἀκολούθως καὶ τὴν γενο-
μένην τοῖς δογματικοῖς φιλοσόφοις διάστασιν περὶ τοῦ κριτηρίον σκο-
πῶμεν, und 261: πάσης δὲ σχεδὸν τῆς περὶ κριτηρίον διαφωνίας ὑπ᾿
ὄψιν κειμένης.

[2] Vgl. was er Pyrrh. I 210 ff. über das Verhältniss Heraklits,
Demokrits u. s. w. zum Pyrrhonismus bemerkt.

[3] Diog. 83. 88.

[4] Das Verfahren, wonach man den Anfängen des Skepticismus
bei den früheren Philosophen nachspürte, scheint das ältere zu sein,

Frage nicht, sondern die andere, ob in dem auf Ainesidem zurückgeführten Abschnitt die eine oder andere Tendenz hervortritt. Beides muss verneint werden. Denn ein Abschnitt der den Nachweis zu führen sucht dass Heraklit den λόγος als das Kriterion der Wahrheit betrachtet habe,[1] kann nicht die Absicht gehabt haben ihn als einen Vorläufer Pyrrhons erscheinen zu lassen.[2] Ebenso wenig aber ist die

das schon Pyrrhon angebahnt hatte, wenn er sich mit Vorliebe auf Homer und Demokrit berief (Diog. 67). Dieses Verfahren hatte, wie durch Sextos Pyrrh. I 210 wahrscheinlich wird, auch Ainesidem befolgt. Die Anwendung des andern ist wohl, nach Sextos dogm. III 1 zu schliessen, eine der Wirkungen, die der Vorgang der akademischen Schule auf den Pyrrhonismus äusserte.

[1] Gleich die Anfangsworte (126) lauten: ὁ δὲ Ἡράκλειτος, ἐπεὶ πάλιν ἐδόκει δυσὶν ὠργανῶσθαι ὁ ἄνθρωπος πρὸς τὴν τῆς ἀληθείας γνῶσιν, αἰσθήσει τε καὶ λόγῳ, τούτων τὴν μὲν αἴσθησιν παραπλησίως τοῖς προειρημένοις φυσικοῖς ἄπιστον εἶναι νενόμικεν, τὸν δὲ λόγον ὑποτίθεται κριτήριον. 127: τὸν δὲ λόγον κριτὴν τῆς ἀληθείας ἀποφαίνεται. 131. 134.

[2] Wäre diess die Absicht gewesen, dann würde er sich doch wahrscheinlich auf denselben Satz Heraklits berufen haben, den Diogenes 73 zu diesem Zweck anführt: μὴ εἰκῆ περὶ τῶν μεγίστων συμβαλλώμεθα. Diess ist der einzige Satz, den Diogenes für den Skepticismus Heraklits geltend zu machen weiss. Beide Darstellungen, die des Diogenes und die des Sextos, berühren sich also, wenigstens was Heraklit betrifft, in keiner Weise mit einander, und das wäre doch kaum zu erklären, wenn beide Darstellungen aus derselben Schule hervorgegangen wären und denselben Zweck verfolgt hätten. Noch ein Umstand verdient ausserdem Beachtung. Sowohl Diogenes (71) als Sextos (128) beziehen sich auf denselben Vers des Archilochos:

τοῖος ἀνθρώποισι θυμός, Γλαῦκε Λεπτίνεω πάϊ,
γίγνεται θνητοῖς ὁκοίην Ζεὺς ἐπ' ἡμέρην ἄγει.

Aber beide benutzen ihn in ganz verschiedenem Sinne. Sextos will damit bestätigen, dass auch die menschliche Vernunft nur ein Ausfluss der göttlichen ausser uns ist, Diogenes, dass die Meinungen der Menschen nicht gleich bleiben sondern beständigem Wechsel unter-

Absicht erkennbar die dogmatischen Philosophien, indem man sie mit einander in Streit bringt, eine durch die andere zu vernichten. Das über Heraklit Gesagte gehört dem Abschnitt an, in dem Sextos eine Geschichte der Erkenntnisstheorie bei den Naturphilosophen von Thales bis auf Platon (89—141) gibt. So verschieden nun die hierbei zur Sprache kommenden Theorien sind, so hat doch Sextos diese Gelegenheit die sich ihm bot den Streit der Philosophen zur Anschauung zu bringen nicht benutzt sondern ist im Gegentheil bemüht das allen diesen verschiedenen Philosophen Gemeinsame hervorzuheben. Denn die Betrachtung jedes einzelnen Philosophen läuft schliesslich auf den Nachweis hinaus, dass auch er ebenso wie die Uebrigen den λόγος als das Kriterion anerkannt habe.[1]) Das Verfahren stellt also vielmehr eine

---

worfen sind. Derselbe Vers ist also für Sextos Grund Archilochos eine bestimmte dogmatische Ansicht zuzuschreiben, für Diogenes ihn zu einem Skeptiker zu machen.

[1]) Dass diess das eigentliche Thema des ganzen Abschnittes ist, wird uns schon zu Anfang desselben gesagt 89: καταγνόντες γὰρ (οἱ ἀπὸ Θάλεω φυσικοὶ) τῆς αἰσθήσεως ἐν πολλοῖς ὡς ἀπίστου, τὸν λόγον κριτὴν τῆς ἐν τοῖς οὖσιν ἀληθείας ἐπέστησαν· ἀφ᾽ οὗ ὁρμώμενοι περί τε ἀρχῶν καὶ στοιχείων καὶ τῶν ἄλλων διετάσσοντο, ὧν ἡ κατάληψις διὰ τῆς τούτου δυνάμεως περιγίνεται. Dass es dem Verfasser des Abschnittes allein darum zu thun ist den λόγος als das von Allen anerkannte Kriterion nachzuweisen, zeigt sich besonders deutlich in einzelnen Fällen. So erwähnt er in der Besprechung der demokritischen Lehre zuerst Aeusserungen des Philosophen, aus denen der Skeptiker hervorscheint (137: καὶ δὴ ἐν μὲν τούτοις πᾶσαν σχεδὸν κινεῖ κατάληψιν, εἰ καὶ μόνων ἐξαιρέτως καθάπτεται τῶν αἰσθήσεων); fügt dann aber andere hinzu, auf Grund deren er sich zu folgendem Schlusse berechtigt hält (139): οὐκοῦν καὶ κατὰ τοῦτον (Demokrit) ὁ λόγος ἐστὶ κριτήριον, ὃν γνησίην γνώμην καλεῖ. Offenbar tendenziös ist ferner die Auslegung der Lehre des Xenophanes: denn nur, wenn er um jeden Preis auch hier den λόγος wiederfinden wollte, konnte er darauf verfallen in Ermangelung eines anderen wenigstens einen δοξαστὸς λόγος anzunehmen (110: ὥστε κριτήριον

Concordanz der verschiedenen Philosophien her und ist weit
davon entfernt die Widersprüche derselben in ein helleres
Licht zu setzen. Dass das Letztere von Sextos selber als
der Zweck der ganzen historischen Darstellung bezeichnet
werde (S. 74, 1), darf man hiergegen nicht geltend machen.
Denn für den angegebenen Zweck konnte Sextos den betreffenden auf die Naturphilosophen bezüglichen Abschnitt immer
noch benutzen, wenn er die Naturphilosophen als Vertreter
einer nur den Logos anerkennenden Theorie Anderen gegen-
überstellte, die entweder die Sinnesempfindung allein (191 ff.)
oder doch neben dem Logos (217) als Kriterion hinstellten.
Hätte er aber selber die fragliche Darstellung für den angegebenen Zweck angefertigt, dann würde er aller Wahrscheinlichkeit nach die Verschiedenheiten, die schon zwischen
den alten Naturphilosophen in der Erkenntnisstheorie bestanden, viel stärker hervorgehoben und betont haben, dass
dieselben das Uebereinstimmende in den Ansichten überwiegen. So wie die Sache jetzt liegt, ist daher die Annahme
gerechtfertigt, dass der die Naturphilosophen behandelnde
Abschnitt einem anderen Philosophen entnommen ist der ein

γίνεσθαι κατὰ τοῦτον τὸν δοξαστὸν λόγον, τουτέστι τὸν τοῦ εἰκότος
ἀλλὰ μὴ τὸν τοῦ παγίου ἐχόμενον). Charakteristisch ist endlich wohl
auch die Behandlung des Empedokles (115 ff.). Hier unterscheidet er
zwei thatsächlich hervorgetretene Auffassungen der Lehre desselben,
die eine wonach er sechs Kriterien, die andere wonach er als solches
den λόγος anerkannt habe. Dass er der zweiten Auffassung den Vorzug gibt, kann man schon darum vermuthen, weil er sie eben an
zweiter Stelle anführt. Ausserdem aber trägt er sie mit grösserer
Bestimmtheit vor (λέγει 123, διασαφεῖ und παρίστησι 124) und hat
sie mit reicherem Beweismaterial aus den Schriften des Philosophen
versehen, während die Vertreter der ersten οἱ ἁπλούστερον δοκοῦντες
αὐτὸν ἐξηγεῖσθαι (115) genannt werden und sie selber durch ἔοικε
(120: τοιαύτης δ' οὔσης παρὰ τοῖς προγενεστέροις δόξης, ἔοικε καὶ
ὁ Ἐμπεδοκλῆς ταύτῃ συμπεριφέρεσθαι) als zweifelhaft bezeichnet zu
werden scheint.

Interesse daran hatte seine eigene Ansicht über die Bedeutung des Logos schon bei den Aelteren wiederzufinden.
Dass derselbe kein Skeptiker gewesen sein kann, liegt schon
in dem Gesagten. Es tritt diess ausserdem schlagend in
der Auffassung des Xenophanes hervor, die wir 110 finden:
Ξενοφάνης δὲ κατὰ τοὺς ὡς ἑτέρως αὐτὸν ἐξηγουμένους,
ὅταν λέγῃ

> καὶ τὸ μὲν οὖν σαφὲς οὔ τις ἀνὴρ ἴδεν, οὐδέ τις ἔσται
> εἰδὼς ἀμφὶ θεῶν τε καὶ ἄσσα λέγω περὶ πάντων·
> εἰ γὰρ καὶ τὰ μάλιστα τύχοι τετελεσμένον εἰπών,
> αὐτὸς ὅμως οὐκ οἶδε, δόκος δ᾽ ἐπὶ πᾶσι τέτυκται,

φαίνεται μὴ πᾶσαν κατάληψιν ἀναιρεῖν ἀλλὰ τὴν ἐπιστη
μονικήν τε καὶ ἀδιάπτωτον, ἀπολείπειν δὲ τὴν δοξαστήν·
τοῦτο γὰρ ἐμφαίνει τὸ „δόκος δ᾽ ἐπὶ πᾶσι τέτυκται“. ὥστε
κριτήριον γίνεσθαι κατὰ τοῦτον τὸν δοξαστὸν λόγον, τουτ
έστι τὸν τοῦ εἰκότος ἀλλὰ μὴ τὸν τοῦ παγίου ἐχόμενον.
Diese Auffassung des Xenophanes war, wie uns Sextos selber
sagt, nicht die allgemeine; die andere, welche er dabei im
Sinne hat, findet sich 49: ὧν Ξενοφάνης μὲν κατά τινας
εἰπὼν πάντα ἀκατάληπτα ἐπὶ ταύτης ἐστὶ τῆς φορᾶς, ἐν
οἷς γράφει

> καὶ τὸ μὲν οὖν σαφὲς οὔ τις ἀνὴρ ἴδεν κτλ.

Nach dieser Auffassung war Xenophanes ein Skeptiker.
Wären wir also vor die Wahl gestellt, ob wir die eine oder
die andere Auffassung Ainesidem zutrauen wollen, so könnten
wir uns nur für die zweite entscheiden, zumal da Diogenes 72
ausdrücklich sagt, dass die Pyrrhoneer den Stifter der eleatischen Schule unter die Vorläufer der Skepsis rechneten,
und diess mit denselben Versen begründet. Dass aber Ainesidem über den Sinn dieser Verse habe im Zweifel sein
können und es deshalb für zweckmässig gehalten habe beide
Auffassungen zu erwähnen, lässt sich nicht annehmen, da

die zuerst erwähnte eine überaus geschraubte ist und nur
aus dem Bestreben die Logoslehre um jeden Preis auch bei
Xenophanes wieder zu finden erklärt werden kann.[1]) Wir
werden also die ganze die älteren Philosophen betreffende
Darstellung nicht auf Ainesidem sondern auf einen dogmatischen Philosophen zurückführen.[2]) Insbesondere ist dieser
dogmatische Charakter dem uns hier zunächst interessirenden
Abschnitt über Heraklit aufgeprägt, ein Umstand, der deutlich hervortritt, wenn man den parallelen Bericht Ainesidems
vergleicht.

In diesem Bericht[3]) werden die Allen gemeinsamen
Vorstellungen als wahr bezeichnet, die nur bei Einzelnen
geltenden als falsch.[4]) Diess hat man offenbar verstanden
als ob Ainesidem unter wahr das gemeint hätte was mit
der Wirklichkeit übereinstimmt.[5]) Denn nur in diesem Falle

---

[1]) Hiermit liesse sich wohl vereinigen, dass Ainesidem den
Xenophanes unter die Dogmatiker rechnete, d. h. ihn nicht als vollkommenen Skeptiker gelten liess. Denn auch ein Dogmatiker konnte
einzelne skeptische Aeusserungen gethan haben, wie sie in den angeführten Versen des Xenophanes enthalten sind, und auf Grund derselben den Vorläufern der späteren reineren Skepsis beigezählt werden. Ich bemerke diess deshalb, weil es möglich ist, dass bei Sextos
Pyrrh. I 222 ff. ausser dem Urtheil über Platon auch das damit ver-
flochtene über Xenophanes auf Ainesidem oder Menodotos zurückgeht. Dieses Urtheil lautet dahin, dass Xenophanes Dogmatiker war.
Was aber zu bemerken ist, die Art wie dieses Urtheil abgefasst ist
schliesst den Gedanken ein, dass Xenophanes um vieler Aeusserungen,
ja um der meisten willen würdig war ein Skeptiker zu heissen.

[2]) Vgl. darüber noch Excurs I.

[3]) Denn ein solcher ist es nach dem jetzigen Text. S. indessen
S. 69, 1.

[4]) Φασὶ (οἱ περὶ τὸν Αἰνησίδημον) τὰ μὲν κοινῶς πᾶσι φαίνεσθαι, τὰ δὲ ἰδίως τινί, ὧν ἀληθῆ μὲν εἶναι τὰ κοινῶς πᾶσι φαινόμενα ψευδῆ δὲ τὰ μὴ τοιαῦτα.

[5]) Die richtige Auffassung bei Natorp Rhein. Mus. 1883 S. 56 ff.

kommt in den Worten ein dogmatischer Standpunkt zum
Vorschein d. h. einer auf dem Ainesidem notorisch nicht
gestanden hat. Ob aber Ainesidem das Wort „wahr" wirklich in dem angegebenen Sinne verstanden wissen wollte,
wird durch das bei Sextos Folgende sehr zweifelhaft. Denn
ausser dem dass Ainesidem nur den bei Allen geltenden
Vorstellungen (τὰ κοινῶς πᾶσι φαινόμενα) Wahrheit bei-
mass, Epikur allen durch die Sinne uns zugeführten (τὰ
αἰσθητά), stellt sich zwischen beiden auch noch der Unterschied heraus dass Ainesidem jene Vorstellungen nur als
wahre (ἀληθῆ) bezeichnet, Epikur zugleich als solche, denen
etwas Wirkliches entspricht (ἀληθῆ καὶ ὄντα).[1]) Und zwar
ist diess keine bloss zufällige Verschiedenheit des Ausdrucks
sondern eine von Sextos mit gutem Bedacht gewählte. Sonst
würde er es nicht für nöthig gehalten haben die Verbindung
ἀληθῆ καὶ ὄντα zu rechtfertigen mit den Worten οὐ διήνεγκε γὰρ ἀληθὲς εἶναί τι λέγειν ἢ ὑπάρχον. Auch die
Form dieser Rechtfertigung ist bemerkenswerth: Sextos sagt
nicht, es ist gleichgiltig ob ich etwas wahr oder wirklich
nenne, sondern, es war gleichgiltig, und scheint dadurch anzudeuten, dass diese Rechtfertigung nicht allgemein sondern
zunächst nur für Epikur gilt. Wir sind deshalb nicht berechtigt diese Rechtfertigung ohne Weiteres auch auf Ainesidem zu erstrecken und nach Maassgabe derselben anzunehmen, dass auch Ainesidem, wenn er von wahren Vorstellungen sprach, darunter solche verstand denen etwas

---

[1]) Ὁ δὲ Ἐπίκουρος τὰ μὲν αἰσθητὰ πάντα ἔλεγεν ἀληθῆ καὶ
ὄντα. οὐ διήνεγκε γὰρ ἀληθὲς εἶναί τι λέγειν ἢ ὑπάρχον· ἔνθεν καὶ
ὑπογράφων τἀληθὲς καὶ ψεῦδος „ἔστι" φησὶν „ἀληθὲς τὸ οὕτως ἔχον
ὡς λέγεται ἔχειν". τήν τε αἴσθησιν ἀντιληπτικὴν οὖσαν τῶν ὑπο-
πιπτόντων αὐτῇ, καὶ μήτε ἀφαιροῦσάν τι μήτε προστιθεῖσαν μήτε
μετατιθεῖσαν τῷ ἄλογον εἶναι, διὰ παντός τε ἀληθεύειν καὶ οὕτω τὸ
ὂν λαμβάνειν ὡς εἶχε φύσεως αὐτὸ ἐκεῖνο.

Wirkliches entspricht.[1]) Freilich wird man fragen: wenn
Ainesidem unter einer wahren Vorstellung nicht eine solche
verstand, der die Wirklichkeit entspricht, was verstand er
dann darunter? Sextos' Worte geben hierauf die Antwort.
Wenn er Ainesidem behaupten lässt, wahre Vorstellungen
seien die welche bei Allen gelten, so kann diess zweierlei
bedeuten, entweder dass wir aus der Allgemeinheit einer
Vorstellung auf ihre Wahrheit schliessen oder dass der Begriff der Allgemeinheit einer Vorstellung mit dem ihrer
Wahrheit identisch ist. Die erste Auffassung ist die gewöhnliche; ja man wird die zweite vielleicht für widersinnig
erklären, da es Niemandem einfallen könne zwei so offenbar
verschiedene Begriffe wie die der Allgemeinheit und der
Wahrheit mit einander zu identificiren. Nur Eines spricht
für die zweite Auffassung, und das ist, dass nur mit ihrer
Hilfe der Skepticismus Ainesidems gerettet werden kann:
denn wenn das Wesen der wahren Vorstellung in dem der
Allen gemeinsamen Vorstellung aufgeht, so sage ich damit,
dass ich eine Vorstellung wahr nenne, noch nichts über deren
Verhältniss zur Wirklichkeit aus und daher auch nichts
wodurch ich die Möglichkeit eines Erkennens oder Wissens
einräume. Und dass Ainesidemos selber seine Behauptung
in diesem zweiten Sinne aufgefasst wissen wollte, wird durch
die Etymologie des Wortes $\dot{\alpha}\lambda\eta\vartheta\acute{\epsilon}\varsigma$, womit er dieselbe zu
stützen suchte, mindestens wahrscheinlich: $\ddot{o}\vartheta\epsilon\nu$ $\varkappa\alpha\grave{\iota}$ $\dot{\alpha}\lambda\eta\vartheta\grave{\epsilon}\varsigma$
$\varphi\epsilon\varrho\omega\nu\acute{\nu}\mu\omega\varsigma$ $\epsilon\dot{\iota}\varrho\tilde{\eta}\sigma\vartheta\alpha\iota$ $\tau\grave{o}$ $\mu\grave{\eta}$ $\lambda\tilde{\eta}\vartheta o\nu$ $\tau\grave{\eta}\nu$ $\varkappa o\iota\nu\grave{\eta}\nu$ $\gamma\nu\acute{\omega}\mu\eta\nu$.
Denn eine solche Berufung auf die Etymologie setzt voraus,
dass in derselben das Wesen der durch das Wort bezeich-

---

[1]) Dass wer so wie Sextos thut Ainesidem und Epikur zusam-
menstellt nicht nothwendig den Ersteren für einen Dogmatiker ge-
halten haben muss, ergibt sich auch aus Diog. IX 106: $\check{\epsilon}\sigma\tau\iota\nu$ $o\dot{v}\nu$
$\varkappa\varrho\iota\tau\acute{\eta}\varrho\iota o\nu$ $\varkappa\alpha\tau\grave{\alpha}$ $\tau o\grave{v}\varsigma$ $\sigma\varkappa\epsilon\pi\tau\iota\varkappa o\grave{v}\varsigma$ $\tau\grave{o}$ $\varphi\alpha\iota\nu\acute{o}\mu\epsilon\nu o\nu$, $\dot{\omega}\varsigma$ $\varkappa\alpha\grave{\iota}$ $A\dot{\iota}\nu\epsilon\sigma\acute{\iota}\delta\eta\mu\acute{o}\varsigma$
$\varphi\eta\sigma\iota\nu\cdot$ $o\ddot{v}\tau\omega$ $\delta\grave{\epsilon}$ $\varkappa\alpha\grave{\iota}$ $'E\pi\acute{\iota}\varkappa o\nu\varrho o\varsigma$.

neten Sache zum Vorschein kommt; dieser Voraussetzung
würde aber die von Ainesidemos aufgestellte Etymologie
nur unvollkommen entsprechen, wenn die Eigenschaft eine
Allen gemeinsame Vorstellung zu sein nur eine der Consequenzen des Wahren, nicht dessen inneres Wesen selber
wäre.[1]) Blicken wir nun, nachdem wir Ainesidems Ansicht
oder vielmehr Heraklits Ansicht wie sie sich Ainesidem
vorstellte schärfer, als von Anderen geschehen war, gefasst
haben, auf den über Heraklit im ersten Buche gegebenen
Bericht zurück. Hier lesen wir 131: τοῦτον δὴ τὸν κοινὸν
λόγον καὶ θεῖον, καὶ οὗ κατὰ μετοχὴν γινόμεθα λογικοί,
κριτήριον ἀληθείας φησὶν ὁ Ἡράκλειτος· ὅθεν τὸ μὲν κοινῇ
πᾶσι φαινόμενον, τοῦτ᾽ εἶναι πιστόν (τῷ κοινῷ γὰρ καὶ
θείῳ λόγῳ λαμβάνεται), τὸ δέ τινι μόνῳ προσπῖπτον ἄπιστον ὑπάρχειν διὰ τὴν ἐναντίαν αἰτίαν. Wer so sich aus-
drückt, dem gilt der Umstand dass eine Vorstellung Allen
gemeinsam ist wohl als ein Symptom aber nicht als das
Wesen der Wahrheit. Er nennt was besonders charakteristisch
für ihn ist eine Allen gemeinsame Vorstellung eine zuverlässige (πιστόν) d. h. er gibt zu dass sie uns über ein
Wirkliches Auskunft gibt. Diese Ansicht hätte freilich Ainesidem nicht vertreten können, wenn er sich nicht als Skeptiker der gröbsten Inconsequenz hätte schuldig machen
wollen. So ergibt sich von dieser Seite dass wir was später
als Ainesidems Ansicht erscheint nicht zusammenwerfen
dürfen mit dem was hier als Heraklits Lehre berichtet wird.

---

[1]) Auch andere Skeptiker liessen eine Wahrheit gelten und
meinten damit nicht etwas das objectiv den Werth einer solchen besitzt sondern nur was subjectiv d. h. für die Menschen diese Bedeutung hat. Nur so erklärt es sich, dass Sextos im Sinne des Karneades und der Akademiker von einem Kennzeichen der Wahrheit (κριτήριον τῆς ἀληθείας dogm. I 173) und von einer Entscheidung über
die Wahrheit (κρίσις τῆς ἀληθείας a. a. O. 179) sprechen kann.

Nun ist aber Ainesidems eigene Ansicht aller Wahrscheinlichkeit nach nur diejenige Heraklits wie sie sich Ainesidem
darstellte.[1]) Von Neuem bestätigt sich daher dass der
historische Abschnitt dem auch der Bericht über Heraklit
angehört nicht von Ainesidem herrühren kann.

Dass die Meinung von Diels, Ainesidems angeblicher
Heraklitismus sei nur ein von Sextos missverstandener Bericht über Heraklits Lehre, schwach begründet ist, hat das
Bisherige gezeigt: weder haben Diels und Zeller die Möglichkeit eines solchen Missverständnisses erklärt noch die
Annahme desselben durch die angeführten Stellen gerechtfertigt. Was ausserdem gegen diese Meinung spricht, ist die
Folgerung zu der sie uns nöthigt. Dasselbe angebliche
Missverständniss nämlich, welches Ainesidem aus einem Berichterstatter zu einem Vertreter der heraklitischen Lehre
gemacht haben soll, begegnet uns ausser bei Sextos auch
noch bei Soranos.[2]) Dass nun Sextos alles was er über
Ainesidem sagt Soranos entnommen habe, lässt sich nicht
annehmen; ebenso wenig aber ist denkbar, dass beide unabhängig von einander zu demselben Missverständniss gekommen sind.[3]) Die Folge ist also, wie Zeller S. 37 näher
ausgeführt hat, dass wir den Ursprung jenes Missverständnisses bei einem früheren Skeptiker suchen müssen den so-

---

[1]) Diess gilt auch für den Fall, dass das S. 69, 1 gegen die
Worte καθ' Ἡράκλειτον Bemerkte richtig ist.

[2]) Diess folgt aus Tertullian de an. c. 14: non longe hoc exem-
plum est a Stratone et Aenesidemo et Heraclito. nam et ipsi uni-
tatem animae tuentur quae in totum corpus diffusa et ubique ipsa
velut flatus in calamo per cavernas ita per sensualia variis modis
emicet non tam concisa quam dispensata. Denn dass diese Angaben
Tertullians von Soranos stammen, hat Diels S. 206 ff. gezeigt.

[3]) Diess scheint allerdings die Ansicht von Diels zu sein, da er
sowohl Soranos (S. 211 ff.) als Sextos (S. 250) unmittelbar aus Ainesidem schöpfen lässt. Sie bedarf aber keiner Widerlegung.

6*

wohl Soranos als Sextos benutzt hat. Wie misslich diese
Annahme ist, sieht Jeder. Denn man mag über Sextos'
Quellenstudien noch so gering denken (Zeller III 2 S. 41 Anm.),
so würde es doch dem Ansehen in dem er als Schriftsteller
und Philosoph stand kaum entsprechen,[1] wenn er sich nicht
einmal die Mühe genommen hätte einen der namhaftesten
Autoren unter den späteren Skeptikern wie Ainesidem aus
eigener Lectüre kennen zu lernen. Ein solches unter allen
Umständen sehr oberflächliches Verfahren würde in diesem
Falle den Mangel jedes wissenschaftlichen Anstandes voraussetzen, da Sextos sich nicht begnügt hat über Ainesidem zu
berichten sondern aufs Entschiedenste gegen ihn polemisirt
(Pyrrh. I 210 ff.). Aber, wird man sagen, auch diese Polemik
hat Sextos nur aus seiner Quelle genommen. Diess ist, auch
zugegeben dass Sextos ein blosser Abschreiber war, schwer
erklärlich. Denn dann würde diese Polemik doch aus derselben Quelle stammen der Sextos seine Kenntniss Ainesidems verdankt. Diess ist aber eine noch über die Zeit des
Soranos hinaufreichende Schrift gewesen. Sollte nun in dieser
ganzen Zeit bis auf Sextos eine Polemik, die sich gegen den
Heraklitismus Ainesidems richtete, also, wenn Diels' Vermuthung richtig ist, eine handgreifliche Verdrehung der
echten Lehre Ainesidems war, sich ungestört behauptet
haben, sollte sich unter den Skeptikern keiner gefunden
haben der das grobe Missverständniss aufdeckte und rügte
oder sollte Sextos diese Widerlegung unbekannt geblieben
sein? In solche Schwierigkeiten verwickelt sich wer Sextos
keine unmittelbare Bekanntschaft mit Ainesidems Schriften
zutrauen will. Aber auch was wir sonst über Sextos' Be-

---

[1] Seinen Schriften ertheilt Diog. IX 116 das Prädicat κάλλιστα.
Aus derselben Stelle sehen wir, dass er Schulvorstand war. Das Ansehen das er als Skeptiker genoss erhellt auch aus dem was über
ihn und Menodotos Pseudo-Galen isag. 4 (Zeller 6, 2) sagt.

nutzung der Quellen vermuthen können, widerstrebt der
Annahme, dass er in dem was Ainesidems Lehre betraf sich
lediglich auf die Angaben Anderer verliess. Im ersten Excurs
habe ich zu zeigen versucht, dass der historische die erkenntnisstheoretischen Ansichten der Philosophen zusammenfassende Abschnitt auf verschiedene Quellen zurückgeht, auf
eine skeptische (akademische) und eine dogmatische, welche
letztere vielleicht wiederum in eine doppelte sich scheidet.
Die nächste Annahme ist gewiss, dass Sextos diese Quellen
selber benutzt hat; denn wollte man annehmen dass er auch
diese Compilationen schon bei seinem Gewährsmann vorfand, so würde man ihn zum Compilator eines Compilators
machen und damit auch das bescheidene schriftstellerische
Verdienst rauben, das sich an die Auswahl der Quellen und
die Ordnung des daher Entnommenen knüpft. Auf eine
selbständige Benutzung der Schriften des Kleitomachos lässt
doch auch die Art schliessen, wie er sich über diesen zu
Anfang seines dritten Buches gegen die Dogmatiker ausspricht.[1]) Wahrscheinlich ist es aber nicht, dass wer in
dieser Weise die Schriften fremder Philosophen zu Rathe
zog diejenigen der eigenen Schule und namentlich eines so
hervorragenden Vertreters derselben wie Ainesidem war[2])
gänzlich vernachlässigt und es für unnöthig gehalten habe

---

[1]) Τὸν αὐτὸν δὲ τρόπον τῆς ζητήσεως πάλιν ἐνταῦθα συστησό-
μεθα, οὐκ ἐμβραδύνοντες τοῖς κατὰ μέρος, ὁποῖόν τι πεποιήκασιν οἱ
περὶ τὸν Κλειτόμαχον καὶ ὁ λοιπὸς τῶν Ἀκαδημαϊκῶν χορός (εἰς ἀλλοτρίαν γὰρ ὕλην ἐμβάντες καὶ ἐπὶ συγχωρήσει τῶν ἑτέρως δογματιζομένων ποιούμενοι τοὺς λόγους ἀμέτρως ἐμήκυναν τὴν ἀντίρρησιν),
ἀλλὰ τὰ κυριώτατα καὶ συνεκτικώτατα κινοῦντες, ἐν οἷς ἠπορημένα
ἔξομεν καὶ τὰ λοιπά.

[2]) Und den Sextos selber als solchen anerkennt, wie sich aus
Pyrrh. I 222 ergibt. Οὗτοι, sagt er hier und meint damit Menodotos
resp. Herodotos und Ainesidem, μάλιστα ταύτης προέστησαν τῆς
στάσεως.

sich über sie ein selbständiges Urtheil zu bilden. Und endlich, wer sollte denn dieser Mittelsmann gewesen sein dem Sextos verdankt was er über Ainesidem zu sagen weiss? Füglich könnten wir doch dabei an keinen Anderen denken als den Menodotos, bez. Herodotos,[1]) an den er nach seinem eigenen Geständniss sich gelegentlich angeschlossen hat.[2]) Diesem aber wird an derselben Stelle Ainesidem als Gewährsmann coordinirt. Wir sind daher bis triftige Gegengründe gefunden sind zu der Voraussetzung genöthigt, dass neben Anderen auch Ainesidem von Sextos unmittelbar benutzt worden ist. Zu dieser Voraussetzung stimmt dass die Meinungen und Aeusserungen Ainesidems, auf die sich Sextos bezieht, meist als gleichzeitige im Präsens eingeführt werden.[3]) Denn es ist diess doch nur dann erklärbar, wenn dieselben als schriftliche und daher bis in die Gegenwart reichende dem Citirenden sei es vorschwebten sei es wirklich vorlagen; dass aber dergleichen vorschwebende oder vorliegende Aeusserungen nur von Anderen gegebene Citate aus der Originalschrift seien, ist zwar nicht unmöglich, aber bei der Seltenheit wirklicher Citate in antiken Schriften nicht wahrscheinlich.

---

[1]) Vgl. darüber Zeller III 2 S. 5, 2.

[2]) Pyrrh. I 222: περὶ δὲ τοῦ εἰ ἔστιν (Platon) εἰλικρινῶς σκεπτικὸς πλατύτερον μὲν ἐν τοῖς ὑπομνήμασι διαλαμβάνομεν, νῦν δὲ ὡς ἐν ὑποτυπώσει διαλαμβάνομεν κατὰ Μηνόδοτον καὶ Αἰνησίδημον (οὗτοι γὰρ μάλιστα ταύτης προέστησαν τῆς στάσεως) ὅτι κτλ.

[3]) So z. B. dogm. II 40: δυνάμει δὲ καὶ ὁ Αἰνησίδημος τὰς ὁμοιοτρόπους κατὰ τὸν τόπον ἀπορίας τίθησιν. Vgl. ausserdem II 8. 215. III 337. IV 233. Besonders verdient diese Citirweise unsere Beachtung, wenn wie diess IV 38 der Fall ist in demselben Abschnitt eine Lehre Ainesidems im Präsens, diejenigen anderer Philosophen aber, hier des Aristoteles (37) und Epikur (42) in einem Tempus der Vergangenheit mitgetheilt werden. Natürlich beweist hiergegen nichts, wenn einmal (V 42) auch eine Aeusserung Ainesidems als eine der Vergangenheit angehörige behandelt wird.

So ist die von Diels verworfene Auffassung der Lehre
Ainesidems durch zwei Autoritäten vertreten, durch Sextos
und Soranos. Beide lassen ihn über gewisse Gegenstände
des Forschens seine Ueberzeugung in einer Weise äussern,
die damit dass er ein Bekenner des Pyrrhonismus war unvereinbar scheint. Zu den beiden genannten kommt aber
noch als Dritter, was weder Diels noch Zeller bemerkt hat,
der Skeptiker dem Diogenes Laertius seine Nachrichten über
die Pyrrhoneer entnommen hat. Derselbe sagt nämlich, dass
Ainesidem zusammen mit Timon für das höchste Gut (τέλος)
erklärt habe die ἐποχή.[1]) Wie hatte sich nun über diese
Frage Ainesidem in den Πυῤῥώνειοι λόγοι, nach Diels der
einzigen Quelle aus der sich eine zuverlässige Kenntniss der
wirklichen Lehre Ainesidems gewinnen lässt, geäussert? Ueber
den letzten dieser Logoi sagt Photios bibl. cod. 212 Folgendes: ὁ δ' ἐπὶ πᾶσι καὶ ἡ' κατὰ τοῦ τέλους ἐνίσταται, μήτε
τὴν εὐδαιμονίαν μήτε τὴν ἡδονὴν μήτε τὴν φρόνησιν μήτ'
ἄλλο τι τέλος ἐπιχωρῶν εἶναι, ὅπερ ἄν τις τῶν κατὰ φιλοσοφίαν αἱρέσεων δοξάσειεν, ἀλλ' ἁπλῶς οὐκ εἶναι τέλος
τὸ πᾶσιν ὑμνούμενον. Dieser Widerspruch kann nicht
abermals auf ein Missverständniss zurückgeführt werden, so
dass Diogenes einen Bericht Ainesidems über die Lehre vom
höchsten Gut mit der eigenen Lehre des Pyrrhoneers verwechselt hätte. Nur eine Ausflucht steht hier offen, dass
nämlich nicht schon Ainesidem und der mit ihm zusammen
genannte Timon des Wortes τέλος sich bedient hatten, dieses
Wort vielmehr die Zuthat des Diogenes oder dessen ist auf

---

[1]) Diog. IX 107: τέλος δὲ οἱ σκεπτικοὶ φασι τὴν ἐποχήν, ᾗ
σκιᾶς τρόπον ἐπακολουθεῖ ἡ ἀταραξία, ὥς φασιν οἵ τε περὶ τὸν Τίμωνα καὶ Αἰνεσίδημον. In derselben dogmatischen Weise drückt
sich Sextos aus Pyrrh. I 215: ἐκείνη μὲν (ἡ Κυρηναϊκὴ ἀγωγή) τὴν
ἡδονὴν καὶ τὴν λείαν τῆς σαρκὸς κίνησιν τέλος εἶναι λέγει, ἡμεῖς δὲ
τὴν ἀταραξίαν.

den seine Darstellung zurückgeht. Diese Vermuthung hat einen Anhalt an der Art und Weise wie über die Lehre der beiden genannten Pyrrhoneer Aristokles bei Euseb. praep. ev. XIV 18, 2 f. berichtet: ὁ δέ γε μαθητὴς αὐτοῦ (des Pyrrhon) Τίμων φησί, δεῖν τὸν μέλλοντα εὐδαιμονήσειν εἰς τρία ταῦτα βλέπειν· πρῶτον μέν, ὁποῖα πέφυκε τὰ πράγματα· δεύτερον δέ, τίνα χρὴ τρόπον ἡμᾶς πρὸς αὐτὰ διακεῖσθαι· τελευταῖον δέ, τί περιέσται τοῖς οὕτως ἔχουσι. Τὰ μὲν οὖν πράγματά φησιν αὐτὸν ἀποφαίνειν ἐπίσης ἀδιάφορα καὶ ἀστάθμητα καὶ ἀνέγκριτα· διὰ τοῦτο μήτε τὰς αἰσθήσεις ἡμῶν μήτε τὰς δόξας ἀληθεύειν ἢ ψεύδεσθαι. Διὰ τοῦτο οὖν μηδὲ πιστεύειν αὐταῖς δεῖν, ἀλλ᾽ ἀδοξάστους καὶ ἀκλινεῖς καὶ ἀκραδάντους εἶναι, περὶ ἑνὸς ἑκάστου λέγοντας, ὅτι οὐ μᾶλλον ἔστιν ἢ οὐκ ἔστιν, ἢ καὶ ἔστι καὶ οὐκ ἔστιν ἢ οὔτ᾽ ἔστιν οὔτ᾽ οὐκ ἔστιν. Τοῖς μέντοι διακειμένοις οὕτω περιέσεσθαι Τίμων φησὶ πρῶτον μὲν ἀφασίαν, ἔπειτα δ᾽ ἀταραξίαν, Αἰνησίδημος δὲ ἡδονήν. Diese Darstellung soll zwar bestimmen was den Pyrrhoneern als τέλος galt, nichts desto weniger wird dieses Wort nie gebraucht und insbesondere wird damit nicht die ἀφασία bezeichnet, die doch der ἐποχὴ des Diogenes entspricht. Man könnte daher meinen, Timon und Ainesidem hätten das Wort τέλος vermieden um nicht durch seine Anwendung auf die ἐποχὴ und die darin liegende Anerkennung derselben als des höchsten Gutes etwas über die objective Beschaffenheit eines Dinges auszusagen und so sich selber untreu zu werden. Dem gegenüber aber was wir sonst über Timon erfahren lässt sich diese Meinung nicht aufrecht halten, da er hiernach ganz ungescheut die Existenz eines höchsten Gutes anerkannt hatte (vgl. S. 46). Und was Ainesidem betrifft, so ist es nicht wahrscheinlich, dass er sollte an einem Ausdruck angestossen haben den spätere Pyrrhoneer, die doch in der Durchführung des Skepticismus consequenter und in der Wahl der Ausdrücke vorsichtiger waren, brauchten um ihr Ideal damit zu bezeichnen.[1]) Was uns aber hauptsächlich abhalten muss dem Fehlen des Wortes $\tau \acute{\epsilon} \lambda o \varsigma$ in Aristokles' Bericht eine zu grosse Bedeutung beizulegen, ist der Umstand, dass auch so der Vorwurf der Inconsequenz der gleiche bleibt. Denn das höchste Gut oder das letzte Ziel ($\tau \acute{\epsilon} \lambda o \varsigma$) ist doch das, worauf alle unsere Handlungen sich beziehen, wonach Alle streben sollen. Als dieses letzte Ziel hatte aber nach Aristokles' Bericht Timon die Glückseligkeit ($\epsilon \dot{\upsilon} \delta \alpha \iota \mu o \nu \acute{\iota} \alpha$) anerkannt. Das ergibt sich für jeden Unbefangenen aus den Anfangsworten: $\dot{o} \cdot \delta \acute{\epsilon} \gamma \epsilon \mu \alpha \vartheta \eta \tau \dot{\eta} \varsigma \alpha \dot{\upsilon} \tau o \tilde{\upsilon}$ $T \acute{\iota} \mu \omega \nu \varphi \eta \sigma \acute{\iota}, \delta \epsilon \tilde{\iota} \nu \tau \dot{o} \nu \mu \acute{\epsilon} \lambda \lambda o \nu \tau \alpha \epsilon \dot{\upsilon} \delta \alpha \iota \mu o \nu \acute{\eta} \sigma \epsilon \iota \nu \epsilon \dot{\iota} \varsigma \tau \rho \acute{\iota} \alpha$ $\tau \alpha \tilde{\upsilon} \tau \alpha \beta \lambda \acute{\epsilon} \pi \epsilon \iota \nu \varkappa \tau \lambda$. Denn es würde eine äusserst gezwungene Erklärung sein, wollte man diese Worte so verstehen, als ob Timon gleichsam nur hypothetisch die Frage erörtert und für den Fall, dass Jemand glückselig werden wolle, die dann zu erfüllenden Bedingungen angegeben habe. Die natürliche Erklärung führt vielmehr dahin, dass auch Timon die Glückseligkeit als letztes Ziel alles Handelns hingestellt und als die Mittel dazu die $\dot{\alpha} \varphi \alpha \sigma \acute{\iota} \alpha$ und $\dot{\alpha} \tau \alpha \rho \alpha \xi \acute{\iota} \alpha$ empfohlen hatte. Was aber von Timon, das gilt auch von Ainesidem. Auch nach Aristokles', nicht bloss nach Diogenes' Bericht hat derselbe ein letztes Ziel des Handelns anerkannt und dasselbe in die Glückseligkeit gesetzt, während er doch in den „Pyrrhonischen Reden" nicht bloss das Vorhandensein eines solchen Zieles überhaupt geleugnet sondern insbesondere noch die nähere Bestimmung als Glückseligkeit verworfen hatte.[2])

---

[1]) So Sextos an der S. 87, 1 angeführten Stelle. Vgl. ausserdem Pyrrh. I 25: $\tau o \acute{\upsilon} \tau o \iota \varsigma \dot{\alpha} \varkappa \acute{o} \lambda o \upsilon \vartheta o \nu \ \ddot{\alpha} \nu \ \epsilon \ddot{\iota} \eta \ \varkappa \alpha \dot{\iota} \ \pi \epsilon \rho \dot{\iota} \ \tau o \tilde{\upsilon} \ \tau \acute{\epsilon} \lambda o \upsilon \varsigma \ \tau \tilde{\eta} \varsigma$ $\sigma \varkappa \epsilon \pi \tau \iota \varkappa \tilde{\eta} \varsigma \ \dot{\alpha} \gamma \omega \gamma \tilde{\eta} \varsigma \ \delta \iota \epsilon \lambda \vartheta \epsilon \tilde{\iota} \nu$ und das hierauf Folgende, in dem das Wort noch mehrmals wiederkehrt.

[2]) Man kann auch noch bemerken, dass in den „Pyrrhonischen Reden" unter den Dingen, denen ausdrücklich das Recht abgesprochen

Sollen wir daher auch Aristokles zu denen rechnen, die wie
Sextos, Soranos und Diogenes die echte Lehre Ainesidems
verkannten und den strengen Pyrrhoneer zu einem halben
Dogmatiker machten? Vielmehr, meine ich, werden wir, wo
so viele Zeugen übereinstimmen, ihre Aussagen nicht voreilig
verwerfen, sondern genauer prüfen und zusehen ob der
Widerspruch in den Ainesidem mit sich selber zu gerathen
scheint nicht noch auf andere Weise als in einem Irrthum
der Berichterstatter seine Erklärung findet.

Eine solche andere Weise der Erklärung ist die welche
Leander Haas de philos. scept. success. S. 44 ff. versucht
hat. Er erkennt den Widerspruch an der darin liegt dass
derselbe Philosoph sich für einen Pyrrhoneer ausgibt und
die naturphilosophischen Lehren Heraklits billigt, misst aber
die Schuld davon nicht den Berichterstattern bei sondern
führt ihn auf Ainesidem selber zurück. Derselbe sei anfangs
Pyrrhoneer gewesen, später aber Dogmatiker geworden und
habe als solcher sich an Heraklit angeschlossen. Um diesen
Meinungswechsel zu verdecken habe er den Satz aufgestellt
dass die pyrrhonische Skepsis der Weg zur heraklitischen
Philosophie sei und so was in Wahrheit ein Abfall vom
Pyrrhonismus war in eine Consequenz desselben zu verwandeln gesucht. Haas kann sich nicht eben die günstigste
Meinung über Ainesidem gebildet haben, wenn wenigstens
Beständigkeit eine Tugend ist: denn da er Ainesidem zunächst der Akademie angehören und erst hierauf zum Pyr-
rhonismus übergehen lässt, so muthet er ihm einen zwei-

---

wird als letztes Ziel zu gelten auch die ἡδονή erscheint, gerade diese
es aber war die, wenn wir Aristokles glauben wollen, Ainesidem an
die Stelle der ἀταραξία gesetzt und damit zum τέλος erhoben hatte.
Denn die ἀταραξία fällt für die Skeptiker mit der εὐδαιμονία zusammen und wird deshalb auch von Sextos Pyrrh. I 25 geradezu als
τέλος der Skeptiker bezeichnet.

maligen durchgreifenden Wechsel seiner philosophischen
Ueberzeugung zu. Wahrscheinlich ist diess an sich gewiss
nicht. Und sollten wir es trotzdem glauben so müsste diess
auf einen besseren Grund hin geschehen als Haas vorgebracht
hat. Dieser Grund d. i. die Hypothese mit Hilfe deren er
den angeblichen Widerspruch löst wird aber durch eine
doppelte Erwägung erschüttert. Hätte Ainesidem wirklich
den Schritt vom Skepticismus zum Dogmatismus gethan, wäre
seine wissenschaftliche Persönlichkeit keine einfache sondern
eine doppelte gewesen, so sollte man meinen, dass die Ueberlieferung, die seiner so oft gedenkt, wenigstens einmal einen
Wink auch darüber gegeben hätte. Statt dessen erscheint
er bei Diogenes nur als Skeptiker und bei Sextos, der doch
sowohl den Skepticismus wie den Heraklitismus Ainesidems
berücksichtigt, fehlt jede Andeutung dass beide verschiedenen
Lebenszeiten desselben Mannes entsprechen.[1]) Nun wäre zwar
denkbar, dass im Gedächtniss und in der Ueberlieferung
nur ein Theil von Ainesidems Thätigkeit sich erhalten hätte;
wahrscheinlich aber ist, dass in diesem Fall viel mehr der
frühere von dem späteren als umgekehrt in den Schatten
gestellt wurde. Man sollte daher erwarten dass Ainesidem
der Nachwelt nur als Herakliteer bekannt geworden wäre;
während er thatsächlich auch von den Skeptikern, wie von
Sextos der doch seinen Heraklitismus recht wohl kannte, zu
den Häuptern der pyrrhonischen Schule gerechnet wurde
(Sext. Pyrrh. I 222). Den Askaloniten Antiochos dagegen,
der doch ebenfalls lange Zeit hindurch als Skeptiker gelebt
und geschriftstellert hatte, hat trotzdem Niemand im Alter-

---

[1]) Eine solche Andeutung wäre dann besonders am Platze gewesen, wenn Sextos ihn geradezu Entgegengesetztes aussprechen lässt,
wie diess dogm. II 40 mit Bezug auf 8 der Fall ist: denn nach der
letzteren Stelle hätte er das Vorhandensein einer Wahrheit anerkannt
das er nach der ersteren leugnete.

thum unter die Mitglieder der skeptischen Akademie gezählt.
Nun wird man freilich einwenden, dass Ainesidem seiner
eigenen Ueberzeugung nach auch als Dogmatiker nicht auf-
hörte Skeptiker zu sein, da er den pyrrhonischen Skepticismus gewissermaassen als die Kehrseite des heraklitischen
Dogmatismus betrachtete. Angenommen sodann dass er für
diese Ueberzeugung auch Andere zu gewinnen wusste, so wäre
dadurch erklärt, dass in den Augen der Alten sein Bild als
das eines Skeptikers dastand. Dass aber so schwache Gründe
wie die, mit denen er die Uebereinstimmung zwischen Heraklitismus und Pyrrhonismus bewiesen haben soll, eine solche
Wirkung gehabt hätten, ist höchst unglaublich. Das Unzu-
längliche dieser Gründe bildet den zweiten Punkt um dessentwillen ich an einen Uebertritt Ainesidems zum Dogmatismus
nicht glauben kann. Ein solcher Uebertritt muss doch
irgendwie gerechtfertigt werden. Hier . ist diess aber nur
theilweise geschehen. Gerechtfertigt wird nur (vgl. Sext.
Pyrrh. I 210 f.), inwiefern die Ansicht Heraklits, dass in
ein und demselben Dinge Gegensätze vorhanden sind, auch
von einem Skeptiker getheilt werden könne. Nun hatte sich
aber Ainesidem auch noch andere Ansichten Heraklits angeeignet, wie z. B. dass die Zeit ein Körper sei (Sext. dogm.
IV 216) oder dass der Geist ausserhalb des Körpers existire
(a. a. O. I 349). Diess liess sich in der angegebenen Weise
nicht mehr rechtfertigen oder doch nur dann wenn, was
Niemand annehmen wird, diese Einzelansichten nur als Consequenz der allgemeinen betrachtet wurden, nach der jedes
Ding in entgegengesetzter Weise bestimmt ist. Hier ist also
eine weite Kluft anzuerkennen, die den Skepticismus und
Dogmatismus Ainesidems von einander trennt. Den Sprung
über dieselbe werden wir ihm unnöthiger Weise nicht zu-
muthen. Um so weniger werden wir diess thun, als es mit
diesem einen Sprung nicht genug sein würde. Denn wie

anders liess sich die Verbindung herstellen zwischen einem
Skepticismus, der das Vorhandensein eines τέλος überhaupt
leugnete, und einem ethischen Dogmatismus, der ein solches
nicht bloss im Allgemeinen anerkannte sondern auch näher
zu bestimmen suchte? Heraklit kann doch hier unmöglich
die Brücke geschlagen haben!

Auf den richtigen Weg werden wir dadurch geführt
dass mit Ainesidem zugleich von Aristokles Timon genannt
wird. Denn wie dieser vor sich und Anderen den Ton des
Dogmatismus zu rechtfertigen suchte in dem er vom höchsten
Gut und von sittlichen Principien sprach, haben wir schon
gesehen (S. 46 ff.): er beanspruchte für dergleichen Aeusserungen nicht die Geltung von Wahrheiten in dem Sinne
dass ihnen etwas Wirkliches entsprechen sollte, sondern gab
sie nur als den Ausdruck von Vorstellungen die vom Standpunkt des Pyrrhoneers aus folgerecht, ja nothwendig erschienen, als φαινόμενα oder wie er sie wohl vorzugsweise
nannte ἰνδαλμοί. In derselben Weise werden wir es daher
erklären wenn auch Ainesidem das eine Mal das Vorhandensein eines letzten Zieles unseres Handelns (τέλος) leugnete
und dann doch wieder ein solches anerkannte weil es ihm
in seinen Vorstellungen gegeben war, nicht aber weil er es
für etwas in der Wirklichkeit ausser ihm Begründetes hielt.
Ebenso wie auf ethischem Gebiet werden wir nun den
Schein des Dogmatismus auch da zerstören wo es sich um
Aeusserungen Ainesidems handelt die in die Naturphilosophie
einschlagen: denn mit dem Vorbehalt dass sie nur als subjective Vorstellungen gelten sollten war man hier so gut
wie in der Ethik berechtigt Ansichten über die verschiedensten Gegenstände zu äussern, auch wenn man nach wie
vor sich zum Pyrrhonismus bekannte.[1] Freilich werden

---

[1] So sagt Sext. dogm. IV 49 dass die Skeptiker vom Standpunkt der Vorstellung aus das Vorhandensein einer Bewegung zu-

diese Vorstellungen so wenig als Timons ethische beliebige
oder zufällige gewesen sein sondern nach einem gewissen
Maassstab ausgewählte. Die Frage ist nur, ob dieser Maassstab derselbe war den Timon anlegte, der wie wir sahen
die Einzelvorschriften der Moral nach Maassgabe der skeptischen Grundansicht bestimmte. Man wird diese Frage bejahen, so lange man sich lediglich an Pyrrh. I 210 f. hält:
denn hier wird aus der skeptischen Grundansicht dass unsere
auf dasselbe Ding bezüglichen Vorstellungen einander widersprechen der Satz abgeleitet dass demselben Ding einander
entgegengesetzte Eigenschaften anhaften, ein Satz der wenn
wir Ainesidem nicht zu einem Dogmatiker machen wollen nur
als ein Phänomenon aufgefasst werden kann. Was aber die
übrigen Phänomena betrifft die Ainesidem zugeschrieben
werden, so haben wir schon gesehen (S. 92) dass dieselben
wie z. B. dasjenige wonach die Zeit ein Körper sein soll
keineswegs aus jener skeptischen Ansicht sich ableiten lassen.
Hier muss sich Ainesidem daher eines anderen Maassstabes
bedient haben. Einen solchen anderen Maassstab lernen wir
dogm. II 8 kennen, wonach Ainesidem dasjenige wahr nannte
was für Alle ein Phänomenon ($\varkappa οινῶς πᾶσι φαινόμενον$)
sei. Dass er diesen Maassstab auf das erwähnte Phänomenon angewandt hatte, müssen wir um so eher annehmen,
als er in Bezug auf dasselbe sich mit Heraklit in Uebereinstimmung befand, dieser aber nach Ainesidems Auffassung
den Maassstab der Wahrheit von der Allgemeinheit einer
Vorstellung entnahm. Wie es ihm gelang diese uns so ab-
sonderlich erscheinende Vorstellung nichtsdestoweniger als
eine allgemein geltende zu erweisen braucht uns natürlich
nicht zu kümmern. In derselben Weise wie von dieser

---

gaben, von dem der wissenschaftlichen Betrachtung aus dasselbe be-
stritten: $\overset{c}{ο}σον \overset{.}{ε}πὶ τοῖς φαινομένοις εἶναί τι \varkappa ίνησιν, \overset{c}{ο}σον δὲ \overset{.}{ε}πὶ τῷ$
$φιλοσόφῳ λόγῳ μὴ \overset{c}{υ}πάρχειν.$

scheinbar dogmatischen Aeusserung Ainesidems werden wir
nun auch von der ebenfalls schon angeführten, dass der
Geist ausserhalb des Körpers existire, urtheilen und ebenso
von allen übrigen die ihm von Sextos zugeschrieben werden.
Ueberall schloss er sich an Heraklit an, überall wird er
daher wie Heraklit als wahr anerkannt haben was thatsächlich allgemein als solches galt. Nur in dem einen Falle von
dem wir ausgingen scheint es dass er sich beim Finden der
Wahrheit oder genauer gesprochen bei der Wahl des Phänomenon durch einen anderen Maassstab habe leiten lassen,
die Uebereinstimmung mit der skeptischen Grundansicht.
Dass er aber behufs derselben Entscheidung sich eines doppelten Maassstabes bedient habe, ist nicht denkbar, wenigstens
so lange nicht als diese beiden Maassstäbe wesentlich von
einander verschieden sind. Und wirklich ist es nur ein
Schein der uns einen doppelten Maassstab vorspiegelt —
derselbe ist in Wahrheit ein einfacher. Denn wenn einmal
zwischen Ainesidems und Timons Verfahren die Analogie
bestand dass beide eine skeptische Grundansicht als Maassstab für die Wahl von Phänomena benutzten, dann wird sich
dieselbe auch soweit erstreckt haben dass Ainesidem so gut
wie diess Timon gethan hatte diese Grundansicht als die
wahre bezeichnete. Für wahr hielt aber Ainesidem eine
Allen gemeinsame Vorstellung (Sext. dogm. II 8). Was hieraus folgt, dass Ainesidem jene skeptische Grundansicht,
wonach über dasselbe Ding entgegengesetzte Vorstellungen
bestehen, für eine bei allen Menschen geltende erklärt habe,
das wird durch Sextos Pyrrh. I 210 insofern bestätigt als dieser sich in demselben Sinne erklärt und dadurch wenigstens
die Möglichkeit einer solchen Auffassung beweist;[1] denn

---

[1] Die betreffenden Worte lauten: τὸ τὰ ἐναντία περὶ τὸ αὐτὸ
φαίνεσθαι οὐ δόγμα ἐστὶ τῶν σκεπτικῶν ἀλλὰ πρᾶγμα οὐ μόνον τοῖς
σκεπτικοῖς ἀλλὰ καὶ τοῖς ἄλλοις φιλοσόφοις καὶ πᾶσιν ἀνθρώποις

daraus dass er gerade diese Auffassung Ainesidem in einer
Kritik von dessen Lehre entgegenhält kann man natürlich
nicht schliessen dass dieser sie nicht selber getheilt habe.
Sonach war der eigentliche und letzte Maassstab, der über
die Giltigkeit eines Phänomenon entschied, der Umstand
dass dasselbe allgemeine Geltung besass.

Auch gegen diese Ansicht hat aber Zeller den Einwand
erhoben, dass dieselbe Ainesidem in Widerspruch mit sich
selber bringen würde: „denn woher", frägt er S. 35, „kann
der Skeptiker wissen, dass Andere die gleiche Wahrnehmung
haben, wie er, ja wie wäre diess nur möglich, wenn Ainesidemos mit dem Nachweis Recht hat, dass die Dinge verschiedenen Personen, verschiedenen Sinnen, zu verschiedenen
Zeiten und unter verschiedenen Umständen sich nicht blos
verschieden, sondern sogar entgegengesetzt darstellen?" Ob
hier wirklich ein Widerspruch vorliegt, diese Frage braucht
uns nicht zu kümmern, da wenn es der Fall sein sollte
thatsächlich die Skeptiker sich nicht an ihn gekehrt haben.
Denn nicht bloss die Existenz gemeinsamer Vorstellungen
müssen sie angenommen sondern es auch für möglich gehalten
haben dass der Einzelne diese Gemeinsamkeit einer Vorstellung in Erfahrung bringe, da ja eben solche gemeinsame

---

ὑποπῖπτον· οὐδεὶς γοῦν τολμήσαι ἄν εἰπεῖν ὅτι τὸ μέλι οὐ γλυκάζει
τοὺς ὑγιαίνοντας ἢ ὅτι τοὺς ἰκτερικοὺς οὐ πικράζει, ὥστε ἀπὸ κοινῆς
τῶν ἀνθρώπων προλήψεως ἄρχονται οἱ Ἡρακλείτειοι, καθάπερ καὶ
ἡμεῖς, ἴσως δὲ καὶ αἱ ἄλλαι φιλοσοφίαι. διόπερ εἰ μὲν ἀπό τινος
τῶν σκεπτικῶς λεγομένων ἐλάμβανον τὸ τἀναντία περὶ τὸ αὐτὸ ὑπο-
κεῖσθαι, οἷον τοῦ „πάντα ἐστὶν ἀκατάληπτα" ἢ τοῦ „οὐδὲν ὁρίζω"
ἢ τινος τῶν παραπλησίων, ἴσως ἄν συνῆγον ὃ λέγουσιν· ἐπεὶ δὲ
ἀρχὰς ἔχουσιν οὐ μόνον ἡμῖν ἀλλὰ καὶ τοῖς ἄλλοις φιλοσόφοις καὶ
τῷ βίῳ ὑποπιπτούσας, τί μᾶλλον τὴν ἡμετέραν ἀγωγὴν ἢ ἑκάστην
τῶν ἄλλων φιλοσοφιῶν ἢ καὶ τὸν βίον ὁδὸν ἐπὶ τὴν Ἡρακλείτειον
φιλοσοφίαν εἶναι λέγοι τις ἄν, ἐπειδὴ πάντες κοιναῖς ὕλαις κεχρώ-
μεθα;

Vorstellungen die Richtschnur unseres praktischen Verhaltens sein sollten.[1]) Das also lässt sich vom skeptischen Standpunkt aus nicht anfechten, dass Ainesidem gemeinsame Vorstellungen anerkannte und diesen eine höhere Geltung als denen des Einzelnen zuschrieb. Denn hierfür ist das eben Angeführte eine bestätigende Parallele. Dagegen nimmt man in anderer Hinsicht eine nicht unbedeutende Abweichung wahr: während die Ansichten Ainesidems von denen hier die Rede ist Phänomena sein sollen die Allen gemeinsam sind (τὰ κοινῶς πᾶσι φαινόμενα Sext. dogm. II 8), sind die Vorstellungen auf die hingewiesen wurde und die unserem Handeln Richtung geben solche deren Gemeinsamkeit auf einen gewissen Kreis von Menschen beschränkt ist und sich wie die Geltung einer Sitte oder Gewohnheit nicht über die Grenzen einer einzelnen Stadt oder eines Volkes ausdehnt.[2]) Ich will mich nicht darauf berufen, dass Ainesidem füglich nur den ihn näher angehenden Theil der Menschheit d. i. den hellenischen und hellenisirten berücksichtigen und was in diesem durch Nationalität und Cultur beschränkten Kreise der Menschheit galt Allen insgesammt beilegen konnte. Schwerer als dieser Rechtfertigungsversuch, den man doch

---

[1]) Der Skeptiker folgt der Gewohnheit (συνήθεια) und unterwirft sich den herrschenden Sitten (ἔθη). Zum Inhalt beider gehören aber auch gewisse Vorstellungen, wie man z. B. aus Pyrrh. I 154 sieht: καὶ παρ' ἡμῖν μὲν συνήθεια ὡς ἀγαθοὺς καὶ ἀπαθεῖς κακῶν σέβειν τοὺς θεούς. Und für beide ist wesentlich dass sie einer grösseren Zahl von Menschen gemeinsam sind (Sext. a. a. O. 146: ἔθος ἢ συνήθεια [sc. ἐστίν] πολλῶν ἀνθρώπων κοινὴ πράγματός τινος παραδοχή, ἣν ὁ παραβὰς οὐ πάντως κολάζεται) und daher nöthig dass wer sich ihnen anschliessen will im Stande sei diese Gemeinsamkeit zu erkennen.

[2]) Daher heisst es in der angeführten Definition des ἔθος oder der συνήθεια (Sext. Pyrrh. I 146) dass sie seien πολλῶν ἀνθρώπων κοινὴ πράγματός τινος παραδοχή, und nicht πάντων.

nur als eine Ausflucht behandeln würde, wiegt der Umstand, dass thatsächlich die Skeptiker gewissen Vorstellungen eine Geltung bei den Menschen zuschrieben die durch keine Schranken sei es des Volkes oder des Staates oder der Bildung eingeengt würde. Denn Sextos Empeirikos, nachdem er Pyrrh. II 100 zwei Arten von Zeichen (σημεῖα) unterschieden hat, die erinnernden (ὑπομνηστικά) und die offenbarenden (ἐνδεικτικά), verwirft nur die zweite Art, erklärt die erste dagegen für eine deren Bedeutung auch von den Skeptikern anerkannt werde und begründet diess 102 mit folgenden Worten: τὸ γὰρ ὑπομνηστικὸν πεπίστευται ·ὑπὸ τοῦ βίου, ἐπεὶ καπνὸν ἰδών τις σημειοῦται πῦρ καὶ οὐλὴν θεασάμενος τραῦμα γεγενῆσθαι λέγει. ὅθεν οὐ μόνον οὐ μαχόμεθα τῷ βίῳ ἀλλὰ καὶ συναγωνιζόμεθα, τῷ μὲν ὑπ᾽ αὐτοῦ πεπιστευμένῳ ἀδοξάστως συγκατατιθέμενοι, τοῖς δὲ (ὑπὸ wohl mit Bekker hinzuzufügen) τῶν δογματικῶν ἀναπλαττομένοις ἀνθιστάμενοι. Die Vorstellung von der hier die Rede ist und deren Inhalt die Anerkennung eines erinnernden Zeichens bildet, gehört ebenfalls zu denen, die die Skeptiker deshalb annahmen weil sie im Allgemeinen bei den Menschen oder was dasselbe ist im gewöhnlichen Leben Geltung hatten. Diese Allgemeinheit lässt sich aber hier nicht relativ fassen und nur auf einen Theil der Menschheit beziehen. Einer solchen Vermuthung würde sich das angeführte Beispiel entgegenstellen: denn auch ein Skeptiker durfte nicht wagen zu behaupten dass es nur bei einem einzelnen Volke oder gar in einer einzelnen Stadt Brauch sei vom Rauch auf das Dasein des Feuers zu schliessen. Hier haben wir also eine Vorstellung vor uns, denen von den Skeptikern eine allgemeine Geltung zugeschrieben wurde und zwar im absoluten Sinne, nicht gehemmt durch irgendwelche Unterschiede der Nationalität, Politik oder Cultur. Dass es nicht die einzige der Art war versteht sich von

selber und wird überdiess bestätigt durch Sextos dogm. II
215 ff. Diese Stelle ist für uns darum besonders wichtig,
weil an ihr Aeusserungen nicht der Skeptiker überhaupt
sondern speciell Ainesidems mitgetheilt werden. Derselbe
hatte im vierten Buch seiner „Pyrrhonischen Schlüsse" (Πυῤῥώνειοι λόγοι) folgenden Schluss gebildet: εἰ τὰ φαινόμενα
πᾶσι τοῖς ὁμοίως διακειμένοις παραπλησίως φαίνεται καὶ
τὰ σημεῖά ἐστι φαινόμενα, τὰ σημεῖα πᾶσι τοῖς ὁμοίως διακειμένοις παραπλησίως φαίνεται. οὐχὶ δέ γε τὰ σημεῖα πᾶσι
τοῖς ὁμοίως διακειμένοις παραπλησίως φαίνεται· τὰ δὲ
φαινόμενα πᾶσι τοῖς ὁμοίως διακειμένοις παραπλησίως
φαίνεται, οὐκ ἄρα φαινόμενά ἐστι τὰ σημεῖα. Bedeutung
für uns hat dieser Schluss nur durch das dritte Lemma,
wonach alle Menschen gleicher Beschaffenheit auch gleiche
Vorstellungen von den Dingen haben (τὸ τὰ φαινόμενα πᾶσι
τοῖς ὁμοίως διακειμένοις παραπλησίως φαίνεσθαι). Und
auch dieses hat dieselbe nicht an und für sich, da ja hinter
ihm der Gedanke lauern kann dass Menschen von gleicher
Beschaffenheit in der Wirklichkeit nicht vorhanden sind,
sondern erlangt sie erst durch die Auslegung die ihm Sextos
gibt der, nachdem er die Richtigkeit des zweiten Lemma
erwiesen hat, mit folgenden Worten 221 dasselbe für das
dritte thut: ἀλλὰ δὴ καὶ τὸ τρίτον (sc. λῆμμα ὑγιές ἐστι),
τὸ τὰ φαινόμενα πᾶσι τοῖς ὁμοίως διακειμένοις παραπλησίως φαίνεσθαι. τὸ γὰρ λευκόν, εἰ τύχοι, χρῶμα τῷ μὲν
ἰκτεριῶντι καὶ τῷ ὑφαίμους ἔχοντι τοὺς ὀφθαλμοὺς καὶ
τῷ κατὰ φύσιν διακειμένῳ οὐχ ὡσαύτως προσπίπτει (ἀν-
ομοίως γὰρ διέκειντο, παρ᾽ ἣν αἰτίαν τῷ μὲν φαίνεται
ὠχρὸν τῷ δὲ ἐνερευθὲς τῷ δὲ λευκόν), τοῖς μέντοι κατὰ
τὴν αὐτὴν διάθεσιν οὖσι, τουτέστι τοῖς ὑγιαίνουσι, λευκὸν
μόνον φαίνεται. Hier wird allerdings eine Verschiedenheit
der Menschen in Bezug auf ihr Vorstellen angenommen, aber
keine unbegrenzte, jedes einzelne Individuum betreffende:

7*

vielmehr werden in der Hauptsache zwei Gruppen von Menschen unterschieden, Gesunde und Kranke; nur die letzteren
sollen sich unter sich wieder in Bezug auf das Vorstellen
unterscheiden, die Vorstellungen der ersteren dagegen sind
die gleichen. Damit öffnet sich der Blick auf ein weites
Gebiet von Vorstellungen die einer grossen Zahl von Menschen,
allen Gesunden, gemeinsam sind. Da nun die Beschaffenheit
der Gesunden die naturgemässe ist (κατὰ φύσιν διακείμενοι,
vgl. auch 218: εἰ γὰρ τοῦ λευκοῦ χρώματος πάντες οἱ κατὰ
φύσιν τὴν γεῦσιν ἔχοντες γλυκαντικῶς ἀντιλαμβάνονται),[1])
die Gesunden die normalen und deshalb eigentlich allein
wahre Menschen sind, so konnte man wohl als Vorstellungen
aller Menschen diejenigen bezeichnen, die allen Gesunden
unter ihnen eigen sind. So haben wir nicht bloss eine neue
Gruppe von Vorstellungen kennen gelernt die einer grösseren
Zahl von Menschen gemeinsam sind, sondern auch eingesehen,
wie Ainesidem die Behauptung dass gewisse Vorstellungen
bei allen Menschen sich finden mit der anderen vereinigen
konnte dass die Vorstellungen verschiedener Menschen verschieden seien. Gleichzeitig begreifen wir aber nun auch
wie Ainesidem diese bei allen Menschen geltenden Vorstellungen wahre nennen konnte (Sextos dogm. II 8): denn dass
er diess nicht in dem Sinne that dass er ihnen etwas Wirkliches ausser uns entsprechen liess haben wir schon gesehen.
Nun hat aber ein Recht als wahr zu gelten jede auf nor-

---

[1]) Bei Diogenes freilich wird 82 in der Besprechung des vierten
Tropos eine solche Unterscheidung dessen was naturgemäss und was
es nicht ist als unberechtigt zurückgewiesen: ἀλλοῖα οὖν φαίνεται
τὰ προσπίπτοντα παρὰ τὰς ποιὰς διαθέσεις· οὐδὲ γὰρ οἱ μαινόμενοι
παρὰ φύσιν ἔχουσι· τί γὰρ μᾶλλον ἐκεῖνοι ἢ ἡμεῖς; Aber Diogenes
hat auch nicht Ainesidem unmittelbar benutzt, und ausserdem bliebe
immer die Möglichkeit dass Ainesidem in dem letzteren Falle sich
einer mehr wissenschaftlichen Ausdrucksweise befleissigte. Vgl. auch
Sext. Pyrrh. I 239.

male Weise entstandene Vorstellung, und in diesem Sinne
konnten allerdings jene Vorstellungen wahre heissen da es
die Vorstellungen normaler Menschen sein sollten. Ebenso
wie hier gewissen Vorstellungen, die wahr im eigentlichen
Sinne des Wortes nicht sind, doch auf unser Denken ein
Einfluss zugestanden wird wie er streng genommen nur
wahren Vorstellungen zukommt, sollten auch, obgleich wir
eigentlich nicht berechtigt sind ein Ding vor anderen als
Gut oder Uebel zu bezeichnen, doch für unser Wollen und
Handeln gewisse Dinge die Bedeutung von Gütern und Uebeln
haben (vgl. z. B. Sextos dogm. V 162 ff.). Es sind diess auch
hier diejenigen die von der Mehrzahl der Menschen dafür
angesehen werden: denn die Skeptiker forderten dass wir
unser Leben und Handeln nach den geltenden Gesetzen und
Sitten einrichten sollten. Wie daher Ainesidem in der Definition des Wahren nur die subjective Seite desselben her-
vorhob indem er es als das Allen Offenbare bezeichnete,
ebenso scheint er bei der Definition des Guten verfahren
zu sein und es als das alle Menschen Anziehende bezeichnet
zu haben.[1])

---

[1]) Bei Sextos dogm. V 42 lesen wir: πάντες ἄνθρωποι, καθάπερ
ἔλεγε. καὶ ὁ Αἰνησίδημος, ἀγαθὸν ἡγούμενοι τὸ αἱροῦν αὐτούς, ὁποῖον
ἄν ποτ' ᾖ, μαχομένας ἔχουσι τὰς ἐν εἴδει περὶ αὐτοῦ κρίσεις. Dagegen dass diese beiden Definitionen, die hier vom Guten und die
früher (dogm. II 8) vom Wahren gegebene, in der Weise wie im Text
geschehen ist, neben einander gestellt werden, könnte man einwenden,
dass nur die Definition des Wahren von Ainesidem selber vertreten
werde, die des Guten aber von ihm lediglich als eine solche bezeichnet werde die der Ansicht der grossen Masse der Menschen
entspreche. Ein näheres Zusehen wird aber die Nebeneinanderstel-
lung rechtfertigen. Denn um die Richtigkeit seiner Definition des
Wahren zu bestätigen beruft sich Ainesidem auf die Etymologie d. h.
auf das Urtheil der grossen Masse aller griechisch Redenden die
gerade ein solches Wort welches das Allen Offenbare bedeutete zur
Bezeichnung des Wahren gebraucht hatten.

Die Aeusserungen Ainesidems, welche ohne dogmatisch zu sein doch den Schein des Dogmatismus an sich tragen, sind also solche in denen er wiedergibt was er für die allen Menschen gemeinsamen Vorstellungen hielt. Freilich sind diese Aeusserungen zum Theil absonderlicher Art und haben keineswegs einen Inhalt der der allgemeinen Ueberzeugung der Menschen entspricht, wie z. B. dass die Zeit ein Körper sei und dass der Geist sich ausserhalb des Leibes befinde. Hier trat aber Heraklit als Vermittler ein. Was an sich nicht der Meinung aller Menschen entsprach, war doch von Heraklit in diesem Sinne aufgefasst und verwerthet worden:[1] daher konnte wer in Wahrheit nur der besonderen Meinung dieses Philosophen war, doch in dem Glauben stehen die gemeinsame Ueberzeugung aller Menschen zu vertreten. So kam es dass Ainesidem, wo er die Absicht hatte die allen Menschen gemeinsamen Phänomena zusammenzufassen soweit dieselben die naturphilosophischen Probleme betrafen, sich im Wesentlichen an Heraklit anschloss.[2] Auch von dieser

---

[1] Da es sich hier nur um die Art handelt wie Heraklits Lehre von den Alten aufgefasst wurde (vgl. darüber Sextos dogm. I 126 ff., bes. 131 u. 134), so kommt die zwischen Zeller (I 656, 1) und Schuster schwebende Controverse über die wirkliche Erkenntnisstheorie dieses Philosophen gar nicht in Frage.

[2] Dass er sich dabei erlaubte die Lehre des ephesischen Philosophen im Einzelnen abzuändern, ist nicht nur nicht ausgeschlossen sondern sogar wahrscheinlich. Vielleicht lässt sich ein solcher Punkt, in dem Ainesidem von Heraklit abwich, noch nachweisen. Bei Sextos dogm. I 350 lesen wir: καὶ οἱ μὲν (sc. λέγουσι) διαφέρειν αὐτὴν (sc. τὴν διάνοιαν) τῶν αἰσθήσεων, ὡς οἱ πλείους, οἱ δὲ αὐτὴν εἶναι τὰς αἰσθήσεις, καθάπερ διά τινων ὀπῶν τῶν αἰσθητηρίων. προκύπτουσαν, ἧς στάσεως ἧρξε Στράτων τε ὁ φυσικὸς καὶ Αἰνησίδημος. Die Ansicht welche Geist und Sinne für identisch erklärt wird hier von Straton abgeleitet. Wer so urtheilt, kann aber nicht schon Heraklit für einen Vertreter derselben gehalten haben. Und wirklich kann diess auch nicht dessen Ansicht gewesen sein wie sich aus den von

Seite her betrachtet hätte daher der Pyrrhonismus ein Weg
zum Heraklitismus genannt werden können. Wenn trotzdem
da wo von diesem Verhältniss beider Philosophien die Rede
ist (Sextos Pyrrh. I 210 ff.) auf die eben besprochene
Uebereinstimmung keine Rücksicht genommen wird, so scheint
diess einen Zweifel gegen die Richtigkeit des gewonnenen
Resultates zu begründen. Derselbe löst sich indessen bei
näherem Zusehen. Dass an der betreffenden Stelle die
Skeptiker und nicht die Pyrrhoneer genannt werden, darf
uns wenigstens daran erinnern, dass die erörterte Ansicht,
wonach für unser Handeln sowohl als für unser Denken die

Sextos dogm. I 126 aufbewahrten Worten ergibt: κακοὶ μάρτυρες ἀνθρώποισι ὀφθαλμοὶ καὶ ὦτα βαρβάρους ψυχὰς ἐχόντων. Denn dieselben setzen zwischen Geistes- und Sinnenthätigkeit einen ganz
bestimmten Unterschied voraus. Trotzdem soll Ainesidem diese Ansicht getheilt haben. Er wich also hierin von Heraklit ab und der
sonst bei der Mittheilung von Ainesidems naturphilosophischen Ansichten übliche Zusatz καθ' Ἡράκλειτον wird daher wohl nicht ohne
Grund diessmal fehlen. Von Seiten derer die zu Diels und Zeller
stehen muss ich allerdings des Einwurfs gewärtig sein dass die fragliche Ansicht durch den Zusatz καθάπερ διά τινων ὀπῶν τῶν αἰσθητηρίων προκύπτουσαν erläutert, die in diesen Worten enthaltene
Vorstellung aber 130 Heraklit zugeschrieben werde und dass diese
letztere Stelle einem Abschnitt angehöre der auf Ainesidem zurückgehe. Ich will nicht geltend machen, dass an dieser früheren Stelle
wenigstens nicht unmittelbar und ausdrücklich die Identität von
Geist und Sinn ausgesprochen wird. Denn da Excurs I zeigt dass
der betreffende Abschnitt nicht auf Ainesidem sondern wahrscheinlich auf Antiochos zurückgeht, so bedürfen wir dieser Ausflucht nicht.
Heraklit die Ansicht zuzuschreiben, nach der der Geist schon in der
Thätigkeit der Sinne sich äussert, konnte Antiochos dadurch veranlasst werden weil dieselbe seiner eigenen Ueberzeugung entsprach,
wie Lucullus' Worte bei Cicero Acad. pr. 30 lehren: mens — sensuum fons est atque etiam ipsa sensus est, sein Bestreben aber in
jenem historischen Abschnitt dahin geht die eigene Lehre auch bei
den älteren Philosophen wieder zu finden.

allgemeinen Phänomena maassgebend sind, keine eigentlich
skeptische sondern innerhalb des Pyrrhonismus das dogmatische Element, ein Zugeständniss an die Bedürfnisse des
Lebens ist. So wenig als diese Ansicht für den Skepticismus
so wenig sind die heraklitischen Lehren, zu denen man von
ihr aus gelangt, wie die öfter erwähnten dass die Zeit ein
Körper und dass der Geist ausserhalb des Leibes ist, für
den Heraklitismus charakteristisch. Von zwei Philosophien,
die nur durch dergleichen Nebenbestimmungen mit einander
verbunden waren, hatte man daher kein Recht die eine den
Weg zur anderen zu nennen. Eine solche Behauptung liess
sich nur dann rechtfertigen, wenn in derselben Weise fun-
damentale Sätze zusammen hingen. Ein Satz dieser Art
ist aber für den Skepticismus derjenige wonach unsere auf
denselben Gegenstand sich beziehenden Vorstellungen einander
widersprechen, und ebenso für den Heraklitismus der hieraus
sich ergebende dass demselben Dinge entgegengesetzte Bestimmungen anhaften: es ist daher ganz begreiflich dass auf
den Zusammenhang dieser wesentlichen Stücke und nicht
auf jene Nebenbeziehungen die Behauptung gegründet wurde,
dass der Skepticismus zum Heraklitismus führe. Da auch
der Satz dass die Phänomena einander widersprechen selber
ein Phänomenon und zwar, wie Sextos hervorhebt der es zur
κοινὴ τῶν ἀνθρώπων πρόληψις (211) rechnet, ein allge-
meines Phänomenon ist, so kann man auch sagen, dass nicht
von den Phänomena überhaupt sondern speciell von diesem
einen Phänomenon aus der Weg zu demjenigen Phänomenon
geht welches das Wesen der heraklitischen Philosophie ausmacht. — Noch ein anderes Bedenken aber ist zu beseitigen.
So wie wir eben Ainesidems Behauptung dass der Skepticismus
zum Heraklitismus führe aufgefasst haben steht dieselbe mit
den Voraussetzungen des Pyrrhonismus vollkommen im Einklang und bringt einen Skeptiker keineswegs in Widerspruch

mit sich selbst. Trotzdem hat diesen Vorwurf, sich selbst widersprochen zu haben, Sextos auf Grund jener Behauptung gegen Ainesidem erhoben. Wenn daraus wirklich folgt dass Sextos von einer Ausgleichung zwischen Skepticismus und Heraklitismus wie sie nach dem Bisherigen Ainesidem vorgenommen hatte, nichts gewusst habe, so würde diess gegen das Ergebniss der geführten Untersuchung schwer ins Gewicht fallen. Es ist aber nicht nöthig diese Folgerung zu ziehen. Sextos kann jene Ausgleichung gekannt, da sie aber auf einer Voraussetzung ruht die er nicht zugeben konnte sich berechtigt gehalten haben sie zu ignoriren. Diese Voraussetzung ist die eigenthümliche Auffassung Heraklits als eines Skeptikers oder doch Eines dessen Lehrsätze nichts weiter als die Wiedergabe allgemeiner Phänomena sein wollten. In der Kritik setzte er deshalb wozu man ihm das Recht nicht abstreiten kann an die Stelle der falschen Auffassung diejenige welche er für die richtige hielt und nach welcher Heraklit ein rein dogmatisirender Philosoph ist. So ergab sich allerdings dass die Behauptung, der Skepticismus sei der Weg zum Heraklitismus, einen Widerspruch enthielt.[1])

---

[1]) Die betreffenden Worte des Sextos lauten a. a. O. 212 folgendermaassen: μήποτε δὲ οὐ μόνον οὐ συνεργεῖ πρὸς τὴν γνῶσιν τῆς Ἡρακλειτείου φιλοσοφίας ἡ σκεπτικὴ ἀγωγή, ἀλλὰ καὶ ἀποσυνεργεῖ, εἴγε ὁ σκεπτικὸς πάντα τὰ ὑπὸ τοῦ Ἡρακλείτου δογματιζόμενα ὡς προπετῶς λεγόμενα διαβάλλει, ἐναντιούμενος μὲν τῇ ἐκπυρώσει ἐναντιούμενος δὲ τῷ τὰ ἐναντία περὶ τὸ αὐτὸ ὑπάρχειν, καὶ ἐπὶ παντὸς δόγματος τοῦ Ἡρακλείτου τὴν μὲν δογματικὴν προπέτειαν διασύρων, τὸ δὲ „οὐ καταλαμβάνω“ καὶ τὸ „οὐδὲν ὁρίζω“ ἐπιφθεγγόμενος, ὡς ἔφην ἔμπροσθεν· ὅπερ μάχεται τοῖς Ἡρακλειτείοις. ἄτοπον δέ ἐστι τὸ τὴν μαχομένην ἀγωγὴν ὁδὸν εἶναι λέγειν τῆς αἱρέσεως ἐκείνης ᾗ μάχεται· ἄτοπον ἄρα τὸ τὴν σκεπτικὴν ἀγωγὴν ἐπὶ τὴν Ἡρακλείτειον φιλοσοφίαν ὁδὸν εἶναι λέγειν. Unter ὁ σκεπτικὸς ist natürlich nicht der vorher genannte Skeptiker d. i. Ainesidem gemeint, sondern der Skeptiker wie er sein soll, der seinen Namen mit Recht trägt.

So sind die Bedenken erledigt, die sich der Ansicht
entgegenstellten dass Ainesidem Herakliteer insofern war als
er den Lehrsätzen des ephesischen Philosophen den Werth
von allgemein geltenden Phänomena beilegte. Wir können
daher nunmehr auf den Vortheil hinweisen der aus dieser
Ansicht für uns entspringt. Dass der häufige Zusatz καϑ᾽
Ἡράκλειτον, der den naturphilosophischen Lehren Ainesidems
beigefügt wird, sich erklären lässt auch wenn wir darin
nicht die Spur davon erkennen dass die dogmatisch schei-
nenden Aeusserungen Ainesidems eigentlich nur einem historischen Berichte über Heraklit angehörten, haben wir schon
gesehen (S. 69 f.). Im Lichte der letzten Erörterungen
erhält dieser Zusatz noch eine besondere Bedeutung.[1]) Er
scheint nun nicht bloss auf den Inhalt der betreffenden
Lehre sich zu beziehen sondern auch die Form anzudeuten
in der sie vorgetragen wurde, den Werth den sie für die
Erkenntniss besitzt. Wenn gesagt wird dass Ainesidem vom
Standpunkt des Herakliteers und nicht des Pyrrhoneers aus
spricht, so wird eben damit gesagt dass was er vorbringt
nicht der Ausdruck einer wissenschaftlichen Ueberzeugung
ist sondern lediglich den Anspruch erhebt als Phänomenon
zu gelten. An einem Beispiel tritt die Nützlichkeit dieses
Zusatzes besonders hervor. Als Skeptiker konnte Ainesidem
eine Wahrheit im eigentlichen Sinne nicht anerkennen.
Daher leugnet er bei Sextos dogm. II 40 schlechthin dass
es etwas Wahres gäbe, und wohl bemerkt: er wird in diesem
Falle von Sextos ohne jede nähere Bestimmung bloss Ainesidemos genannt, weil diess eben der Ausdruck seiner
wissenschaftlichen Ueberzeugung war. Anders ist diess in

---

[1]) Dass dieser Zusatz sich auf eine Schrift bezieht in welcher
Ainesidem auf den Standpunkt Heraklits trat, ist auch die Meinung
von Natorp Rhein. Mus. 1883 S. 83.

derselben Schrift des Sextos in demselben Buche 8. Hier
erkennt Ainesidem das Vorhandensein einer Wahrheit an
oder scheint es doch anzuerkennen: denn was er dort wahr
nennt sind die allgemeinen Phänomena, also in Wirklichkeit
nur ein Surrogat des Wahren dem nur innerhalb der Sphäre
der Phänomena und für dieselben eine Bedeutung zukommt.
Es ist daher bezeichnend dass hier der Zusatz $\varkappa\alpha\vartheta$' $Ηρά$-
$\varkappa\lambda\varepsilon\iota\tau\upsilon$ wiederkehrt:[1] wir werden durch denselben daran
erinnert dass Ainesidem durch diese Anerkennung einer
Wahrheit keineswegs mit sich selbst in Widerspruch gerieth,
sondern sie nur vom heraklitischen Standpunkt aus d. h.
innerhalb einer zusammenfassenden Darstellung der Phänomena ausgesprochen hatte.

Dass wir Ainesidem um deswillen weil er Herakliteer
war noch nicht eines Abfalls vom Pyrrhonismus zu beschuldigen brauchen, hat das Bisherige gelehrt. Trotzdem lässt
sich nicht leugnen dass der Versuch die alte Lehre Heraklits
mit der modernen Skepsis auszusöhnen lebhaft an die gleichzeitigen Bestrebungen der dogmatischen Eklektiker erinnert:
wir dürfen daher wohl das ganze Unternehmen Ainesidems
als einen neuen Beweis für den damals die Philosophie be-
herrschenden Eklekticismus betrachten. Auf dasselbe Be-
mühen Ainesidems andere Philosophien mit dem Pyrrhonismus in Einklang zu setzen deutet vielleicht noch eine andere
Nachricht die sich durch Aristokles bei Euseb. praep. ev.
XIV 18, 2 erhalten hat. Hiernach hätte, während Timon
als den höchsten Gewinn des Lebens die $\dot\alpha\tau\alpha\rho\alpha\xi\dot\iota\alpha$ bezeichnete, Ainesidem an deren Stelle die $\dot\eta\delta\upsilon\nu\dot\eta$ gesetzt.[2] Dass

---

[1] S. indessen über den Zusatz gerade an dieser Stelle S. 69, 1.

[2] Die betreffenden Worte lauten: $\tau\upsilon\tilde\iota\varsigma$ $\mu\dot\varepsilon\nu\tau\upsilon\iota$ $\delta\iota\alpha\varkappa\varepsilon\iota\mu\dot\varepsilon\nu\upsilon\iota\varsigma$ $\upsilon\tilde\upsilon\tau\omega$
$\pi\varepsilon\rho\iota\dot\varepsilon\sigma\varepsilon\sigma\vartheta\alpha\iota$ $Τ\dot\iota\mu\omega\nu$ $\varphi\eta\sigma\dot\iota$ $\pi\rho\tilde\omega\tau\upsilon\nu$ $\mu\dot\varepsilon\nu$ $\dot\alpha\varphi\alpha\sigma\dot\iota\alpha\nu$ $\dot\varepsilon\pi\varepsilon\iota\tau\alpha$ $\delta\dot\varepsilon$ $\dot\alpha\tau\alpha\rho\alpha\xi\dot\iota\alpha\nu$,
$Aι\nu\eta\sigma\dot\iota\delta\eta\mu\upsilon\varsigma$ $\delta\dot\varepsilon$ $\dot\eta\delta\upsilon\nu\dot\eta\nu$.

er damit etwas wesentlich Anderes ausdrücken wollte als
die Uebrigen durch *ἀταραξία* ist an sich nicht glaublich und
wird auch durch Diog. IX 107 widerlegt, wo Ainesidem
neben Timon als Vertreter der Skeptiker erscheint denen
als Frucht der *ἐποχή* die *ἀταραξία* galt. Immerhin bleibt
auffallend dass er für dieselbe Sache sich eines anderen
Namens und gerade dieses Namens bediente, der sonst zur
Bezeichnung nicht der negativen sondern der positiven Lust-
empfindung zu dienen pflegt. Nun könnte er zwar so gut
wie Epikur das Wort *ἡδονή* in einer weiteren Bedeutung
gebraucht haben.[1] Nach Aristokles' Worten aber zu schliessen
— denn wie könnte sonst hierauf ein Unterschied zwischen
ihm und Timon begründet werden? — müsste er diess öfter
gethan, ja des Wortes *ἡδονή* statt *ἀταραξία* sich vorzugsweise bedient haben, ein Verfahren das bei der Missver-
ständlichkeit des Wortes *ἡδονή* nur dann erklärlich wird
wenn er irgendwelche Absicht dabei verfolgte. Welches war
diese Absicht? Wir lesen bei Sextos Pyrrh. I 215 von Manchen (*τινές*) die die pyrrhonische mit der kyrenaischen Lehre
identificirten.[2] Dass es Pyrrhoneer waren die so urtheilten,

---

[1] Epikur betreffend vgl. Diog. IX 136: *ὁ δὲ Ἐπίκουρος ἐν τῷ
περὶ αἱρέσεων οὕτω λέγει· „ἡ μὲν γὰρ ἀταραξία καὶ ἀπονία κατα-
στηματικαί εἰσιν ἡδοναί, ἡ δὲ χαρὰ καὶ εὐφροσύνη κατὰ κίνησιν
ἐνεργείᾳ βλέπονται.“* Mehr Belege gibt Madvig zu Cicero de fin.
I 37.

[2] *Φασὶ δέ τινες ὅτι ἡ Κυρηναϊκὴ ἀγωγὴ ἡ αὐτή ἐστι τῇ σκέψει,
ἐπειδὴ κἀκείνη τὰ πάθη μόνα φησὶ καταλαμβάνειν· διαφέρει δὲ αὐτῆς, ἐπειδὴ ἐκείνη μὲν τὴν ἡδονὴν καὶ τὴν λείαν τῆς σαρκὸς κίνησιν
τέλος εἶναι λέγει, ἡμεῖς δὲ τὴν ἀταραξίαν, ᾗ ἐναντιοῦται τὸ κατ'
ἐκείνους τέλος· καὶ γὰρ παρούσης τῆς ἡδονῆς καὶ μὴ παρούσης τα-
ραχὰς ὑπομένει ὁ διαβεβαιούμενος τέλος εἶναι τὴν ἡδονήν, ὡς ἐν τῷ
περὶ τοῦ τέλους ἐπελογισάμην· εἶτα ἡμεῖς μὲν ἐπέχομεν ὅσον ἐπὶ
τῷ λόγῳ περὶ τῶν ἐκτὸς ὑποκειμένων, οἱ δὲ Κυρηναϊκοὶ ἀποφαίνονται
φύσιν αὐτὰ ἔχειν ἀκατάληπτον.*

wird durch den Zusammenhang der Stelle wahrscheinlich:
denn kurz vorher war Ainesidems Behauptung dass die
Skepsis der Weg zum Heraklitismus sei widerlegt worden
und daran hatte sich eine Bestreitung derjenigen geschlossen
die, was ebenfalls Pyrrhoneer thaten (Diog. IX 72), in Demokrits Lehre und der Skepsis Gemeinsames entdecken wollten.
Dass nun diejenigen, welche die kyrenaische Lehre für ein
und dieselbe mit der pyrrhonischen Skepsis erklärten, dabei
die Ethik beider Schulen ganz ausser Acht gelassen haben
sollten, ist schwer denkbar. Wenn trotzdem Sextos die
Identitätserklärung nur auf die beiden Schulen gemeinschaftliche Ansicht sich gründen lässt, nach welcher für uns nicht
die Dinge sondern nur unsere Affectionen ($\pi\acute{\alpha}\vartheta\eta$) erkennbar
sind, so kann diess seine Ursache darin haben dass Sextos
in aller Kürze berichtet und darum sich beschränkt den
Hauptgrund der fraglichen Ansicht anzugeben. Nehmen wir
daher an dass jener Ausgleichsversuch auch die Ethik berührte, so konnte er sich darauf stützen dass sowohl das
höchste Gut der Kyrenaiker wie das der Pyrrhoneer sich unter
dem gemeinsamen Namen der $\acute{\eta}\delta ov\grave{\eta}$ begreifen liess. Diess
setzt aber eine Verwendung des Wortes $\acute{\eta}\delta ov\grave{\eta}$ voraus, wie
sie sich nach Aristokles Ainesidem gestattet hatte. Eine
Erklärung für diese auffallende Thatsache haben wir gefunden, sobald wir annehmen dass er zu den Ungenannten
gehörte die die pyrrhonische Skepsis auf die kyrenaische
Lehre zu reduciren suchten. Man wird daher dieser Annahme eine gewisse Wahrscheinlichkeit nicht absprechen
können.[1]) Ihre Richtigkeit aber zugegeben, würde in diesem

---

[1]) Keinen ernsthaften Gegengrund bildet, dass Sextos a. a. O. nur
allgemeiner von Einigen ($\tau\iota\nu\acute{\epsilon}\varsigma$) spricht die es versuchten die kyrenaische Lehre mit der Skepsis zu identificiren, kurz vorher (210) da-
gegen, wo es sich um die ähnliche Vermittlung zwischen Heraklitismus
und Pyrrhonismus handelt, Ainesidem mit Namen als Vermittler nennt.

Versuch zwischen der kyrenaischen und pyrrhonischen Schule zu vermitteln abermals der Eklekticismus Ainesidems hervortreten.

Die Resultate der geführten Untersuchung zugegeben scheint sich das Verhältniss zwischen Timons und Ainesidems Skepticismus so zu stellen. Von den Bedürfnissen des Handelns und Lebens getrieben gaben beide zu dass wir der Masse auf uns eindringender Vorstellungen uns nicht blind sondern mit Auswahl überlassen sollen. Während aber Timon dergleichen Vorstellungen auf die Ethik einschränkte, hat Ainesidem den Kreis derselben so erweitert dass er auch die Naturphilosophie umfasste. Indessen fällt dieser Unterschied weniger ins Gewicht gegenüber dem anderen der das Princip der Auswahl betrifft. Nach Timon sind von maassgebender Bedeutung für uns solche Vorstellungen die mit „der Rede der Wahrheit" d. i. der skeptischen Grundansicht in Uebereinstimmung stehen, nach Ainesidem diejenigen die sich nicht bloss dem einzelnen Menschen sondern allen aufdrängen. Dass auch Timon forderte, der Skeptiker solle sich der herrschenden Sitte unterwerfen, und dass diess einer Zustimmung zu gewissen allgemein geltenden Vorstellungen gleich kommt, ist richtig. Die vorgenommene Unterscheidung wird aber dadurch nicht als falsch erwiesen. Denn die Forderung sich der Sitte anzuschliessen braucht er nicht deshalb gestellt zu haben weil die in der Sitte zu Tage kommenden Vorstellungen allgemein geltende sind, so dass eben die Allgemeinheit es gewesen wäre die ihnen in seinen Augen Werth verliehen hätte; sondern er kann sie,

---

Denn um vom Zufall abzusehen, der hier mitgespielt haben könnte, so waren derer, die den Skepticismus mit der kyrenaischen Lehre zusammenfallen liessen, vielleicht noch mehrere, während mit der Behauptung, dass die Skepsis der Weg zum Heraklitismus sei, Ainesidem wie es scheint allein dastand.

wie ich schon früher (S. 55 f.) bemerkt habe, aus der Anerkennung der ἀταραξία als des Lebensideals abgeleitet
haben, so dass auch in diesem Falle die skeptische Grundansicht, „die Rede der Wahrheit", das bei der Wahl der
Vorstellungen entscheidende Princip gewesen wäre. Besteht
also der aufgestellte Unterschied, dann erscheint der Skepticismus Ainesidems weiter geführt als der Timons; denn
auch die eine Wahrheit, die Timon noch übrig gelassen
und für die Wahl der Vorstellungen benutzt hatte, hat
Ainesidem Preis gegeben und an ihre Stelle das Merkmal
der Allgemeinheit gesetzt. Dass Ainesidem gleichzeitig die
Skepsis mit einer dogmatischen Philosophie wie die Heraklits
war in Verbindung brachte, ändert zwar streng genommen
an seinem Skepticismus nichts, da er vor vollzogener Verbindung den Dogmatiker Heraklit in einen Skeptiker um-
gedeutet hatte: trotzdem blieb in Folge dessen der Schein
des Dogmatismus an seiner Skepsis hängen, und es darf
deshalb als ein weiterer Schritt auf der Bahn des Skepticismus bezeichnet werden, wenn Spätere dieses Band wieder
lösten und den Pyrrhonismus von der befleckenden Berüh-
rung nicht bloss mit Heraklit sondern auch mit anderen
Dogmatikern frei zu machen suchten.[1])

---

[1]) Sextos Pyrrh. I 210 ff.   Die laxere Auffassungsweise der
Aelteren findet sich bei Diog. IX 71 ff.   Diese Reinigung der Skepsis
hatte noch weitere Folgen. Während Ainesidem auf demselben Wege,
auf dem er zum engeren Anschluss an Heraklit geführt wurde, dazu
gelangen musste der Naturphilosophie eine grössere Bedeutung beizulegen und in der Absicht auf positive Resultate sich mit ihr zu
beschäftigen, haben die Späteren, in ihrem Bestreben die Skepsis
möglichst rein zu fassen, die Naturforschung nur in so weit gestattet
als sie dazu dienen kann den Skeptiker sei es in seiner Forschungs-
methode zu üben sei es in seiner Gemüthsstimmung zu befestigen.
Diess lernen wir aus Sext. Pyrrh. I 18: παραπλήσια δὲ λέγομεν καὶ
ἐν τῷ ζητεῖν εἰ φυσιολογητέον τῷ σκεπτικῷ· ἕνεκα μὲν γὰρ τοῦ

Unter den Eigenthümlichkeiten, durch welche die späteren Pyrrhoneer sich von Ainesidem unterschieden, tritt uns von der erwähnten Abweichung abgesehen besonders noch eine entgegen, die sich in der Aufstellung und Anordnung der Tropen zeigt. Tropen dieser Art aufzustellen ist ohne Zweifel von je her in der pyrrhonischen Schule üblich gewesen. Wir dürfen diesen Brauch bis auf den Stifter zurückführen und es hiermit in Zusammenhang bringen, dass die älteren derselben durch ihren empirischen Charakter uns an den Ursprung der Schule aus der demokritischen Naturphilosophie erinnern (vgl. S. 5). Ob dagegen die bekannte Zehnzahl der Tropen schon aus der frühesten Zeit des Pyrrhonismus herrührt, ist zweifelhaft, und wahrscheinlich vielmehr dass dieselben in der Weise, wie sie uns jetzt vorliegen, erst von Ainesidem zusammengefasst worden sind.[1])

μετὰ βεβαίου πείσματος ἀποφαίνεσθαι περί τινος τῶν κατὰ τὴν φυσιολογίαν δογματιζομένων οὐ φυσιολογοῦμεν, ἕνεκα δὲ τοῦ παντὶ λόγῳ λόγον ἴσον ἔχειν ἀντιτιθέναι καὶ τῆς ἀταραξίας ἁπτόμεθα τῆς φυσιολογίας. — Wenn ich übrigens von den Späteren spreche, so habe ich zunächst nur Sextos im Auge, nehme aber an, dass in derselben Weise, wie er, damals noch mehrere, wo nicht die meisten den Pyrrhonismus auffassten. Dass es nicht alle thaten, lernen wir freilich aus Diog. IX 70. Denn hiernach hatte Theodosios, der den jüngeren Mitgliedern der skeptischen Schule beigezählt werden muss, unter anderen Gründen, mit denen er den Pyrrhoneern das Recht bestritt sich mit diesem Namen zu nennen, sich auch darauf berufen, dass Pyrrhon nicht der erste gewesen sei der die skeptische Richtung eingeschlagen habe (μηδὲ πρῶτον εὑρηκέναι τὴν σκεπτικὴν Πύρρωνα). Daraus dürfen wir wohl schliessen, dass solche Versuche ältere Philosophen zur Skepsis herüberzuziehen wie sie Diogenes gleich im Folgenden vornimmt und wie wir sie für Ainesidem charakteristisch fanden, gegen die sich aber Sextos aufs Entschiedenste erklärt, auch seine Zustimmung hatten.

[1]) Darauf führt einmal, dass unter den Vertretern der Zehnzahl, welche Diog. IX 87 (und 79, wenn wir nämlich hier mit Nietzsche

Er war es vermuthlich auch, der sie zuerst in eine bestimmte Reihenfolge brachte. Darin dass sie überhaupt die Tropen

---

Beiträge S. 11 den Namen des Theodosios einsetzen) nennt, Ainesidem der älteste ist. Und auch Sextos scheint einen älteren Vertreter nicht gekannt zu haben, da er dogm. I 345 sie bezeichnet als τοὺς παρὰ τῷ Αἰνησιδήμῳ δέκα τρόπους. Er bezieht sich mit diesen Worten zurück auf seine eigene Erörterung der Tropen Pyrrh. I 36 ff. Wenn er hier die zehn Tropen den älteren Skeptikern insgesammt zuschreibt (παραδίδονται τοίνυν συνήθως παρὰ τοῖς ἀρχαιοτέροις σκεπτικοῖς τρόποι, δι᾽ ὧν ἡ ἐποχὴ συνάγεσθαι δοκεῖ, δέκα τὸν ἀριθμόν), so ist diess kein Widerspruch, da diese älteren Skeptiker im Gegensatz zu den jüngeren Skeptikern (νεώτεροι σκεπτικοί a. a. O. 164. 177) d. i. Agrippa und seinen Anhängern zu verstehen sind. Dass erst Ainesidem die skeptischen Tropen in der uns bekannten Weise formulirt habe, ist auch die Meinung von Zeller (S. 24). Wenn derselbe aber um seine Meinung zu begründen sich unter anderem auf die Verwendung beruft, die in Sextos' Bericht über die Tropen Ausdrücke wie αἱρετὰ καὶ φευκτά, φαντασία u. s. w. gefunden haben, so scheint er mir die Formulirung, die immerhin Pyrrhon oder Timon gegeben haben könnte, mit der Ausführung zu verwechseln, die sie erst durch einen Späteren wie Ainesidem war erhalten hat. Ja wir sind nicht einmal sicher was in dieser Ausführung Ainesidem und was einem noch Späteren gehört. Denn in derselben wird auch vom διάλληλος τρόπος (Sextos Pyrrh. I 117) und anderen jener fünf erst von Agrippa eingeführten Tropen Gebrauch gemacht (Pappenheim Erläut. zu des Sext. Pyrrh. Grundz. S. 44): wir haben hier also einen ziemlich deutlichen Beweis dass für den Inhalt jener Ausführung nicht unmittelbar Ainesidem sondern erst ein Jüngerer verantwortlich gemacht werden kann. — Ich habe nur von zehn Tropen Ainesidems gesprochen und die Angabe des Aristokles (Euseb. praep. ev. XIV 18, 8), die ihn neun aufstellen lässt, nicht berücksichtigt. Zeller S. 23 gesteht ihr den Werth einer abweichenden Nachricht zu. In diesem Falle müssten wir sie für eine irrthümliche halten. Die Frage ist nämlich ob wir Aristokles mehr Glauben schenken sollen als Diogenes und Sextos: denn diese beiden wissen nur von zehn Tropen Ainesidems und schöpfen ihre Kenntniss derselben offenbar aus derselben Schrift, die Aristokles citirt, der ὑποτύπωσις (für Diogenes erhellt diess aus 78, für Sextos daraus

nicht nach Zufall sondern in einer gewissen Ordnung sich
folgen liessen, schlossen die Späteren sich ihm an und wichen

---

dass die Schrift in der er über Ainesidems Tropen berichtet ebenfalls eine Hypotyposis ist). Da nun aber Diogenes und Sextos sehr
ausführlich über die Tropen berichten, beide ausserdem Variationen
namhaft machen die in der Aufstellung derselben vorgekommen
sind, so haben sie offenbar grösseren Anspruch auf unser Zutrauen
als Aristokles, der durch seinen überaus kurzen und fragmenta-
rischen Bericht über Ainesidem sich keineswegs das Recht erworben hat als glaubwürdiger Berichterstatter über dessen Lehre zu
gelten. Aber auch dass Aristokles hinsichtlich einer so bekannten
Sache wie denn doch die zehn pyrrhonischen Tropen waren sich
sollte eines Irrthums schuldig gemacht haben kann ich nicht glauben
und muss daher die Neunzahl für einen Fehler der Ueberlieferung
halten, der durch Einsetzen des richtigen $\delta\acute{\epsilon}\varkappa\alpha$ für $\acute{\epsilon}\nu\nu\acute{\epsilon}\alpha$ zu verbessern
ist. Ein Versehen hatte diese Nachricht des Aristokles Zeller selbst
in der früheren Auflage genannt. Dieses Versehen dadurch zu erklären, dass der in der Aufzählung des Aristokles fehlende Tropos
(es ist der neunte nach Sextos und Diogenes) bei Ainesidem an
letzter Stelle stand, ist ein Einfall, den Pappenheim (Erläut. S. 32)
entschiedener hätte zurückweisen sollen. Aber freilich ist diess nur
möglich, wenn man sich, was Pappenheim nicht gethan hat, erinnert
dass die auf die Ordnung der Tropen bezüglichen Worte bei Diog. 87
verderbt sind: denn dann erweist sich die jenem Einfall zu Grunde
liegende Annahme, dass der betreffende Tropos von Ainesidem an
die letzte Stelle gerückt war, als eine in der Luft schwebende. —
Bei diesem Anlass will ich noch ein anderes Versehen Pappenheims
berichtigen. Derselbe hält S. 31 den von Eusebios durch $\varkappa\iota\nu\acute{\eta}\sigma\epsilon\iota\varsigma$
bezeichneten Tropos für identisch mit dem fünften des Sextos, auf
den schon vorher durch $\grave{\alpha}\pi o\sigma\tau\acute{\eta}\mu\alpha\tau\alpha$ hingewiesen worden war. Nun
wird aber in dem achten Tropos bei Diogenes auf die $\tau\alpha\chi\acute{\upsilon}\tau\eta\tau\epsilon\varsigma$
$\varkappa\alpha\grave{\iota}\ \beta\varrho\alpha\delta\acute{\upsilon}\tau\eta\tau\epsilon\varsigma$ Rücksicht genommen: es liegt daher wohl näher
auf diesen, der dem siebenten des Sextos entspricht, die $\varkappa\iota\nu\acute{\eta}$-
$\sigma\epsilon\iota\varsigma$ zu beziehen, und diese Annahme wird auch dadurch empfohlen
weil sie uns nicht nöthigt, wie Pappenheims Annahme es thut, dem-
selben Tropos Angehöriges aus einander zu reissen sondern das
Zusammengehörende, wie in diesem Falle $\mu\epsilon\gamma\acute{\epsilon}\vartheta\eta$ und $\varkappa\iota\nu\acute{\eta}\sigma\epsilon\iota\varsigma$, auch
neben einander stellt.

nur insofern ab als sie den einzelnen Tropen nicht immer
dieselbe Stelle anwiesen.[1]) Diese Aenderung war daher

---

[1]) Die Frage nach der Ordnung der pyrrhonischen Tropen ist
in neuester Zeit durch Pappenheim wieder angeregt worden, der
in seinen Erläuterungen S. 30 ff. darüber gesprochen hat. Mit Recht
hat derselbe gefordert dass wir in der Reihenfolge der Tropen
nicht ein Werk des blinden Zufalls oder rücksichtsloser Willkür
sondern einer durch verständige Ueberlegung geleiteten Thätigkeit
sehen. Wäre sie das Letztere nicht gewesen so hätten die Skeptiker nicht auf sie irgend welchen Werth legen können, was sie
doch thaten (Sextos Pyrrh. I 38, nachdem er die zehn Tropen aufgezählt hat, bemerkt: χρώμεθα δὲ τῇ τάξει ταύτῃ θετικῶς; wäre
ihm die Ordnung gleichgiltig gewesen, so würde er gesagt haben
τοῖς τρόποις), so hätte es sich nicht verlohnt über Abänderungen
die sie damit vornahmen zu berichten (Diog. 87) und wären diese
Abänderungen zahlreicher und bedeutender gewesen. Was nun das
Princip dieser vorauszusetzenden Ordnung betrifft, so ist es für
die ersten vier Tropen leicht erkennbar und von Pappenheim nach
der von Sextos Pyrrh. I 38 gegebenen Anweisung richtig festgestellt
worden. Es sind diess diejenigen Tropen die sich ausschliesslich
auf das Subject der Erkenntniss beziehen und hierbei von einer
weiteren Fassung desselben zu immer grösserer Einschränkung fortschreiten. Für die folgenden lässt uns Sextos insofern im Stich als
die von ihm gegebene Eintheilung derselben in solche die sich auf
das Object und in andere die sich auf Subject und Object beziehen
die überlieferte Ordnung der Tropen nicht rechtfertigen würde.
Sehen wir daher von ihm ab, so zeigt sich bei selbständiger Betrachtung, dass alle Tropen vom fünften bis neunten, diesen eingeschlossen,
irgendwie auch das Object des Erkennens in Rücksicht ziehen.
Dadurch ist wenigstens die Zusammenstellung gerade dieser Tropen
erklärt. Diese beiden Classen von Tropen, die subjectiven und
objectiven, sind nun durchweg solche, die sich gegen die Sinnesempfindungen richten, und unterscheiden sich in dieser Hinsicht beide
wesentlich von dem welcher es mit den sittlichen und wissenschaftlichen Vorstellungen zu thun hat und deshalb die letzte Stelle
einnimmt. Diese Ordnung ist keine vollkommene, da eine Durchführung derselben bis ins Einzelne fehlt und mir wenigstens es
unmöglich gewesen ist die Gründe zu finden weshalb in der Reihe

unwesentlich. Von grösserer Bedeutung ist die Abweichung, welche hinsichtlich der Aufstellung von Tropen sich an den

der objectiven Tropen jeder einzelne gerade den ihm bestimmten Platz erhalten hat. Aber eine vollkommene Ordnung zu erwarten sind wir gar nicht berechtigt. Diess würden wir nur in dem Falle sein wenn die Tropen auf apriorischem Wege gefunden worden wären. Dafür spricht aber Nichts: vielmehr ist die Wahrscheinlichkeit dafür dass, wer die Tropen zuerst zusammenstellte, dabei ähnlich verfuhr wie Aristoteles bei der Aufstellung der Kategorien d. h. er vereinigte in übersichtlicher Weise und erhob dadurch zu deutlicherem Bewusstsein was thatsächlich schon bei den Vorgängern zur Anwendung gekommen war (der Versuch Pappenheims freilich, die pyrrhonischen Tropen von den aristotelischen Kategorien abzuleiten, darf als verfehlt bezeichnet werden). In dem einen wie in dem anderen Falle hat diese empirische Methode zwar nicht jede Ordnung ausgeschlossen, ihre Durchführung bis ins Einzelne aber unmöglich gemacht. Wer zuerst die bei Sextos vorliegende Ordnung aufgebracht habe, wird zwar nicht ausdrücklich überliefert. Wir können es aber vermuthen. Denn Sextos, indem er sich dogm. I 345 auf seine eigene Darstellung zurückbezieht, bezeichnet die zehn Tropen als τοὺς παρὰ τῷ Αἰνησιδήμῳ δέκα τρόπους, und dass er ausser der von ihm eingehaltenen Ordnung noch eine andere gekannt habe wird durch seine Worte χρώμεθα δὲ τῇ τάξει ταύτῃ θετικῶς wie mir scheint ausgeschlossen. Danach hätte schon Ainesidem die Tropen in derselben Ordnung gegeben wie Sextos. Hiermit vereinigt sich auch Diog. 87: τὸν ἔνατον Φαβωρῖνος ὄγδοον, Σέξτος δὲ καὶ Αἰνεσίδημος (vielleicht ist hier einzufügen τὸν πέμπτον) δέκατον· ἀλλὰ καὶ τὸν δέκατον Σέξτος ὄγδοόν φησι, Φαβωρῖνος δὲ ἔνατον. Diese Stelle ist freilich verderbt. Da aber die Verderbniss kaum in den Worten Σέξτος δὲ καὶ Αἰνεσίδημος stecken kann, so kann man dieselben zur Bestätigung der Meinung benutzen, dass in der Anordnung der Tropen Sextos mit Ainesidem übereinstimmte. Nun ist es aber weiter wahrscheinlich, dass Ainesidem überhaupt der Erste war der die Tropen in eine gewisse Ordnung brachte: daher darf die bei Sextos erhaltene Ordnung, wenn sie wirklich diejenige Ainesidems ist, als die älteste gelten. Von dieser Ordnung ist man später in einzelnen Stücken abgewichen. Eine ausdrückliche Nachricht darüber gibt Diog. 87. Sie ist aber zu schlecht überliefert und zu fragmentarisch als dass

Namen des Agrippa knüpft (Diog. IX 88, vgl. Sext. Pyrrh.
I 164 ff.): das Wesen derselben setzt man gewöhnlich darein,

sich aus ihr erkennen liesse ob diese Abweichungen dem Zufall ihren
Ursprung verdanken oder in einer bestimmten Absicht herbeigeführt
worden sind. Um eine umfassende und sichere Grundlage zu haben
können wir uns nur an das halten was die Vergleichung der beiden
vollständig vorliegenden und nicht übereinstimmenden Tropenreihen
des Diogenes und des Sextos ergibt. Zunächst in die Augen springt
der Unterschied, dass der Tropos, der bei Sextos an letzter Stelle,
und wie wir sahen mit gutem Grunde, steht, bei Diogenes an die
fünfte gerückt worden ist. Er hat also seinen Platz unmittelbar
nach den das Subject des Erkennens berücksichtigenden Tropen gefunden. Halten wir uns daran, dass seinen Gegenstand die sittlichen
und wissenschaftlichen Vorstellungen, nicht die unmittelbaren Sinnesempfindungen bilden, dass die in der Reihe vor und nach ihm stehenden Tropen aber nur die letzteren berücksichtigen, so scheint ihm
der von Diogenes angewiesene Platz nicht zu gebühren, vielmehr
Sextos Recht zu behalten der ihn ans Ende der Reihe gestellt hatte.
Nun gestattet aber dieser selbe Tropos auch noch eine andere Auffassung. Die darin berücksichtigten Vorstellungen, die sittlichen und
wissenschaftlichen, sind nämlich solche, deren Verschiedenheit nicht
aus einer Verschiedenheit der objectiven Verhältnisse sondern aus
einer solchen des urtheilenden Subjects entspringt. Wer hierauf sah,
konnte mit Fug und Recht diesen Tropos zu den subjectiven rechnen. Aber nicht bloss diess sondern auch die besondere Stelle, die
ihm unter den subjectiven Tropen angewiesen wird, lässt sich rechtfertigen und braucht nicht für ein Spiel des Zufalls angesehen zu
werden. Das Princip, nach dem die vier vorausgehenden subjectiven
Tropen geordnet waren, bestand darin, dass in jedem folgenden Tropos das Subject des Erkennens mehr eingeschränkt wurde. Zuerst
waren es die Thiere überhaupt, dann der Mensch, hierauf dessen
einzelne Sinne und endlich auch diese nicht ihrem constanten Wirken nach betrachtet sondern so wie es sich innerhalb gewisser zeitlicher durch die wechselnden Zustände des Menschen abgesteckter
Grenzen äussert. Trotz aller Einschränkung ist bis hierher doch
immer nur von dem Menschen im Allgemeinen die Rede gewesen,
der überall auf der Erde, bei jedem Volke und in jedem Staats-
verbande, sich gleich bleibt. Nun kann aber das erkennende Subject

dass Agrippa an die Stelle der früher geltenden zehn Tropen

---

auch der Mensch sein nicht insofern er Mensch sondern insofern er Theil eines einzelnen Volkes, Angehöriger eines bestimmten Staates oder Mitglied eines Philosophenvereins ist, und es würden die hieraus entspringenden Verschiedenheiten dem einmal gewählten Princip zufolge den fünften Tropos bilden. Wenn also thatsächlich bei Diogenes ein solcher Tropos — denn das ist der die sittlichen und wissenschaftlichen Vorstellungen enthaltende — an fünfter Stelle steht, so ist diess allem Anschein nach nicht auf Zufall oder Willkür sondern auf bewusste Consequenz zurückzuführen. Der Unterschied, der uns bei Vergleichung der Tropenordnungen des Sextos und Diogenes entgegentritt, beschränkt sich aber nicht auf diesen Punkt. Denn nachdem der letzte Tropos des Sextos von Diogenes an fünfter Stelle eingeschoben war, wurde in den folgenden nicht, wie man wohl erwarten könnte, dieselbe Ordnung eingehalten, sondern diese in zwei Stücken abgeändert. Während bei Sextos zuerst der Tropos folgt der die aus den verschiedenen Beziehungen des Raumes und Ortes sich ergebenden Verschiedenheiten behandelt und daran sich derjenige anschliesst der es für unmöglich erklärt ein Object isolirt und ausserhalb seiner Vermischung mit anderen zu erfassen, haben bei Diogenes beide ihre Plätze mit einander vertauscht. Auch hier liegt, glaube ich, der Grund der Aenderung zu Tage. Denn die beiden bei Diogenes zunächst folgenden Tropen, der achte, der sich auf Quantität Qualität u. s. w. bezieht, und der neunte, der von der Häufigkeit und Seltenheit hergenommen ist, sind solche die das Object in seiner Isolirtheit angehen. Sie schliessen sich daher passend an denjenigen an, der jetzt bei Diogenes der siebente ist und die Raum- und Ortsverhältnisse zum Gegenstande hat. Unpassend konnte es dagegen scheinen zwischen diesen und die beiden jetzt auf ihn folgenden den sechsten des Diogenes einzuschieben, der das Object nicht als ein für sich existirendes sondern mit anderen verbundenes und vermischtes behandelt. Abermals scheint so die Aenderung welche Diogenes mit der Ordnung des Sextos vornimmt durch eine bestimmte Absicht veranlasst worden zu sein. Eine solche lässt sich endlich noch darin vermuthen dass der auf die Relativität ($\pi\varrho\acute{o}\varsigma$ $\tau\iota$) gegründete achte Tropos des Sextos bei Diogenes zum letzten geworden ist. Dieser Tropos, der in sich Vorstellungen wie die des Schweren und Leichten, des Grösseren und Kleineren befasst, erinnert

fünf zum Theil davon verschiedene treten liess.[1]) Dass
diese Auffassung falsch ist, zeigt deutlich Sextos Pyrrh. I 177:
τοιοῦτοι μὲν καὶ οἱ παρὰ τοῖς νεωτέροις παραδιδόμενοι
πέντε τρόποι· οὓς ἐκτίθενται οὐκ ἐκβάλλοντες τοὺς δέκα
τρόπους, ἀλλ' ὑπὲρ τοῦ ποικιλώτερον καὶ διὰ τούτων σὺν

---

dadurch, dass er das Object nicht isolirt sondern in seiner Beziehung
zu anderen betrachtet, an den sechsten des Diogenes. Indessen ist
er mit diesem keineswegs identisch. Denn während die von diesem
berücksichtigte Verbindung in den Objecten selber beruht, kommt
die des letzten Tropos nur durch die urtheilende und vergleichende
Mitwirkung des Subjects zu Stande, weshalb er auch bei Diogenes
ὁ κατὰ τὴν πρὸς ἄλλα σύμβλησιν genannt wird. Er vereinigt also
in sich ein subjectives und ein objectives Element, noch in anderer
Weise als diess schliesslich von allen Tropen gesagt werden kann.
Wer hierauf merkte, und es liegt nicht so fern dass es nicht Jemand
beachten konnte, der musste für den einzig geeigneten Platz dieses
Tropos den halten der nach Erledigung der rein subjectiven und der
rein objectiven Tropen am Schluss der Reihe noch frei war.

[1]) Diese Auffassung finden wir bei den verschiedensten Gelehr-
ten älterer und neuerer Zeit. Schon Tennemann Gesch. d. Phil. V
S. 98 sagt von Agrippa, dass er die zehn Gründe (d. i. Zweifelsgründe
oder skeptische Tropen) auf fünf zurückführte. Nach Ritter Gesch.
d. Phil. IV S. 284 nahm Agrippa nur fünf Zweifelsgründe an. Keiner
anderen Ansicht scheint Brandis zu sein, wenn er Handb. III 2
S. 208 von den Skeptikern nach Ainesidem sagt dass sie bestrebt
gewesen seien den Schematismus der Zweifelslehre zugleich zu ver-
einfachen und in Bezug auf die Arten der Bewährung und Beweis-
führung zu ergänzen, und danach aus diesen späteren Skeptikern
namentlich Agrippa heraushebt. Nach Ueberweg Grundriss S. 214[3]
bestand Agrippas Leistung darin dass er die zehn Tropen auf fünf
reducirte. Dasselbe sagt Zeller S. 37. Eben darauf läuft hinaus
die Erörterung von Pappenheim Erläut. S. 63 f. Das Richtige hat
nur Leander Haas gesehen, der De philos. scept. succ. S. 28, 2,
nachdem er Sext. Pyrrh. I 177 angeführt hat, Folgendes bemerkt:
Quare apparet non attingere mentem Scepticorum auctores recen-
tiores fere omnes, qui illos decem modos ad quinque esse redactos
putant.

ἐκείνοις ἐλέγχειν τὴν τῶν δογματικῶν προπέτειαν. Ueber-
einstimmend hiermit sagt auch Diogenes nicht dass Agrippa
an Stelle der zehn alten fünf neue Tropen sondern dass er
die fünf ausser und zu den zehn eingeführt habe (88): καὶ
οὗτοι μὲν οἱ δέκα τρόποι· οἱ δὲ περὶ Ἀγρίππαν τούτοις
ἄλλους πέντε προσεισάγουσι. Freilich scheinen diese beiden
Zeugnisse durch den Inhalt der neuen Tropen widerlegt zu
werden: denn wenn die Tropen Agrippas wirklich ausser und
neben den zehn älteren Geltung haben sollten, so scheint
diess für beide einen wesentlich verschiedenen Inhalt vorauszusetzen; von den fünf Tropen Agrippas aber scheint der
erste, von dem Streit der Meinungen hergenommene, mit
dem fünften bei Diogenes, dem letzten bei Sextos identisch
zu sein, und der auf die Relativität (πρός τι) gegründete
mit dem zehnten bei Diogenes, dem achten bei Sextos zu-
sammenzufallen (Zeller 38, 1), ja es lässt sich dieser letztere
als eine Zusammenfassung der übrigen neun Ainesidems betrachten (Pappenheim a. a. O. S. 63): so scheint die Ansicht
gerechtfertigt, welche in den Tropen Agrippas eine Umbildung der älteren erblickt in der diese verwerthet und um
einige neue vermehrt sind. Der Widerspruch, der hiernach
zu bestehen scheint zwischen dem thatsächlichen und dem
überlieferten Verhältniss der beiden Tropenreihen zu
einander, hebt sich indessen bei genauerer Betrachtung.
Denn obgleich die fünf Tropen zum Theil mit den zehn
identisch sind, dieselben in sich aufgenommen haben, so
müssen sie darum doch nicht an die Stelle jener getreten
sein sondern können neben denselben sich behauptet haben,
indem sie durch die neuen in ihnen enthaltenen Elemente
geeignet wurden einen Zweck zu erfüllen, für den die älteren
zehn in ihrer Isolirtheit nicht ausreichten, und so diese
ergänzten. Es frägt sich, ob ein solcher Zweck sich ausfindig machen lässt. Vergleichen wir die nähere Ausführung

der zehn Tropen mit derjenigen der fünf, so springt ein
Unterschied sofort in die Augen, und dieser ist dass, während
jeder der zehn Tropen das Enthalten vom Urtheil (ἐποχή)
überhaupt, die Skepsis also im Allgemeinen begründen will,
die fünf den Zweifel zunächst nur in Beziehung auf ein einzelnes der Forschung zu stellendes Problem erregen sollen.[1])

---

[1]) Die Erörterung des ersten der zehn Tropen schliesst bei
Sextos Pyrrh. I 61 ab mit den Worten: εἰ οὖν διάφοροι γίνονται αἱ
φαντασίαι παρὰ τὴν τῶν ζώων ἐξαλλαγήν, ἃς ἐπικρῖναι ἀμήχανόν
ἐστιν, ἐπέχειν ἀνάγκη περὶ τῶν ἐκτὸς ὑποκειμένων. In derselben
Weise wird das Ergebniss der folgenden Tropen bezeichnet. Hiermit
stimmt überein Diogenes, wenn er nach Mittheilung des zweiten
Tropos (81) bemerkt: ὅθεν ἐφεκτέον, des dritten: ἀκολουθεῖ οὖν μὴ
μᾶλλον εἶναι τοῖον τὸ φαινόμενον ἢ ἀλλοῖον, des fünften (84): ὅθεν
περὶ τἀληθοῦς ἡ ἐποχή, des siebenten (86): ἐπεὶ οὖν οὐκ ἔνι ἔξω
τόπων καὶ θέσεων ταῦτα κατανοῆσαι, ἀγνοεῖται ἡ φύσις αὐτῶν, des
zehnten (88): ἄγνωστα οὖν τα πρός τι καθ᾽ ἑαυτά. Was allen diesen
verschiedenen Ausdrucksweisen der Skepsis gemeinsam ist, das ist
der Zweifel nicht etwa an dieser oder jener einzelnen Vorstellung
sondern an einer ganzen Classe derselben welche durch den betreffenden Tropos zusammengefasst wird. Diese Eigenthümlichkeit der
an die zehn Tropen anknüpfenden Skepsis tritt erst dann recht hervor, wenn wir damit vergleichen was als Ergebniss von Agrippas
Tropen bezeichnet wird. Das Wesen des ersten derselben wird bei
Sextos Pyrrh. I 165 folgendermaassen bestimmt: καὶ ὁ μὲν ἀπὸ τῆς
διαφωνίας ἐστὶ καθ᾽ ὃν περὶ τοῦ προτεθέντος πράγματος ἀνεπίκριτον
στάσιν παρά τε τῷ βίῳ καὶ παρὰ τοῖς φιλοσόφοις εὑρίσκομεν γεγενη-
μένην, δι᾽ ἣν οὐ δυνάμενοι αἱρεῖσθαί τι ἢ ἀποδοκιμάζειν καταλήγο-
μεν εἰς ἐποχήν. Auch dieser Tropos hat eine Epoche zur Folge,
aber diese ist nicht wie die aus den zehn Tropen entspringende von
umfassender eine ganze Vorstellungsclasse ergreifender Art sondern
bezieht sich, wie der Zusammenhang zeigt, nur auf einen einzelnen
zur Behandlung vorgelegten Gegenstand (προτεθὲν πρᾶγμα), ein bestimmtes der Forschung gestecktes Problem. Ebenso verhält es sich
mit dem zweiten Tropos (166). Auch der dritte beschränkt seinen
Zweifel auf τὸ ὑποκείμενον (167). Ebenfalls nur einen einzelnen
Fall fasst der vierte ins Auge, wie man aus der ihm gewidmeten

Man kann denselben Unterschied auch so ausdrücken dass
man sagt: die zehn Tropen sollen uns nur überhaupt erst
auf den skeptischen Standpunkt erheben, die fünf anderen
aber sollen dazu helfen dass wir denselben auch weiterhin
in allen einzelnen Fällen zu behaupten vermögen. Für diesen
letzteren Zweck würden die Tropen Ainesidems nicht ausreichen. Dieselben beruhen durchweg auf dem Princip der
ἰσοσθένεια d. h. sie führen aus dass jeder einzelnen Empfindung und Vorstellung eine andere sie aufhebende entgegengesetzt ist die den gleichen Anspruch auf Geltung hat.
Die von ihnen angebahnte Skepsis kann also nur dann zum
Durchbruch kommen, wenn zu einer gegebenen Empfindung
und Vorstellung sich eine entgegengesetzte nachweisen lässt.
Für alle einzelnen Fälle konnte auf diesem Wege nicht ge-
sorgt werden. Zwar die Sinnesempfindungen liessen sich
leicht in gewisse Classen scheiden, und jede neu hervortretende brauchte nur einer derselben eingeordnet zu werden
um ebenso gut wie die übrigen ausdrücklich im betreffenden
Tropos genannten der Skepsis zu verfallen. Mit der grossen

Erörterung (168) sieht: ὁ δὲ ἐξ ὑποθέσεως ἔστιν ὅταν εἰς ἄπειρον
ἐκβαλλόμενοι οἱ δογματικοὶ ἀπό τινος ἄρξωνται ὃ οὐ κατασκευάζου-
σιν ἀλλ᾽ ἁπλῶς καὶ ἀναποδείκτως κατὰ συγχώρησιν λαμβάνειν ἀξιοῦ-
σιν. Nur von einem bestimmten Gegenstand, der gerade erforscht
wird (τὸ ζητούμενον πρᾶγμα) ist auch aus Anlass des nächsten (des
διάλληλος) Tropos die Rede (169). Nicht anders verfährt Sextos in
dem ganzen folgenden Abschnitt der der weiteren Erläuterung der
fünf Tropen gewidmet ist. Und nicht bloss Sextos verfährt so, sondern, was uns nöthigt hier mehr als blossen Zufall zu sehen, auch
Diogenes. Denn nachdem derselbe die zehn Tropen sämmtlich in
eine allgemeine Skepsis hatte auslaufen lassen, beschränkt er die
Wirksamkeit der fünf Tropen auf eine einzelne gerade der Forschung
gestellte Aufgabe. Es kehren in dieser Beziehung dieselben oder
doch ganz ähnliche Ausdrücke wieder, wie ὃ ἂν προτεθῇ ζήτημα (88)
und τὸ ζητούμενον πρᾶγμα (89).

Zahl unserer Vorstellungen ging diess nicht an. Wer war im Stande z. B. alle künftig einmal auftauchenden wissenschaftlichen Probleme vorauszusehen, und wer die vielen möglichen Lösungen zu errathen, die man hierzu einmal finden würde? Die bunte Fülle dieses Möglichen vorläufig auch nur in Classen zu ordnen und so im voraus der Skepsis zu unterwerfen war Niemand vermögend. Daher machen denn auch Ainesidems Tropen gar keinen Versuch der Art sondern beschränken sich auf die Anführung von Beispielen wie des auf die Götter bezüglichen Problems und der Frage nach Ursprung und Ende aller Dinge.[1]) Es konnte nun leicht die Lösung eines Problems vorkommen das ausserhalb des Kreises dieser Beispiele lag, zu der eine entgegengesetzte Meinung bisher noch nicht hervorgetreten war, und einer solchen gegenüber musste wer ausschliesslich auf die zehn Tropen angewiesen war, wer keine Skepsis als die auf die ἰσοσθένεια gegründete kannte, nothwendig rathlos sein. Die zehn Tropen sind eben der getreue Ausdruck der älteren pyrrhonischen Skepsis und richten sich daher wie diese zunächst nur gegen die in der Geschichte der Wissenschaften bereits hervorgetretenen Ansichten, nicht gegen jede denkbare und mögliche; ja sie wollen eigentlich nur das empirische aus der Sinneserfahrung gezogene Wissen bestreiten.[2])

---

[1]) Diog. IV 83. Dazu fügt Sextos Pyrrh. I 151 noch einige mehr: ὅταν λέγωμεν τοὺς μὲν ἓν εἶναι στοιχεῖον ἀποφαίνεσθαι τοὺς δὲ ἄπειρα, καὶ τοὺς μὲν θνητὴν τὴν ψυχὴν τοὺς δὲ ἀθάνατον, καὶ τοὺς μὲν προνοίᾳ θεῶν διοικεῖσθαι τὰ καθ' ἡμᾶς τοὺς δὲ ἀπρονοήτως.

[2]) So fasst sie auf Sextos Pyrrh. III 50 wo nach dem Dilemma ἤτοι αἰσθητόν ἐστιν ἢ νοητὸν folgendermaassen fortgefahren wird: εἴτε δὲ αἰσθητόν ἐστιν, ἀκατάληπτόν ἐστι διὰ τὴν διαφορὰν τῶν ζώων καὶ τῶν ἀνθρώπων καὶ τῶν αἰσθήσεων καὶ τῶν περιστάσεων καὶ παρὰ τὰς ἐπιμιξίας καὶ τὰ λοιπὰ τῶν προειρημένων ἡμῖν ἐν τοῖς περὶ τῶν δέκα τρόπων. Auf die gleiche Auffassung führt auch

Trotzdem konnten sie auch gegen jedes mögliche Wissen verwandt werden, unter der Voraussetzung dass jedes Wissen schliesslich auf die Sinneserfahrung zurückgehe.[1]) Insofern würden sie dann auch gegen die Lösung eines einzelnen Problems benutzt werden können, aber doch nur auf einem ziemlichen Umwege. Das Bedürfniss nach einem unmittelbar wirkenden Zweifelsgrund musste daher sich regen, und um so stärker, als eine Skepsis, die erst einer dogmatischen Voraussetzung — denn eine solche ist doch die Behauptung dass alles Wissen auf die Sinneserfahrung gebaut ist — bedurfte um zu gelten, keine reine war. Diesem Bedürfniss kam Agrippa entgegen. Hatten Ainesidems Tropen nur die in den Sinnen fliessende Erkenntnissquelle gestopft und daher das Wissen nur insoweit berührt als es aus den Sinnen geschöpft ist, so wollen diejenigen Agrippas den Glauben an den Erfolg irgendwelcher Denkthätigkeit erschüttern und dadurch den Factor beseitigen, ohne dessen Mitwirken kein Wissen, es stamme im Uebrigen von den Sinnen oder nicht, bestehen kann. Mit anderen Worten,

---

dogm. I 345: ψεύδονταί τε ἐν πολλοῖς αἱ αἰσθήσεις καὶ διαφωνοῦσιν ἀλλήλαις, καθάπερ ἐδείξαμεν τοὺς παρὰ τῷ Αἰνησιδήμῳ δέκα τρόπους ἐπιόντες. Diese Auffassung brauchte sich durch den auf den Widerstreit der sittlichen und wissenschaftlichen Vorstellungen bezüglichen Tropos (der fünfte bei Diog., der letzte bei Sextos) nicht stören zu lassen, da dergleichen Vorstellungen als solche angesehen werden konnten die aus der sinnlichen Erfahrung geschöpft waren.

[1]) Diese Voraussetzung liegt bei Sext. Pyrrh. III 50 in den Worten, die auf die in der vorigen Anmerkung citirten folgen: εἴτε νοητόν, μὴ διδομένης αὐτόθεν τῆς τῶν αἰσθητῶν καταλήψεως, ἀφ᾽ ἧς ὁρμώμενοι τοῖς νοητοῖς ἐπιβάλλειν δοκοῦμεν, οὐδὲ ἡ τῶν νοητῶν αὐτόθεν κατάληψις δοθήσεται, διόπερ οὐδὲ ἡ τοῦ ἀσωμάτου. Dass ein Denken ohne die Sinne nicht möglich sei, spricht derselbe Pyrrh. I 99 aus: τῶν αἰσθήσεων μὴ καταλαμβανουσῶν τὰ ἐκτός, οὐδὲ ἡ διάνοια ταῦτα δύναται καταλαμβάνειν.

während die zehn Tropen sich gegen einen bestimmten Inhalt
des Wissens richten, gehen die fünf Agrippas auf die Form
und Methode. Wenn daher auch unter den fünf zum Theil
dieselben Tropen wiederkehren, so geschieht diess doch in
einem anderen Sinne und ist keine einfache Wiederholung.
Was zunächst den vom Streit der Meinungen hergenommenen
Tropos betrifft, so dient derselbe in der Reihe der zehn
Tropen dazu den Zweifel auch solchen Vorstellungen gegenüber zu begründen, die über die unmittelbare Sinnesempfindung hinausgehen; er richtet sich nicht gegen die Thätigkeit
der Sinne selber sondern gegen deren Nachwirkungen und
könnte deshalb auch als der Abschluss des von den übrigen
Tropen begonnenen und weiter geführten skeptischen Pro-
cesses bezeichnet werden, wie er denn auch nicht ohne Grund
bei Sextos an letzter Stelle zu stehen scheint (vgl. S. 115, 1).
Innerhalb der fünf Tropen dagegen wird demselben Tropos
eine ganz andere Bedeutung gegeben, wie sich schon darin
ausspricht dass er nicht den letzten sondern den ersten
Platz einnimmt. Ausserdem kommt er nicht in dem weiten
Sinne wie bei Ainesidem sondern nur mit Bezug auf eine
besondere Frage zur Verwendung, wenn wir der Darstellung
bei Sextos Pyrrh. I 170 Glauben schenken wollen. Hier
würde bei Beginn jeder Untersuchung, wo es doch gilt den
Gegenstand derselben festzustellen, es sich zunächst darum
handeln zu bestimmen ob derselbe Object der Sinnesempfindung oder des Denkens ist.[1]) Vermittelst des in Rede
stehenden Tropos zeigt sich aber dass eine Beantwortung

---

[1]) Die betreffenden Worte lauten: τὸ προτεθὲν ἤτοι αἰσθητόν
ἐστιν ἢ νοητόν, ὁποῖον δ' ἂν ᾖ, διαπεφώνηται· οἱ μὲν γὰρ τὰ αἰσθητὰ
μόνα φασὶν εἶναι ἀληθῆ, οἱ δὲ μόνα τὰ νοητά, οἱ δὲ τινὰ μὲν αἰσθητὰ
τινὰ δὲ νοητά. πότερον οὖν ἐπικριτὴν εἶναι φήσουσι τὴν διαφωνίαν
ἢ ἀνεπίκριτον; εἰ μὲν ἀνεπίκριτον, ἔχομεν ὅτι δεῖ ἐπέχειν· περὶ γὰρ
τῶν ἀνεπικρίτως διαφωνουμένων οὐχ οἷόν τέ ἐστιν ἀποφαίνεσθαι.

dieser Frage nicht gegeben werden kann: denn gerade
darüber ob es nur Objecte der Sinnesempfindung oder nur
des Denkens gibt oder endlich die Objecte theils solche der
Sinnesempfindung theils des Denkens sind, besteht der heftigste Streit. Dieser Tropos, weit entfernt wie in den zehn
Tropen des Sextos die Skepsis zu beschliessen, dient also
vielmehr dazu sie einzuleiten, indem er den Ausgangspunkt
jeder Untersuchung als einen ganz unsichern hinstellt. Ein
ähnlicher Unterschied, wie er eben in Bezug auf den vom
Streit der Meinungen hergenommenen Tropos hervorgetreten
ist, lässt sich auch für den die Relativität ($\pi\varrho\acute{o}\varsigma$ $\tau\iota$) der
Vorstellungen hervorhebenden ausfindig machen. Dass der-
selbe inhaltsgleich ist sei es mit dem gleichnamigen der
zehn Tropen oder mit der Gesammtheit dieser, kann namentlich, wenn man Sextos a. a. O. 168 mit 135 ff. vergleicht,
nicht wohl geleugnet werden. Trotzdem findet auch hier
wieder ein Unterschied statt: dass nämlich dadurch innerhalb der zehn Tropen die Skepsis überhaupt, innerhalb der
fünf nur in Beziehung auf ein gegebenes einzelnes Problem
begründet werden soll; dass in jenem Falle der Tropos zu
dem Schlusse führt „weil alle Vorstellungen relativ sind
muss ich mich hinsichtlich aller meines Urtheils enthalten",
in diesem dagegen folgert „weil alle Vorstellungen relativ
sind so dass ich mich hinsichtlich ihrer des Urtheils enthalten muss, so gilt dasselbe auch von dieser besonderen
Vorstellung". Dieser charakteristische Unterschied tritt we-
nigstens noch bei Sextos 168 hervor: $\acute{o}$ $\delta\grave{e}$ $\mathring{a}\pi\grave{o}$ $\tauo\~v$ $\pi\varrho\acute{o}\varsigma$
$\tau\iota,$ $\varkappa\alpha\vartheta\grave{\omega}\varsigma$ $\pi\varrhoo\varepsilon\iota\varrho\acute{\eta}\varkappa\alpha\mu\varepsilon\nu,$ $\mathring{\varepsilon}\nu$ $\tilde{\omega}$ $\pi\varrho\grave{o}\varsigma$ $\mu\grave{\varepsilon}\nu$ $\tau\grave{o}$ $\varkappa\varrho\~\iota\nuo\nu$ $\varkappa\alpha\grave{\iota}$ $\tau\grave{\alpha}$
$\sigma\upsilon\nu\vartheta\varepsilon\omega\varrhoo\acute{\upsilon}\mu\varepsilon\nu\alpha$ $\tauo\~\iotao\nu$ $\mathring{\eta}$ $\tauo\~\iotao\nu$ $\varphi\alpha\acute{\iota}\nu\varepsilon\tau\alpha\iota$ $\tau\grave{o}$ $\cdot\mathring{\upsilon}\pioxe\acute{\iota}\mu\varepsilon\nuo\nu,$
$\acute{o}\pio\~\iotao\nu$ $\delta\grave{e}$ $\mathring{\varepsilon}\sigma\tau\iota$ $\pi\varrho\grave{o}\varsigma$ $\tau\grave{\eta}\nu$ $\varphi\acute{\upsilon}\sigma\iota\nu$ $\mathring{\varepsilon}\pi\acute{\varepsilon}\chi_0\mu\varepsilon\nu.$[1]) Auch der

---

[1]) Bei Diog. 89 freilich ist dieser Unterschied verwischt. Hier
lesen wir: $\acute{o}$ $\delta\grave{e}$ $\pi\varrho\acute{o}\varsigma$ $\tau\iota$ $o\mathring{\upsilon}\delta\acute{\varepsilon}\nu$ $\varphi\eta\sigma\iota$ $\varkappa\alpha\vartheta^{'}$ $\mathring{\varepsilon}\alpha\upsilon\tau\grave{o}$ $\lambda\alpha\mu\beta\acute{\alpha}\nu\varepsilon\sigma\vartheta\alpha\iota,$ $\mathring{a}\lambda\lambda\grave{\alpha}$

Platz den dieser Tropos in der Erläuterung des Sextos einnimmt (175 und 177) scheint nicht willkürlich oder zufällig
zu sein: denn dass dieser Tropos der letzte ist, kann damit
zusammenhängen, dass es gewissermaassen der letzte Trumpf
ist, der ausgespielt wird wenn die anderen Mittel der Skepsis
versagen; eine Vorstellung könnte wohl d. h. so begründet
sein dass keiner der in den vorher genannten Tropen bezeichneten Denkfehler begangen worden wäre, so bliebe doch
immer der Einwand übrig dass sie das betreffende Object
nicht rein darstellt theils wegen der Vorstellungen anderer
Objecte die sich in sie eindrängen theils wegen der subjectiven Zuthaten die sie enthält. So bewährt sich auch an
diesen beiden Tropen, trotzdem dass dieselben aus der Reihe
der zehn in die fünf herübergenommen sind, der eigenthümliche Charakter der letzteren, vermöge dessen sie nicht die
Giltigkeit gewisser vorhandener, mehr oder minder genau
bezeichneter Vorstellungen bestreiten sondern jeder zukünf-
tigen auf ein dogmatisches Ergebniss hinarbeitenden Untersuchung von vorn herein den Boden entziehen wollen. Der
erste vom Meinungsstreit hergenommene greift, wie wir sahen,
den Ausgangspunkt jeder solchen Untersuchung an, die drei
mittleren (εἰς ἄπειρον ἐκβάλλων, διάλληλος, ὑποθετικός)
fassen das dabei zur Anwendung kommende Beweisverfahren
ins Auge, der letzte endlich, der der Relativität, richtet sich
gegen das Endergebniss einer solchen Untersuchung.

Im Vergleich mit den älteren Tropen, die, indem sie
mit der ἰσοσθένεια operiren, eigentlich nur eine vorhandene
und bekannte Vorstellung mit der anderen schlagen und

μεθ᾽ ἑτέρον. ὅθεν ἄγνωστα εἶναι. Auf diese Worte ist aber um
so weniger zu geben als sie ihre Ungenauigkeit schon in der Beschränkung der Relativität auf das μεθ᾽ ἑτέρου verrathen. Dasselbe
gilt gegen Sextos a. a. O. 175.

somit auf der Empirie fussen, haben die fünf jüngeren dadurch dass sie nicht diese oder jene empirisch gegebene
Vorstellung oder Vorstellungsclasse anzweifeln sondern auf
die allgemeinen bei jeder Untersuchung wiederkehrenden
Formen achten, ein entschieden dialektisches Ansehen. Dass
es gerade die jüngeren sind, an denen wir diesen dialektischen Charakter wahrnehmen, ist gewiss bemerkenswerth.
Es zeigt sich darin, dass die pyrrhonische Skepsis sich den
verschiedenen Zeiten anzubequemen wusste. Die Skepsis ist
eben das Gegenbild des Dogmatismus: als der Dogmatismus
selber noch empirisch war, d. h. in den Zeiten der Naturphilosophie, war auch die Skepsis empirisch; als er dann
aber wesentlich auf die Dialektik sich gründete, eignete auch
die Skepsis sich dieselbe an. Ein Irrthum würde es aber
sein zu glauben, Agrippa sei der Erste gewesen, der die
Dienste der Dialektik für die pyrrhonische Skepsis in Anspruch nahm. In dieser Hinsicht könnte Jeden schon eines
Besseren belehren was uns Sextos aus Ainesidems das Vorhandensein einer Ursache bestreitenden Erörterungen mittheilt: denn das von Ainesidem hierbei angewandte Verfahren,
da es sich nicht auf Thatsachen der Empirie sondern auf
Schwierigkeiten gründet die in den Begriffen liegen, wird
eben dadurch als ein dialektisches charakterisirt.[1]) Aber
Ainesidem hat nicht bloss des dialektischen Verfahrens sich
bedient sondern auch schon den Versuch gemacht dasselbe
auf gewisse Tropen zurückzuführen. Das sind die acht

---

[1]) Sext. dogm. III 218 ff. Als Beispiel mögen folgende Worte
dienen: ὅ τι δ' ἂν ᾖ ·τούτων (sc. τὸ σῶμα), οὐδὲν δύναται ποιεῖν.
ἤτοι γὰρ καϑ' ἑαυτὸ μένον ἕτερόν τι ποιεῖ ἢ ἑτέρῳ συνελϑόν. ἀλλὰ
μένον μὲν καϑ' ἑαυτὸ πλεῖον αὑτοῦ καὶ τῆς οἰκείας φύσεως οὐκ ἂν
δύναιτό τι ποιεῖν· συνελϑὸν δὲ ἑτέρῳ τρίτον οὐκ ἂν δύναιτο ἀποτελεῖν, ὃ μὴ πρότερον ἐν τῷ εἶναι ὑπῆρχεν. οὔτε γὰρ τὸ ἓν γενέσϑαι
δύο δυνατόν ἐστιν οὔτε τὰ δύο τρίτον ἀποτελεῖ κτλ.

Tropen, von denen Sextos Pyrrh. I 180 ff.[1]) spricht und auf die sich auch Photios c. 212 (170² 17)[2]) bezieht. Dieselben unterscheiden sich wesentlich von den zehn, und zwar nicht nur deshalb weil sie statt auf die Erkenntniss und das Wissen überhaupt sich auf ein einzelnes Gebiet der Forschung das aitiologische beziehen sondern auch durch den eigenthümlichen Charakter, den sie innerhalb dieses beschränkten Kreises an sich tragen. Denn nicht bloss gegen bestimmte vorliegende Ergebnisse der Aitiologie richten sie sich und heben dieselben dadurch auf dass sie auf entgegengesetzte, welche dieselbe Geltung haben, hinweisen d. h. indem sie

---

[1]) Καὶ δὲ Αἰνησίδημος ὀκτὼ τρόπους παραδίδωσι καθ᾽ οὓς οἴεται πᾶσαν δογματικὴν αἰτιολογίαν ὡς μοχθηρὰν ἐλέγχων ἀποφήνασθαι ὧν πρῶτον μὲν εἶναί φησι καθ᾽ ὃν τρόπον τὸ τῆς αἰτιολογίας γένος ἐν ἀφανέσιν ἀναστρεφόμενον οὐχ ὁμολογουμένην ἔχει τὴν ἐκ τῶν φαινομένων ἐπιμαρτύρησιν, δεύτερον δὲ καθ᾽ ὃν πολλάκις εὐεπιφορίας οὔσης δαψιλοῦς ὥστε πολυτρόπως αἰτιολογῆσαι τὸ ζητούμενον, καθ᾽ ἕνα μόνον τρόπον τοῦτό τινες αἰτιολογοῦσιν, τρίτον καθ᾽ ὃν τῶν τεταγμένως γινομένων αἰτίας ἀποδιδόασιν οὐδεμίαν τάξιν ἐπιφαινούσας, τέταρτον καθ᾽ ὃν τὰ φαινόμενα λαβόντες ὡς γίνεται, καὶ τὰ μὴ φαινόμενα νομίζουσιν ὡς γίνεται κατειληφέναι, τάχα μὲν ὁμοίως τοῖς φαινομένοις τῶν ἀφανῶν ἐπιτελουμένων, τάχα δ᾽ οὐχ ὁμοίως ἀλλ᾽ ἰδιαζόντως· πέμπτον καθ᾽ ὃν πάντες ὡς ἔπος εἰπεῖν κατὰ τὰς ἰδίας τῶν στοιχείων ὑποθέσεις ἀλλ᾽ οὐ κατά τινας κοινὰς καὶ ὁμολογουμένας ἐφόδους αἰτιολογοῦσιν· ἕκτον καθ᾽ ὃν πολλάκις τὰ μὲν φωρατὰ ταῖς ἰδίαις ὑποθέσεσι παραλαμβάνουσι, τὰ δὲ ἀντιπίπτοντα καὶ τὴν ἴσην ἔχοντα πιθανότητα παραπέμπουσιν· ἕβδομον καθ᾽ ὃν πολλάκις ἀποδιδόασιν αἰτίας οὐ μόνον τοῖς φαινομένοις ἀλλὰ καὶ ταῖς ἰδίαις ὑποθέσεσι μαχομένας· ὄγδοον καθ᾽ ὃν πολλάκις ὄντων ἀπόρων ὁμοίως τῶν τε φαίνεσθαι δοκούντων καὶ τῶν ἐπιζητουμένων, ἐκ τῶν ὁμοίως ἀπόρων περὶ τῶν ὁμοίως ἀπόρων ποιοῦνται τὰς διδασκαλίας.

[2]) Pappenheim Erläuter. S. 68 sagt zwar nur, es sei „wahrscheinlich", dass diese acht Tropen im fünften Buche der pyrrhonischen Schlüsse standen. Ich weiss aber nicht was uns berechtigt irgendwie daran zu zweifeln.

das Princip des Gleichgewichts der Gründe (ἰσοσϑένεια)
zur Anwendung bringen, sondern die Fehler die in der aitio-
logischen Methode zu Tage treten heben sie hervor und
untergraben so das Fundament sowohl der bereits auf diesem
Gebiete gewonnenen wie aller in Zukunft noch zu gewin-
nenden Resultate. Um es kurz zu sagen, es findet zwischen
den zehn Tropen und den acht dasselbe Verhältniss statt
das wir eben zwischen jenen und den fünf Agrippas beobachtet haben. Beide sowohl die acht Ainesidems wie die
fünf Agrippas sollen den zehn Tropen zur Ergänzung dienen.
Die Vermuthung ist daher berechtigt, dass Agrippas Tropen
an die Stelle der acht Ainesidems treten sollten, und wird
durch Sextos bestätigt nach dessen Ansicht für den Zweck
zu dem die acht Tropen erfunden worden sind auch die
fünf ausreichen.[1]) So erscheint Ainesidem als der Vorläufer
Agrippas, indem er bereits dialektische Tropen, wie wir sie
der Kürze halber nennen können, einzuführen suchte. Was
aber Ainesidem nur innerhalb eines engeren Kreises der
Forschung unternahm, das ist von Agrippa auf das gesammte
Gebiet derselben ausgedehnt worden: insofern kann man
sagen, dass er erst die Dialektik, die bei Ainesidem zum
Theil noch ausserhalb des eigentlichen Pyrrhonismus stand,
vollkommen in denselben hereingezogen und eingebürgert hat.

In dem Maasse als die Pyrrhoneer die Dialektik mehr
in ihren Bereich zogen, traten sie auch den skeptischen
Akademikern näher: denn es ist natürlich, dass sie sich die
Dialektik da holten wo sie dieselbe für ihren Zweck, die
Skepsis, schon zubereitet fanden. Für diese Annäherung
liefert einen Beweis das Endergebniss zu dem diese jüngere

---

[1]) A. a. O. 185: τάχα δ᾿ ἂν καὶ οἱ πέντε τρόποι τῆς ἐποχῆς
ἀπαρκοῦσι πρὸς τὰς αἰτιολογίας. 186: ἔστιν οὖν καὶ διὰ τούτων
ἐλέγχειν ἴσως τὴν τῶν δογματικῶν ἐν ταῖς αἰτιολογίαις προπέτειαν.

Skepsis der Pyrrhoneer gelangte. Nach Agrippa war, wie wir sahen, der Zweck der fünf Tropen jede mögliche Untersuchung (ζήτησις) als eitel hinzustellen, und Sextos sucht, wohl nach dem Vorgange Agrippas, noch besonders zu beweisen, dass sie auch im Stande seien diesen Zweck zu erfüllen.[1]) Damit aber war dem Skepticismus eine Richtung gegeben, die dem ursprünglichen Bestreben der Pyrrhoneer geradewegs zuwiderlief: denn für die Pyrrhoneer war es im Gegensatz zu den Akademikern, wie wir früher (S. 29, 1) sahen, charakteristisch, dass sie nicht wie jene die Möglichkeit jedes Wissens leugneten und eben deshalb auch das weitere Forschen und Untersuchen nicht aufgeben wollten, wie sie besonders durch den Namen der Untersuchenden (ζητητικοί), den sie sich beilegten, deutlich verkündeten; mit dieser Auffassung der Skepsis lassen sich Agrippas Tropen nicht vereinigen, da sie die Ergebnisslosigkeit jeder Untersuchung darzuthun versprechen. So schlug, wenn man auf das Endergebniss ihres Zweifels sieht, die pyrrhonische Skepsis jener Zeit in die akademische um. Historisch angesehen ist diess vollkommen begreiflich: denn wir gewinnen so auf skeptischer Seite ein Gegenbild zu dem Synkretismus der damals aus den verschiedensten Richtungen des Dogmatismus eine unnatürliche Verbindung herstellte und sehen auf ähnliche Weise, wie platonische aristotelische und stoische Lehren zu einem Ganzen vereinigt wurden, auch die Grenzen der akademischen und pyrrhonischen Skepsis sich verwischen. Wenn daher die Ueberlieferung hinsichtlich eines späteren Skeptikers schwankt und ihn bald den Pyrrhoneern bald den Akademikern zuzählt, so darf uns diess jetzt nicht mehr Wunder nehmen. Nun wird aber der bekannte Skeptiker

---

[1]) Pyrrh. I 169: ὅτι δὲ πᾶν τὸ ζητούμενον εἰς τούτους ἀνάγειν τοὺς τρόπους ἐνδέχεται, διὰ βραχέων ὑποδείξομεν οὕτως.

Phavorinos uns bald als Pyrrhoneer bald als Akademiker vorgeführt. Als Akademiker erscheint er zu Anfang von Galens Schrift περὶ ἀρίστης διδασκαλίας[1]) und bei Gellius XX 1. Leander Haas a. a. O. hat hieraus geschlossen, dass er kein Pyrrhoneer gewesen sei. Diesem Schlusse stellt sich aber entgegen Gellius X. 5,5. Mit Beziehung auf die vorher dargestellte Eigenthümlichkeit der pyrrhonischen Skepsis wird hier Folgendes bemerkt: super qua re Favorinus quoque subtilissime argutissimeque decem libros composuit; Πυῤῥωνείων τρόπων inscribit. Sollte Phavorinos an den pyrrhonischen Tropen, deren Erläuterung er ein besonderes so umfangreiches Werk widmete, nur das Interesse eines Historikers genommen haben? Diese Annahme, zu der sich Haas genöthigt sah, ist gewiss sehr unwahrscheinlich. Es spricht aber ausserdem gegen sie auch Diog. IX 87. Denn da Phavorinos hier als Einer genannt wird der die pyrrhonischen Tropen in einer ihm eigenthümlichen Weise ordnete die sowohl von der des Sextos und Ainesidemos wie von der bei Diogenes befolgten abwich, so nahm er sich eine Freiheit die man nicht dem historischen Referenten gestattet sondern nur dem der eine Lehre in eigenem Namen vorträgt und in dem Maasse, als er bereit ist sie zu vertreten, auch berechtigt sein muss an ihr zu ändern. Wir werden deshalb daran festhalten, dass Phavorinos uns durch die Ueberlieferung auch als Pyrrhoneer vorgeführt wird. Wie er freilich diese Verbindung von Pyrrhonismus und akademischer Skepsis vor sich selber und Anderen rechtfertigte, ob er jeden Unterschied zwischen beiden Richtungen überhaupt leugnete oder ob er ihn zwar anerkannte aber für unwichtig erklärte, vermögen wir nicht zu entscheiden.[2]) Für unseren Zweck genügt es

---

[1]) Die einzelnen Stellen s. bei Haas a. a. O. S. 82 f.

[2]) Dass es solche gab, die beide Richtungen der Skepsis für

die einfache Thatsache festgestellt zu haben, dass ein späterer Skeptiker die beiden, früher neben einander bestehenden Formen des Skepticismus in sich vereinigte: denn auf diese Weise haben uns äussere Zeugnisse zu demselben Resultat geführt, das wir schon aus der eigenthümlichen Natur dieser späteren Skepsis erschlossen hatten. Zur Bestätigung dafür dass Agrippa und Phavorinos, insofern sie beide innerhalb des Pyrrhonismus einer und derselben, der vermittelnden Richtung folgten, durch ein besonders enges Band zusammengehalten wurden, lässt sich noch etwas Anderes geltend machen. In der Reihe der skeptischen Philosophen, die Diogenes von Laerte (IX 115 f.) aufstellt, fehlt ausser dem Namen des Phavorinos auch der des Agrippa. Das ist auffallend, wenn wir bedenken, dass doch beide in dem früheren Theile der Darstellung des Diogenes erwähnt worden sind, und doppelt auffallend, wenn wir an die Bedeutung denken die wenigstens dem letzteren in der Entwickelung der skeptischen Lehre zuzukommen scheint. Begründet könnte es darin sein, dass Diogenes nur die Schulhäupter namhaft machen wollte, Phavorinos und Agrippa aber dazu nicht gehörten.[1]) Indessen ist eine solche Annahme nicht ohne Bedenken. Dass Diogenes bei solchen Aufzählungen sich

---

schlechthin identisch hielten, sieht man schon aus Gellius XI 5, 6: vetus autem quaestio et a multis scriptoribus Graecis tractata, an quid et quantum Pyrrhonios et Academicos philosophos intersit. Auf eben solche bezieht sich Sextos Pyrrh. I 220: φασὶ μέντοι τινὲς ὅτι ἡ Ἀκαδημαϊκὴ φιλοσοφία ἡ αὐτή ἐστι τῇ σκέψει. Und obgleich derselbe im Allgemeinen für die Verschiedenheit der beiden Richtungen der Skepsis eintritt, sieht er doch sich zu dem Geständniss genöthigt, dass wenigstens die Skepsis des Arkesilaos mit der pyrrhonischen fast zusammenfalle (a. a. O. 232). — Auch Galen περὶ ἀρίστ. διδασκ. 2 und 3 scheint Akademiker und Pyrrhoneer nicht wesentlich zu unterscheiden.

[1]) Diess ist die Ansicht von Zeller S. 7, 1.

nicht auf die Schulhäupter beschränkt, lehrt das Verzeichniss
der Epikureer (X 22 ff.) und beweist die Art wie Krautor,
der niemals der Akademie vorgestanden hat, doch in der
Reihe der akademischen Philosophen aufgeführt wird. Wichtiger ist die Beschaffenheit des Verzeichnisses der Pyrrhoneer selber, die der Annahme dass wir es hier mit einer
Folge von Schulhäuptern zu thun haben, keineswegs günstig
ist. Wäre diess nämlich der Gesichtspunkt gewesen, unter
dem die Glieder der Reihe ausgewählt wurden, so durften
nach Antiochos nicht Menodotos und Theiodas neben einander
genannt und nicht nach diesen Herodotos an Menodotos
angeknüpft und Theiodas übersprungen werden: [1]) vielmehr
musste, wenn die Genannten nur als Schulhäupter in Betracht
kamen, an Antiochos Menodotos, an diesen Theiodas und
hiernach Herodotos angeschlossen werden. Dagegen ist eine
solche Art der Anführung vollkommen gerechtfertigt, wenn
die Absicht nicht so sehr war die Succession in der Leitung
der Schule als diejenige in der Arbeit für die Wissenschaft
zu geben und auf den jedesmaligen Lehrer dessen bedeu-
tendste Schüler folgen zu lassen. Dass diess der vorwaltende
Gesichtspunkt war, zeigt auch das zu Anfang der Reihe
stehende διήκουσε [2]) das alles Folgende beherrscht bis es in
den Worten Ἡροδότου δὲ διήκουσε von Neuem aufgenommen
wird; und eben daher erklärt sich, dass noch ein zweites
Mal, da wo die Nachfolger des Ptolemaios, nämlich Sarpedon
und Herakleides, genannt werden, diese beiden in der Reihe
nicht nach sondern neben einander gestellt sind. Immerhin
ist in diesen Fällen die Ausrede, dass zwei denselben Lehrer
haben, darum aber doch in der Leitung der Schule einander

---

[1]) Ἀντίοχος — — — τούτου δὲ Μηνόδοτος ὁ Νικομηδεύς, ἰατρὸς
ἐμπειρικός, καὶ Θειωδᾶς Λαοδικεύς· Μηνοδότου δὲ Ἡρόδοτος.

[2]) Εὐφράνορος δὲ διήκουσεν Εὔβουλος Ἀλεξανδρεύς, οὗ Πτολεμαῖος κτλ.

folgen können, nicht vollständig ausgeschlossen. Dagegen gilt diese Ausrede nicht für den früheren Theil des Verzeichnisses, der die Nachfolger des Ptolemaios aus Kyrene angeben will und als solche Dioskurides, Nikolochos, Euphranor und Praylos nennt: hier ist offenbar dass nicht in erster Linie die Schulvorstände sondern die bedeutendsten Vertreter des Pyrrhonismus, in zeitlicher Abfolge und mit Berücksichtigung ihres Schülerverhältnisses, aufgeführt werden sollten. In diesem Falle aber bleibt es nach wie vor auffallend dass ein so hervorragender Vertreter des Pyrrhonismus, wie wenigstens Agrippa auch nach Diogenes' Urtheil gewesen zu sein scheint, in dem Verzeichnisse gar nicht erwähnt wird. Ich weiss dafür, wollen wir nicht den blinden Zufall walten lassen, keine andere Erklärung als dass das Verzeichniss nur Pyrrhoneer einer bestimmten Richtung anführen wollte, diese Richtung aber nicht die des Phavorinos und Agrippa war.[1]) Nun wird auch bemerkenswerth, dass der Pyrrhoneer Apellas, den Diogenes anderwärts (106) nennt, in dem Verzeichniss ebenfalls übergangen wird: denn die Vermuthung regt sich dass auch er zur Sekte Agrippas gehörte und der Titel seiner Schrift „Agrippas" kann dieselbe nur bestätigen. Es ist ausserdem sehr denkbar dass

---

[1]) Diesen Gedanken hatte schon Haas S. 84 f. Wenn derselbe aber das Verzeichniss für eines derjenigen Skeptiker hält, die zugleich empirische Aerzte waren, so scheint er mir hierin zu weit zu gehen. Denn diess würde zu der Annahme führen, dass diese Richtung der medicinischen Wissenschaft mit dem Pyrrhonismus schliesslich zusammenfiel, eine Annahme die keineswegs richtig ist und überdiess von Sextos (Pyrrh. I 236 ff.) noch besonders bestritten wird. Wohl aber erklärt sich dass so viele Aerzte der empirischen Schule sich unter den von Diogenes genannten Pyrrhoneern finden, wenn dieser die Absicht hatte die Vertreter des alten echten, vorwiegend auf die Empirie gegründeten Pyrrhonismus namhaft zu machen.

die drei im Verzeichniss des Diogenes Fehlenden keinen der
von ihm Genannten zum Lehrer hatten: in diesem Falle
würde weder für Agrippa noch für einen der anderen Beiden
ein Platz in der Reihe gewesen sein, wenn dieselbe nämlich
wirklich die allmähliche Fortpflanzung der Skepsis durch
Lehrer und Schüler darstellen sollte.[1])

Agrippa und seine Anhänger erscheinen sonach als ein
Nebensprössling des echten Pyrrhonismus. Diess schliesst
natürlich einen Einfluss ihrerseits auf die Pyrrhoneer der
Hauptlinie nicht aus, und es braucht uns nicht Wunder zu
nehmen oder gegen die gezogenen Schlüsse misstrauisch zu
machen wenn wir spätere der in gerader Linie auf Ainesidem zurückgehenden Pyrrhoneer sich die Neuerungen Agrippas zu Nutze machen sehen. Dass diess der Fall war, sehen
wir an Sextos Empeirikos, den Diogenes als vorletzten in
der Reihe der Pyrrhoneer nennt und der den fünf Tropen
Agrippas nicht nur vor den acht Ainesidems den Vorzug zu
geben scheint (Pyrrh. I 185 f.) sondern, worauf schon Pappenheim hingewiesen hatte (Erläuter. 63), von denselben bei
Durchführung seiner eigenen Skepsis den ausgedehntesten
Gebrauch macht. Wie in späterer Zeit diese Abart des
Pyrrhonismus um sich griff und herrschend wurde, können
wir ausser an Sextos auch an Diogenes oder richtiger an

---

[1]) Ich bemerke noch, dass in dem Verzeichniss des Diogenes
auch der Name des Theodosios fehlt. Und doch war seiner 70 gedacht worden. Aber freilich nur um zu bemerken, dass man nach
der Ansicht dieses Skeptikers kein Recht habe von einer pyrrhonischen Skepsis zu sprechen oder Pyrrhon als den Stifter der skeptischen Schule zu bezeichnen. Es scheint daher dass auch dieser
Skeptiker sich ausserhalb des Kreises der gewöhnlichen Pyrrhoneer
stellte und deshalb von Diogenes übergangen worden ist. Was es
mit dem bei Diog. VII 32 ff. erwähnten Skeptiker Kassios für eine
Bewandniss hatte, ob derselbe, wie Haas S. 72 anzunehmen scheint,
zu den pyrrhonischen Skeptikern gehörte, weiss ich nicht.

dem beobachten, dem Diogenes seine Darstellung des Pyr-
rhonismus verdankt.[1]) Man hat bisher, wie es scheint, die
Pyrrhoneer insgemein für den Abschnitt in der Darstellung
des Diogenes verantwortlich gemacht, der sich gegen die
Möglichkeit eines Beweises, Kriterions, Kennzeichens ($\sigma\eta\mu\varepsilon\tilde{\iota}o\nu$),
Grundes, der Bewegung, des Lernens, Entstehens und das
Dasein eines objectiv Guten oder Uebeln wendet (90 ff.).
Man scheint der Ansicht gewesen zu sein, dass, was dieser
Abschnitt enthält, im Wesentlichen ebenso auf Ainesidem
zurückgeht wie das Vorhergehende; denn wenigstens einen
Theil der hier zur Verhandlung kommenden Fragen hatte,
wie wir aus Photios c. 212 sehen, auch dieser Pyrrhoneer
erörtert. Und doch kann was wir bei Diogenes lesen ihn
nicht zum Urheber haben. Eine Andeutung darüber hat
uns Diogenes schon durch die Worte gegeben mit denen er
den betreffenden Theil seiner Darstellung einleitet: $\dot{\alpha}\nu\dot{\eta}\varrho o\upsilon\nu$
δ' $o\tilde{\upsilon}\tau o\iota$ $\varkappa\alpha\dot{\iota}$ $\pi\tilde{\alpha}\sigma\alpha\nu$ $\dot{\alpha}\pi\acute{o}\delta\varepsilon\iota\xi\iota\nu$ $\varkappa\alpha\dot{\iota}$ $\varkappa\varrho\iota\tau\acute{\eta}\varrho\iota o\nu$ $\varkappa\alpha\dot{\iota}$ $\sigma\eta\mu\varepsilon\tilde{\iota}o\nu$
$\varkappa\alpha\dot{\iota}$ $\alpha\ddot{\iota}\tau\iota o\nu$ $\varkappa\alpha\dot{\iota}$ $\varkappa\acute{\iota}\nu\eta\sigma\iota\nu$ $\varkappa\alpha\dot{\iota}$ $\mu\acute{\alpha}\vartheta\eta\sigma\iota\nu$ $\varkappa\alpha\dot{\iota}$ $\gamma\acute{\varepsilon}\nu\varepsilon\sigma\iota\nu$ $\varkappa\alpha\dot{\iota}$ $\tau\grave{o}$
$\varphi\acute{\upsilon}\sigma\varepsilon\iota$ $\tau\iota$ $\varepsilon\tilde{\iota}\nu\alpha\iota$ $\dot{\alpha}\gamma\alpha\vartheta\grave{o}\nu$ $\ddot{\eta}$ $\varkappa\alpha\varkappa\acute{o}\nu$. Denn auf die Pyrrhoneer
überhaupt, von denen vorher die Rede war, kann sich $o\tilde{\upsilon}\tau o\iota$
nicht beziehen: in diesem Falle hätte es einer so bestimmten
Hinweisung nicht bedurft und wäre es genug gewesen das
einfache $\dot{\alpha}\nu\dot{\eta}\varrho o\upsilon\nu$ zu setzen, die Ergänzung des Subjects
aber dem Leser zu überlassen. Das $o\tilde{\upsilon}\tau o\iota$, wenn es wirklich
die Pyrrhoneer überhaupt bedeuten sollte, hätte nur ein

---

[1]) Zeller III 2 S. 13 Anm. nachdem er die Vermuthung von
Haas, der an Phavorinos dachte, mit Recht abgewiesen hat, schlägt
Saturninos vor. Für einen Theil und gerade den wichtigsten und
hier zunächst in Betracht kommenden würde man die von Diogenes
selber (70) genannten $\Sigma\varkappa\varepsilon\pi\tau\iota\varkappa\grave{\alpha}$ $\varkappa\varepsilon\varphi\acute{\alpha}\lambda\alpha\iota\alpha$ des Theodosios als Quelle
annehmen, wenn die Vermuthung von Nietzsche (Beitr. S. 11), der
den Namen dieses Skeptikers auch 79 in den Text setzen wollte,
überzeugend wäre.

Missverständniss bewirken können, da im nächst Vorhergehenden nicht von den Pyrrhoneern überhaupt sondern von
der besondern durch Agrippa eingeschlagenen Richtung die
Rede war. Auf diese wird man οὗτοι zuerst beziehen.
Wie aber wenn diess auch der Absicht des Diogenes ent-
spräche? Wenigstens kommen in den Erörterungen des fraglichen Abschnittes die Tropen Agrippas zur Anwendung.
Der δι᾽ ἀλλήλων τρόπος tritt uns entgegen in folgenden
Worten (91): ἵνα τε γνῶμεν ὅτι ἔστιν ἀπόδειξις, κριτηρίου
δεῖ· καὶ ὅτι ἔστι κριτήριον, ἀποδείξεως δεῖ· ὅθεν ἑκάτερα
ἀκατάληπτα ἀναπεμπόμενα ἐπ᾽ ἄλληλα. Schon vorher (90)
fand sich der ins Unendliche führende Tropos: πᾶσα ἀπόδειξις ἢ ἐξ ἀποδεδειγμένων σύγκειται χρημάτων ἢ ἐξ ἀν-
αποδείκτων. εἰ μὲν οὖν ἐξ ἀποδεδειγμένων, κἀκεῖνα δεήσεταί
τινος ἀποδείξεως κἀντεῦθεν εἰς ἄπειρον; derselbe noch
einmal 94. Den hypothetischen haben wir 91: εὐήθεις δὲ
τοὺς δογματικοὺς ἀπέφαινον· τὸ γὰρ ἐξ ὑποθέσεως περαι-
νόμενον οὐ σκέψεως ἀλλὰ θέσεως ἔχει λόγον· τοιούτῳ δὲ
λόγῳ καὶ ὑπὲρ ἀδυνάτων ἔστιν ἐπιχειρεῖν. Hierzu kommen
der vom Streit der Meinungen (διαφωνία) hergenommene,
der 95 und 101, und der auf der Relativität (πρός τι) be-
ruhende, der 97 verwerthet wird. Auf Agrippa weist ferner
die Skepsis, die aus der Frage, ob Etwas in die Sinne fällt
oder ein Gedachtes ist, abgeleitet wird; denn im Wesentlichen
dasselbe finden wir in der Erläuterung wieder die Sextos
von den fünf Tropen gibt.[1])   Endlich lässt sich was die

---

[1]) Zur bequemeren Uebersicht stelle ich Beider Worte neben
einander:

Diog. 92.	Sext. Pyrrh. I 170.
Ὁ περὶ τινος διαβεβαιού-μενος αἰσθητοῦ ἢ νοητοῦ πρό-τερον ὀφείλει τὰς περὶ τού-του δόξας καταστῆσαι· οἱ μὲν	Τὸ προτεθὲν ἤτοι αἰσθητόν ἐστιν ἢ νοητόν, ὁποῖον δ᾽ ἂν ᾖ, διαπεφώ-νηται· οἱ μὲν γὰρ τὰ αἰσθητὰ μόνα φασὶν εἶναι ἀληθῆ, οἱ δὲ μόνα τὰ

Gründe betrifft auf die Diogenes den Zweifel gegen das Vorhandensein einer Ursache (αἴτιον) stützt wenigstens so viel zeigen dass dieselben nicht Ainesidemos gehören. Ganz die gleichen trägt nämlich auch Sextos vor,[1] bemerkt aber

γὰρ ταῦτα, οἱ δὲ ταῦτα ἀνῃρήκασι. δεῖ δ᾽ ἢ δι᾽ αἰσθητοῦ ἢ νοητοῦ κριθῆναι. ἑκάτερα δὲ ἀμφισβητεῖται. οὐδὲ τοίνυν δυνατὸν τὰς περὶ αἰσθητῶν ἢ νοητῶν ἐπικρῖναι δόξας.

νοητά, οἱ δὲ τινὰ μὲν αἰσθητὰ τινὰ δὲ νοητά. πότερον οὖν ἐπικριτὴν εἶναι φήσουσι τὴν διαφωνίαν ἢ ἀνεπίκριτον; εἰ μὲν ἀνεπίκριτον, ἔχομεν ὅτι δεῖ ἐπέχειν· περὶ γὰρ τῶν ἀνεπικρίτως διαφωνουμένων οὐχ οἷόν τέ ἐστιν ἀποφαίνεσθαι. (Vgl. auch 175.)

[1] Ich setze abermals die betreffenden Abschnitte neben einander.

<table>
<tr><td>Diog. 97 ff.</td><td>Sext. dogm. III 207 ff.</td></tr>
</table>

Τὸ αἴτιον τῶν πρός τι ἔστι· πρὸς γὰρ τὸ αἰτιατόν ἐστι· τὰ δὲ πρός τι ἐπινοεῖται μόνον, ὑπάρχει δ᾽ οὔ· καὶ τὸ αἴτιον οὖν ἐπινοοῖτ᾽ ἂν μόνον, ἐπεὶ εἴπερ ἐστὶν αἴτιον, ὀφείλει ἔχειν τὸ οὗ λέγεται αἴτιον, ἐπεὶ οὐκ ἔσται αἴτιον. καὶ ὥσπερ ὁ πατήρ, μὴ παρόντος τοῦ πρὸς ὃ λέγεται πατήρ, οὐκ ἂν εἴη πατήρ, οὐτωσὶ καὶ τὸ αἴτιον· οὐ πάρεστι δὲ πρὸς ὃ νοεῖται τὸ αἴτιον· οὔτε γὰρ γένεσις οὔτε φθορὰ οὔτ᾽ ἄλλο τι· οὐκ ἄρ᾽ ἐστὶν αἴτιον. καὶ μὴν εἰ ἔστιν αἴτιον, ἤτοι σῶμα σώματός ἐστιν αἴτιον ἢ ἀσώματον ἀσωμάτου (ἢ ἀσώματον σώματος ἢ σῶμα ἀσωμάτου)· οὐδὲν δὲ τούτων· οὐκ ἄρ᾽ ἐστὶν αἴτιον. σῶμα μὲν οὖν σώματος οὐκ ἂν εἴη αἴτιον, ἐπείπερ ἀμφό-

Τὸ αἴτιον τῶν πρός τι ἐστίν· τινὸς γάρ ἐστιν αἴτιον καὶ τινί — — τὰ δὲ πρός τι ἐπινοεῖται μόνον, ἀλλ᾽ οὐχ ὑπάρχει — —· καὶ τὸ αἴτιον ἄρα ἐπινοηθήσεται μόνον, οὐχ ὑπάρξει δέ. εἴπερ τε αἴτιόν ἐστιν, ὀφείλει ἔχειν τὸ οὗ λέγεται αἴτιον, ἐπεὶ οὐκ ἔσται αἴτιον, ἀλλ᾽ ὃν τρόπον τὸ δεξιὸν μὴ παρόντος τοῦ πρὸς ὃ λέγεται δεξιὸν οὐκ ἔστιν, οὕτω καὶ τὸ αἴτιον μὴ παρόντος τοῦ πρὸς ὃ νοεῖται οὐκ ἔσται αἴτιον. ἀλλὰ μὴν οὐκ ἔχει τὸ αἴτιον οὗ ἐστιν αἴτιον, διὰ τὸ μήτε γένεσιν μήτε φθορὰν μήτε κοινῶς κίνησιν ὑπάρχειν — —. οὐκ ἄρα ἔστιν αἴτιον. καὶ μὴν εἰ ἔστιν αἴτιον, ἤτοι σῶμα σώματός ἐστιν αἴτιον ἢ ἀσώματον ἀσωμάτου ἢ σῶμα ἀσώματον ἢ ἀσώματον σώματος· οὔτε δὲ σῶμα σώματος, ὡς παραστήσομεν, οὔτε ἀσώματον ἀσωμάτου οὔτε σῶμα ἀσωμάτου οὔτε ἐναλλὰξ ἀσώματον σώματος. οὐκ ἄρα ἔστιν αἴτιον. —

unmittelbar darauf Pyrrh. I 218 Folgendes: *ἀφελέστερον μὲν οὖν οὕτω τινὲς παραμυϑοῦνται τὰ τοῦ ἐκκειμένου λόγου λήμματα· ὁ δὲ Αἰνησίδημος διαφορώτερον ἐπ᾽ αὐτῶν ἐχρῆτο ταῖς περὶ τῆς γενέσεως ἀπορίαις.* Wer die *τινὲς* sind, lernen wir jetzt durch Diogenes. Dass Sextos Agrippa nicht

---

τερα τὴν αὐτὴν ἔχει φύσιν. καὶ εἰ τὸ ἕτερον αἴτιον λέγεται παρ᾽ ὅσον ἐστὶ σῶμα, καὶ τὸ λοιπόν, σῶμα ὄν, αἴτιον γενήσεται. κοινῶς δ᾽ ἀμφοτέρων αἰτίων ὄντων, οὐδὲν ἔσται τὸ πάσχον. ἀσώματον δ᾽ ἀσωμάτου οὐκ ἂν εἴη αἴτιον διὰ τὸν αὐτὸν λόγον· ἀσώματον δὲ σώματος οὐκ ἔστιν αἴτιον, ἐπεὶ οὐδὲν ἀσώματον ποιεῖ σῶμα· σῶμα δ᾽ ἀσωμάτου οὐκ ἂν εἴη αἴτιον, ὅτι τὸ γενόμενον τῆς πασχούσης ὕλης ὀφείλει εἶναι· μηδὲν δὲ πάσχον διὰ τὸ ἀσώματον εἶναι οὐδ᾽ ἂν ὑπό τινος γένοιτο· οὐκ ἔστι τοίνυν αἴτιον.

— — — σῶμα μὲν οὖν σώματος οὐκ ἂν εἴη ποτὲ αἴτιον, ἐπείπερ ἀμφότερα τὴν αὐτὴν ἔχει φύσιν· καὶ εἰ τὸ ἕτερον αἴτιον λέγεται παρόσον ἐστὶ σῶμα, πάντως καὶ τὸ λοιπὸν σῶμα καϑεστὼς αἴτιον γενήσεται. κοινῶς δὲ ἀμφοτέρων αἰτίων ὄντων οὐδέν ἐστι τὸ πάσχον, μηδενὸς δὲ πάσχοντος οὐδὲ τὸ ποιοῦν γενήσεται. εἰ ἄρα σῶμα σώματός ἐστιν αἴτιον, οὐδέν ἐστιν αἴτιον. καὶ μὴν οὐδὲ ἀσώματον ἀσωμάτου λέγοιτ᾽ ἂν εἶναι ποιητικὸν διὰ τὴν αὐτὴν αἰτίαν· εἰ γὰρ κτλ. λείπεται οὖν ἢ σῶμα ἀσωμάτου λέγειν αἴτιον ἢ ἀνάπαλιν ἀσώματον σώματος. ὅπερ πάλιν τῶν ἀδυνάτων· τό τε γὰρ ποιοῦν ϑιγεῖν ὀφείλει τῆς πασχούσης ὕλης, ἵνα ποιήσῃ, ἥ τε πάσχουσα ὕλη ϑιχϑῆναι ὀφείλει, ἵνα πάϑῃ, τὸ δὲ ἀσώματον οὔτε ϑιγεῖν οὔτε ϑιχϑῆναι πέφυκεν. τοίνυν οὐδὲ σῶμα ἀσωμάτου ἢ ἀσώματον σώματός ἐστιν αἴτιον. ᾧ ἕπεται τὸ μηδὲν ὑπάρχειν αἴτιον.

Dass die dem Text des Diogenes in Parenthese hinzugefügten Worte zu ergänzen sind, ergibt sich theils aus der Vergleichung von Sextos theils aus der bei Diogenes folgenden Erörterung. Die letztere räth zugleich eine andere Ordnung der Worte als wir bei Sextos finden an und diese Umstellung wird noch besonders wahrscheinlich dadurch dass sie den Ursprung der Verderbniss erklärt, die aus dem Uebergleiten des Auges vom ersten *ἀσωμάτου* auf das zweite entstand.

mit Namen nennt, braucht keinen Anstoss zu geben, da er
diess auch anderwärts nicht thut und insbesondere die fünf
Tropen nur allgemein auf jüngere Skeptiker (νεώτεροι
σκεπτικοί) zurückführt.

So viel ist durch das Bisherige wahrscheinlich geworden
dass die späteren auf Ainesidem in gerader Linie zurückgehenden Pyrrhoneer sich auch die Nebenrichtung Agrippas
zu Nutze machten und dadurch in demselben Maasse wie
dieser der akademischen Skepsis näher traten. Eine Bestätigung dieser Ansicht liegt darin dass Sextos es nicht verschmäht hat die Argumente des Karneades wie sie ihm die
Schriften des Kleitomachos darboten für seine Zwecke zu
verwerthen.[1]) Es würde indessen ein Irrthum sein, wollte
man diese Befreundung des Pyrrhonismus mit der Akademie
erst in die letzten Zeiten desselben, lange nach Ainesidem,
setzen. Vielmehr hat den Anfang dazu schon Ainesidem
gemacht, und zwar nicht bloss insofern als bei ihm bereits
wie wir sahen das dialektische Element hervortritt. Unmittelbar berührt er sich mit der Akademie durch die Art und
Weise wie er bei Sextos dogm. III 218 ff. das Vorhandensein einer Ursache (αἴτιον) bestreitet. Eigenthümlich ist
seiner Skepsis hierbei, dass er mit Rücksicht auf den wesentlichen Zusammenhang, der eine Ursache ohne ein daran sich
anschliessendes Entstehen (γένεσις) undenkbar macht, die
Frage nach der Möglichkeit des letzteren aufwirft und indem
er zu einer verneinenden Antwort kommt auch den Gedanken
an das Vorhandensein jener beseitigt zu haben glaubt. In der
Durchführung der Skepsis geht er zuerst auf die Frage ein,
ob aus einem Körper ein anderer Körper entstehen könne.
Es ist ein doppelter Fall denkbar: entweder der Körper
bleibt für sich allein oder er verbindet sich mit einem an-

---

[1]) Vgl. dazu den Excurs I am Ende.

deren. Ist der Körper für sich allein und wollten wir annehmen, es könnte ein anderer aus ihm entstehen, aus einem also zwei werden, so würde diess zu der Folgerung führen, dass aus einem unendlich viele werden können, was absurd ist. Dieselbe Folgerung ergibt sich aber auch unter der Voraussetzung dass zwei Körper durch ihre Verbindung einen dritten neuen hervorbringen: denn dieser dritte würde sich wieder mit den beiden anderen verbinden um einen vierten hervorzubringen, und so abermals ein Fortschritt ins Unendliche stattfinden. Mit denselben Gründen wird die Möglichkeit eines Entstehens widerlegt insofern es sich auf unkörperliche Dinge bezieht: wozu als besonderer noch kommt dass etwas Unkörperliches keines Wirkens und Leidens fähig ist. Es bleibt noch die Frage zu beantworten ob ein Entstehen etwa denkbar ist als Hervorgehen sei es eines Körpers aus einem Unkörperlichen oder eines Unkörperlichen aus einem Körper. Hier hilft eine Vergleichung aus: denn aus einer Platane könne kein Pferd und aus einem Pferde kein Mensch, überhaupt also nicht Ungleichartiges aus einander entstehen. Der Beweis ruht näher betrachtet auf der Voraussetzung, dass kein Ding aus einem anderen entstehen könne ohne schon vorher in ihm enthalten zu sein.[1]) Das ist aber auch der Grundgedanke der die vorausgehende Argumentation durchzieht und deshalb zu Beginn derselben nachdrucksvoll ausgesprochen wird.[2]) Ich hebe diess deshalb besonders hervor, weil wir den gleichen Gedanken bei Platon

---

[1]) 224: οὕτως δὲ οὐδὲ τὸ ἐναλλάξ, τουτέστι σῶμα ἀσωμάτου ἢ ἀσώματον σώματος. τό τε γὰρ σῶμα οὐκ ἔχει ἐν αὑτῷ τὴν τοῦ ἀσωμάτου φύσιν, τό τε ἀσώματον οὐκ ἐμπεριεῖχε τὴν τοῦ σώματος φύσιν, διόπερ οὐδέτερον ἐξ οὐδετέρου συστῆναι δυνατόν ἐστι κτλ.

[2]) 220: ἀλλὰ μένον μὲν καθ᾽ ἑαυτὸ πλεῖον αὑτοῦ καὶ τῆς οἰκείας φύσεως οὐκ ἂν δύναιτό τι ποιεῖν· συνελθὸν δὲ ἑτέρῳ τρίτον οὐκ ἂν δύναιτο ἀποτελεῖν, ὃ μὴ πρότερον ἐν τῷ εἶναι ὑπῆρχεν.

antreffen. In dem Bericht, den Sokrates im Phaidon über die Entwickelung gibt die ihn schliesslich zur Annahme von Ideen führte, spricht er davon (p. 96 E f.) dass ihm früher unbegreiflich war wie eine Zweiheit entstehen könne: denn weder vermochte er sich zu denken wie Eines sich in Zwei verwandeln noch wie das Hinzufügen des Einen zum Andern etwas Neues, die Zwei, hervorbringen kann.[1]) Gegenüber dieser wesentlichen Uebereinstimmung des Gedankens fallen die kleinen Unterschiede, die man bei schärferer Betrachtung bemerkt, nicht ins Gewicht. Sie müssen um so mehr ohne Bedeutung bleiben als nicht bloss der Hauptgedanke derselbe ist sondern auch der Zweck zu dem er ausgesprochen wird, insofern es bei Platon sowohl als bei Ainesidemos sich darum handelt das Vorhandensein einer Ursache zu bestreiten. Nun kommt freilich der platonische Sokrates im Verlauf der Erörterung dazu das was man sonst als Ursache gelten liess, dem er aber das Recht dazu abstreitet, durch die Ideen zu ersetzen (p. 100 B ff.). Es ist aber klar dass dieselben nur das Surrogat einer solchen und keineswegs Ursachen im vollen und namentlich nicht im gewöhnlichen Sinne des Wortes sind. Skeptiker konnten daher wohl in diesem ganzen Abschnitt etwas vom Geiste ihrer Schule finden und mussten geneigt werden diese partielle platonische in ihre eigene Skepsis herüber zu nehmen. Da gerade Ainesidem

---

[1]) Πόρρω που, ἔφη, νὴ Δί᾽ ἐμὲ εἶναι (sc. δοκεῖ μοι) τοῦ οἴεσθαι περὶ τούτων του τὴν αἰτίαν εἰδέναι, ὅς γε οὐκ ἀποδέχομαι ἐμαυτοῦ οὐδὲ ὡς, ἐπειδὰν ἑνί τις προσθῇ ἕν, ἢ τὸ ἓν ᾧ προσετέθη δύο γέγονεν, ἢ τὸ προστεθὲν καὶ ᾧ προσετέθη διὰ τὴν πρόσθεσιν τοῦ ἑτέρου τῷ ἑτέρῳ δύο ἐγένετο· θαυμάζω γάρ, εἰ, ὅτε μὲν ἑκάτερον αὐτῶν χωρὶς ἀλλή-λων ἦν, ἓν ἄρ᾽ ἑκάτερον ἦν καὶ οὐκ ἤστην τότε δύο, ἐπεὶ δ᾽ ἐπλη-σίασαν ἀλλήλοις, αὕτη ἄρα αἰτία αὐτοῖς ἐγένετο δυοῖν γενέσθαι, ἡ ξύνοδος τοῦ πλησίον ἀλλήλων τεθῆναι. Selbst in der Wahl des Wortes ξύνοδος trifft Platon mit Sextos (222) zusammen.

zu diesen Skeptikern gehört zu haben scheint, so darf sich folgende Vermuthung hören lassen. Platon ist bekanntlich zu seiner Auffassung der Sinnenwelt als einer Welt des Werdens durch Heraklit geführt worden; ja wir dürfen noch mehr sagen, dass auch die Ableitung alles Werdens von Gegensätzen ein Heraklit gehörender Gedanke ist. Gerade dieser wird aber im Phaidon ausgeführt. Ist man so einmal heraklitischen Einflüssen auf der Spur, dann liegt auch die Annahme nicht zu fern, dass die mit der Lehre vom Werden so eng zusammenhängende Antwort, welche auf die Frage nach der Ursache gegeben wird, zum Theil von Heraklit herrührt. Zu einer sicheren Entscheidung können wir hier nicht gelangen. Ich will nur auf zwei Punkte hinweisen. Wenn Heraklit alles Werden an Gegensätze knüpfte, so konnte er doch nicht, wenigstens streng genommen nicht, den einen Gegensatz als die Ursache des andern bezeichnen: ein Gegensatz sollte nach seiner Ansicht nicht den andern aus sich hervorbringen, beide sind vielmehr nur Bestimmungen eines und desselben im Grunde sich gleich bleibenden Wesens das nur in Gegensätzen auseinander tritt und auf diese Weise das Werden ermöglicht. Insofern daher der Name einer Ursache nur demjenigen zukommt, das etwas Anderes, von sich Verschiedenes hervorzubringen vermag, konnte Heraklit eine solche überhaupt nicht anerkennen. Diess ist der eine Punkt auf den ich hinweisen wollte, der Heraklit durch die Consequenz seiner Weltanschauung, wenn er dieselbe wirklich zog, zu einem Gegner aller Aitiologie machen musste. Der andere ist, dass er in einem einzelnen besonders wichtigen Falle sich thatsächlich als solchen bekanut hat. Denn auf die Frage nach der letzten und höchsten Ursache, die die Welt geschaffen hat, gab er laut Clem. Alex. Strom. V 14 p. 711 f. Pott. folgende Antwort: κόσμον τὸν αὐτὸν ἁπάντων οὔτε τις θεῶν οὔτε ἀνθρώπων ἐποίησεν, ἀλλ᾽ ἦν ἀεὶ καὶ ἔστιν καὶ ἔσται πῦρ ἀείζωον, ἁπτόμενον μέτρα καὶ ἀποσβεννύμενον μέτρα.[1]) Die Möglichkeit wird man daher zugeben müssen, dass Ainesidem

---

[1]) Es ist unbegreiflich wie man den Sinn der Worte οὔτε τις θεῶν οὔτε ἀνθρώπων ἐποίησεν hat verfehlen können. Die Schuld daran trägt Schuster Heraklit S. 128 Anm., der die Frage stellte, wer so geistreich gewesen sei die Welt von einem der Menschen gemacht sein zu lassen. Zwei Antworten sind hierauf eingegangen, die eine von Peipers Untersuchungen über das System Platons I 671, dahin lautend dass es die griechische Volksmythologie gewesen sei da sie die Götter menschenähnlich gebildet habe. Die andere von Teichmüller Neue Stud. I 86, der durch diese Worte Heraklits an die orientalische Fürstenverehrung erinnert wird. Das Richtige, gewiss nicht zuerst, hatte ich schon aus Anlass einer Recension des Peipersschen Buches in der Jenaer Literaturzeitung 1875 No. 26 S. 470ᵇ bemerkt. Seitdem hat Zeller in der vierten Auflage seines Werkes a. a. O. sich in demselben Sinn entschieden, dass nämlich durch die Verbindung von Göttern und Menschen die Gesammtheit aller Wesen bezeichnet werden soll. Ich komme nur deshalb noch einmal auf diesen Punkt zurück weil Zeller es unterlassen hat weitere Belege für diesen Sprachgebrauch zu geben und ich einer Wiederholung des Missverständnisses vorbeugen möchte. Ich verweise deshalb auf Homer Il. 2, 1. 13, 631 f. 19, 95 f. Xenophanes fragm. I Mullach. Aristophanes Frieden 1186. Frösche 486. Plut. 421. Platon Phaidr. p. 241 C. Sympos. 214 D (denn ἄλλον zieht man am liebsten auch zu θεὸν oder richtiger auf das durch θεὸν und ἄνθρωπον bezeichnete Ganze). Es gehört dieser Sprachgebrauch einem grösseren Kreise an, dessen Wesen schon Lobeck Phryn. S. 754 Anm. richtig mit folgenden Worten bezeichnet hatte: his formulis εἴτε παρὼν εἴτε ἀπών, ζῶν καὶ θανών, ζῶντες καὶ νεκροί, crebra consuetudine tantum de sua potestate detritum est, ut postremo etiam tunc usurpentur, ubi mortui aut absentes nulli intelligi possunt. Vgl. auch Vahlen Berliner Progr. 1879 S. 4. — Die besprochenen Worte Heraklits lassen sich vielleicht auch zur Emendation einer Stelle des Sextos verwenden oder können uns doch wenigstens erinnern wie zu emendiren sei. Wir lesen zu Anfang der auf Ainesidem zurückgehenden Erörterung über das Entstehen und die Ursache (219) Folgendes: τὸ σῶμα τοῦ σώματος οὐκ ἂν εἴη αἴτιον, ἐπείπερ ἢ ἀγένητόν

auch da, wo er gegen die Annahme einer Ursache und eines
Entstehens eiferte, sich mit Heraklit im Einverständniss
wusste. Zunächst ist uns indessen nur der Anschluss an
platonische Erörterungen wahrscheinlich geworden. Die Spur,
die hierauf führte, mag immerhin noch nicht vollkommen
deutlich sein, so darf sie doch schon deshalb nicht ausser
Acht gelassen werden weil sie in ihrem Ergebniss mit der
Ueberlieferung zusammentrifft, die wir uns aus Photios
cod. 212 über Ainesidems Verhältniss zur Akademie entnehmen können. Denn wenn dort davon die Rede ist, dass
Ainesidem seine Schrift einem Schulgenossen aus der Aka-
demie, dem Lucius Tubero, gewidmet ($\pi\varrho o\sigma\varphi\omega\nu\tilde{\omega}\nu$ $a\dot{v}\tauo\dot{v}\varsigma$
[$\tauo\dot{v}\varsigma$ $\Pi\upsilon\dot\varrho\dot\varrho\omega\nu\varepsilon\dot\iotao\upsilon\varsigma$ $\lambdao\dot\gamma o\upsilon\varsigma$] $\tau\tilde\omega\nu$ $\dot\varepsilon\xi$ $\dot A\varkappa a\delta\eta\mu\dot\iota a\varsigma$ $\tau\iota\nu\dot\iota$ $\sigma\upsilon\nu a\iota$-
$\varrho\varepsilon\sigma\iota\dot\omega\tau\eta$ $\varDelta\varepsilon\upsilon\varkappa\dot\iota\omega$ $To\beta\dot\varepsilon\varrho\omega\nu\iota$), so nöthigt uns diess ihn eben-
falls den Akademikern zuzurechnen. Daran, dass er Schul-
genosse nur in dem Sinne heisse als er auch Skeptiker war,
kann nicht gedacht werden, da im Folgenden gerade der
Unterschied der beiden skeptischen Richtungen betont wird.
Dieses Folgende schliesst aber auch den Gedanken aus oder
macht ihn doch sehr unwahrscheinlich dass Ainesidem damals
noch als Akademiker habe gelten wollen. Das weitaus
Wahrscheinlichste bleibt hiernach, dass Ainesidem seine
Schrift dem Tubero als einem früheren Genossen in der
Akademie gewidmet und dadurch versucht habe den Tubero
sich nach, aus der Akademie heraus und in den Pyrrhonis-
mus herüber zu ziehen.[1]) Von dieser Lehrzeit in der Aka-

$\dot\varepsilon\sigma\tau\iota$ $\tau\dot o$ $\tauo\iotao\tilde\upsilon\tauo\nu$ $\sigma\tilde\omega\mu a$ $\varkappa a\vartheta\dot a\pi\varepsilon\varrho$ $\dot\eta$ $\varkappa a\tau$' $'E\pi\dot\iota\varkappao\upsilon\varrho o\nu$ $\dot a\tauo\mu o\varsigma$, $\dot\eta$ $\gamma\varepsilon\nu\eta\tau\dot o\nu$
$\dot\omega\varsigma$ $\dot\varepsilon\vartheta o\varsigma$. Was Fabricius für das letzte Wort vorschlug, $\dot\varepsilon\varrho\nu o\varsigma$, wird
Niemand befriedigen. Dagegen entspricht $\dot a\nu\vartheta\varrho\omega\pio\varsigma$ allen Anforde-
rungen des Gedankens, und auch graphisch betrachtet erscheint eine
Verstümmelung desselben zu dem was die Ueberlieferung bietet nicht
als unmöglich.

[1]) Als ein Zeugniss dafür, dass Ainesidem selber früher der

demie lässt sich nun ableiten was uns bei Ainesidem theils
an die akademische Dialektik überhaupt theils insbesondere
an Platon erinnerte. — Blicken wir noch einmal auf die geführten Untersuchungen zurück und suchen zusammenzufassen was sich daraus
für die Entwickelung des Pyrrhonismus ergibt. Während
Timon wenigstens noch eine Wahrheit anerkannte, die von
Pyrrhon verkündete Lehre, und diese·zum Maassstab nahm,
nach dem er die Geltung der unser Handeln bestimmenden
Vorstellungen (ἰνδαλμοί) beurtheilte, haben die Späteren
diesen Rest des Dogmatismus weggeräumt. Alle Vorstellungen
sind nach ihnen nur subjectiver Natur, wir haben kein Recht
ihren Inhalt irgendwie auch in der Aussenwelt vorauszusetzen,
und es besteht deshalb auch keinerlei objective Verbindlich-
keit, durch die Andere genöthigt werden könnten sich denselben Vorstellungen wie wir zu unterwerfen. Derselben
Ansicht war auch Ainesidem. Trotzdem wollte er nicht
unsere Vorstellungen vollständig frei geben, sondern hielt es,
jedenfalls um der Glückseligkeit willen, für zuträglich solche
Vorstellungen zu haben die mit denen der anderen Menschen
übereinstimmen und als allgemein geltende ein Surrogat der
Wahrheit sein können. Derartige Vorstellungen erkannte
er sogar innerhalb der Naturphilosophie an und zog dadurch
auch der reinen Theorie, nicht bloss der auf die Praxis bezüglichen, gewisse Schranken. Diese Schranken mussten um
so mehr als dogmatische, die natürliche und rechtmässige
Freiheit der Skepsis hemmende erscheinen, als der Pyrrhonismus dadurch der heraklitischen d. i. einer sonst als dogmatisch anerkannten Weltanschauung ähnlich werden, ja mit
ihr zusammenfallen sollte. Wenn daher die auf Ainesidem

Akademie angehört habe, lässt die Worte des Photios auch Zeller
III 2 S. 16, 2 gelten.

folgenden Pyrrhoneer dieselben wieder beseitigten, so ist
diess vollkommen begreiflich. Um so treuer haben sie einen
anderen von ihm gegebenen Hinweis befolgt und sind den
Weg zur Akademie, auf dem er nur die ersten Schritte
gethan hatte, weiter, ja bis zu Ende gegangen. Diess bedeutete eine Vertiefung der Skepsis: denn während dieselbe
bis dahin eigentlich nur die schon vorhandenen Vorstellungen,
die den Anspruch erhoben als wahr zu gelten, angreifen und
darum das Weiterforschen nicht verbieten wollte, vielmehr
dazu aufmunterte, so sollte nun auch der Folgezeit vorgebeugt und jede Vorstellung die man etwa in Zukunft für
ein Wissen oder eine Erkenntniss ausgeben würde, schon in
ihrer Wurzel untergraben werden. So stellt sich die Entwickelung des Pyrrhonismus als eine stetige Zunahme der
Skepsis dar: immer weiter frisst der Zweifel um sich und
dringt in die Breite ebenso wie in die Tiefe vor. Dass der
Pyrrhonismus diese Richtung eingeschlagen, dass die Skepsis
in ihm, statt sich zu mässigen oder gar in den Dogmatismus
zurückzukehren, sich im Gegentheil immermehr gesteigert
hat, ist kein Zufall sondern war ihm als Entwickelungsgesetz
schon durch seinen Ursprung vorgezeichnet. Dass derselbe
in der Auflösung der alten Naturphilosophie gesucht werden
muss, hat sich uns schon früher ergeben. Von Anfang an
trug daher diese Skepsis den Trieb zur Verneinung in sich
und wurde in dieser Neigung um so weniger gehemmt als
auch das Ideal der Sittlichkeit, das sie sich in der Affect-
losigkeit ($\dot{\alpha}\tau\alpha\varrho\alpha\xi i\alpha$) gesteckt hatte, nur negativer Art war:
mit einem Wort, die Geschichte des Pyrrhonismus zeigt uns
den Krankheitsprocess, an dem die alte Naturphilosophie zu
Grunde ging, zu dem der Keim schon von den letzten Aus-
läufern derselben gelegt war der dann von Pyrrhon und seinen Anhängern gepflegt und zur Reife gebracht wurde.

2. Entwickelung der akademischen Skepsis.

Ganz anders als im Pyrrhonismus ist die Skepsis innerhalb der Akademie verlaufen. Während sie dort mit der
Zeit immer kräftiger wurde, wird sie hier im Gegentheil
immer schwächer, schrumpft zusammen statt sich auszudehnen
und kehrt am Ende in den Dogmatismus zurück. Der Höhe-
punkt der Entwickelung ist für die pyrrhonische Skepsis das
Ende, für die akademische der Anfang; jene bewegt sich in
aufsteigender Linie, diese in absteigender. Nach dem, was
ich eben über den Pyrrhonismus bemerkt habe, ist von vorn
herein wahrscheinlich dass auch der Gang der akademischen
Skepsis durch ein ihr von Ursprung eingepflanztes Gesetz
bestimmt worden sei. Dieser Ursprung war, wie wir bereits
gesehen haben (S. 22 ff.), die sokratische Dialektik. So
ähnlich sich nun beide, die Dialektik des Sokrates und die
Skepsis, sind, wenn man lediglich die ihnen gemeinsame Bestreitung des hohlen Dogmatismus der alten Naturphilosophie
ins Auge fasst, so unterscheiden sie sich doch wesentlich,
sobald man auf die Zwecke sieht die sie mit ihrer Kritik
verfolgten. Gingen die Skeptiker auf die Zerstörung jedes
Wissens aus, war die Frucht ihres Thuns das Verzweifeln
an aller Erkenntniss, so suchte Sokrates inmitten der Ruinen
den Grund für ein neues Gebäude der Wissenschaft das
aufzuführen seine Schüler unternahmen. Der Dogmatismus,
in den dieselben verfielen, ist daher in Sokrates' eigenem
Auftreten begründet und insofern wenigstens kein Abfall
von der Weise des Meisters: es kommt in ihm, da jeder
Dogmatismus doch einem Bedürfniss nach festem Wissen
entspringt, dasselbe Streben zum Ausdruck das die kritische
Forschung des Sokrates von der Alles verneinenden Skepsis
der Sophisten unterscheidet. So erklärt sich nicht nur dass

die originale Sokratik in den Dogmatismus ausmündete, sondern auch dass ihre künstliche Neubelebung durch Arkesilaos
dasselbe Schicksal hatte.   Diess im Einzelnen zu verfolgen
ist jetzt unsere Aufgabe.

Es ist auffallend und scheint mit der eben aufgestellten
Behauptung, dass die akademische Skepsis sokratischen Ursprungs sei, in Widerspruch zu stehen, dass gerade der
Begründer derselben, Arkesilaos, den Pyrrhoneern näher
stand als irgend Einer seiner Nachfolger.   Das Letztere
scheinen wir als eine Thatsache hinnehmen zu müssen, da
Sextos Empeirikos, der doch sonst den Pyrrhonismus von
scheinbar ähnlichen Richtungen der Philosophie möglichst
scharf zu trennen sucht, die Uebereinstimmung zwischen der
pyrrhonischen und der Ansicht des Arkesilaos ausdrücklich
hervorhebt.[1])   Wir haben aber nicht nöthig uns einem Au-
toritätsglauben zu ergeben: denn Sextos theilt auch die
Gründe mit die ihn bei seinem Urtheil geleitet haben.   Der
eine ist dass Arkesilaos ebenso wie die Pyrrhoneer darauf
verzichtet hatte aus der Natur unserer Vorstellungen irgend
welchen Schluss auf die Beschaffenheit der Dinge ausser
uns zu ziehen.[2])   Eng zusammen hängt hiermit der zweite,
dass er nicht dieser oder jener Vorstellung in Bezug auf
Glaubwürdigkeit den Vorzug vor einer andern gab:[3])   denn

---

[1]) Pyrrh. I 232: ὁ μέντοι Ἀρκεσίλαος — — πάνυ μοι δοκεῖ
τοῖς Πυῤῥωνείοις κοινωνεῖν λόγοις, ὡς μίαν εἶναι σχεδὸν τὴν κατ᾽
αὐτὸν ἀγωγὴν καὶ τὴν ἡμετέραν.

[2]) Οὔτε γὰρ περὶ ὑπάρξεως ἢ ἀνυπαρξίας τινὸς ἀποφαινόμενος
εὑρίσκεται.

[3]) Οὔτε κατὰ πίστιν ἢ ἀπιστίαν προκρίνει τι ἕτερον ἑτέρου.
Nichts weiter besagt auch was wir bei Numenios (Euseb. praep. ev.
XIV 6, 4) lesen dass Arkesilaos das πιθανὸν aufgehoben habe.   Um
so weniger hätte man, wie diess Zeller III 1 S. 496, 3 gethan hat, die
Zuverlässigkeit dieser Nachricht anzweifeln sollen.   Es ist diess offen-
bar auch nur deshalb geschehen weil man nicht im Stande war sie

schliesslich kann dieser Vorzug doch nur darauf beruhen
dass die betreffende Vorstellung eine bessere Bürgschaft

mit der andern ebenfalls zuverlässigen zu vereinigen, nach der Arkesilaos dem Handeln des Menschen als Grund und Anhalt das Wahrscheinliche gegeben hatte (Sextos dogm. I 158). Denn dass dieses,
das $\varepsilon\ddot{v}\lambda o\gamma o\nu$, mit dem $\pi\iota\vartheta\alpha\nu\grave{o}\nu$ identisch sei, nahm man ohne Weiteres an, ähnlich wie Augustin nach dessen Ansicht die Akademiker
ein und dasselbe bald probabile bald verisimile nannten (c. Acad. II
5, 12. 7, 16). Nun findet aber zwischen beiden ein Unterschied statt.
Darauf weist schon die Thatsache — denn eine solche ist es so viel
ich weiss — dass die Rhetoren dem Redner als Ziel das $\pi\iota\vartheta\alpha\nu\grave{o}\nu$,
aber nicht das $\varepsilon\ddot{v}\lambda o\gamma o\nu$ steckten. Noch deutlicher sprechen die verschiedenen Definitionen, die von beiden Worten die Stoiker gaben,
die das $\pi\iota\vartheta\alpha\nu\grave{o}\nu$ als $\dot{\alpha}\xi\iota\omega\mu\alpha$ $\tau\grave{o}$ $\ddot{\alpha}\gamma o\nu$ $\varepsilon\grave{\iota}\varsigma$ $\sigma\nu\gamma\varkappa\alpha\tau\dot{\alpha}\vartheta\varepsilon\sigma\iota\nu$, das $\varepsilon\ddot{v}\lambda o\gamma o\nu$
aber als $\dot{\alpha}\xi\iota\omega\mu\alpha$ $\tau\grave{o}$ $\pi\lambda\varepsilon\acute{\iota}o\nu\alpha\varsigma$ $\dot{\alpha}\varphi o\varrho\mu\grave{\alpha}\varsigma$ $\ddot{\varepsilon}\chi o\nu$ $\varepsilon\grave{\iota}\varsigma$ $\tau\grave{o}$ $\dot{\alpha}\lambda\eta\vartheta\grave{\varepsilon}\varsigma$ $\varepsilon\tilde{\iota}\nu\alpha\iota$ definirten (Diog. VII 75 u. 76). Das $\pi\iota\vartheta\alpha\nu\grave{o}\nu$ ist hiernach etwas, das uns
zur Zustimmung nöthigt, auf uns den Eindruck des Wahren macht,
das $\varepsilon\ddot{v}\lambda o\gamma o\nu$ nur etwas, für dessen Wahrheit überwiegende Gründe
sprechen. Wenn ich mich daher des letzteren Wortes bediene, so
setzt diess streng genommen bei mir ein Bewusstsein davon voraus
dass das dadurch Bezeichnete nicht die mit voller Sicherheit er-
kannte Wahrheit ist; umgekehrt findet ein $\pi\iota\vartheta\alpha\nu\grave{o}\nu$ nur dann statt,
wenn wenigstens zeitweilig das dadurch Bezeichnete für die Wahr-
heit selber gehalten wird. Man kann sich daher wohl denken, dass
ein Skeptiker wie Arkesilaos das $\varepsilon\ddot{v}\lambda o\gamma o\nu$ gelten liess weil dieses die
Anerkennung einer Wahrheit nicht in sich schloss, das $\pi\iota\vartheta\alpha\nu\grave{o}\nu$ aber
entschieden verwarf, da dessen Wesen auf der $\sigma\nu\gamma\varkappa\alpha\tau\dot{\alpha}\vartheta\varepsilon\sigma\iota\varsigma$ beruht
und deren Zulässigkeit von ihm aufs Heftigste bestritten wurde (Sext.
dogm. I 151 ff.). Wir freilich fassen beide Begriffe unter demselben
Namen des Wahrscheinlichen zusammen und ähnlich wird in der
Sammlung der aristotelischen Schriften $\varepsilon\grave{\iota}\varkappa\grave{o}\varsigma$ als Synonymon sowohl
von $\pi\iota\vartheta\alpha\nu\grave{o}\nu$ wie von $\varepsilon\ddot{v}\lambda o\gamma o\nu$ gebraucht (Bonitz Ind. u. $\pi\iota\vartheta\alpha\nu\grave{o}\nu$
und $\varepsilon\ddot{v}\lambda o\gamma o\nu$): woraus nur eine Verwandtschaft, aber nicht die Iden-
tität beider Begriffe gefolgert werden kann. Dasselbe ergibt sich,
wenn wir auf den Begriff sehen den die skeptischen Akademiker
selber, den insbesondere Karneades mit dem Worte $\pi\iota\vartheta\alpha\nu\grave{o}\nu$ verband.
Unter $\pi\iota\vartheta\alpha\nu\grave{\eta}$ $\varphi\alpha\nu\tau\alpha\sigma\acute{\iota}\alpha$ verstand Karneades eine Vorstellung, die vermöge ihrer Klarheit und Bestimmtheit den Eindruck einer wahren

bietet das objective Wesen der Dinge wiederzuspiegeln. Mit
diesem Pyrrhonismus steht es nicht in Widerspruch, dass

---

auf uns macht. Es ergibt sich diess aus Sext. dogm. I 166 ff., insbesondere aus 171 f.: τῆς δὲ φαινομένης ἀληθοῦς (sc. φαντασίας) ἡ
μὲν τίς ἐστιν ἀμυδρά, ὡς ἡ ἐπὶ τῶν παρὰ μιχρότητα τοῦ θεωρουμένου ἢ παρὰ ἱκανὸν ·διάστημα ἢ καὶ παρὰ ἀσθένειαν τῆς ὄψεως
συγκεχυμένως καὶ οὐκ ἐκτύπως τι λαμβανόντων, ἡ δέ τις ἦν σὺν
τῷ φαίνεσθαι ἀληθὴς ἔτι καὶ σφοδρὸν ἔχουσα τὸ φαίνεσθαι αὐτὴν
ἀληθῆ. ὧν πάλιν ἡ μὲν ἀμυδρὰ καὶ ἔκλυτος φαντασία οὐκ ἂν εἴη
κριτήριον· τῷ γὰρ μήτε αὐτὴν μήτε τὸ ποιῆσαν αὐτὴν τρανῶς ἐνδείκνυσθαι οὐ πέφυκεν ἡμᾶς πείθειν οὐδ' εἰς συγκατάθεσιν ἐπισπᾶσθαι. ἡ δὲ φαινομένη ἀληθὴς καὶ ἱκανῶς ἐμφαινομένη κριτήριόν ἐστι
τῆς ἀληθείας, κατὰ τοὺς περὶ τὸν Καρνεάδην. Die „glaubwürdige
Vorstellung" ist sonach eine die Evidenz besitzt, uns durch sich
selber zum Glauben nöthigt und zu diesem Zwecke nicht erst des
Hinzukommens einer vernünftigen Ueberlegung bedarf. Diese letztere
Annahme ist auch dadurch ausgeschlossen, dass Sextos zunächst nur
von den Vorstellungen sprechen will insofern sie isolirt wirken, jede
vernünftige Ueberlegung aber andere Vorstellungen mit einer gegebenen in Verbindung bringt. Beruht aber das πιθανὸν nicht auf
vernünftiger Ueberlegung, dann kann es auch nicht mit dem εὔλογον
identisch sein, das ja gerade daher seinen Namen trägt. Eher könnte
man das εὔλογον wiederfinden in derjenigen Vorstellungsweise, die
nach Karneades ebenfalls zu den Kriterien gehört durch die wir uns
im Leben leiten lassen und die Sextos a. a. O. 176 πιθανὴ καὶ ἀπερίσπαστος φαντασία nennt. Denn hier ist die Hauptvorstellung in Verbindung mit anderen gebracht und wird eben dadurch um einen Grad
glaubwürdiger weil unter diesen anderen mit ihr zusammenhängenden
keine ist die sich als falsch erweist. Diese Verbindung verschiedener
Vorstellungen mit einander scheint ein Geschäft der Vernunft zu
sein. Sie ist es aber nur dann wenn sie auf eine Vergleichung und
Beurtheilung der Vorstellungen hinausläuft. Davon ist aber· hier
nicht die Rede. Vielmehr entsteht nach Karneades die Verbindung
dadurch dass mit jeder Hauptvorstellung wie der eines Menschen· gewisse Nebenvorstellungen wie die der Farbe Grösse Gestalt (177)
zusammenhängen. Sowohl das Zusammentreffen àller dieser Vorstellungen wie der so entstehende Gesammteindruck ist von der
Thätigkeit der Vernunft vollkommen unabhängig. Nicht sie ist es

Arkesilaos doch das Wahrscheinliche als Princip unserer Handlungen anerkannte. Denn dieses Wahrscheinliche nennt

welche entscheidet dass eine Vorstellung in ihrem Zusammenhang mit anderen betrachtet glaubwürdiger ist als wenn wir sie isoliren: dieser Vorzug beruht lediglich darauf dass wenn zu der glaubwürdigen Hauptvorstellung andere ebenfalls glaubwürdige Nebenvorstellungen treten die Glaubwürdigkeit über ein grösseres Feld ausgedehnt und dadurch gesteigert wird; die Evidenz die einem solchen Vorstellungscomplex anhängt hat einen höheren Grad als die jeder einzelnen Vorstellung zukommt. Auch diese zweite Art der glaubwürdigen Vorstellung darf also nicht mit, dem εὔλογον verwechselt werden: denn während dieses sich auf Gründe stützt, besitzt jene unmittelbare Evidenz. Um so eher könnte man was bei Karneades als dritte Stufe der Glaubwürdigkeit erscheint dem εὔλογον gleich setzen, da um diese zu erreichen eine Prüfung der einzelnen übereinstimmenden Vorstellungen nach den verschiedenen sie bildenden Factoren erfordert wird und eine solche nur von der Vernunft veranstaltet werden kann. Vgl. Sextos a. a. O. 182: ἐπὶ δὲ τῆς κατὰ τὴν περιωδευμένην συνδρομὴν ἑκάστην τῶν ἐν τῇ συνδρομῇ ἐπιστατικῶς δοκιμάζομεν. Ebenda 185 wird als nothwendig für das Entstehen einer solchen Vorstellung vorausgesetzt ἀκριβὴς τοῦ πράγματος ἀναθεώρησις und 188 hierfür der Ausdruck λογίζεσθαι gebraucht. Dazu kommt dass nach Karneades wir allen auf unsere Glückseligkeit bezüglichen Handlungen, sobald es nur die Umstände erlauben, eine Vorstellung der Art d. h. eine nicht bloss unwidersprochene (ἀπερίσπαστος) sondern auch geprüfte (περιωδευμένη) zu Grunde legen sollen (Sextos 184), nach Arkesilaos aber auch das εὔλογον uns beim Streben nach der Glückseligkeit einen Anhalt gewähren soll. So übereinstimmend hiernach beide Arten von Vorstellungen sind, so sehr es den Anschein hat als ob Karneades und Arkesilaos das menschliche Handeln insofern es die Glückseligkeit zum Ziele hat demselben Princip unterworfen hätten, so dürfen wir uns doch durch den Schein nicht täuschen lassen. Bedenklich muss uns schon der Umstand machen, dass Sextos da wo er uns die Ansicht des Karneades erläutert sich nirgends des Wortes εὔλογον bedient: denn zu einem solchen Meiden des von Arkesilaos gebrauchten Ausdrucks lag, wenn wirklich beider Ansicht übereinstimmte, nicht der mindeste Grund vor. Eine nähere Betrachtung zeigt wie berechtigt

er εὔλογον und das ist von dem Glaubwürdigen oder πιϑανὸν wesentlich verschieden. Man merkt diess, sobald man
in Arkesilaos' Definition des κατόρϑωμα (Sextos dogm.
I 158) das eine mit dem anderen vertauscht. Dann würde
dieselbe so lauten: τὸ κατόρϑωμά ἐστιν ὅπερ πραχϑὲν
πιϑανὴν ἔχει τὴν ἀπολογίαν. D. h. statt ein Grundsatz
der Moral zu sein würde sie der Unsittlichkeit, wenn dieser
nur die rhetorische Kunst der Ueberredung zur Verfügung
steht, Thür und Thor öffnen. Denn πιϑανὸν ist Alles was

Karneades war sich des Ausdrucks εὔλογον nicht zu bedienen. Dieser
nämlich bezeichnet etwas was seine Glaubwürdigkeit vor der Vernunft bewährt hat und kann wenigstens etwas bezeichnen dessen
Glaubwürdigkeit ausschliesslich auf dem Urtheil der Vernunft beruht. Das Glaubwürdige des Karneades aber und zwar das der
dritten und höchsten Stufe gründet sich nur zu einem Theil auf die
Entscheidung der Vernunft zum andern Theil ist es von der unmittelbaren Evidenz der Sinneseindrücke abhängig. Es scheint daher dass Karneades andere Vorstellungen als solche die aus Sinneseindrücken stammen gar nicht als glaubwürdig anerkannte. Vgl.
ausser den von Sextos 186 ff. gegebenen Beispielen auch was derselbe 183 als Gegenstand der Prüfung für die Vernunft bezeichnet;
es sind diess in der Hauptsache nur bei der sinnlichen Wahrnehmung
mitwirkende Factoren. Hätte nun Karneades auf solche Vorstellungen
den Ausdruck εὔλογον anwenden wollen, einen Ausdruck der lediglich das Vernunftgemässe bedeutet und daher auch solche Vorstellungen umfasst die nicht in den Sinnen gegeben sind sondern ihre
Probabilität nur der vernünftigen Erwägung verdanken, so hätte diess
leicht zu Missverständnissen Anlass geben können. Dagegen kann
Arkesilaos den Ausdruck mit gutem Bedacht gewählt haben. Nach
ihm ist auf das εὔλογον das κατόρϑωμα gegründet (Sextos 158).
Dieses Wort kann aber hier nicht in der allgemeinen Bedeutung genommen werden, in der es jede gelungene Handlung bezeichnet: denn
in diesem Falle konnte Arkesilaos weder die Glückseligkeit vom κατόρϑωμα abhängig machen da für diese viele gelungene Handlungen
vollständig werthlos sind noch konnte er dieses selber auf die Vernunft (φρόνησις) zurückführen da manche solcher Handlungen ohne
Zuthun der Vernunft, nur durch Zufall gelingen. Es muss daher in

den Eindruck der Glaubwürdigkeit macht, es mag sich im Uebrigen dieser Eindruck gründen worauf er will. *Εὔλογον* dagegen ist nur was mit unserer Vernunft irgendwie übereinstimmt. Und es ist wichtig dass Arkesilaos von diesem Wort nur auf unsere Handlungen Anwendung macht. Er sagt nicht, es ist *εὔλογον* dass dieses oder jenes Ding so oder so beschaffen sei; er sagt nur, gewisse Handlungen fallen in den Bereich des *εὔλογον*, und erklärt sie damit für solche die vernunftgemäss sind und von denen wir mit

der engeren Bedeutung genommen werden, die ihm die Stoiker gegeben haben, so dass es die moralisch gelungene Handlung bezeichnet. Eine solche Handlung ist aber eine zu der wir durch Vernunftgebote und durch die auf allgemeine Erwägungen gegründete Hoffnung eines wahrscheinlichen Erfolgs bestimmt werden (vgl. Theil II 1 S. 341, 1), nicht aber durch die einem einzelnen Sinneseindrucke beiwohnende Glaubwürdigkeit. Das *εὔλογον*, das einer Handlung dieser Art zu Grunde gelegt wird, kann also nur dasjenige sein das lediglich aus der Vernunft entsprungen ist. — So hat sich gezeigt dass das *εὔλογον* des Arkesilaos von dem *πιθανὸν*, sowohl dem einfachen als dem zusammengesetzten, des Karneades wesentlich verschieden ist. Die beiden Nachrichten, dass Arkesilaos das *εὔλογον* zum Princip des Handelns gemacht und dass er das *πιθανὸν* geleugnet habe, widersprechen daher einander nicht, wie man geglaubt hat, und die eine braucht nicht um der andern willen aufgegeben zu werden. Dass zwischen *εὔλογον* und *πιθανὸν* oder *πιστὸν* — denn diese beiden Worte fallen im wesentlichen zusammen, wie z. B. durch die Ausdrücke *πίστιν ἐμποιεῖν* und *πιστοτέρα* bei Sextos dogm. I 179 und 181 und das wiederholte *πιστεύειν* 177, 178, 180, ausserdem 189 durch *ὥστε διὰ ταῦτα πιστὴν εἶναι τὴν φαντασίαν* und durch die Worte die wir Pyrrh. I 222 lesen, *ὡς πιθανωτέροις προστίθεται ἐπεὶ προκρίνει τι κατὰ·πίστιν ἢ ἀπιστίαν*, bewiesen wird — ein wesentlicher Unterschied besteht, der es ermöglicht das Vorhandensein des einen anzuerkennen, das des andern zu leugnen, zeigt durch die That Sextos, wenn er Pyrrh. I 61 zwar ein *πιστὸν* nicht zugeben will, als *εὔλογον* aber ebenda 51 den Satz *διάφορα ἑκάστοις τῶν ζῴων φαίνεσθαι τὰ ὀσφρητὰ* bezeichnet d. h. einen von ihm als richtig anerkannten Satz, was natürlich die Anerkennung überhaupt eines *εὔλογον* voraussetzt.

Wahrscheinlichkeit einen Zuwachs unserer Glückseligkeit erwarten können. Das εὔλογον des Arkesilaos sagt also über die Natur der wirklichen Dinge ausser uns nicht das Geringste aus. Es würde diess nur dann thun wenn es ausdrückte, bis zu welchem Grade wir gewiss sein können dass in einem gegebenen Zeitpunkte eine Handlung auch wirklich vollzogen wird; statt dessen dient es nur dazu entweder eine Handlung die vergangen ist zu rechtfertigen oder eine zukünftige zu empfehlen. Ein εὔλογον dieser Art leugneten aber auch die Pyrrhoneer, insbesondere Timon, nicht, und dieser kommt doch als Zeitgenosse des Arkesilaos vorzüglich in Betracht: denn nach deren Meinung sollen wir uns in unserem Handeln nicht durch beliebige Vorstellungen leiten lassen sondern nur durch die welche mit der pyrrhonischen Grundansicht oder Wahrheit in Uebereinstimmung stehen und die wir eben deshalb auch wahrscheinliche oder vernunftgemässe nennen könnten (vgl. S. 64), wie denn ausdrücklich der λόγος bei Sextos Pyrrh. I 17 als dasjenige bezeichnet wird das über unser Handeln entscheiden soll (vgl. S. 62 f.).

Aber gerade in diesem letzten Punkte tritt neben der Uebereinstimmung gleichzeitig auch der Unterschied zwischen den Pyrrhoneern und Arkesilaos hervor. Gemeinsam ist ihnen nur, dass beide die Vernunft als dasjenige anerkannten wodurch allein unser Handeln eine bestimmte Richtung bekommen könne; verschieden aber ist die Art und Weise wie sie sich diesen Einfluss der Vernunft dachten. Arkesilaos, wie aus seiner Definition des κατόρθωμα folgt, war der Ansicht, dass jede einzelne Handlung vor den Richterstuhl der Vernunft gehöre und von ihr geprüft werden müsse. Die Pyrrhoneer dagegen wollten nur dass man sich im Handeln den herrschenden Gesetzen und Sitten unterwerfen solle. Diese Unterwerfung sollte eine blinde sein; die Vernunft hatte hier unmittelbar nicht mitzusprechen, da durch eine Prüfung der betreffenden Gesetze und Sitten in jedem einzelnen Falle die Gemüthsruhe ($\mathring{\alpha}\tau\alpha\varrho\alpha\xi\acute{\iota}\alpha$) gestört worden wäre. Trotzdem fanden auch diese Handlungen nicht ohne Mitwirken der Vernunft statt; denn der Satz auf den sie schliesslich zurückgingen, dass wir uns den Gesetzen und Sitten zu unterwerfen haben, war selber nur die Frucht einer vernünftigen Erwägung (vgl. S. 55 f.). Der Unterschied zwischen Arkesilaos und den Pyrrhoneern besteht also darin dass bei diesen der Einfluss der Vernunft auf die einzelne Handlung von weiter her stattfindet, nicht unmittelbar wie bei Arkesilaos, dass eben deshalb in ·Arkesilaos' Augen die Vernunft, deren Urtheil nach seiner Ansicht für jeden einzelnen Fall in Frage kam, für Leben und Handeln einen viel grösseren Werth haben musste als in ·denen der Pyrrhoneer, die sie nur einmal befragten und dann abdankten. Diese höhere Bedeutung, die Arkesilaos der Vernunft einräumte, spiegelt sich auch in der Ueberlieferung, die nur wo von Arkesilaos' Ansichten die Rede ist die Vernunft als Princip des Handelns mit vollem Nachdruck hervorhebt, in der Darstellung des Pyrrhonismus dagegen sie hinter anderem zurücktreten lässt so dass die Bedeutung die ihr auch hier zukommt von Späteren unbeachtet bleiben konnte. — Mit diesem Unterschied steht ein anderer in enger Verbindung, dass nämlich Arkesilaos nicht wie die Pyrrhoneer in der Gemüthsruhe ($\mathring{\alpha}\tau\alpha\varrho\alpha\xi\acute{\iota}\alpha$) das höchste Lebensziel erblickte. Denn den herrschenden Gesetzen und Sitten uns zu fügen hatten die Pyrrhoneer hauptsächlich deshalb gefordert, weil sonst jene Gemüthsruhe auf die Dauer nicht bestehen könnte: es ist daher bemerkenswerth, dass Arkesilaos, der jene Forderung nicht stellte sondern statt dessen in jedem einzelnen Fall die Vernunft entscheiden liess, auch das Ideal der Gemüthsruhe preisgegeben zu haben scheint. Eine ausdrückliche Ueberlieferung darüber besitzen wir freilich nicht. Es genügt aber, dass da, wo von den Zielen und praktischen Consequenzen seiner Skepsis die Rede ist, die Gemüthsruhe nie erwähnt wird. Besonders auffallend ist Sextos Pyrrh. I 232: καὶ τέλος μὲν εἶναι (sc. λέγει ὁ Ἀρκεσίλαος) τὴν ἐποχήν, ᾗ· συνεισέρχεσθαι τὴν ἀταραξίαν ἡμεῖς ἐφάσκομεν, λέγει δὲ καὶ ἀγαθὰ μὲν εἶναι τὰς κατὰ μέρος ἐποχάς, κακὰ δὲ τὰς κατὰ μέρος συγκαταθέσεις. Hier wird deutlich die Ansicht des Arkesilaos, der sich begnügte das Ideal in der Epoche zu sehen, von der eigenen des Sextos und der Pyrrhoneer unterschieden, die dazu als Frucht noch die Ataraxia fügten. In derselben Weise, unter Beschränkung auf die Epoche und Ausschluss der Ataraxia, wird das höchste Gut des Arkesilaos auch von Cicero de fin. III 31 und Clem. Al. Strom. II 179 Sylb. bestimmt. Man kann diesen Unterschied für unwesentlich halten, und an sich betrachtet ist er es wohl auch: hier aber wo es gilt Arkesilaos als Sokratiker zu begreifen kommt ihm eine höhere Bedeutung zu. Denn im Sinne des Sokrates, der handelnd in das Leben einzugreifen suchte, der überall die eigene Vernunft zur Richtschnur nahm, konnte die Aufstellung eines Lebensideals nicht sein, dessen anerkannte Consequenz blinde Unterwerfung unter die geltenden Gesetze und Gewohnheiten war und das fast ebenso nothwendig zum Quietismus, zum Verzicht auf jedes energische Handeln und in die Stille des beschaulichen Lebens führen musste. Indem also Arkesilaos die Ataraxia fallen liess, bekannte er sich zum Sokratismus. Dasselbe tritt uns ferner in der stärkeren Betonung der Vernunft und ihrer Bedeutung für das Leben entgegen, in der wir einen Unterschied des Arkesilaos von den Pyrrhoneern fanden. Ja selbst die Epoche können wir jetzt als sokratisch in Anspruch nehmen: zwar der Name mag den Pyrrhoneern gehören, was aber dadurch ausgedrückt war mochte Arkesilaos für das sokratische Bekenntniss des Nichtwissens halten.[1]) Auch der scheinbare Widerspruch, in den sich unsere Nachrichten über Arkesilaos verwickeln, findet in denen über Sokrates seine Erklärung oder doch eine Parallele. Es ist nämlich auffallend, dass von Sextos Pyrrh. I 232 und ebenso von Cicero und Clemens a. a. O. als höchstes Ziel im Sinne des Arkesilaos die Epoche genannt wird, bei Sextos dogm. I 158 aber an deren Stelle die Glückseligkeit und zwar die auf das vernunftgemässe Handeln gegründete erscheint. Aehnlich rühmt sich Sokrates seines Nichtwissens und will doch alles sittliche Handeln auf die begriffliche Erkenntniss gründen. ·Der scheinbare Widerspruch der beiden hierin ausgesprochenen Vorschriften löst sich aber bei ihm in einer höheren, die von jedem Menschen ein vernunftgemässes Verhalten fordert. Die Vernunft ist es, die auf rein theoretischem Gebiete uns nöthigt auf ein bestimmtes Urtheil zu verzichten, auf praktischem aber uns gewissen Geboten unterwirft. Ebenso lässt sich auch die Verschiedenheit der Nachrichten über Arkesilaos ausgleichen. Die Vernunft ist es, die uns überall leiten soll: innerhalb der Forschung, auf theoretischem Gebiet führt uns dieselbe zur Enthaltung von jedem Urtheil, zur Epoche, die darum hier als höchstes Ziel erscheint, innerhalb des Lebens und der Praxis vermittelst eines ihr entsprechenden Handelns zur

---

[1]) Cicero de orat. III 18 (Arcesilas ex variis Platonis libris sermonibusque Socraticis hoc maxime arripuit, nihil esse certi; — quem ferunt — primum instituisse, quamquam id fuit Socraticum maxime, non quid ipse sentiret, ostendere, sed contra id, quod quisque se sentire dixisset, disputare) und Lactantius instit. III 4, 6 (auctore Socrate hanc suscepit sententiam, ut affirmaret nihil sciri posse) lassen ausdrücklich Arkesilaos sich in dieser Hinsicht an Sokrates anschliessen. Beide Stellen sind angeführt von Geffers de Arcesila S. 22, 9.

Glückseligkeit.[1]) Vielleicht dürfen wir hiernach sagen: Arkesilaos empfing die Anregung zur Skepsis von den Pyrrhoneern seiner Zeit, durch sie wurde er auf den Gedanken
einer Erneuerung der Skepsis auch in der Akademie geführt
und gab nun derselben diejenige Form in der sie allein auf
dem neuen Boden heimisch werden konnte, die ihr durch
die Geschichte der Akademie vorgezeichnete sokratische.[2])

---

[1]) Es verdient bemerkt zu werden, dass die εὐδαιμονία von
Sextos dogm. a. a. O. nicht wie die ἐποχή schlechthin als τέλος sondern als τὸ τοῦ βίου τέλος bezeichnet wird.

[2]) Man sieht wodurch sich die hier vorgetragene Auffassung des
Arkesilaos von der durch Geffers in seiner Abhandlung de Arcesila
begründeten unterscheidet. Gemeinsam ist uns beiden das Bestreben
Arkesilaos' Stellung in der Akademie als eine zu begreifen, durch
welche die Continuität der Entwickelung in dieser Philosophenschule
nicht aufgehoben wird. Den Ergebnissen dagegen, zu denen Geffers
auf diesem Wege kommt, kann ich mich nicht anschliessen. Denn
Arkesilaos zu einem heimlichen Dogmatiker zu stempeln (Geffers
S. 27 f.) ist gegenüber den meisten und besten Zeugnissen des Alterthums, die ihn als Skeptiker bezeichnen, nicht erlaubt. Allerdings
findet sich dieselbe Auffassung schon bei Sextos Pyrrh. I 234; dass
sie aber keinen Glauben verdient und worauf sie beruht wird sich
später zeigen. Besondern Werth scheint Geffers (S. 27, 13) auf Sextos
dogm. I 158 zu legen, wo er ὅτι οὐ περὶ πάντων ἐπέχων liest; und
allerdings würde, wenn diese Lesart richtig wäre, der Dogmatismus
von Arkesilaos nicht können abgewehrt werden. Ein Blick auf das
Vorhergehende zeigt indessen das Verkehrte dieser Lesart. Denn
wie verträgt sich damit 157: ἐφέξει ἄρα περὶ πάντων ὁ σοφός?
Natürlich muss, was Hervet längst vorgeschlagen hatte, ὁ statt οὐ
geschrieben werden. Auch darauf darf man sich um den Dogmatismus des Arkesilaos zu erweisen nicht berufen dass nach Sext. Pyrrh.
I 233 Arkesilaos jede einzelne Epoche als ein Gut der Natur und
Wirklichkeit nach und ebenso das Gegentheil mit voller Bestimmtheit als ein Uebel bezeichnete. Sextos setzt hierein freilich den
Unterschied zwischen ihm und den Pyrrhoneern, die dergleichen nur
als ihre Vorstellungen gaben. Indessen mit Unrecht. Denn zuerst
muss man doch Arkesilaos mit den Pyrrhoneern seiner Zeit ver-

Was wir über den Nachfolger des Arkesilaos, Lakydes, erfahren, bezieht sich grösstentheils auf dessen äusseres Leben und trägt theils den Charakter der Anekdote theils den der offenbaren Dichtung. Das Letztere, wie ich an einer anderen Stelle (Hermes XVIII S. 1 ff.) gezeigt habe, gilt namentlich von dem ausführlichen Berichte, den uns Numenios bei Eusebios praep ev. XIV 7 über den Philosophen hinterlassen hat. Es war deshalb verkehrt, wenn man aus den von Numenios dem Lakydes in den Mund gelegten Worten ἄλλως ταῦτα, ὦ. παῖδες, ἐν ταῖς διατριβαῖς λέγεται ἡμῖν, ἄλλως δὲ ζῶμεν den Schluss zog, er habe die Skepsis seines Lehrers zum Theil aufgegeben und sei zu festen Dogmen zurückgekehrt.[1] Denn der Lakydes, der mit diesen Worten allerdings der Skepsis absagt, ist nicht der historische sondern der Held der Dichtung, der zu diesem Bekenntniss durch die vorhergehenden Erlebnisse genötigt wird. Mit demselben Recht, mit dem man aus diesen Worten auf eine Sinnesänderung des wirklichen Lakydes der Geschichte schliesst, könnte man auch dem Dichter glauben, dass derselbe Philosoph lediglich durch einen Betrug seiner Sklaven, der ihm etwas als unbegreiflich erscheinen liess, veranlasst worden sei sich der Akademie anzuschliessen als derjenigen Philosophenschule, die Alles für unbegreiflich erklärte. Brauchbar ist diese Dichtung für uns nur da, wo

---

gleichen; unter diesen aber hat Timon in Versen, die bereits früher (S. 78 ff. 98 ff.) besprochen worden, sich des Ausdrucks ἡ τοῦ θείου τε φύσις καὶ τἀγαθοῦ bedient: billiger Weise musste es daher auch Arkesilaos gestattet werden unbeschadet seines Pyrrhonismus oder Skepticismus von einem Gut oder Uebel so zu sprechen als wenn ein solches der Natur nach existirte (ὡς πρὸς τὴν φύσιν).

[1] Geffers de Arcesilae successoribus S. 5, 13 sagt: sed si quaeritur, quid novum et proprium in ejus doctrina fuerit, nihil fere nisi hoc conjectura probabili ea quidem assequi licet, aliquantum eum a dubitandi ratione praeceptoris recessisse et certa potius secutum esse decreta.

sie historische Bestandtheile für ihre dichterischen Zwecke benutzt. Dazu rechne ich, dass sie Lakydes zu einen Be- kenner der Epoche macht[1]) und die Meinungslosigkeit des Weisen behaupten lässt.[2]) Dieses Zeugniss fällt darum ins Gewicht, weil es ein altes, wir dürfen sagen das Zeugniss eines Zeitgenossen ist: denn wer würde in späterer Zeit sich die Mühe genommen haben einen verhältnissmässig unbe- kannten Philosophen wie Lakydes in einer eigenen Dichtung zu verhöhnen? Wir sehen daher dass Lakydes in den beiden erwähnten Punkten an den Ansichten seines Lehrers fest- hielt.[3]) Dasselbe wird uns auch durch Cicero bestätigt.[4])

Von den Genossen des Lakydes und seinen nächsten Nachfolgern erfahren wir nichts und dürfen daher annehmen, dass unter ihnen Alles beim Alten blieb. Erst Karneades hob die akademische Skepsis auf eine neue Stufe.[5]) Ueber ihn liegen zwei von einander abweichende Berichte vor, deren Verschiedenheit man jedoch bis jetzt so gut wie nicht beachtet zu haben scheint.[6]) Der eine geht auf Kleitomachos, der andere auf Metrodoros zurück.

---

[1]) Von Lakydes wird erzählt (4): καί ποτε ἐπισπασάμενος τῶν προσομιλούντων αὐτῷ τινὰ εἰς τὴν οἰκίαν, ἰσχυρίζετο πρὸς αὐτὸν ὑπερφυῶς, ὡς ἐδόκει, τὴν ἐποχήν.

[2]) Die Sklaven des Lakydes halten ihrem Herrn vor (8): σοφῷ γε ὄντι δεδόχθαι τῷ Λακύδῃ εἶναι ἀδοξάστῳ.

[3]) Was den zweiten betrifft, vergleiche man Sextos dogm. I 157, wo als Ansicht des Arkesilaos angegeben wird: οὐχὶ τῶν δοξαστῶν ἐστιν ὁ σοφός.

[4]) Acad. pr. 16: cujus (Arcesilae) ratio — a Lacyde solo re- tenta est.

[5]) Wie auch Cicero andeutet, der nach den angeführten Worten fortfährt: post autem confecta a Carneade.

[6]) Auch Zeller, obgleich er III 1 S. 515, 2 hart vor der richtigen Auffassung stand, ist doch, wie sich noch zeigen wird, durch ein Missverständniss von ihr zurückgehalten worden.

Halten wir uns zunächst an Kleitomachos, den besonders der langjährige vertraute Umgang mit Karneades zu einem Zeugen von vorzüglicher Glaubwürdigkeit macht.[1]) In seinen vier Büchern von der Epoche (de sustinendis adsensionibus Cicero Acad. pr. 98) hatte derselbe berichtet, dass Karneades wahrscheinliche und nicht wahrscheinliche Vorstellungen unterschied[2]) und jene als solche bezeichnete durch die unser Wollen und Handeln bestimmt werden sollte.[3]) Aber, wie er ebenfalls bemerkt hatte, die Wirkung dieser Vorstellungen auf uns sollte nach Karneades nicht von unserer Zustimmung zu ihrem Inhalte oder davon abhängig sein dass wir sie für wahr oder gewiss halten: vielmehr werde der Weise dergleichen Vorstellungen nur als praktische gutheissen ohne sie deshalb theoretisch für richtig zu halten.[4])

---

[1]) Als solchen behandelt ihn auch Cicero Acad. pr. 98: nec vero quicquam ita dicam, ut quisquam id fingi suspicetur: a Clitomacho sumam, qui usque ad senectutem cum Carneade fuit, homo et acutus, ut Poenus, et valde studiosus ac diligens.

[2]) Diese Unterscheidung fand sich im ersten Buche des genannten Werkes. Cicero a. a. O. 99 spricht darüber in folgenden Worten: duo placet esse Carneadi genera visorum: in uno hanc divisionem „alia visa esse quae percipi possint, alia quae non possint", in altero autem: „alia visa esse probabilia, alia non probabilia". Dass und inwiefern der Ausdruck in diesen Worten ungenau ist erörtert Madvig zu de fin. Vorr. S. LXIII 2. Aufl.

[3]) Cicero a. a. O. 99: sic, quicquid acciderit specie probabile, si nihil se offeret quod sit probabilitati illi contrarium, utetur eo sapiens, ac sic omnis ratio vitae gubernabitur.

[4]) A. a. O. 101: quaecumque res eum sic attinget ut sit visum illud probabile neque ulla re inpeditum, movebitur; non enim est e saxo sculptus aut e robore dolatus: habet corpus, habet animum, movetur mente, movetur sensibus, ut ei vera multa videantur; neque tamen habere insignem illam et propriam percipiendi notam; eoque sapientem non adsentiri, quia possit ejusdem modi exsistere falsum aliquod, cujus modi hoc verum.

Dasselbe hatte Kleitomachos noch in zwei anderen Schriften,
wie es scheint zunächst in eigenem Namen sprechend,[1]) ausgeführt. Insbesondere was unter der Epoche zu verstehen
sei bestimmte er hier genauer. Von einer Epoche, sagte er,
könne man in doppeltem Sinne sprechen. Einmal könne
darunter ein Verhalten verstanden werden, infolge dessen
man zu nichts seine Zustimmung gibt d. i. nichts als wahr
gelten lässt; dann aber könne damit auch gemeint sein ein
Weigern jeder Antwort einer bejahenden sowohl als einer
verneinenden.[2]) Nur in dem ersten Sinne werde die Epoche

---

[1]) Cicero a. a. O. 102 sagt: explicavi paulo ante Clitomacho
auctore, quomodo ista Carneades diceret. accipe, quem ad modum
eadem dicantur a Clitomacho in eo libro, quem ad C. Lucilium scripsit, cum scripsisset isdem de rebus ad L. Censorinum, eum, qui consul cum M.' Manilio fuit. Hiermit stimmt überein was Cicero aus
diesen Schriften und zwar, wie er hervorhebt (102: scripsit igitur
his fere verbis), ziemlich wörtlich mittheilt (103): „Academicis placere esse rerum ejus modi dissimilitudines" und „errare eos qui dicant ab Academia sensus eripi". Es ist zu bemerken dass Kleitomachos, wie wir hieraus schliessen dürfen, in jenen Schriften im
Allgemeinen die Akademiker und die Akademie und nicht vorzugsweise Karneades nannte. Dadurch wird unwahrscheinlich dass diese
Schriften in historischer Weise über die Philosophie des Karneades
berichteten und Kleitomachos darin nach seiner sonstigen Weise
längere Gespräche und Disputationen seines Lehrers erzählt hatte.
Wahrscheinlich ist vielmehr dass diese Schriften nur gebildeten
Römern einen Ueberblick über das Wesentliche der akademischen
Skepsis geben wollten. Auf diese Vermuthung führt was Cicero über
das an C. Lucilius gerichtete Buch sagt (102): earum ipsarum rerum,
de quibus agimus, prima institutio et quasi disciplina illo libro continetur. Dasselbe war, wie Cicero bemerkt, der Grund weshalb er
gerade diese Schrift des Kleitomachos fleissig gelesen hatte.

[2]) A. a O. 104: adjungit dupliciter dici adsensus sustinere sapientem: uno modo cum hoc intellegatur, omnino eum rei nulli adsentiri; altero cum se a respondendo sustineat, ut neque neget aliquid
neque ajat.

von den Akademikern gefordert, in dem zweiten dagegen
verworfen und statt ihrer vielmehr gestattet dass man Antworten gebe und bei der Wahl derselben sich durch die
Wahrscheinlichkeit leiten lasse.[1] So hatte sich ergeben
was die Epoche der Akademiker bedeutet und dass sie in
einem Verzicht auf die Zustimmung zu irgendwelcher Vorstellung besteht. Diess konnte zu dem Missverständniss
Anlass geben als wenn der Akademiker überhaupt den Vorstellungen keinen Werth irgendwelcher Art zugestehen wollte.
Passend reihte sich daher bei Kleitomachos die Bemerkung
an, dass man der Vorstellungen und des Vorstellens für das
Leben nicht entbehren könne, dass ohne sie kein Handeln
und kein Gespräch möglich sei: man werde daher gewissen
Vorstellungen, wenn man ihren Aussagen auch nicht zustimme,
doch so viel einräumen dass man sich in den angegebenen
Fällen durch sie bestimmen lasse, und das seien solche Vorstellungen, die, weil sie mit keiner anderen in Widerspruch
stünden, uns als wahrscheinliche gälten.[2]

---

[1] 104: id cum ita sit, alterum placere ut numquam adsentiatur,
alterum tenere ut sequens probabilitatem ubicumque haec aut occurrat
aut deficiat, aut „etiam" aut „non" respondere possit.

[2] A. a. O.: et cum placeat eum, qui de omnibus rebus contineat
se ab adsentiendo, moveri tamen et agere aliquid, relinqui ejus modi
visa, quibus ad actionem excitemur; item ea, quae interrogati in
utramque partem respondere possimus, sequentes tantum modo, quod
ita visum sit, dum sine adsensu; neque tamen omnia ejus modi visa
adprobari, sed ea, quae nulla re inpedirentur. In den letzten dieser
Worte ist ein Fehler zu bemerken, mag derselbe nun in einem Missverständniss Ciceros oder in einer Verderbniss der Handschrift seinen
Grund haben. Liest man nämlich die letzten Worte von neque tamen omnia an, so scheint es als wenn unter den vorher erwähnten
Vorstellungen, auf die mit ejus modi visa hingewiesen wird, nur eine
einzelne Classe, diejenigen welche widerspruchslos sind (quae nulla
re inpedirentur), unserer Billigung (adprobari) für werth gehalten
würden. Nun sind aber die vorher erwähnten Vorstellungen d. h. die

Vollkommen deutlich ist in dieser von Kleitomachos vertretenen Auffassung der Skepsis, dass er zwar gestattet gewisse Vorstellungen zu billigen (probare, adprobare), aber nicht ihnen zuzustimmen (adsentiri). Zwischen beidem wird offenbar ein wesentlicher Unterschied gemacht, den das griechische Original durch die Gegenüberstellung von· πεί-θεσθαι und συγκατατίθεσθαι ausgedrückt haben mag.[1]) Da

welche unseren Handlungen und Antworten zu Grunde liegen solche die wir gebilligt haben. Diess ergibt sich schon, wenn es ja bezweifelt werden sollte, aus den Worten „item ea — sine adsensu", besonders wenn man damit aus dem weiter Vorhergehenden vergleicht „alterum tenere, ut sequens probabilitatem, ubicumque haec aut occurrat aut deficiat, aut ‚etiam‘ aut ‚non‘ respondere possit". Cicero durfte also nicht sagen, dass nicht alle solche Vorstellungen gebilligt würden. Dadurch ist natürlich nicht ausgeschlossen dass er nicht trotzdem ein derartiges Missverständniss sich hat zu Schulden kommen lassen. Indessen wäre es doch auch möglich dass einen Schreiber die Schuld träfe und entweder bloss ejus modi oder ejus modi visa zu streichen ist. Für das Letztere scheint zu sprechen was wir 105 lesen: ea quae vos percipi conprehendique, eadem nos, si modo probabilia sint, videri dicimus. Denn nach diesen Worten zu schliessen hätte Cicero zwischen visum und probabile keinen Unterschied gemacht. Diess galt aber nur für visum in einer besonderen Bedeutung, die es auch in den Worten „quod ita visum sit" hat. Aus anderen Stellen dagegen ist klar, dass Cicero visum auch in einer weiteren das probabile und das non probabile umfassenden Bedeutung braucht, wie z. B. 99: alia visa esse probabilia, alia non probabilia.

[1]) Denn dass eine solche Gegenüberstellung, sobald man nur πείθεσθαι in einer bestimmten Bedeutung fasste, möglich war, zeigt Sextos Pyrrh. I 230: τὸ πείθεσθαι λέγεται διαφόρως, τό τε μὴ ἀντιτείνειν ἀλλ' ἁπλῶς ἕπεσθαι ἄνευ σφοδρᾶς προσκλίσεως καὶ προσ-παθείας, ὡς ὁ παῖς λέγεται πείθεσθαι τῷ παιδαγωγῷ· ἅπαξ δὲ τὸ μετὰ αἱρέσεως καὶ οἱονεὶ συμπαθείας κατὰ τὸ σφόδρα βούλεσθαι συγκατατίθεσθαί τινι, ὡς ὁ ἄσωτος πείθεται τῷ δαπανητικῶς βιοῦν ἀξιοῦντι. Ein πείθεσθαι im ersten Sinne gaben auch die Pyrrhoneer zu, das συγκατατίθεσθαι aber lehnten sie ab.

nun ferner eine Meinung nicht ohne eine Zustimmung sein kann,[1]) so ergab sich für Kleitomachos die Consequenz, dass, da man keiner Vorstellung zustimmen soll, man auch keine Meinung haben dürfe. Hat man sich diess einmal klar gemacht, so sieht man sogleich, wie verschieden von dieser durch Kleitomachos vertretenen Auffassung der Skepsis diejenige ist, die wir bei Cicero Acad. pr. 148 in folgenden Worten des Catulus finden: ad patris revolvor sententiam, quam quidem ille Carneadeam esse dicebat, ut percipi nihil putem posse, adsensurum autem non percepto, id est opinaturum, sapientem existumem, sed ita, ut intellegat se opinari sciatque nihil esse, quod conprehendi et percipi possit; qua re ἐποχὴν illam omnium rerum non probans illi alteri sententiae, nihil esse quod percipi possit, vehementer adsentior. In diesen Worten wird dem Weisen gestattet gewissen Vorstellungen zuzustimmen und eine Meinung zu haben, sobald er sich nur derselben als einer blossen Meinung bewusst bleibt, Kleitomachos dagegen hatte das Meinen nicht bloss mit dieser Clausel sondern schlechthin verboten. Aus dieser Verschiedenheit entspringt die andere, die in den von Catulus der Epoche gezogenen Schranken besteht. Man könnte das Vorhandensein dieser letzteren Verschiedenheit bestreiten, da auch Kleitomachos die Epoche nicht in jedem sondern nur in einem bestimmten Sinne fordert und zu diesem Behuf zwei Arten derselben unterscheidet. Dafür fasst aber auch Kleitomachos, ehe er der Epoche diese Schranken zieht, dieselbe in einem viel weiteren Sinne, in dem sie die Enthaltung von jeder auf eine Vorstellung reagirenden Thätigkeit bezeichnet, und erklärt innerhalb dieses weiteren Kreises für

---

[1]) Cicero Acad. pr. 59: sapientem nihil opinari, id est numquam adsentiri rei vel falsae vel incognitae. 148: adsensurum non percepto, id est opinaturum. Sextos dogm. I 156: εἰ συγκαταθήσεται ὁ σοφός, δοξάσει ὁ σοφός — ἡ τῷ ἀκαταλήπτῳ συγκατάθεσις δόξα ἐστίν κτλ.

zulässig nur diejenige Epoche, welche darin besteht dass
wir zu einer nicht begriffenen Vorstellung unsere Zustimmung
nicht geben.[1] Catulus hingegen will gerade diese letztere,

---

[1] Ciceros Worte allerdings könnten zu dem Missverständniss
Anlass geben, als wenn auch Kleitomachos die Epoche in demselben
engeren Sinne wie Catulus genommen hätte. Denn er lässt (104)
Kleitomachos sagen: dupliciter dici adsensus sustinere sapientem,
d. h. er lässt ihn schon die Epoche im weiteren Sinne, die er dann
in ihre besonderen Arten theilt, in ein Zurückhalten der Zustimmung
setzen. Dass diess aber ein Irrthum ist, zeigen seine eigenen folgenden Worte, in denen als eine der beiden Arten der Epoche das „rei
nulli adsentiri" oder wie er es bald darauf nennt das „de omnibus
rebus continere se ab adsentiendo" erscheint d. i. also dasselbe worin
er eben noch das Wesen der allgemeinen Epoche gesetzt hatte. Wie
dieser Irrthum entstehen konnte, wird klar, sobald wir an das griechische Original denken. Hier fand Cicero ἐπέχειν oder ἐποχή vor,
welches das Zurückhalten überhaupt bedeutet und deshalb näher
bestimmt werden konnte in ein Zurückhalten entweder nur unserer
Zustimmung oder jeder reagirenden Thätigkeit. Weil aber gewöhnlich ἐποχή den engeren Sinn des Zurückhaltens unserer Zustimmung
hatte und Cicero daher gewohnt war es durch „adsensionis retentio"
(59) oder einen verwandten Ausdruck zu übersetzen, so hat er diese
Weise der Uebersetzung auch hier festgehalten wo sie nicht hin-
gehörte und nur das einfache retentio oder sustinere am Platze war.
Ich halte es für richtiger Cicero hier eines Missverständnisses zu
beschuldigen, als den Irrthum auf einen Fehler der Handschriften
zurückzuführen, den man durch Streichung des „adsensus" in den
fraglichen Worten leicht beseitigen könnte. Denn es ist noch eine
Spur davon vorhanden, dass Cicero als er jene Worte schrieb zu
Missverständnissen disponirt war. Er lässt den Kleitomachos sagen,
dupliciter dici adsensus sustinere sapientem: da Kleitomachos aber,
wie wir sofort belehrt werden, nur eine Art der Epoche als berechtigt anerkannte, so konnte er unmöglich den Weisen d. i. den Ideal-
menschen sich beider, also auch der anderen, verwerflichen Art der
Epoche bedienen lassen. Das „sapientem" ist daher ein dem griechischen Original nicht entsprechender Zusatz Ciceros: Kleitomachos
kann nur gesagt haben dass man von der Epoche überhaupt, nicht
dass man von der des Weisen in einem doppelten Sinne spreche.

die bei Kleitomachos nur einen Theil der weiteren Epoche
ausmacht, von Neuem beschränken so dass der Weise doch
in gewissen Fällen auch zu einer nicht begriffenen Vorstellung seine Zustimmung geben darf. Die Verschiedenheit in
der Auffassung der Skepsis bei Catulus und Kleitomachos
wird sich hiernach nicht leugnen lassen. Ja es ist weiter
klar, dass Catulus wenn er erklärt „$\dot{\epsilon}\pi o\chi\dot{\eta}v$ illam omnium
rerum" nicht zu billigen sich damit direct gegen Kleito-
machos wendet, der das „rei nulli" oder „numquam adsentiri"
oder was dasselbe ist das „de omnibus rebus continere se
ab adsentiendo" forderte (104). Dass nun einem so ange-
sehenen Vertreter der akademischen Skepsis Catulus auf
eigene Hand sollte widersprochen haben, ist nicht denkbar,
und ebenso wenig ist diess von seinem Vater anzunehmen,
auf den er sich .zunächst beruft.[1]) Vielmehr müssen beide
sich in dieser Beziehung auf griechische Philosophen haben
stützen können. Diesen Schluss bestätigt Lucullus und
wiederholt darin nur was Antiochos gesagt hatte, wenn er
von „Einigen" spricht die die Skepsis des Karneades in derselben Weise auffassten wie Catulus d. h. dem Weisen ebenfalls ein Meinen zugestanden und der Epoche dadurch
gewisse Schranken zogen.[2]) Denn eine nur bei einigen Römern
geltende Ansicht würde Antiochos nicht in dieser Weise berücksichtigt haben. Wer die griechischen Gewährsmänner

---

[1]) Und auf den er sich auch berufen hatte, als er Tags zuvor
über denselben Gegenstand ausführlicher sprach, vgl. 12: illa dixit
Antiochus quae heri Catulus commemoravit a patre suo dicta Philoni.
Dass er auch da die gleiche Ansicht geäussert hatte, ersehen wir aus
den Worten mit denen Lucullus (59) sich auf diesen Vortrag zurückbezieht: Carneadem autem etiam heri audiebamus solitum esse eo delabi
interdum, ut diceret opinaturum, id est, peccaturum esse sapientem.

[2]) 59: ex his illa necessario nata est $\dot{\epsilon}\pi o\chi\dot{\eta}$, id est adsensionis
retentio, in qua melius sibi constitit Arcesilas, si vera sunt quae de
Carneade nonnulli existimant: si enim percipi nihil potest, quod utri-

des Catulus waren, sagt uns denn auch Cicero (78) in folgenden Worten: licebat enim nihil percipere et tamen opinari, quod a Carneade dicitur probatum; equidem, Clitomacho plus quam Philoni aut Metrodoro credens, hoc magis ab eo disputatum quam probatum puto. Metrodoros und Philon, wie sich aus diesen Worten ergibt, verträten jene mildere Auffassung der karneadischen Skepsis, die dem Weisen auch ein Meinen übrig lässt, und bildeten deshalb Partei gegen Kleitomachos der der strengeren Ansicht huldigte.[1])

que visum est, tollendus adsensus est. quid enim est tam futile quam quicquam adprobare non cognitum? Carneadem autem etc. (s. vor. Anmerkung).

[1]) Nach der vorher angestellten Erörterung wird kein Zweifel mehr sein können wie die angeführten Worte Ciceros zu verstehen sind. Ich würde darüber kein Wort weiter verlieren, wenn es nicht Zeller wäre, dem hier ein Missverständniss begegnet ist. Derselbe führt S. 515, 2 aus jenen Worten den Satz an, es sei möglich nihil percipere et tamen opinari, und bemerkt dazu: „wobei es unerheblich ist, dass Philo und Metrodor gesagt hatten, Karneades habe diess bewiesen, Klitomachus (um der skeptischen ἐποχή nichts zu vergeben): hoc magis ab eo disputatum quam probatum". Wäre diess der Sinn der Worte, so würde Ciceros Kleitomachos mit sich selber in Widerspruch kommen. Denn während er hier das „probare" dem Karneades abspricht, sucht er 99 ff. im Sinne des Karneades gerade die Zulässigkeit der probabilia oder probatio sowie des probare zu erweisen. Man darf nicht sagen, probare habe an dieser letzteren Stelle eine andere Bedeutung, die von „billigen"; denn die Verschiedenheit der Bedeutung zugegeben, so bleiben doch probare in der Bedeutung von „beweisen", wie sie Zeller hier annimmt, und probare in der Bedeutung von „billigen", die an der anderen Stelle angenommen werden müss, Correlata von denen das Eine nicht ohne das Andere fallen kann. Es ist daher ganz consequent, wenn Cicero mit Bezug auf seine Darstellung der Skepsis des Kleitomachos sagt (105): haec si vobis non probamus. Denn dieses probare ist doch wohl dasselbe wie das von Zeller an unserer Stelle angenommene. Von Zellers Standpunkt aus freilich hätte er sich damit einer Inconsequenz schuldig gemacht. Zu diesem ersten Anstoss, den Zellers

Mit Sicherheit zwischen diesen beiden Auffassungen der
Skepsis des Karneades zu entscheiden sind wir natürlich
ebenso wenig im Stande als mit Gewissheit zu sagen ob

Auffassung unserer Stelle gibt, kommt noch ein anderer. Denn die
Voraussetzung, von der sie ausgeht, dass probatum die Bedeutung
von „bewiesen" habe, ist keineswegs sicher. Sie ist darum misslich,
weil probatum hier im Gegensatz zu disputatum steht, alles Dispu-
tiren aber zugleich ein Beweisen ist, der Gegensatz also, wenn wir
probatum in der Bedeutung von „bewiesen" nehmen, nicht rein
heraus kommt. Nehmen wir dagegen probatum in der anderen möglichen Bedeutung von „gebilligt", so haben wir einen richtigen
Gegensatz zwischen einer Ansicht die wirklich gebilligt und einer
die bloss Disputirens halber aufgestellt worden ist. Denselben Gegensatz finden wir in einem anderen Berichte des Kleitomachos über
Karneades, wonach derselbe Kalliphons Bestimmung des höchsten
Gutes lebhaft vertheidigt hatte ohne sie doch in Wirklichkeit zu
billigen (139). Hiernach ist klar, dass auch an unserer Stelle probatum mit „gebilligt" übersetzt werden muss. Dann aber wird die
Kluft die zwischen den Ansichten des Kleitomachos und des Philon
und Metrodoros besteht erweitert. Sie betrifft nun nicht mehr bloss
die Form des Ausdrucks. Der Sinn kann nicht sein: Karneades
habe überhaupt nichts gebilligt, sondern alles was er zu billigen
schien nur Disputirens halber vorgetragen. Dass diess nicht der
Gedanke des Kleitomachos sein konnte, beweist seine eigene Darstellung (99 ff.), in der ja eben Ansichten vorgetragen werden die
Karneades wirklich gebilligt hatte und in der überdiess das Billigen
einer Vorstellung für zulässig erklärt wird. Das probatum unserer
Stelle muss sich also darauf beziehen, dass die Ansicht, wonach der
Weise auch Meinungen haben werde, von Philon und Metrodoros
unter die positiven eigenen Ansichten des Karneades gezählt, von
Kleitomachos davon ausgeschlossen wurde. Erst wenn wir unsere
Stelle so auffassen, steht sie mit Kleitomachos' Darstellung (99 ff. und
103 f.) im Einklang, in der ja ebenfalls dem Weisen zwar ein Reagi-
ren auf die Vorstellungen und ein Billigen derselben zugestanden,
alles Zustimmen zu denselben aber d. i. das Meinen desto entschiedener abgesprochen wird. Nach Kleitomachos' Ansicht hatte Karneades das Meinen des Weisen nur disputatorisch vertheidigt, natürlich den Stoikern gegenüber weil diese ja das Gegentheil behaupteten.

Xenophon oder Platon uns den historischen Sokrates treuer
dargestellt hat: denn in dem einen wie in dem anderen
Falle fehlt es uns an Aeusserungen sei es des Sokrates oder
Karneades die uns unabhängig von jenen Berichterstattern
überliefert wären und an denen wir die Wahrheit der Berichte prüfen könnten. Indessen lässt es sich wenigstens
wahrscheinlich machen, dass der Bericht des Metrodoros und
Philon unsern Glauben mehr verdient. Dafür spricht schon
die Thatsache dass man bereits im Alterthum ihm den
Vorzug gab. Bei Cicero lesen wir freilich einmal, es seien
nur „Einige" gewesen die die Skepsis des Karneades in
dieser Weise auffassten.[1]) Wir dürfen uns aber hierdurch
nicht irre machen lassen. Zunächst fällt ins Gewicht, dass
Philon, der doch ein Schüler des Kleitomachos war, sich in
diesem Punkte nicht an ihn sondern an Metrodoros angeschlossen hatte. Derselben Ansicht wie Philon war aber auch
dessen Schüler Antiochos. Es ist schon bemerkenswerth,
dass in Ciceros Acad. pr. 16 Lucullus, der doch nur Aeusserungen des Antiochos wiederholen will, unter den verschiedenen Schülern des Karneades dem Kleitomachos und Hagnon
Geist, dem Kleitomachos ausserdem und besonders Fleiss,
dem Charmadas Beredsamkeit, dem Melanthios Anmuth,
dem Metrodoros allein aber die genaue Kenntniss des Karneades zuspricht.[2]) Dasselbe erhellt aber auch aus der Art
wie Lucullus bei Besprechung der Epoche Metrodors Be-

---

[1]) Acad. pr. 59: si vera sunt quae de Carneade non nulli existimant.

[2]) Qui illum (Carneaden) audierant admodum floruerunt: e quibus
industriae plurimum in Clitomacho fuit — declarat multitudo libro-
rum —, ingenii non minus in Hagnone, in Charmada eloquentiae, in
Melanthio Rhodio suavitatis. bene autem nosse Carneaden Stratoni-
ceus Metrodorus putabatur. Es scheint nach diesen letzten Worten
als wenn Antiochos der Behauptung Metrodors, alle Anderen hätten

richt über Karneades sich zu Nutze macht.[1]) Denn auf
Grund desselben erhebt er gegen Karneades den Vorwurf
der Inconsequenz. Freilich nicht schlechthin, sondern indem
er hinzufügt, wenn das was Einige über Karneades denken
wahr ist. Daraus folgt indessen nur, dass er den Bericht
des Metrodoros nicht für vollkommen sicher hielt, aber keineswegs, dass er dem des Kleitomachos den Vorzug gab. In
diesem Falle würde er doch wohl von der Epoche sagen,
dass in Bezug auf dieselbe Karneades, wenn wahr ist, was
Einige über ihn denken, nicht minder consequent verfuhr
als Arkesilaos. Denn derjenigen von zwei Möglichkeiten,
die wir als Wirklichkeit behandeln, gestehen wir doch eben
dadurch die grössere Wahrscheinlichkeit zu. Dass die Worte
des Lucullus in dieser Weise verstanden werden müssen,
zeigt auch Cicero da wo er in seinem Vortrag auf dieselben
zurückkommt:[2]) denn wenn er hier es wie eine Thatsache
behandelt (Carneades — dabat, nicht dare dicitur oder etwas
Aehnliches) dass Karneades ein Zustimmen und Meinen des

---

den Karneades missverstanden ($K\alpha\varrho\nu\epsilon\acute{\alpha}\delta ov\ \pi\alpha\varrho\alpha\varkappa\eta\varkappa o\acute{\epsilon}v\alpha\iota\ \pi\acute{\alpha}v\tau\alpha\varsigma$), im
wesentlichen zugestimmt hätte. Vgl. Ind. Herc. col. 26, 4 und Zeller
S. 525, 1.

[1]) 59: ex his illa necessario nata est $\grave{\epsilon}\pi o\chi\acute{\eta}$, id est adsensionis
retentio, in qua melius sibi constitit Arcesilas, si vera sunt quae de
Carneade non nulli existimant: si enim percipi nihil potest, quod utri-
que visum est, tollendus adsensus est. quid enim est tam futile quam
quicquam adprobare non cognitum? Carneadem autem etiam heri
audiebamus solitum esse eo delabi interdum, ut diceret opinaturum,
id est, peccaturum esse sapientem.

[2]) 67: si ulli rei sapiens adsentietur umquam, aliquando etiam
opinabitur; numquam autem opinabitur: nulli igitur rei adsentietur.
hanc conclusionem Arcesilas probabat; confirmabat enim et primum
et secundum; Carneades non numquam illud dabat, adsentiri aliquando: ita sequebatur etiam opinari; quod tu non vis, et recte, ut
mihi videris.

Weisen gestattete, so kann diess nur ein Eingehen in die Denkweise des Lucullus sein, da er selbst für seine Person den Bericht des Kleitomachos für glaubwürdiger hielt.[1]) Was sodann die Späteren nach Antiochos betrifft, so scheint bei ihnen, wenn wir von Cicero absehen, fast nur der Bericht Metrodors gegolten zu haben. So setzt Eusebios den Unterschied des Karneades von Arkesilaos darein, dass Jener die Epoche nicht vollkommen durchführen wollte und sich des Urtheils unter allen Umständen zu enthalten mit der menschlichen Natur unvereinbar hielt;[2]) und auch dem Berichte des Sextos Empeirikos liegt die Ansicht Metrodors zu Grunde.[3]) Die grössere Zahl der Stimmen, die wir noch

---

[1]) Diess sagt er 78: licebat — nihil percipere et tamen opinari, quod a Carneade dicitur probatum; equidem, Clitomacho plus quam Philoni aut Metrodoro credens, hoc magis ab eo disputatum quam probatum puto. Man beachte dass Cicero diesen Worten zufolge den Karneades das Meinen des Weisen nur nicht gerade billigen lässt; dass er es missbilligt habe, behauptet er nicht. Es ist nöthig diess zu bemerken: denn sonst könnte man leicht Cicero eines Widerspruchs zeihen, weil er anderwärts sich auf Karneades beruft der ebenfalls die Ansicht, der Weise werde bisweilen eine Meinung haben, nicht durchaus verworfen habe (112: si, cum ego nihil dicerem posse conprehendi, diceret ille sapientem interdum opinari, non repugnarem, praesertim ne Carneade quidem huic loco valde repugnante).

[2]) Praep. ev. XIV 7, 15: λόγων μὲν οὖν ἀγωγῇ ἐχρήσατο ᾗ καὶ ὁ Ἀρκεσίλαος· καὶ γὰρ αὐτὸς ἐπετήδευε τὴν εἰς ἑκάτερα ἐπιχείρησιν, καὶ πάντα ἀνεσκεύαζε τὰ ὑπὸ τῶν ἄλλων λεγόμενα· μόνῳ δὲ ἐν τῷ περὶ ἐποχῆς λόγῳ πρὸς αὐτὸν διέστη, φὰς ἀδύνατον εἶναι ἄνθρωπον ὄντα περὶ ἁπάντων ἐπέχειν· διαφορὰν δὲ εἶναι ἀδήλου καὶ ἀκαταλήπτου, καὶ πάντα μὲν εἶναι ἀκατάληπτα, οὐ πάντα δὲ ἄδηλα. Es ist möglich, wie erst Gaisford und dann wieder Thedinga de Numenio S. 6 vermuthet hat, dass auch dieser Abschnitt aus der Schrift des Numenios excerpirt ist.

[3]) Derselbe gibt adv. dogm. I 172 als Ansicht des Karneades von der undeutlichen und unwahrscheinlichen Vorstellung unter An-

aus dem Alterthum sammeln können, hat sich sonach für Metrodoros entschieden. Natürlich kann uns diess, so lange

derem Folgendes: τῷ — μήτε αὐτὴν μήτε τὸ ποιῆσαν αὐτὴν τρανῶς ἐνδείκνυσθαι οὐ πέφυκεν ἡμᾶς πείθειν οὐδ' εἰς συγκατάθεσιν ἐπισπᾶσθαι. Diess setzt voraus dass nach Karneades' Ansicht die wahrscheinliche Vorstellung (πιθανὴ φαντασία) auf unser Handeln nur wirken sollte vermittelst der Zustimmung (συγκατάθεσις) die wir ihr zu Theil werden lassen. Dass aber Karneades eine solche Zustimmung gestattet habe, ist es ja gerade was Kleitomachos bei Cicero leugnete. Denn unter adsensio oder adsensus können wir doch nur an die συγκατάθεσις denken, wogegen probatio und dergleichen Ausdrücke wohl das griechische πείθεσθαι wiedergeben sollen (vgl. S. 166, 1). Dass Cicero ein andermal (Acad. pr. 37) συγκατάθεσις durch adsensio atque adprobatio übersetzt und somit beide Worte als Synonyma behandelt, kann gegen die Annahme jenes Unterschiedes nichts beweisen, da an dieser letzteren Stelle nicht Cicero selber spricht sondern Lucullus, der Vertreter des Antiochos, für die Lehre des Antiochos aber diese feinere Unterscheidung bedeutungslos war. Ausserdem finden wir bei Sextos 188 f. das συγκατατίθεσθαι zweimal auf die wahrscheinlichen Vorstellungen angewandt. Nach dem, was im Text über Antiochos bemerkt wurde, dürfen wir in diesem Umstand eine Bestätigung dafur sehen, dass eine Schrift dieses Philosophen von Sextos benutzt worden ist. Für den Abschnitt über Karneades wird diess wahrscheinlich durch 162, wo als Gewährsmann Antiochos ausdrücklich genannt wird; in Betreff der ganzen Darstellung, von der dieser Abschnitt nur ein Theil ist, vgl. Excurs I. — Aber Sextos hat die Ansicht des Karneades noch einmal Pyrrh. I 226 ff. dargestellt. Und auch hier setzt er voraus, dass Karneades die Zustimmung zu gewissen Vorstellungen gestattete, vgl. 228. 230. Ja wenn er die Skeptiker den Akademikern von der Richtung des Karneades entgegensetzt als solche die ohne eine Meinung zu haben (ἀδοξάστως) den Lebensgewohnheiten und natürlichen Empfindungen sich überlassen (226. 231), so spricht er damit aus dass Karneades die Meinung (δόξα) zugelassen habe. Da ferner, was er Arkesilaos (232) nachrühmt er habe die Epoche auf Alles ausgedehnt, ihn Karneades gegenüber charakterisiren soll, so folgt daraus, dass nach Sextos' Ansicht Karneades die Epoche bis zu einem gewissen Grade eingeschränkt hatte. Sextos also schliesst sich in der Auffassung der

die Gründe, die auf diese Entscheidung Einfluss hatten, unbekannt sind, nicht zwingen ebenso zu urtheilen.   Indessen

karneadischen Skepsis auch hier an Metrodoros an. Trotzdem nennt
er unter den Vertretern dieser Art von Skepsis nicht bloss den Karneades sondern mit ihm zusammen den Kleitomachos (230: οἱ περὶ
Καρνεάδην καὶ Κλειτόμαχον). Um diess zu erklären bleibt, wenn
wir nicht καὶ Κλειτόμαχον für den Zusatz eines Interpolators halten
wollen, nichts weiter übrig als die Annahme dass, wer so schrieb,
damit die Anhänger der neuen Akademie schlechthin bezeichnen
wollte. Freilich könnte derselbe dann von der zwischen Kleitomachos
und Metrodoros in der Auffassung des Karneades hervorgetretenen
Verschiedenheit nichts gewusst haben.   Eine solche Unwissenheit
aber einem späteren Autor zuzutrauen hat ebenso wenig Bedenken
wie die in diesem Fall nahe gelegte Vermuthung dass Sextos hier
seinen Bericht nicht unmittelbar aus einer älteren Quelle wie Antiochos sondern aus der Schrift eines Späteren, wahrscheinlich eines
Pyrrhoneers geschöpft hat. Zur Bestätigung dieser Vermuthung dient
dass der von Sextos an dieser Stelle gegebene Bericht über die Akademiker auch noch in anderer Beziehung von dem in der Schrift
gegen die Dogmatiker befindlichen abweicht. In der letzteren ist von
den drei Stufen der glaubwürdigen Vorstellung die niedrigste die πιθανὴ φαντασία, die folgende die πιθανὴ ἅμα καὶ ἀπερίσπαστος und
die höchste die πιθανὴ ἅμα καὶ ἀπερίσπαστος καὶ διεξωδευμένη. In
den pyrrhonischen Grundzügen dagegen folgt auf die πιθανὴ φ. als
nächst höhere Stufe die πιθανὴ καὶ διεξωδευμένη und die höchste
wird bezeichnet durch πιθανὴ καὶ περιωδευμένη καὶ ἀπερίσπαστος.
Dass die Bestimmung der zweiten und dritten Stufe nicht willkürlich
war und wechseln konnte, zeigt die Vergleichung folgender Stellen.
Pyrrh. I 229: προκρίνουσιν οὖν οἱ ἐκ τῆς νέας Ἀκαδημίας τῆς μὲν
πιθανῆς ἁπλῶς τὴν πιθανὴν καὶ περιωδευμένην φαντασίαν, ἀμφοτέρων δὲ τούτων τὴν πιθανὴν καὶ περιωδευμένην καὶ ἀπερίσπαστον.
dogm. I 184: ὃν τρόπον ἐν τῷ βίῳ, ὅταν μὲν περὶ μικροῦ πράγματος
ζητῶμεν, ἕνα μάρτυρα ἀνακρίνομεν, ὅταν δὲ περὶ μείζονος, πλείονας,
ὅταν δ᾽ ἔτι μᾶλλον περὶ ἀναγκαιοτέρου, καὶ ἕκαστον τῶν μαρτυρούντων ἐξετάζομεν ἐκ τῆς τῶν ἄλλων ἀνθομολογήσεως, οὕτω, φασὶν οἱ
περὶ τὸν Καρνεάδην, ἐν μὲν τοῖς τυχοῦσι πράγμασι τῇ πιθανῇ μόνον
φαντασίᾳ κριτηρίῳ χρώμεθα, ἐν δὲ τοῖς διαφέρουσι τῇ ἀπερισπάστῳ,
ἐν δὲ τοῖς πρὸς εὐδαιμονίαν συντείνουσι τῇ περιωδευμένῃ. Aus dem-

sind wir doch auch mit unseren Mitteln noch im Stande die
Richtigkeit dieses Urtheils wenigstens wahrscheinlich zu machen.

---

selben Grunde verdient es Beachtung, dass in den beiden Berichten
die Beispiele für die ἀπερίσπαστος φαντασία verschieden gewählt
sind, in den pyrrhonischen Grundzügen (228) von Herakles und Alkestis, in der Schrift gegen die Dogmatiker (180) von Menelaos und
Helena hergenommen werden. Um die φαντασία περιωδευμένη zu
erläutern dient zwar an beiden Orten dasselbe Beispiel das von
einem zusammengerollten und im Dunkeln liegenden Seile hergenommen ist, aber auch hier geht es ohne Abänderungen im Einzelnen nicht ab. — Aus diesem Anlass bemerke ich dass bei Cicero
die zweite und dritte Stufe in eine zusammengezogen zu sein scheinen. In Lucullus' Vortrage Acad. pr. 33 lesen wir: sive tu probabilem visionem sive probabilem et quae non inpediatur, ut Carneades
volebat, sive aliud quid proferes quod sequare. Die Worte quae
non inpediatur scheinen das griechische ἀπερίσπαστος wiedergeben
zu sollen. Dieselbe Unterscheidung ist aber offenbar auch im Folgenden (35) gemeint: quod est igitur istuc vestrum probabile? nam
si, quod cuique occurrit et primo quasi aspectu probabile videtur,
id confirmatur, quid eo levius? sin, ex circumspectione aliqua et
accurata consideratione quod visum sit, id se dicant sequi, tamen
exitum non habebunt. Und hier weist die Beschreibung der zweiten Art des probabile auf die φαντασία περιωδευμένη. In Ciceros
Vorstellen scheinen daher die ἀπερίσπαστος und die περιωδευμένη
zusammengeflossen zu sein. Ja wenn wir uns streng an seine Worte
hielten, so hätte Karneades nur eine Art des probabile anerkannt
und als Grundlage des Handelns gelten lassen. So gehören in der
ersten der angeführten Stellen die Worte „ut Carneades volebat"
nur zu „sive probabilem et quae non inpediatur". Und in einer
auf den Bericht des Kleitomachos zurückgehenden Stelle (99) heisst
es: sic quicquid acciderit specie probabile, si nihil se offeret quod
sit probabilitati illi contrarium, utetur eo sapiens. Ebenda lesen
wir 101: et quaecunque res eum sic attinget, ut sit visum illud
probabile neque ulla re inpeditum, movebitur. Derselbe Gedanke,
und abermals auf Kleitomachos zurückgeführt, findet sich 104: neque tamen omnia ejus modi (s. über diese Worte S. 165, 1) visa adprobari, sed ea quae nulla re inpedirentur. Die Erklärung für diese
Darstellung Ciceros liegt wohl in dem was uns Sextos dogm. I 184

Karneades ist der Erste, der das πιϑανὸν in die akademische Skepsis eingeführt hat, Arkesilaos sagte dafür εὔλογον. Diess ergibt sich aus der Darstellung bei Sextos (vgl. dazu S. 150 ff.). Bedürfte es dafür noch einer Bestätigung, so würde dieselbe darin liegen dass erst seit Karneades die Mitglieder der skeptischen Akademie sich auch als Rhetoren einen Namen gemacht haben: [1] denn diess erklärt sich voll-

---

sagt. Hiernach wäre es die Meinung des Karneades gewesen, dass man nur bei gleichgiltigen Dingen (ἐν τοῖς τυχοῦσι πράγμασι) sich der πιϑανὴ μόνον φαντασία bedienen sollte. Von diesen gleichgiltigen Dingen sah Cicero ab, wie wir vermuthen dürfen. Es blieben übrig die Dinge von Belang (διαφέροντα πράγματα) und die welche sich auf unsere Glückseligkeit beziehen (τὰ πρὸς εὐδαιμονίαν συντείνοντα); für jene war die ἀπερίσπαστος, für diese nur die περιωδευμένη bestimmt. Cicero konnte daher sagen, in wichtigen Angelegenheiten überhaupt lasse Karneades nur die ἀπερίσπαστος und περιωδευμένη gelten, und auf diese Weise leicht zu einer Verwechslung beider, wenigstens in der Darstellung, geführt werden.

[1] Die Beredsamkeit des Karneades war berühmt, ebenso die seines Schülers Charmidas. Dass von den Vorträgen des Karneades die Rhetoren angezogen wurden, bemerkt Diog. IV 62: τοσοῦτον δ' ἴσχυσεν ἐν φιλοσοφίᾳ, ὥστε καὶ τοὺς ῥήτορας ἀπολύσαντας ἐκ τῶν σχολῶν παρ' αὐτὸν ἰέναι καὶ αὐτοῦ ἀκούειν. Ausdrücklich ein Rhetor wird Metrodor von Skepsis genannt bei Cicero de orat. III 75 (vgl. dazu Strabon XIII 1, 55. Ebenda 66 wird von einem Diodor, Zeitgenossen des Mithridates, gesagt dass er aus der akademischen Philosophie, dem Processiren und der Rhetorik Profession machte). Philon wechselte zwischen rhetorischen und philosophischen Vorträgen ab. Wenn daher Kleitomachos Charmidas und Hagnon gegen die Rhetoren polemisirt haben, so würde diese Polemik, so weit sie nicht bloss das Complement zur Vertheidigung war und lediglich der Begründung des skeptischen Zweifels auch nach dieser Richtung diente, wohl ebenso aufzufassen sein wie die der Platoniker und insbesondere des Aristoteles gegen Isokrates. Auch was aus dieser Polemik Sextos math. II 20 ff. mittheilt, kann uns in dieser Meinung nicht irre machen, da für diese Vorwürfe nach Sextos' eigener Angabe Kritolaos, also ein Peripatetiker, ebenso verantwortlich ist wie Kleito-

kommen nur dann wenn wir annehmen dass erst seit ihm das Ziel der akademischen Skepsis mit demjenigen zusammenfiel welches die Rhetoren dem Redner steckten, dem πιϑανόν. Was bedeutet nun πιϑανόν? Die Stoiker (Diog. VII 75) definirten es durch τὸ ἄγον εἰς συγκατάϑεσιν; und dass sie in diesem Fall sich an den geltenden Sprachgebrauch anschlossen, zeigen Platon und Aristoteles, die mit πιϑανὸν sowohl als πείϑειν die δόξα als Wirkung verknüpfen.[1]) Die nächste durch den Sprachgebrauch gegebene Auffassung des πιϑανὸν war also diejenige, wonach es die συγκατάϑεσις oder δόξα bewirkte. Es ist aber nicht wahrscheinlich, dass Karneades das Wort πιϑανὸν neu einführte und gleichzeitig seine ursprüngliche Bedeutung änderte: denn wozu wählte er dann dieses Wort vor anderen aus wenn ihm doch dessen eigenthümliche Bedeutung nicht zusagte? Vielmehr wird wie überall so auch hier das Natürliche das Erste, das Künstliche das Zweite gewesen sein; die künstliche Erklärung aber ist diejenige welche die Zustimmung oder Meinung als Wirkung von dem πιϑανὸν abtrennt, sie wird daher wohl nichts sein als eine Ausflucht deren man sich bediente um Karneades vor solchen Angriffen zu retten wie Lucullus-Antiochos bei Cicero Acad. pr. 59 (vgl. S. 173, 1) einen gegen ihn richtet.

Behält so wie es hiernach scheint Metrodoros mit seiner

---

machos und Charmidas. Der gemeinen Rhetorik insofern sie eine selbständige Kunst, unabhängig von der Philosophie sein will, galten solche Anklagen, nicht derjenigen welche eine Disciplin der Philosophie ist. Diess bestätigt Cicero de orat. I 84: Charmadas — cum maxime tamen hoc significabat, eos, qui rhetores nominarentur et qui dicendi praecepta traderent, nihil plane tenere neque posse quemquam facultatem adsequi dicendi nisi qui philosophorum inventa didicisset.

[1]) Bei Plat. Theaitet p. 201 B frägt Sokrates τὸ πεῖσαι δ’ οὐχὶ δοξάσαι λέγεις ποιῆσαι; was Theaitet bejaht.

Auffassung Recht, dann ist es überflüssig noch ein Wort
weiter darüber zu verlieren, dass die Aenderung, welche
Karneades mit der Skepsis des Arkesilaos vornahm, eine
Annäherung an den Dogmatismus bedeutet. Aber auch den
Fall gesetzt dass die Auffassung des Kleitomachos richtig
wäre, so würde doch auch dann, mit der Einführung lediglich
des πιϑανόν, ein erster Schritt auf der Bahn des Dogmatismus gethan sein, da dieses Wort seiner Natur nach, wie wir
eben sahen, die Zustimmung und Meinung im Gefolge hat und
deshalb nur zeitweilig davon losgerissen werden konnte. [1])

---

[1]) Bedeutungsvoll und charakteristisch für Karneades ist die
Einführung des πιϑανὸν noch aus einem anderen Grunde. Wir haben
schon gesehen (S. 150, 3 Schl.), dass das εὔλογον ein Wahrscheinliches ist dessen Inhalt Vernunftgebote sind und das sich nicht aus
den Sinneseindrücken ableiten lässt. Bei dem πιϑανὸν dagegen ist
der Sinneseindruck wenn auch nicht immer das Entscheidende, so
doch das Erste und Grundlegende. Zur Erläuterung des πιϑανὸν
wird in den pyrrhonischen Grundzügen (I 228) Folgendes beigebracht:
οἷον ἐν οἴκῳ σκοτεινῷ ποσῶς κειμένου σχοινίου ἐσπειραμένου πιϑανὴ
ἁπλῶς φαντασία γίνεται ἀπὸ τούτου ὡς ἀπὸ ὄφεως τῷ ἀϑρόως ἐπεισ-
ελϑόντι· τῷ μέντοι περισκοπήσαντι ἀκριβῶς καὶ διεξοδεύσαντι τὰ
περὶ αὐτό, οἷον ὅτι οὐ κινεῖται, ὅτι τὸ χρῶμα τοῖόν ἐστι, καὶ τῶν
ἄλλων ἕκαστον, φαίνεται σχοινίον κατὰ τὴν φαντασίαν τὴν πιϑανὴν
καὶ περιωδευμένην. Hier ist es ein Sinneseindruck, von dem ausgegangen wird; allerdings bemächtigt sich desselben nachher die
vernünftige Ueberlegung, aber doch auch nur um ihn durch andere
Sinneseindrücke zu bestätigen. Demselben Beispiel begegnen wir in
der Schrift gegen die Dogmatiker (187 f.). Auch in den Beispielen
des Herakles (Pyrrh. I 228) und des Menelaos (dogm. I 180) finden
es beide lediglich auf Grund sinnlicher Eindrücke wahrscheinlich, der
Eine dass er die Alkestis, der Andere dass er die Helena vor sich hat.
Das Gleiche gilt von den übrigen Beispielen, dogm. I 170. 178. 186.
Dass nur Beispiele ausgewählt wurden welche einen Sinneseindruck
voraussetzen könnte man indessen für zufällig halten. Nicht zufällig
aber kann es sein dass auch da, wo die Erläuterung nicht durch ein
einzelnes Beispiel gegeben wird sondern sich mehr im Allgemeinen

Es liegt im Wesen des Dogmatismus dass derselbe seine Lehren genauer bestimmt und mehr ins Einzelne durchführt als diess der Skepticismus thut und thun kann. Wenn daher Karneades wirklich nicht bloss im Allgemeinen das Wahrscheinliche oder πιϑανὸν als den Grund unseres Handelns hingestellt sondern es seinem Hauptinhalte nach näher bezeichnet hätte, so wäre diess ein weiterer Schritt auf der Bahn des Dogmatismus gewesen. Dass aber Karneades diess gethan, ist die Ansicht von Zeller. Nach ihm (S. 517 ff.) läge eine solche nähere Bestimmung darin dass Karneades

---

hält, das πιϑανὸν immer nur als Etwas gedacht wird das wir aus den Sinnen schöpfen. So wird das Wesen der φαντασία περιωδευμένη in der Schrift gegen die Dogmatiker (183) folgendermaassen erläutert: οἷον ὄντων κατὰ τὸν τῆς κρίσεως τόπον τοῦ τε κρίνοντος καὶ τοῦ κρινομένου καὶ τοῦ δι’ οὗ ἡ κρίσις, ἀποστήματός τε καὶ διαστήματος, τόπου χρόνου τρόπου διαθέσεως ἐνεργείας, ἕκαστον τῶν τοιούτων ὁποῖόν ἐστι φυλοκρινοῦμεν (wohl φιλοκρινοῦμεν zu schr.), τὸ μὲν κρῖνον, μὴ ἡ ὄψις ἤμβλυται (τοιαύτη γὰρ οὖσα ἄθετός ἐστι πρὸς τὴν κρίσιν), τὸ δὲ κρινόμενον, μὴ μικρὸν ἄγαν καθέστηκε, τὸ δὲ δι’ οὗ ἡ κρίσις, μὴ ὁ ἀὴρ ζοφερὸς ὑπάρχει, τὸ δὲ ἀπόστημα, μὴ μέγα λίαν ὑπόκειται, τὸ δὲ διάστημα, μὴ συγκέχυται, τὸν δὲ τόπον, μὴ ἀχανής ἐστι, τὸν δὲ χρόνον, μὴ ταχύς ἐστι, τὴν δὲ διάθεσιν, μὴ μανιώδης θεωρεῖται, τὴν δὲ ἐνέργειαν, μὴ ἀπρόσδεκτός ἐστιν. Vgl. ausserdem 188: καὶ πάλιν, ὡς προεῖπον κτλ. 171. 176 f. Was schon hieraus sich ergibt dass die Vorstellungen um die es sich handelt nicht durch irgend welche innere Thätigkeit des Geistes hervorgerufen sondern durch die Sinne uns von aussen zugeführt sind, wird ziemlich deutlich ausgesprochen dogm. 167: ἡ τοίνυν φαντασία τινὸς φαντασία ἐστίν, οἷον τοῦ τε ἀφ’ οὗ γίνεται καὶ τοῦ ἐν ᾧ γίνεται, καὶ ἀφ’ οὗ μὲν γίνεται ὡς τοῦ ἐκτὸς ὑποκειμένου αἰσθητοῦ, τοῦ ἐν ᾧ δὲ γίνεται καθάπερ ἀνθρώπου. Diese Einschränkung des πιϑανὸν auf das Gebiet des Sinnlichen mag zunächst Bedenken erregen. Dieselben müssen aber schwinden vor der Ueberlegung dass auch πίστις, das doch denselben Begriff, nur in einem anderen grammatischen Verhältniss darstellt (vgl. dazu S. 150, 3 Schl.), von Platon (Rep. VI 511 E, VII 534 A, Tim. 29 C) vorzugsweise gebraucht wurde um den durch

die Glückseligkeit dem Handeln als Ziel steckte und diese
wiederum in die Befriedigung der ersten Naturtriebe setzte.
Allerdings weist er selber darauf hin (S. 518) dass Kleitomachos versichert habe die wahre Meinung des Karneades
über diesen Punkt nicht zu kennen; hebt sich selber aber
dieses Bedenken durch die Bemerkung (S. 520), dass die
Angabe des Kleitomachos insofern richtig sei als es sich um
eine bestimmte Entscheidung über das höchste Gut handele.
Aber auch wenn wir Kleitomachos' Angabe anders und so
verstehen dass Karneades über den fraglichen Punkt nicht
einmal eine auf Wahrscheinlichkeitsgründe gestützte Ueberzeugung hatte,[1]) hat dieselbe, wie namentlich die eben an-

---

die Sinneseindrücke erreichbaren Grad der Gewissheit zu bezeichnen.
Das Verhältniss zwischen Karneades und Arkesilaos lässt sich daher,
was das Kriterion betrifft — dieses Wort im weiteren Sinne genommen — so fassen: Arkesilaos, für den das Entscheidende das εὔλογον
war, wählte dazu die Vernunft, Karneades, der vom πιθανὸν ausging,
die sinnliche Wahrnehmung.   Sollte es ein Zufall sein, dass die
Skepsis hierin die treue Begleiterin des stoischen Dogmatismus ist,
in dem anfangs der λόγος als Kriterion galt und erst bei Chrysipp
wie es scheint durch πρόληψις und αἴσθησις verdrängt wurde (vgl.
Unters. II S. 197 f.)?   Niemand wird diess annehmen wollen, zumal
wenn er bedenkt, dass der Einfluss der älteren Stoiker auf Arkesilaos
sich im Gebrauche des Wortes κατόρθωμα kund gibt (Sextos dogm.
I 158) und dass die dialektischen Argumente des Karneades zum
Theil von Chrysipp entlehnt waren (Cicero Acad. pr. 87. Zeller III 1
S. 41, 1).

[1]) Diess ist die richtige Erklärung.   Die betreffenden Worte in
Ciceros Acad. pr. 139 lauten so: Calliphontem sequar, cujus quidem
sententiam Carneades ita studiose defensitabat, ut eam probare etiam
videretur — quamquam Clitomachus adfirmabat numquam se intelle-
gere potuisse quid Carneadi probaretur. Damit kann aber Kleitomachos nicht haben sagen wollen, Karneades habe sich über das
höchste Gut keine wissenschaftliche sondern nur eine auf Wahrscheinlichkeitsgründe gestützte Ueberzeugung gebildet.   Denn offenbar ist
seine Ansicht dieselbe die wir noch anderwärts, z. B. Acad. pr. 131

gestellte Erörterung gezeigt hat, kein genügendes Gewicht um alle entgegenstehenden Gründe und insbesondere abweichende Angaben anderer Schüler des Karneades zu überwiegen. Zu jenem negativen hat aber Zeller noch zwei positive Gründe gefügt, aus denen sich ergeben soll dass die erwähnte Bestimmung des höchsten Gutes wirklich der Ueberzeugung des Karneades entsprach. Es werde nämlich sagt er (S. 518) die Sache doch auch wieder so dargestellt als habe Karneades jene Behauptung, dass das höchste Gut in der Befriedigung der Naturtriebe bestehe, in eigenem Namen vorgetragen und sie nicht bloss den Stoikern gegenüber vertheidigt. Von den ciceronischen Stellen, auf die sich Zeller beruft, scheinen diess allerdings zwei, wenn man sie für sich allein betrachtet, zu beweisen.[1]) Man könnte dieselben noch durch andere vermehren.[2]) Diess Alles sind solche Stellen,

---

finden: introducebat etiam Carneades, non quo probaret, sed ut opponeret Stoicis. Dasselbe lesen wir de fin. V 20: fruendi rebus eis, quas primas secundum naturam esse diximus, Carneades non ille quidem auctor, sed defensor disserendi causa fuit. Wenn aber Karneades wirklich nach Kleitomachos' Meinung eine auf Wahrscheinlichkeitsgründe gestützte Ueberzeugung über das höchste Gut hatte, so kann er nicht nach der Ansicht desselben Philosophen diese Ueberzeugung bloss Disputirens halber und um den Stoikern Opposition zu machen ausgesprochen haben. Beides schliesst sich aus: wenn ich eine bestimmte Ueberzeugung habe und sei sie auch nur auf Wahrscheinlichkeitsgründe gestützt, so ist diess eben mehr als eine Behauptung die ich bloss um zu streiten aufstelle, und umgekehrt wenn ich etwas nur um Anderen zu widersprechen sage so liegt darin dass diess nicht meiner wirklichen Ueberzeugung entspricht. Zeller hat also diese ciceronischen Worte in derselben Weise missverstanden wie die anderen mit Bezug auf welche ich diess S. 170, 1 nachgewiesen habe.

[1]) De fin. II 35: ita tres sunt fines expertes honestatis, unus Aristippi vel Epicuri, alter Hieronymi, Carneadis tertius. V 22: nec vero alia sunt quaerenda contra Carneadiam illam sententiam.

[2]) De fin. II 35 (nach den bereits ausgeschriebenen Worten):

an denen die betreffende Bestimmung des höchsten Gutes
als die Ansicht des Karneades bezeichnet und behandelt.
wird. Wie diess aber zu verstehen ist, um das zu erkennen,
muss man einen Blick auf den Zusammenhang jener Stellen
werfen. Schon Zeller hat, aber fälschlich, angeführt fin.
V 20 d. h. eine Stelle in der es von Karneades heisst dass
derselbe die fragliche Ansicht nur Disputirens halber aufgestellt habe.[1] Wenn daher bald darauf (22) dieselbe Ansicht ohne Weiteres als die des Karneades bezeichnet wird,
so wissen wir jetzt wie wir diess zu verstehen haben und
dass wir darin nicht eine andere, von der des Kleitomachos
abweichende Auffassung finden dürfen. Aus demselben
Grunde ist auch die Beweiskraft der anderen Stellen keine.[2]
Und nicht bloss bei Cicero sondern überhaupt fehlt es an
irgend einer Ueberlieferung, der zufolge das höchste Gut in

---

reliqui sibi constiterunt, ut extrema cum initiis convenirent, ut Ari-
stippo voluptas, Hieronymo doloris vacuitas, Carneadi frui principiis
naturalibus esset extremum. 38: de vacuitate doloris eadem sententia
erit; reicietur etiam Carneades, nec ulla de summo bono ratio aut
voluptatis non dolendive particeps aut honestatis expers probabitur.
Tusc. V 87: si qui sunt qui desertum illud Carneadeum curent
defendere.

[1] Fruendi rebus eis, quas primas secundum naturam esse diximus, Carneades non ille quidem auctor, sed defensor disserendi
causa fuit.

[2] So wird zwar de fin. II 35 und 38 die betreffende Ansicht
als die des Karneades behandelt. Wie diess aber zu verstehen ist
und dass wir hierin nicht eine von der des Kleitomachos abweichende
Auffassung erblicken, dürfen, lehrt was wir bald darauf (42) lesen:
quae possunt eadem contra Carneadeum illud summum bonum dici,
quod is non tam, ut probaret, protulit, quam ut Stoicis, quibuscum
bellum gerebat, opponeret. Ebenso war einem Missverständniss von
Tuscul. V 87 vorgebeugt durch das was wir ebenda 84 lesen: nihil
bonum nisi naturae primis aut omnibus aut maxumis frui, ut Carneades
contra Stoicos disserebat.

die Befriedigung der ersten Naturtriebe zu setzen einer
positiven Ueberzeugung des Karneades entsprochen hätte.[1])
' Es scheint dass über diesen Punkt Metrodor und seine Anhänger mit Kleitomachos vollkommen übereinstimmten. Um
so weniger sind wir daher berechtigt ihnen zu widersprechen.
Es müssten denn in der Sache selbst liegende Gründe sein,
die uns dazu nöthigten. Einen solchen scheint Zeller (S. 517)
anzudeuten. „Unter die Fragen“, sagt er, „hinsichtlich deren
eine möglichst begründete Ueberzeugung für uns Bedürfniss
ist, musste nun Karneades seiner ganzen Richtung nach vor
allem die sittlichen Grundsätze rechnen; das Leben und
Handeln war es ja gerade, dem seine · Lehre von der Wahrscheinlichkeit dienen sollte. So hören wir denn auch,
dass er die Grundfrage der Ethik, die Frage über
das höchste Gut eingehend besprochen hatte.“ Und
allerdings scheint es ja consequent zu sein dass, wer einmal
das Handeln auf die Wahrscheinlichkeit gründen wollte,
auch die einzelnen Fragen der Ethik und insbesondere die
wichtigste derselben, die Frage nach dem höchsten Gut, mit
Wahrscheinlichkeit zu beantworten suchte. Aber diese Consequenz scheint Karneades eben nicht gezogen zu haben.

---

[1]) Clemens Alex. Strom. II 179 Sylb. erwähnt Mitglieder der
jüngeren Akademie die das höchste Gut in die Epoche setzten; damit
ist aber, wie Sext. Pyrrh. I 232 zeigt, Arkesilaos gemeint (vgl. Cicero
fin. III 31). Auch die Späteren, müssen wir daher schliessen, stimmten
Kleitomachos bei, wenn derselbe es für unmöglich erklärte anzugeben
was Karneades für das höchste Gut gehalten habe. — Varro in den
satt. Menipp. Sesqueulix. fr. 24 f. (ed. Riese) freilich scheint dem Karneades die betreffende Ansicht zuzuschreiben, da er ihm aus der
Anerkennung leiblicher Güter einen Vorwurf macht. Abgesehen davon
aber dass wir den Zusammenhang der Worte nicht kennen so ist
nicht zu übersehen dass auch er die Ansicht des Karneades der
Zenons gegenüberstellt: denn daraus ist zu schliessen dass er sie nur
aus der Polemik gegen die Stoiker kannte.

Unter den drei Classen des Wahrscheinlichen (Sext. Pyrrh. I 227 ff. dogm. I 166 ff.) könnte die Antwort, welche Karneades auf die Frage nach dem höchsten Gut gegeben haben soll, doch nur derjenigen zugerechnet werden, in der das Wahrscheinliche nicht bloss auf einem einzelnen Sinneseindruck für sich oder der Uebereinstimmung desselben mit anderen beruht sondern ausserdem noch durch die vernünftige Erwägung bestätigt wird. Wie nun aber Karneades das Wahrscheinliche überhaupt nur im Hinblick auf die Glückseligkeit des Menschen zugelassen haben soll,[1] so scheint er insbesondere das Wahrscheinliche der erwähnten Art ausschliesslich für diesen Zweck bestimmt zu haben.[2] Die Frage ist daher die, ob Karneades von der Art das höchste Gut zu bestimmen die Glückseligkeit abhängen liess: denn nur wenn diese Frage zu bejahen ist, sind wir zu der Annahme berechtigt dass er versucht habe das Problem des höchsten Gutes mit 'einer gewissen Wahrscheinlichkeit zu lösen. Diese Frage muss aber verneint werden. Während die Stoiker behaupteten, nur bei ihrer Auffassung des höchsten Gutes könne der Weise glücklich werden, vertheidigte Karneades ihnen gegenüber die Ansicht dass die Tugend

---

[1] Sext. dogm. I 166: ἀπαιτούμενος δὲ (Karneades) καὶ αὐτός τι κριτήριον πρός τε τὴν τοῦ βίου διεξαγωγὴν καὶ πρὸς τὴν τῆς εὐδαιμονίας περίκτησιν, δυνάμει ἐπαναγκάζεται καὶ καθ᾽ αὐτὸν περὶ τούτου διατάττεσθαι, προσλαμβάνων τήν τε πιθανὴν φαντασίαν καὶ τὴν πιθανὴν ἅμα καὶ ἀπερίσπαστον καὶ διεξωδευμένην.

[2] Sext. dogm. I 184: παρ᾽ ἣν αἰτίαν ὃν τρόπον ἐν τῷ βίῳ, ὅταν μὲν περὶ μικροῦ πράγματος ζητῶμεν, ἕνα μάρτυρα ἀνακρίνομεν, ὅταν δὲ περὶ μείζονος, πλείονας, ὅταν δ᾽ ἔτι μᾶλλον περὶ ἀναγκαιοτέρου, καὶ ἕκαστον τῶν μαρτυρούντων ἐξετάζομεν ἐκ τῆς τῶν ἄλλων ἀνθομολογήσεως, οὕτω, φασὶν οἱ περὶ τὸν Καρνεάδην, ἐν μὲν τοῖς τυχοῦσι πράγμασι τῇ πιθανῇ μόνον φαντασίᾳ κριτηρίῳ χρώμεθα, ἐν δὲ τοῖς διαφέρουσι τῇ ἀπερισπάστῳ, ἐν δὲ τοῖς πρὸς εὐδαιμονίαν συντείνουσι τῇ περιωδευμένῃ.

den Weisen immer glücklich machen werde ob er nun in
Bezug auf das höchste Gut die Meinung der Stoiker theile
oder einer anderen Philosophie sich anschlösse, selbst wenn
diese andere die epikureische wäre.[1]) Mit anderen Worten, die Art, wie wir die Frage nach dem höchsten Gut beantworten, ist für unsere Glückseligkeit vollkommen gleichgiltig: Karneades würde daher sich selbst widersprochen
haben wenn er sich bemüht hätte gerade von diesem Problem
eine wahrscheinliche Lösung zu finden. Aber, wird man
einwenden, auch Karneades hatte doch eine Bestimmung des
Guten und seines Gegentheils gegeben und dieselbe als eine
wahrscheinliche bezeichnet.[2]) Ist nun unter diesem Guten
nicht die Befriedigung der ersten Naturtriebe zu verstehen,
die er doch das einzige Gut genannt haben soll?[3]) Oder
wenn diess nach dem Gesagten nicht angeht, was ist dann
das für ein Gut, das er glaubte mit Wahrscheinlichkeit für
ein solches ausgeben zu dürfen? Bei der Beantwortung dieser

---

[1]) Cicero Tusc. V 83: et quoniam videris hoc velle, ut, quaecumque dissentientium philosophorum sententia sit de finibus, tamen
virtus satis habeat ad vitam beatam praesidii, quod quidem Carneadem disputare solitum accepimus; sed is ut contra Stoicos, quos
studiosissime semper refellebat et contra quorum disciplinam ingenium
ejus exarserat; nos quidem illud cum pace agemus. Auch das Folgende kann wenigstens theilweise zur Kenntniss von Karneades'
Verfahren benutzt werden.

[2]) Sext. Pyrrh. I 226: διαφέρουσι δὲ (die Mitglieder der neuen
Akademie, unter denen vor Allen Karneades zu verstehen ist) ἡμῶν
προδήλως ἐν τῇ τῶν ἀγαθῶν καὶ τῶν κακῶν κρίσει· ἀγαθὸν γάρ τι
φασιν εἶναι οἱ Ἀκαδημαϊκοὶ καὶ κακὸν οὐχ ὡς ἡμεῖς, ἀλλὰ μετὰ τοῦ
πεπεῖσθαι ὅτι πιθανόν ἐστι μᾶλλον ὃ λέγουσιν εἶναι ἀγαθὸν ὑπάρχειν
ἢ τὸ ἐναντίον, καὶ ἐπὶ τοῦ κακοῦ ὁμοίως, ἡμῶν ἀγαθόν τι ἢ κακὸν
εἶναι λεγόντων οὐδὲν μετὰ τοῦ πιθανὸν εἶναι νομίζειν ὅ φαμεν ἀλλ'
ἀδοξάστως ἑπομένων τῷ βίῳ, ἵνα μὴ ἀνενέργητοι ὦμεν.

[3]) Cicero Tusc. V 84: nihil bonum nisi naturae primis aut omnibus aut maximis frui, ut Carneades contra Stoicos disserebat.

Frage lässt uns die Ueberlieferung im Stich; wir sind daher
genöthigt diesen Mangel durch einen Analogieschluss zu
ersetzen. Eine ähnliche Stelle wie in der Theorie des Arkesilaos die Epoche, nimmt in der des Karneades, wenn wir
wenigstens der Auffassung Metrodors und der Meisten folgen,
das πιϑανὸν und die diesem ertheilte Zustimmung ein; Arkesilaos forderte, dass wir überall die Epoche, Karneades,
dass wir das πιϑανὸν festhalten sollten. Arkesilaos hatte
deshalb, wie ausdrücklich überliefert wird (Sext. Pyrrh. I 232)
das Wesen des Guten in die Epoche gesetzt: es war also
eine nahe liegende Consequenz, dass Karneades es ebenso in
das πιϑανὸν oder in die Anerkennung desselben setzte.
Und dass Karneades wirklich diese Consequenz zog, sind
wir um so eher berechtigt anzunehmen, als bereits Sokrates,
das Vorbild Beider, sich begnügt hatte das Wesen des Guten
in dieser rein formalen Weise zu bestimmen, indem er es
mit dem Wissen schlechthin, abgesehen von seinem besonderen Inhalt, identificirte (Zeller II 1 S. 123 f.). Mit dem Ergebniss dieses Analogieschlusses steht die Ueberlieferung
wenigstens im Einklang, wenn sie dasselbe auch nicht mit
voller Bestimmtheit ausspricht. Bei Sextos Pyrrh. I 231
lesen wir: ἀλλὰ καὶ ἐν τοῖς πρὸς τὸ τέλος διαφέρομεν τῆς
νέας Ἀκαδημίας· οἱ μὲν γὰρ κατ᾽ αὐτὴν κοσμεῖσϑαι λέγοντες
ἄνδρες τῷ πιϑανῷ προσχρῶνται κατὰ τὸν βίον, ἡμεῖς δὲ
τοῖς νόμοις καὶ τοῖς ἔϑεσι καὶ τοῖς φυσικοῖς πάϑεσιν ἑπόμενοι βιοῦμεν ἀδοξάστως. Wenn der Unterschied, der zwischen
der Akademie des Karneades und dem Pyrrhonismus in der
Auffassung des Guten bestand, nicht bloss formaler Art war,
wenn er auch den Inhalt berührte — und das wäre der Fall
gewesen wenn Karneades das Gute in der Befriedigung der
ersten Naturtriebe erblickt hätte —, warum wird diess hier,
wo es doch darauf ankam diesen Unterschied zu bestimmen,
ganz übergangen? warum lesen wir nicht etwas wie οἱ μὲν

γὰρ — ἄνδρες τῷ πιϑανῷ προσχρώμενοι κατὰ τὸν βίον τῶν πρώτων κατὰ φύσιν ὀρέγονται? Noch auffallender ist, dass in dem zweiten Bericht den Sextos dogm. I 166 ff. über die Ethik des Karneades gibt und der ausführlich genug ist, nicht bloss im Allgemeinen das πιϑανὸν schlechthin, ohne Rücksicht auf einen besonderen Inhalt desselben, als das Kriterion bezeichnet wird das uns zur Glückseligkeit verhilft (166 und 184), sondern dass auch unter den einzelnen Fällen, die als Beispiele des πιϑανὸν namhaft gemacht werden, kein einziger sich auf die nähere Bestimmung des Guten bezieht. Hatte wirklich Karneades eine solche Bestimmung gegeben, dann musste diese doch vor allen anderen als Beispiel eines Wahrscheinlichen angeführt werden von dem die menschliche Glückseligkeit abhängt. Auch hier verschwindet das Auffallende sobald wir annehmen dass nach Karneades nicht das Wahrscheinliche, insofern es auf einen bestimmten Inhalt sich bezieht, die Grundlage unserer Glückseligkeit ist sondern das Wahrscheinliche als solches: wir sollen, war seine Meinung, uns im Urtheilen und Handeln an das Wahrscheinliche halten wie es uns in den einzelnen Lagen des Lebens mit dem verschiedensten Inhalt erfüllt entgegentritt, so werden wir unsere Glückseligkeit am Besten fördern, während ein Befolgen des ἀπίϑανον uns mehr oder minder darin stören muss. — Der Annahme dieser Vermuthung, dass Karneades, ähnlich wie Arkesilaos in die Epoche, das Gute in das πιϑανὸν oder dessen Anerkennung gesetzt habe, scheint sich indessen ein Umstand entgegenzustellen. Arkesilaos, kann man sagen, hatte die Epoche als τέλος bezeichnet:[1]) entsprach also in der Ethik des

---

[1]) Wenigstens gibt Sextos Pyrrh. I 232 als Ansicht des Arkesilaos: τέλος μὲν εἶναι τὴν ἐποχήν. Dazu stimmt Cicero de fin. III 31: ut quidam Academici constituisse dicuntur, extremum bonorum et

Karneades der Epoche das πιθανόν, so hätte Karneades
dieses als das τέλος anerkannt. Somit schiene auch diese
Annahme in Widerspruch zu kommen mit der Stelle der
Tusculanen, aus der wir entnahmen dass Karneades das
höchste Gut überhaupt nicht näher bestimmt habe. Aber
zwischen τέλος und τέλος ist offenbar ein Unterschied. Oder
woher käme es denn, dass Karneades, wenn er die verschiedenen Ansichten über das höchste Gut besprach, die des
Arkesilaos überging?[1]) Das höchste Gut, das Karneades im
Sinne hatte, wenn er die nähere Bestimmung desselben für
unnütz erklärte, ist offenbar der höchste Gegenstand unseres
Strebens, das letzte Ziel auf das wir alle unsere Handlungen
richten. Als solches kann die Epoche nicht angesehen werden,
da sie nicht der Inbegriff der Glückseligkeit sondern nur
das Mittel sie zu erlangen ist; wenn sie trotzdem gelegentlich als τέλος bezeichnet wurde, so kann diess nur in dem
Sinne geschehen sein, dass sie die höchste Aufgabe des
Weisen (summum munus sapientis Cicero fin. III 31) sein
sollte. Das τέλος oder ἀγαθὸν dieser letzteren Art näher
zu bestimmen konnte aber Karneades unmöglich für überflüssig halten, da er dann auf jede Normirung der Handlungen behufs unserer Glückseligkeit hätte verzichten müssen.
Daher bestimmte er selber es näher als das πιθανὸν oder
dessen Anerkennung d. h. er gab das Mittel an das zur
Glückseligkeit führt, das eigentliche Wesen dieser letzteren
aber zu bestimmen hielt er für unnöthig.[2])

---

summum munus esse sapientis obsistere visis assensusque suos firme
sustinere. Vgl. S. 185, 1.

[1]) Diess müssen wir daraus schliessen, dass ihrer bei Cicero
Tusc. V 83 ff. nicht gedacht wird. Vgl. auch de fin, II 35. V 16 ff.
Acad. pr. 138 ff.

[2]) Die gegebene Darstellung ruht auf der Voraussetzung, dass
Karneades zwischen der Glückseligkeit die wir erstreben und dem

Die in der Skepsis des Karneades wahrnehmbaren Keime
des Dogmatismus wurden von seinen Nachfolgern weiter

Mittel wodurch wir sie uns verschaffen genau unterschied. Unter
Annahme derselben Unterscheidung erklärt sich noch etwas Anderes
das man bisher auffallend gefunden hat, und das ist, dass Karneades
die Tugend vom höchsten Gut ausgeschlossen haben soll. Zeller
(S. 521) will dafür nur die ungenaue Darstellung Ciceros verantwortlich machen, da nach Karneades eigentlicher Meinung die Tugend
vom höchsten Gut d. i. dem ersten Naturgemässen nicht zu trennen
sei. Er beruft sich deshalb (S. 521, 1) besonders auf de fin. V 18 f.:
hier werde von der Ansicht, welche das bonum und honestum (denn
so muss man Zellers Worte nach dem Zusammenhange verstehen,
obgleich Cicero nicht von bonum und honestum sondern vom höchsten
Gut oder der Glückseligkeit spricht) in den Besitz des Naturgemässen
setzt, gesagt, nach ihr seien die prima secundum naturam die prima
in animis, quasi virtutum igniculi et semina. Diese Worte enthalten
einen Irrthum. Nicht das sagt Cicero, dass die prima secundum naturam und die quasi virtutum igniculi et semina zusammenfallen, sondern dass zu den ersteren auch die letzteren mit gehören. Ich setze
zum Beweise Ciceros Worte her: ab eis alii, quae prima secundum
naturam nominant, proficiscuntur, in quibus numerant incolumitatem
conservationemque omnium partium, valetudinem, sensus integros, doloris vacuitatem, viris, pulchritudinem, cetera generis ejusdem, quorum similia sunt prima in animis, quasi virtutum igniculi et semina.
Ergibt sich nun hieraus wirklich, dass auch Karneades ein solches
erstes Naturgemässes im Geiste angenommen und dafür die Keime
der Tugenden gehalten habe? Diese Folgerung nicht zu rasch zu
ziehen, muss uns warnen was wir bald darauf lesen. Denn hier wird
die Ansicht des Karneades als eine, welche die Tugend vom höchsten
Gut ausschliesst, denen des Aristipp und Hieronymos an die Seite
gestellt (20), davon aber die der alten Akademie, die die Tugend mit
in das höchste Gut aufnimmt und nach Zeller (S. 520) mit der des
Karneades identisch sein soll, unterschieden und mit denen des
Kalliphon und Deinomachos verbunden (21). Und dasselbe wird uns
ausdrücklich gesagt in diesen Worten (22): nec vero alia sunt quaerenda contra Carneadiam illam sententiam: quocumque enim modo
summum bonum sic exponitur ut id vacet honestate, nec officia nec
virtutes in ea ratione nec amicitiae constare possunt. So bestimmt

entwickelt. Wie die Schüler des Sokrates so gingen auch die des Karneades in der Auffassung der Grundgedanken

---

sprechen diese beiden Stellen, dass sie uns wenigstens nöthigen die Worte, welche Karneades eine andere Ansicht zuzuschreiben schienen, noch einmal genauer anzusehen. Hierbei stellt sich heraus, dass streng genommen das was die „alii", d. i. Karneades, zum ersten Naturgemässen zählen nicht über die incolumitas und dergleichen hinausgeht. Denn nur mit Bezug auf dieses Naturgemässe heisst es „numerant". Was dagegen über das Naturgemässe im Geiste bemerkt wird, hat keineswegs eine Form die uns zwänge es aufzufassen als im Sinne des Karneades gesagt: es wird nämlich nur gesagt dass auch im Geiste sich finde was dem Vorhergenannten ähnlich sei; dass die „alii" schon diese Aehnlichkeit hervorgehoben hätten wird mit keiner Silbe angedeutet. Wir können daher ebenso gut die Worte „quorum similia — semina" für einen freien Zusatz Ciceros halten, der damit aussprechen wollte nicht was Karneades sondern was er selbst Alles zum ersten Naturgemässen rechnete. Und wir werden und müssen diess thun, da wir nur so Cicero von einem Widerspruch befreien wie er sich ihm kaum zutrauen lässt: denn auch bei seiner Flüchtigkeit ist es doch nicht denkbar dass er erst einem Philosophen eine Ansicht zuspricht die er ihm gleich darauf mit dürren Worten wieder abspricht. Besser hatte über jene Stelle Madvig zu de fin. S. 819[2] geurtheilt: in libro V denique 18 cum Cicero „prima in animo" vult esse „quasi virtutum igniculos et semina", incaute aliquid admiscuit ex illo fonte, de quo dicam paulo post. Eine andere Stelle, auf die sich Zeller stützen könnte, ist fin. IV 15. Hier glaubt man zunächst in den Worten „omnibus aut maximis rebus eis, quae secundum naturam sint, fruentem vivere" die Bestimmung vor sich zu haben, die Karneades vom höchsten Gut gegeben haben soll. Zur näheren Erklärung dieser Worte dient aber was wir unmittelbar darauf lesen: hoc non est positum in nostra actione; conpletur enim et ex eo genere vitae, quod virtute fruitur, et ex eis rebus, quae sunt secundum naturam neque sunt in nostra potestate. Ausdrücklich wird hier in das höchste Gut die Tugend mit aufgenommen. Zellers Auffassung scheint also Recht zu behalten. Aber doch nur unter der Voraussetzung, dass das höchste Gut, von dem hier gesprochen wird, wirklich das des Karneades ist. Und gegen diese Annahme muss uns bedenklich machen, dass Karneades in dem

und letzten Ziele ihres Meisters auseinander. Die Einen,
als deren Vertreter wir schon Kleitomachos, den Haupt-

Zusammenhang der fraglichen Worte nirgends genannt wird. Statt
seiner treffen wir vielmehr vorher auf den Namen Polemons und
nachher auf Xenokrates und Aristoteles. Kein Zweifel daher, dass
es sich hier um das höchste Gut der alten, von Antiochos erneuerten
Akademie handelt. Von diesem ist aber das des Karneades wohl zu
unterscheiden. Das zeigt deutlich Cicero de fin. II 34 f. Auch hier
wird ausdrücklich Karneades denen beigezählt, die die Tugend vom
höchsten Gut ausschlossen, und dasselbe in seinem Sinne auf das
„frui principiis naturalibus" eingeschränkt; von Polemon und Aristoteles dagegen wird gesagt, dass sie das höchste Gut in das „secuu-
dum naturam vivere" setzten, und dieses dann erklärt durch „virtute
adhibita frui primis a natura datis". Wenn nun trotzdem die fraglichen Worte des vierten Buches das höchste Gut in der Weise
bestimmen, wie diess Karneades gethan hatte, nur das erste Naturgemässe erwähnen von der Tugend aber schweigen, so trägt daran
offenbar nur Ciceros Flüchtigkeit die Schuld. Auch hier handelt es
sich wie im zweiten Buche um eine Erklärung des „secundum naturam vivere" (vgl. 14: cum enim superiores, e quibus planissime Polemo,
secundum naturam vivere summum bonum esse dixissent, his verbis
tria significari Stoici dicunt) und zwar ebenfalls im Sinne der alten
Akademie. Dass dazu auch das „adhibita virtute" gehört, haben wir
schon gesehen; wenn daher Cicero dasselbe hier fortlässt, so ist diess
ein blosser Flüchtigkeitsfehler. Das beweisen zum Ueberfluss die
unmittelbar folgenden, schon angeführten Worte. Denn hätte Cicero
mit bewusster Absicht den Inhalt des höchsten Gutes auf den Genuss
des Naturgemässen eingeschränkt, so hätte er auch die Tugend mit
unter das Naturgemässe rechnen müssen, während er sie doch gleich
darauf dem Naturgemässen entgegensetzt und so von ihm ausschliesst.
Auch auf diese zweite Stelle kann sich daher Zeller nicht mehr berufen, und es wird daher wohl bei Ciceros ausdrücklicher Erklärung
sein Bewenden haben dass Karneades die Tugend vom höchsten Gut
ausgeschlossen habe. Man braucht hieran nicht mehr Anstoss zu
nehmen als daran dass der ebenfalls der Akademie angehörige
Alexandriner Eudoros in seiner Eintheilung der Ethik den Tugenden
($\dot{\alpha}\varrho\varepsilon\tau\alpha\iota$) und den Gütern ($\dot{\alpha}\gamma\alpha\vartheta\dot{\alpha}$) je ein besonderes Kapitel zuwies
(Stob. ekl. II 50). Uebrigens hatte Karneades mit dieser Unter-

schriftsteller der Schule, kennen gelernt haben, erklärten
ihn für einen vollkommenen Skeptiker. Diesen trat Metrodor
gegenüber, und zwar, wie wir bereits gesehen haben, in der
Frage wie weit Karneades die Urtheilsenthaltung ausgedehnt,
ob er ein Meinen des Weisen zugelassen habe. Metrodor
hatte diese Frage bejaht. Dabei war er aber nicht stehen
geblieben. Er leugnete überhaupt, dass Karneades die Möglichkeit des Begreifens und Erkennens schlechthin bestritten
habe; nur dem Wissen, das die Stoiker allein dieses Namens
für würdig hielten, habe seine Polemik gegolten.[1]) Mit dieser

scheidung, die er zwischen der Tugend und den Bestandtheilen der
Glückseligkeit machte, schwerlich die Absicht die Moral auf eigene
Füsse zu stellen und von dem Streben nach Glückseligkeit unabhängig zu machen. Was er wollte war offenbar nur eine begriffliche
Scheidung: der Begriff der Tugend, behauptete er, sei ein anderer
als der der Glückseligkeit. Dass diese beiden in der Wirklichkeit
des Lebens eng zusammengehören, hat er gewiss nicht geleugnet:
vielmehr wird er die Tugend als das geeignetste Mittel bezeichnet
haben uns in den Besitz aller der Güter zu setzen, deren Genuss
die Glückseligkeit ausmachen sollte. Nur um den Stoikern zu widersprechen, wie überliefert wird, stellte Karneades diese Ansicht vom
höchsten Gut auf. Und dieser Zweck giebt sich auch deutlich in ihr
zu erkennen. Den Stoikern ging das Wesen der Glückseligkeit in
der Tugend auf, der Genuss ($\dot{\eta}\delta ov\dot{\eta}$) war davon ausgeschlossen und
galt ihnen nur für etwas Accidentelles. Dem gegenüber behauptete
nun Karneades, dass gerade im Genuss das Wesen der Glückseligkeit
bestehe, die Tugend aber davon auszuschliessen sei da sie nur ein
Weg zur Glückseligkeit, nicht diese selber sei. In keinem anderen
Sinne nahm er sich wohl auch der Ansicht Kalliphons gegenüber den
Stoikern an (Cicero Acad. pr. 139) als weil dieser den Genuss (voluptas, $\dot{\eta}\delta ov\dot{\eta}$) mit in das höchste Gut aufgenommen hatte.

[1]) Augustin contra Acad. III 18, 41: qui (Philo) jam veluti
aperire cedentibus hostibus portas coeperat et ad Platonis auctoritatem Academiam legesque revocare; quamquam et Metrodorus id
antea facere tentaverat, qui primus dicitur esse confessus non decreto
placuisse Academicis nihil posse comprehendi sed necessario contra
Stoicos hujusmodi eos arma sumpsisse.

Ansicht scheint er indessen unter seinen Zeitgenossen ziemlich allein gestanden zu haben.[1]) Erst Philon der Schüler des Kleitomachos nahm sie wieder auf und scheint sie näher bestimmt sowie mit grösserem Nachdruck vorgetragen zu haben.[2]) Auch seine Ansicht war es nicht von jeher gewesen.[3]) Allerdings war er von Anfang an Karneadeer und blieb es bis zuletzt insofern auch mit der eben erwähnten Ansicht er nicht eine neue ihm eigenthümliche Meinung aussprechen sondern lediglich die des Karneades ausdrücken wollte.[4]) Aber die Worte des Karneades liessen eine verschiedene Erklärung zu, und wie wir schon sahen, stritten

---

[1]) Diess darf man daraus schliessen, dass er behauptete Alle hätten den Karneades missverstanden (Καρνεάδου παρακηκοέναι πάντας) nach Ind. Herc. col. 26, 4.

[2]) Sonst hätte sie Antiochos nicht als eine bis dahin in der akademischen Schule unerhörte bezeichnen und Herakleitos der Schüler des Kleitomachos und Philon ihm darin zustimmen können, wie diess doch geschieht bei Cicero Acad. pr. 11: at ille (Antiochus), Heracliti memoriam inplorans, quaerere ex eo, viderenturne illa Philonis aut ea num vel e Philone vel ex ullo Academico audivisset aliquando? negabat. Noch eine Möglichkeit darf ins Auge gefasst werden. Wir wissen nicht ob Metrodor auch als Schriftsteller thätig gewesen ist. Denn daraus dass er im Ind. Herc. col. 26, 4 μέγας καὶ βίῳ καὶ λόγῳ genannt wird, ergibt es sich noch nicht. In der Charakteristik aber, die Lucullus bei Cicero Acad. pr. 16 von den einzelnen Akademikern gibt, wird an Metrodor nur seine genaue Bekanntschaft mit Karneades hervorgehoben. Die Vermuthung ist daher wohl erlaubt dass er dem Beispiel des Arkesilaos und Karneades folgend sich auf den mündlichen Vortrag beschränkte. In diesem Falle ist es aber denkbar, dass erst aus Philons Schrift dessen jüngere Zeitgenossen etwas von jener Ansicht Metrodors erfuhren, und dann vollkommen erklärt weshalb dieselbe ihnen als eine bis dahin in der Akademie unerhörte erschien.

[3]) Vgl. die in der vorigen Anmerkung angeführte Stelle.

[4]) Wenigstens hatte Metrodor den S. 194, 1 angeführten Worten Augustins zufolge sie nicht für eine ihm allein angehörende sondern

13*

Metrodor und Kleitomachos darüber ob die Epoche absolut
zu fassen oder ob sie zu beschränken und dem Weisen das
Meinen gestattet sei. Indessen auf diese Verschiedenheit der
Auslegung kann sich der Wandel in Philons Ansichten nicht
bezogen, Philon kann nicht bis dahin die absolute Epoche
vertheidigt und erst danach sich zu Metrodor bekehrt haben.
Denn wie hätte der Uebergang zu dieser Ansicht eine solche
Entrüstung bei Antiochos und Catulus hervorrufen können,
da es dieselbe Auffassung der karneadeischen Skepsis war
zu der auch diese sich bekannten?[1]) Das Neue, den Widerspruch der Genannten Herausfordernde kann also nur in
der Einführung des Namens καταληπτὸν liegen. Dieses
Wort wollte Philon in einem weiteren Sinne brauchen als
die Stoiker thaten, die es auf solche wahre Vorstellungen
einschränkten denen keine falsche jemals gleich sein könnte:
Philon entfernte dieses Merkmal aus dem Begriff, da er die
Möglichkeit derartiger Vorstellungen leugnete. Das war es,
wogegen sich die Polemik des Antiochos richtete. Er konnte
nicht zugeben, dass man nach Aussonderung jenes Merkmals
noch von einem καταληπτὸν sprach, dass man mit diesem
Wort, das auf ein Erkennen und Wissen hindeutete, Vorstellungen bezeichnete, die nur den Namen von wahrscheinlichen verdienten und die auch Philon selber bis dahin nicht
anders benannt hatte.[2]) Dass hierin, in der Verwendung

---

für die der Akademiker ausgegeben, unter denen in diesem Zusammenhange zuerst an Karneades zu denken ist. An Metrodor schloss
sich aber Philon an.

[1]) Ueber Antiochos' Auffassung der Karneadeischen Skepsis
s. S. 172 ff.. Ueber Catulus s. Cicero Acad. pr. 148. Dass der letztere
ebenso wie Antiochos Philon bestritten hatte, ergibt sich aus Cicero
a. a. O. 12.

[2]) Bei Cicero Acad. pr. 18 sagt Lucullus: Philo autem, dum
nova quaedam commovet, quod ea sustinere vix poterat, quae contra
Academicorum pertinaciam dicebantur, et aperte mentitur, ut est

des Wortes καταληπτόν, Philons eigenthümliche, ihn von seinen Vorgängern in der Akademie scheidende Neuerung beruht, bestätigt auch Sextos Empeirikos, wenn er die Eigenthümlichkeit Philons darein setzt dass dieser die Unerkennbarkeit der Dinge nur mit Bezug auf die stoische καταληπτικὴ φαντασία, nicht aber hinsichtlich der Natur der Dinge selber behauptet habe.[1])

reprehensus a patre Catulo, et, ut docuit Antiochus, in id ipsum se induit, quod timebat. cum enim ita negaret quicquam esse, quod conprehendi posset — id enim volumus esse καταληπτόν —, si illud esset, sicut Zeno definiret, tale visum — jam enim hoc pro φαντασίᾳ verbum satis hesterno sermone trivimus —. visum igitur inpressum effictumque ex eo, unde esset, quale esse non posset ex eo, unde non esset: — id nos a Zenone definitum rectissime dicimus; qui enim potest quicquam conprehendi, ut plane confidas perceptum id cognitumque esse, quod est tale, quale vel falsum esse possit? — hoc cum infirmat tollitque Philo, judicium tollit incogniti et cogniti; ex quo efficitur nihil posse conprehendi: ita inprudens eo, quo minime volt, revolvitur. qua re omnis oratio contra Academiam suscipitur a nobis, ut retineamus eam definitionem, quam Philo voluit evertere; quam nisi obtinemus, percipi nihil posse concedimus. Da den Anlass zu dieser Neuerung in der Terminologie Philon offenbar von der Unmöglichkeit genommen hatte Vorstellungen zu finden die wahr und zugleich von jeder falschen deutlich unterschieden sind, so konnte Antiochos in seiner Polemik die Erörterung dieses Punktes nicht umgehen. Wenn daher ein anderes Bruchstück, das uns aus dieser Polemik erhalten ist, sich gerade hierauf bezieht, so kann diess nur zur Bestätigung dafür dienen, dass die wesentliche und Aufsehen machende Neuerung Philons in der Einführung des καταληπτὸν bestand. Jenes Bruchstück finden wir bei Cicero Acad. pr. 111: Ne illam quidem praetermisisti, Luculle, reprehensionem Antiochi — nec mirum, inprimis enim est nobilis —, qua solebat dicere Philonem maxime perturbatum: cum enim sumeretur unum, esse quaedam falsa visa, alterum, nihil ea differre a veris, non attendere superius illud ea re a se esse concessum, quod videretur esse quaedam in visis differentia; eam tolli altero, quo neget visa a falsis vera differre: nihil tam repugnare.

[1]) Pyrrh. I 235: οἱ δὲ περὶ Φίλωνά φασιν ὅσον μὲν ἐπὶ τῷ

Diese Neuerung scheint indessen zu unbedeutend zu
sein als dass wir in sie die wissenschaftliche Eigenthümlichkeit Philons setzen dürften, eine Eigenthümlichkeit die so
gross war dass sie ihm das Recht erwarb der Stifter der
vierten Akademie zu heissen. Ein blosser Unterschied in
der Terminologie, meint man vielleicht, würde diess. nicht
bewirkt haben. Und dŏch wie viel hängt bisweilen in der
Philosophie am Unterschied der Worte! Wie wichtig war
es dass Karneades an die Stelle des εὔλογον das πιϑανόν
setzte! Und so ist es auch keineswegs gleichgiltig dass
Philon das letztere oder wenigstens die höchste Art desselben
mit dem Namen des καταληπτὸν belegte. Damit war der
Gegensatz, in dem die akademische Skepsis sich zum Dogmatismus befand, zum Theil beseitigt und auf einen Gegensatz zu einer einzelnen dogmatischen Philosophie, der stoischen, eingeschränkt. Nicht jedes Begreifen und Erkennen
hielt Philon für unmöglich, sondern nur das Begreifen und
Erkennen in dem Sinne den die Stoiker damit verbanden.
In einem weiteren Sinne dagegen, in dem es auch die Wahrscheinlichkeit wenigstens des höchsten Grades bezeichnen
konnte, hielt er Beides für möglich. Und es mochte dieser
Sinn sein, in dem nach seiner Meinung dergleichen Worte

στωικῷ κριτηρίῳ, τουτέστι τῇ καταληπτικῇ φαντασίᾳ, ἀκατάληπτα
εἶναι τὰ πράγματα, ὅσον δὲ ἐπὶ τῇ φύσει τῶν πραγμάτων αὐτῶν
καταληπτά. D. h. unsere Vorstellungen vermögen allerdings das wirkliche Wesen der Dinge ausser uns wiederzugeben, nur fehlt ihnen
ein Kennzeichen woran wir in jedem einzelnen Falle sehen können
ob sie von etwas Wirklichem oder Unwirklichem hervorgerufen sind.
Mit anderen Worten, Philon gab zu dass eine Vorstellung sein könne
ἀπὸ ὑπάρχοντος καὶ κατ' αὐτὸ τὸ ὑπάρχον ἐναπομεμαγμένη καὶ
ἐναπεσφραγισμένη (Sextos dogm. I 248) und beanspruchte für eine
solche den Namen des καταληπτόν; was er bestritt war nur die Berechtigung des Zusatzes ὁποία οὐκ ἂν γένοιτο ἀπὸ μὴ ὑπάρχοντος,
den zu dieser Definition die Stoiker machten.

auch von anderen Philosophen genommen wurden. So hatte Platon das, was den Inhalt der Naturphilosophie ausmacht, nur in der Form des Wahrscheinlichen (εἰκός) gegeben: trotzdem coordinirten seine Schüler diese Disciplin der Dialektik und Ethik und bezeichneten sie dadurch ebenfalls als eine Art des Wissens. Und auch Aristoteles, obgleich er sich des schwankenden Bodens, den alle ethisch-politischen Erörterungen unter sich haben, wohl bewusst war, hatte darum doch den Ergebnissen derselben den Namen einer Wissenschaft nicht versagen wollen. [1]) Auf sie mochte sich daher Philon berufen wenn es zu beweisen galt dass auch das nur das Wahrscheinliche umfassende Meinen den Namen eines Wissens und Erkennens wenigstens unter Umständen verdiene, und er hatte dazu um so mehr Veranlassung da

---

[1]) Die Annahme, dass Philon sich gerade auf die aristotelische Ethik berufen habe, wird einmal dadurch nahe gelegt, weil ja für Philon die Philosophie fast nur Ethik war (vgl. Stob. ekl. II p. 40 f.). Dazu kommt aber noch dass die skeptische Akademie in der Beurtheilung des wissenschaftlichen Werthes ethischer Betrachtungen aufs Genaueste mit Aristoteles zusammentrifft. Man lese im Anfangskapitel der Nikomachischen Ethik (p. 1094b 10 ff.) Folgendes: ἡ μὲν οὖν μέθοδος τούτων ἐφίεται, πολιτική τις οὖσα· λέγοιτο δ' ἂν ἱκανῶς, εἰ κατὰ τὴν ὑποκειμένην ὕλην διασαφηθείη· τὸ γὰρ ἀκριβὲς οὐχ ὁμοίως ἐν ἅπασι τοῖς λόγοις ἐπιζητητέον, ὥσπερ οὐδ' ἐν τοῖς δεδημιουργημένοις. τὰ δὲ καλὰ καὶ τὰ δίκαια, περὶ ὧν ἡ πολιτικὴ σκοπεῖται, τοσαύτην ἔχει διαφορὰν καὶ πλάνην ὥστε δοκεῖν νόμῳ μόνον εἶναι, φύσει δὲ μή. τοιαύτην δέ τινα πλάνην ἔχει καὶ τἀγαθὰ διὰ τὸ πολλοῖς συμβαίνειν βλάβας ἀπ' αὐτῶν· ἤδη γάρ τινες ἀπώλοντο διὰ πλοῦτον, ἕτεροι δὲ δι' ἀνδρείαν· ἀγαπητὸν οὖν περὶ τοιούτων καὶ ἐκ τοιούτων, λέγοντας παχυλῶς καὶ τύπῳ τἀληθὲς ἐνδείκνυσθαι, καὶ περὶ τῶν ὡς ἐπὶ τὸ πολὺ καὶ ἐκ τοιούτων λέγοντας τοιαῦτα καὶ συμπεραίνεσθαι. Hiermit vergleiche man Sext. dogm. I 174 f.: ὅθεν τὸ κριτήριον ἔσται μὲν ἡ φαινομένη ἀληθὴς φαντασία, ἣν καὶ πιθανὴν προσηγόρευον οἱ ἀπὸ τῆς Ἀκαδημίας, ἐμπίπτει δὲ ἔσθ' ὅτε καὶ ψευδής, ὥστε ἀνάγκην ἔχειν καὶ τῇ κοινῇ ποτὲ τοῦ

zwischen ihm und Antiochos doch auch darum gestritten
wurde wer von ihnen die altakademische Lehre vertrat.[1])

ἀληθοῦς καὶ ψευδοῦς φαντασίᾳ χρῆσθαι. οὐ μέντοι διὰ τὴν σπάνιον
ταύτην παρέμπτωσιν, λέγω δὲ τῆς μιμουμένης τἀληθές, ἀπιστητέον
ἐστὶ τῇ ἅ ς (ἐπὶ?) τὸ πολὺ ἀληθενούσῃ· τῷ γὰρ ὡς ἐπὶ τὸ πολὺ
τάς τε κρίσεις καὶ τὰς πράξεις κανονίζεσθαι συμβέβηκεν.

[1]) Dass Philon wirklich, um seinen Gebrauch des Wortes καταληπτὸν zu rechtfertigen, auf die älteren Schüler Platons zurückging,
wird um einen Grad wahrscheinlicher durch Folgendes was Cicero
Acad. pr. 112 f. gegen Lucullus vorbringt: si — mihi cum Peripatetico res esset, qui id percipi posse diceret, „quod inpressum esset
e vero“, neque adderet illam magnam accessionem „quo modo inprimi non posset a falso“, cum simplici homine simpliciter agerem
nec magno opere contenderem, atque etiam si, cum ego nihil dicerem
posse conprehendi, diceret ille sapientem interdum opinari, non repugnarem, praesertim ne Carneade quidem huic loco valde repugnante:
nunc quid facere possum? quaero enim quid sit quod conprehendi
possit. respondet mihi non Aristoteles aut Theophrastus, ne Xenocrates
quidem aut Polemo, sed his minores: tale verum, quale falsum esse
non possit, nihil ejus modi invenio; itaque incognito nimirum adsentiar, id est, opinabor. hoc mihi et Peripatetici et vetus Academia
concedit: vos negatis, Antiochus in primis etc. Vgl. auch was de fin.
V 76 Cicero, wir dürfen sagen von Philons Standpunkt aus, äussert:
nonne meministi (Worte Ciceros an Piso gerichtet) licere mihi ista
probare quae sunt a te dicta? quis enim potest ea, quae probabilia
videantur ei, non probare? „an vero“ inquit „quisquam potest probare
quod perceptum quod conprehensum quod cognitum non habet?“ „non
est ita,“ inquam „Piso, magna dissensio: nihil est enim aliud quam
ob rem mihi percipi nihil posse videatur nisi quod percipiendi vis
ita definitur a Stoicis ut negent quicquam posse percipi nisi tale
verum quale falsum esse non possit. itaque haec cum illis est
dissensio, cum Peripateticis nulla sane. sed haec omittamus;
habent enim et bene longam et satis litigiosam disputationem. Dass
Philon in derselben Schrift, in der er seine Definition des καταληπτὸν
zuerst aufstellte und vertheidigte, auch an die alte Akademie wieder
anzuknüpfen suchte, wird in hohem Grade wahrscheinlich durch
Cicero Acad. post. 13: „Antiochi magister Philo, magnus vir, ut tu
existimas ipse, negat in libris, quod coram etiam ex ipso audiebamus,

Diese Auffassung der Lehre Philons wird aber erst dann auf volle Zustimmung rechnen können, wenn sich gezeigt hat dass die abweichenden Ansichten Anderer nicht Stich halten. Eine solche hat K. Fr. Hermann aufgestellt (in zwei göttinger Programmen de Philone Larissaeo, 1851 und 1855). Nach ihm bestünde die Eigenthümlichkeit Philons gegenüber seinen akademischen Vorgängern darin dass er nicht wie diese die Skepsis gegen jede Erkenntniss richtete sondern nur gegen die aus den Sinnen geschöpfte. Dagegen habe er wie Platon eine Erkenntniss für möglich gehalten, die das wahre Wesen der Dinge jenseits der Sinneseindrücke erfasste. Wenn er daher so heftig gegen die Stoiker stritt, so sei der Grund hiervon nicht gewesen, dass diese überhaupt ein sicheres Wissen annahmen, sondern nur dass sie dasselbe einzig und allein aus den Sinnen ableiteten. Wir brauchen nicht auf alle einzelnen Gründe einzugehen mit denen Hermann seine Ansicht zu stützen versucht hat. Die Hauptsache ist ob sich dieselbe an dem bewährt was uns Cicero Acad. pr. 18 (s. o. S. 196, 2) über Philons Lehre mittheilt: denn diess ist unstreitig das wichtigste Zeugniss, von dem jede Untersuchung über Philon ausgehen muss, das auch vor dem des Sextos (Pyrrh. I 235) den Vorzug verdient weil es nicht wie dieses verschiedener Auslegung fähig ist. Hermann freilich hat ihm eine verschiedene Auslegung gegeben, von der es indessen fraglich ist ob sie sich wirklich mit Ciceros Worten verträgt. Nach Hermann nämlich hätten wir in diesen die Ueberlieferung dass Philon nicht einmal für den Fall das Wissen der Stoiker als solches anerkennen wollte wenn es wirklich Vorstellungen

---

duas Academias esse erroremque eorum, qui ita putarunt, coarguit." „est, inquit, ut dicis; sed ignorare te non arbitror, quae contra Philonia Antiochus scripsit."

der Art gäbe wie sie nach ihnen allem Wissen zu Grunde
liegen sollten, d. h. Abdrücke und Bilder von dem was ist
wie sie nicht entstehen können von dem was nicht ist (visum
inpressum effictumque ex eo unde esset, quale esse non
posset ex eo unde non esset). Durch eine solche Behauptung würde sich Philon allerdings, wie auch Hermann hervorhebt, wesentlich von Karneades unterschieden haben, der
unter der Voraussetzung dass Vorstellungen jener Art nachgewiesen würden auch ein Wissen nicht mehr leugnen wollte
(Sext. dogm. I 402): denn selbst diese Voraussetzung, die
Karneades noch übrig gelassen hatte, würde hiernach Philon
aufgehoben haben, weil Vorstellungen dieser Art doch immer
aus den Sinnen abgeleitet sind, Philon aber eine durch die
Sinne vermittelte Erkenntniss für schlechthin unmöglich hielt.
Von hier aus war dann nur ein kleiner Schritt bis zu der
Annahme dass Philon ganz wie Platon kein anderes Wissen
gelten liess als das durch Anschauen der Ideen gewonnene.
Aber dieser höchst wichtige Schluss hängt eigentlich nur
an zwei Wörtchen, die den Anfang der Folgerung bilden.
Was Hermann von Cicero für bezeugt hält, ist, dass Philon
nicht einmal für den Fall dass sich Vorstellungen der
erwähnten Art nachweisen liessen, gestattet habe auf dieselben ein Wissen zu gründen.[1]) Von diesem „nicht-einmal“,
an dem doch Alles hängt, ist nun aber bei Cicero nicht die
geringste Spur zu entdecken. Vielmehr lesen wir dort:
Philon habe nur unter der Voraussetzung geleugnet· dass
etwas Begreifbares existire wenn man dasselbe in der Weise

---

[1]) Vgl. im zweiten der angeführten Programme S. 11: Philo
autem quomodo hac in causa vel ultra Carneadem progressus sit,
haud scimus an jam priorum Academicorum testimonio probetur (18),
ubi ne ita quidem comprehensionem concessisse traditur, si tale
visum esset, quale Zeno definierat, „impressum effictumque ex eo unde
esset, quale esse non posset ex eo unde non esset.“

wie Zenon gethan hatte definire.[1])   Und dass, woran Philon
in der zenonischen Definition Anstoss nahm, nicht etwa der
Umstand war, dass dieselbe diese allem Wissen zu Grunde
liegenden Vorstellungen aus den Sinneseindrücken ableitete,
lehren ebenfalls Ciceros Worte: denn deutlich wird hier der
Zusatz „wie sie nicht entstehen können von dem was nicht
ist" als das bezeichnet worauf es ankommt und wogegen
sich Philons Polemik richtete.[2])   Philon also statt über
Karneades hinauszugehen bleibt vielmehr, wenn man aufs
Wesentliche sieht, auf dessen Standpunkt stehen.[3]) — Unbedeutend ist was Hermann sonst noch zur Bestätigung
seiner Ansicht beigebracht hat.   So findet er z. B., dass
unter Annahme derselben sich besser erkläre weshalb Antiochos gerade gegen Philon mit solcher Heftigkeit aufge-
treten sei: denn den Grund hiervon könne man jetzt darin

---

[1]) Die Worte sind: cum enim ita negaret quicquam esse quod
conprehendi posset, — — — si illud esset sicut Zeno definiret.

[2]) Es heisst nach Anführung der zenonischen Definition: id nos
a Zenone definitum rectissime dicimus; qui enim potest quicquam
conprehendi, ut plane confidas perceptum id cognitumque esse, quod
est tale quale vel falsum esse possit? Hierauf wird hinzugefügt: hoc
cum infirmat tollitque Philo, judicium tollit incogniti et cogniti. Das
was Philon „entkräftet und aufhebt", ist somit nicht die gesammte
Definition sondern nur der fragliche Zusatz.   Dass es dieser war an
den Philon sich vorzüglich oder allein stiess, zeigen auch Ciceros
Worte Acad. pr. 112 (s. o. S. 200, 1), in denen er denselben als „illa
magna accessio" bezeichnet ohne die man sich wohl verständigen
könnte.   Zur Kenntniss von Philons Ansicht dürfen diese Worte
darum benutzt werden, weil Cicero, der spricht, dort seine Ansicht
ausdrücklich von der des Karneades noch unterscheidet (praesertim
ne Carneade quidem huic loco valde repugnante): wollen wir daher
nicht annehmen, Cicero habe sich eine Ansicht ganz für sich gebildet, so wird dieselbe wohl diejenige Philons sein.

[3]) Auf Hermanns Irrthum in der Erklärung der ciceronischen
Worte hatte schon Zeller S. 592, 1 hingewiesen.

sehen dass Philon in der Bestreitung der stoischen Erkenntnisstheorie noch mehr in die Tiefe ging als Karneades und
deshalb auch der von Antiochos erstrebten Versöhnung
zwischen Akademie und Stoa noch mehr im Wege war.[1])
Und allerdings liess sich im Allgemeinen unter Voraussetzung
von Hermanns Ansicht die Heftigkeit wohl erklären, mit der
Antiochos seinem Lehrer Philon entgegentrat. Nicht genügend
aber erklärt sich die besondere Art in der sich diese Heftigkeit äusserte: denn würde Antiochos wohl die Ansicht Philons
eine bis dahin in der Akademie unerhörte genannt haben
(Acad. pr. 11), wenn wirklich Philon einfach zur Lehre Platons zurückgekehrt wäre? Wie sich diese Aeusserung mit
unserer Auffassung Philons vereinigen lässt, ist früher (S. 195 f.)
erörtert worden. Aber auch im Allgemeinen der Aerger, den
Antiochos über Philons Neuerung empfand, wird bei derselben
vollkommen begreiflich. Das Recht sich von seinem Lehrer
Philon loszusagen und eine Sonderstellung in der Akademie
einzunehmen hatte Antiochos darauf gegründet, dass er nicht
wie Karneades und bis dahin auch Philon zum Handeln und
zur Sittlichkeit das Wahrscheinliche für genügend hielt sondern dazu das Wissen erforderte. Jetzt wurde ihm auf ein
Mal dieses Recht von Philon bestritten. Ein Wissen, sagte
dieser, ist auch was wir zur Grundlage des Handelns machen;
nur freilich nicht ein Wissen im Sinne der Stoiker. Und
wenn Philon nun, was ich zu zeigen versucht habe, weiter hinzufügte „aber ein Wissen im Sinne der älteren Schüler Platons,
der Akademiker und Peripatetiker", so berührte er abermals
Antiochos an einer empfindlichen Stelle: denn auf nichts

---

[1]) Im zweiten Programm S. 11: Atque sic etiam clarius intelligitur, cur tanta illum acerbitate Antiochus insectatus sit adeoque
rationem ejus ab Academia alienam existimaverit, quia id ipsum radicitus sustulerat, quo invento semper spes fuerat fore ut Academici
Stoicis manus dare cogerentur.

that sich dieser so viel zu gut als dass er im Gegensatz zu
der skeptischen Akademie die echte, die alte akademische
Lehre wieder erneuert habe.

Die Auffassung Hermanns,[1]) wie sie bei schärferer Betrachtung nicht auf Beifall rechnen kann, hat deshalb auch
den von Zeller nicht gefunden. Aber auch was dieser an
deren Stelle setzt, weicht von der unsrigen ab. Nach ihm
(S. 594 f.) hätte Philon zwar ein vollkommnes Wissen, ein
Begreifen geleugnet, darum aber doch nicht auf alle Sicherheit der Ueberzeugung verzichtet und nicht eingeräumt „dass
mit der Begreiflichkeit der Dinge alles Wissen überhaupt
stehe und falle"; vielmehr hätte er eine Augenscheinlichkeit
zugegeben, „die doch noch etwas anderes sei, als ein Begreifen, eine der Seele eingeprägte Wahrheit, an die wir uns
halten, wenn wir sie auch nicht zu begreifen im Stande
seien". Zellers Ansicht gründet sich hauptsächlich auf Cicero
Acad. pr. 34: simili in errore versantur, cum convitio veritatis coacti perspicua a perceptis volunt distinguere et conantur ostendere esse aliquid perspicui, verum illud quidem
et [2]) inpressum in animo atque mente, neque tamen id percipi ac conprendi posse. „Karneades und Klitomachus",
bemerkt Zeller S. 595, 1, „welche unserem Wissen im besten
Fall einen hohen Grad von Wahrscheinlichkeit zugestehen,

---

[1]) Mit der im Wesentlichen auch Krische zusammentrifft, wenn
er Gött. Stud. 1845, 2 S. 148 sagt: „Das Neue, was Philon abweichend
von seiner früheren karneadeischen Lehre mitten in der Analyse der
zenonischen Definition der φαντασία καταληπτική aufgestellt, bestand
gerade in der Annahme einer wirklichen Erkenntniss der Dinge, die
er, wie uns Sextos' Zeugniss (Pyrrh. I 235) bedeutet, der durch sinnliche Anschauung bedingten stoischen entgegenstellend als eine auf
das innere Sein der Dinge gerichtete Vernunfterkenntniss festgehalten
haben muss."

[2]) Dieses et wird wohl hinzuzufügen sein. Keinesfalls kann
verum hier die Adversativpartikel sondern muss das Adjectivum sein.

können sich noch nicht so ausgesprochen haben." Aber sehen wir uns doch einmal genauer an, was Cicero vom Augenscheinlichen (perspicuum) sagt. Vor Allem sind es zwei Eigenschaften die er Vorstellungen dieser Art zuschreibt: dass sie wahr und dass sie unserem Geiste eingeprägt seien. Hat nun Vorstellungen, denen diese beiden Merkmale anhängen, nicht auch Karneades angenommen? So fragen wir um so mehr als was Cicero ausserdem hinzufügt, dass sie nicht Gegenstand einer begreifenden Erkenntniss sind, diesen Vorstellungen ohnediess mit den wahrscheinlichen des Karneades gemein ist. Was unterscheidet sie nun von den letzteren? Etwa dass sie wahr sind? Aber dass es wahr sei rechnet auch Karneades zu den wesentlichen Kennzeichen seines Wahrscheinlichen und unterscheidet es eben hierdurch von dem was bloss den täuschenden Schein der Wahrheit an sich trägt.[1]) Man darf nicht einwenden, dass das Wahr-

---

[1]) Bei Sextos dogm. I 174 unterscheidet er drei Bedeutungen des Wortes πιθανόν: τὸ δὲ πιθανὸν ὡς πρὸς τὸ παρὸν λέγεται τριχῶς, καθ᾽ ἕνα μὲν τρόπον τὸ ἀληθές τε ὂν καὶ φαινόμενον ἀληθές, καθ᾽ ἕτερον δὲ τὸ ψευδὲς μὲν καθεστηκὸς φαινόμενον δὲ ἀληθές, κατὰ δὲ τρίτον τὸ κοινὸν ἀμφοτέρων. Nur das πιθανὸν in der ersten Bedeutung aber sollen wir nach Karneades unseren Handlungen zu Grunde legen, wie die auf die angeführten Worte folgenden beweisen: ὅθεν τὸ κριτήριον ἔσται μὲν ἡ φαινομένη ἀληθὴς φαντασία, ἣν καὶ πιθανὴν προσηγόρευον οἱ ἀπὸ τῆς Ἀκαδημίας, ἐμπίπτει δ᾽ ἔσθ᾽ ὅτε καὶ ψευδής, ὥστε ἀνάγκην ἔχειν καὶ τῇ κοινῇ ποτὲ τοῦ ἀληθοῦς καὶ ψευδοῦς φαντασίᾳ χρῆσθαι. Denn dass das πιθανὸν hier nur als φαινομένη ἀληθὴς φ., nicht als ἀληθής τε καὶ φ. ἀλ. bezeichnet wird, ist offenbar nur abgekürzte Ausdrucksweise, die beansprucht aus dem Vorhergehenden ergänzt zu werden. Das bei Sextos weiter Folgende zeigt deutlich, dass ein Unterschied sein soll zwischen dem πιθανὸν als der wahren oder doch der Regel nach wahren und derjenigen Vorstellung, die das Wahre nur nachahmt, im Grunde aber falsch ist: οὐ μέντοι διὰ τὴν σπάνιον ταύτης παρέμπτωσιν, λέγω δὲ τῆς μιμουμένης τἀληθές, ἀπιστητέον ἐστὶ τῇ ὡς τὸ πολὺ ἀληθευούσῃ. Als

scheinliche des Karneades, wenn es schon der Regel nach
das Wahre sei, doch bisweilen sich als täuschend erweise,
das Augenscheinliche dagegen niemals irre, immer wahr sei:
denn Ciceros eigene Worte, die er den angeführten hinzufügt, lehren dass dem nicht so ist, dass vielmehr auch das
Augenscheinliche trügen kann und keineswegs unbedingt
wahr ist.¹) Auf das Prädicat „wahr" hat somit das Augenscheinliche Ciceros nicht mehr und nicht weniger Anspruch
als das Wahrscheinliche des Karneades. Aber das Augenscheinliche soll weiter der Seele und dem Geiste eingeprägt
sein. Dass nun Karneades in derselben Weise das Wahrscheinliche bezeichnet habe, dafür finde ich freilich keine
ausdrückliche Ueberlieferung, nichts desto weniger müssen
wir es schliessen weil er den verworrenen Vorstellungen die
wahrscheinlichen als die deutlich ausgeprägten gegenüber-
stellte ²) und können diesen Schluss bestätigen durch eine

ἀληθεῖς τε καὶ φαινόμεναι φαντασίαι werden die πιθαναὶ von Sextos
im Verlaufe derselben Darstellung auch 182 bezeichnet, und kurzweg
wahr heisst eine Vorstellung der Art einmal 180. Vgl. auch Niko-
laos von Damaskos in Stob. floril. von Mein. IV S. 234 Nr. 24: οἱ ἀπὸ
τῆς Ἀκαδημίας ὑγιεῖς μέν (sc. λέγουσι τὰς αἰσθήσεις), ὅτι δι' αὐτῶν
οἴονται λαβεῖν ἀληθινὰς φαντασίας, οὐ μὴν ἀκριβεῖς.

¹) Quo enim modo perspicue dixeris album esse aliquid, cum
possit accidere ut id, quod nigrum sit, album esse videatur? aut quo
modo ista aut perspicua dicemus aut *menti* inpressa subtiliter, cum
sit incertum, vere inaniterne moveatur?

²) Sextos dogm. I 171: τῆς δὲ φαινομένης (sc. φαντασίας) ἀληθοῦς ἡ μέν τίς ἐστιν ἀμυδρά, ὡς ἡ ἐπὶ τῶν παρὰ μικρότητα τοῦ
θεωρουμένου ἢ παρὰ ἱκανὸν διάστημα ἢ καὶ παρὰ ἀσθένειαν τῆς
ὄψεως συγκεχυμένως καὶ οὐκ ἐκτύπως τι λαμβανόντων, ἡ δέ τις ἦν
σὺν τῷ φαίνεσθαι ἀληθὴς ἔτι καὶ σφοδρὸν ἔχουσα τὸ φαίνεσθαι αὐτὴν ἀληθῆ. ὧν πάλιν ἡ ἀμυδρὰ καὶ ἔκλυτος φαντασία οὐκ ἂν εἴη
κριτήριον· τῷ γὰρ μήτε αὐτὴν μήτε τὸ ποιῆσαν αὐτὴν τρανῶς ἐνδείκνυσθαι οὐ πέφυκεν ἡμᾶς πείθειν οὐδ' εἰς συγκατάθεσιν ἐπισπᾶσθαι.

andere ciceronische Stelle an der Karneades zwar nicht genannt wird aber doch aller Wahrscheinlichkeit nach unter
denen gemeint ist die von den Vorstellungen unserer Seele
wie von Eindrücken derselben sprachen.[1]) Um die Lehre
vom Augenscheinlichen erst Philon zuzusprechen könnte man
sich endlich auf den Namen[2]) berufen, dessen sich Karneades
zur Bezeichnung des Wahrscheinlichen noch nicht bedient
habe. Wollte man indessen als Beweis dafür Numenios'
Worte geltend machen, wonach Philon durch die Augenscheinlichkeit (ἐνάργεια) und Uebereinstimmung der Eindrücke
bewogen worden wäre von seiner Skepsis abzustehen,[3]) so
würde diess voreilig sein; denn jedes Zugeständniss, das die
Skepsis dem Dogmatismus machte, liess sich schliesslich als
eines bezeichnen, das die Augenscheinlichkeit und Uebereinstimmung der Wahrnehmungen dem zweifelnden Verstande
abgerungen hatte, auch ohne dass bei diesem Zugeständniss
der Name des Augenscheinlichen eine sonderliche Rolle
spielte. Auf der anderen Seite sprechen bestimmte Spuren

---

[1]) Acad. pr. 58: veri enim et falsi non modo cognitio, sed etiam
natura tolletur, si nihil erit quod intersit; ut etiam illud absurdum
sit, quod interdum soletis dicere, cum visa in animos inprimantur non vos id dicere, inter ipsas inpressiones nihil interesse sed inter species et quasdam formas eorum. Vgl. auch das
„menti inpressa subtiliter" in der S. 207, 1 angeführten Stelle.

[2]) Wie Zeller richtig bemerkt, ist der griechische ἐναργές, den
Cicero durch perspicuum wiedergegeben hat. Es folgt diess aus
Acad. pr. 17: — quod nihil esset clarius ἐναργείᾳ, ut Graeci, per-
spicuitatem aut evidentiam nos, si placet, nominemus.

[3]) Bei Euseb. praep. ev. XIV 9, 1 (Thedinga de Numenio S. 45):
ὡς δὲ προϊόντος μὲν τοῦ χρόνου, ἐξιτήλου δ' ὑπὸ συνηθείας οὔσης
αὐτῶν τῆς ἐποχῆς, οὐδὲν μὲν κατὰ τὰ αὐτὰ ἑαυτῷ ἐνόει (sc. ὁ Φίλων), ἡ δὲ τῶν παθημάτων αὐτὸν ἀνέστρεφεν. ἐνάργειά τε καὶ ὁμολογία, πολλὴν δῆτ' ἔχων ἤδη τὴν διαίσθησιν ὑπερεπεθύμει εὖ ἴσθ'
ὅτι τῶν ἐλεγξόντων τυχεῖν, ἵνα μὴ ἐδόκει μετὰ νῶτα βαλὼν αὐτὸς
ἑκὼν φεύγειν.

dafür dass bereits Karneades diesen Namen auf sein Wahrscheinliches angewandt hatte. Dass er ein Augenscheinliches
anerkannte, ersehen wir aus dem was er bei Sextos dogm.
I 160 f. gegen die Dogmatiker vorbringt: denn wenn er hier
das Vorhandensein eines Augenscheinlichen voraussetzt, so
thut er diess keineswegs nur im Sinne der Dogmatiker um
durch die daraus sich ergebenden Consequenzen die Voraussetzung selber als unmöglich zu erweisen, sondern diese
Voraussetzung ist der feste, von ihm nicht minder als von
seinen dogmatischen Gegnern anerkannte Grund, auf dem
der folgende Beweis der Unmöglichkeit eines Kriterions
ruht.[1]) Längst bekannt war ferner was Eusebios praep. ev.

---

[1]) Zuerst, wie es heisst, hatte Karneades im Allgemeinen zu
erweisen gesucht, dass keins von denen, die man gewöhnlich als Kriterien der Wahrheit aufstelle, in Wirklichkeit ein solches sei, weder
die Vernunft noch die sinnliche Wahrnehmung noch die Einbildung
noch irgend etwas Anderes, dass vielmehr alle diese Dinge uns täuschen. Zweitens aber, wird fortgefahren, δείκνυσιν ὅτι καὶ εἰ ἔστι
τὸ κριτήριον τοῦτο, οὐ χωρὶς τοῦ ἀπὸ τῆς ἐναργείας πάθους ὑφίσταται. ἐπεὶ γὰρ αἰσθητικῇ δυνάμει διαφέρει τὸ ζῷον τῶν ἀψύχων,
πάντως διὰ ταύτης ἑαυτοῦ τε καὶ τῶν ἐκτὸς ἀντιληπτικὸν γενήσεται.
ἡ δέ γε αἴσθησις ἀκίνητος μὲν οὖσα καὶ ἀπαθὴς καὶ ἄτρεπτος οὔτε
αἴσθησίς ἐστιν οὔτε ἀντιληπτική τινος, τραπεῖσα δὲ καὶ πως παθοῦσα
κατὰ τὴν τῶν ἐναργῶν ὑπόπτωσιν, τότε ἐνδείκνυται τὰ πράγματα.
ἐν ἄρα τῷ ἀπὸ τῆς ἐναργείας πάθει τῆς ψυχῆς ζητητέον ἐστὶ τὸ
κριτήριον. τοῦτο δὲ τὸ πάθος αὐτοῦ ἐνδεικτικὸν ὀφείλει τυγχάνειν
καὶ τοῦ ἐμποιήσαντος αὐτὸ φαινομένου, ὅπερ πάθος ἐστὶν οὐχ ἕτερον τῆς φαντασίας. ὅθεν καὶ φαντασίαν ῥητέον εἶναι πάθος τι περὶ
τὸ ζῷον ἑαυτοῦ τε καὶ τοῦ ἑτέρου παραστατικόν. οἷον προσβλέψαντές τινι, φησὶν ὁ Ἀντίοχος, διατιθέμεθά πως τὴν ὄψιν, καὶ οὐχ οὕτως αὐτὴν διακειμένην ἴσχομεν ὡς πρὶν τοῦ βλέψαι διακειμένην εἴχο-
μεν· κατὰ μέντοι τὴν τοιαύτην ἀλλοίωσιν δυοῖν ἀντιλαμβανόμεθα,
ἑνὸς μὲν αὐτῆς τῆς ἀλλοιώσεως, τουτέστι τῆς φαντασίας, δεύτερον
δὲ τοῦ τὴν ἀλλοίωσιν ἐμποιήσαντος, τουτέστι τοῦ ὁρατοῦ. καὶ ἐπὶ
τῶν ἄλλων αἰσθήσεων τὸ παραπλήσιον. ὥσπερ οὖν τὸ φῶς ἑαυτό
τε δείκνυσι καὶ πάντα τὰ ἐν αὐτῷ, οὕτω καὶ ἡ φαντασία, ἀρχηγὸς

XIV 7; 12 (wahrscheinlich nach Numenios, s. Thedinga S. 6) berichtet: *μόνῳ δ' ἐν τῷ περὶ ἐποχῆς λόγῳ πρὸς αὐτὸν*

οὖσα τῆς περὶ τὸ ζῷον εἰδήσεως, φωτὸς δίκην ἑαυτήν τε ἐμφανίζειν ὀφείλει καὶ τοῦ ποιήσαντος αὐτὴν ἐναργοῦς ἐνδεικτικὴ καθεστάναι. Offenbar entspricht was in den angeführten Worten gesagt ist, der eigenen Ueberzeugung des Karneades. Denn das Vorhandensein der Sinne und der Vorstellungen (*φαντασίαι*) konnte er nicht leugnen. Da er nun beide an die *ἐνάργεια* knüpft, so muss er auch dieser eine gewisse Geltung eingeräumt haben. Das *ἐναργές*, wenn wir aus Sextos' Worten schliessen dürfen, war ihm das Wirkliche ausser uns, insofern es Gegenstand unseres Wahrnehmens und Vorstellens wird. Für Vorstellungen dieser Art ergab sich dann von selber die Bezeichnung *ἐναργεῖς* (wie auch Epikur die *πρόληψις* bald als *ἐπιβολὴ ἐπί τι ἐναργὲς* bald als *ἡ ἐναργὴς τοῦ πράγματος ἐπίνοια* definirte nach Clemens Alex. Strom. II 157 Sylb., wo jedoch *ἐπὶ* vor *τὴν ἐναργῆ* als durch das vorhergehende *ἐπὶ* veranlasst zu streichen ist). Diess sind darum noch keine wahren Vorstellungen. Vielmehr schliesst Karneades so: dass eben weil das Kriterion der Wahrheit, wenn ein solches da sein sollte, nur in diesen Vorstellungen liegen könnte, diese aber auch nicht immer wahr sind sondern bisweilen täuschen, es ein Kriterion überhaupt nicht gibt. Diess spricht sich in den auf die angeführten Worte des Sextos folgenden aus: *ἀλλ' ἐπεὶ οὐ τὸ κατ' ἀλήθειαν ἀεί ποτε ἐνδείκνυται, πολλάκις δὲ διαψεύδεται καὶ διαφωνεῖ τοῖς ἀναπέμψασιν αὐτὴν πράγμασιν ὡς οἱ μοχθηροὶ τῶν ἀγγέλων, κατ' ἀνάγκην ἠκολούθησε τὸ μὴ πᾶσαν φαντασίαν δύνασθαι κριτήριον ἀπολείπειν ἀληθείας, ἀλλὰ μόνην, εἰ καὶ ἄρα, τὴν ἀληθῆ κτλ.* Immerhin haben die *ἐναργεῖς φαντασίαι* vor anderen einen Vorzug wodurch sie ihren Namen verdienen: es sind nicht leere Hirngespinnste und Träume sondern Vorstellungen die durch etwas Wirkliches ausser uns hervorgerufen werden, wie diess schon in den zuletzt angeführten Worten liegt (*τοῖς ἀναπέμψασιν αὐτὴν πράγμασιν*). Es ist derselbe Unterschied, auf den auch bei Sextos 170 hingedeutet wird, also in dem Abschnitt in dem die positiven Ansichten des Karneades mitgetheilt werden: *τούτων δὲ τῶν φαντασιῶν ἡ μὲν φανερῶς ψευδὴς καὶ μὴ φαινομένη ἀληθὴς παραγράψιμός ἐστι καὶ οὐ κριτήριον, ἐάν τε ἀπὸ ὑπάρχοντος μέν, διαφώνως δὲ τῷ ὑπάρχοντι καὶ μὴ κατ' αὐτὸ τὸ ὑπάρχον, ὁποῖα ἦν ἡ ἀπὸ Ἠλέκτρας προσπεσοῦσα τῷ Ὀρέστῃ, μίαν τῶν Ἐρινύων αὐτὴν δοξάζοντι κτλ.* (Indessen

(sc. τὸν Ἀρκεσίλαον) διέστη (sc. ὁ Καρνεάδης), φὰς ἀδύνατον εἶναι ἄνϑρωπον ὄντα περὶ ἁπάντων ἐπέχειν· διαφορὰν δ᾽ εἶναι ἀδήλου καὶ ἀκαταλήπτου, καὶ πάντα
μὲν εἶναι ἀκατάληπτα, οὐ πάντα δὲ ἄδηλα. Was
aber der Gegensatz zu ἄδηλα ist, hat man sich wie es scheint
nicht gefragt. Denn sonst würde man gefunden haben, dass
diess eben das Augenscheinliche (ἐναργές) ist. Stellen des
Sextos können diess lehren.[1]) Zeller durfte daher nicht

sind diese Worte vielleicht interpolirt. Bekker wollte, um den Zusammenhang herzustellen, vor ἐάν τε hinzufügen ἐάν τε ἀπὸ μὴ
ὑπάρχοντος γίνηται. Diess geht aber deshalb nicht, weil dann diess
ein Beispiel der φανερῶς ψευδὴς καὶ μὴ φαινομένη ἀληϑὴς sein
würde, was es doch offenbar, wenn man sich auf Orestes' Standpunkt
stellt, nicht ist, vgl. auch 245 und 249). Es sind diess eben die
Vorstellungen, die Karneades πιϑαναὶ nannte. Auf die eigenthümliche Beschaffenheit derselben bezieht sich wohl auch der Name ἐμ-
φάσεις (Sext. dogm. I 169, vgl. ἐμφαινομένη 173); denn derselbe ist
doch wohl mit Rücksicht auf die stoische Terminologie gewählt worden, wonach diess Vorstellungen sind die auf uns den Eindruck von
solchen machen die in etwas Wirklichem ihren Grund haben (Diog.
VII 51).

[1]) Pyrrh. II 97 f.: καὶ πρόδηλα μὲν εἶναί φασι τὰ ἐξ ἑαυτῶν εἰς
γνῶσιν ἡμῖν ἐρχόμενα, οἷόν ἐστι τὸ ἡμέραν εἶναι, καϑάπαξ δὲ ἄδηλα
ἃ μὴ πέφυκεν εἰς τὴν ἡμετέραν πίπτειν κατάληψιν, ὡς τὸ ἀρτίους
εἶναι τοὺς ἀστέρας, πρὸς καιρὸν δὲ ἄδηλα ἅπερ τὴν φύσιν ἔχοντα
ἐναργῆ παρά τινας ἔξωϑεν περιστάσεις κατὰ καιρὸν ἡμῖν ἀδηλεῖται,
ὡς ἐμοὶ νῦν ἡ Ἀϑηναίων πόλις, φύσει δὲ ἄδηλα τὰ μὴ ἔχοντα φύσιν
ὑπὸ τὴν ἡμετέραν πίπτειν ἐνάργειαν, ὡς οἱ νοητοὶ πόροι. Offenbar sind hier πρόδηλος und ἐναργὴς gleichwerthige Ausdrücke, die
beide den Gegensatz zu ἄδηλος bezeichnen. Dasselbe erhellt aus den
Definitionen beider Worte. Die von πρόδηλος wird a. a. O. 99 so
angedeutet: τὰ μὲν οὖν πρόδηλα μὴ δεῖσϑαι σημείου φασίν· ἐξ ἑαυτῶν γὰρ αὐτὰ καταλαμβάνεσϑαι. Hiermit vergleiche man die offenbar identische des ἐναργὲς dogm. I 364: τὸ ἐξ ἑαυτοῦ λαμβανόμενον
καὶ μηδενὸς ἑτέρου χρῇζον εἰς παράστασιν. Derselbe Gegensatz zwischen ἄδηλον und ἐναργὲς tritt uns auch noch an folgenden beiden

zwar die Ansicht, wonach nicht alle Dinge ἄδηλα sind,
Karneades zuschreiben, wie er diess der Ueberlieferung folgend S. 515, 3 thut, diejenige aber, wonach es ein Augenscheinliches gibt, für Philon aufsparen. Und dass auch Cicero
unter denen, die ein perspicuum gelten liessen, nicht Philon
sondern Karneades verstand, erhellt noch besonders aus einer
an die Nachricht des Eusebios sich anschliessenden Betrachtung. Bei Cicero Acad. pr. 32 werden nämlich zwei Arten
der Skepsis unterschieden, eine tiefer einschneidende und
eine gelindere. Die Vertreter der letzteren werden mit folgenden Worten charakterisirt: alii autem elegantius, qui
etiam queruntur quod eos insimulemus omnia incerta dicere,
quantumque intersit inter incertum et id quod percipi non
possit docere conantur eaque distinguere. Welches griechische
Wort Cicero durch incerta wiedergibt, sagt er selber 54:
ne hoc quidem cernunt omnia se reddere incerta, quod
nolunt; ea dico incerta quae ἄδηλα Graeci. Wenn wir jetzt
an Eusebios zurückdenken, so erkennen wir unter den Vertretern der gelinderen Skepsis Karneades[1]) und nicht, was
die Meinung Zellers (S. 595, 1) und Hermanns (diss. II S. 13)
war, Philon und seine Anhänger.[2]) Mit diesen Vertretern

Stellen entgegen. Sext. dogm. I 366: ἐπεὶ οὖν τὸ ἐξ ἑτέρου ληπτὸν
συμφώνως κατὰ πάντας ἄδηλόν ἐστι, πάντα δὲ ἐκ παθῶν ἡμετέρων
ἕτερα ὄντα τούτων λαμβάνεται, πάντα ἐστὶ τὰ ἐκτὸς ἄδηλα καὶ διὰ
τοῦτο ἡμῖν ἄγνωστα· δεῖ γὰρ εἰς τὴν τῶν ἀφανῶν γνῶσιν ἐναργές τι
παρεῖναι, καὶ τούτου μὴ παρόντος οἴχεται καὶ ἡ ἐκείνων κατάληψις.
368: ἀλλ' εἴπερ, ἵνα γνῶμεν τἀληθές, δεῖ τι εἶναι ἐναργές, δέδεικται
δὲ πάντα ἄδηλα, ὁμολογητέον ἄγνωστον εἶναι τἀληθές. Vgl. noch
dogm. II 316.

[1]) Diess war auch Krisches Meinung Gött. Stud. 1845, 2 S. 148.

[2]) Wollten wir annehmen dass die letzteren gemeint wären, so
würden wir Cicero in einen Widerspruch mit sich selber verwickeln.
Denn in den Worten, die auf die im Texte angeführten folgen, erklärt er ausdrücklich sich nur mit den Vertretern der gelinderen

einer gelinderen Skepsis hält aber auch Zeller für identisch und muss man für identisch halten diejenigen, denen
bald darauf (34) die Unterscheidung der perspicua von den
percepta beigelegt wird: womit also aufs Neue bewiesen
wäre dass diese letzteren Karneades und seine Anhänger

Skepsis befassen zu wollen: cum his igitur agamus qui haec distin-
guunt: illos, qui omnia sic incerta dicunt ut stellarum numerus par
an impar sit, quasi desperatos aliquos relinquamus. Und diess Versprechen löst er auch weiterhin vollkommen ein. Wären es nun
wirklich Philon und seine Anhänger mit denen er sich hier so eingehend beschäftigt, wie vereinigt sich damit die 12 abgegebene Erklärung dass von Philons eigenthümlichen Ansichten nicht weiter die
Rede sein solle, wenigstens nicht eingehend? Eine gelegentliche
Erwähnung und Berücksichtigung, wie sie 18 stattfindet, ist dadurch
natürlich nicht ausgeschlossen. Und ebenso wenig widerspricht 111.
Denn obgleich diese Worte sich auf 44 zurückbeziehen, so folgt doch
daraus nicht dass Lucullus an letzterer Stelle Philon im Auge hat,
da über den hier berührten Punkt Philon mit Karneades einer Meinung war, dasselbe Argument also von Lucullus gegen Karneades
gekehrt werden konnte dessen sich Antiochos Philon gegenüber bedient hatte. Dass Lucullus' Vortrag sich nicht gegen Philon sondern
gegen Arkesilaos und Karneades richtete, wird 12 deutlich ausgesprochen: sed ea pars, quae contra Philonem erat, praetermittenda
est; minus enim acer est adversarius is qui ista, quae sunt heri defensa, negat Academicos omnino dicere: etsi enim mentitur, tamen
est adversarius lenior. ad Arcesilan Carneademque veniamus. An
Arkesilaos und ausserdem vielleicht an die Pyrrhoneer ist bei den
Vertretern der strengeren Skepsis zu denken, die Alles ohne Ausnahme für ἄδηλα erklärten. Charakteristisch ist das die ἄδηλα er-
läuternde Beispiel: qui omnia sic incerta dicunt ut stellarum numerus
par an impar sit. Bei Sextos dogm. I 243 dient dasselbe um solche
Vorstellungen zu bezeichnen, die οὔτε πιθαναὶ οὔτε ἀπίθανοι sind:
darin dass er zwischen den Vorstellungen hinsichtlich ihrer πίστις
und ἀπιστία keinen Unterschied machte, beruht ja aber gerade die
eigenthümliche Ansicht des Arkesilaos, die ihn ebenso sehr von Karneades trennte wie sie ihn den Pyrrhoneern näher brachte (Sextos
Pyrrh. I 232, vgl. dazu oben S. 150, 3).

sind und sonach die Lehre vom Augenscheinlichen nicht für
eine Philon eigenthümliche gelten kann.[1])

Aber wenn auch die Uebertragung des Namens καταληπτὸν auf das Wahrscheinliche diejenige Eigenthümlichkeit
ist, die in Philons philosophischem Wirken am meisten hervortritt, so ist es doch keineswegs die einzige. Wenn vielmehr, wie wir gesehen haben, Arkesilaos und Karneades ihre
Skepsis von Sokrates ableiteten, ging Philon auf Platon zurück, so dass sich wie im Spiegelbilde dieselbe Entwickelung
wiederholt die die Philosophie schon einmal zurückgelegt
hatte. Dass nun Philon die Akademie wieder Platons Autorität und den von ihm gegebenen Bestimmungen unterwarf,
berichtet Augustin,[2]) ohne dass wir Grund hätten seiner
Angabe zu misstrauen. Da indessen ein solches Zurückgehen
auf Platon in mehrfacher Weise erfolgen konnte, so ist die
Frage, was wir hier insbesondere darunter zu denken haben.
Nach Hermann (in der zweiten Dissertation) und Zeller
(S. 593 f.) hätte Philon den Inhalt der platonischen Lehre
wieder aufgenommen. Und zwar könnte dieselbe für ihn nicht
mehr eine bloss esoterische gewesen sein: denn wie sowohl
Hermann als Zeller annimmt, hätte er bereits behauptet was
dann Spätere wiederholten, dass auch der Skepticismus des
Arkesilaos und Karneades nur Schein gewesen sei und unter
ihm die Ueberzeugung von der Wahrheit der platonischen
Lehre sich verborgen habe; er hätte also zuerst den Schleier

---

[1]) S. überdiess Excurs II.

[2]) C. Acad. III 18, 41: Philonis — hominis quantum arbitror
circumspectissimi, qui jam voluti aperire cedentibus hostibus portas
coeperat, et ad Platonis auctoritatem Academiam legesque revocare;
quamquam et Metrodorus id antea facere tentaverat, qui primus dicitur esse confessus non decreto placuisse Academicis nihil posse
conprehendi sed necessario contra Stoicos hujusmodi eos arma sumpsisse.

vom Geheimniss gehoben, und konnte nun natürlich nicht mehr ein Mysterium nennen was er soeben laut verkündet hatte. Wie verträgt sich aber hiermit die Ueberlieferung, die zwischen dem platonischen Dogma und der akademischen Skepsis nur die eine Versöhnung kennt dass jenes als die esoterische Lehre behandelt wird? Niemand sagt uns dass Philon sich geradezu zur platonischen Lehre bekannt habe. Auch Augustin, der Philons Platonismus am entschiedensten hervorhebt, weiss doch zwischen ihm, der auf dem Weg zum Platonismus nur die ersten Schritte that, und Plotin, der bis ans Ende ging, sehr wohl zu unterscheiden.[1]) Und angenommen dass Philon wirklich die platonische Lehre für seine eigene erklärt habe, wie kommt es dass Antiochos dieses Umstandes, den er doch dann vor allen hätte berücksichtigen müssen, in den Fragmenten seiner Polemik nie Erwähnung thut, dass er ihn vielmehr immer als blossen Skeptiker behandelt? Gilt diess gegen Zeller sowohl als Hermann, so spricht gegen den Ersteren noch etwas Besonderes. Nach Zeller gab es für Philon nur eine Gewissheit, die unmittelbare, nicht durch Gründe und Beweise vermittelte: war also Philon von der Wahrheit der platonischen Lehre überzeugt, so muss sie ihm etwas unmittelbar Gewisses gewesen sein das auch ohne Beweis und Schlussverfahren

---

[1]) Nachdem er nach den in der letzten Anmerkung angeführten Worten des Antiochos Erwähnung gethan, fügt er hinzu: Sed huic arreptis iterum illis armis et Philon restitit donec moreretur, et omnes ejus reliquias Tullius noster oppressit, se vivo impatiens labefactari vel contaminari quicquid amavisset: adeo post illa tempora non longo intervallo omni pervicacia pertinaciaque demortua os illud Platonis, quod in philosophia purgatissimum est et lucidissimum, dimotis nubibus erroris emicuit, maxime in Plotino, qui platonicus philosophus ita ejus similis judicatus est, ut simul eos vixisse, tantum autem interest temporis ut in hoc ille revixisse putandus sit.

durch sich selber einleuchtet. Wer wird aber für möglich
halten dass Philon sich in dieser Weise über das Wesen der
platonischen Lehre täuschte? Denn wenn auch dieselbe auf
einem unmittelbar Gewissen ruht, den Ideen die nur in der
Anschauung gegeben sind, so ist doch das eigentliche Gebäude derselben nur ein daraus abgeleitetes, durch unzählige
Schlüsse und Beweise vermitteltes Wissen: Philon wäre daher
in offenbaren Widerspruch mit sich selber verfallen, wenn
er einmal von der Wahrheit der platonischen Lehre sich
bis zur Gewissheit überzeugt erklärt und dann doch wieder
nur diejenige Gewissheit anerkannt hätte die an dem Augenscheinlichen haftet.

Die Ansicht dass Philon platonischer Dogmatiker gewesen sei unterliegt aber noch anderen Bedenken. Die bisherigen waren aus der Sache geschöpft und müssten daher
verstummen. oder doch zurückstehen, wenn wirklich eine
glaubwürdige Ueberlieferung auf Philon als denjenigen. hin-
wiese der den platonischen Dogmatismus als die unter dem
Schein der akademischen Skepsis verborgene esoterische
Lehre bezeichnet hätte. Prüfen wir die angebliche Ueberlieferung daher genauer. Insbesondere ist es der heilige Augustin auf den man sich beruft (Zeller S. 594, 1. Hermann
II 15 f.). Zeller verweist auf c. Acad. III 17, 38 und 18, 40.
Und allerdings spricht hier Augustin als seine Ueberzeugung
aus, dass wie das Wahrscheinliche (εἰκός, verisimile) ein
Wahres voraussetze so auch die akademische Skepsis einen
dogmatischen Inhalt zum Hintergrund habe, und dieser sei
kein anderer als die platonische Lehre gewesen, in deren
Dienste die akademische Skepsis überhaupt gestanden und
schon Arkesilaos seine Polemik gegen die Stoiker geführt
habe. Diesem Zeugniss des Kirchenvaters legt Zeller namentlich darum Gewicht bei weil es zunächst auf Cicero, über
diesen hinaus aber auf Philon als den letzten Gewährsmann

sich zurückführen lasse. Es frägt sich ob bei schärferer
Betrachtung diese Auffassung sich bewährt. Zeller beruft
sich auf Augustins Worte a. a. O. 20, 43, in denen allerdings
Jeder, der an die akademische Geheimlehre nicht glauben
will, einfach an Cicero verwiesen wird. Lassen wir indess
diese Stelle vor der Hand bei Seite und sehen uns einmal
den Abschnitt an der den die Geheimlehre der Akademiker
bezeugenden Worten vorausgeht. Hier (17, 37) ist vom
Ursprung der platonischen Philosophie aus der pythagore-
ischen und sokratischen und sodann von deren Eigenthümlichkeit die Rede die namentlich in die Scheidung einer
doppelten Welt gesetzt wird, einer Welt des Wahren an die
sich das Wissen knüpft und einer Welt des Wahrscheinlichen die nur ein Meinen duldet. Dieser Auseinandersetzung
gehen folgende Worte voraus: quid igitur placuit tantis viris
(von den skeptischen Akademikern ist die Rede) perpetuis
et pertinacibus contentionibus agere, ne in quemquam cadere
veri scientia videretur? Audite jam paulo attentius, non
quid sciam sed quid existimem: hoc enim ad ultimum
reservabam ut explicarem si possem quale mihi videatur esse
totum Academicorum consilium. Also nicht was er weiss
sondern nur was seine Ansicht ist will Augustin uns mittheilen. Damit stehen in Einklang die Anfangsworte des
folgenden Abschnitts (38): haec et alia hujusmodi mihi
videntur inter successores ejus quantum poterant esse servata et pro mysteriis custodita. Würde Augustin sich so
wohl ausgedrückt haben, wenn er den Inhalt seiner Mittheilung aus einer älteren Ueberlieferung schöpfte? Gewiss
nicht; vielmehr weist die Form der Worte darauf hin dass
wir hier lediglich eine Vermuthung des Kirchenvaters vor
uns haben mit der er die Ueberlieferung ergänzen wollte.
Als überliefert fand er vor dass der akademischen Skepsis
eine Geheimlehre zu Grunde lag; von sich aus fügte er

hinzu dass diese Geheimlehre mit der platonischen Lehre identisch war. Aber, wird man nun einwenden, Augustin weist uns ja selber an der schon angeführten Stelle an Cicero als denjenigen der über die Mysterien der Akademiker Auskunft geben könne. Die betreffenden Worte sind diese: hoc mihi de Academicis interim probabiliter ut potui persuasi. Quod si falsum est, nihil ad me, cui satis est jam non arbitrari non posse ab homine inveniri veritatem. Quisquis autem putat hoc sensisse Academicos, ipsum Ciceronem audiat. Ait enim illis morem fuisse occultandi sententiam suam nec eam cuiquam nisi qui secum ad senectutem usque vixisset aperire consuesse. Quae sit autem ista, Deus viderit; eam tamen arbitror Platonis fuisse. Hier finden wir zunächst abermals unsere Meinung bestätigt, dass Augustin was er über die Identität der Geheimlehre mit der platonischen Lehre bemerkt nur als Ausfluss seiner eigenen persönlichen Ansicht betrachtet wissen will (mihi — persuasi; eam — arbitror Platonis fuisse). Hiermit steht die Berufung auf Ciceros Zeugniss (s. darüber Krische Gött. Stud. 1845, 2 S. 186) keineswegs in Widerspruch. Denn dieses, wie die Worte „ait enim illis" etc. zeigen, beschränkte sich auf das Vorhandensein einer Geheimlehre, liess dagegen allem Vermuthen über die nähere Beschaffenheit derselben freien Spielraum. Was wir schon hieraus entnehmen dass eine alte Ueberlieferung über die Identität der Geheimlehre mit der platonischen nicht existirte, wird überdiess durch folgende Worte des Lucullus bei Cicero Acad. pr. 60 bestätigt: restat illud quod dicunt veri inveniundi causa contra omnia dici oportere et pro omnibus. volo igitur videre quid invenerint. „non solemus" inquit „ostendere". quae sunt tandem ista mysteria? aut cur celatis, quasi turpe aliquid, sententiam vestram? „ut, qui audient," inquit „ratione potius quam auctoritate ducantur". quid, si utroque, num pejus est?

unum tamen illud non celant, nihil esse quod percipi possit.
Ciceros griechische Gewährsmänner also, wie sich hieraus
ergibt, hatten ihm zwar berichtet dass auch die Akademiker
gewisse Wahrheiten anerkannten, dieselben aber für gewöhnlich nicht offenbarten; welches indessen diese Wahrheiten
seien, darüber liessen sie ihn vollständig im Dunkeln. Obgleich nun Ciceros Zeugniss in diesem Punkte für sich allein
schon schwer genug in die Wagschale fällt, so wird es doch
noch durch ein anderes ebenfalls eines älteren Schriftstellers
unterstützt. Denn auch Numenios berichtet zwar dass Karneades die Skepsis als Deckmantel positiver Ueberzeugungen
benutzt habe, von denen er nur dem engeren Kreise seiner
Schüler Mittheilung machte; welches aber diese positiven
Ueberzeugungen und ob es insbesondere die platonischen
Dogmen waren, darüber sagt er uns kein Wort, wie wir
schliessen müssen, weil er nichts darüber wusste.[1]) Ist es
schon hiernach höchst unwahrscheinlich dass Platons dogmatisches System im Hintergrunde der philonischen Skepsis
lag, so wird diese Ansicht vollends widerlegt dadurch dass
Philon in Platon einen Skeptiker und keinen Dogmatiker

---

[1]) Euseb. praep. ev. XIV 8, 7 f. (Thedinga S. 44): ὅμως δέ, καίτοι καὐτὸς ὑπὸ τῆς Στωικῆς φιλονεικίας εἰς τὸ φανερὸν κυκῶν, πρός
γε τοὺς ἑαυτοῦ ἑταίρους δι' ἀπορρήτων ὡμολόγει τε καὶ ἠλήθευε καὶ
ἀπεφαίνετο ἃ κἂν ἄλλος τῶν ἐπιτυχόντων. — — Ὁ δὲ Καρνεάδης
οἷον ἀντεστραμμένα φιλοσοφῶν τοῖς ψεύσμασιν ἐκαλλωπίζετο καὶ
ὑπ' αὐτοῖς τὰ ἀληθῆ ἠφάνιζε. Παραπετάσμασιν οὖν ἐχρῆτο τοῖς
ψεύσμασι καὶ ἠλήθευεν ἔνδον λανθάνων καπηλικώτερον. Ἔπασχεν
οὖν πάθημα ὀσπρίων ὧν τὰ μὲν κενὰ ἐπιπολάζει τε τῷ ὕδατι καὶ
ὑπερέχει, τὰ χρηστὰ δὲ αὐτῶν ἐστι κάτω καὶ ἐν ἀφανεῖ. Man darf
insbesondere noch darauf hinweisen, dass wenn Numenios Platons
Lehre für diejenige gehalten hätte welche den Inhalt der positiven
Ueberzeugungen des Karneades bildete, er sich nicht so unbestimmt
ausgedrückt haben würde wie er in den Worten ἀπεφαίνετο ἃ κἂν
ἄλλος τῶν ἐπιτυχόντων thut.

sah, ihm daher auch keine Dogmen abborgen konnte.[1])
Wäre die Meinung, wonach die platonische Lehre fort und
fort als geheime in der Akademie bewahrt wurde und die
Skepsis nur dazu diente sie gegen Angriffe von aussen her
zu schirmen, nur durch Augustin vertreten, der sie wie wir
sahen für nichts als seine eigene Vermuthung gibt, so wäre
sie durch die bisherige Erörterung abgethan. Aber es ist
nicht bloss Augustin der sie äussert sondern auch Sextos
Empeirikos, und dieser gibt sie keineswegs als seine eigene
Vermuthung sondern beruft sich ihretwegen auf ältere Gewährsmänner.[2]) Da wir nun die Gründe, wodurch dieselben

---

[1]) Diess beweist Cicero Acad. post. 46: hanc Academiam novam
appellant, quae mihi vetus videtur, si quidem Platonem ex illa vetere
numeramus, cujus in libris nihil adfirmatur et in utramque partem
multa disseruntur, de omnibus quaeritur, nihil certi dicitur. (Vgl.
auch Acad. pr. 74, welche Stelle dieselbe Auffassung Platons enthält
und wie eine spätere Untersuchung zeigen wird ebenfalls von Philon
genommen ist. Das Gleiche gilt von Augustin c. Acad. II 6, 14, vgl.
dazu Krische Gött. Stud. 1845, 2 S. 180 f.) Mindestens ist es äusserst
unwahrscheinlich dass Cicero diesen eigenthümlichen Gedanken, dass
die neue Akademie eigentlich die alte heissen müsse insofern sie die
platonische sei, selbständig gefunden und geäussert habe. Der griechische Philosoph aber, in dessen Namen er in dieser Schrift sprach,
war Philon, wie er selbst in einem Briefe an Varro (ad fam. IX 8)
gesteht. Und jener Gedanke verfolgt auch dieselbe Richtung wie
Philons philosophisches Streben welches, wie wir Augustin glauben
mussten (S. 214) der diess nicht aus Vermuthung sondern als Thatsache
berichtet, dahin ging die Akademie wieder unter Platons Herrschaft
zurückzuführen. Ja wir konnten uns diesen Aufwand von Gründen
eigentlich sparen. Denn ein ausdrückliches Zeugniss dafür dass wirklich jener Gedanke Philon gehört liegt doch wohl in folgenden derselben Schrift Ciceros entnommenen Worten (13): Antiochi magister
Philo — — negat in libris — duas Academias esse erroremque eorum
qui ita putarunt coarguit.

[2]) Pyrrh. I 234: εἰ δὲ δεῖ καὶ τοῖς περὶ αὐτοῦ (Arkesilaos) λεγομένοις πιστεύειν, φασὶν ὅτι κατὰ μὲν τὸ πρόχειρον Πυῤῥώνειος ἐφαί-

zu einer solchen Behauptung geführt wurden, nicht erfahren,
so sind wir verpflichtet zu erklären wie eine solche Auffas-

νετο εἶναι, κατὰ δὲ τὴν ἀλήθειαν δογματικὸς ἦν· καὶ ἐπεὶ τῶν ἑταίρων ἀπόπειραν ἐλάμβανε διὰ τῆς ἀπορητικῆς εἰ εὐφυῶς ἔχουσι πρὸς
τὴν ἀνάληψιν τῶν Πλατωνικῶν δογμάτων, δόξαι αὐτὸν ἀπορητικὸν
εἶναι, τοῖς μέντοι γε εὐφυέσι τῶν ἑταίρων τὰ Πλάτωνος παρεγχειρεῖν.
ἔνθεν καὶ τὸν Ἀρίστωνα εἰπεῖν περὶ αὐτοῦ

προσθε Πλάτων, ὄπιθεν Πύῤῥων, μέσσος Διόδωρος,

διὰ τὸ προσχρῆσθαι τῇ διαλεκτικῇ τῇ κατὰ τὸν Διόδωρον, εἶναι δὲ
ἄντικρυς Πλατωνικόν. Wer die hier mitgetheilte Meinung über Arkesilaos in Umlauf setzte, sagt Sextos nicht und vermag ich auch
nicht zu bestimmen. Möglich wäre dass Pyrrhoneer, insbesondere
die kurz vorher (222) genannten Menodotos und Ainesidemos zu verstehen sind. Denn obgleich im Allgemeinen die antiken Philosophen
mehr danach strebten das in der Lehre Anderer mit ihrer eigenen
Uebereinstimmende herauszukehren, so sehen wir doch gerade die
beiden genannten Vertreter des Pyrrhonismus a. a. O. bemüht Platon
aus der Reihe der Skeptiker zu entfernen und als einen Dogmatiker
hinzustellen: eine Auffassung, welche Arkesilaos geradezu in einen
Dogmatiker verwandelt und ihn so noch schärfer von den Pyrrhoneern scheidet, würde daher wenigstens in ihrem Sinne sein. Phavorinos allerdings scheint davon dass die Geheimlehre im Platonismus
bestand und überhaupt von einer näheren Bestimmung derselben noch
nichts gewusst zu haben: denn nach ihm erörterten die Akademiker
nur das Für und Wider einer Sache indem sie es dem Nachdenken
ihrer Zuhörer überliessen die Entscheidung zu treffen und einen Er-
kenntnissgewinn daraus zu ziehen, vgl. Galen περὶ ἀρίστ. διδασκ. c. 1
S. 40 f., auch S. 45. — Uebrigens ist zu bemerken dass Sextos von
einem solchen hinter der Skepsis verborgenen Platonismus nur bei
Arkesilaos spricht, von Karneades dagegen dergleichen nichts zu berichten weiss. Wenn endlich Sextos oder vielmehr seine Gewährsmänner sich zur Bestätigung ihrer Ansicht auf Ariston berufen, so
haben sie dessen Ausspruch gründlich missverstanden. Denn Ariston
sagt, Arkesilaos sei vorn (πρόσθεν) Platon gewesen; das heisst doch
offenbar, er habe sich mit dem Munde als Anhänger Platons d. i. als
Akademiker bekannt, kann aber unmöglich bedeuten der Platonismus
habe im Hintergrund der Skepsis gelegen, von hinten (ὄπιθεν) soll

sung der Skepsis, die Philon selber noch nicht getheilt hatte,
nach ihm von Anderen vorgebracht werden konnte.

In demselben Maasse als die angestellte Erörterung uns
nöthigte die Auffassung des Skepticismus, wonach derselbe
lediglich die Hülle eines dogmatischen Platonismus ist,
Philon abzusprechen, zwingt sie uns zu dem Eingeständniss
dass auch Philon die Aufgabe des theoretischen Philosophen
nicht schon durch die blosse Skepsis für erfüllt ansah sondern erst durch gewisse damit verbundene, zunächst geheim
gehaltene Dogmen. Denn die älteren Zeugnisse, auf die wir
uns stützten, wissen zwar von einem platonischen Dogmatismus nichts, sprechen aber um so bestimmter von einem
Dogmatismus der als Mysterium hinter dem skeptischen
Treiben der Akademie versteckt war. Unter dem Wissen
und der Wahrheit, die auf diese Weise nur den tiefer Ein-

Arkesilaos vielmehr Pyrrhon gewesen sein. Richtig hat den Vers
Aristons wohl Diogenes IV 32 f. verstanden, der von Arkesilaos sagt:
ἐῴκει δὴ θαυμάζειν καὶ τὸν Πλάτωνα καὶ τὰ βιβλία ἐκέκτητο αὐτοῦ.
ἀλλὰ καὶ τὸν Πύρρωνα κατά τινας ἐζηλώκει. Καὶ τῆς διαλεκτικῆς
εἴχετο καὶ τῶν Ἐρετρικῶν ἥπτετο λόγων. Ὅθεν καὶ ἐλέγετο ἐπ' αὐτοῦ ὑπ' Ἀρίστωνος·

Πρόσθε Πλάτων, ὄπιθεν Πύρρων, μέσσος Διόδωρος.

Ebenso wenig hat diese Worte auf einen platonischen Dogmatismus
des Arkesilaos bezogen Numenios bei Euseb. praep. ev. XIV 5, 10 ff.
(Thedinga S. 31 f.): ὁ δὲ Ἀρκεσίλαος Θεόφραστον ἴσχει καὶ Κράν-
τορα τὸν Πλατωνικὸν καὶ Διόδωρον, εἶτα Πύρρωνα, ὧν ὑπὸ μὲν
Κράντορος πιθανουργικός, ὑπὸ Διοδώρου δὲ σοφιστής, ὑπὸ δὲ Πύρρωνος ἐγένετο παντοδαπὸς καὶ ἴτης καὶ οὐδενός. Καὶ ἐλέγετο περὶ
αὐτοῦ ᾀδόμενόν τι ἔπος παράγωγον καὶ ὑβριστικόν·

Πρόσθε κτλ.

Ταῖς οὖν Διοδώρου, διαλεκτικοῦ ὄντος, λεπτολογίαις τοὺς λογισμοὺς
τοὺς Πύρρωνος καὶ τὸ σκεπτικὸν καταπλέξας διεκόσμησε λόγου δει-
νότητι τῇ Πλάτωνος φλήναφόν τινα κατεστωμυλμένον.

geweihten zugänglich sein sollten, ist natürlich nicht das un-
fehlbare Wissen und die zweifellose Wahrheit zu verstehen an
welche die Stoiker bei diesen Worten dachten. Philon würde
bei dieser Annahme in den gröbsten Widerspruch verwickelt
werden. Denn wie konnte er das eine Mal auf ein Wissen
hinweisen, das wenn auch geheim gehalten doch vorhanden
ist, und dann doch wieder die Möglichkeit eines solchen
Wissens schlechthin leugnen? Auch unter dem esoterischen
Wissen Philons kann daher nur ein solches gemeint sein,
wie es die älteren Platoniker verstanden d. i. eines bei
dessen genauer Schätzung immer ein wenn auch noch so
geringer Zusatz von Zweifel mit in Anschlag gebracht werden
muss.[1]) Hier, wie ich nicht für unmöglich halte, wird man

---

[1]) Dass der Meinungswechsel Philons, von dem die Alten sprechen, keineswegs ein Uebergang zum vollen d. i. stoischen Dogmatismus war, kann man auch aus folgenden Worten des Numenios bei
Euseb. pr. ev. XIV 9, 1 (Thedinga S. 45) entnehmen: ὡς δὲ προϊόντος μὲν τοῦ χρόνου, ἐξιτήλου δ᾽ ὑπὸ συνηθείας οὔσης αὐτῶν τῆς
ἐποχῆς οὐδὲν μὲν κατὰ τὰ αὐτὰ ἑαυτῷ ἐνόει, ἡ δὲ τῶν παθημάτων
αὐτὸν ἀνέστρεφεν ἐνάργειά τε καὶ ὁμολογία, πολλὴν δῆτ᾽ ἔχων ἤδη
τὴν διαίσθησιν ὑπερεπεθύμει εὖ ἴσθ᾽ ὅτι τῶν ἐλεγξόντων τυχεῖν ἵνα
μὴ ἐδόκει μετὰ νῶτα βαλὼν αὐτὸς ἑκὼν φεύγειν. Stärker als hier
geschieht, wenn gesagt wird dass er später in keinem Stücke mehr
dasselbe dachte wie früher, kann die in Philons Ansichten vorgegangene
Aenderung doch nicht ausgedrückt werden. Trotzdem wird auch
hier zugestanden dass Philon selbst sich nicht offen als Dogmatiker
bekannt sondern nur den Wunsch geäussert habe einen zu finden
der ihn widerlegen könne (vgl. auch Augustin c. Acad. III 20, 44:
quandoquidem isto se pacto a suis posteris vinci ipsi etiam fortasse
Academici optarunt). Dazu stimmt des Akademikers Cotta Aeusserung
bei Cicero nat. deor. III 95: ego vero et opto redargui me, Balbe, et
ea quae disputavi disserere malui quam judicare et facile me a te
vinci posse certo scio. Als etwas wodurch die skeptischen Akademiker
sich von anderen Philosophen unterscheiden hebt Cicero Tusc. II 5
es hervor dass sie leichter sich eine Widerlegung ihrer Ansichten
gefallen lassen. Was soll diess heissen? Ich zweifle dass man im

den Einwand erheben: wozu denn ein solches Wissen als ein esoterisches behandeln? Denn zwischen Esoterischem und Exoterischem setzt man in der Regel das Verhältniss an dass dieses auf einer oberflächlichen jenes auf einer in die Tiefe hinabsteigenden Betrachtung der Dinge beruht: wobei also das Esoterische der verborgene Grund sein würde aus dem das Exoterische hervorsteigt oder an dem es doch seinen Halt findet. Gerade umgekehrt würde aber das Verhältniss zwischen dem Wissen Philons, wie wir es oben näher bestimmt haben, und seiner Skepsis sein. Das Wissen Philons ist nur ein Wahrscheinliches, ist das Resultat einer das Für und Wider abwägenden Erörterung, also die Frucht eben der Skepsis und nicht deren tieferer Grund: wie daher das Ergebniss zur Untersuchung so scheint es gehört auch Phi-

---

Lichte der bisherigen Auffassungen von Philons Lehre im Stande sein wird diesen Wunsch zu erklären: denn wie konnte Philon wenn er nach seiner Bekehrung an ein felsenfestes Wissen glaubte, den Wunsch hegen in diesem Glauben erschüttert zu werden? Oder wenn er etwa wünschte zu dem unmittelbaren auch ein mittelbares Wissen zu besitzen, so kann doch dieser Wunsch nicht so überaus lebhaft gewesen sein ($\dot{v}\pi\varepsilon\varrho\varepsilon\pi\varepsilon\vartheta\dot{v}\mu\varepsilon\iota$), da von der Erfüllung desselben das worauf es diesen späteren Philosophen vor Allem ankam die Tugend und das Handeln nicht abhingen, beide vielmehr schon im unmittelbaren Wissen ihren genügenden Halt hatten. Betrachten wir dagegen Philons Lehre von unserem, von dem neu gewonnenen Standpunkt aus, so räumt er auf der einen Seite zwar ein dass eine vollkommen sichere Grundlage unseres Handelns nicht vorhanden und das Aeusserste wozu wir es bringen können die Wahrscheinlichkeit ist, gibt aber, indem er diese Wahrscheinlichkeit mit dem Namen des Wissens belegt, auf der anderen Seite das Streben nach einer möglichst vollkommenen Gewissheit zu erkennen: es steht daher hiermit im besten Einklange, wenn er, wie Numenios berichtet, den Wunsch äusserte, es möchte ihn Jemand widerlegen d. h. davon überzeugen dass es wirklich ein vollkommenes Wissen, ein Wissen in dem Sinne gäbe in dem die Stoiker dieses Wort brauchten.

lons Wissen zur Skepsis, aus der es entsprungen ist, und darf nicht von ihr als etwas Esoterisches getrennt, muss vielmehr wie diese zum Exoterischen gerechnet werden. Indessen wenn auch ein esoterisches im gewöhnlichen Sinne des Wortes zu heissen Philons Wissen keinen Anspruch hatte, so können doch andere Gründe Philon bestimmt haben zwar die skeptische Methode offen zu üben, das positive Ergebniss derselben aber geheim zu halten. Dass solche Gründe vorhanden wären und welche, lernen wir von unserem ältesten Gewährsmann in diesen Dingen, von Cicero. Derselbe sagt nicht nur dass die Abwägung der für und wider etwas sprechenden Gründe, wie sie von den Skeptikern betrieben wurde, den Zweck habe die Wahrheit zu finden und dass die so gefundenen Wahrheiten geheim gehalten würden, sondern er fügt auch hinzu dass diess geschähe um die Schüler zu eigenem Nachdenken zu veranlassen und von Autoritäten unabhängig zu machen.[1]) Diesem Zeugniss

---

[1]) Acad. pr. 60: restat illud, quod dicunt, veri inveniundi causa contra omnia dici oportere et pro omnibus. volo igitur videre quid invenerint. „non solemus" inquit „ostendere". quae sunt tandem ista mysteria? aut cur celatis, quasi turpe aliquid, sententiam vestram? „ut, qui audient," inquit „ratione potius quam auctoritate ducantur". (Vgl. auch Cicero Tusc. V 83; de divin. II 150.) Aus demselben didaktischen Grunde wird der Nutzen der skeptischen von den Akademikern eingehaltenen Methode abgeleitet bei Galen περὶ ἀρίστ. διδασκ. c. 1 S. 40 f. K: οἱ νεώτεροι δέ (unter den Akademikern), οὐ γὰρ μόνος ὁ Φαβωρῖνος, ἐνίοτε μὲν εἰς τοσοῦτον προάγουσι τὴν ἐποχήν, ὡς μηδὲ τὸν ἥλιον ὁμολογεῖν εἶναι καταληπτόν· ἐνίοτε δὲ εἰς τοσοῦτον τὴν γνῶσιν, ὡς καὶ τοῖς μαθηταῖς ἐπιτρέπειν αὐτὴν ἄνευ τοῦ διδαχθῆναι πρότερον ἐπιστημονικὸν κριτήριον. Nach demselben S. 41 lobte Phavorinos die Akademiker als προσαγορεύοντας μὲν ἑκατέρῳ (oder ist vielleicht zu schreiben προαγορεύοντας μὲν ἑκάτερον d. i. sie machten beide, die für und wider sprechende Rede, bekannt) τῶν ἀντικειμένων ἀλλήλοις λόγων, ἐπιτρέποντας δὲ τοῖς μαθηταῖς αἱρεῖσθαι τοὺς ἀληθεστέρους. Anders allerdings wird das Verhältniss der Geheim-

müssen wir von seinem Alter abgesehen auch darum Glauben
schenken, weil wir über positive Lehren des Karneades und
Philon, wenigstens über solche die das Ergebniss einer skeptischen Erörterung sind, gar nichts erfahren: und doch wenn
das Ziel jeder nach skeptischer Methode angestellten Untersuchung das Wahrscheinliche ist, wenn dem Finden desselben
Karneades und Philon einen so hohen Werth beilegten, so
müssen wir annehmen dass sie einen reichen Vorrath solcher
wahrscheinlichen Erkenntnisse besassen, den sie wenn sie
nur den Willen hatten leicht in systematischer Weise darstellen konnten. Trotzdem haben sie diess nicht gethan.
Sie begnügen sich damit auf die Bedeutung hinzuweisen die
dem Wahrscheinlichen namentlich für unser Handeln zukommt;
fragen wir aber was im einzelnen Falle das Wahrscheinliche

---

lehre zur Skepsis von Anderen dargestellt. Sextos Pyrrh. I 234 sagt,
dass die skeptische Methode nur dazu gedient habe die Schüler zu
prüfen und danach denen die die Prüfung bestanden hatten die platonische Geheimlehre eröffnet worden sei: καὶ ἐπεὶ τῶν ἑταίρων
ἀπόπειραν ἐλάμβανε (Arkesilaos) διὰ τῆς ἀπορητικῆς εἰ εὐφνῶς ἔχουσι
πρὸς τὴν ἀνάληψιν τῶν Πλατωνικῶν δογμάτων, δόξαι αὐτὸν ἀπορητικὸν εἶναι, τοῖς μέντοι γε εὐφνέσι τῶν ἑταίρων τὰ Πλάτωνος παρεγχειρεῖν. Dieselbe Ansicht über das Esoterische in der Akademie
tritt uns entgegen bei Augustin c. Acad. II 13, 29: itaque responde,
quaeso, utrum tibi videantur Academici habuisse certam de veritate
sententiam, et eam temere ignotis vel non purgatis animis
prodere noluisse; an vero ita senserint ut eorum disputationes se
habent. III 17, 38: haec et alia hujusmodi mihi videntur inter successores ejus, quantum poterant, esse servata et pro mysteriis custodita. Non enim aut facile ista percipiuntur nisi ab eis qui se ab
omnibus vitiis mundantes in aliam quandam plus quam humanam
consuetudinem vindicaverint aut non graviter peccat quisquis ea sciens
quoslibet homines docere voluerit. Itaque Zenonem principem Stoicorum cum jam quibusdam auditis et creditis in scholam relictam a
Platone venisset quam tunc Polemo retinebat suspectum habitum
suspicor nec talem visum cui Platonica illa velut sacrosancta decreta

sei, so bleiben sie stumm, d. h. wie wir Cicero jetzt wohl glauben werden, sie erwarten dass wir durch eigenes Nachdenken darauf geführt werden.

So gesichert das Ergebniss in dieser Hinsicht erscheint, so schwebt es doch in Gefahr von anderer Seite her wieder umgestossen zu werden. Philon soll die Resultate seines Forschens, das was ihm als wahrscheinlich galt, nicht veröffentlicht haben? Und doch finden wir bei Stobaios ekl. II 40 ff. ein von ihm gemachtes Gerüst zu einer eingehenden Darstellung der Ethik! Diess letztere scheint doch vorauszusetzen dass er eine solche Darstellung der Ethik selber wo nicht schriftlich so doch mündlich gegeben hatte. Und wie sollen wir uns wieder dieselbe anders vorstellen als so dass wir annehmen er habe darin die positiven Ergebnisse seines Nachdenkens zusammengestellt? Um diess damit zu

----

facile prodi committique deberent priusquam dedidicisset ea quae in illam scholam ab aliis accepta detulerat. 18, 40: sed quia hoc tanquam profanis nec fas nec facile erat ostendere, reliquerunt posteris et quibus illo tempore potuerunt signum quoddam sententiae suae (nämlich das Wahrscheinliche anstatt des Wahren). Ebenso berichtet Numenios von Karneades (Euseb. pr. ev. XIV 8, 7 Thedinga S. 44): Ὅμως δέ, καίτοι καὐτὸς ὑπὸ τῆς Στωικῆς φιλονεικίας εἰς τὸ φανερὸν κυκῶν; πρός γε τοὺς ἑαυτοῦ ἑταίρους δι᾿ ἀπορρήτων ὡμολόγει τε καὶ ἠλήθευε καὶ ἀπεφαίνετο ἃ κἂν ἄλλος τῶν ἐπιτυχόντων. Mit dem Zeugniss Ciceros stehen diese Nachrichten in offenbarem Widerspruch: denn nach ihnen sind die Schüler die Auserwählten denen die Akademiker die erkannten Wahrheiten mittheilten, nach Cicero dagegen hüteten sie sich diess zu thun weil jene sie selber finden sollten. Schon wenn wir auf das Alter der einander entgegenstehenden Zeugnisse sehen kann kein Zweifel sein welche Nachricht mehr Glauben verdient. Aber auch darin gibt·sich die von Cicero abweichende Tradition als eine spätere Entstellung des Ursprünglichen zu erkennen, dass sie in die Akademie dasselbe Verhältniss des Esoterischen und Exoterischen hineinträgt das uns in anderen Philosophien jener Zeit begegnet.

vereinigen dass Philon das Veröffentlichen des Wahren oder
vielmehr Wahrscheinlichen, auf das er in seinem Nachdenken
gekommen war, für unzweckmässig hielt, könnte man auf
das Vorrecht hinweisen, das die Ethik überhaupt innerhalb
der Skepsis geniesst: denn während die Vertreter derselben
sonst alles Behaupten vermieden, scheuten sie sich nicht,
auch die Pyrrhoneer nicht, ganz bestimmte Anweisungen zum
glückseligen Leben zu geben, die doch den Inbegriff der
antiken Ethik bilden. Wir haben aber nicht nöthig uns
hierauf zu berufen. Zwar ist bei Stobaios die Rede von
falschen Ansichten von denen die Seele befreit und von
anderen, gesunden, die ihr dafür eingepflanzt werden sollen.[1]
In welcher Weise aber diess Einpflanzen vor sich gehen soll,
ist nicht gesagt. Es ist daher auch keineswegs nothwendig
dass wir an einen dogmatischen bestimmte Resultate aus-
sprechenden Vortrag zu denken haben. Vielmehr ist ebenso
wohl möglich dass Philon ein dem platonisch-sokratischen
ähnliches Verfahren im Sinne hatte. Wie bei diesem zwar
gewisse Ansichten oft aufs Entschiedenste verworfen, das
danach übrig Bleibende aber nicht mit derselben Bestimmtheit bezeichnet wird, so könnte auch Philon beispielsweise
eine Lebensanschauung wie die epikureische zurückgewiesen,
unter den übrig bleibenden aber zwischen einer strengeren
und laxeren wie der stoischen und peripatetischen nach
sorgfältiger Abwägung aller für und wider sprechenden
Gründe geschwankt und die Entscheidung dem Leser oder
Hörer überlassen haben.[2] Dass Philon wirklich so verfahren

---

[1] 42: τὸ μὲν ὑπεξαιρετικὸν τῶν ψευδῶν γεγενημένων δοξῶν,
δι' ἃς τὰ κριτήρια νοσοποιεῖται τῆς ψυχῆς, προσάγει λόγον (sc. ἡ
ἐπιστήμη), τὸ δὲ τῶν ὑγιῶς ἐχουσῶν ἐνθετικόν.

[2] In dieser Weise mag die Erörterung verlaufen sein insbesondere innerhalb des Abschnittes der von den Gütern und Uebeln handelte (ὁ περὶ ἀγαθῶν καὶ κακῶν τόπος 42) und dem der sich auf
die Glückseligkeit bezog (ὁ περὶ τελῶν λόγος 42 f.).

ist, wird eine spätere Untersuchung, hoffe ich, von einer nur möglichen Annahme zu einer sehr wahrscheinlichen Ansicht erheben.

Kehren wir jetzt zum Anfang der zuletzt angestellten Untersuchung zurück. Es galt den Irrthum Späterer zu erklären die hinter dem akademischen Skepticismus den platonischen Dogmatismus verborgen wähnten. Dass Philon mit den Resultaten seiner Skepsis zurückhielt und dadurch zu dem Gerücht von einer esoterischen Lehre den Anlass geben konnte, haben wir bereits gesehen. Damit war aber der wichtigste Schritt gethan: denn der weitere, dass man aus dieser esoterischen Lehre den platonischen Dogmatismus machte, ergab sich nun fast von selber, wenn man bedachte dass die Akademie von Platon stammte und dass insbesondere Philon an diesen Ursprung wieder erinnert hatte. Es schien eine einfache Consequenz, und namentlich musste es so denen erscheinen die in den Dogmen einer Philosophie deren Kern erblickten, dass wer einmal Platon als seinen Meister anerkannte nicht bloss in der Methode sondern auch in den festen Ergebnissen derselben sich ihm anschloss. Die Methode Philons sollte aber die platonische sein. Er ging nicht wie Arkesilaos auf das sokratische Bekenntniss des Nichtwissens aus. Es gibt ein Wissen, nur dass dieser Name nicht im Sinne der Stoiker verstanden werden darf. Die ganze Fülle dieses Wissens aber vor Anderen auszuschütten hielt Philon nicht für gerathen. Niemand sollte desselben theilhaft werden als der es sich durch eigenes Nachdenken erworben hätte. Darum begnügte er sich die Untersuchung bis zu einem gewissen Punkt zu führen und überliess es danach Anderen das Resultat zu ziehen d. h. er ging von ähnlichen Grundsätzen aus wie die sind auf die Platon zum Schluss des Phaidros das Lob der dialogischen Form stützt.

Um Philons philosophische Eigenthümlichkeit zu erkennen
liefert einen weiteren Beitrag ein Zeugniss, das längst be-
kaunt war, aber bisher immer missverstanden worden ist.
Ich meine den Auszug den uns Photios in seiner Bibliothek
(cod. 212) aus Ainesidems Polemik gegen die Akademiker
hinterlassen hat.   Dass diese Akademiker Antiochos und
seine Anhänger waren ist Zellers Meinung (III 1 S. 610, 2.
2 S. 10, 1) und nur unwesentlich weicht hiervon Haas (philos.
scept. succ. S. 14) ab wenn er den Gedanken an Schüler
des Antiochos zurückweist.   Der einzige Grund auf den sich
jene Meinung stützt liegt in folgenden von . Photios aufbewahrten Worten Ainesidems: „Die Anhänger der Akademie,
besonders der jetzigen, treffen bisweilen sogar mit stoischen
Ansichten zusammen und die Wahrheit zu gestehen sie
scheinen Stoiker obgleich sie die Stoiker bekämpfen." [1] Erinnerte man sich zu diesen Worten der bekannten Aeusserungen die Antiochos als einen Stoiker innerhalb der
Akademie bezeichnen, so schien jeder Zweifel gehoben,
dass nur er unter den Akademikern Ainesidems gemeint
sein könne, und man kam nicht auf den Gedanken auch
das Uebrige was Ainesidem von jenen Akademikern berichtet
einer näheren Prüfung zu unterwerfen.   Holen wir diess
jetzt nach.   Das zweite, was Ainesidem zur Charakterisirung
jener Akademiker bemerkt, ist in Folgendem enthalten:
Δεύτερον περὶ πολλῶν δογματίζουσιν. Ἀρετήν τε γὰρ καὶ
ἀφροσύνην εἰσάγουσι καὶ ἀγαθὸν καὶ κακὸν ὑποτίθενται
καὶ ἀλήθειαν καὶ ψεῦδος καὶ δὴ καὶ πιθανὸν καὶ ἀπίθανον
καὶ ὂν καὶ μὴ ὂν ἄλλα τε πολλὰ βεβαίως ὁρίζουσι, διαμφισβητεῖν δέ φασι περὶ μόνης τῆς καταληπτικῆς φαντασίας.

---

[1] Οἱ δ' ἀπὸ τῆς Ἀκαδημίας, μάλιστα τῆς νῦν, καὶ Στωικαῖς
συμφέρονται ἐνίοτε δόξαις καί, εἰ χρὴ τἀληθὲς εἰπεῖν, Στωικοὶ φαίνονται μαχόμενοι Στωικοῖς.

Hier ist zunächst auffallend das *περὶ πολλῶν δογματί-ζουσιν*. Warum heisst es nicht *περὶ πάντων δ.*, wenn die Worte sich wirklich auf Antiochos beziehen? Denn dieser war doch nicht partieller sondern totaler Dogmatiker. Und vollends der Schluss, *διαμφισβητεῖν δέ φασι περὶ μόνης τῆς καταληπτικῆς φαντασίας*, wie stimmt der zu Antiochos' Lehre? Was wir von dieser erfahren, ist nicht dass er nur die „greifbare Vorstellung" der Stoiker bekämpfte sondern im Gegentheil dass er sich gegenüber seinen Collegen von der Akademie ihrer aufs Wärmste annahm. [1]) Von ihm konnte man daher unmöglich sagen, dass er abgesehen von der „greifbaren Vorstellung" die er nicht gelten liess Dogmatiker gewesen sei: vielmehr war er Dogmatiker und wollte es nur sein auf Grund dieser Vorstellung. Dagegen ist offenbar — so offenbar dass man sich wundern muss wie es bisher hat übersehen werden können — dass in jenen Worten der Standpunkt Philons bezeichnet wird. Philon konnte allerdings von der Tugend und ihrem Gegentheil, von Gut und Uebel, von Wahrheit und Irrthum u. s. w. sprechen, Definitionen aufstellen und überhaupt alles das vornehmen was die Möglichkeit eines Wissens zur Voraussetzung hat; [2]) was

---

[1]) Lucullus, der Vertreter des Antiochos, bekennt sich bei Cicero Acad. pr. 18 ausdrücklich zur stoischen Auffassung der *καταληπτικὴ φαντασία* (id nos a Zenone definitum rectissime dicimus) und bewährt diess durch den ganzen folgenden Vortrag.

[2]) Dass er diess wirklich that, erhellt auch aus dem was uns bei Stobaios ekl. II 40 f. über seine Eintheilung des *κατὰ φιλοσοφίαν λόγος* mitgetheilt wird. Hier wird der *προτρεπτικὸς λόγος* definirt als *παρορμῶν ἐπὶ τὴν ἀρετὴν* und ein eigener Abschnitt *περὶ ἀγα-θῶν καὶ κακῶν* bestimmt: die Wirklichkeit einer Tugend und das Vorhandensein von Gütern und Uebeln wurde also nicht angezweifelt, mochte immer die weitere auf eine nähere Bestimmung hinzielende Erörterung dialektisch angestellt werden und resultatlos bleiben (S. 228).

er leugnete war einzig und allein dass dieses Wissen auf
einer „greifbaren Vorstellung" ruhe, so wie die Stoiker dieselbe verstanden.[1]) Auf Philon, den zum Dogmatismus nei-
genden Skeptiker bezogen, gibt nun auch das περὶ πολλῶν δ.
keinen Anstoss mehr. Dass wirklich an ihn und keinesfalls
an Antiochos zu denken ist, beweist aber auch was Ainesidem weiter hinzufügt. Nachdem er noch einmal den Unterschied zwischen Pyrrhoneern und Akademikern hervorgehoben
hat, fährt er fort: Τὸ δὲ μέγιστον, οἱ μὲν (die Pyrrhoneer)
περὶ παντὸς τοῦ προτεθέντος διαποροῦντες τό τε σύστοι-
χον διατηροῦσι καὶ ἑαυτοῖς οὐ μάχονται, οἱ δὲ μαχομένοις
ἑαυτοῖς οὐ συνίσασι· τὸ γὰρ ἅμα τιθέναι τι καὶ αἴρειν
ἀναμφιβόλως ἅμα τε φάναι κοινῶς ὑπάρχειν καταληπτὰ
μάχην ὁμολογουμένην εἰσάγει· ἐπεὶ πῶς οἷόν τε γινώσκοντα
τόδε μὲν εἶναι ἀληθὲς τόδε δὲ ψεῦδος ἔτι διαπορεῖν καὶ
διστάσαι καὶ οὐ σαφῶς τὸ μὲν ἑλέσθαι τὸ δὲ περιστῆναι;
εἰ μὲν γὰρ ἀγνοεῖται ὅτι τόδε ἐστὶν ἀγαθὸν ἢ κακόν, ἢ
τόδε μὲν ἀληθὲς τόδε δὲ ψεῦδος, καὶ τόδε μὲν ὂν τόδε δὲ
μὴ ὄν, πάντως ὁμολογητέον ἕκαστον ἀκατάληπτον εἶναι·
εἰ δ' ἐναργῶς κατ' αἴσθησιν ἢ κατὰ νόησιν καταλαμβάνεται,
καταληπτὸν ἕκαστον φατέον. Auch aus diesen Worten geht
deutlich genug hervor dass wir es mit Akademikern zu thun
haben die, wenn sie auch in ihrem Skepticismus sich nicht
immer consequent blieben, doch als Skeptiker gelten wollten:
man hätte sie deshalb nie mit Antiochos und seinen Anhängern verwechseln dürfen. Wenn es trotzdem geschehen
ist, so wird diess nur dadurch einigermaassen begreiflich

---

[1]) Davon ist früher schon die Rede gewesen. Ich setze zur
leichteren Vergleichung mit Photios' angeführten Worten noch einmal her was über Philon Sextos Pyrrh. I 235 berichtet: οἱ δὲ περὶ
Φίλωνά φασιν ὅσον μὲν ἐπὶ τῷ στωικῷ κριτηρίῳ, τουτέστι τῇ καταληπτικῇ φαντασίᾳ, ἀκατάληπτα εἶναι τὰ πράγματα, ὅσον δὲ ἐπὶ τῇ
φύσει τῶν πραγμάτων αὐτῶν καταληπτά.

dass man die Worte so las wie ich sie hergesetzt habe, nämlich ἅμα τε φάναι κοινῶς ὑπάρχειν καταληπτά. Nahm man die Worte in dieser Form und löste sie aus dem Zusammenhang, so war es wenigstens möglich an Antiochos zu denken; nöthig freilich keineswegs, denn dass auch Philon ein καταληπτὸν anerkannte, haben wir nun zur Genüge gesehen. Aber nicht bloss ganz unsicher ist dieser Anhalt an den man vielleicht die Deutung auf Antiochos knüpfen wollte: nein! er ist in Wirklichkeit gar nicht vorhanden und beruht lediglich auf einer durch die Ueberlieferung hervorgerufenen Illusion, da aus dem Gedankenzusammenhang nicht καταληπτὰ sondern ἀκατάληπτα sich als das Ursprüngliche und allein Richtige ergibt. [1]) Zwischen den Akademikern

---

[1]) Den Akademikern wird in den angeführten Worten der Vorwurf gemacht, dass sie, indem sie das eine Mal Alles in Zweifel ziehen das andere Mal ein Erkennen und Wissen für möglich halten, sich in einen Widerspruch verwickeln: τὸ γὰρ ἅμα τιθέναι τι καὶ αἴρειν ἀναμφιβόλως ἅμα τε φάναι κοινῶς ὑπάρχειν καταληπτὰ μάχην ὁμολογουμένην εἰσάγει. Es frägt sich in welchem der beiden einander gegenüber gestellten Satzglieder der Zweifel an Allem und in welchem die Anerkennung der Möglichkeit eines Wissens ausgedrückt ist. Bezieht man in den Worten ἅμα τιθέναι τι καὶ αἴρειν das ἅμα auf τιθέναι καὶ αἴρειν · und lässt das folgende ἅμα ausser Acht, so kann das gleichzeitige Setzen und Aufheben eines Dinges — denn diess würde dann der Sinn sein — allerdings zur Bezeichnung der Skepsis dienen. Dadurch hat man sich wie es scheint täuschen lassen: denn es passte nun sehr gut dass in dem gegenüberstehenden Satzgliede, in den Worten φάναι κοινῶς κτλ., die Richtigkeit der Ueberlieferung vorausgesetzt, die Möglichkeit eines Wissens anerkannt wird. Aber jene Worte ἅμα τιθέναι τι καὶ αἴρειν als den Ausdruck der Skepsis zu fassen geht eben nicht an, und zwar deshalb nicht weil ἅμα nicht mit dem unmittelbar Folgenden verbunden werden darf sondern in Beziehung zu dem zweiten ἅμα steht, die Gleichzeitigkeit also im Setzen und Aufheben, die betont werden muss wenn die Worte zur Bezeichnung der Skepsis dienen sollen, nicht zum Ausdruck gebracht ist. Hierzu kommt noch ein Anderes. Von

die Ainesidem bekämpft und Antiochos besteht also keine Gemeinschaft der Lehre. Im Gegentheil werden wir an Antiochos durch Ainesidems Polemik erinnert: denn das Wesentliche was darin den Akademikern vorgeworfen wird, ist doch dass dieselben im Einzelnen fortwährend Wahrheit und Irrthum von einander scheiden trotzdem aber im Allgemeinen beide für nicht unterscheidbar erklären; diess ist aber gerade das was auch Antiochos dem Philon vorgehalten haben soll.[1])

dem Dogmatismus der Akademiker ist schon vorher einmal die Rede gewesen, und dort lesen wir: οἱ μὲν ἀπὸ τῆς Ἀκαδημίας δογματικοί τέ εἰσι καὶ τὰ μὲν τίθενται ἀδιστάκτως τὰ δὲ αἴρουσὶν ἀναμφιβόλως. Hieraus sehen wir dass auch in den Worten ἅμα τιθέναι τι καὶ αἴρειν ἀναμφιβόλως der Nachdruck auf dem letzten Worte liegt, dass dadurch dem τιθέναι sowohl als dem αἴρειν der dogmatische Charakter aufgeprägt werden soll. Enthält nun aber das erste Satzglied den Ausdruck des Dogmatismus, so müssen wir den Skepticismus im zweiten suchen und da dies nur bei einem Abgehen von der Ueberlieferung möglich ist die leichte Aenderung des καταληπτὰ in ἀκατάληπτα vornehmen, wodurch Alles in Ordnung kommt.

[1]) Man lese zunächst bei Photios aus Ainesidems Polemik gegen die Akademiker Folgendes: ἀρετὴν — — καὶ ἀφροσύνην εἰσάγουσι, καὶ ἀγαθὸν καὶ κακὸν ὑποτίθενται, καὶ ἀλήθειαν καὶ ψεῦδος, καὶ δὴ καὶ πιθανὸν καὶ ἀπίθανον, καὶ ὂν καὶ μὴ ὂν ἄλλα τε πολλὰ βεβαίως ὁρίζουσι — — —·— τὸ γὰρ ἅμα τιθέναι τι καὶ αἴρειν ἀναμφιβόλως ἅμα τε φάναι κοινῶς ὑπάρχειν ἀκατάληπτα (für καταληπτὰ) μάχην ὁμολογουμένην εἰσάγει, ἐπεὶ πῶς οἷόν τε γινώσκοντα τόδε μὲν εἶναι ἀληθὲς τόδε δὲ ψεῦδος ἔτι διαπορεῖν καὶ διστάσαι, καὶ οὐ σαφῶς τὸ μὲν ἑλέσθαι τὸ δὲ περιστῆναι; εἰ μὲν γὰρ ἀγνοεῖται ὅτι τόδε ἐστὶν ἀγαθὸν ἢ κακὸν ἢ τόδε μὲν ἀληθὲς τόδε δὲ ψεῦδος καὶ τόδε μὲν ὂν τόδε δὲ μὴ ὂν, πάντως ὁμολογητέον ἕκαστον ἀκατάληπτον εἶναι· εἰ δ' ἐναργῶς κατ' αἴσθησιν ἢ κατὰ νόησιν καταλαμβάνεται, καταληπτὸν ἕκαστον φατέον. Hiermit vergleiche man was Lucullus bei Cicero Acad. pr. 43 f. sagt: definitiones et partitiones et horum luminibus utens oratio, tum similitudines dissimilitudinesque et earum tenuis et acuta distinctio fidentium est hominum illa vera et firma et certa esse quae tutentur, non eorum qui clament nihilo magis vera illa esse quam falsa. quid enim agant si cum ali-

Man begreift hiernach kaum noch, wie überhaupt Jemand
bei den Akademikern Ainesidems 'an Antiochos denken konnte,
und es wird diess wirklich auch nur erklärlich durch die
schon S. 230, 1 angeführten Worte, in denen die Uebereinstimmung jener Akademiker mit den Stoikern bemerkt wird:
denn man erinnerte sich hierbei der Stellen, an denen von
der stoisirenden Richtung des Antiochos die Rede ist. Da
nun aber die angestellte Untersuchung uns verbietet ferner
an Antiochos zu denken, so müssen wir auch den fraglichen
Worten eine andere Beziehung geben: was auch dadurch
empfohlen wird dass Ainesidems Urtheil durchaus nicht in

---

quid definierint roget eos quispiam, num illa definitio possit in aliam
rem transferri quamlubet? si posse dixerint, quid dicere habeant
cur illa vera definitio sit? si negaverint fatendum sit, quoniam vera
definitio transferri non possit in falsum, quod ea definitione explicetur id percipi posse; quod minime illi volunt. eadem dici poterunt
in omnibus partibus. si enim dicent ea de quibus disserant se dilucide perspicere nec ulla communione visorum inpediri, conprehendere
ea se fatebuntur etc. Diess geht zunächst gegen Karneades. Dagegen ist, wie die Vergleichung von 111 lehrt, Folgendes der Polemik
des Antiochos gegen Philon entnommen: maxime autem convincuntur
cum haec duo pro congruentibus sumunt tam vehementer repugnantia:
primum esse quaedam falsa visa; quod cum volunt, declarant quaedam esse vera; deinde ibidem, inter falsa visa et vera nihil interesse.
at primum sumpseras tamquam interesset: ita priori posterius, posteriori superius non jungitur. — Zur Bestätigung dafür, dass Ainesidems Bemerkungen sich gegen die skeptische Akademie richten, kann
man noch hinweisen auf das was Sextos Empeirikos über den Unterschied der Pyrrhoneer und Akademiker sagt Pyrrh. I 226: διαφέρουσι
δὲ ἡμῶν προδήλως ἐν τῇ τῶν ἀγαθῶν καὶ τῶν κακῶν κρίσει. ἀγαθὸν γάρ τί φασιν εἶναι οἱ Ἀκαδημαϊκοὶ καὶ κακὸν οὐχ ὡς ἡμεῖς,
ἀλλὰ μετὰ τοῦ πεπεῖσθαι ὅτι πιθανόν ἐστι μᾶλλον ὃ λέγουσιν εἶναι
ἀγαθὸν ὑπάρχειν ἢ τὸ ἐναντίον, καὶ ἐπὶ τοῦ κακοῦ ὁμοίως κτλ.
233: πλὴν εἰ μὴ λέγοι τις ὅτι ἡμεῖς μὲν κατὰ τὸ φαινόμενον ἡμῖν
ταῦτα λέγομεν καὶ οὐ διαβεβαιωτικῶς, ἐκεῖνος (Arkesilaos) δὲ ὡς
πρὸς τὴν φύσιν, ὥστε καὶ ἀγαθὸν μὲν εἶναι αὐτὴν λέγειν τὴν ἐποχήν, κακὸν δὲ τὴν συγκατάθεσιν.

dem Maasse wie man anzunehmen scheint mit dem anderwärts über Antiochos gefällten zusammentrifft; denn während
die Uebereinstimmung zwischen den Akademikern und den
Stoikern nach Ainesidem nur bisweilen (ἐνίοτε) stattfand,
soll die zwischen Antiochos und den Stoikern sich auf das
Meiste erstreckt haben.[1] Freilich fehlt es sonst an einer
ausdrücklichen Ueberlieferung dass bereits Philon allerlei
aus der stoischen Lehre in die Akademie herübergenommen
habe.[2] Diess würde indessen sobald die Annahme nur nichts
Unmögliches enthält noch kein Gegenbeweis sein.[3] Und
warum könnte denn Philon, wenn er von den Tugenden,
wenn er von Gütern und Uebeln und dergleichen sprach,
sich nicht die stoischen Definitionen zu Nutze gemacht haben?
Wenn derselbe nach Stob. ekl. II 40 den Beweis führte, dass die
Tugend oder die Philosophie etwas ausserordentlich Nützliches
sei,[4] so klingt diess ,doch mehr stoisch als platonisch. Das
Gleiche gilt von seiner Aeusserung, dass die Philosophie es
ausschliesslich mit der Glückseligkeit zu thun habe.[5] Ferner

---

[1] Plutarch Cic. 4 sagt von Antiochos: τὸν Στωϊκὸν ἐκ μεταβολῆς θεραπεύων λόγον ἐν τοῖς πλείστοις. Bei Cicero Acad. pr. 137
heisst er Stoicus perpauca balbutiens. Vgl. dazu 132: Antiochum qui
appellabatur Academicus, erat quidem si perpauca mutavisset ger-
manissimus Stoicus.

[2] Doch könnte man ein Zugeständniss dass bereits Philon
Stoisches sich angeeignet hatte in den Worten des Sextos Pyrrh. I
235 finden: ἀλλὰ καὶ ὁ Ἀντίοχος τὴν στοὰν μετήγαγεν εἰς τὴν
Ἀκαδήμιαν. Denn vorher ist von Philon die Rede gewesen.

[3] Auch in Ueberwegs Grundriss S. 148[4] finde ich die Bemerkung dass Philon, obgleich er die Stoiker bekämpfte, doch in der
Behandlung der Ethik sich ihnen bereits genähert zu haben scheine.

[4] Ἔστι γὰρ ὁ προτρεπτικὸς ὁ παρορμῶν ἐπὶ τὴν ἀρετήν. τούτου ὁ μὲν ἐνδείκνυται τὸ μεγαλωφελὲς αὐτῆς. Unter αὐτῆς kann
man sowohl die ἀρετή wie die φιλοσοφία verstehen.

[5] A. a. O. 42: καὶ γὰρ τῇ ἰατρικῇ σπουδὴ πᾶσα περὶ τὸ τέλος,
τοῦτο δ᾽ ἦν ὑγίεια, καὶ τῇ φιλοσοφίᾳ περὶ τὴν εὐδαιμονίαν.

die Fragen die er erörtert hatte, ob der Weise sich am Staats-
leben betheiligen, ob er mit Fürsten verkehren, ob er eine
Ehe schliessen solle,[1]) sind doch sämmtlich solche die zuerst
und vorwiegend in der kynisch-stoischen Schule verhandelt
wurden. Was wir also aus Photios Neues über Philon lernen,
ist, dass bei ihm bereits der stoische Einfluss hervortrat der
dann bei Antiochos in noch höherem Grade sich geltend
macht.[2]) Dass der Einfluss der Stoiker auf Philon sich
übrigens weiter erstreckte, nämlich nicht bloss auf einzelne
Definitionen und die Wahl der Fragen die er zu beantworten suchte, wird eine spätere Untersuchung lehren. Vor
der Hand will ich noch auf éinen Umstand hinweisen, der
ebenfalls den Stoicismus Philons bestätigt, d. i. die stoisirende
Richtung seiner Anhänger.

Wer sind diese Anhänger Philons? Die herrschende

---

[1]) A. a. O. 44: ἐπισκοπεῖν δέον ἐστὶ — — εἰ τῷ νοῦν ἔχοντι
πολιτευτέον, ἢ τοῖς ἡγεμονικοῖς συμβιωτέον, ἢ γαμητέον τῷ σοφῷ.

[2]) Einen anderen Gewinn, der aus der richtigen Deutung der
Akademiker des Photios entspringt, erkennt man leicht. Es wird
dadurch endlich die Frage nach der Zeit des Ainesidemos entschieden. Bereits Leander Haas de philos. scept. succ. S. 14 hatte dieselbe dahin beantwortet, dass Ainesidem den älteren Skeptikern zuzurechnen d. h. noch in die erste Hälfte des letzten Jahrhunderts
v. Chr. zu setzen sei, und Diels doxogr. S. 211 war ihm hierin bei-
getreten. Zeller, der früher schon Ainesidems Zeit weiter herab-
rückte, hielt auch nach der Erörterung von Haas an dieser Meinung
fest (III 2 S. 10³), indem er unter den Akademikern nicht Antiochos
selber sondern dessen Anhänger verstand. Dieser Einwand war nicht
leicht abzuweisen. Viel fester steht in dieser Hinsicht die jetzt gewonnene Zeitbestimmung. Denn wenn unter der jetzigen Akademie
(οἱ δ' ἀπὸ τῆς Ἀκαδημίας, μάλιστα τῆς νῦν), von der Ainesidem
spricht, diejenige Philons zu verstehen ist, so kann damals, zu der
Zeit als Ainesidem diese Worte schrieb, dieselbe noch nicht in die
Entwickelungsphase eingetreten sein die an den Namen des Antiochos
geknüpft ist.

Ansicht ist, dass zu Ciceros Zeit die Lehre Philons fast allgemein verlassen und an ihre Stelle die des Antiochos getreten war und dass die letztere das Vorbild für den Platonismus der Kaiserzeit gewesen ist.[1]) Der eine Grund, den
Zeller zum Beweise dieser Ansicht beibringt, das Zeugniss
Ainesidems,[2]) ist durch die eben (S. 230 ff.) angestellte
Untersuchung beseitigt worden. Es bleiben noch zwei Gründe:
das Zeugniss Ciceros und die Behauptung dass nach Allem
was wir über die spätere Akademie erfahren der Eklekticismus des Antiochos sich fortwährend in ihr erhielt. Was zunächst das Zeugniss Ciceros betrifft, so hat man demselben
eine Bedeutung gegeben, die es in Wirklichkeit nicht hat
und wohl auch im Sinne des Urhebers nicht haben sollte.
Wenn Acad. pr. 11 gesagt wird dass die fast aufgegebene
akademische Philosophie damals von Cicero wieder erneuert
wurde, so wird man diess zunächst auf römische Verhältnisse
beziehen, da auf die Griechen einen solchen Einfluss Cicero
sich weder zugetraut hat noch in Wahrheit haben konnte.
Diese Erklärung wird bestätigt durch de nat. deor. I 11.
Denn warum wird hier, nachdem schon bemerkt war dass die
akademische Lehre keine Anhänger mehr hatte, noch hinzugefügt „quam nunc prope modum orbam esse in ipsa Graecia
intellego“? Offenbar nur deshalb weil das Vorhergehende
allein von den Römern galt. Aber freilich sagt uns diese
Stelle auch, dass in Griechenland die akademische Lehre
ausgestorben war. Indessen ist bei Griechenland vorzugsweise an Athen zu denken. Dort, will Cicero sagen, hatte

---

[1]) Zeller III 1 S. 608 ff. Ueberweg Grundr. S. 145⁴.

[2]) Denn Ainesidem spricht von der ihm gleichzeitigen Akademie
(τῆς νῦν Ἀκαδημίας) als wenn es nur eine des Namens gäbe: ist diese
Akademie nun, wie Zeller annimmt, die des Antiochos, dann ist damit auch bewiesen dass zu Ainesidems Zeit die Philons nicht mehr
existirte.

die Lehre Philons keinen namhaften Vertreter; und hiermit
stimmt auch die sonstige Ueberlieferung überein, die zwar
Nachfolger des Antiochos in der Vorstandschaft der Akademie
kennt (Zeller III 1 S. 609, 1), von solchen Philons dagegen
nichts weiss. Begreiflich wird dieses plötzliche Erlöschen
der akademischen Skepsis in Athen, sobald wir annehmen
dass Philon seitdem er Athen in Folge des mithridatischen
Krieges verlassen hatte niemals wieder dorthin zurückgekehrt
war.[1]) Zugegeben also dass die Vorstandschaft in der Akademie in Athen von den Skeptikern auf die Dogmatiker
d. i. die Anhänger des Antiochos übergegangen war, so folgt
daraus doch keineswegs dass auch ausserhalb Athens die
philonische Richtung keine Vertreter mehr hatte. Wer bürgt
uns denn, da wir von Rom absehen müssen, dafür dass es
dergleichen nicht in Alexandria gab? In der That finden
wir dort den Tyrier Heraklit und die Römer P. und C. Selius
und Tetrilius Rogus (Cicero Acad. pr. 11), die zu den eifrig-
sten Anhängern Philons gehörten. Für eine Philosophie aber,
die in den folgenden Jahrzehnten und Jahrhunderten eine
Rolle spielen sollte, war es fast wichtiger dass sie in Alexandrien Wurzel gefasst hatte als dass sie in Athen weiter
gepflegt wurde. Es wäre daher wohl denkbar dass über
Alexandrien der Weg ging der von der philonischen Akademie zum Platonismus der Kaiserzeit führte. Dass diese
Späteren ihre eigenen Bestrebungen mit Uebergehung des
Antiochos an Philon anknüpften, darf man wohl aus Augustins Worten schliessen der in der Thätigkeit der Neupla-
toniker nur die Vollendung des von Philon begonnenen
Werkes sieht und das Auftreten des Antiochos als eine vor-

---

[1]) Noch in Rom hat er die Schrift verfasst, die seine eigenthümliche Auffassung der Skepsis begründete und den Unwillen des
Antiochos so lebhaft erregte (Cicero Acad. pr. 11).

übergehende, die geradlinige Entwickelung des Platonismus
störende Phase behandelt;[1]) und nicht viel anders beurtheilt
den Antiochos doch auch Numenios, wenn er von ihm sagt
(bei Euseb. praep. ev. XIV 9, 2) dass er unzähliges Fremdartige in die Akademie gebracht habe (μυρία ξένα προσῆψε
τῇ Ἀκαδημίᾳ). Indess war diess möglicher Weise nur eine
subjective Ansicht, die weil sie auf mehr Material sich gründete zwar mehr gilt als die unserige aber doch keineswegs
den Werth einer Ueberlieferung besitzt. Ob Antiochos oder
Philon den späteren Platonikern die Bahn gewiesen hat,
kann daher nur entschieden werden durch eine genaue Vergleichung der den einen wie den anderen zugeschriebenen
Lehren, wobei unter den Platonikern in erster Linie die
beiden berücksichtigt werden müssen die für uns den Uebergang von der Akademie zum späteren Platonismus darstellen,
Eudoros und Areios Didymos.

Um zu zeigen dass der letztgenannte der Richtung des
Antiochos folgte hat Zeller (III 1 S. 616, 1) sich auf die bei
Stobaios erhaltene Darstellung der peripatetischen Ethik be-

---

[1]) Von Philon sagt Augustin contra Acad. III 18, 41 „jam veluti
aperire cedentibus hostibus portas coeperat et ad Platonis auctoritatem Academiam legesque revocare", von Antiochos „auditis Philone
Academico et Mnesarcho Stoico in Academiam veterem, quasi vacuam
defensoribus et quasi nullo hoste securam, velut adjutor et civis ir-
repserat, nescio quid inferens mali de Stoicorum cineribus quod Platonis avita violaret". Danach fährt er fort „Sed huic arreptis iterum
illis armis et Philon restitit donec moreretur et omnes ejus reliquias
Tullius noster oppressit se vivo impatiens labefactari vel contaminari
quidquid amavisset: adeo post illa tempora non longo intervallo omni
pervicacia pertinaciaque demortua os illud Platonis, quod in philosophia purgatissimum est et lucidissimum, dimotis nubibus erroris
emicuit, maxime in Plotino" etc. Denselben Sinn hat es offenbar
wenn Antiochos von Augustin a. a. O. 41 feneus ille Platonicus genannt wird.

rufen, die ganz denselben stoisirenden Charakter trage wie
die auf Antiochos zurückgehende bei Cicero. Zugegeben nun
Didymos spreche wirklich durch diese peripatetische Darstellung seine eigene Ansicht aus, so würde er auch dann
noch nicht für einen Antiocheer gelten können, da, wie ich
früher (Th. II S. 713 ff.) gezeigt habe, mehrere Punkte dieser
Darstellung mit sonst bekannten Ansichten des Antiochos in
Widerspruch stehen. Aber, wie ich ebenfalls schon nachgewiesen habe (Th. II S. 695 ff.), es ist diese Darstellung
überhaupt nicht der Ausdruck einer einheitlichen Ueberzeugung, sondern zusammengesetzt aus den Excerpten verschiedener peripatetischer Schriften, und kann daher nicht
zur Kenntniss der Lehre des Didymos verwandt werden.[1)]
Käme in der stoisirenden Form der peripatetischen Darstellung das Bestreben des Antiochos zum Vorschein diese beiden
Philosophien mit einander auszugleichen, so müsste etwas
Entsprechendes sich auch in dem stoischen Abschnitt beobachten lassen d. h. auch hier die Absicht erkennbar sein
die stoische Ethik durch Milderung ihrer Schroffheit der

[1)] Wenn Zeller S. 617, 2 darin dass die Darstellung bisweilen
aus der indirecten Rede in die directe übergeht ein Zeichen findet
dass Didymos zwischen seiner eigenen Ansicht und der peripatetischen keinen Unterschied mache, so setzt er voraus dass die ganze
Darstellung so wie sie uns jetzt vorliegt aus den Händen des Didymos gekommen ist. Kaum aber wird Jemand, der die Beschaffenheit
nicht bloss dieser sondern auch der übrigen ethischen Darstellung
bedenkt, dieser Voraussetzung zustimmen. Aber selbst für den Fall
dass schon Didymos für die Form der Darstellung verantwortlich
wäre, so würde auch dann der von Zeller hervorgehobene Umstand
nicht beweisend sein: denn wie leicht kann es bei einem längeren
Referat fremder Ansichten begegnen dass man im Bestreben dieselben aus dem Geiste ihres Urhebers heraus darzustellen sich mit diesem wenn auch nur vorübergehend eins fühlt und daher stellenweise
den Ton der directen Rede anschlägt.

peripatetischen anzunähern. Diess ist aber keineswegs der
Fall. Ueberhaupt kann wenn es sich darum handelt Didymos'
eigene Ansicht kennen zu lernen dazu nicht eine der beiden
rein historischen Darstellungen die peripatetische oder die
stoische benutzt werden, sondern nur die beiden vorangehende:
denn hier werden die Lehren anderer Philosophen nicht
einfach mitgetheilt sondern einander gegenübergestellt und
dadurch der Keim zu einer selbständigen Erörterung gelegt.
Nun habe ich aber schon früher (Th. II S. 837 Anm.) bemerkt dass in diesem Abschnitt vor allen Philosophen, die
erwähnt werden, Platon der bevorzugte ist. Dass ein Stoiker
nicht der Verfasser sein könne, habe ich hieraus schon damals geschlossen. Aber auch zu Antiochos passt diess Verfahren nicht. Denn wenn derselbe auch in letzter Hinsicht
seine Lehre von Platon ableitete, so waren doch seine
nächsten Autoritäten Aristoteles und noch mehr Xenokrates
und Polemon.[1]) Keiner der beiden letzteren wird indessen

---

[1]) Antiochos als Mitglied der Akademie suchte natürlich an
Platon anzuknüpfen. Insofern sagt Sextos Pyrrh. I 235 gewiss mit
Recht von ihm: ἐπεδείκνυε ὅτι παρὰ Πλάτωνι κεῖται τὰ τῶν στωικῶν δόγματα. Ausführlicher ist Antiochos' Verhältniss zu Platon
dargestellt in Varros Worten bei Cicero Acad. post. 16 ff. Aus diesen ergibt sich einmal allerdings dass Antiochos die platonische
Lehre vortragen wollte, ausserdem aber dass er zur Kenntniss derselben nicht so sehr die platonischen Schriften (aus denen er vielmehr die Kenntniss der eigenthümlichen Weise des Sokrates schöpfen
wollte, vgl. auch Acad. pr. 15) als die Lehren seiner Schüler Aristoteles und Xenokrates benutzte. Daher erklärt sich die überwiegende
Autorität, die diese beiden für ihn besassen, vgl. Cicero Acad. pr.
137: Aristoteles aut Xenocrates quos Antiochus sequi volebat. 143:
num quid horum probat noster Antiochus? ille vero ne majorum quidem suorum: ubi enim aut Xenocraten sequitur — — aut ipsum
Aristotelem — —? Bedenkt man dass diesen letzteren Worten unmittelbar vorausgeht die Erwähnung Platons, dass dieser also nicht
mit zu den Vorfahren (majores) des Antiochos gezählt wird, so sieht

in dem fraglichen Abschnitt auch nur genannt. Dagegen ist bemerkenswerth dass die Uebereinstimmung zwischen Sokrates Platon und Pythagoras hervorgehoben wird:[1] denn einmal ist für die Entwickelung des späteren Platonismus gerade die Verbindung von Bedeutung gewesen in die man Platon und Pythagoras brachte,[2] und ausserdem werden gelegentlich diese drei den von Antiochos anerkannten Autoritäten gegenübergestellt.[3] Mit der Lehre des Antiochos steht

man dass für Antiochos Platon nicht viel mehr als ein blosser Name und in Wirklichkeit Aristoteles und Xenokrates seine Autoritäten waren. Auch Acad. pr. 136 bestätigt diess, wo sie als solche im Gegensatz zu Sokrates erscheinen; und keinen anderen Grund hat es, wenn Plutarch in der Vergleichung des Kimon und Lucullus 1 diesen letzteren, den wir als Anhänger des Antiochos kennen, einen Verehrer des Xenokrates nennt. Dass neben Xenokrates auch Polemon viel bei Antiochos galt und insbesondere von ihm zur Entscheidung der Cardinalfrage nach dem höchsten Gut herbeigezogen wurde, lehrt Cicero Acad. pr. 131. de fin. V 14.

[1] 64: Σωκράτης Πλάτων ταὐτὰ τῷ Πυθαγόρᾳ, τέλος ὁμοίωσιν θεοῦ.

[2] In Plutarchs Schrift über Kindererziehung p. 2 C werden ebenfalls Pythagoras Sokrates und Platon zusammengestellt, ebenso in der ersten Rede über das Glück Alexanders p. 331 A.

[3] Von Cicero Tuscul. V 30: non igitur facile concedo neque Bruto meo neque communibus magistris nec veteribus illis, Aristoteli Speusippo Xenocrati Polemoni, ut cum ea quae supra enumeravi in malis numerent idem dicant semper beatum esse sapientem; quos si titulus hic delectat insignis et pulcher, Pythagora Socrate Platone dignissimus, inducant animum illa quorum splendore capiuntur viris valetudinem pulchritudinem divitias honores opes contemnere eaque quae his contraria sunt pro nihilo ducere. Hierzu hat bereits Heine das im Text Gesagte bemerkt. Aehnlich wie Cicero stellt die drei Genannten auch Numenios bei Euseb. pr. ev. XIV 5, 7 zusammen; und dass derselbe sich hierin an Antiochos angeschlossen habe, ist schon deshalb nicht anzunehmen weil an der angeführten Stelle gerade die Verschiedenheit der platonischen Lehre von der des Aristoteles und Zenon betont wird.

16*

ferner in Widerspruch dass nicht bloss die äusseren sondern auch die leiblichen Güter von den Bestandtheilen des höchsten Gutes ausgeschlossen werden (58, vgl. dazu Th. II S. 715 f.); und nicht für ihn lässt sich anführen dass einmal (64) aus den zwei Theilen des menschlichen Wesens auf zwei Arten von Gütern geschlossen wird.[1]) Auf Grund dessen was bei Stobaios von ihm erhalten ist wird man daher Areios Didymos in Zukunft nicht mehr für einen Anhänger des Antiochos ausgeben. Ebenso wenig darf man Eudoros dafür erklären. Denn wenn dieser (50) die Lust ohne Weiteres unter die Güter (zunächst unter die προηγούμενα) rechnet, so entspricht diess keineswegs der Meinung des Antiochos (vgl. Th. II S. 713), und ebenso wenig lässt es sich mit dieser vereinigen dass die Tugenden die von Antiochos zu den um ihrer selbst willen erstrebenswerthen Dingen gezählt und in dieser Hinsicht den leiblichen Gütern gleichgestellt wurden (Cicero fin. V 68) bei Eudoros nur die Mittel sind durch die wir die Güter erwerben.[2])

---

[1]) Die betreffenden Worte lauten: ἐκ γὰρ σώματος καὶ ψυχῆς τοῦ ἀνθρώπου συνεστῶτος ἀνάγκη καὶ τὴν εὐζωΐαν αὐτοῦ περὶ ταῦτα καὶ διὰ τούτων συνίστασθαι. Vorher war von den verschiedenen Ansichten über das höchste Gut die Rede, dass die Einen dasselbe in die Tugend, die Anderen in die Lust, wieder Andere in die Verbindung beider setzten. Wären nun die fraglichen Worte die Begründung lediglich dieser letzten Ansicht, so hätten wir allerdings eine Lehre vor uns die der des Antiochos sehr nahe käme. Dieselbe aber hier ausgedrückt zu finden ist deshalb misslich, weil kurz vorher (58) gerade die leiblichen Güter von den Bestandtheilen des höchsten Gutes waren ausgeschlossen worden, der Verfasser also in jenem Falle mit sich selbst in Widerspruch treten würde. Jene Begründung, was überdiess die am nächsten liegende Auffassung ist, kann daher nur erklären sollen weshalb bei aller Mannichfaltigkeit der Ansichten über das höchste Gut dasselbe doch immer in irgend eine Beziehung zu Seele oder Leib gesetzt wird.

[2]) Denn 48 werden die Abschnitte unterschieden, der welcher

Wenn also nicht Antiochos, dann muss wohl Philon der Vorgänger des Areios Didymos und Eudoros gewesen sein, vorausgesetzt nämlich dass Beide in irgend welchem Zusammenhang mit der Schule stehen und nicht von sich aus ohne äusseren Einfluss zum Platonismus gelangt sind. Diese letztere Annahme ist aber sehr unwahrscheinlich und wird noch insbesondere was Eudoros betrifft dadurch widerlegt dass dieser bei Stobaios (46) ein Akademiker heisst. Mit Eudoros aber scheint Areios Didymos in allem Wesentlichen übereingestimmt zu haben, da er sonst schwerlich dessen die ganze Philosophie umfassendes Buch ein $\beta\iota\beta\lambda\acute{\iota}o\nu$ $\mathring{\alpha}\xi\iota\acute{o}\varkappa\tau\eta\tauo\nu$ (Stob. a. a. O.) genannt haben würde. Nun wird von demselben Areios Didymos nicht bloss Eudoros sondern auch Philon (Stob. 40) als akademischer Philosoph bezeichnet, und die nächste Annahme ist doch gewiss dass beidemal unter diesem Namen dasselbe zu verstehen ist. Der sich hieraus ergebende Schluss dass Areios Didymos und Eudoros der Richtung Philons folgten wird überdiess dadurch bestätigt dass Philon von Didymos unter die gerechnet wird die die Philosophie ein gutes Stück vorwärts gebracht haben.[1]) Und nicht genug mit diesem Lobe, es wird von ihm gesagt dass wie er alles Uebrige richtig angestellt habe, so auch die

---

es mit den Zwecken und Zielen $(\sigma\varkappao\pi o\acute{\iota}, \; \tau\acute{\epsilon}\lambda\eta)$ und der andere der es mit den dazu führenden Mitteln zu thun hat. Der letztere Abschnitt ist der welcher die Tugenden erörtert. Mit den Zwecken und Zielen sind aber natürlich die $\mathring{\alpha}\gamma\alpha\vartheta\acute{\alpha}$ identisch: es würde sich daher als Ansicht des Eudoros herausstellen dass zwar Lust und Ruhm ($\mathring{\eta}\delta o\nu\acute{\eta}, \; \delta\acute{o}\xi\alpha$) als ein Gut zu betrachten sind, aber nicht die Tugend. Diess ist aber eine Ansicht, die ihn ebenso mit Antiochos in Widerspruch bringt wie sie ihn mit Karneades in Uebereinstimmung zeigt (vgl. S. 190, 1).

[1]) Stob. 40: $\Phi\acute{\iota}\lambda\omega\nu \; \mathring{\epsilon}\gamma\acute{\epsilon}\nu\epsilon\tauo \; \varLambda\alpha\rho\iota\sigma\alpha\tilde{\iota}o\varsigma, \; \varphi\iota\lambda\acute{o}\sigma o\varphi o\varsigma \; \mathring{\alpha}\varkappa\alpha\delta\eta\mu\iota\varkappa\acute{o}\varsigma, \; \mathring{\alpha}\varkappao\upsilon\sigma\tau\grave{\eta}\varsigma \; K\lambda\epsilon\iota\tauo\mu\acute{\alpha}\chi o\upsilon, \; \tau\tilde{\omega}\nu \; \mathring{\iota}\varkappa\alpha\nu\grave{\eta}\nu \; \epsilon\mathring{\iota}\sigma\epsilon\nu\epsilon\gamma\varkappa\alpha\mu\acute{\epsilon}\nu\omega\nu \; \pi\rho o\varkappao\pi\grave{\eta}\nu \; \mathring{\epsilon}\nu \; \tauo\tilde{\iota}\varsigma \; \lambda\acute{o}\gamma o\iota\varsigma.$

Eintheilung des philosophischen Vortrags.[1]) Sind nun dergleichen Lobsprüche im Munde des Antiochos oder eines
seiner Anhänger denkbar? Antiochos, der über die Schrift
in welcher Philon zum ersten Mal seine eigenthümlichen
Ansichten dargelegt hatte in solchen Zorn gerieth (homo natura lenissimus — stomachari tamen coepit, Cicero Acad. pr. 11),
soll ihn nichtsdestoweniger unter die gezählt haben denen
die Philosophie einen bedeutenden Fortschritt verdankt, er,
nach dessen Urtheil die Akademie mit Arkesilaos den rechten
ihr von Platon gewiesenen Weg verlassen hatte und seitdem
bis auf seine Zeit fortwährend in der Irre gegangen war?
Und derselbe Antiochos sollte Philon nachgerühmt haben,
dass er es in allen Stücken recht gemacht habe, er, nach
dessen Ansicht Philon doch gerade in der Hauptsache das
Rechte verfehlt hatte? Man darf nicht einwenden, dass
Jemand ein Anhänger des Antiochos sein konnte ohne deshalb in der Beurtheilung jedes anderen Philosophen mit ihm
übereinzustimmen: denn hier handelt es sich eben nicht um
einen beliebigen Philosophen sondern um den dessen Beurtheilung über den Standpunkt des Beurtheilenden in der
Akademie entschied. Wer der Meinung war, Philon habe
es in allen Stücken recht gemacht und Philon habe die
Philosophie ein gutes Stück vorwärts gebracht, der hörte
eben damit auf ein Anhänger des Antiochos zu sein.

Die eigentliche Probe für die Richtigkeit dieser Ansicht,
wonach Eudoros und Didymos nicht an Antiochos sondern
an Philon angeknüpft haben, wird darin liegen dass ihre uns
bekannten Lehren mit denen Philons wo nicht zusammentreffen doch wenigstens sich als eine Fortbildung derselben
auffassen lassen. Eine eigenthümliche Ansicht des Eudoros

---

[1]) Stob. 40: οὗτος ὁ Φίλων τά τε ἄλλα πεπραγμάτευται δεξιῶς
καὶ διαίρεσιν τοῦ κατὰ φιλοσοφίαν λόγου.

aber, durch die er mit Antiochos in Widerspruch trat, haben wir bereits kennen gelernt, dass nämlich die Tugend kein Gut ist sondern nur ein Mittel das uns zu den Gütern verhilft. Schon allein der Umstand dass diese Ansicht auch von Karneades verfochten wurde könnte uns berechtigen Eudoros näher an Philon als an Antiochos zu rücken, wenn nicht die gleiche Ansicht auch der Eintheilung von Philons philosophischem Vortrage zu Grunde läge.[1]) Wichtiger ist eine andere Eigenthümlichkeit des Eudoros weil sie uns auf seine philosophische Grundansicht schliessen lässt. Von ihm wird nämlich gesagt, dass er in seinem Buche die gesammte Wissenschaft problematisch erörtert ˙ habe (Stob. 48: *ἐν ᾧ πᾶσαν ἐπεξελήλυθε προβληματικῶς τὴν ἐπιστήμην*). Wie es scheint, hat man diesen Ausdruck bisher so verstanden, dass man meinte, Eudoros habe eben die verschiedenen

---

[1]) Der zweite Theil des *κατὰ φιλοσοφίαν λόγος* war der *θεραπευτικὸς* und dieser wiederum identisch mit dem *περὶ ἀγαθῶν καὶ κακῶν τόπος ἐφ᾽ ὧν καὶ δι᾽ ὧν ἡ προτροπή* (Stob. 42). Dass unter den *ἀγαθὰ* hier nicht mit an die Tugend zu denken ist, folgt daraus weil von dieser und ihrem Werthe schon der erste Theil, der *προτρεπτικὸς* gesprochen hatte (Stob. 40: *ἔστι γὰρ ὁ προτρεπτικὸς ὁ παρορμῶν ἐπὶ τὴν ἀρετήν. τούτου δ᾽ ὁ μὲν ἐνδείκνυται τὸ μεγαλωφελὲς αὐτῆς κτλ.*). Auch der Zusatz *ἐφ᾽ ὧν καὶ δι᾽ ὧν ἡ προτροπή* macht es wahrscheinlich dass die Tugend von den *ἀγαθὰ* auszuschliessen ist. Mit Bezug auf die Tugend müsste es heissen: *ἐφ᾽ ἃ ἡ προτροπή*. D. h. die Tugend ist das Nächste worauf sich die Ermahnung richtet (40: *ἔστι γὰρ ὁ προτρεπτικὸς ὁ παρορμῶν ἐπὶ τὴν ἀρετήν*, 42: *τὰ θεραπευτικὰ —, ἐφ᾽ ἃ τοῖς παρορμητικοῖς κέχρηται διμερῶς*). In *ἐφ᾽ ὧν* dagegen scheinen die weiteren Zwecke und Ziele angedeutet zu sein, im Hinblick auf welche die *προτροπὴ* zur Tugend antreibt, in Betreff welcher sie stattfindet (vgl. auch Sauppe zu Plat. Protag. p. 358 B über *αἱ ἐπὶ τούτου πράξεις*); und nichts Anderes bezeichnet auch *δι᾽ ὧν*, nämlich die Mittel durch welche die *προτροπὴ* ihre Wirkungen erreicht, dieses sind aber die aus dem tugendhaften Handeln entspringenden Vortheile auf die sie hinweist.

Probleme, mit denen es die Wissenschaft zu thun hat, besprochen und beantwortet. Aber wozu dann dieser Zusatz? Denn dass jede Darstellung einer Wissenschaft die verschiedenen Probleme und ihre Beantwortungen vorführt, wussten wir ohnediess; das war keine Eigenthümlichkeit von Eudoros' Darstellung, die besonders bemerkt zu werden verdiente. Es bleibt also nur die andere Erklärung übrig, dass die Darstellung des Eudoros sich auf die Angabe der Probleme beschränkte und auf die Lösung derselben verzichtete. Die Richtigkeit dieser Erklärung wird durch die Worte bestätigt, die der eigentlichen Darstellung vorausgingen (Stob. 54): ἀρκτέον δὲ τῶν προβλημάτων προτάττοντα τὰ γένη κατὰ τὴν ἐμοὶ φαινομένην διάταξιν κτλ. Eine Darstellung, deren Zweck die Lösung der Probleme war, würde Niemand in dieser Weise einleiten. Wüssten wir sicher dass auch das bei Stobaios Folgende dem Eudoros entnommen ist,[1]) so würden wir nicht im Zweifel sein was unter der problematischen Darstellungsweise zu verstehen ist. Indessen auch so gewährt dasselbe einen Anhalt. Wenn wir nämlich von der entschiedenen Abweisung des Kritolaos (56 f.) absehen, bleibt die Erörterung überall innerhalb der Grenzen des Problematischen, und wird selbst Platons Ansichten, so unverkennbar die Vorliebe für ihn ist, doch nie mit Bestimmtheit der Vorzug vor anderen gegeben. Es wird berichtet über die verschiedenen Versuche die gemacht worden waren zur Lösung der Frage nach dem höchsten Gut sowie nach den Gütern und Uebeln und der ob das Schöne um seiner selbst willen zu wählen sei, und obgleich das Bestreben durchblickt die Unterschiede der einzelnen Lehren auszugleichen, so bleibt doch schliesslich die Entscheidung, welche Lösung er billigen will, dem Leser überlassen. Hier haben

---

[1]) Vgl. darüber Th. II S. 835, 2.

wir also thatsächlich was man mit Fug und Recht eine problematische Darstellung nennen könnte. Dieselbe mag immerhin auf Areios Didymos zurückgehen, so dürfen wir doch annehmen dass die des Eudoros von der gleichen Art war, zumal das Werk desselben lobend erwähnt wird (βιβλίον ἀξιόκτητον Stob. 48). Dass Eudoros es liebte in dieser Weise über die Probleme und ihre Lösungen nur zu berichten, die Entscheidung aber Anderen zu überlassen, bestätigt uns auch Plutarch περὶ τῆς ἐν Τιμαίῳ ψυχογ. c. 3. Denn nachdem er die einander gegenüberstehenden Meinungen des Xenokrates und Krantor mitgetheilt hat, fährt er fort: τοιούτων δὲ τῶν καθόλου λεγομένων ὁ μὲν Εὔδωρος οὐδετέρους ἀμοιρεῖν οἴεται τοῦ εἰκότος· ἐμοὶ δὲ δοκοῦσι τῆς Πλάτωνος ἀμφότεροι διαμαρτάνειν δόξης, εἰ κανόνι τῷ πιθανῷ χρηστέον, οὐκ ἴδια δόγματα περαίνοντας ἀλλ᾽ ἐκείνῳ τι βουλομένους λέγειν ὁμολογούμενον. Welches die problematische Methode des Eudoros war, wird sich hiernach kaum noch zweifeln lassen. Ist nun aber diese Methode nicht dieselbe wie sie von den skeptischen Akademikern, wenigstens den späteren, geübt wurde? Denn auch diese stellten zwar die Probleme auf und erörterten sie durch Gegenüberstellung der verschiedenen Lösungen, gaben die letzte Entscheidung aber ihren Schülern anheim.

Nehmen wir daher an was sich uns von verschiedenen Seiten her bestätigt hat dass Eudoros und Areios Didymos an Philon anknüpften, so gilt das Gleiche von dem Platonismus der Kaiserzeit überhaupt. Dem entspricht die durch denselben hindurchgehende Grundrichtung (vgl. Zeller III 1 S. 802 ff.). Denn mögen dieselben immer im Einzelnen von Platon abweichen, ihre Absicht ging jedenfalls dahin den echten Platon wieder ans Licht zu stellen. In gewisser Weise freilich hatte diese Absicht auch Antiochos. Der Weg aber den er dazu einschlug war ein ganz anderer. Denn er ver-

wies auf Xenokrates und Aristoteles als diejenigen, in deren
Lehre die platonische sich am reinsten darstelle; einer jener
späteren Platoniker, Taurus, dagegen hatte gerade über den
Unterschied der platonischen und aristotelischen Philosophie
geschrieben und hielt offenbar so gut wie seine Genossen
die Schriften Platons für die einzige reine Quelle zur Kenntniss seiner Lehren. Nicht anders aber wird auch Philon
verfahren sein wenn er Augustins Zeugniss zufolge die Akademie wieder zur Lehre und Autorität Platons zurückführte.
Was will hiergegen Senecas Zeugniss sagen? Derselbe erklärt allerdings quaest. nat. VII 32, 2: Academici et veteres
et minores nullum antistitem reliquerunt. Man thut aber
diesen Worten keine Gewalt an, wenn man sie lediglich auf
die Akademie in Athen und ihre Vorstände bezieht deren
Reihe damals abgebrochen war.

Auch das Stoische das sich in die Lehren der späteren
Platoniker einmischt kann uns in der über ihren Ursprung
gefassten Meinung nicht stören. Denn Stoisches fanden wir
auch bei Philon. Vielmehr wird hierdurch von Neuem bestätigt dass diejenigen Akademiker gegen welche Ainesidem
bei Photios polemisirt und deren Uebereinstimmung mit gewissen stoischen Lehren er hervorhebt Philon und seine
Anhänger waren. — Damit ist die Untersuchung zu ihrem
Ausgangspunkt zurückgeführt.

Wir haben gesehen dass Philon keineswegs mit Karneades brechen, dass er bis zuletzt ein Skeptiker sein und
heissen wollte. Trotzdem war er es, der dem Skepticismus
innerhalb der Akademie den Todesstoss gab: denn er gab
die Möglichkeit eines Wissens zu und wies seine Schüler auf
Platons Autorität hin; ob dieselben Skeptiker bleiben öder
zu den Dogmatikern übergehen würden, hing daher lediglich
von ihrer Auffassung des Wissens und ihrer Auslegung der
platonischen Schriften ab.

II. Die Academica priora.

1. Lucullus' Vortrag.

Nachdem im ersten Buch der früheren Bearbeitung der Academica vorzüglich die Vertreter der Skepsis, Catulus und Cicero, zum Wort gekommen waren und in Hortensius nur einen schwachen Gegner gefunden hatten, wird ihnen im zweiten eine gründliche Widerlegung durch Lucullus zu Theil, der in längerem polemischen Vortrag die Ansichten des Antiochos darlegt. Dass für den Inhalt desselben die Erinnerung an mündliche Vorträge des Philosophen die Quelle gewesen sei, ist eine Möglichkeit, die vom Standpunkt der heutigen Quellenforschung überhaupt und der ciceronischen insbesondere keine Beachtung mehr verdient. Vielmehr unterliegt es keinem Zweifel dass dieser Theil der Academica von Cicero einer Schrift des Antiochos entnommen ist und wohl ebenso wenig dass diese Schrift der von Lucullus selber (12) erwähnte Sosus ist. Krische hat diess längst genügend ins Klare gesetzt (Ueber Ciceros Akademika in Gött. Stud. 1845, 2 S. 192 f.). In anderer Beziehung dagegen lassen sich vermittelst einer näheren Betrachtung der ciceronischen Worte seine Erörterungen noch ergänzen.

Wenn wir auf den Vortrag des Lucullus blicken, so müssen wir zugeben dass derselbe in der Hauptsache ein gut disponirtes, wohl zusammenhängendes Ganze bildet. Nachdem Lucullus in einleitenden Bemerkungen gegen die

Berufung der Skeptiker auf ältero Philosophen protestirt hat,[1]) schickt er sich zur Widerlegung ihrer Lehre an, indem er zunächst die Definition der κατάληψις oder καταληπτικὴ φαντασία feststellt (17). Dabei stellt er sich gegenüber der laxeren Auffassung Philons auf die Seite der Stoiker. Das Folgende hat daher die Aufgabe nachzuweisen, was die Skeptiker und auch Philon bestritten, dass eine κατάληψις in diesem Sinne auch wirklich vorhanden sei. Zuerst geschieht diess hinsichtlich der durch die Sinne vermittelten (19—21). Sodann hinsichtlich der welche durch eine über die Sinne hinausgehende Thätigkeit zu Stande kommt und sich im Gedächtniss (22), in den Künsten (22), in den Tugenden (—26), in der Wissenschaft (—30) offenbart. Die Ordnung, in der hier der Katalepsis durch verschiedene Gebiete des menschlichen Lebens nachgegangen wird, ist keine willkür-liche oder zufällige, sondern folgt den Stufen in denen die Erkenntniss von der niedrigsten Art wie sie die Sinne ge-währen zu immer höheren Formen aufsteigt. So ist der Beweis geliefert dass die welche eine Erkenntniss leugnen

---

[1]) Auch hierbei folgt Lucullus dem Antiochos. Wenigstens be-hauptet er dass die älteren Naturphilosophen und auch Platon und Sokrates mehr Dogmatiker als Skeptiker gewesen seien (14 f.); das-selbe hatte aber den Anhängern der skeptischen Akademie gegenüber auch Antiochos geltend gemacht (Augustin. c. Acad. II 6, 15). Lu-cullus verfolgt damit zunächst den Zweck der ciceronischen jetzt ver-lorenen Auseinandersetzung im ersten Buch zu antworten. Diess darf man aus den Worten des ciceronischen Berichtes (13) schliessen: quae cum dixisset, sic rursus exorsus est: „primum mihi videmini — me autem nomine appellabat —, cum veteres physicos nominatis, facere idem, quod seditiosi cives solent.“ Die Vermuthung dass Cicero dem Vortrage des ersten Buches eine solche historische Ein-leitung vorausgeschickt hat wird durch die Academica posteriora be-stätigt, in denen wie das erhaltene Fragment 44 ff. zeigt dieselbe ebenfalls nicht fehlte.

sich in die ärgsten Widersprüche verwickeln, und die Nothwendigkeit eine solche anzunehmen muss eingeräumt werden.
Diese dialektischen Erörterungen werden 30 f. durch eine
der Psychologie entnommene Betrachtung ergänzt: denn es
wird gezeigt dass der Mensch seiner Naturanlage nach für
die Erkenntniss befähigt ist und der Weg angegeben auf
dem er zu ihr gelangt. Insofern die bisherige Bestreitung
der Skeptiker auf der Voraussetzung ruhte dass dieselben
zwischen den verschiedenen Vorstellungen hinsichtlich ihrer
Geltung keinen Unterschied machten und ihnen deshalb ·die
Beseitigung der Grundlagen alles Handelns und Thuns zum
Vorwurf machte, konnte sie scheinen nicht gerecht zu sein,
da sie den skeptischen Akademikern im Allgemeinen etwas
nachsagte was in Wahrheit nur einem Theil derselben eigen
war. Nur die Anhänger des Arkesilaos setzten die Vorstellungen in ihrem Werthe einander vollkommen gleich,
Karneades dagegen schied die wahrscheinlichen von den anderen und erblickte in ihnen das Surrogat das an Stelle der
nicht zu erreichenden Gewissheit als Unterlage des Handelns
und Thuns dienen konnte. Lucullus oder vielmehr Antiochos
fand es daher für nöthig diese Modification der älteren
Skepsis noch einer besonderen Besprechung zu unterziehen
und nachzuweisen dass auch das Wahrscheinliche unserem
Handeln und Thun nicht den erforderlichen Halt zu geben
vermag. Diess geschieht 32—37.[1]) Was hinzugefügt wird,
37—40, verhält sich zu dem Vorhergehenden als positive
Ergänzung: war dort gezeigt dass es nicht genügt etwas für
wahrscheinlich zu halten, so wird hier nachdrücklich hervorgehoben und ausgeführt dass der Mensch seiner Natur nach

---

[1]) Dass unter den Vertretern der milderen Skepsis Karneades
und nicht etwa Philon zu verstehen ist, wurde schon S. 205 ff. (vgl.
bes. S. 212) gezeigt.

gar nicht anders kann als gewisse Vorstellungen mit voller
Ueberzeugung für wahr halten oder, wie der technische
Ausdruck lautete, sie der Zustimmung (συγκατάθεσις) würdigen. Die Gliederung dieses zweiten auf das Wahrscheinliche bezüglichen Abschnittes im Vortrage des Lucullus ent-
spricht·also genau der des ersten: wie er in diesem auf den
Nachweis dass eine Erkenntniss anzunehmen nothwendig
sei den anderen hatte folgen lassen der die Möglichkeit
derselben aus der menschlichen Natur ableitete, ebenso verfährt er auch in jenem wenn er nicht zufrieden die Uneut-
behrlichkeit einer grösseren Gewissheit als sie das Wahrscheinliche enthält nachgewiesen zu haben den Drang nach
einer solchen in der menschlichen Natur und zwar als einen
ihr eigenthümlichen, für sie charakteristischen aufzeigt.[1]

Bis hierher nehmen wir an der Ordnung des Inhalts in
Lucullus' Vortrage nicht den geringsten Anstoss.[2] Alles ist

---

[1] 37: cum inter inanimum et animal hoc maxime intersit quod
animal agit aliquid — nihil enim agens ne cogitari quidem potest
quale sit —, aut ei sensus adimendus est aut ea, quae est in nostra
potestate sita, reddenda adsensio. at vero animus quodam modo
eripitur eis quos neque sentire neque adsentiri volunt.
ut enim necesse est lancem in libra ponderibus inpositis
deprimi, sic animum perspicuis cedere. nam quo modo
non potest animal ullum non adpetere id quod accommo-
datum ad naturam adpareat — Graeci id οἰκεῖον appellant —, sic non potest objectam rem perspicuam non adprobare.

[2] Natürlich bezieht sich diess nur auf die Hauptgedanken.
Dass im Einzelnen Manches verschoben und unpassend sei, soll damit
nicht geleugnet werden und versteht sich überdiess bei so flüchtigen
Arbeiten, wie Ciceros philosophische Schriften sind, von selber. Indessen könnte es doch auch hier leicht einmal geschehen dass wir
dem Verfasser Schuld gäben was in Wirklichkeit den Abschreibern
zur Last fällt. Etwas der Art haben wir, glaub' ich, 35. Vorher
war die Ansicht dass es ein Augenscheinliches (perspicuum) gäbe,

so gut disponirt dass die Polemik gegen die Skepsis abgeschlossen scheint: denn was liess sich noch hinzufügen,

dieses aber von dem begrifflich Erkannten (perceptum) verschieden
sei, widerlegt und daraus der Schluss gezogen worden: ita neque color neque corpus nec veritas nec argumentum nec sensus neque perspicuum ullum relinquitur. Hieran reihen sich folgende Worte: ex
hoc illud eis usu venire solet, ut quicquid dixerint a quibusdam in-
terrogentur: „ergo istuc quidem percipis?" sed qui ita interrogant
ab eis inridentur. non enim urguent ut coarguant neminem ulla de
re posse contendere nec adseverare sine aliqua ejus rei, quam sibi
quisque placere dicit, certa et propria nota. Inwiefern können nun
diese Worte als eine Folgerung aus dem Vorhergehenden gelten?
Im Vorhergehenden hatte ein Gegner der Skeptiker, um sie ad absurdum zu führen, aus ihrer Ansicht die Consequenz gezogen dass
hiernach weder ein Sinneseindruck noch ein Augenscheinliches möglich sei. Wie können nun hiervon andere Gegner der Skeptiker den
Anlass nehmen zu der vorwurfsvollen Frage ob sie nicht also wenigstens diesen einen Satz für einen begrifflich erkannten gelten liessen?
Offenbar liegt hier eine Verwechselung vor. Was in Wahrheit die
deductio ad absurdum der skeptischen Ansicht ist, hat man für den
Ausdruck des skeptischen Satzes angesehen dass nichts begrifflich erkannt werden könne. Denn von diesem konnte man den Anlass zu
jener Frage nehmen und hat man ihn wie 28 zeigt thatsächlich genommen. Aber nicht bloss nach dieser sondern auch nach der anderen Seite stehen die fraglichen Worte mit ihrer Umgebung in keinem rechten Zusammenhang. Denn nach ihnen fährt Lucullus mit
folgender Frage fort: „quod est igitur istuc vestrum probabile?"
Aber von dem „probabile" ist ja in den vorhergehenden Worten gar
nicht die Rede: dieselben tadeln nur die ungenügende Weise in der
Einige die Skeptiker zu widerlegen glauben. Auf die Unmöglichkeit
eines „probabile" zu schliessen geben sie also nicht das mindeste
Recht. Denken wir uns dagegen jene Worte „ex hoc — propria
nota" hinweg, so ist das „igitur" der Frage vollkommen an seinem
Platze. Denn dann war im Vorhergehenden der Versuch der Skeptiker das „probabile" vermittelst des „perspicuum" zu retten (über
die akademische Ansicht dass das Wahrscheinliche und Augenscheinliche, das πιθανὸν und ἐναργές, zusammenfallen, s. S. 206 ff.) ver-
eitelt worden und die Frage was denn nun eigentlich das „proba-

nachdem die Skepsis bestritten worden war sowohl insofern
als sie jede Erkenntniss leugnet wie insofern als sie unserem
Thun in dem Wahrscheinlichen einen Halt zu geben sucht?
Und doch fährt Lucullus 40 in seiner Polemik fort! Das
Recht dazu entnimmt er den Einwendungen, die wie er sagt
die Skeptiker gegen das Vorgetragene machen und die er
sich deshalb zu widerlegen anschickt (nunc ea videamus quae
contra ab his disputari solent). Wären diess nun wirklich
Einwendungen d. h. Gründe die die Triftigkeit der von Lucullus vorgebrachten Argumente bestreiten, wären es Repliken
von Seiten der Skeptiker auf die Angriffe des Antiochos, so
könnten dieselben allerdings keinen besseren Platz haben
als der ihnen jetzt in Lucullus' Vortrage angewiesen ist.
Sehen wir uns nun aber einmal den Inhalt dieser Einwendungen genauer an. Die Skeptiker, sagt Lucullus, entwickelten zuerst in systematischer Darstellung ihre Theorie
von den Vorstellungen (visa), indem sie das Wesen derselben
feststellten, die einzelnen Arten unterschieden. Dabei gaben
sie auch nach dem Vorgang und in der Weise der Stoiker
eine Definition der begrifflichen Vorstellung.[1]) Darauf wur-

---

bile" sei wenn es doch auch das „perspicuum" nicht sein könne,
nahe genug gelegt. Dass Cicero selbst in dieser Weise den Zusammenhang der Gedanken verfehlt habe, ist kaum denkbar. Wir werden die störenden Worte daher einem Interpolator zuschreiben, dem
in der Erinnerung lag was wir 28 f. lesen: ex hoc illud est natum
quod postulabat Hortensius ut id ipsum saltem perceptum a sapiente
diceretis, nihil posse percipi. sed Antipatro hoc idem postulanti,
cum diceret, ei, qui adfirmaret nihil posse percipi, unum tamen illud
dicere percipi posse consentaneum esse ut alia non possent, Carneades acutius resistebat etc. etc. Dass an dieser früheren Stelle schon
Alles was wir an der späteren lesen ausführlicher und an bestimmte
Namen geknüpft vorgebracht war, davon deutet der Interpolator
nichts an und gibt sich hierdurch um so mehr als solchen zu erkennen.

[1]) Conponunt igitur primum artem quandam de eis quae visa

den von ihnen die einzelnen Sätze herbeigeschafft, aus denen
der Schluss hervorgeht dass eine solche begriffliche Vorstellung in Wirklichkeit nicht existirt (40 f.). Dabei vertheidigten sie eingehend die Richtigkeit der beiden Prämissen
dass Alles was in die Vorstellung tritt entweder wahr oder
falsch sei und dass jeder wahren Vorstellung eine falsche
vollkommen gleichen könne, indem sie sich auf eine eingehende Erörterung der beiden Classen von Vorstellungen
einliessen, sowohl derer die von den Sinnen genommen sind
und unwillkürlich in uns entstehen wie der anderen die aus
vernünftiger Ueberlegung hervorgehen und dem Bedürfniss
der Erkenntniss entspringen.[1]) Man sieht nun ohne Weiteres
dass, was hier als eine Antwort der Skeptiker speciell auf
die Angriffe des Antiochos ausgegeben wird, in Wahrheit
nicht dieses ist sondern eine ausführliche zusammenfassende
Darlegung und Begründung der gesammten skeptischen
Theorie soweit sie die Unmöglichkeit des Erkennens betrifft;
und das gibt auch Lucullus selber zu mit den einleitenden
Worten (40) „sed prius potestis totius eorum rationis quasi

dicimus, eorumque et vim et genera definiunt; in his quale sit id,
quod percipi et conprehendi possit, totidem verbis quot Stoici.

[1]) 41: reliqua vero multa et varia oratione defendunt quae sunt
item duo, unum: „quae videantur, eorum alia vera esse alia falsa“;
alterum: „omne visum, quod sit a vero, tale esse quale etiam a falso
possit esse“. haec duo proposita non praetervolant sed ita dilatant
ut non mediocrem curam adhibeant et diligentiam. dividunt enim
in partis, et eas quidem magnas: primum in sensus, deinde in ea
quae ducuntur a sensibus et ab omni consuetudine quae obscurare
volunt. tum perveniunt ad eam partem ut ne ratione quidem et
conjectura ulla res percipi possit. haec autem universa concidunt
etiam minutius: ut enim de sensibus hesterno sermone vidistis, item
faciunt de reliquis in singulisque rebus quas in minima dispertiunt
volunt efficere eis omnibus, quae visa sint, veris adjuncta esse falsa
quae a veris nihil differant: ea cum talia sint, non posse conprehendi.

fundamenta cognoscere". Wozu aber, so frägt man, wird eine solche Darlegung der skeptischen Theorie erst hier nachgebracht? Wenn Lucullus eine solche Erörterung für nöthig hielt, so musste er sie schon früher, musste sie zu Anfang seines ganzen Vortrags geben, da dieser die Kenntniss der skeptischen Theorie voraussetzt. Dass er sie erst· nach Beendigung des Vortrags nachholt, muss daher als ein Mangel der Disposition erscheinen, der um so mehr auffällt je besser .vorher die Gedanken geordnet waren. Noch mehr tritt dieser Mangel hervor wenn wir sehen was Lucullus seinerseits auf die skeptische Erwiderung entgegnet. Er hält ihnen vor, dass der Scharfsinn den sie bei der Darlegung ihrer Theorie entfalten zwar der Philosophie höchst würdig sei, streng genommen aber mit dem Skepticismus in Widerspruch stehe: denn Definitionen und Eintheilungen· wie sie die Skeptiker geben seien eine Inconsequenz für den der die Ununterscheidbarkeit aller Dinge behaupte.[1] Mit anderen Worten, Lucullus will nicht gelten lassen dass die Skeptiker sich der wissenschaftlich systematischen Form für die Darstellung ihrer Ansichten bedienen. Davon aber dass die wissenschaftlichen Formen mit der Skepsis unvereinbar seien, war schon 26 f. die Rede gewesen. Zwar wird dort

---

[1] 43: hanc ego subtilitatem philosophia quidem dignissimam judico sed ab eorum causa qui ita disserunt remotissimam. definitiones enim et partitiones et horum luminibus utens oratio, tum similitudines dissimilitudinesque et earum tenuis et acuta distinctio fidentium est hominum, illa vera et firma et certa esse quae tutentur, non eorum qui clament nihilo magis vera illa esse quam falsa. quid enim agant, si cum aliquid definierint rogat eos quispiam num illa definitio possit in aliam rem transferri quamlubet? si posse dixerint, quid dicere habeant cur illa vera definitio sit? si negaverint, fatendum sit, quoniam vera definitio transferri non possit in falsum, quod ea definitione explicetur id percipi posse: quod minime illi volunt.

zunächst nur das Beweisverfahren genannt ($\math{\dot\alpha}\pi\acute{o}\delta\varepsilon\iota\xi\iota\varsigma$). Aber
da auch das Definiren und Eintheilen in den Bereich der-
selben Disciplin, der Dialektik oder Logik, fällt, so war,
wenn Lucullus eine zusammenhängende systematische Widerlegung der Skepsis geben wollte, es das Natürlichste vom
Definiren und Eintheilen sowohl wie vom Beweise an dem
gleichen Orte zu handeln, d. i. da wo die Unvereinbarkeit
der logischen Regeln und Sätze mit· der skeptischen Grund-
theorie hervorgehoben werden sollte. Wie eng Beides, das
Definiren und Eintheilen einerseits und der Beweis, zusammen-
gehöre, zeigt Lucullus selbst da er an der zweiten Stelle,
unmittelbar nachdem er von den Definitionen und Eintheilungen gehandelt hat, noch einmal auf das Schluss- und
Beweisverfahren zu sprechen kommt.[1]) Diesen beiden von
der Form hergenommenen Argumenten fügt Lucullus schliesslich noch ein den Inhalt betreffendes hinzu, auf das wie aus
111 zu schliessen ist Antiochos besonderen Werth legte: er
weist den Skeptikern nämlich nach, dass die Prämissen aus
denen die Unmöglichkeit des Erkennens erschlossen wird mit
einander in Widerspruch stehen.[2]) Dieses Argument ist wie

---

[1]) Nach den in der letzten Anmerkung angeführten Worten
fährt er fort: eadem dici poterunt in omnibus partibus. si enim dicent ea de quibus disserant se dilucide perspicere nec ulla communione visorum inpediri, conprehendere ea se fatebuntur; si autem
negabunt vera visa a falsis posse distingui, qui poterunt longius progredi? occurretur enim, sicut occursum est. nam concludi argumentum non potest etc. Lucullus ist·sich also wohl bewusst dass er
früher schon Gesagtes wiederholt.

[2]) 44: maxime autem convincuntur, cum haec duo pro congruentibus sumunt, tam vehementer repugnantia: primum, esse quaedam falsa visa; quod cum volunt, declarant quaedam esse vera;
deinde ibidem, inter falsa visa et vera nihil interesse. at primum
sumpseras tamquam interesset: ita priori posterius, posteriori superius non jungitur.

bemerkt anderer Art als die beiden vorher erwähnten. In dieser Weise aber heterogene Argumente zu verbinden und sie von den übrigen zu isoliren, dazu war in einer systematischen rein sachlich gegliederten Darstellung kein Anlass: in einer solchen wäre der Platz für das letzte Argument da gewesen, wo von der „inconstantia" der Skeptiker überhaupt die Rede ist.[1]

Zu Bedenken derselben Art gibt auch der folgende Abschnitt Anlass. Zunächst wird uns angekündigt dass wir mit der Theorie der Skeptiker bekannt gemacht werden sollen (45).[2] Diess geschieht denn auch (47 f.), nachdem vorher (45 f.) eine Bemerkung über die bei der Widerlegung einzuhaltende Methode gemacht worden ist. Darauf folgt von 49 an diese Widerlegung, die hier noch einmal ausdrücklich auf Antiochos zurückgeführt wird. Die skeptische Theorie nun, mit der es dieser Abschnitt zu thun hat, bezieht sich abermals auf die Frage nach der Möglichkeit einer Erkenntniss. Vorher war dieselbe geleugnet worden wegen der Unzulänglichkeit der Mittel die uns zu diesem Zweck zu Gebote stehen, da sowohl die Sinne als das Denken uns irre führen; jetzt wird dagegen die Aehnlichkeit geltend gemacht mit der wahre und falsche Vorstellungen auf unseren Geist wirken und die uns verhindert die einen von den anderen zu unterscheiden.[3] Antiochos macht bei seiner Wider-

---

[1] 29 sagt Lucullus: sed de inconstantia totius illorum sententiae, si ulla sententia cujusquam esse potest nihil adprobantis, est ut opinor dictum satis.

[2] Sed progrediamur longius et ita agamus ut nihil nobis adsentati esse videamur, quaeque ab eis dicuntur sic persequamur ut nihil in praeteritis relinquamus.

[3] Und zwar berufen sich die Skeptiker zu diesem Zweck in der Hauptsache auf drei Thatsachen. Die erste ist dass doch auch nach der Ansicht von Stoikern gewisse Vorstellungen, wie sie uns

legung theils geltend dass der von den Skeptikern benutzte
Sorites ein unzulängliches Verfahren sei theils beruft er sich

durch Orakel und andere Mittel der Weissagung zu Theil werden,
täuschen können. Nun sollen aber diese Vorstellungen von der Gottheit herrühren. Wenn dieselbe also im Stande ist uns glauben zu
machen was doch entschieden falsch ist, warum soll dieselbe nicht
auch hervorbringen können was der Wahrheit sehr nahe kommt,
im höchsten Grade wahrscheinlich ist (denn dass die Worte „quae
autem plane proxume ad verum accedant efficere non possit" so zu
erklären sind und nicht etwa aus dem Vorhergehenden „probabilia"
zu efficere als Prädicat von „quae — accedant" zu ergänzen ist, lehrt
die Widerlegung des Antiochos 49 f.: „si tale visum objectum est" etc.)
und so schliesslich auch, wie sich aus der Durchführung des Sorites
ergibt, Vorstellungen zwischen denen gar kein Unterschied ist? Das
zweite sind die Vorstellungen die im Geiste selber unabhängig von
äusseren Eindrücken entstehen, namentlich die Träume und die Ein-
bildungen Wahnsinniger. Dazu kommen drittens alle die vielen Fälle
die unter den erwähnten nicht begriffen sind und in denen ebenfalls
falsche Vorstellungen bei uns Glauben finden, woraus dann abermals
vermittelst des Sorites auf das Vorhandensein von Vorstellungen geschlossen wird zwischen denen gar kein Unterschied stattfindet. Als
letzter Trumpf wird endlich ausgespielt, dass die Stoiker selber, da
nach ihrer Meinung der Weise sich im Wahnsinn jeder Zustimmung
enthalten wird, die Ununterscheidbarkeit gewisser Vorstellungen zugeben. So werden wir noch einmal daran erinnert was auch zu Anfang ausdrücklich gesagt war dass die ganze Widerlegung den Stoikern gilt. Dass hiermit aber gerade das erste Argument nicht recht
in Einklang steht scheint man bisher übersehen zu haben. Denn es
ruht dasselbe auf der Voraussetzung dass die durch die verschiedenen Arten der Weissagung im Menschen erregten, von Gott gesand-
ten Vorstellungen auch falsch sein können, was doch keineswegs der
allgemein stoischen Ansicht entspricht. Die betreffenden Worte lauten: „nam cum dicatis, inquiunt, visa quaedam mitti a deo velut ea
quae in somnis videantur quaeque oraculis auspiciis extis declaren-
tur — haec enim ajunt probari Stoicis quos contra disputant —,
quaerunt quomodo, falsa visa quae sint, ea deus efficere possit probabilia, quae autem plane proxume ad verum accedant efficere non
possit?" Man könnte nun allerdings auch so erklären: die täu-

auf den Augenschein (perspicuitas). Warum er aber jene
Argumentation und ihre Widerlegung erst hier mittheilt, ist
nicht einzusehen. Denn da Beide die Frage nach der Möglichkeit einer Erkenntniss betreffen, so war der Ort für sie
schon in dem Abschnitt der mit den Worten schliesst (36):
sed de perceptione hactenus. si quis enim ea quae dicta
sunt labefactare volet, facile etiam absentibus nobis veritas
se ipsa defendet. Klingen diese Worte nicht, als ob er die
Erörterung der erwähnten Frage damit für abgeschlossen
halte und deshalb etwaige Einwände gar nicht weiter berücksichtigen werde?

Wie sollen wir uns nun diese auffallenden Mängel der
Composition erklären? Cicero können wir sie nicht zur Last
legen: denn weder hatte er Grund, was im Original am

---

schende Macht der Gottheit besteht darin dass sie die Weissagungen,
die nach den Skeptikern falsch sind, den Stoikern als wahr erscheinen lässt. Das „probabilia" in den Worten „ea deus efficere possit
pr." würde dann näher erläutert werden durch die Parenthese „haec
enim ajunt probari Stoicis quos contra disputant". Aber wenn wir
die Worte so erklärten, wie das ja an sich möglich wäre, so könnten sie nicht die Bedeutung haben die ihnen nach dem Zusammenhang zukommt d. h. ein gegen die Stoiker gerichtetes Argument zu
sein. Denn der Satz auf den dasselbe gebaut wäre dass die Weissagungen falsch sind würde doch von den Stoikern nicht können
eingeräumt werden. Soll also das Argument überhaupt ernsthaft gemeint und nicht blosser Spott sein, so bleibt kaum etwas Anderes
übrig als unter den Stoikern wie sie hier allgemein genannt werden
nur eine einzelne Partei derselben zu verstehen. Und diese Partei
sind die Anhänger des Panaitios. In der That beruft sich auf ihn in
einem ganz ähnlichen Zusammenhange der Skeptiker Cicero 107: sed
illa sunt lumina duo quae maxime causam istam continent: primum
enim negatis fieri posse ut quisquam nulli rei adsentiatur. at id
quidem perspicuum est: cum Panätius, princeps prope meo quidem
judicio Stoicorum, ea de re dubitare se dicat, quam omnes praeter
eum Stoici certissimam putant, vera esse haruspicum responsa, auspicia, oracula, somnia, vaticinationes seque ab adsensu sustineat,

rechten Platze stand, in dieser Weise zu verstellen noch
sind wir berechtigt die Benutzung einer anderen Quelle neben
der Schrift des Antiochos anzunehmen. Wir müssen also
weiter zurückgehen und fragen wie konnte Antiochos selber
zu einer derartigen Anordnung des Stoffes kommen. In einer
systematischen nach rein sachlichen Gesichtspunkten geordneten Darstellung ganz gewiss nicht. Aber in was für einer
denn? Ueberblicken wir noch einmal die Folge der Abschnitte
nach ihrem Inhalt. Voran steht die wohl zusammenhängende
Darstellung, in der die skeptische Theorie widerlegt und die
des Antiochos begründet wird. Hierauf folgte im griechischen Original eine ausführliche Darlegung des skeptischen
Standpunktes, sodann die Erwiderung des Antiochos; hierauf
abermals eine Vertheidigung der skeptischen Theorie, die

---

quod is potest facere vel de eis rebus quas illi a quibus ipse didicit
certas habuerunt cur id sapiens de reliquis rebus facere non possit?
Die Arten der Weissagungen die genannt werden sind an beiden
Stellen wesentlich dieselben, da die vaticinia der zweiten in den oracula der ersten mit enthalten sein können. Bemerkenswerth dagegen
ist dass auch an der ersten die Astrologie übergangen wird. Denn
zwischen dieser und den übrigen Arten der Weissagung machte, worauf ich schon Th. I S. 240 f. hingewiesen habe, Panaitios den Unterschied, dass er nur die Astrologie mit voller Entschiedenheit verwarf, hinsichtlich der übrigen aber nur zweifelte; mehr aber als
einen Zweifel schreibt ihm die zweite Stelle nicht zu und involvirt
auch die erste nicht. Wenn Cicero an der ersten Stelle mit Bezug
auf die genannten Weissagungsarten sagt „haec probari Stoicis", so
wird dadurch die gegebene Erklärung nicht umgestossen. Denn entweder beruhen diese Worte auf einer Confusion, indem Cicero in
seiner griechischen Quelle den Namen des Panaitios nicht fand und
deshalb glaubte es sei von den Stoikern überhaupt die Rede, oder,
da diese Confusion wenn man auf den Zusammenhang sieht selbst
für Cicero zu stark erscheint, die Worte sind relativ zu verstehen
im Hinblick auf die gänzliche Verwerfung der Astrologie, mit der
verglichen das blosse Anzweifeln sich als eine Art von „probatio"
darstellen konnte.

wiederum eine Widerlegung durch Antiochos nach sich zieht.
Nun, ich meine, wer nichts weiter über ein verlornes literarisches Werk des Alterthums wüsste als diess und sollte danach
die Form desselben bestimmen, der würde sagen: es war ein
Dialog, in dem Antiochos mit einem Vertreter der skeptischen
Akademie sich stritt. Und diese Vermuthung bestätigt. sich
sofort: denn ihre Richtigkeit vorausgesetzt, lösen sich die
gegen die Disposition des Inhalts erhobenen Bedenken. Dass
nachdem die Erkenntnisstheorie der Skeptiker bereits widerlegt und eine ihr entgegenstehende dogmatische begründet
worden ist, neue Argumente vorgebracht und bestritten
werden mit denen die Skeptiker ihre Ansicht vertheidigten
und zwar wohl gemerkt solche die jene erste Widerlegung
nicht voraussetzen, diess ist in einer systematischen nach
rein sachlichen Gesichtspunkten geordneten Darstellung freilich
so ungehörig als möglich, in einer dialogischen dagegen wird
es vollkommen begreiflich da der Fortschritt einer solchen
eben dadurch bedingt ist dass die früheren Aeusserungen
einer Gesprächsperson noch ungenügend sind und erst durch
die späteren von den Antworten des Gegners veranlassten
ergänzt werden. Bei der Annahme dass die von Cicero für
Luculls Vortrag benutzte Schrift ein Dialog war erklären
sich nun auch die sonst auffallenden Worte mit denen die
Darlegung der skeptischen Theorie (40) eingeleitet wird:
nunc ea videamus quae contra ab his disputari solent. Denn
an sich betrachtet ist diese Darlegung gar nicht speciell
gegen die Auseinandersetzung des Antiochos gerichtet, sie
vertheidigt nur von Neuem den skeptischen Standpunkt; als
Antwort auf Antiochos' Angriffe konnte sie nur infolge der
besonderen Umstände erscheinen unter denen sie verwandt
wurde, dadurch dass thatsächlich ihm ein Skeptiker in einer
Disputation in der Weise erwiderte wie wir jetzt bei Cicero
lesen. Nun ist aber die Schrift, aus welcher Luculls Vor-

trag geschöpft ist, aller Wahrscheinlichkeit nach der Sosos
des Antiochos. Sollen wir diesen daher für einen Dialog
halten? Da die dialogische Form in der philosophischen
Literatur jener Zeit nicht mehr der Mode entsprach,[1]) so
gestehe ich dass wir mit einer solchen Vermuthung vor-
sichtig sein müssen. In diesem Falle aber dürfen wir sie
wagen da zu jenen dem Verhältniss und der Ordnung der
Gedanken entlehnten Gründen noch ein anderer mehr äusser-
licher Art kommt. Mich wundert dass sich noch Niemand
die Frage vorgelegt hat woher denn Cicero weiss was er den
Lucull über seinen Aufenthalt in Alexandrien erzählen lässt
(11 ff.). Die nächste Antwort ist: von Lucull selber. Wir
müssen aber bedenken dass damals, zur Zeit da Cicero die
Academica verfasste, Lucull bereits über zehn Jahre todt
war. Sollte nun Cicero seit so langer Zeit her all das Detail
im Gedächtniss behalten haben das die Erzählung Luculls
in seiner Schrift gibt? Denn Lucull erzählt ja nicht bloss
dass Antiochos in seiner Gegenwart sich über Philons Schrift
geäussert und gegen die Skeptiker polemisirt habe, er nennt
auch den Tyrier Herakleitos als den gegen den sich Antiochos
zunächst gewandt habe und ferner unter den Anwesenden
als Anhänger des Antiochos Ariston und Dion, als solche
Philons P. und L. Selius und Tetrilius Rogus. Schwerlich
würde Cicero dieses Detail alles im Gedächtniss behalten
haben, wenn sich an dasselbe nicht ein ungewöhnliches Interesse geknüpft hätte. Ein solches Interesse hätte es aber
nur durch die damit verbundene Mittheilung der philosophischen Vorträge erhalten können. Und in der That ist
ja auch der philosophische Inhalt mit jenem äusseren Detail,
das sich auf Luculls Aufenthalt in Alexandrien bezieht, aufs

---

[1]) Ueber die Vernachlässigung der dialogischen Form zu seiner
Zeit auch innerhalb der Akademie klagt Cicero de fin. II 2.

Engste verflochten: denn es wird in Antiochos' Reden unterschieden ein Theil der sich gegen Philon speciell und ein
anderer der sich gegen die akademischen Skeptiker überhaupt richtete (12), und es wird gelegentlich, da die Disputation in Alexandrien mehrere Tage währte, genau der einen
Tag ausfüllende Abschnitt bezeichnet (49).[1] Cicero müsste
also, wenn wirklich seine Angaben auf mündlichen Erzählungen Luculls beruhten, diesen auch die Kenntniss der
philosophischen Vorträge verdankt haben oder wenigstens,
wenn er diese auch schliesslich aus einer anderen Quelle
geschöpft hätte, müsste doch auch Lucull ihm aus den
Disputationen des Antiochos und Herakleitos ausführlichere
Mittheilungen gemacht haben. Durch diese Annahme gerathen wir aber mit Ciceros eigenen Aeusserungen in Widerspruch. Denn wenn der historische Lucullus in dieser Weise'
im Stande war über die Disputationen der Philosophen zu
berichten, so eignete er sich doch vollkommen zu der Rolle
die ihm Cicero in den Academica angewiesen hatte. Trotzdem wissen wir dass Cicero hierüber anders dachte, dass er
ihn solcher subtilen Erörterungen nicht für fähig hielt[2] und
deshalb in der zweiten Bearbeitung an seiner Stelle den
Varro einführte. Also kann er auch nicht was er hier den

---

[1] Ad has omnis visiones inanis Antiochus quidem et permulta
dicebat et erat de hac una re unius diei disputatio.

[2] Ad Att. XIII 16, 1: illam Ἀκαδημικὴν σύνταξιν totam ad
Varronem traduximus. primo fuit Catuli Luculli Hortensii; deinde
quia παρὰ τὸ πρέπον videbatur, quod erat hominibus nota non illa
quidem ἀπαιδευσία sed in eis rebus ἀτριψία, simul ac veni ad vil-
lam, eosdem illos sermones ad Catonem Brutumque transtuli. 12, 3:
ergo illam Ἀκαδημικήν, in qua homines, nobiles illi quidem sed nullo
modo philologi, nimis acute loquuntur, ad Varronem transferamus.
19, 5: haec Academica ut scis cum Catulo Lucullo Hortensio contu-
leram: sane in personas non cadebant; erant enim λογικώτερα quam
ut illi de eis somniasse umquam viderentur. Krische S. 129.

Lucull berichten lässt in Wirklichkeit aus dessen Munde
gehört haben. Woher aber denn? Ich weiss hierauf keine
Antwort als dass er diess Alles in derselben Schrift des
Antiochos vorfand der er auch den Inhalt von Luculls Vortrage entnommen hat. Hier trifft nun das Ergebniss dieser
Untersuchung mit dem der früheren zusammen. Die Ordnung
des Inhalts wies uns nicht auf eine systematische Darstellung
des griechischen Originals sondern auf einen Dialog und zwar
zwischen Antiochos und einem Skeptiker. Jetzt sehen wir
dass dieser Skeptiker der Tyrier Herakleitos war. Antiochos
hatte also im Eingang seiner Schrift von seinem Aufenthalt
in Alexandrien erzählt und dass damals die beiden Bücher
Philons dort eintrafen und den Anlass zu einer mehrtägigen
Disputation zwischen ihm und Herakleitos in Anwesenheit
noch Anderer gaben. Dieses Werk des Antiochos war nach
den verschiedenen Tagen der Disputation eingetheilt, wie wir
noch jetzt aus der schon erwähnten Notiz (49) sehen, und
diesen Tagen entsprachen möglicher Weise eben so viele
Bücher gerade wie diess auch in Ciceros Academica der Fall
ist. Wie es scheint hat aber Cicero diesem Werk noch mehr,
nämlich auch den skeptischen Vortrag des Catulus im ersten
Buch entnommen. Auf diese Vermuthung führt was wir im
Auszuge, wie wir jetzt sagen dürfen, aus Herakleitos' Erörterungen lesen (42): haec autem universa concidunt etiam
minutius: ut enim de sensibus hesterno sermone vidistis,
item faciunt de reliquis. Das Verfahren Heraklits bei seinen
Beweisen für die Unglaubwürdigkeit der Sinne war hiernach
dasselbe welches Catulus eingeschlagen hatte. Dass Heraklits
Aeusserungen von Cicero für Catulus' Vortrag benutzt worden
sind wird auch darum wahrscheinlich weil der philosophische,
insbesondere der akademische Standpunkt beider Männer im
Wesentlichen derselbe ist. Was nun Catulus betrifft, so ist
derselbe zwar mit Philons letzter Neuerung die auch das

κατάληπτὸν für die Akademiker in Anspruch nimmt nicht
einverstanden[1]), stellt sich aber auf seine Seite und weicht
darin von Kleitomachos ab, dass er für die Ansicht des Karneades erklärt der Weise werde gelegentlich auch eine Meinung haben.[2]) Sein Standpunkt ist daher ein modificirt
philonischer zu nennen, wenigstens wenn man Philons letzte
Entwickelungsphase ins Auge fasst. Denselben Standpunkt
nahm aber auch Herakleitos ein: denn er wird uns als ein
Schüler Philons vorgeführt,[3]) dem aber die in der jüngsten
Schrift seines Lehrers ausgesprochenen Ansichten ebenso
unerhört erschienen wie Antiochos.[4])

---

[1]) 12: tum et illa dixit Antiochus quae heri Catulus commemoravit a patre suo dicta Philoni — — minus enim acer est adversarius is qui ista, quae sunt heri defensa, negat Academicos omnino
dicere. 18: Philo autem dum nova quaedam commovet quod ea sustinere vix poterat, quae contra Academicorum pertinaciam dicebantur,
et aperte mentitur ut est reprehensus a patre Catulo etc.

[2]) 78: licebat enim nihil percipere et tamen opinari quod a
Carneade dicitur probatum; equidem, Clitomacho plus quam Philoni
aut Metrodoro credens, hoc magis ab eo disputatum quam probatum
puto (die richtige Erklärung dieser Worte s. S. 170, 1). Mit diesen
Worten Ciceros vgl. was Catulus sagt 148: tum Catulus „egone?“ inquit „ad patris revolvor sententiam quam quidem ille Carneadeam
esse dicebat ut percipi nihil putem posse, adsensurum autem non
percepto, id est opinaturum, sapientem existumem sed ita ut intellegat se opinari sciatque nihil esse quod conprehendi et percipi possit;
qua re ἐποχὴν illam omnium rerum non probans illi alteri sententiae
nihil esse quod percipi possit vehementer adsentior.

[3]) 11: et erat jam antea Alexandriae familiaris Antiochi Hera-
clitus Tyrius qui et Clitomachum multos annos et Philonem audierat,
homo sane in ista philosophia quae nunc prope dimissa revocatur
probatus et nobilis, cum quo Antiochum saepe disputantem audiebam
sed utrumque leniter.

[4]) 11 (nach den in der vorigen Anmerkung angeführten Worten): et quidem isti libri duo Philonis, de quibus heri dictum a Catulo est, tum erant adlati Alexandriam tumque primum in Antiochi

Ueber Gang und Art des Dialogs vermuthe ich nur noch Folgendes. Den Anfang scheint, wie wir aus der Erzählung Luculls (11 f.) schliessen dürfen, Antiochos gemacht zu haben mit den gegen Philons neueste Schrift gerichteten Bemerkungen. Heraklit, an den er sich zunächst wandte, stimmte ihm darin bei, konnte aber nicht zugeben dass um deswillen die gesammte ältere Theorie Philons verworfen werde. Daher nahm Antiochos den Anlass dieselbe · in eingehender Weise zu widerlegen und gleichzeitig seinen eigenen entgegengesetzten Standpunkt zu begründen. Natürlich behielt trotz der Erwiderungen Heraklits Antiochos mit seiner Ansicht schliesslich Recht. Diess und dass den längeren Ausführungen des Antiochos ebenfalls längere Erwiderungen von Seiten des Skeptikers gegenüber treten, zeigt uns deutlich dass die Weise des Dialogs nicht die alte sokratisch-platonische sondern die aristotelische war, der zufolge das lebendige Gespräch sich in zusammenhängende mit einander abwechselnde Vorträge verwandelt hatte und unter den theilnehmenden Personen der Verfasser selbst die Hauptrolle spielte.[1])

Aber solche Betrachtungen über die Natur des von Antiochos verfassten Dialogs scheinen zu früh zu kommen,

---

manus venerant; et homo natura lenissimus — nihil enim poterat fieri illo mitius — stomachari tamen coepit. mirabar; nec enim umquam ante videram. at ille Heracliti memoriam inplorans quaerere ex eo viderenturne illa Philonis aut ea num vel e Philone vel ex ullo Academico audivisset aliquando? negabat: Philonis tamen scriptum agnoscebat. Hiermit steht in Einklang dass die Skeptiker in denen wir Heraklit erkannt haben das καταληπτὸν genau so wie die Stoiker definirten (40: quale sit id quod percipi et conprehendi possit totidem verbis quot Stoici sc. definiunt). Philons eigenthümliche Neuerung bestand ja gerade darin dass er eine andere Definition aufstellte.

[1]) Cicero ad Att. XIII 19, 4: quae autem his temporibus scripsi, Ἀριστοτέλειον morem habent, in quo sermo ita inducitur ceterorum ut penes ipsum sit principatus. ita confeci quinque libros περὶ τελῶν

da die Thatsache selbst, dass überhaupt ein solcher Dialog des Antiochos existirte und die Quelle von Ciceros Academica war, noch nicht genügend festgestellt ist. Denn nach der Art zu schliessen wie des „Sosos" Erwähnung geschieht (12)[1] ist dieses Werk des Antiochos Ciceros Quelle gewesen und müsste daher wenn unsere Vermuthungen richtig sind dialogische Form gehabt haben. Damit scheint sich aber der Titel nicht vereinigen zu lassen. Denn wenn dieser Sosos, ob es nun der bekannte Stoiker und Schüler des Panaitios (Zeller III 1 S. 570 Anm.) oder ein Anderer war, dem Werk den Namen gab, so scheint er doch irgendwie mit zum Inhalt desselben gehört zu haben sei es nun dass er als Gesprächsperson betheiligt war oder der Dialog seiner Verherrlichung diente. Weder das Eine noch das Andere können wir nach der Vorstellung, die wir uns von ihm gebildet haben, von dem Dialog des Antiochos sagen. Sollen wir deshalb den Sosos und die von Cicero für die Academica benutzte Quelle für zwei verschiedene Schriften halten? Die Möglichkeit dieser Verschiedenheit kann nicht ganz abgewiesen werden (vgl. auch Zeller III 1 S. 598 Anm., der neben dem Sosos die Κανονικὰ in Betracht zieht). Ehe wir uns aber dieselbe unwahrscheinlich wie sie ist zu Nutze machen werden wir lieber eine andere Erwägung anstellen, dass nämlich Sosos doch noch in einem anderen als den beiden bezeichneten Fällen der Schrift des Antiochos den Namen geben konnte. Dieser Fall ist wenn die Schrift an ihn gerichtet war. Man wird diess zunächst nicht glaublich finden. Aber man versuche es doch einmal ob auf andere

---

ut Epicurea L. Torquato, Stoica M. Catoni, περιπατητικὰ M. Pisoni darem. Dazu vgl. Bernays Die Dialoge des Aristoteles S. 137, Heitz Die verl. Schriften des Ar. S. 148.

[1] Nec se tenuit quin contra suum doctorem librum etiam ederet qui Sosus inscribitur. Vgl. dazu Krische S. 193 f.

Weise und auch wenn man von unserer Vermuthung über
Beschaffenheit und Inhalt dieser Schrift absieht, der Titel
derselben sich leichter erklären lässt. Was fest steht, ist
dass der Sosos eine gegen Philons neuestes Werk gerichtete Schrift war. Er war der Ausdruck der wissenschaftlichen Entrüstung des Antiochos über Philons Neuerungen
und es ist daher höchst unwahrscheinlich, ja fast nicht
denkbar dass er gleichzeitig der Verherrlichung oder dem
Andenken eines Mannes Namens Sosos dienen sollte. Aber
auch mit der anderen Annahme, die Schrift sei ein Dialog
und Sosos eine der Personen des Gesprächs gewesen, kommen wir ins Gedränge. Hatte darin etwa Sosos an Stelle des
Antiochos die Lehre Philons widerlegt? Das wird Niemand
annehmen wollen. Oder war Sosos derjenige an den sich
Antiochos bei seiner Widerlegung wandte? Und diesen Fall
gesetzt, fiel Sosos etwa eine solche Rolle zu weil er ein Anhänger Philons war? Dann müsste jedenfalls der Gedanke
an den Stoiker des Namens aufgegeben werden. Aber auch
ein uns Unbekannter konnte doch nicht als Vertreter des
philonischen Standpunktes in einer Schrift eingeführt werden die Antiochos verfasste unmittelbar nachdem er diesen
Standpunkt erst kennen gelernt hatte, zu einer Zeit da ihm
selber dieser Standpunkt noch vollkommen unerhört war, er
daher auch von anderen Vertretern desselben ausser Philon
kaum etwas wissen konnte. So kommen wir also auch
wenn wir die vorgetragenen Vermuthungen über den Dialog
des Antiochos ganz bei Seite lassen, zu dem Schluss dass
Sosos derjenige war, dem gegenüber Antiochos zuerst seiner
Entrüstung über Philons Neuerungen schriftlichen Ausdruck
gab. In einer solchen Zuschrift lag es aber für Antiochos
sehr nahe von Zeit und Ort zu berichten wo ihm zuerst
die Schrift Philons zu Gesicht gekommen war d. h. das zu
erzählen was wir bei Cicero 11 f. über Antiochos' Aufenthalt

in Alexandrien und seine dortigen Disputationen mit Herakleitos lesen. So werden wir durch eine neue Betrachtung
zu dem alten Ergebniss geführt, dass die von Cicero benutzte
Schrift des Antiochos ein Dialog war und zwar ein Dialog
über den dieser an Sosos berichtet hatte. Nehmen wir nun
weiter an, was doch das Wahrscheinlichste ist, dass dieser
Sosos der Schüler des Panaitios ist, so begreifen wir um so
leichter warum Antiochos der doch durch Mnesarchos ebenfalls mit Panaitios in Verbindung stand, gerade ihn sich
zum Adressaten auswählen konnte. Richten doch auch die
Einwürfe des Skeptikers welche Antiochos widerlegt sich
insbesondere gegen Stoiker von der Richtung des Panaitios
wie wir gesehen haben (vgl. S. 260, 3) und mussten deshalb
für Sosos von besonderem Interesse sein. Wir werden uns
hiernach wohl an den Gedanken gewöhnen müssen dass ein
literarisches Werk gelegentlich auch den Namen von dem
tragen konnte an den es gerichtet oder dem es gewidmet
war. Das Auffallende was dieser Umstand für den ersten
Blick hat wird überdiess durch zwei Bemerkungen gemildert.
Ich habe bei einer anderen Gelegenheit (Hermes X S. 79)
darauf hingewiesen dass zu den Eigenthümlichkeiten der
aristotelischen Dialoge auch die jedem einzelnen Buche eines
Werkes vorgesetzten Proömien gehören. Es ist daher wohl
möglich dass Antiochos der in der Form des Dialogs sich
an das aristotelische Muster hielt ihm auch in dieser Beziehung gefolgt war. Dass aber der Dialog des Antiochos
in mehrere Bücher zerfiel ist deshalb wahrscheinlich weil
er über mehrere Tage sich erstreckte und der Inhalt dem
entsprechend eingetheilt war (vgl. 12 und 49) und wird
überdiess noch dadurch bestätigt dass auch Cicero in den
Academica den beiden Tagen zwei Bücher entsprechen liess.[1]

---

[1] Auch im Dialog de oratore entsprechen die verschiedenen
Bücher verschiedenen Tagen oder Tageszeiten. Sein Werk de re pu-

Wenn nun jedem dieser Bücher ein besonderes Proömium vorgesetzt war, so trat die Persönlichkeit des Sosos an die sich
alle diese Proömien wandten weit mehr in den Vordergrund
und sein Name konnte darum auch eher als diess bei einer
einfachen Widmung und einmaligen Anrede möglich gewesen
wäre als charakteristischer Titel des ganzen Werkes benutzt
werden. Diese rein sachlichen Momente würden es allein
schon begreiflich machen, wenn Antiochos seinen Dialog
nach Sosos benannt hätte. Sie werden aber überdiess noch
durch eine Art von Ueberlieferung unterstützt insofern als
es so unerhört nicht ist dass man ein literarisches Werk,
dessen Gegenstand sich nicht wohl in ein oder zwei Worten
zusammenfassen liess, nach dem benannte an den es gerichtet
war: denn ein berühmtes Beispiel gibt des Isokrates Brief
oder Rede an Philippos, deren älterer Titel kurzweg Φίλιππος
lautete (Blass Att. Bereds. II 287, 5).

Und doch würden diese Vermuthungen über Antiochos'
Schrift und ihren Titel dahin fallen, wenn dieselbe mit der
dem Lucilius Balbus zugeschickten (Cicero nat. deor. I 16) identisch wäre und dieses Zuschicken eine Widmung bedeutete.
Ersteres ist die Ansicht von Krische (S. 168 f.) und Zeller
(III 1 S. 597; 7), letzteres hat Schömann (zu Cicero a. a. O.)
ausgesprochen. Die ciceronischen Worte, auf die es hier
ankommt, sind folgende: Tum Cotta „Si" inquit „liber Antiochi nostri, qui ab eo nuper ad hunc Balbum missus est,
vera loquitur, nihil est quod Pisonem, familiarem tuum, desideres. Antiocho enim Stoici cum. Peripateticis re concinere
videntur, verbis discrepare: quo de libro, Balbe, velim scire
quid sentias". „Egone?" inquit ille. „Miror Antiochum hominem in primis acutum non vidisse interesse plurimum inter

blica betreffend schreibt Cicero an seinen Bruder Quintus III 5, 1:
sermo autem in novem et dies et libros distributus. Ebenso ist es
in den Tusculanen.

Stoicos qui honesta a commodis non nomine sed genere toto dijungerent, et Peripateticos qui honesta commiscerent cum commodis ut ea inter se magnitudine et quasi gradibus, non genere differrent. Haec enim est non verborum parva sed rerum permagna dissensio." Die an Balbus gerichtete Schrift hatte hiernach zur Hauptaufgabe die wesentliche Uebereinstimmung der stoischen und peripatetischen Lehre nachzuweisen und berief sich zu diesem Zwecke vorzüglich auf die Ethik. Wie passt diess nun zu dem was wir noch über den Sosos ausmachen können? Die Hauptaufgabe desselben war, wie uns ausdrücklich gesagt wird, Philon zu widerlegen; nur nebenbei konnte auch das Verhältniss der stoischen und peripatetischen Philosophie unter einander berührt werden. Diese Annahme und jene Ueberlieferung bewähren sich an den Thatsachen: denn Lucullus ganz mit der Vertheidigung des Dogmatismus gegen die Skeptiker beschäftigt kommt auf jene innerhalb des Dogmatismus erörterte Streitfrage gar nicht und Varro in den Academica posteriora, die als aus derselben Quelle geschöpft hier mit herbei gezogen werden können, nur einleitungsweise (35 ff.) zu sprechen. Noch dazu tritt der in der Schrift de natura deorum besonders hervorgehobene Punkt, die Uebereinstimmung in der Ethik, in Varros Darstellung am meisten zurück. Der Sosos kann daher die an Balbus geschickte Schrift nicht gewesen sein. Welche andere Schrift es war, darauf sind wir glücklicher Weise in den Stand gesetzt eine Antwort zu geben: es ist dieselbe auf die uns die Quellenuntersuchungen über die ciceronische Schrift de finibus führen (Theil II S. 656 ff.); denn diese hatte die Versöhnung der stoischen und peripatetischen Lehre zur Aufgabe und scheint zu diesem Zwecke sich vorwiegend an die Ethik gehalten zu haben, genügte also aller Wahrscheinlichkeit nach den beiden Forderungen die wir an die Balbus zugeschickte Schrift stellen mussten.

So hindert uns nichts mehr die Quelle von Lucullus'
Vortrag in einem Dialog zu erblicken und diesen mit dem
Sosos zu identificiren: denn wenn man einwenden wollte,
Lucullus sähe ja von einer Widerlegung Philons ab (12 vgl.
dazu S. 253, 1) der Sosos aber habe es gerade damit zu thun,
so ist zu erinnern erstens dass Lucullus nur einen Theil von
Antiochos' Reden wiederholt und zweitens dass auch dieser
scheinbar nur dem Arkesilaos und Karneades geltende Theil
sich gegen Philon richtet insofern dessen Ansicht, von der
Neuerung in der Terminologie abgesehen, im Wesentlichen
mit der des Karneades zusammentrifft (vgl. auch das S. 267 f.
über Heraklit Bemerkte). —

Diesen Bemerkungen lockt es mich noch eine hinzuzufügen die ebenfalls zu Luculls Vortrag in Beziehung steht
und ein helleres und wie ich glaube neues Licht auf Antiochos' Stellung in der Geschichte der Philosophie wirft.
Man begnügt sich gewöhnlich in ihm einen Akademiker zu
sehen, der unter dem Einfluss stoischer Lehren vom Skepticismus zum Dogmatismus bekehrt wurde. Die Frage, wie
ein solcher Uebergang von einem Extrem zum anderen
möglich war, hat man sich wie es scheint nie ernsthaft
vorgelegt. Und doch sind wir in diesem Falle sie aufzu-
werfen um so mehr genöthigt als jener Meinungswechsel
sich in Antiochos erst in späteren Jahren vollzog, zu einer
Zeit da er bereits auf eine längere literarische Thätigkeit
im Dienste der Skepsis zurückblicken konnte (Cicero Acad.
pr. 69 f.). Was wir schon hiernach voraussetzen könnten
dass der Uebergang allmählich geschah und Antiochos auch
als Dogmatiker noch durch einige Fäden mit dem Skepticismus zusammenhing, wird durch eine genauere Beobachtung der Thatsachen bestätigt. Ich habe schon früher
(Theil II S. 643 f.) darauf hingewiesen dass Antiochos das
Verfahren mit dem er die Zahl aller wirklichen und mög-

18*

lichen ethischen Theorien zu bestimmen suchte und ebenso
den Gedanken einer wesentlichen Identität der stoischen
und peripatetischen Philosophie dem Karneades abgelernt zu
haben scheine.[1]) Mit dem letzteren aber war zugleich ein
Grundpfeiler seines eigenen dogmatischen Lehrgebäudes auf-
gerichtet. Für dasselbe war ferner charakteristisch der auch
von Zeller (S. 603, 3) erwähnte Satz, dass die Hauptaufgaben
der Philosophie die Bestimmung des Kriterions und des
höchsten Gutes seien.[2]) Mit der stoischen Auffassungsweise
der Philosophie stimmt diess keineswegs zusammen, da nach
dieser die Physik den beiden anderen Disciplinen der Philo-

---

[1]) Ergänzend füge ich jetzt hinzu dass Karneades wie mit Anderem so auch mit dem Versuch einer vollständigen Aufzählung der
philosophischen Theorien nur dem Vorgange Chrysipps folgte. Das
ergibt sich aus Acad. pr. 138: testatur saepe Chrysippus tris solas
esse sententias quae defendi possint de finibus bonorum; circumcidit
et amputat multitudinem: aut enim honestatem esse finem aut voluptatem aut utrumque; nam qui summum bonum dicunt id esse si
vacemus omni molestia, eos invidiosum nomen voluptatis fugere sed
in vicinitate versari; quod facere eos etiam qui illud idem cum honestate conjungerent, nec multo secus eos qui ad honestatem prima
naturae commoda adjungerent: ita tris relinquit sententias quas putat
probabiliter posse defendi. Dieselben Erörterungen Chrysipps scheinen auch de fin. II 43 f. gemeint zu sein. Hier lesen wir: ita ceterorum sententiis remotis relinquitur non mihi cum Torquato sed virtuti cum voluptate certatio; quam quidem certationem — — Chrysippus non contemnit totumque discrimen summi boni in earum com-
paratione positum putat. Mit diesen Worten vergleiche man Acad.
pr. 140: unum igitur par quod depugnet reliquum est, voluptas cum
honestate; de quo Chrysippo fuit, quantum ego sentio, non magna
contentio: alteram si sequare, multa ruunt etc.

[2]) Acad. pr. 29: Antiochos wandte gegen die Skeptiker ein, duo
esse haec maxima in philosophia, judicium veri et finem bonorum,
nec sapientem posse esse, qui aut cognoscendi initium ignoret aut
extremum expetendi ut aut unde proficiscatur aut quo perveniendum
sit nesciat: haec autem habere dubia nec eis ita confidere ut moveri
non possint, abhorrere a sapientia plurimum.

sophie mindestens ebenbürtig war. Desto mehr erinnert es
uns an die Skeptiker die ja ihre Hauptaufgabe darin sahen
für das Erkennen ein Kriterion und für das Handeln ein
letztes Ziel durch ihre Polemik hinwegzuräumen. Wer daher
in ihrer Schule aufwuchs sah sich vor allen vor diese beiden
Probleme gestellt: so erklärt es sich dass auch Antiochos
noch nach seinem Uebertritt zum Dogmatismus die Forschung auf diese beiden Wege wies. Aber nicht bloss in
der Stellung der Probleme schloss sich Antiochos an die
Skeptiker an sondern er liess sich von ihnen auch bei der
Lösung leiten, insofern als bereits Karneades mit der blossen
endlosen Erörterung nicht zufrieden es versucht hatte auf
jene Cardinalfragen eine gewisse Antwort und unserem
Denken sowohl als Handeln damit einen Anhalt zu geben
(vgl. S. 185 ff.). Hinsichtlich der einzelnen Probleme der
Physik hatte sich dagegen Karneades eine solche Mühe allem
Anschein nach nicht gegeben. Es ist daher bezeichnend
dass dieselben auch in der Schätzung des Antiochos hinter
den ethischen und erkenntnisstheoretischen Fragen zurückstehen. Denn während es als wesentlich für die Weisheit
erachtet wird auf diese beiden Fragen eine klare und bestimmte Antwort geben zu können (Acad. pr. 29 vgl. S. 276, 2),
wird die Physik mit keinem Worte erwähnt, feste Resultate
auf diesem Gebiete scheinen somit nicht unter die noth-
wendigen Bestandtheile der Weisheit gerechnet zu werden.
Diesen Schluss bestätigt Lucullus durch folgende Worte (23):
Maxime vero virtutum cognitio confirmat percipi et conprehendi multa posse. in quibus solis inesse etiam scientiam dicimus quam nos non conprehensionem modo rerum
sed eam stabilem quoque et inmutabilem esse censemus
itemque sapientiam, artem vivendi, quae ipsa ex sese habeat
constantiam; ea autem constantia si nihil habeat percepti et
cogniti, quaero unde nata sit aut quo modo? Die hervor-

gehobenen Worte vermag ich nur so zu verstehen dass dadurch die Möglichkeit eines vollkommenen Wissens auf die
Tugenden d. i. auf die Ethik eingeschränkt werden soll.
Sie sind gesagt zunächst mit Beziehung auf das Vorhergehende (22) in welchem für die Künste (artes), darunter
auch die Geometrie, nur ein Begreifen (conprehensio) erfordert wird; aber auch ein Wissen innerhalb der Physik wird
dadurch selbstverständlich ausgeschlossen. Dem Antiochos
ein solches skeptisches Misstrauen den Resultaten gerade
der Physik gegenüber zuzutrauen sind wir um so mehr berechtigt als auch Platon dieselben nur als wahrscheinlich
gelten liess. Trotzdem ist es nicht überflüssig dass Lucull
an einer anderen Stelle (30) alles in den Kreis der Physik
Gehörige als dunkel und schwer ergründlich bezeichnet.[1]
In den Academica posteriora (24 ff.) gibt Varro allerdings
als Vertreter des Antiochos eine Darstellung auch der Physik,
aber zunächst doch nur historisch die Ansichten der Aelteren
referirend; ausserdem ist mit keinem Worte angedeutet —
und brauchte auch da wo es auf das Inhaltliche am Meisten
ankam nicht angedeutet zu werden — die logische Bedeutung dieser Lehren, ob sie den Werth eines Wahren oder
nur des Wahrscheinlichen haben. Auf diesem Gebiete ist
also Antiochos wie es scheint nie zum stoischen Dogmatismus bekehrt worden sondern Zeitlebens Skeptiker geblieben.[2]

---

[1] Sequitur disputatio copiosa illa quidem sed paulo abstrusior
— habet enim aliquantum a physicis — ut verear ne majorem lar-
giar ei qui contra dicturus est libertatem et licentiam. nam quid
eum facturum putem de abditis rebus et obscuris qui lucem eripere
conetur? sed disputari poterat subtiliter etc.

[2] Zu vergleichen ist übrigens auch was Piso bei Cicero de fin.
V 9 f. über die Verdienste der Peripatetiker um die Naturwissenschaft sagt. Denn das Urtheil über dieselben wird schliesslich in
folgenden Worten zusammengefasst: qua ex cognitione facilior facta

Dem entspricht es dass wir unter den Schriften des Philosophen zwar eine Kanonik und eine über das höchste Gut kennen lernen aber keine naturphilosophischen Inhalts.

2. Ciceros Erwiderung.

Die Aufgabe dem Lucullus zu erwidern fiel Cicero deshalb zu weil jener in seinen Widerlegungen der Skeptiker sich immer zunächst an ihn gewandt hatte.[1]) Dass Cicero

---

est investigatio rerum occultissimarum. Nach Augustin c. Acad. III 17, 38 wäre es Zenons Naturphilosophie gewesen die zuerst den Widerspruch des Arkesilaos herausgefordert hätte. — Eine solche Geringschätzung der Naturphilosophie, wie wir sie für Antiochos anzunehmen berechtigt sind, würde sich auch aus der Definition der Weisheit ableiten lassen die wir bei Augustin c. Acad. I 8, 23 lesen und wonach sie ist rerum humanarum divinarumque scientia earum quae ad beatam vitam pertinent. Diese Definition erscheint hier als die Modification der stoischen, hervorgerufen durch die Einwände des Akademikers Licentius: die Vermuthung, dass sie Antiochos gehört dem die Weisheit eine „ars vivendi" war (Cicero 23), darf sich daher hören lassen.

[1]) Diess, dass Lucull bei seiner Polemik vorzüglich Cicero im Auge hatte, verdient darum noch besonders hervorgehoben zu werden weil dadurch die irrige Ansicht Krisches über die Cicero im Dialoge des ersten Theils der Acad. priora zugefallene Rolle beseitigt wird. Krische sagt S. 153: „Im Gegensatze zu dem Vortrage des Catulus muss nun Cicero selbst es übernommen haben den Angriffen des Karneadeers gegen den Philon schrittweise zu folgen um sie in ihrer Gültigkeit mit Hülfe akademischer Kriterien zu prüfen und überzeugend abzuwehren." Aber wenn diess richtig ist, wie konnte dann Lucullus mit einer Polemik, die von Philons eigenthümlichen Ansichten fast ganz absieht und in der Hauptsache seine Theorie nur so weit berücksichtigt als sie mit der des Karneades und zum Theil des Arkesilaos zusammenfällt, sich gerade an Cicero wenden? In diesem Falle war es doch vielmehr Catulus der sich allein als Zielscheibe einer solchen Polemik eignete! Dass nun wirklich Lucullus

für diese Erwiderung Philons Schriften und Vorträge stark
benutzt habe, hatte Tennemann Gesch. d. Phil. IV S. 396, 8
behauptet und damit die Beistimmung Anderer erlangt.
Diese Meinung wird von Krische S. 152, 1 als eine ganz ver-
fehlte bezeichnet, weil der Sosos des Antiochos eine Gegenschrift Philons nicht hervorgerufen und Cicero verschiedene
Gewährsmänner benutzt habe. Solche seien Kleitomachos
und Chrysipp, jeder mit mehreren Schriften, sodann der
ungenannte Verfasser einer historischen Darstellung der Ansichten vom τέλος und Krantor περὶ πένθους; ja auch der
Einfluss des Antiochos und Lucrez soll bemerkbar sein

---

mit seinem Vortrage sich an Cicero wendet unterliegt keinem Zweifel sobald man die folgenden Stellen vergleicht. Lucull beginnt seinen Vortrag 13 mit den Worten „primum mihi videmini“ wozu Cicero
hinzufügt „me autem nomine appellabat“. Liest man nach diesen Worten weiter und vergleicht Acad. post. 44 so springt in die Augen
dass Lucullus hier insbesondere an Aeusserungen Ciceros denkt die
dieser im ersten Dialog gethan hatte. Hiernach ist auf solche auch
54 f. zu beziehen. Dass das „tu“ der Anrede 22 in den Worten
„ἐννοίας enim notitias appellare tu videbare“ sich auf Cicero bezieht,
müssen wir aus 17 schliessen wo die Wiedergabe griechischer t. t.
durch lateinische als eine Eigenthümlichkeit Ciceros bezeichnet wird
(ne hic sibi — me appellabat jocans — hoc licere soli putet). Aus
demselben Grunde müssen wir eine Hindeutung auf Ciceros früheren
Vortrag auch 18 finden wo zu den Worten „tale visum“ bemerkt
wird „jam enim hoc pro φαντασίᾳ verbum satis hesterno sermone
trivimus“. Krische S. 148 bezieht beide Stellen auf Catulus' Vortrag.
Auf einen früheren Vortrag, den er mit dem seinigen beantworten
will, weist Lucull 19: nec vero hoc loco exspectandum est dum de
remo inflexo aut de collo columbae respondeam. Dass es der ciceronische ist, lehren Ciceros eigene Worte 79: quod ne facere posses,
idcirco heri non necessario loco contra sensus tam multa dixeram.
tu autem te negas infracto remo neque columbae collo commoveri.
Ferner kann Catulus es doch nicht sein den Lucullus 55 anredet und
dem er dabei folgende Worte in den Mund legt: cur enim ex illis
individuis, unde omnia Democritus gigni adfirmat, in reliquis mundis

(S. 194 ff.). Man sieht, es ist eine ziemlich bunte Gesell-
schaft die Cicero bei seiner Widerlegung des Antiochos
behilflich gewesen sein soll. Zwischen den beiden Extremen,
der Meinung welche nur eine einzige Quelle und der anderen
welche möglichst viele annimmt, hält Zellers Ansicht die
Mitte, wonach für die skeptischen Ausführungen Ciceros
ausser Kleitomachos auch Philon benutzt wurde (III 1
S. 651 Anm. 3.).

Die Ansicht Krisches kann heutzutage nicht mehr aufrecht erhalten werden. Denn wenn z. B. 93 und 96 Lehren
Chrysipps angeführt und zwar so angeführt werden dass

---

et in eis quidem innumerabilibus innumerabiles Quinti Lutatii Catuli
non modo possint esse sed etiam sint, in hoc tanto mundo Catulus
alter non possit effici? An Cicero wendet sich Lucullus noch einmal
nach Schluss des eigentlichen Vortrages (61) und hier ist wegen des
hinzugefügten „me autem appellabat" ein Zweifel nicht möglich.
Endlich setzen auch Catulus' Worte über den Vortrag (63) voraus
dass dieser an Cicero gerichtet war. Ist diess aber richtig, dann
kann Cicero im Catulus sich nicht darauf beschränkt haben gegenüber Catulus Philons eigenthümliche Ansicht zu vertreten. Ja mehr
als das, er kann überhaupt Philons eigenthümliche Ansicht nicht
vertheidigt haben. Denn mit Bezug auf die beiden Sätze „id solum
percipi posse quod esset verum tale quale falsum esse non posset"
uud „sapientem nihil opinari" erklärt er 113: ego utrumque verum
puto nec dico temporis causa sed ita plane probo. Da nun aber im
Leugnen dieser Sätze Philons Unterschied von Kleitomachos beruht,
so stellt Cicero mit den angeführten Worten sich so unumwunden als
möglich auf die Seite des letzteren. Philoneer kann er also nur insofern heissen als auch Philons Ansichten der grossen Masse und
dem Kerne nach mit denen seines Lehrers Kleitomachos übereinstimmten. Den Kritiker von Catulus' Vortrag kann daher Cicero im
ersten Buch nicht abgegeben haben. Seine Rolle kann nur gewesen
sein die von Catulus zu Gunsten der karneadeischen Skepsis vorgebrachten Argumente noch durch seinen Vortrag zu verstärken. War
dieser ausserdem die Schluss-Erörterung, so begreift man weshalb
Lucullus gerade an ihn angeknüpft hat.

ihnen die skeptische Widerlegung auf dem Fusse folgt, so
versteht es sich nach dem heutigen Stande der Quellenforschung von selber, dass Cicero aus der widerlegenden Schrift
eines Skeptikers auch die Kenntniss der widerlegten Lehren
schöpfte, und in dieser Ueberzeugung kann uns auch die
Hindeutung auf mehrere Werke Chrysipps (87) nicht irre
machen. Dieser Skeptiker könnte Kleitomachos gewesen sein.
Denn dass Cicero wenigstens éine Schrift desselben, die an
Lucilius gerichtete, selber eingesehen habe, lässt sich nach
der Art wie er das Citat aus ihr einführt kaum bestreiten:
„scripsit igitur" sagt er 102 „his fere verbis — sunt enim
mihi nota propterea quod earum ipsarum rerum de quibus
agimus prima institutio et quasi disciplina illo libro continetur". Und auch wenn er vorher (98) erklärt die Darstellung der karneadeischen Theorie von Kleitomachos genommen zu haben, so wird man ihm diess zunächst glauben,
zumal da das Citat mit aller erdenklichen Genauigkeit gegeben wird.[1]) Man wird hiernach sogar geneigt sein den
gesammten Vortrag soweit er nicht Ciceros eigenes Werk ist
auf Kleitomachos zurückzuführen, falls nicht etwa bestimmte
Kennzeichen diess im Einzelnen unmöglich machen. Um
diess letztere festzustellen darf man von der Voraussetzung
ausgehen dass zwischen Kleitomachos und Karneades Uebereinstimmung herrschte und sonach schliessen dass wo andere,
denen des Karneades widersprechende Ansichten geäussert
werden eine Schrift des Kleitomachos nicht die Quelle sein
kann. Jene Voraussetzung ist besonders sicher in den Fällen
in denen Kleitomachos selber uns über die betreffende Ansicht seines Lehrers unterrichtet. So hatte derselbe für das

---

[1]) Nec vero quicquam ita dicam ut quisquam id fingi suspicetur: a Clitomacho sumam — — — ; et quattuor ejus libri sunt de
sustinendis adsensionibus; haec autem quae jam dicam sunt sumpta
de primo.

Trostschreiben das er nach der Zerstörung Karthagos an
seine gefangenen Mitbürger richtete einen Vortrag des Karneades verwerthet in dem dieser den Satz, der Weise werde
durch die Eroberung seiner Vaterstadt in Bekümmerniss
gerathen, bestritten hatte.[1]) Welches Kleitomachos' eigene
Ansicht war kann hiernach nicht zweifelhaft sein. Wie
stimmen nun dazu Ciceros Worte in den Academica 135:
quid? illa in quibus consentiunt (Antiochos und die Stoiker)
num pro veris probare possumus? sapientis animum numquam nec cupiditate moveri nec laetitia ecferri. age, haec
probabilia sane sint: num etiam illa, numquam timere, numquam dolere? sapiensne non timeat ne patria deleatur?
non dolcat si deleta sit? durum sed Zenoni necessarium
cui praeter honestum nihil est in bonis, tibi vero, Antioche,
minime etc. Man wird vielleicht einwenden: für den Skeptiker stimmt zusammen was bei einem anderen Philosophen
ein Widerspruch sein würde. Dieser Einwand ist aber keineswegs durchschlagend. Cicero freilich nimmt für den Skeptiker das Privileg in Anspruch über dieselbe Sache bald so
bald anders zu urtheilen und hofft auf diese Weise seine
eigenen Gedankensprünge zu rechtfertigen; einem wissenschaftlichen Manne wie Karneades werden wir eine so maass-
lose Ausübung dieses Rechtes um so weniger zutrauen als
wir zwar sehen dass er die Stoiker aufs Entschiedenste bekämpfte, aber nicht erfahren dass er sie bei anderer Gelegenheit vertheidigt habe. Dass Cicero an der angeführten
Stelle sich mit Karneades nicht in Uebereinstimmung befindet wird um so glaublicher als er in derselben Gegend

---

[1]) Cicero Tusc. III 54: legimus librum Clitomachi quem ille
eversa Karthagine misit consolandi causa ad captivos civis suos: in
eo est disputatio scripta Carneadis quam se ait in commentarium
rettulisse. cum ita positum esset videri fore in aegritudine sapientem patria capta, quae Carneades contra dixerit scripta sunt.

seiner Schrift noch einmal sich von den uns bekannten Ansichten des Akademikers entfernt. Die Meinungsverschiedenheit tritt in diesem Falle noch mehr hervor, weil Cicero unmittelbar nach seiner eigenen auch die hiervon abweichende Ansicht des Karneades anführt. Auch diessmal ist, was nach dem Gesagten ins Gewicht fällt, Kleitomachos sein Gewährsmann. Denn aus dessen Erzählung über die Philosophengesandtschaft ergab sich dass Karneades die Paradoxen welche die Allmacht des Weisen ins Uebertriebene ausmalten von sich ablehnte und den Stoikern als Eigenthum zuwies.[1]) Cicero dagegen bekennt sich kurz vorher ausdrücklich zum Glauben an diese Paradoxa und macht Lucullus daraus nur deshalb einen Vorwurf weil es vom ethischen Standpunkt des Antiochos aus eine Inconsequenz sei.[2]) Da indessen dieses Bekenntniss Ciceros nicht weiter in den Zusammen-

---

[1]) 137: legi apud Clitomachum, cum Carneades et Stoïcus Diogenes ad senatum in Capitolio starent Aulum Albinum qui tum P. Scipione M. Marcello consulibus praetor esset, eum qui cum avo tuo, Luculle, consul fuit, doctum sane hominem, ut indicat ipsius historia scripta Graece, jocantem dixisse Carneadi „ego tibi, Carneade, praetor esse non videor quia sapiens non sum; nec haec urbs nec in ea civitas". tum ille „huic [Stoico] non videris".

[2]) 136: illa vero ferre non possum, non quo mihi displiceant — sunt enim Socratica pleraque mirabilia Stoicorum quae παράδοξα nominantur —, sed ubi Xenocrates, ubi Aristoteles ista tetigit? hos enim quasi eosdem esse voltis. illi umquam dicerent sapientis solos reges solos divites solos formosos? omnia quae ubique essent sapientis esse? neminem consulem, praetorem imperatorem, nescio an ne quinquevirum quidem quemquam nisi sapientem? postremo solum civem solum liberum? insipientis omnis peregrinos, exsules, servos, furiosos? denique scripta Lycurgi, Solonis, duodecim tabulas nostras non esse leges? ne urbis quidem aut civitates nisi quae essent sapientium? haec tibi, Luculle, si es adsensus Antiocho, familiari tuo, tam sunt defendenda quam moenia; mihi autem bono modo, tantum quantum videbitur.

hang der Erörterung verwoben ist, so könnte man vermuthen dass es bloss ein Selbstbekenntniss Ciceros und nicht
etwa aus der griechischen Quelle herübergenommen sei. In
einem anderen Falle aber ist es nicht so leicht Ciceros Urtheil und das seines griechischen Gewährsmanns zu sondern.
Dieser Fall tritt ein angesichts des Verhältnisses in dem die
stoische Lehre einer- und die peripatetische und akademische
andererseits zu einander stehen. Karneades, hierin der Vorgänger des Antiochos (S. 275 f.) hatte geleugnet dass zwischen
der peripatetischen und stoischen Moral ein wesentlicher
Unterschied bestehe und somit für Zenon ein Anlass zur
Stiftung einer eigenen Schule gewesen sei (fin. II 41: non
esse rerum Stoicis cum Peripateticis controversiam sed no-
minum; Tusc. V 120: causam esse dissidendi negabat).[1]
Umgekehrt betont Cicero gerade den einschneidenden Unterschied der die akademische und peripatetische Moral von
der stoischen trennt 132: — aut Stoicus constituetur sapiens
aut veteris Academiae. utrumque non potest; est enim inter
eos non de terminis sed de tota possessione contentio; nam
omnis ratio vitae definitione summi boni continetur, de qua
qui dissident, de omni vitae ratione dissident: non potest
igitur uterque esse sapiens, quoniam tanto opere dissentiunt,
sed alter. An dieser Differenz hält Cicero auch noch im
Folgenden fest, wenn er die stoische Ansicht eine göttliche
nennt und ihre Consequenz rühmt, in der der Peripatetiker
aber eine Concession an die menschliche Schwachheit sieht
(134). Dass Cicero hier nicht die Ansicht des Karneades

---

[1] Zur Bestätigung dient noch eine früher von mir übersehene
Stelle, de rep. III 12, wo aus dem Vortrage des Karneades über die
Gerechtigkeit folgende Aeusserung angeführt wird: nam ab Chrysippo nihil magnum nec magnificum desideravi, qui suo quodam more
loquitur ut omnia verborum momentis, non rerum ponderibus exa-
minet.

vertritt, ist begreiflich genug; denn Antiochos gegenüber, der ja aus derselben die dogmatische Consequenz gezogen hatte, war sie nicht anwendbar, gegen Antiochos richtet sich aber hier Ciceros Polemik. Sollen wir nun Cicero zutrauen, dass er die neuen Argumente, deren er gegen Antiochos benöthigt war, selber gefunden habe? Diess ist schon darum unwahrscheinlich, weil Cicero in diesem Falle die Autorität der gesammten Akademie, nicht bloss der alten des Antiochos sondern auch der skeptischen des Karneades, gegen sich gehabt haben würde: denn darüber dass zwischen der peripatetischen und der stoischen Moral ein wesentlicher Unterschied nicht vorhanden sei, waren ja beide einig. Aber, kann man einwenden, Cicero konnte sich den Rücken mit einem späteren Stoiker decken, die natürlich jenen wesentlichen Unterschied ebenso hartnäckig behaupten mussten wie ihn die Akademiker bestritten (Lucilius Balbus bei Cicero nat. deor. I 16. Von dem Stoiker Diodotos sagt Cicero Acad. pr. 1·15 „qui ista Antiochea contemnit"). Gegen diese Annahme spricht indess dass Cicero im Uebrigen an jener Stelle sich keineswegs als Stoiker zeigt: denn um von dem abzusehen was er zur Vertheidigung der peripatetischen Moral bemerkt so ist nicht einmal was er zu Gunsten von Zenons Lehre in die Waagschale wirft den Stoikern entlehnt[1] und es verräth vollends der Vorzug, den er dem skeptischen Weisen-Ideal

---

[1] Er rühmt die Stoiker dass sie eine so erhabene Vorstellung vom Menschen haben indem sie ihn wie ein körperloses und somit gottgleiches Wesen behandeln und dass sie von dieser Voraussetzung aus ganz consequent zu Werke gehen. Würde sich mit diesem Lob ein Stoiker zufrieden gegeben haben? Gewiss nicht! Denn in diesem Lob ist zugleich der Tadel versteckt dass auf die dem Menschen von der Natur gesetzten Schranken keine Rücksicht genommen wurde, darauf aber dass sie sich mit der Natur in Uebereinstimmung befänden legten die Stoiker bei der Aufstellung des höchsten Gutes besonderen Werth.

vor dem peripatetischen und stoischen ertheilt,[1]) das Einhalten des einmal gewählten akademischen Standpunktes. Dass Cicero, indem er die Verschiedenheit zwischen Peripatetikern und Stoikern so nachdrücklich hervorhebt, diess unabhängig von jeder fremden Autorität thue und darin lediglich seinem eigenen Nachdenken folge, ist auch deshalb unwahrscheinlich, weil eben jene Differenz der beiden Schulen in dem Abschnitt der den Skepticismus für die Ethik begründen soll ein ausserordentlich wichtiges, wo nicht das wichtigste Moment ist und mit der Annahme Cicero habe einen solchen ganzen Abschnitt wesentlich nach seinen eigenen Ideen entworfen seiner Selbständigkeit zu viel zugemuthet würde. Ja wir würden in diesem Falle noch weiter gehen und Ciceros Selbständigkeit auch für den naturphilosophischen Abschnitt einräumen müssen. Denn in ganz ähnlicher Weise wie hier wird auch dort (119) auf die Meinungsverschiedenheit der Stoiker und des Aristoteles Gewicht gelegt. Statt dessen ist es viel wahrscheinlicher dass in der Quelle, die Cicero einmal für seine Darstellung benutzt hatte, bereits in derselben strengen Weise zwischen Stoikern und Peripatetikern geschieden wurde. Eine Schrift des Kleitomachos kann freilich hiernach diese Quelle nicht gewesen sein.[2])

---

[1]) Denn dass diess der Fall ist ergibt sich aus den Worten der Ueberlieferung 132 auch wenn wir dieselben nicht mit Lambin so herstellen: hic igitur (der skeptische Weise) neutri adsentiens, si numquam uter sit sapiens adparebit, nonne utroque est prudentior? Denselben Gedanken hatte Cicero in den Academica posteriora ausführlicher begründet wie wir aus Augustin c. Acad. III 7, 15 f. schliessen müssen.

[2]) Für den zuletzt angeführten Abschnitt könnte man diess doch festhalten wollen. Der Punkt um den es sich handelt ist die Frage nach der Dauer der Welt. Die Stoiker erklärten die Welt für geworden und vergänglich, Aristoteles hielt sie für ewig. Es könnte scheinen dass diess eine Thatsache sei an der Niemand etwas ändern

Wo wir diese Quelle zu suchen haben, kann uns die
Art lehren wie Cicero sich zu den Peripatetikern stellt.
„Dass ich mich auf so dornige und winklige Gebiete der
Erörterung begeben habe, daran“, sagt er 112, „sind nur
die Stoiker Schuld. Anders wäre es gewesen, wenn ich mit
den Peripatetikern zu thun gehabt hätte: denn mit ihnen
hätte ich nicht nöthig gehabt lange über das Wesen des
Begreifbaren zu streiten und würde ihnen auch gern eingeräumt haben dass der Weise gelegentlich eine Meinung
haben dürfe.“ Seine eigenen Worte sind: si enim mihi cum
Peripatetico res esset qui id percipi posse diceret „quod inpressum esset e vero“ neque adderet illam magnam accessionem „quo modo inprimi non posset a falso“ cum simplici
homine simpliciter agerem nec magno opere contenderem,
atque etiam, si, cum ego nihil dicerem posse conprehendi,
diceret ille sapientem interdum opinari, non repugnarem
praesertim ne Carneade quidem huic loco valde repugnante.
Was ihm die Verständigung mit den Peripatetikern erleichtert, ist nach diesen Worten der Umstand dass sie eine
Definition der begreifbaren Vorstellung gaben ohne den
Zusatz den hierzu die Stoiker machten. Dieser Zusatz ist

------

durfte, dass diese Differenz daher auch von denen anerkannt werden
musste deren Bestreben war die Unterschiede der beiden streitenden
Philosophien möglichst zu beseitigen. Wir müssen aber bedenken
dass auch die Stoiker über die Weltverbrennung nicht alle gleich
dachten und schon zur Zeit des Kleitomachos Stimmen unter ihnen
laut geworden waren die sich gegen dieselbe erklärten. Dass Zenon
von Tarsos und Diogenes von Babylon sie bezweifelten dürfen wir
der Ueberlieferung wohl glauben und namentlich wissen wir es von
dem Sidonier Boethos und Panaitios. Der Autoritäten dieser Männer
hätte sich daher der Skeptiker, dem es auf eine Concordanz beider
Lehren ankam, bedienen können um die scheinbaren Verschiedenheiten der aristotelischen und stoischen Philosophie auch in dem angegebenen Punkte als nichtig zu erweisen.

es der einer Verständigung mit den Stoikern im Wege steht:
denn lässt man ihn fort, so braucht man nicht mehr zu
leugnen dass ein Begreifbares wie es dann noch übrig bleibt
in der Wirklichkeit existire. Cicero erhebt also gegen die
Stoiker denselben Vorwurf den wie wir aus 18 sehen Philon
gegen sie erhoben hatte und worin gerade das Eigenthümliche von dessen vielangefochtener Neuerung bestand (vgl.
S. 195 ff.). Und nicht bloss hierdurch sondern auch mit
dem anderen Zugeständniss zeigt er sich auf Philons Seite:
denn wenn dieser behauptete, Karneades habe dem Weisen
das Meinen gestattet (78 vgl. S. 170, 1) und wenn Cicero erklärt die Frage das Meinen des Weisen betreffend solle ihn
nicht mit den Peripatetikern entzweien zumal auch Karneades
sie nicht entschieden verneint habe, so läuft diess doch auf
dasselbe hinaus. Diese Uebereinstimmung mit Philon hat aber
um so mehr zu bedeuten, als Cicero gleich darauf (113) sich
wieder zu entgegengesetzten Ansichten bekennt, wenn er es
als seine dauernde, nicht bloss momentane Ansicht bezeichnet
sowohl dass die stoische Definition der begreifbaren Vorstellung die richtige sei wie dass der Weise niemals eine
Meinung haben werde.[1] Diese letztere Erklärung steht in
Einklang mit den schon früher abgegebenen, wonach er
Karneades' Ansicht über das Meinen des Weisen betreffend
Kleitomachos mehr als Philon und Metrodoros zu glauben
gestand und das Meinen dem Weisen geradezu absprach.[2]
Nachdem aber Cicero einmal mit solcher Entschiedenheit
sich auf die Seite der strengeren Skeptiker gestellt hatte,

---

[1] Ego tamen utrumque verum puto, nec dico temporis causa
sed ita plane probo.

[2] 78 vgl. dazu S. 170, 1. Ausserdem 108: ego enim etsi maximam actionem puto, repugnare visis, obsistere opinionibus, adsensus
lubricos sustinere, credoque Clitomacho, ita scribenti, Herculi quon-
dam laborem exanclatum a Carneade quod ut feram et inmanem

konnte es nur ein äusserer Einfluss sein der ihn bestimmte
den gewählten philosophischen Standpunkt wenigstens vorübergehend wieder zu verlassen. Da ihn nun dieser Einfluss
auf die Seite Philons trieb, so werden wir denselben von
einer Schrift dieses Philosophen ableiten. Einmal im Zuge
sie zu benutzen eignete er sich fast unwillkürlich aus ihr
auch die Ansicht an dass man das Vorhandensein einer
begreifbaren Vorstellung sobald man nur von der stoischen
Definition absehe wohl zugeben könne und dass dem Weisen
auch ein Meinen gestattet sei; gleich darauf aber macht er
die begangene Inconsequenz wieder gut indem er sich von
Neuem zur entgegengesetzten Ansicht bekennt.

Unter der Voraussetzung dass Philon von Cicero für
seine Darstellung benutzt wurde findet nun auch jene Unterscheidung zwischen stoischer und peripatetischer Philosophie
ihre Erklärung, die wir für einen Skeptiker so auffallend
fanden und doch auch nicht als die Frucht von Ciceros
selbständigem Nachdenken betrachten konnten. Wir werden
dieselbe jetzt ebenfalls auf Philon zurückführen. Ein Recht
hierzu gibt uns die früher geführte Untersuchung über den
von Areios Didymos entnommenen Abschnitt des Stobaios
(S. 241 ff.). Denn dass Areios die Richtung Philons verfolgte hat sich uns dabei ergeben, für den auf ihn zurückgehenden Abschnitt ist aber charakteristisch dass darin von
Peripatetikern und Stoikern gesondert die Rede ist, die einzelnen Lehren derselben einander und den platonischen
gegenübergestellt und damit ihre Unterschiede anerkannt
und nicht wie von Antiochos aufgehoben werden. Unter
derselben Voraussetzung erklärt sich aber auch noch Anderes.

---

beluam sic ex animis nostris adsensionem id est opinationem et
temeritatem extraxisset, tamen etc. Ebenso 67: ita sequebatur etiam
opinari; quod tu non vis et recte ut mihi videris.

Von Lucullus, sagt Cicero 141, unterscheide er selber in der Bildung der moralischen Ansichten sich nur dadurch dass jener dieselben für unumstösslich halte er selber hingegen sich ihrer Unsicherheit immer bewusst bleibe. Denn diess ist doch wohl der Sinn der folgenden Worte: tantum interest quod tu, cum es commotus, adsciscis adsentiris adprobas, verum illud, certum conprehensum perceptum firmum fixum vis deque eo nulla ratione neque pelli neque moveri potes, ego nihil ejusmodi esse arbitror cui si adsensus sim non adsentiar saepe falso quoniam vera a falsis nullo discrimine separantur. Auch Cicero lässt sich zu einem „adsentiri" bestimmen, hält sich aber — und darin beruht sein Unterschied von Lucullus — die Möglichkeit eines Irrthums immer gegenwärtig.[1] Der in diesen Worten sich aussprechende Standpunkt ist somit der des Catulus (148): adsensurum non percepto, id est opinaturum, sapientem sed ita ut intellegat se opinari sciatque nihil esse quod conprehendi et percipi possit. Dass Catulus aber in dieser Hinsicht sich an Philon anschloss ist schon früher bemerkt worden (S. 268,

---

[1] Man darf die Worte nicht so verstehen als wenn sie die Begründung dafür wären weshalb Cicero niemals seine Zustimmung geben (adsentiri) werde. Denn worauf beruhte dann die doch so nachdrücklich hervorgehobene Uebereinstimmung mit Lucullus? „Tam moveor quam tu, Luculle, nec me minus hominem quam te putaveris" sagt Cicero unmittelbar vor den angeführten Worten. Dieses Beiden Gemeinsame kann aber nur in dem „adsentiri" liegen, und der Unterschied beruht nur darauf dass Cicero bei diesem Akt das Bewusstsein der Unsicherheit behält, Lucullus nicht. Es ist freilich eine Ungenauigkeit Ciceros wenn er in demselben Gedankenzusammenhang „adsentiris" von einer Zustimmung sagt die von keinem Gefühl der Unsicherheit begleitet ist sondern aus voller Ueberzeugung gegeben wird. — Die fraglichen Worte in der angegebenen Weise zu verstehen ist schon darum nöthig weil es sonst heissen müsste: cui si adsensus essem non adsentirer.

vgl. auch S. 167). Denselben Gedanken scheint aber Cicero auch noch an anderen Stellen auszusprechen. So führt auf ihn 132; denn zu etwas Falschem seine Zustimmung zu geben, wird hier gesagt, sei nach der Ansicht des Lucullus und derer die derselben Richtung folgten in Widerspruch mit dem Wesen des Weisen.[1]) Warum aber nur nach der Ansicht des Lucullus und der Seinigen wenn es doch auch die Ciceros war? Dasselbe gilt auch in Bezug auf 138.[2]) In diesen Aeusserungen die Ciceros eigener ausdrücklich erklärter Ueberzeugung widersprechen werden wir jetzt eine Spur des unwillkürlichen Einflusses erkennen· den die einmal zu Grunde gelegte Schrift Philons auf seine Darstellung übte. Dieser Einfluss reicht aber noch weiter.

Denken wir zunächst noch einmal zurück an die Bedeutung, welche nach Karneades' Theorie die Wahrscheinlichkeit für das menschliche Leben besass (vgl. S. 178 ff.). Halten wir uns an Sextos Empeirikos so war sie bestimmt als Grundlage für die Führung des Lebens und zur Erlangung der Glückseligkeit zu dienen.[3]) Sie hatte einen rein praktischen Endzweck. In dieser Ansicht dürfen wir uns auch dadurch nicht irre machen lassen dass anderwärts Sextos auch unsere Urtheile auf die Wahrscheinlichkeit basirt:[4]) denn dass diese Urtheile solche sind, wie sie einer

---

[1]) Nam vos quidem nihil dicitis a sapiente tam alienum esse.

[2]) Vos autem mihi verenti ne labar ad opinationem et aliquid adsciscam et conprobem incognitum, quod minime voltis,· quid consilii datis?

[3]) Dogm. I 166: ἀπαιτούμενος δὲ καὶ αὐτός τι κριτήριον πρός τε τὴν τοῦ βίου διεξαγωγὴν καὶ πρὸς τὴν τῆς εὐδαιμονίας περίκτησιν, δυνάμει ἐπαναγκάζεται καὶ καθ' αὐτὸν περὶ τούτου διατάττεσθαι, προσλαμβάνων τήν τε πιθανὴν φαντασίαν κτλ.

[4]) A. a. O. 175: τῷ γὰρ ὡς ἐπὶ τὸ πολύ (diess ist eben das Wahrscheinliche) τάς τε κρίσεις καὶ τὰς πράξεις κανονίζεσθαι συμβέβηκεν.

Handlung vorausgehen, darüber lassen die von Sextos angeführten Beispiele kaum einen Zweifel. Was wir aus Sextos
lernen wird durch Cicero, der in diesem Falle das von
Kleitomachos Gesagte wiederholt, nur bestätigt. Ohne das
Wahrscheinliche, führt er aus, würde das ganze Leben um-
gestürzt werden,[1]) durch dasselbe lässt der Weise sich im
Leben leiten,[2]) nach ihm bestimmt er seine Entschlüsse zu
handeln oder nicht zu handeln.[3]) Lediglich um dieses unmittelbaren Einflusses willen den es auf unsere Handlungen
übt soll das Wahrscheinliche einen Werth haben, und wenn
Sextos auch die Glückseligkeit von ihm abhängig macht so
spricht er ihm dadurch nicht eine neue Bedeutung zu, da
offenbar die durch unsere Handlungen bedingte gemeint ist.
Diess vorauszuschicken war nöthig damit man erkenne dass
eine ganz andere Schätzung des Wahrscheinlichen in folgenden Worten Ciceros ausgedrückt ist, mit denen er 127
die skeptische Erörterung der Naturphilosophie abschliesst:
„nec tamen istas quaestiones physicorum exterminandas puto;
est enim animorum ingeniorumque naturale quoddam quasi
pabulum consideratio contemplatioque naturae: erigimur, al-
tiores fieri videmur, humana despicimus cogitantesque supera
atque caelestia haec nostra ut exigua et minuta contemnimus.
indagatio ipsa rerum cum maximarum tum etiam occultissimarum habet oblectationem; si vero aliquid occurrit quod
veri simile videatur humanissima conpletur animus voluptate.
quaeret igitur haec et vester sapiens et hic noster sed vester
ut adsentiatur credat adfirmet, noster ut vereatur temere
opinari praeclareque agi secum putet si in ejus modi rebus

---

[1]) 99: Etenim contra naturam est probabile nihil esse, et sequitur omnis vitae ea, quam tu, Luculle, commemorabas, eversio.

[2]) A. a. O.: utetur eo sapiens ac sic omnis ratio vitae gubernabitur.

[3]) A. a. O. 100: hujus modi igitur visis consilia capiet et agendi
et non agendi.

veri simile quod sit invenerit."[1]) Von dem Genuss den das
Forschen als solches und als Frucht desselben das Wahrscheinliche gewährt ist an den Stellen, die uns über Karneades' Wahrscheinlichkeitslehre berichten, nicht die Rede.
Das Wahrscheinliche das uns dort begegnet ist von anderer
und viel geringerer Art; denn im besten Falle ist es nur
das Ergebniss reiflicher Ueberlegung, aber nicht erhabener
Speculation und tiefgehender Forschung und verräth ausserdem zur Naturphilosophie gar keine Beziehung sondern ist
ganz der Praxis des Lebens zugewandt.[2]) Sollen wir nun
diese Neuerung auf Cicero zurückführen? Wenn wir bedenken
dass er sich öfter zu der strengeren Ansicht des Kleitomachos bekennt und nur wie unwillkürlich bisweilen in einem
milderen Sinne sich äussert, so ist es nicht glaublich, dass
er ohne äusseren Anlass, während er in seiner Quellenschrift
nur die Bestreitung der Naturphilosophie vorfand, von sich
aus derselben insofern ein Zugeständniss gemacht habe als
er der blossen Erforschung naturphilosophischer Probleme,
ganz abgesehen von den Resultaten, schon einen Werth beilegte und ausserdem das Gewinnen wahrscheinlicher Ergebnisse nicht für unmöglich hielt. Es ist diess um so weniger
glaublich als Cicero nirgends sonst ein besonderes Interesse
an der Naturphilosophie zeigt, vielmehr vorwiegend mit
Fragen der Ethik beschäftigt ist. Immerhin würde es misslich sein auf Grund einer solchen vereinzelten Aeusserung
Ciceros hin von einer Abänderung zu sprechen, die man in
der Akademie mit der Skepsis des Karneades vornahm, und
zwar von einer gar nicht unbeträchtlichen: denn so darf

---

[1]) Vgl. 66 wo Cicero ausruft: qui enim possum non cupere verum
invenire, cum gaudeam si simile veri quid invenerim?

[2]) Ueberdiess sagt Diog. Laert. IV 62 von Karneades ausdrücklich: φιλόπονος δ' ἄνθρωπος γέγονεν εἰ καί τις ἄλλος, ἐν μὲν τοῖς
φυσικοῖς ἧττον φερόμενος ἐν δὲ τοῖς ἠθικοῖς μᾶλλον.

man wohl eine Aenderung nennen der zufolge die wissenschaftliche Aufgabe der Skepsis nicht mehr bloss in die
Kritik fremder Dogmen sondern ebenso sehr oder mehr noch
in die Gewinnung positiver Resultate gesetzt wird. Aber
diesse Aeusserung ist eben nicht vereinzelt und es muss
Wunder nehmen dass man andere derselben Art bisher nicht
genügend beachtet hat. Denn ganz übersehen kann man sie
nicht haben, da sie an leicht zugänglichen Orten sich finden.
Bei Augustin nämlich wird als Ansicht der Akademiker ausgegeben dass die Hauptaufgabe des Weisen im Forschen
nach der Wahrheit bestehe.[1] In welchem Sinne konnten
aber die älteren der akademischen· Skeptiker von einem
Forschen nach der Wahrheit sprechen? In dem Sinne wie
die Pyrrhoneer dass sie darunter das immer wieder erneute
Prüfen fremder Ansichten verstanden gewiss nicht: denn
davon dass eine Erkenntniss des Wahren unmöglich sei
waren sie schon vorher überzeugt (vgl. S. 27 ff. bes. S. 29).
Es kann also nur ein Forschen gemeint sein das bis in·
die äusserste dem Menschen erreichbare Nähe der Wahrheit d. i. zum höchsten Grade des Wahrscheinlichen führt·
Ein solches Forschen verlangt allerdings auch Karneades.
Und auch darin, dass er dieses Forschen auf die Dinge
einschränkt deren wir für unsere Glückseligkeit bedürftig

---

[1] C. Acad. I 8, 23 sagt der Vertreter der akademischen Skepsis
Licentius: etenim ut ipse jam explicem definitione quod sentio,
sapientia mihi videtur esse rerum humanarum divinarumque, quae
ad beatam vitam pertineant, non scientia solum sed etiam diligens
inquisitio. quam descriptionem si partiri velis, prima pars, quae scientiam tenet, dei est; haec autem, quae inquisitione contenta est, hominis. Dass Licentius hiermit wirklich eine akademische Ansicht
ausspricht, dürfen wir nicht bezweifeln da Augustin ihn gleich darauf
(9, 24 und 25) ausdrücklich als Vertreter der Akademiker bezeichnet
und er selber sich auf Cicero als seinen Gewährsmann beruft.

sind,[1]) stimmt er mit Licentius dem Vertreter der Akademiker bei Augustin überein, der die menschliche Weisheit
(sapientia humana) nicht als ein Forschen nach den menschlichen und göttlichen Dingen schlechthin sondern insoweit
sie sich auf unsere Glückseligkeit beziehen definirt.[2]) Trotzdem findet zwischen beiden ein Unterschied statt: denn
das Wahrscheinliche das wir als Frucht des eifrigen Forschens nach Licentius voraussetzen müssen gewährt schon
durch sich allein der Seele Befriedigung insofern es die
Erfüllung eines menschlichen Naturtriebes ist,[3]) dasjenige
des Karneades dagegen hat seinen Werth nur weil es die
unentbehrliche Grundlage zu gewissen Handlungen bildet.[4])
Um so mehr trifft Licentius' Ansicht mit der ciceronischen
zusammen. Nicht bloss dass beide auf das möglichst genaue Forschen nach der Wahrheit an sich schon Werth
legen ist ihnen gemeinsam sondern auch dass sie dieses
Forschen bis in die dunklen Regionen der Naturphilosophie

---

[1]) Sext. dogm. I 184: οὕτω, φασίν οἱ περὶ τὸν Καρνεάδην, ἐν
μὲν τοῖς τυχοῦσι πράγμασι τῇ πιθανῇ μόνον φαντασίᾳ κριτηρίῳ χρώμεθα, ἐν δὲ τοῖς διαφέρουσι τῇ ἀπερισπάστῳ, ἐν δὲ τοῖς πρὸς εὐδαιμονίαν συντείνουσι τῇ περιωδευμένῃ.

[2]) I 8, 23 (vgl. S. 295, 1).

[3]) I 3, 9: quisquis ergo minus instanter quam oportet veritatem
quaerit is ad finem hominis non pervenit: quisquis autem tantum,
quantum homo potest ac debet, dat operam inveniendae veritati, is
etiamsi eam non inveniat beatus est; totum enim facit quod ut faciat
ita natus est. Inventio autem si defuerit, id deerit quod natura
non dedit.

[4]) Dass die εὐδαιμονία des Karneades mit der Seligkeit des
Forschens nichts zu thun hat, beweist das bei Sextos a. a. O. 187
gegebene Beispiel: denn als eine wahrscheinliche Vorstellung des
höchsten Grades d. h. wie wir voraussetzen müssen eine die zur εὐδαιμονία in naher Beziehung steht wird dort diejenige bezeichnet die
aus der Untersuchung entsteht ob ein im Dunkeln liegender zusammen-
gerollter Gegenstand eine Schlange oder ein Seil ist.

erstrecken wollen.[1]) Diese Uebereinstimmung Ciceros mit
Augustin scheint ihren Werth für uns dadurch zu verlieren dass Augustin seine Kenntniss der akademischen Lehre
den ciceronischen Schriften verdankt und also sein Zeugniss über dieselbe nur eine Wiederholung, nicht eine Bestätigung des ciceronischen ist. Man muss aber andererseits
auch bedenken dass die hier fragliche Stelle Ciceros von
Augustin für seine Darstellung nicht oder doch nicht ausschliesslich benutzt sein kann, da Augustin viel mehr gibt
als wir bei Cicero lesen: Cicero muss also noch anderwärts
dieselben Ansichten und zwar ausführlicher vorgetragen haben; wobei es uns zunächst gleichgiltig sein kann ob diess
im Catulus oder was weitaus wahrscheinlicher ist (Krische
S. 180, 1) in der zweiten Bearbeitung der Academica geschehen ist.[2]) Ansichten aber die Cicero für der Mühe

---

[1]) Bei Augustin wird diess freilich nicht direct ausgesprochen.
Aber was sollen wir uns unter den „res divinae", die doch mit zu
den Gegenständen der Forschung gerechnet werden, anderes denken?
Freilich scheint Licentius bei Augustin I 8, 22 unter den „res divinae"
die Tugenden zu verstehen. Aber diese Bedeutung können sie doch
dann nicht haben wenn neben ihnen auch die „res humanae" als
Gegenstand der Forschung erscheinen: denn was soll man unter diesen
dann sich denken? Vielmehr wird 23 ausdrücklich dem Menschen
die Aufgabe gestellt sich von den Banden der Leidenschaften frei
zu machen und ganz der Erkenntniss seiner selbst und Gottes nach-
zuhängen. Gerade dem Göttlichen aber soll uns auch nach Cicero
die Naturbetrachtung näher bringen, vgl. Acad. pr. 127 (S. 293).

[2]) Dagegen kann ich die Meinung Krisches nicht theilen wenn
derselbe S. 152, 1 dem Hortensius vindicirt den Satz bei Augustin
I 3, 7: Placuit Ciceroni nostro beatum esse qui veritatem investigat etiam si ad ejus inventionem non valeat pervenire. Denn in
diesem Satz drückt sich der specifisch akademische Standpunkt aus,
im Hortensius aber wie wohl überhaupt in den Protreptiken wurde
zur Philosophie schlechthin ermahnt (Cicero Tusc. II 4, de divin.
II 1), abgesehen von ihrer besonderen Form. Krische begeht mit

werth hielt an mehr als einem Orte zu entwickeln können
doch nicht bloss ein flüchtiger Einfall seines eigenen Gehirns
gewesen sein sondern müssen in seinen Augen eine höhere
Bedeutung gehabt haben wie sie ihnen der Zusammenhang
mit der gesammten skeptischen Theorie der Akademiker
geben konnte.

Dass die begeisterte Ansicht von dem hohen Werthe
der Naturphilosophie nicht in einer vorübergehenden Auf-

---

jenen Worten noch einen anderen Irrthum. Denn der Satz stammt
so wie ihn Augustin gibt schwerlich von Cicero, ich meine natürlich nicht, was überflüssig zu bemerken wäre, die Worte sondern
den Gedanken. Nach den angeführten Worten nämlich und nachdem
Trygetius gefragt hat „Ubi hoc Cicero dixit" fährt Licentius fort:
quis ignoret eum affirmasse vehementer, nihil ab homine percipi
posse nihilque remanere sapienti nisi diligentissimam inquisitionem
veritatis; propterea quia si incertis rebus esset adsensus, etiam si
fortasse verae forent liberari ab errore non posset? quae maxima est
culpa sapientis. Quam ob rem si et sapientem necessario beatum esse
credendum est et veritatis sola inquisitio perfectum sapientiae munus
est, quid dubitamus existimare beatam vitam etiam per se ipsa in-
vestigatione veritatis posse contingere? Was nach der ausdrücklichen
Frage des Trygetius zunächst auffallend war dass Licentius es um-
geht die ciceronische Schrift zu nennen, ist nach dieser Erklärung
ganz begreiflich. Denn er hatte jenen Gedanken gar nicht unmittelbar aus einer solchen Schrift entnommen. Was er ihr entnommen
hatte war nur der Satz dass die höchste Aufgabe des Weisen die
möglichst genaue Erforschung der Wahrheit ist; hierzu nahm er als
einen allgemein zugestandenen Satz dass der Weise glücklich sei und
so konnte ihm der aus diesen beiden Prämissen gezogene Schluss
dass im Forschen nach der Wahrheit das Glück bestehe als cicero-
nisch gelten. Uebrigens konnte Cicero sehr wohl das Forschen nach
der Wahrheit nicht bloss als die höchste Aufgabe des Weisen sondern auch als Quelle reinsten Genusses bezeichnen, ohne es deshalb
geradezu auszusprechen dass die ganze Glückseligkeit des Menschen
darin enthalten sei. Ich bemerke diess deshalb damit man nicht
etwa zwischen dieser Anmerkung und dem im Text Gesagten einen
Widerspruch zu finden meine.

wallung Ciceros ihren Ursprung hat oder ihm allein angehört, wird auch darum wahrscheinlich weil sie auch innerhalb
seiner Darstellung des Skepticismus nicht isolirt steht sondern mit den übrigen Theilen derselben durch bestimmte
bei schärferer Betrachtung wahrnehmbare Fäden verknüpft
ist. Augustin unterscheidet in den S. 295, 1 angeführten
Worten zwei Arten der Weisheit, die eine mit der sich
die Menschen begnügen müssen die andere welche nur der
Gottheit eignet. Letztere ist das vollkommene Wissen, der
Besitz der Wahrheit, jene das unablässige Forschen nach
derselben. Hierin den Ausdruck der echt akademischen
Theorie zu finden sind wir um so mehr berechtigt als, dieselbe Anschauungsweise auch bei Cicero vorausgesetzt, erst
recht verständlich wird warum dieser mit dem Entdecken
eines Wahrscheinlichen sich eine „humanissima voluptas"[1]
verbunden denkt. Um aber die Worte Augustins vollkommen
zu würdigen müssen wir bedenken dass er die göttliche
Weisheit in das Wissen von göttlichen und menschlichen
Dingen setzt soweit sie der Glückseligkeit dienen, dass er
also im Wesentlichen auf sie die Definition anwendet welche
die Stoiker von der Weisheit überhaupt gaben.[2] Nur deshalb wird die stoische Ansicht verworfen weil sie der menschlichen Natur zu viel zumuthet. Dass die Glückseligkeit aus
der Quelle fliesst aus der die Stoiker sie ableiten wird eingeräumt, geleugnet dagegen dass es den Menschen vergönnt
ist daraus zu schöpfen. Denselben Standpunkt nimmt aber
der stoischen Lehre gegenüber auch Cicero 134 ein, wo er
sie mit der des Antiochos vergleicht. An sich hat er gegen

---

[1] A. a. O.: si vero aliquid occurrit quod veri simile videatur
humanissima conpletur animus voluptate.

[2] Dass die Modification der stoischen Definition durch den Zusatz „quae ad beatam vitam pertinent" vielleicht Antiochos gehört
ist S. 278, 2 bemerkt worden.

Zenons Dogma wonach auf die Tugend allein die Glückseligkeit sich gründen soll nichts einzuwenden, doch fürchtet er
dass dasselbe mag es sich auch für einen Gott ziemen doch
an die menschliche Natur Anforderungen stellt die diese
nicht zu erfüllen vermag.[1]) Und wie bei Augustin die
Körperhülle es ist die den Menschen hindert das von den
Stoikern aufgestellte Ideal der Weisheit zu erreichen[2]) so
leidet auch Zenons Forderung die Glückseligkeit nur auf die
Tugend zu gründen nach Cicero an dem Fehler dass sie den
einen Theil des menschlichen Wesens den Körper ausser
Acht lässt.[3]) Aus dieser Uebereinstimmung dürfen wir wohl
schliessen dass die Akademiker denen Cicero bei der Beurtheilung der stoischen Tugendlehre folgt dieselben sind mit
denen die nach Augustin die höchste Aufgabe des menschlichen Weisen im ewigen Forschen nach der Wahrheit sahen.

---

[1]) Zeno in una virtute positam beatam vitam putat. quid Antiochus? „etiam" inquit „beatam; sed non beatissimam". deus ille
qui nihil censuit deesse virtuti, homuncio hic qui multa putat praeter virtutem homini partim cara esse partim etiam necessaria. sed
ille vereor ne virtuti plus tribuat quam natura patiatur, praesertim
Theophrasto multa diserte copioseque contra dicente.

[2]) I 8, 23: hoc ipso quo quaerit sapiens est, et quo sapiens eo
beatus, cum ab omnibus involucris corporis mentem quantum potest
evolvit et se ipsum in semet ipsum colligit, cum se non permittit
cupiditatibus laniandum sed in se atque in deum semper tranquillus
intenditur: ut et hic, quod beatum esse supra inter nos convenit,
ratione perfruatur et extremo die vitae ad id quod concupivit adi-
piscendum reperiatur paratus fruaturque merito divina beatitudine
qui humana sit ante perfructus.

[3]) 139: revocat (von den Ansichten Epikurs und Aristipps) virtus vel potius reprehendit manu; pecudum illos motus esse dicit,
hominem jungit deo. possum esse medius ut, quoniam Aristippus
quasi animum nullum habeamus corpus solum tuetur, Zeno quasi
corporis simus expertes animum solum conplectitur, Calliphontem
sequar etc.

So vermittelt gewissermaassen Augustin zwischen den ciceronischen Stellen und zeigt uns dass die welche die Lust
und den Werth der Forschung preist auf dem Gründe derselben Anschauung steht wie die anderen welche die über
menschliches Maass hinausgehende Götterhöhe der stoischen
Ethik halb bewundern halb tadeln. Dass aber eine solche
an mehreren Orten durchbrechende Grundanschauung Ciceros
Eigenthum sei, ist sobald man nur überhaupt eine griechische
Quelle seiner Darstellung annimmt äusserst unwahrscheinlich.

Suchen wir daher nach ihrem Urheber, so kann diess
abgesehen von dem schon früher bemerkten Karneades auch
deshalb nicht gewesen sein weil bei der Beurtheilung der
stoischen Ethik der durchgreifende Unterschied derselben von
der akademisch-peripatetischen betont wird (vgl. S. 285 ff.).[1]
Damit ist aber zugleich ein Wink gegeben dass wir an Karneades' Stelle Philon zu setzen haben (vgl. S. 290 ff.). Unsere
schon gewonnenen Ansichten über diesen Akademiker werden
hierdurch sowohl bestätigt als erweitert. So sehen wir jetzt
an einem neuen Beispiel dass wir Recht hatten bei den
Akademikern Ainesidems an ihn zu denken (vgl. S. 230 ff.):
denn inwiefern man diesen Uebereinstimmung mit den Stoikern zum Vorwurf machen konnte haben wir jetzt an neuen
Beispielen erkannt da als eine solche Uebereinstimmung
doch die relative Anerkennung gelten darf die von den
Akademikern Ciceros und Augustins sowohl der Ethik der
Stoiker wie ihren Ansichten über die Weisheit gezollt wird.
Noch mehr aber lernen wir jetzt was der überlieferte Platonismus Philons zu bedeuten hatte. Denn während Karneades der Sokratiker (vgl. S. 35. 188) sich wenig oder gar

---

[1] Die Vergleichung der akademisch-peripatetischen Moral mit
der stoischen wird 134 eingeleitet durch die Worte: ecce multo major
etiam dissensio

nicht um Naturphilosophie kümmerte will Philon auch dieses Gebiet nicht vernachlässigen und steht somit zu ihm in demselben Verhältniss wie Platon zu seinem Lehrer. [1] Das entnehmen wir jetzt aus den behandelten Worten Ciceros und dürfen diess um so zuversichtlicher thun als eine solche Ausdehnung der wissenschaftlichen Forschung auf ein von Karneades vernachlässigtes Gebiet nur natürlich ist vom Standpunkte des Philosophen aus der wie er durch Anwendung des Namens καταληπτὸν auf das Wahrscheinliche zeigte auch die Ergebnisse der Forschung höher schätzte und somit bereit sein musste auf sie von der er einen grösseren Lohn erwartete auch eine grössere Mühe zu verwenden. Indessen bleibt in demselben Maasse wie die Naturphilosophie selber nur ein Aussenwerk der platonischen Lehre ist auch die eben bemerkte Uebereinstimmung Philons mit Platon nur eine äusserliche. Viel tiefer dringt eine andere. Nach Platon [2] und ebenso nach Philon, wenn wir ihn in den Akademikern Augustins erkennen dürfen, ist der Mensch auf das Forschen beschränkt, die volle Wahrheit und höchste Weisheit dagegen kommt nur der Gottheit zu. Nach Beiden ist der Körper das Hinderniss das

---

[1] Wie leicht hatte es übrigens Platon im Timaios dadurch dass er seine Ansichten nur als wahrscheinliche vortrug einem Skeptiker gemacht gerade in der Naturphilosophie an ihn anzuknüpfen! Man darf nicht einwenden dass doch wenn Philon wirklich nach platonischer Weise Naturforschung trieb auch Cicero im naturphilosophischen Theil der Academica positive Ansichten über diesen Gegenstand entwickelt haben würde. Denn letzteres mochte auch Philon in seiner Schrift nicht gethan haben, weil dem didaktischen Grundsatz der Skeptiker es allein entsprach ihre Ansichten problematisch vorzutragen und dem Leser die Entscheidung zu überlassen (vgl. S. 235 f.).

[2] Zum Schluss des Phaidros wird den Menschen nur die φιλοσοφία zugestanden, die σοφία den Göttern vorbehalten.

uns nicht bis zur Erkenntniss durchdringen lässt, mit dessen Beseitigung durch den Tod wir daher hoffen dürfen der
Gottheit an Weisheit und Seligkeit gleich zu werden.[1]) Nach
Beiden endlich bleibt uns während dieses Lebens nichts weiter übrig als der Vernunft, dem göttlichen Theil unserer
Seele gemäss zu leben,[2]) nur nach der Erkenntniss unserer
selbst sowie Gottes zu streben[3]) und den Geist so viel als
möglich von den Banden des Körpers, den Leidenschaften
und Begierden, zu lösen.[4]) Nirgends finden wir eine Spur
dass schon Karneades die Aufgabe des Menschen ähnlich gefasst habe. Dagegen dürfen wir annehmen dass diess Areios
Didymos that: denn bei Stobaios ekl. II 64 wird berichtet
dass Sokrates Platon und Pythagoras das höchste Ziel des
Menschen darein setzten der Gottheit immer ähnlicher zu
werden, für den Urheber dieses Abschnittes des Stobaios
aber d. i. für Didymos hatte Platons Vorgang Autorität
(Theil II S. 837 Anm.). Hierdurch bestätigt sich das Ergebniss einer früheren Untersuchung die uns in Areios Didymos einen Anhänger nicht des Antiochos sondern Philons
erkennen liess (S. 240 ff.), so wie umgekehrt auch die eben
über Philon gewonnene Ansicht durch dieses Zusammentreffen von Neuem befestigt wird.

Aus dem Gesagten ergibt sich dass bei der Behandlung
der Naturphilosophie und Ethik Cicero in wesentlichen
Stücken auf Philon zurückgegangen ist. Dasselbe ist man
hiernach geneigt auch für den dritten Theil der Philosophie,

---

[1]) Ausser I 3, 7, den schon früher angeführten Worten, vgl. was
9 ebenfalls Licentius sagt: veritatem autem illam solum deum nosse
arbitror aut forte hominis animam, cum hoc corpus, hoc est tene-
brosum carcerem, dereliquerit.

[2]) C. Acad. I 2, 5. 4, 11 u. ö.

[3]) A. a. O. 8, 23.

[4]) A. a. O.

die Dialektik zu vermuthen. Ueber dieselbe gibt er noch
ehe er sie besprochen hat ein schlechthin verwerfendes Urtheil ab (141: cum judicia ista dialecticae nulla sint). Im
Folgenden lenkt er aber wieder ein. Denn seine Polemik
richtet sich hier vorwiegend gegen die stoische Dialektik.
Und freilich musste diese Disciplin dem Skeptiker am Meisten
zuwider sein da sie den Anspruch erhob Wahres von Falschem scheiden zu können (Prantl Gesch. d. Log. I S. 413).[1])
Darauf bezieht es sich, wenn 143 von den Stoikern gesagt
wird: in hoc ipso quod in elementis dialectici docent quo
modo judicare oporteat verum falsumne sit si quid ita
conexum est etc. Und eben daher ist auch das vorher angeführte verwerfende Urtheil zu erklären, da ihm folgende
Worte vorausgehen: ego nihil ejus modi esse arbitror, cui si
adsensus sim non adsentiar saepe falso, quoniam vera a falsis
nullo discrimine separantur. Gerade in diesem wichtigen
Punkte nun unterscheidet sich von den Stoikern Aristoteles,
indem er der Dialektik nicht als Aufgabe stellt das Wahre
zu finden sondern sie mit dem Wahrscheinlichen sich zu
begnügen heisst. Das ist aber eine Ansicht mit der die
skeptische Theorie sich allenfalls vereinigen liess. Und insbesondere dürfen wir annehmen dass Philon einen solchen
Versuch machte der mit dem anderen, hinter dem Wissen
und der Erkenntniss der Peripatetiker die Wahrscheinlichkeit der skeptischen Akademie zu entdecken, in voller Uebereinstimmung steht. Wenn daher in dem in Rede stehenden
ciceronischen Abschnitt zwar die Stoiker verworfen werden,
des Aristoteles aber mit Auszeichnung gedacht wird,[2]) so

---

[1]) Cicero selbst sagt 91 zu den Stoikern: dialecticam inventam
esse dicitis, veri et falsi quasi disceptatricem et judicem.
[2]) 143: ipsum Aristotelem quo profecto nihil est acutius, nihil
politius.

werden wir hier abermals nicht Ciceros eigenes Urtheil
sondern eine Spur des philonischen Einflusses erkennen.
Noch bestimmter tritt derselbe in folgenden Worten hervor
mit denen Cicero (143) den Schluss zieht aus der Bemerkung dass Antiochos in der Dialektik nicht an Xenokrates
und Aristoteles sondern lediglich an Chrysipp sich anlehnt:
quid ergo Academici appellamur? an abutimur gloria nominis? Den gleichen Vorwurf wie hier, dass Antiochos kein
Recht habe sich einen Akademiker zu nennen, erhebt Cicero
gegen ihn auch 69 f.[1]) und 113.[2]) Dass er diess zuerst
gethan habe wird aber Niemand behaupten wollen. Vielmehr ist das Wahrscheinlichste dass damit Philon dem Versuche des Antiochos innerhalb der Akademie sich selbständig
zu machen entgegentreten wollte.[3]) Darum wird an den
beiden angeführten Stellen dieser Vorwurf in die engste
Beziehung zu Philons Persönlichkeit gesetzt: an der zweiten
dadurch dass er in Verbindung mit Philons eigenthümlicher

---

[1]) Excogitavit aliquid? eadem dicit quae Stoici. paenituit illa
sensisse? cur non se transtulit ad alios et maxime ad Stoicos?
eorum enim erat propria ista dissensio. — — — — — unde autem
subito vetus Academia revocata est? nominis dignitatem videtur,
cum a re ipsa desciceret, retinere voluisse etc.

[2]) A quo (sc. Antiocho) primum quaero quo tandem modo sit
ejus Academiae cujus esse se profiteatur? ut omittam alia, haec
duo, quis umquam dixit aut veteris Academiae aut Peripateticorum,
vel id solum percipi posse quod esset verum tale quale falsum esse
non posset vel sapientem nihil opinari? certe nemo.

[3]) Auf Philon wird daher auch das bekannte Urtheil zurückgehen dass Antiochos nur dem Namen nach ein Akademiker, in
Wahrheit Stoiker gewesen sei. Bei Cicero lesen wir es 132: qui
appellabatur Academicus, erat quidem si perpauca mutavisset, ger-
manissimus Stoicus, vgl. dazu 137. Dasselbe Urtheil führt auch Sextos
Pyrrh. I 235 an. Von Cicero kann es daher nicht wohl stammen.
An wen wir dann aber anders denken sollten als an Philon, wüsste
ich nicht (vgl. auch S. 230, 1. 235 f.).

Ansicht über die Bedeutung des καταληπτὸν erscheint, an der ersten insofern weil nicht der Abfall des Antiochos von der Akademie überhaupt sondern insbesondere der von seinem Lehrer Philon gerügt wird.[1]) Dasselbe ergibt sich aber auch aus der diesem Vorwurf zu Grunde liegenden Voraussetzung dass die alte echte Akademie die skeptische ist: denn dass diess der Ansicht Philons entspricht ist bereits früher bemerkt worden (S. 220, 1).

So macht sich in den drei Disciplinen der Philosophie, an welche sich auch Cicero behufs Bestreitung der Dogmatiker bindet, der Einfluss Philons geltend. Wir würden daher ohne Weiteres in einer Schrift Philons die Quelle für den Schlussabschnitt der ciceronischen Darstellung (von 116 an) erblicken wenn nicht ein Einwand sich gegen diese Annahme erhöbe. Gegen die teleologische Weltanschauung der Stoiker macht nämlich Cicero 120 die grosse Menge von Schlangen und anderen giftigen Wesen geltend die über Erde und Meer zerstreut sind.[2]) Nach Zeller aber (III 1

---

[1]) 69: sed prius pauca cum Antiocho qui haec ipsa quae a me defenduntur et didicit apud Philonem tam diu ut constaret diutius didicisse neminem etc. — — — — numquam a Philone discessit nisi posteaquam ipse coepit qui se audirent habere. Die persönliche Gereiztheit die aus diesen Worten spricht wird ihnen nicht ·erst Cicero gegeben haben. Auch was Cicero den S. 305, 1 angeführten Worten hinzufügt „quod erant qui illum gloriae causa facere dicerent cum speraret etiam fore ut ei˙ qui se sequerentur Antiochii vocarentur" wird doch wohl auf Philon sich beziehen. Dasselbe sagt übrigens auch Plutarch Cic.. 4: ἤδη γὰρ ἐξίστατο τῆς νέας λεγομένης· Ἀκαδημείας ὁ Ἀντίοχος καὶ τὴν Καρνεάδου στάσιν ἐγκατέλειπεν, εἴτε καμπτόμενος ὑπὸ τῆς ἐναργείας καὶ .τῶν αἰσθήσεων εἴτε ὡς φασιν ἔνιοι φιλοτιμίᾳ τινὶ καὶ διαφορᾷ πρὸς τοὺς Κλειτομάχου καὶ Φίλωνος συνήθεις τὸν Στωϊκὸν ἐκ μεταβολῆς θεραπεύων λόγον ἐν τοῖς πλείστοις.

[2]) Er rühmt sich im Gegensatz zu den Stoikern der Freiheit die er vom akademischen Standpunkt aus habe unbeantwortet zu

S. 506, 1) rührt dieser Grund von Karneades her. Diess fällt darum ins Gewicht weil Cicero den Karneades nicht ausdrücklich nennt: denn man könnte diess damit erklären wollen dass eben Aeusserungen des Karneades, wie sie Kleitomachos mitgetheilt hatte, der gesammten Darstellung Ciceros zu Grunde liegen, dieser daher unmöglich in jedem einzelnen Falle den Urheber namhaft machen konnte. Um diesen Einwand zu entkräften könnte man darauf hinweisen dass Cicero das Argument des Karneades sich nicht selber aneignet sondern zwischen ihm und der stoischen Ansicht einen mittleren Standpunkt einnimmt. Doch würde diess kaum mehr als eine Ausflucht sein. Ich will auch das nicht betonen dass unmittelbar vorher Aristoteles und die Stoiker in einen Gegensatz gebracht werden wie es nach einer früher ausgeführten Vermuthung nicht der Weise des Karneades entsprach. Viel triftiger ist was sich bei Betrachtung des Grundes ergibt auf den Zeller seine Behauptung stützt. Aus Plutarch bei Prophyr. de abstin. III 20 schliesst er, dass jenes Argument dem Karneades gehört. Dort lesen wir nun Folgendes: ὅτῳ δὴ ταῦτα δοκεῖ τι τοῦ πιθανοῦ καὶ θεῷ πρέποντος μετέχειν, σκοπείτω τί πρὸς ἐκεῖνον ἐρεῖ τὸν λόγον ὃν Καρνεάδης ἔλεγεν· „ἕκαστον τῶν φύσει γεγονότων, ὅταν τοῦ πρὸς ὃ πέφυκε καὶ γέγονε τυγχάνῃ τέλους, ὠφελεῖται (κοινότερον δὲ τῆς ὠφελείας ἣν εὐχρηστίαν οὗτοι λέγουσιν ἀκουστέον)· ἡ δὲ ὗς φύσει γέγονε πρὸς τὸ σφαγῆναι καὶ καταβρωθῆναι· καὶ τοῦτο πάσχουσα, τυγχάνει τοῦ πρὸς ὃ πέφυκε καὶ ὠφελεῖται.“ Was von Karneades in Aussicht gestellt wird, ist nur eine Schlussfolgerung (τὸν λόγον) und die ist in den angeführten Worten vollständig enthalten.

---

lassen die Frage „cur deus, omnia nostra causa cum faceret — — — tantam vim natricum viperarumque fecerit? cur tam multa pestifera terra marique disperserit?“

Das von Cicero benutzte Argument findet sich aber darin
nicht, sondern erst in folgenden an die angeführten sich anschliessenden Worten: καὶ μὴν εἰ πρὸς ἀνθρώπων χρῆσιν
ὁ θεὸς μεμηχάνηται τὰ ζῷα τί χρησόμεθα μυίαις, ἐμπίσι,
νυκτερίσι, κανθάροις, σκορπίοις, ἐχίδναις; Dass diese Worte
aber, mit denen ein ganz neues Argument ein neuer λόγος
anhebt, ebenfalls auf Karneades zurückgehen ist nach dem
Gesagten nicht bloss nicht zu beweisen sondern sogar höchst
unwahrscheinlich. Jener Einwand gegen die Zurückführung
des fraglichen Abschnittes auf Philon ist somit abgewiesen.

Die Frage kann nur noch sein ob wir etwa das von
Philon Entlehnte noch über den bezeichneten Abschnitt hinaus
ausdehnen dürfen. Für 112 f. muss diese Frage bejaht werden, da hier Cicero den Anschauungen Philons selbst gegen
seine eigene Ueberzeugung sich anbequemt (vgl. S. 288 ff.).
Dagegen scheint es nothwendig den ganzen vorausgehenden
ersten Abschnitt der ciceronischen Darstellung aus einer
Schrift des Kleitomachos abzuleiten. Dazu nöthigt uns nicht
dass Cicero in ihm sich zur Ansicht des Kleitomachos bekennt
(78. 108), denn dasselbe thut er auch in dem aus Philon geschöpften Abschnitt (113). Auch dass Schriften des Kleitomachos citirt werden (98. 102) ist an sich noch nicht beweisend, da es an einem solchen Citate auch im zweiten
Abschnitt nicht fehlt (137). Es könnten also auch jene
Citate mit aus der Schrift Philons übernommen sein. Nun
wird freilich durch die besondere Art wie das zweite Citat
gegeben wird die Annahme einer unmittelbaren Benutzung
des Kleitomachos fast gefordert (vgl. S. 282). Daraus folgt
aber nur dass ein kleines Bruchstück des betreffenden Abschnittes von Cicero selbst aus jener Schrift genommen ist,
während für das Uebrige die Frage noch unentschieden
bleibt. Um dieselbe zu lösen fällt ein Moment schwer ins
Gewicht. Das ist dass Cicero in dem zweiten Abschnitt

zwar mit den Worten sich zu Kleitomachos bekennt, thatsächlich aber zu Philon sei es nun bloss hinüberschwankt
oder wohl auch geradezu auf dessen Standpunkt tritt, also
eine Inconsequenz begeht deren er sich im ersten nicht schuldig macht. Insbesondere hält er im ersten Abschnitt streng
an der stoischen Definition des καταληπτὸν fest und leugnet
aus diesem Grunde das Vorhandensein eines solchen schlechthin, während doch Philon bedingungsweise, unter Annahme
der peripatetischen Definition, dasselbe zugegeben hatte (18.
112). Diess scheint allerdings zu der Annahme zu führen
dass Cicero für die beiden Abschnitte seiner Darstellung verschiedene Quellen nämlich für den ersten zwei Schriften des
Kleitomachos und zwar als Hauptquelle das grössere Werk
„de sustinendis adsensionibus" (98), daneben für einen Theil
noch das an Lucilius gerichtete Compendium (102) benutzt
hat. Dafür dass beide Abschnitte aus verschiedenen Quellen
geflossen sind spricht auch der zweimalige Nachweis von der
Nichtigkeit der Dialektik (91 ff. und 142 ff.), da doch eine
und dieselbe Schrift an einem einzigen solchen genug zu
haben scheint. Indessen hält dieser Grund einer näheren
Betrachtung nicht Stich. Dieselbe lehrt vielmehr dass beide
Bestreitungen der Dialektik einen ganz verschiedenen Charakter tragen und daher wohl in einer und derselben Schrift
nach einander Platz haben konnten. Die erste hat es lediglich mit der stoischen Dialektik zu thun und sucht die Un-
haltbarkeit der in ihr ausgesprochenen Lehren zu erweisen
wobei sie sich nur auf solche Gründe stützt die sich aus
der isolirten Betrachtung dieser Lehren selber gewinnen
lassen. Ganz anders ist das Verfahren im zweiten Abschnitt.
Nicht sachliche Momente sind es die hier in Betracht kommen sondern allein der Umstand dass die verschiedenen Be-
arbeiter der Dialektik sowohl innerhalb als ausserhalb des
Stoicismus bei der Beantwortung der einzelnen dialektischen

Fragen auf die mannichfachste Weise auseinander gehen.
Dieser Punkt wird in der früheren Bestreitung gar nicht
berührt. Er genügt aber noch nicht um die Eigenthümlichkeit der zweiten zu charakterisiren. Was dieser eigen ist,
das ist dass sie nicht die Dialektik an sich kritisirt sondern
das Verhältniss das Antiochos zu ihr hatte: denn es ·wird
ihm zum Vorwurf gemacht dass er nicht wie man von ihm
als Akademiker erwarten sollte sich an Xenokrates und
Aristoteles anschloss sondern in die Fusstapfen der Stoiker
trat obgleich diese unter sich selbst uneins seien und einander widersprächen. So verfolgt die Bestreitung der Dialektik im Wesentlichen dieselbe Richtung wie die beiden vorausgehenden der Ethik und Physik. Was erstere betrifft, so
soll nicht so sehr die Unmöglichkeit einer Ethik überhaupt
nachgewiesen werden als vielmehr die Unzulänglichkeit des
besonderen Inhaltes den Antiochos ihr gegeben hatte. Dasselbe Bestreben blickt auch in der Bestreitung der ·Physik
durch, die fortwährend auf die besonderen Meinungen des
Antiochos Rücksicht nimmt und dieselben durch die entgegenstehenden anderer Philosophen aufzuheben sucht. Kurz
es wird in allen diesen drei Theilen geleistet was wir nach
Ciceros eigener Ankündigung erwarten durften. Denn nicht
das macht dieser dem Antiochos 114 f. zum Vorwurf dass
er überhaupt an die Wirklichkeit der Weisheit glaube sondern dass er seine eigene philosophische Wissenschaft für
die Verwirklichung derselben halte.[1]) Dem entspricht · es
also dass auch die Bestreitung sich nicht gegen das Wissen
an sich sondern gegen den besonderen Inhalt richtet den

---

[1]) 114 quae tandem ea est disciplina ad quam me deducas si
ab hac abstraxeris? vereor ne subadroganter facias si dixeris tuam.
115 „non me quidem" inquit (Lucullus-Antiochos) „sed sapientem
dico scire". optime: nempe ista scire quae sunt in tua disciplina.

ihm Antiochos gegeben hatte oder den er doch allein als
solchen gelten liess. Ganz anders ist aber das Verfahren
im ersten Abschnitt der ciceronischen Darstellung. Zunächst
wird bei der Bestreitung der Dialektik nicht darauf Gewicht
gelegt dass es die stoische oder irgend eine andere besondere Art der Dialektik ist deren sich der Gegner bedient
hat, sondern die Dialektik wird schlechthin verworfen. Und
so handelt es sich überhaupt in diesem Abschnitt nicht um
eine besondere Art des Wissens wie sie durch den eigenthümlichen Inhalt bestimmt wird sondern nur um das Wissen
nach seiner formalen Seite: dass die Weise des Vorstellens
die man Wissen nennt unmöglich sei soll aus Gründen die
in der Natur der Sache liegen nachgewiesen werden. Freilich wird hierbei die Bestimmung welche die Stoiker vom
Wesen des Wissens gegeben hatten zu Grunde gelegt: aber
doch nur weil die Stoiker allein dieses Wesen in ihrer Definition scharf und klar zum Ausdruck gebracht hatten, nicht
als wenn es nur darauf ankäme die eigenthümliche Ansicht
der Stoiker über das Wissen zu widerlegen.[1]) Man sieht
hiernach dass die beiden grossen Abschnitte der ciceronischen Darstellung sehr verschiedenen Inhalts sind, erkennt
aber gleichzeitig dass sie darum einander noch nicht ausschliessen und recht wohl ursprünglich schon Theile einer
und derselben Schrift gewesen sein können. Man denke sich
eine Schrift Philons in der dieser die Absicht hatte seinen
eigenen Standpunkt gegenüber den Angriffen des Antiochos
zu rechtfertigen. Hierbei konnte er davon ausgehen dass

---

[1]) Daher sagt Cicero 77 „recte consensit Arcesilas" mit Bezug
auf den von Zenon zur ursprünglichen Definition gemachten Zusatz,
wonach Wissen nur diejenige von einem Wirklichen ausgehende Vorstellung ist die in derselben Weise nicht auch von einem Unwirk-
lichen kommen kann.

sein Standpunkt der skeptische sei und bleibe: denn ein.
Wissen im vollen Sinne des Wortes, in dem Sinne den die
Stoiker richtig definirt haben und den auch Antiochos mit
dem Worte verbinde, ein solches gebe es nicht und könne
schlechterdings niemals von uns erreicht werden. Indem
Philon diess betonte, hob er zugleich den Theil seiner Lehre
hervor der ihm nach wie vor mit seinem Lehrer Kleitomachos gemeinsam blieb und konnte daher bei der Vertheidigung desselben sich der gleichen Argumente wie dieser
bedienen. So erklärt sich nicht nur dass Cicero im ersten
Abschnitt den Standpunkt des Kleitomachos fester einhält
als im zweiten ohne dass wir deshalb diesen ausschliesslich
als die unmittelbare Quelle anzusehen brauchen sondern wir
sind nun auch zu der Annahme berechtigt dass nicht erst
Cicero sondern schon vor ihm Philon Kleitomachos' grösseres
Werk über die Zurückhaltung des Urtheils (98) für seine
Darstellung benutzt hat. Ausser dem Skepticismus hatte
aber Philon den Angriffen des Antiochos gegenüber auch
noch das Recht zu vertheidigen mit dem er sich auf seinem
Standpunkt noch einen Akademiker nannte. Diess that er
in der Weise dass er auf eine andere Definition des καταληπτόν, auf eine andere Auffassung des Wissens und Erken-
neus hinwies. Er mochte mit den Stoikern übereinstimmen
was die strenge Definition dieser Begriffe betrifft, dass es
die einzig geltende sei konnte er ihnen nicht zugeben und
wies zu diesem Behuf auf die alten Peripatetiker und Akademiker hin die einer laxeren Auffassung des Wissens ge-
huldigt hätten. Nehme man aber einmal das Wissen in
diesem weiteren Sinne, dann, meinte er, könne auch er sich
ein solches beilegen so dass es nicht nöthig sei die Brücke
zwischen der alten und der skeptischen Akademie abzu-
brechen und auch die Vertreter der letzteren mit Fug und
Recht sich Akademiker nennen könnten. Unverkennbare

Spuren dieser Rechtfertigung hinsichtlich des Namens sind uns bei Cicero 112 f. erhalten. Da dieselben nach der Vertheidigung des skeptischen Standpunkts ihren Platz gefunden haben, also an dem Orte der nach dem Bemerkten für sie der angemessene ist, so kann hierdurch die Vermuthung dass Cicero sich bei seiner Darstellung an die Ordnung der philonischen Schrift band nur bestätigt werden. Auch das bei ihm Folgende steht mit ihr im Einklang. Antiochos hatte sich nicht begnügt gegen Philon zu polemisiren sondern war auch mit positiven neuen Vorschlägen für eine Reform der Akademie hervorgetreten. Wollte daher Philon seinen Zweck den eigenen Standpunkt gegen die Angriffe des Antiochos zu vertheidigen vollkommen erreichen, so musste er auch dessen positive Neuerungen einer genauen Prüfung unterwerfen. Diess geschieht in dem nach den drei Disciplinen der Philosophie gegliederten Abschnitt, der wie wir bereits gesehen haben sich nicht gegen das Wissen als solches sondern gegen den besonderen Inhalt richtet den ihm Antiochos gegeben hatte. Auch die Argumentationsweise deren sich Cicero hier bedient ist durch den Zweck bedingt: denn was die Eigenthümlichkeit derselben ausmacht dass sie auf die Geschichte der philosophischen Meinungen, auf die Verschiedenheit unter denselben hinweist statt in der Sache selber ihre Gründe aufzusuchen, war durch den Vorgang des Antiochos gegeben der gerade auf die Uebereinstimmung der Hauptvertreter des Dogmatismus unter einander den grössten Werth gelegt hatte und der gerade durch diese Art der Begründung sich von anderen Dogmatikern unterschied während er die rein sachlichen Argumente im Wesentlichen den Stoikern entlehnte. Aber mit dem Nachweis dass auch die neue Philosophie des Antiochos den Namen eines Wissens nicht verdient obgleich sie darauf Anspruch mache, so wenig als die peripatetisch-akademische die diesen Anspruch nicht erhebt, konnte sich Philon nicht begnügen sondern musste Antiochos den Vorwurf zurückgeben den dieser gegen ihn erhoben hatte dass der Skepticismus ein Abfall von der echt-akademischen Theorie sei. Zu verschiedenen Malen wird daher in der Bestreitung der Lehre des Antiochos darauf hingewiesen dass vielmehr diese mit der echt akademischen Theorie nichts gemein habe (132 ff. 136 f. 143).[1]

Dass nach dem eben gezeichneten Plane der Inhalt einer philonischen Schrift geordnet sein konnte die den philosophischen Standpunkt ihres Verfassers vertheidigen und die Neuerungen des Antiochos als unberechtigte abweisen sollte wird Niemand leugnen wollen. Dass sie aber auch wirklich nach diesem Plane geordnet war oder was auf dasselbe hinausläuft dass Ciceros gesammte Darstellung wie sie sich in einen ersten und zweiten Abschnitt sondert dem Gange der philonischen Schrift folgt, dafür sprechen noch bestimmte Spuren. Eine solche treffen wir 69 f. Hier finden wir noch in den Anfängen der ganzen Darstellung, ja als eigentlichen Anfang derselben, einen höchst persönlichen Ausfall gegen Antiochos, worin demselben zweierlei zum Vorwurf gemacht wird: einmal der unbegründete Abfall von Philon[2] und sodann die Aufstellung einer neuen Lehre unter

---

[1] Wie sehr Philon gerade dieser Vorwurf am Herzen lag, sehen wir auch daraus dass mit ihm der Antiochos insbesondere betreffende Theil von Cicero 113 eröffnet wird: a quo (von Antiochos) primum quaero quo tandem modo sit ejus Academiae cujus esse se profiteatur? ut omittam alia, haec duo de quibus agitur quis umquam dixit aut veteris Academiae aut Peripateticorum vel id solum percipi posse quod esset verum tale quale falsum esse non posset vel sapientem nihil opinari?

[2] Sed prius pauca cum Antiocho qui haec ipsa quae a me defenduntur et didicit apud Philonem tam diu ut constaret diutius didicisse neminem et scripsit de his rebus acutissime; et idem haec

dem Namen der akademischen.[1]) Damit ist aber gewissermaassen das Programm der folgenden Darstellung gegeben.
Denn wenn dieselbe in ihrem ersten Theil es unternimmt
Philons eigenthümlichen Standpunkt als den richtigen zu erweisen, so sucht sie eben dadurch Antiochos' Abfall von
demselben als unbegründet hinzustellen; und wenn sodann
im zweiten Theil gezeigt wird dass Antiochos' eigenthümliche Lehre unhaltbar sei und den Namen einer akademischen nicht verdiene, so wird damit dem anderen Punkte
des Programms genügt. Dieser Ausfall gegen Antiochos geht
zu sehr ins Einzelne als dass es wahrscheinlich wäre er
rührte von Cicero selber her: er wird daher wohl aus der
philonischen Schrift entnommen sein. Dann aber ist auch
wahrscheinlich, dass diese Schrift bereits in dieselben beiden
Theile zerfiel wie die ciceronische Darstellung, und hiernach weiter, dass sie die Quelle nicht bloss eines Theils derselben sondern des Ganzen war. — Dass auch im ersten
Abschnitte seiner Darstellung, der scheinen könnte von Kleitomachos genommen zu sein und lediglich dessen Auffassung
der Skepsis zu vertreten, Cicero sich bewusst ist im Namen
Philons zu sprechen lehren seine Worte 111: ne illam quidem praetermisisti, Luculle, reprehensionem Antiochi — nec

---

non acrius accusavit in senectute quam antea defensitaverat. quamvis igitur fuerit acutus, ut fuit, tamen inconstantia levatur auctoritas;
quis enim iste dies inluxerit, quaero, qui illi ostenderit
eam quam multos annos esse negitavisset veri et falsi
notam.

[1]) Nach den in der vorigen Anmerkung angeführten Worten
fährt Cicero fort: excogitavit aliquid? eadem dicit quae Stoici. paenituit illa sensisse? cur non se transtulit ad alios et maxime ad
Stoicos? eorum enim erat propria ista dissensio. — — — — numquam a Philone discessit nisi posteaquam ipse coepit qui se audirent
habere. unde autem subito vetus Academia revocata est? nominis
dignitatem videtur cum a re ipsa desciscere retinere voluisse etc.

mirum; inprimis enim est nobilis —, qua solebat dicere Philonem maxime perturbatum: cum enim sumeretur unum, esse
quaedam falsa visa, alterum, nihil ea differre a veris, non
attendere superius illud ea re a se esse concessum quod videretur esse quaedam in visis differentia; eam tolli altero, quo
neget visa a falsis vera differre: nihil tam repugnare. id ita
esset si nos verum omnino tolleremus: non facimus; nam tam
vera quam falsa cernimus: sed probandi species est, percipiendi signum nullum habemus. Worauf sich hier Angriff
sowohl als Vertheidigung beziehen ist dasjenige Stück der
akademischen Skepsis mit dem Kleitomachos nicht minder als
Philon einverstanden war: denn darüber waren Beide einig
dass das Wahre nicht vom Falschen unterschieden und deshalb auch von uns nicht in vollem Maasse erkannt werden
könne. Trotzdem wird diese Theorie hier als eine philonische
behandelt. Diess ist darum so auffallend, weil Cicero sonst in
diesem Abschnitt sich zu Kleitomachos bekennt und Gelegenheit nimmt seine Uebereinstimmung mit ihm sogar im Gegensatz zu Philon zu erklären (78), und wird es noch mehr da
auch Lucullus in seinem Vortrage Philon zunächst nicht berücksichtigen wollte (12). Begreiflich wird es nur unter der
Annahme dass eben der ganzen Darstellung Ciceros die
Schrift Philons zu Grunde lag: denn in diesem Falle konnte
es leicht geschehen dass Cicero Philon als den Vertreter
jener Theorie behandelte, weil er ihn als solchen zunächst
vor Augen hatte. — Ferner lässt es sich unter der Voraussetzung dass der erste Abschnitt von Kleitomachos genommen ist. zwar erklären dass 78 in einer Streitfrage dem
Kleitomachos Philon und Metrodor gegenübergestellt werden:[1] man würde dann eben annehmen dass den Metrodor

---

[1] Licebat enim nihil percipere et tamen opinari, quod a Carneade dicitur probatum; equidem, Clitomacho plus quam Philoni aut
Metrodoro credens, hoc magis ab eo disputatum quam probatum puto.

schon Kleitomachos genannt hatte und Cicero von sich aus
noch den Philon hinzufügte. Leichter aber erklärt sich unstreitig dieser Umstand wenn wir für die Quelle Philons
Schrift ansehen. Denn ob Kleitomachos überhaupt in seinen
Schriften auf jene Controverse mit Metrodor eingegangen
war wissen wir nicht, ja es wird diess dadurch unwahrscheinlich weil Cicero an den beiden Stellen, die notorisch
mittelbar oder unmittelbar von Kleitomachos genommen sind
(98 ff. und 102 ff.), jener mit keiner Silbe gedenkt; von Philon dagegen müssen wir annehmen dass, wenn er in jener
Frage anderer Ansicht war als Kleitomachos, er sich darüber
auch in seinen Schriften gerechtfertigt haben wird und hier
wo die Glaubwürdigkeit des Berichterstatters Alles entschied
konnte er dann nicht anders verfahren sein als indem er
der Autorität des Kleitomachos diejenige Metrodors gegen-
überstellte. Cicero freilich stellt sich bei der Beantwortung
der Frage auf die Seite des Kleitomachos. Aber diess beweist noch nicht gegen eine Benutzung Philons: denn ebenso
verfährt er überhaupt in seiner Darstellung d. h. er wahrt
sich auch da wo die Benutzung Philons viel offener vorliegt
(wie 112 f.) die Unabhängigkeit seines Urtheils indem er
auf die Seite des strengeren durch Kleitomachos repräsen-
tirten Skepticismus tritt. — Endlich kommt noch in Betracht
dass in dem ersten Abschnitt Panaitios, und die Art wie er
erwähnt wird. Von den beiden Behauptungen auf die sich
nach Cicero die Dogmatiker im Kampfe gegen die Skeptiker
vorzüglich stützen ist die eine dass niemand zu gar nichts
seine Zustimmung geben könne. Cicero widerlegt sie vermittelst eines dem Sorites ähnlichen Verfahrens: er weist
darauf hin dass einer der namhaftesten Stoiker, Panaitios,
der Wahrsagerei nicht den unbedingten Glauben geschenkt
habe wie die übrigen Mitglieder der Schule, vielmehr in Bezug auf sie sich der Zustimmung enthalten habe, dass also

kein Grund sei weshalb nicht der vollkommene Skeptiker in allen übrigen Fällen dasselbe thun solle was man dem Panaitios in jenem einen gestatte.[1]) Dass nun Cicero die beiden Behauptungen, deren Wichtigkeit er selber so nachdrücklich hervorhebt, nicht schon in seiner griechischen Quelle berücksichtigt gefunden habe, ist nicht anzunehmen. Nun bringt er aber zur Widerlegung der hier in Frage kommenden nur ein einziges Argument bei. Rührte dieses Argument aber von ihm selber her, so würde er die ihm vorliegende Widerlegung des griechischen Skeptikers sich gar nicht zu Nutze gemacht haben, was wiederum nicht anzunehmen ist. Schon der griechische Skeptiker muss also auf die zwischen Panaitios und der grossen Masse der Stoiker bestehende Meinungsverschiedenheit hingewiesen und daraus die ihm dienlichen Consequenzen gezogen haben. Diess setzt aber voraus dass Panaitios schon als einer der bedeutendsten Vertreter der Stoa anerkannt war, und schwerlich hat er diese Anerkennung schon zur Zeit des Kleitomachos gefunden. Sonach dürfen wir in seiner Erwähnung abermals eine Spur erkennen dass bereits für den ersten Abschnitt von Cicero die Schrift Philons benutzt worden ist.

Lassen wir daher eine Schrift Philons als die Quelle der ciceronischen Darstellung gelten, so ist zunächst wahrscheinlich dass aus derselben auch die Citate von Schriften

---

[1]) 107: sed illa sunt lumina duo quae maxime causam istam continent: primum enim negatis fieri posse ut quisquam nulli rei adsentiatur. at id quidem perspicuum est: cum Panaetius, princeps prope meo quidem judicio Stoicorum, ea de re dubitare se dicat, quam omnes praeter eum Stoici certissimam putant, vera esse haruspicum responsa, auspicia, oracula, somnia, vaticinationes, seque ab adsensu sustineat, quod is potest facere vel de eis rebus quas illi a quibus ipse didicit certas habuerunt, cur id sapiens de reliquis rebus facere non possit? an est aliquid quod positum vel inprobare vel adprobare possit, dubitare non possit?

des Kleitomachos genommen sind die sich sowohl im ersten als im zweiten Abschnitt finden. Eine Ausnahme muss jedoch für die an Lucilius gerichtete gemacht werden: denn die Art wie diese 102 erwähnt wird setzt worauf schon früher hingewiesen wurde schlechterdings voraus dass Cicero sie selber eingesehen hat. Auf der anderen Seite kann man aber auch daraus, dass Cicero wenn er einmal eine Schrift des Kleitomachos aus eigener Lectüre kennt diess nöthig findet an die grosse Glocke zu hängen, den Schluss ziehen dass wo er diess nicht thut er das betreffende Citat seinem Mittelsmann verdankt. Auch dass das Excerpt aus der Schrift an Lucilius unmittelbar auf das andere aus der Schrift „de sustinendis adsensionibus" (98) folgt, obgleich doch beide Excerpte wesentlich denselben Inhalt haben, das eine daher überflüssig ist, erklärt sich jetzt: denn das erste Excerpt wurde ihm durch Philon aufgedrungen und das zweite mochte er nicht aufgeben weil es ihm Gelegenheit gab seine Lectüre zu verwerthen und eine gewisse Selbstständigkeit in der Quellenbenutzung zu zeigen. Aus derselben Schrift des Kleitomachos an Lucilius ist sodann aller Wahrscheinlichkeit nach auch genommen was er nach Kleitomachos über das Auftreten des Karneades und Diogenes vor dem römischen Senat erzählt (137). Denn auch hier beginnt er mit „legi apud Clitomachum" also der Versicherung es selbst gelesen zu haben, und ausserdem ist das Erzählte der Art dass es gerade einen Römer an den Kleitomachos sich in jener Schrift wandte interessiren musste. —

Sehen wir von dem eben bezeichneten Stück ab, so ist nach dem Gesagten die Annahme wohl begründet dass der gesammten Darstellung Ciceros eine Schrift Philons zu Grunde lag. Welches war diese Schrift? Da der Vortrag des Lucullus dem Sosos des Antiochos entnommen war, so liegt es nahe dass man die Erwiderung Ciceros aus der Schrift ableitet in welcher Philon dem Antiochos geantwortet hatte. Aber gab es denn überhaupt eine solche Schrift? Zeller freilich (III 1 S. 597, 7) vermuthet diess. Was er aber zum Beweise seiner Ansicht beibringt, genügt nicht. Denn die Stellen Ciceros und Augustins auf die er sich beruft sprechen zwar davon dass Philon die skeptische Akademie gegen die Angriffe des Antiochos vertheidigt habe, sagen aber kein Wort dass diess in einer Schrift geschehen sei:[1] es bliebe daher die Möglichkeit dass mündliche Vorträge Philons zu verstehen seien; oder wenn wir auch an schriftliche Aeusserungen denken wollten, könnte denn Philon nicht schon vor dem Erscheinen des Sosos gegen seinen ehemaligen Schüler polemisirt haben? Wenigstens erfahren wir aus dem was uns Cicero Acad. pr. 11 f. über Antiochos' Disputationen mit Philons Schüler, dem Tyrier Herakleitos, erzählt, dass Antiochos schon damals von seinem Lehrer abgefallen war und den ihm eigenthümlichen Standpunkt innerhalb der Akademie eingenommen hatte. Zellers Meinung uns anzuschliessen müssen wir um so mehr Bedenken tragen als Cicero Acad. post. 13, wo er der Controverse zwischen Philon und Antiochos gedenkt, nur solcher Schriften Philons Erwähnung thut gegen die Antiochos geschrieben hatte, von Repliken Philons aber die hierauf erfolgt wären gänzlich schweigt.[2] Dass der Sosos

---

[1] Hierher gehören folgende von Zeller S. 592, 3 angeführten Stellen. Cicero Acad. post. 13: Antiochi magister Philo — — — negat in libris, quod coram etiam ex ipso audiebamus, duas Academias esse erroremque eorum qui ita putarunt coarguit. Acad. pr. 17: Philone autem vivo patrocinium Academiae non defuit. Augustin. c. Acad. III 18, 41: huic (dem Antiochos) arreptis iterum illis armis et Philon restitit donec moreretur et omnes ejus reliquias Tullius noster oppressit. An der ersten Stelle ist zwar von Schriften Philons die Rede, dass er aber darin seine Lehre gegen die Angriffe des Antiochos vertheidigt habe wird nicht gesagt.

[2] Cicero sagt: „Antiochi magister Philo — — negat in libris

„geschichtlich keine Gegenschrift des Philon hervorrief" hatte
schon Krische (S. 194) ausgesprochen. [1]) Doch lassen wir
diese Frage bei Seite so sprechen noch andere Gründe dafür dass Cicero wenigstens eine solche Schrift Philons mit
der dieser auf den Sosos geantwortet hatte bei seiner Darstellung nicht benutzt hat.

Der Anfang der ciceronischen Darstellung scheint allerdings eine Kritik zu versprechen die dem Vortrage des Lucullus Schritt auf Schritt folgt. Lucullus hatte den Skeptikern vorgeworfen dass sie mit der Autorität der alten
Philosophen Missbrauch trieben, dass dieselben nicht ihre
Vorgänger sondern Dogmatiker gewesen seien (13—17).
Diesen Vorwurf zu widerlegen schickt sich daher Cicero an
(72 ff.). Aber wie thut er diess? Man sollte erwarten dass
er die von Lucull vorgebrachten Argumente entkräften würde.
Keineswegs: vielmehr begnügt er sich in positiver Weise zu
zeigen dass die alten Philosophen Skeptiker gewesen seien.
Lucull hatte einen partiellen Skepticismus der Naturphilosophen eingeräumt, nichtsdestoweniger sei der Dogmatismus
das Ueberwiegende (14). [2]) Hierauf antwortet Cicero mit
dem Nachweis dass jene Philosophen Skeptiker gewesen seien

---

quod coram etiam ex ipso audiebamus duas Academias esse erroremque eorum qui ita putarunt coarguit". „Est" inquit (Varro) „ut dicis;
sed ignorare te non arbitror quae contra Philonia Antiochus scripsit".

[1]) K. Fr. Hermann de Philone Larissaeo diss. I glaubt diese
Bemerkung durch den Hinweis auf Augustins S. 320, 1 angeführte
Worte widerlegen zu können.

[2]) Nec Arcesilae calumnia conferenda est cum Democriti verecundia. et tamen isti physici raro admodum, cum haerent aliquo
loco, exclamant quasi mente incitati, Empedocles quidem ut interdum
mihi furere videatur, abstrusa esse omnia, nihil nos sentire nihil cer-
nere nihil omnino quale sit posse reperire: majorem autem partem
mihi quidem omnes isti videntur nimis etiam quaedam adfirmare
plusque profiteri se scire quam sciant.

d. h. er beweist was schliesslich auch Lucullus nicht geleugnet hatte. Worauf dagegen dieser sich berufen hatte, die
zahlreichen dogmatischen Aeusserungen, berücksichtigt er
gar nicht und doch musste er gerade hierüber sich aussprechen wenn seine Widerlegung eine wirkliche Widerlegung,
nicht bloss die Wiederholung der angegriffenen Behauptungen
sein sollte. Lucullus hatte ferner aus der Reihe der Skeptiker Sokrates und Platon entfernt. Die Gründe auf die er
sich hierbei stützt sind bemerkenswerth. Aus Platons Schriften den Dogmatismus zu beweisen scheint er für unmöglich
zu halten und beruft sich deshalb auf die in der alten Akademie enthaltene Tradition der Lehre;[1] ebenso wenig vermag er natürlich die Thatsache zu leugnen dass Sokrates
von sich das Bekenntniss des Nichtwissens abgelegt habe,
was er leugnet ist nur dass man die Aeusserungen des Sokrates ohne Weiteres ernst nehmen dürfe und ohne die sie
begleitende Ironie in Abzug zu bringen.[2] Und was antwortet Cicero hierauf? Sokrates und Platon müssten zu den
Skeptikern gezählt werden: jener weil er das Bekenntniss
des Nichtwissens abgelegt habe, dieser weil es sich aus seinen Schriften ergebe.[3] In der That, betrachten wir das

---

[1] Es ist diess, beiläufig gesagt, für Antiochos ebenso charakteristisch als es für Philon der Umstand ist dass sein Vertreter, Cicero,
lediglich die Autorität der platonischen Schriften gelten lässt. Vgl.
hierzu was über die späteren Platoniker und ihren Anschluss an
Philon bemerkt wurde S. 249 f.

[2] 15: quorum (der Skeptiker) e numero tollendus est et Plato
et Socrates: alter, quia reliquit perfectissimam disciplinam, Peripateticos et Academicos, nominibus differentis re congruentis, a quibus
Stoici ipsi verbis magis quam sententiis dissenserunt; Socrates autem
de se ipse detrahens in disputatione plus tribuebat eis quos volebat
refellere; ita cum aliud diceret atque sentiret, libenter uti solitus
est ea dissimulatione quam Graeci εἰρωνείαν vocant.

[3] 74: et ab eis (den Skeptikern) ajebas removendum Socraten

Verhältniss der Aeusserungen Luculls und Ciceros zu einander wie es wirklich ist ohne Rücksicht, auf die Art wie
Cicero es uns darzustellen liebt, so scheint vielmehr Lucull
den Cicero zu widerlegen und nicht umgekehrt. — Zu demselben Schluss führt auch die Vergleichung zweier anderer
denselben Abschnitten der beiden Vorträge entnommenen
Stellen. Lucull hatte die Meinung ausgesprochen, Arkesilaos
sei dem Zenon nur aus Rivalität entgegengetreten · (16).
Hiergegen vertheidigt ihn Cicero indem er das Motiv seines
Auftretens in den reinen Trieb nach Wahrheit setzt (77).
Wie beweist er diess nun? Zunächst hebt er die Uebereinstimmung hervor, die zwischen Zenon und Arkesilaos darüber bestand dass das Meinen etwas des Weisen Unwür-
diges sei; erst hiernach habe die Differenz zwischen Beiden
begonnen infolge davon dass Zenon an die Stelle des Meinens, das er dem Weisen absprach, das Wissen setzte und
dann durch immer neue Fragen des Arkesilaos schrittweise
genöthigt wurde dieses Wissen näher zu bestimmen.[1]) Ist
diess nun aber auch wirklich was es sein soll, ein Beweis
dafür dass Arkesilaos bei seinem Auftreten gegen Zenon

---

et Platonem. cur? an de ullis certius possum dicere? vixisse cum
eis equidem videor: ita multi sermones perscripti sunt e quibus dubitari non possit quin Socrati nihil sit visum sciri posse; excepit
unum tantum „scire se nihil se scire“, nihil amplius. quid dicam
de Platone? qui certe tam multis libris haec persecutus non esset
nisi probavisset. ironiam enim alterius, perpetuam praesertim, nulla
fuit ratio persequi.

[1]) Arcesilan vero non obtrectandi causa cum Zenone pugnavisse
sed verum invenire voluisse sic intellegitur: nemo umquam superiorum non modo expresserat sed ne dixerat quidem posse hominem
nihil opinari nec solum posse sed ita necesse esse sapienti: visa
est Arcesilae cum vera sententia tum honesta et digna sapiente;
quaesivit de Zenone fortasse, quid futurum esset si nec percipere
quicquam posset sapiens nec opinari sapientis esset. ille, credo,

lediglich durch Wahrheitsliebe, nicht durch Rivalitätsgelüste
bestimmt wurde? Dass er in einem Stücke seine Uebereinstimmung mit den Stoikern bekannte, kann als solcher
jedenfalls nicht gelten: denn dieses Stück ist ein unwesent-
liches, da es den Stoikern nicht so sehr darauf ankam
dass der Weise keine Meinung sondern dass er ein Wissen
haben werde. Ausserdem gibt diese Uebereinstimmung nur
den Ausgangspunkt für das folgende maieutische Verfahren
durch das Arkesilaos dem Zenon die nähere Bestimmung
des Wissens abgewinnt. Nun scheint ja allerdings wer dieses Verfahren übt Belehrung bei dem Andern zu suchen
und insofern nach Wahrheit zu streben. Aber konnte denn
durch diesen Schein in jener Zeit, so lange nach Sokrates,
sich noch Jemand täuschen lassen, zumal hier wo Arkesilaos damit seinen Gegner ad absurdum führt? Es würde
diess eine höchst oberflächliche Kenntniss der Geschichte
der Philosophie voraussetzen, auf die wenigstens Ciceros
griechischer Gewährsmann bei seinen Lesern nicht rechnen
konnte. Aber dass Arkesilaos zu seiner Polemik lediglich
durch Rivalität geführt worden sei, ist ja in Luculls Worten
nur ein Nebenpunkt, den erst Cicero in seiner Erwiderung
zu einer Wichtigkeit aufgeblasen hat die er ursprünglich gar
nicht besass. Nur als eine bestehende Meinung und nur in
Parenthese bemerkt es Lucull. [1]) Beseitigen wir es, so bleibt

---

nihil opinaturum quoniam esset quod percipi posset. quid ergo id
esset? visum, credo. quale igitur visum? tum illum ita definisse,
ex eo quod esset sicut esset inpressum et signatum et effictum. post
requisitum etc.

[1]) Seine Worte sind: sed fuerint illa veteribus si voltis incognita: nihilne est igitur actum, quod investigata sunt posteaquam Arcesilas, Zenoni ut putatur obtrectans nihil novi repe-
rienti sed emendanti superiores inmutatione verborum, dum hujus
definitiones labefactare volt conatus est clarissimis rebus tenebras
obducere?

als Hauptgedanke seiner Worte übrig, dass gewisse Lehren
nicht schon darum verwerflich sind weil sie den Alten noch
unbekannt waren und erst bei den Stoikern infolge der Polemik des Arkesilaos hervorgetreten sind. Wird diese Bemerkung Luculls nun durch Ciceros Worte widerlegt? Keineswegs: sie wird nicht einmal berücksichtigt. Denn was
diese Bemerkung schon voraussetzt, dass nämlich die zenonische Theorie eine Frucht der von Arkesilaos geführten Polemik ist, das führen jene uns nur noch deutlicher vor Augen.
Auch hier also haben wir wieder dasselbe Verhältniss: wenn
wir den wirklichen Werth der Argumente, nicht den den
ihnen Cicero geben möchte, ins Auge fassen, so widerlegen
nicht Ciceros Worte den Lucull sondern umgekehrt Luculls
Worte den Cicero. Ja in diesem Falle, könnte man sagen,
gesteht es Lucull sogar ausdrücklich ein. Denn wenn er
seine Bemerkung mit den Worten einleitet „sed fuerint illa
veteribus, si voltis, incognita" so zeigt er durch „si voltis"
dass er eben die Voraussetzung gelten lässt der Cicero so
grossen Werth beilegt und die er eingehend zu begründen
sucht. Und noch mehr. Luculls angeführte Worte sind in
dem Zusammenhang in dem sie jetzt stehen vollkommen unverständlich. Was das „illa" bedeutet lernen wir erst aus
folgenden Worten in Ciceros Widerlegung: nemo umquam
superiorum non modo expresserat sed ne dixerat quidem
posse hominem nihil opinari nec solum posse sed ita necesse
esse sapienti. Für gewöhnlich aber ist es doch die Widerlegung die erst nach Kenntnissnahme der bestrittenen Behauptung verständlich wird und nicht wie hier umgekehrt. —
Das bisher Erwähnte war dem Abschnitt entnommen der
auf Grund der Geschichte der Philosophie die Ansprüche
des Skepticismus und Dogmatismus prüft. Hiernach wird
die Frage erörtert ob und in wie weit die Sinne zuverlässig
sind. Ausdrücklich knüpft Cicero (79) an die Worte Luculls

(19) an. Hatte dieser das Zeugniss der Sinne nur unter
der Bedingung gelten lassen dass sie gesund sind,[1]) so bestreitet Cicero dass sie selbst in dieser Beschränkung zuverlässig seien.[2]) So scheint er sich streng an die Worte Luculls zu halten. Doch thut er diess nur in dem angegebenen Punkte. Denn in einem anderen vernachlässigt er sie
desto mehr, wenn er die Unzuverlässigkeit der Sinne aus
unserem Unvermögen auf grosse Entfernungen etwas zu erkennen beweist. Oder ist diesem Einwurf nicht schon durch
Luculls Erklärung die Spitze abgebrochen, dass die Sinne
nur in sofern die Wahrheit enthielten als sie nicht bloss
gesund sondern auch in ihrer Thätigkeit nicht behindert,
insbesondere durch räumliche Verhältnisse nicht behindert
seien?[3]) Cicero fügt freilich noch ein anderes Argument
hinzu und weist auf diejenigen hin denen während sie selber
in einem Schiffe fahren die Dinge am Ufer sich zu bewegen
scheinen (81). Aber dass Lucull auch hierdurch nicht ge-

---

[1]) 19: ordiamur igitur a sensibus quorum ita clara judicia et certa
sunt ut si optio naturae nostrae detur et ab ea deus aliqui requirat,
contentane sit suis integris incorruptisque sensibus an postulet melius aliquid, non videam quid quaerat amplius — — — — meo autem judicio ita est maxima in sensibus veritas, si et sani sunt ac
valentes etc.

[2]) 80: si, inquis, deus te interroget, sanis modo et integris sensibus num amplius quid desideres, quid respondeas? utinam quidem
roget! audiet quam nobiscum male egerit. ut enim vera videamus,
quam longe videmus? etc.

[3]) 19: non enim is sum qui quicquid videtur tale dicam esse
quale videatur: Epicurus hoc viderit et alia multa. meo autem judicio ita est maxima in sensibus veritas si et sani sunt ac valentes et
omnia removentur quae obstant et inpediunt. itaque et lumen mutari saepe volumus et situs earum rerum quas intuemur et intervalla
aut contrahimus aut diducimus multaque facimus usque eo dum aspectus ipse fidem faciat sui judicii.

troffen wird, muss er selber eingestehen (82).[1]) Lucullus
hatte ferner die Meinung geäussert dass der Mensch mit
den Sinnen die ihm die Natur verliehen zufrieden sein könne
(19, s. S. 326, 1). Cicero bestreitet diess: denn nicht bloss
gebe es einzelne Menschen deren Sinnesschärfe das gewöhnliche und natürliche Maass überschreite, sondern ganze Thier-
arten seien hierin den Menschen überlegen. Scheinbar wird
hierdurch allerdings Luculls Behauptung widerlegt. Aber
auch nur scheinbar: denn das Wesentliche an derselben ist
doch offenbar dass die von der Natur den Menschen ver-
liehene Sinnesschärfe richtig benutzt für unser Bedürfniss
vollkommen ausreichend sei, und hiergegen bringt Cicero
nichts vor; woran er sich hält ist allein der Satz dass die
Natur bereits den Menschen mit einer Sinnesschärfe ausge-
stattet habe wie er sie nur wünschen könne und auch diesen
Satz muss er, um ihn durch den Hinweis auf eine grössere
Perfectibilität der Sinne widerlegen zu können, erst dahin
auslegen als ob dadurch nicht vernünftige sondern ins Gren-
zenlose ausschweifende Wünsche gemeint wären. Auch hier
also bemerken wir wie schon vorhin (S. 324) dass Cicero
da er um eine triftige Antwort auf Luculls Behauptungen
verlegen ist die Polemik auf Nebenpunkte hinüberspielt —
in diesem letzteren Falle vielleicht nur auf eine Redefloskel
die er selbst erst hinzugethan hatte und der möglicher Weise
im griechischen Originale gar nichts entsprach. Noch einen
anderen Weg sich aus der Verlegenheit zu ziehen hat Cicero
eingeschlagen, indem er nicht Lucull sondern Epikur widerlegt gegen den sich thatsächlich seine Polemik 79—83

---

[1]) Sed quid ego de nave? vidi enim a te remum contemni.
Diess bezieht sich auf folgende den in der vorigen Anmerkung citirten vorausgehende Worte Luculls (19): nec vero hoc loco exspectandum est dum de remo inflexo aut de collo columbae respondeam.

richtet. Damit musste er aber auf sehr vergessliche oder
blöde Leser rechnen: denn aufs ausdrücklichste hatte Lucull
a. a. O. einer Verwechselung seiner Theorie mit derjenigen
Epikurs vorgebeugt. Auch hier stellt sich somit als das
wirkliche Verhältniss der beiden Vorträge heraus dass Cicero
durch Lucull und nicht umgekehrt widerlegt wird. — Folgen
wir weiter der Polemik Ciceros. Lucullus hatte behauptet,
dass niemals in der Natur zwei Dinge sich vollkommen gleich
seien (56), und dabei auf das Beispiel von Zwillingen, der
Brüder P. und Q. Servilius Geminus, hingewiesen die zwar
von Fremden, aber nicht von ihren Angehörigen verwechselt
wurden. Nun könnte aber ja gerade unter den Fremden
der Weise sein: Lucull bemerkt deshalb dass derselbe in
solchen Fällen seine Zustimmung zurückhalten werde. Was
sagt hiergegen Cicero? Er verhöhnt Luculls und der Stoiker
Behauptung dass jedes Ding sein eigenthümliches von allen
anderen verschiedenes Wesen habe: denn das werde ja durch
das Beispiel der genannten Zwillinge widerlegt (84 f.). Dass
Lucull eine solche Verwerthung dieses Beispiels abgewiesen
und dasselbe vielmehr zur Bestätigung seiner Ansicht benutzt hatte, scheint Cicero nicht mehr zu wissen. Aber mag
auch der hierauf gegründete Schluss zusammenfallen, Cicero
hat einen neuen Einwand bereit: es handelt sich, sagt er,
hier nicht um die Dinge selber die immerhin verschieden
sein mögen sondern um die Art wie sie erscheinen durch
die uns wenigstens eine sichere Entscheidung unmöglich
wird.[1]) Auch hier kann Cicero der Vorwurf nicht erspart

---

[1]) 84: ne sit sane (sc. tanta similitudo in rerum natura): videri
certe potest: fallet igitur sensum, et si una fefellerit similitudo, dubia omnia reddiderit. sublato enim judicio illo quo oportet agnosci,
etiam si ipse erit quem videris qui tibi videbitur, tamen non ea nota
judicabis qua dicis oportere ut non possit esse ejusdem modi falsa.
85: haec (die stoische Behauptung dass kein Haar dem andern voll-

werden dass er gegen Lucull mit einer bereits gebrauchten und abgestumpften Waffe kämpft. Denn ausdrücklich hatte dieser nicht nur erklärt dass wer die Unterscheidbarkeit der Vorstellungsbilder leugne damit auch die Grenzen der Dinge selber verwische sondern auch hinzugefügt dass es absurd sei wie die Skeptiker bisweilen thäten einen Unterschied zu machen zwischen den Eindrücken an sich, d. i. den Dingen welche die Eindrücke hervorbringen, und deren Aussehen und Gestalt, d. i. der Art wie sie uns erscheinen.[1] Cicero

kommen gleich sei und ebenso kein Korn) refelli possunt, sed pu-
guare nolo. ad id enim quod agitur nihil· interest omnibusne partibus visa res nihil differat an internosci non possit etiam si differat.

[1] 58: veri enim et falsi non modo cognitio sed etiam natura
tolletur si nihil erit quod intersit; ut etiam illud absurdum sit quod
interdum soletis dicere, cum visa in animos inprimantur non vos id
dicere inter ipsas inpressiones nihil interesse sed inter species et
quasdam formas eorum. quasi vero non specie visa judicentur! quae
fidem nullam habebunt sublata veri et falsi nota. Die von den Worten „ipsas inpressiones" gegebene Erklärung ist offenbar die richtige.
Die Eindrücke an sich, ist der Sinn, sind nicht identisch, man kann
deshalb von einem ersten, zweiten Eindruck u. s. w. sprechen, aber
die Bilder die durch sie entstehen sind nicht zu unterscheiden da
sie in Bezug auf Aussehen und Gestalt vollkommen übereinstimmen.
Nun sind freilich nicht-identische auch solche Eindrücke die von
einem und demselben Objecte ausgehen; die Nicht-Identität von solchen Eindrücken und die Nicht-Identität des betreffenden Objects
zu behaupten wäre daher keineswegs dasselbe. Wir müssen aber
bedenken dass in dem Zusammenhang sowohl der Worte Luculls wie
derjenigen Ciceros immer nur· von Eindrücken die Rede ist die wenn
sie ·schon die gleiche Beschaffenheit haben doch von verschiedenen
Dingen (Eiern, Zwillingen) ausgehen. Zu sagen aber dass dergleichen
Eindrücke nicht identisch sind und dass es die zu ihnen gehörenden
Dinge nicht sind, läuft thatsächlich auf dasselbe hinaus. Hierdurch
ist die im Texte gegebene Erläuterung von „ipsas inpressiones" gerechtfertigt. Dass Lucull dieselbe Ansicht im Sinne hat die Cicero
dann in der Widerlegung vorbringt bestätigen auch die ersten der
citirten Worte „veri enim — quod intersit"; denn hier wird eben

mag also immer triumphiren und den von Lucull bereits ab-
gethanen Gedanken der Skeptiker von Neuem vorbringen, in
Wahrheit ist nicht er sondern Lucull derjenige der den Anderen kritisirt. Denn das auf die eventuelle Ununterscheidbarkeit von Siegelabdrücken und Werken der Bildhauerei
gegründete Argument (85 f.) wird zwar von Cicero wie etwas
Neues vorgetragen, ist aber in Wahrheit ganz dasselbe wie
das von der Aehnlichkeit der Eier und Zwillinge hergenommene und kann also schon deshalb als von Lucullus bereits
erledigt gelten. Letzterer kommt uns aber ausserdem noch
durch ein ausdrückliches Zeugniss zu Hilfe, wenn er 54 die
Ansicht der Gegner die er sich anschickt zu widerlegen folgendermaassen zusammenfasst: similitudines vero aut gemi-
norum aut signorum anulis inpressorum pueriliter con-
sectantur. — Gleich nach dem eben Besprochenen trägt Cicero allerdings einen Einwand vor (27, 86), den Lucullus
noch nicht berücksichtigt hatte. Der letztere hatte sich zum
Beweis für die Tüchtigkeit der Sinne auch auf die grössere
Schärfe berufen, die dieselben bei kunstmässiger Ausbildung
und Uebung erlangen (20). Was Cicero hierauf erwidert ist
dass dieses Argument vielmehr gegen Lucullus spreche: denn
dass es erst dieser Mühe bedürfe um mittels der Sinne
etwas zu erkennen, darin zeige sich gerade dass sie an sich
für die Erkenntniss nichts werth seien. So konnte Cicero

---

geleugnet dass wir berechtigt sind zwischen den Dingen wie wir sie
erkennen und wie sie wirklich und von Natur sind einen Unterschied
zu machen. — Früher hatte ich die behauptete Ungleichheit der
Eindrücke an sich auf die verschiedene Stärke bezogen mit der dieselben bei überdiess gleicher Beschaffenheit nach der Ansicht der
Skeptiker (vgl. Sext. dogm. I 173 und dazu Acad. pr. 52 nach welcher letzteren Stelle Traumgesichte und wache Vorstellungen zwar
dieselbe „species" haben trotzdem aber nicht die gleiche „adprobatio" erzwingen) auf uns wirken, muss indessen diese Vermuthung
jetzt aufgeben.

dem Lucullus nur antworten wenn er ihm einen Gedanken
unterschob den dieser gar nicht geäussert hatte. Lucullus
hatte gesagt, die Sinne, die von Natur schon höchst zuverlässige Zeugen seien, würden diess in noch höherem Grade
bei kunstmässiger Ausbildung; an die Stelle dieses Gedankens setzt Cicero einen andern dass erst die Ausbildung die
Sinne zu zuverlässigen Zeugen mache. Es ist bezeichnend
dass hier wo einmal eine von Lucull noch nicht berücksichtigte Widerlegung versucht wird dieselbe durch solche Mittel
zu Stande kommt und als innerlich hohl in sich selber zerfällt. Den nahe liegenden Schluss dass Cicero sie selbständig fabricirt hat, dass aus ihr also für das Verhältniss das
zwischen der Quelle von Luculls Vortrag und der von Ciceros
Widerlegung besteht nichts gefolgert werden darf, brauchte
ich nicht erst ausdrücklich zu ziehen. — Es folgen bei Cicero
die Ausfälle gegen die naturphilosophische Disciplin (86 f.).
Dieselben setzen voraus dass Lucullus auch über diese Dinge
gewisse Dogmen aus voller Ueberzeugung vorgetragen habe.
Vergleichen wir nun die betreffende Stelle in Luculls Vortrag (30) so finden wir in ihr keineswegs einen entschiedenen Dogmatismus. Man lese doch Folgendes: nam quid eum
facturum putem de abditis rebus et obscuris qui lucem eripere conetur? sed disputari poterat subtiliter quanto quasi
artificio natura fabricata esset primum animal omne etc.
Verborgen und dunkel nennt er was in den Bereich der
Naturphilosophie fällt und das Aeusserste was er einräumt
scheint zu sein dass man scharfsinnig darüber reden könne.
Das ist aber nicht der Ausdruck eines seiner Unfehlbarkeit
gewissen Dogmatismus sondern eines gemässigten Skepticismus, der wie wir schon früher (S. 277) gesehen haben Antiochos in der Naturphilosophie eigen war. So erscheinen
abermals Luculls Aeusserungen, indem sie dem Skepticismus
eine Concession machen, als eine Antwort auf dessen An-

griffe, während andererseits Ciceros Erwiderung dadurch
gegenstandslos geworden ist.[1]) — Cicero geht sodann dazu
über von den Vorstellungen zu sprechen, die den Menschen
im Traume und während des Wahnsinns kommen (87—91).
Da diese Vorstellungen zugestandenermaassen falsch sind und
doch auf den Geist mit-der Kraft von wahren wirken, so
schienen sie die Theorie der Skeptiker zu unterstützen und
gehörten deshalb mit zum Inventar der gegen die Dogmatiker geführten Polemik. Darum hatte sie auch Lucullus
und, wie uns in diesem Falle noch ausdrücklich gesagt wird,
schon Antiochos einer eingehenden Erörterung gewürdigt
(49 ff.). Bringt nun Ciceros Widerlegung dieser Widerlegung
etwas Neues? Lucullus hatte bemerkt dass die Vorstellungen
der Schlafenden u. s. w. schwächer seien als die der Wachen-
den u. s. w. und zum Beweise sich auf die Urtheile der Er-
wachten über ihre früheren Träume und der wieder zur
Vernunft Gekommenen über ihre Phantasien während des
Wahnsinns berufen. Cicero findet (88) diese Bemerkung sowie ihre Begründung unzutreffend: „quasi quisquam neget
et qui experrectus sit eum somnia sua visa putare et cujus
furor consederit putare non fuisse ea vera quae essent sibi
visa in furore. Sed non id agitur: tum cum videban-
tur quo modo viderentur, id quaeritur. nisi vero En-
nium" etc. Da er auf dasselbe Argument noch einmal zum
Schluss zurückkommt,[2]) so dürfen wir annehmen dass er

---

[1]) Wenn Lucull a. a. O. Ciceros Polemik gegen die Naturphilosophie voraussagt, so hat diess möglicherweise seinen Grund im
griechischen Original in dem auf solche bereits erfolgte Angriffe
Rücksicht genommen. wurde.

[2]) 90: vos autem nihil agitis cum illa falsa vel furiosorum vel
somniantium recordatione ipsorum refellitis; non enim id quaeritur
qualis recordatio fieri soleat eorum qui experrecti sint aut eorum
qui furere destiterint, sed qualis visio fuerit aut furentium aut somniantium tum cum movebantur.

ihm eine grosse Bedeutung beilegte und dass er hoffte mit
demselben gegen Lucullus einen unvorhergesehenen Schlag zu
führen. Aber auch diessmal wird unsere an Ciceros Worte
sich knüpfende Erwartung getäuscht. Denn unmittelbar nach
der Bemerkung gegen welche sich Ciceros Widerlegung richtet macht Lucull sich selber (52) den Einwand: „at enim
dum videntur, eadem est in somnis species eorumque quae
vigilantes videmus". Es ist dieser selbe Einwand den Cicero
dann wie einen ganz neuen dem Lucull entgegenhält, und
zwar was noch auffallender ist ohne der Widerlegung 'die
Lucull[1]) ihm bereits hatte zu Theil werden lassen auch nur
mit einer Silbe zu gedenken. — Es folgt in Ciceros Widerlegung der Abschnitt dessen Aufgabe die Kritik der stoischen
Dialektik ist (91 ff.). Auch hier weist Cicero zwar auf Luculls Ausführungen hin[2]) ohne sie jedoch thatsächlich zu
berücksichtigen. Und doch ist es keineswegs die Kürze der
Darstellung die ihn hiervon abhält. Denn namentlich was.
den Sorites betrifft spart er die Worte nicht um die Berechtigung dieses dialektischen Verfahrens zu erweisen (92 ff.).
Trotzdem kommt er hier nicht über Chrysipp hinaus und
begnügt sich das Verkehrte der Methode zu zeigen mit der
dieser Stoiker sich den Schlingen dieses Schlusses zu ent-

---

[1]) A. a. O.: primum interest, sed id omittamus: illud enim dicimus non eandem esse vim neque integritatem dormientium et vigi-
lantium nec mente nec sensu. ne vinulenti quidem quae faciunt,
eadem adprobatione faciunt qua sobrii: dubitant haesitant revocant
se interdum eisque, quae videntur, inbecillius adsentiuntur, cumque
edormiverunt illa visa quam levia fuerint intellegunt. quod idem
contingit insanis ut et incipientes furere sentiant et dicant aliquid
quod non sit id videri sibi et cum relaxentur sentiant atque illa dicant Alcmaeonis etc.

[2]) 92: tum paucis additis venit (sc. dialectica) ad soritas, lubri-
cum sane et periculosum locum, quod tu modo dicebas esse vitiosum
interrogandi genus.

ziehen versucht hatte. Als ob Lucullus Chrysipps Vertheidigung zu seiner eigenen gemacht hätte, der dieselbe vielmehr gar nicht erwähnt! Statt dessen hatte Lucull den
Sorites in einer besonderen Anwendung getadelt und ad absurdum zu führen gesucht (49 f.). Hierauf musste Cicero
erwidern wenn er wirklich Luculls Vortrag widerlegen wollte.
Da er es nicht gethan hat, so müssen wir abermals schliessen
dass ihn sein griechisches Original im Stich liess und er
unfähig war von sich aus eine Widerlegung zu finden. —
Dasselbe Verhältniss beider Darstellungen kommt nun ausser
in den angeführten auch noch in anderen Fällen zum Vorschein. Nirgends ist mir in Ciceros Kritik ein eigenthümliches Argument von wirklicher Bedeutung begegnet, das nur
durch die Beziehung auf Luculls Vortrag seine Erklärung
fände und daher einem gegen die dort benutzte Schrift des
Antiochos polemisirenden Werk entnommen sein müsste. Nur
eine Ausnahme scheint stattzufinden. Lucullus hatte (22)
behauptet dass mit der Leugnung des Wissens auch das Gedächtniss aufgehoben würde. Dem gegenüber weist Cicero
(166) auf den Epikureer Polyainos hin, der früher Mathe-
matiker gewesen war und erst später in die epikureische
Schule eintrat. Wäre nun, meint Cicero, die Behauptung
Luculls richtig d. h. gäbe es ein Gedächtniss nur so weit
auch ein Wissen vorhanden ist, so müsste Polyain mit seiner
Bekehrung zum Epikureismus die ganze Mathematik, da diese
ja den Epikureern nicht als Wissen galt, vergessen haben.
Das Argument sieht nicht danach aus als ob Cicero selbst
es gefunden habe. Dass es aber einer Schrift entnommen
sei die den Vortrag des Lucullus oder vielmehr das diesem
zu Grunde liegende Werk des Antiochos bekämpfte, folgt
hieraus keineswegs. Denn auch die Behauptung gegen die
es sich richtet war in Wirklichkeit wohl weder Lucull noch
auch Antiochos eigenthümlich sondern fand sich auch bei

den Stoikern. Dieses eine Argument ist daher nicht genügend ein Resultat umzustossen das sich uns aus der Betrachtung einer grösseren Zahl von Fällen ergeben hat und hier schliesslich noch durch einen bestätigt werden mag. Nachdem Cicero des Vorwurfs gedacht hat den man gegen die Skeptiker erhoben hatte weil sie jede Möglichkeit eines Erkennens leugneten und damit die Grundlage des menschlichen Handelns und Lebens zerstörten, spricht er seine Verwunderung darüber aus dass gerade Antiochos in dieser Weise sich äussern konnte: denn ihm sei doch nicht unbekannt gewesen in welcher Weise die Skeptiker den schlimmen Consequenzen ihrer Theorie vorbeugten, dass sie nämlich ein Wahrscheinliches übrig liessen oder doch wenigstens ein Augenscheinliches nicht leugneten.[1]) Dass Cicero mit dieser Klage über das Unrecht das den Skeptikern geschehen sei sich nicht an Lucullus sondern an Antiochos wendet, spricht jedenfalls dafür wenn es auch selbstverständlich nicht beweisend ist, dass er etwas Derartiges schon in seiner griechischen Quelle fand. Und nun denke man an Luculls Worte zurück in denen dieser zwei Classen von Skeptikern sondert, die Einen welche Alles für unsicher erklären ohne dessen irgend welchen Hehl zu haben und die Anderen die diess nicht Wort haben wollen. Diese Anderen, wie er ausdrücklich sagt, beklagten sich dass man sie mit jenen verwechsele; während doch ein wesentlicher Unterschied zwischen ihnen beiden bestehe; für jene habe jede Vorstellung gleichen

---

[1]) 102: quamquam nihil mihi tam mirum videtur quam ita dici ab Antiocho quidem maxime, cui erant ea quae paulo ante dixi notissima. licet enim hoc quivis arbitratu suo reprehendat quod negemus rem ullam percipi posse, certe levior reprehensio est quod tamen dicimus esse quaedam probabilia. non videtur hoc satis esse vobis. ne sit: illa certe debemus effugere quae a te vel maxime agitata sunt: „nihil igitur cernis? nihil audis? nihil tibi est perspicuum?"

Werth wohingegen sie um einen Anhalt für unsere Handlungen zu gewinnen den wahrscheinlichen Vorstellungen vor
anderen einen Vorzug einräumten.[1]) Und diese selben. sind
es auch, die wie uns gleich darauf gesagt wird wenigstens
ein Augenscheinliches festhalten wollten.[2]) Die Skeptiker
gegen die sich Lucullus. wendet beklagen sich also wie Cicero über die falschen Consequenzen die man aus ihrer
Theorie gezogen hat und machen üm jene aufzuheben auch
dieselben beiden Momente geltend wie er. Nun haben wir
zwar früher gesehen dass bei den milderen Skeptikern Luculls an Karneades zu denken ist (oben S. 212 f.); Cicero
dagegen, wie eine andere Untersuchung wahrscheinlich gemacht hat, schöpfte aus einer Schrift Philons. Die Skeptiker Luculls, scheint es daher, können nicht mit denen identisch sein deren Aeusserungen Cicero wiedergibt. Dieser
Schluss wird indessen dadurch widerlegt dass Philon in dem
Abschnitte seiner Schrift dem die fraglichen Worte Ciceros
entnommen sind sich ganz auf den Standpunkt des Karneades
stellte und von hier aus das Recht der Skepsis vertheidigte,
die ihm eigenthümlichen Concessionen dagegen erst in einem
späteren Theile machte (vgl. S. 308 ff.). Nichts kann uns also
hindern die Beschwerden, welche Cicero im Namen der
Skepsis gegen Antiochos erhebt, für dieselben zu halten die

---

[1]) 32: alii autem elegantius, qui etiam queruntur quod eos insimulemus omnia incerta dicere, quantumque intersit inter incertum
et id quod percipi non possit docere conantur eaque distinguere.
— — — volunt enim — — — probabile aliquid esse et quasi veri
simile eaque se uti regula et in agenda vita et in quaerendo ac disserendo.

[2]) 34: simili in errore versantur cum convitio veritatis coacti
perspicua a perceptis volunt distinguere et conantur ostendere esse
aliquid perspicui, verum illud quidem et inpressum in animo atque
mente, neque tamen id percipi ac conprehendi posse.

bereits Lucullus in seinem Vortrage berücksichtigt hatte.
So tritt hier noch einmal und wie mir scheint in besonders
auffälliger Weise das schon in anderen Fällen beobachtete
Verhältniss der Vorträge Luculls und Ciceros uns entgegen:
dass nämlich Cicero den Lucull zu widerlegen vorgibt, thatsächlich aber diese Widerlegung von Lucull schon verwerthet war.

Für dieses Verhältniss weiss ich keine andere Erklärung als dass Ciceros Vortrag aus eben der Schrift Philons
genommen ist gegen welche die von Lucull benutzte Schrift
des Antiochos, der Sosos, sich richtete. Die Beschaffenheit
des ciceronischen Vortrags und die Schlüsse, die wir hieraus
auf den Inhalt der philonischen Schrift ziehen können, stehen
dieser Annahme nicht im Wege. Wie Cicero in seinem Vortrag so muss hiernach auch Philon in seiner Schrift eine
Kritik der Lehre des Antiochos gegeben haben. Diess setzt
allerdings voraus dass Antiochos schon damals, beim Erscheinen jener Schrift, sich innerhalb der Akademie von seinem Lehrer unabhängig gemacht und den bekannten ihm
eigenthümlichen Standpunkt eingenommen hatte. Zu dieser
Voraussetzung sind wir aber vollkommen berechtigt da dieselbe auch der Erzählung des Lucullus über seinen Aufenthalt in Alexandria und die Disputation zwischen Heraklit
und Antiochos zu Grunde liegt (Acad. pr. 11 f.): denn den
Anlass zu dieser Disputation gab das Eintreffen der philonischen Schrift, eben der gegen welche später der Sosos
polemisirte, und in dieser Disputation vertritt Antiochos
schon ganz nicht nur überhaupt den dogmatischen sondern
auch den ihm eigenthümlichen Standpunkt, auf den er natürlich nicht durch eine plötzliche Offenbarung oder vermöge einer angeborenen Lust am Widerspruch durch Philons
jüngstes Werk gedrängt worden war. Ja erst bei der Annahme dass diese Schrift Philons sich gegen Antiochos rich-

tete begreifen wir vollkommen den Aerger den dieser darüber empfand und dass er wie Lucullus sagt sich über sie mit
einer Heftigkeit äusserte die mit der sonstigen Milde seines
Wesens nicht im Einklang stand. Aber die Schrift Philons
wenn wir sie im Spiegel des ciceronischen Vortrags schauen
enthielt nicht bloss eine Polemik gegen Antiochos sondern
suchte auch Philons eigenen Standpunkt zu vertheidigen
(S. 311 f.). Sie scheint also vorauszusetzen dass Antiochos
bereits begonnen hatte gegen seinen Lehrer zu polemisiren.
Bei strenger Erklärung der Worte Luculls freilich wäre der
Sosos die erste Schrift gewesen mit der Antiochos gegen
Philon auftrat.[1] Aber auch wenn wir diese strenge Erklärung für die richtige halten, so könnte doch Antiochos
in seinen mündlichen Vorträgen die Ansichten Philons bestritten haben. Dass indessen gegen solche sich Philons
Schrift wandte ist deshalb unwahrscheinlich weil eine so
genaue Kenntniss der eigenthümlichen Lehre des Antiochos
als sich in ihr kund gibt viel leichter aus der Benutzung
einer schriftlichen Darstellung sich erklärt. Nun ist es aber
auch denkbar dass Antiochos seine eigenthümliche Auffassung
der akademischen Lehre in einer Schrift niederlegte ohne deshalb gerade gegen Philon zu polemisiren. Wogegen er polemisirte und wogegen er polemisiren musste, war nur überhaupt die skeptische Richtung innerhalb der Akademie; diess
konnte er aber thun auch wenn er seinen Lehrer nicht persönlich angriff. Erst als dieser dann mit der ihm ganz allein
gehörenden Erklärung des $\varkappa\alpha\tau\alpha\lambda\eta\pi\tau\grave{o}\nu$ hervorgetreten war,
musste natürlich auch Antiochos seine Polemik speziell gegen
ihn richten. Nicht mehr als eine allgemein gehaltene Pole-

---

[1] 12: nec se tenuit quin contra suum doctorem librum etiam
ederet qui Sosus inscribitur. Erst dann war diess ein Zeichen für
den hohen Grad der Entrüstung welche Philons Schrift in ihm erregte wenn er vorher etwas der Art noch nicht gethan hatte.

mik gegen die akademische Skepsis setzt denn auch die
Rechtfertigung der letzteren im ersten Theil des ciceronischen
Vortrags voraus in welcher wie wir gesehen haben Philon
sich zunächst ganz auf den Standpunkt des Kleitomachos
stellt. So ist die Annahme, wonach die von Cicero benutzte
Schrift eine Schrift Philons, aber nicht eine Antwort auf
den Sosos war, durch die Voraussetzungen zu denen sie führt
nicht erschüttert sondern von Neuem bestätigt worden. —
Sie hat sich aber noch in einer anderen Prüfung zu bewähren. Ihr zufolge soll die von Cicero benutzte Schrift
Philons dieselbe sein gegen welche Antiochos den Sosos
schrieb. Ueber den Inhalt und die Beschaffenheit dieser
philonischen Schrift haben wir nun allerdings nur wenige,
dafür aber desto bestimmtere Nachrichten. Wir wissen dass
Philon in dieser Schrift eine neue ihm eigenthümliche Auf-
fassung des $\varkappa\alpha\tau\alpha\lambda\eta\pi\tau\grave{o}\nu$ vorgebracht hatte und dass die
Schrift in zwei Bücher getheilt war. Stimmt nun zu diesen
beiden Merkmalen was uns Cicero aus der fraglichen Schrift
erhalten hat? Das ist die Frage die wir aufwerfen müssen
und sofort mit Ja! beantworten können. Denn dass Cicero
sich Philons eigenthümliche Auffassung des $\varkappa\alpha\tau\alpha\lambda\eta\pi\tau\grave{o}\nu$ zu
Nutze macht (112 f.) haben wir schon früher (S. 288 f.) ge-
sehen und es fällt dieser Umstand um so mehr ins Gewicht
als Cicero selbst mit dieser Auffassung Philons sich keineswegs einverstanden erklärt, die Benutzung derselben also
kaum anders erklärt werden kann als dadurch dass sie ihm
durch eine besonders ausführliche und nachdrückliche Darstellung im griechischen Original gewissermaassen aufgenöthigt
wurde; den zwei Büchern der philonischen Schrift aber entsprechen die beiden Theile des ciceronischen Vortrags deren
erster die Rechtfertigung des philonischen Standpunkts, der
zweite den Angriff gegen Antiochos enthält. Fast ebenso
sicher ferner ist es dass es diese Schrift Philons war in der

er die Identität der verschiedenen Akademien, der skeptischen und der älteren, behauptet und die entgegengesetzte
Meinung Anderer zurückgewiesen hatte. Denn Beides soll
er in einer Schrift gethan haben gegen die Antiochos polemisirt hatte (Acad. post. 13, vgl. dazu S. 200, 1). Und in
der That lässt die neue und etwas gezwungene Erklärung
des καταληπτὸν auf einen bestimmten Zweck den Philon
damit verfolgte schliessen und dieser kann kein anderer gewesen sein als dadurch eine Brücke vom Dogmatismus der
alten zum Skepticismus der jüngeren Akademie zu schlagen, jene ebenso als skeptisch wie diese als dogmatisch
erscheinen zu lassen. So wird denn wirklich auf Grund
jener laxeren Auffassung des καταληπτὸν von Cicero Acad.
pr. 112 f. eine Versöhnung der Skepsis mit den Peripatetikern und der alten Akademie für möglich erklärt. Die
eben angeführte ciceronische Stelle beweist aber noch mehr:
sie zeigt dass auch dieses dritte Merkmal das der philonischen im Sosos bekämpften Schrift eigen ist ·in der von
Cicero für seinen Vortrag benutzten Schrift wiederkehrte.

So auffallend auf den ersten Anblick die Ansicht erschien
dass Cicero zur Bestreitung eines philosophischen Vortrages
eine Schrift benutzt habe deren Inhalt in diesem schon
widerlegt war, so ist sie doch jetzt hinreichend begründet.
Sie lässt sich überdiess noch mehr bestätigen. Denn Cicero
und Varro berühren in ihrem einleitenden Gespräch die
zwischen den verschiedenen Akademien obwaltenden Differenzen (Acad. post. 13), Cicero bemerkt dass Antiochos' Ansicht von Philon widerlegt worden sei und Varro weist auf
die Erwiderung des Antiochos hin worunter natürlich der
Sosos zu verstehen ist;[1] dass aber auf den Sosos hin Philon

---

[1] Dass Antiochos mehrere Schriften gegen Philon verfasst habe,
wird durch die Art wie Lucull sich über den Sosos ausspricht, sehr
unwahrscheinlich. Vgl. die betreffenden Worte S. 338, 1. „Wären dem

wieder mit einer Replik hervorgetreten sei, wird mit keinem
Worte gesagt. Wir müssen daher wohl schliessen dass mit
dem Sosos der literarische Streit zwischen Lehrer und Schüler abgethan war.[1] Oder will man diess nicht zugeben
so wird man es doch kaum glaublich finden dass Cicero
wenn ihm eine schriftliche Replik Philons bekannt war, wenn
sie es war die er bereits für die skeptische Darstellung der
ersten Redaktion der Akademica benutzt hatte, dass er dieselbe dann gar nicht erwähnt haben sollte. Das viel gemiss-
brauchte argumentum ex silentio ist hier einmal an seinem
Platze. Seine Wirkung wird noch durch eine andere Erwägung unterstützt. Cicero bekennt sich fortwährend mit
dem Munde zu Philon, Philon ist ihm der Hauptvertreter
der akademischen Skepsis. Wie kommt es nun dass er gerade das Eigenthümlichste in Philons Lehre, die neue Erklärung des καταληπτὸν sich nicht angeeignet hat, sondern
ihr geradezu widerspricht (vgl. S. 289)? Freilich konnte er
sich hier auf den Vorgang eines andern Schülers Philons,
des Heraklit, berufen. Aber diess genügt doch kaum um
einen solchen Abfall von dem verehrten Lehrer zu rechtfertigen. Unter der Annahme dass Philon auf den Sosos
nicht mehr geantwortet hatte ist die Erklärung dagegen einfach: Cicero wusste nicht wie er die von Antiochos gegen
jene Auffassung des καταληπτὸν vorgebrachten Gründe widerlegen sollte; denn selbst eine solche Widerlegung zu finden war er nicht im Stande und von Philon wurde er in
diesem Falle im Stich gelassen.

Sosos noch andere Streitschriften gefolgt, so hätte Lucull sich anders
ausdrücken müssen.

[1] Durch die von Zeller III 1 S. 592, 3 (vgl. S. 598 Anm.) angeführten Stellen wird das Gegentheil nicht bewiesen. Vgl. ob. S. 320f.

III. Die Tusculanen.

1. Das erste Buch.

Keine ciceronische Schrift macht es dem Quellenforscher so bequem oder wenn man will setzt ihn in solche Verlegenheit als die unter dem Namen der Tusculanen bekannte: denn ist man im Stande sich bei der Annahme zu beruhigen Cicero habe die Werke der verschiedensten Philosophen, stoischer und nicht-stoischer, ja epikureischer, erst gelesen und dann zu einem neuen Ganzen selbständig verarbeitet, so hat man natürlich leichtes Spiel; anderenfalls aber erscheint es fast unmöglich in den nach den verschiedensten Gegenden der alten Philosophie weisenden Spuren eine einheitliche Richtung zu entdecken. Von den neueren Bearbeitern dieser Frage hat Otto Heine (de fontibus Tusculanarum disputationum Weimar 1863) Panaitios Chrysipp und Platon als die Quellenschriftsteller namhaft gemacht denen Cicero das von ihm in freier Weise verarbeitete Material entnommen habe. Kühneren Schwunges, getragen von der Freude über den wiederentdeckten Poseidonios, erhob sich Peter Corssen zu dem Gedanken dass eine Schrift dieses Philosophen die Quelle der ciceronischen Darstellung sei; [1]

---

[1] In seiner Dissertation de Posidonio Rhodio M. Tullii Ciceronis in libro I. Tusc. disp. et in Somnio Scipionis auctore (Bonn 1878) hatte er diess für den ersten Theil der ciceronischen Darstellung zu zeigen versucht; den Beweis für den zweiten und das Ganze holt er

über die Schwierigkeit die dieser Annahme der gerade das
erste Buch durchdringende Skepticismus zu bereiten schien
kam er leicht hinweg, indem er denselben ohne Weiteres
für Ciceros eigene Zuthat erklärte. Eine nähere Prüfung
der von Heine aufgestellten Behauptung kann ich mir deshalb ersparen, weil der Grund, auf den der wichtigste Theil
derselben, die Annahme einer Benutzung des Panaitios, sich
stützt, von Zeller (III 1 S. 563, 1) zur Genüge als unhaltbar
nachgewiesen worden ist. Es bleibt sonach die Meinung von
Corssen; und diese darf um so mehr eine Untersuchung be-
anspruchen als sie das Ergebniss einer gewiss für Manche
bestechenden Methode der Forschung ist und in der That
auch den Beifall von Diels (Rhein. Mus. 34 S. 487 f.) und
Zeller (III 1 S. 559, 2[3]) gefunden hat.

Corssen (Dissertation S. 37) beruft sich z. B. darauf dass
Cicero das Verbot des Selbstmordes (74) zurückführe auf
den „dominans in nobis deus" und findet hierin ein untrüg-
liches Zeichen der Benutzung Posidons dessen im Innern
jedes Menschen lebender Gott ($\delta\alpha\ell\mu\omega\nu$ $\dot{\epsilon}\nu$ $\alpha\dot{\upsilon}\tau o\tilde{\iota}\varsigma$) bekannt
ist (vgl. Corssen a. a. O. S. 30). Aber ebenso bekannt ist
doch auch, und Corssen selber (a. a. O. S. 30) hat darauf
hingewiesen, dass dieselbe Anschauungsweise sich schon bei
Platon findet, angedeutet auch im Phaidon, bestimmter ausgesprochen im Timaios (p. 90 A). Warum könnte sie also
nicht Cicero unmittelbar daher entnommen haben? Oder hat
er dieses Werk Platons etwa erst später gelesen, zu der Zeit
da er das uns erhaltene Bruchstück daraus übersetzte? Und
selbst diess zugegeben dass Cicero nicht im Stande war in

---

im Rhein. Mus. 36 S. 506 ff. nach. Etwas Aehnliches hatte übrigens
schon Wyttenbach Animadv. in Plut. I 699 ausgesprochen: sunt Tusculanae Quaestiones opus plane divinum, totum in genere consolato-
rio censendum, et, ut nobis quidem videtur, descriptum ad rationem
$\tau\acute{o}\pi o\nu$ $\pi\alpha\rho\alpha\mu\upsilon\vartheta\eta\tau\iota\varkappa o\tilde{\upsilon}$ a Posidonio designatam.

diesem Falle aus eigener Lektüre zu schöpfen (obgleich er
doch gerade im ersten Buch der Tusculanen, wenigstens nach
der gewöhnlichen Annahme, mit einer gewissen selbständigen
Belesenheit im Platon zu prunken scheint), könnte ihm dieses
Citat nicht ein anderer griechischer Platoniker an die Hand
gegeben haben, musste es gerade der Stoiker Posidon sein?
Für diese Möglichkeit hätte Corssen Raum lassen sollen.
Und er hätte diess auch gewiss gethan wenn er nicht durch
andere, wie es ihm schien, unwiderstehliche Gründe in die
Richtung auf Posidon gedrängt worden wäre.   In der That
ist es ihm geglückt Gedanken bei Cicero nachzuweisen die
in letzter Hinsicht wohl auf Poseidonios zurückgehen; diese
Gedanken beziehen sich auf die Verherrlichung der Philosophie, die am Ende darin gipfelt dass dieselbe die Mütter
aller Küuste (omnium mater artium) genannt wird vgl. 62 ff.
Nimmt man hierzu noch die Lobsprüche die der Philosophie
im fünften Buche 55 ertheilt werden und hält damit den
Anfang von Senecas neunzigstem Briefe zusammen, so kommt
man fast nothwendig zu dem Schluss den Corssen S. 23 f.
gezogen hat dass die beiden ciceronischen Stellen ihren Inhalt
derselben von Seneca benutzten Schrift des Poseidonios verdanken, und dieser Schluss wird wenn man die Vergleichung
noch über die von Corssen zusammengestellten Aeusserungen
hinauserstreckt nur bestätigt.[1]   Was folgt nun hieraus?

----

[1]) Diese weiter fortgeführte Vergleichung hätte Corssen ausserdem vor einem Irrthum bewahren können.   Ein Anzeichen stoischen
Ursprungs erblickt er nämlich auch darin dass Cicero im Widerspruch gegen Platon der die Philosophie ein Geschenk der Götter
genannt hatte sie vielmehr für eine Erfindung derselben (inventum
deorum) erklärt (64): denn dasselbe, was nach Persaios den Erfindern
nützlicher Dinge überhaupt, sei der Ansicht des Poseidonios zufolge
auch den ersten Philosophen widerfahren, dass sie nämlich von den
Menschen göttlicher Ehren gewürdigt wurden und insofern könne

Etwa, dass Cicero jene Schrift des Poseidonios seiner ganzen
Darstellung zu Grunde gelegt hat? Für das fünfte Buch
diesen Schluss zu ziehen würde sehr unbesonnen sein, da
hier die Gedanken des Poseidonios der Einleitung angehören
und dergleichen Einleitungen von Cicero in der Regel selbst-
ständig gearbeitet wurden oder doch bei dem lockeren und

---

allerdings die Philosophie eine Erfindung von Göttern d. i. von Menschen die später zu Göttern erhoben wurden genannt werden. Dass
diese Erklärung der ciceronischen Worte das Richtige treffe kann
ich Corssen nicht zugeben. Denn auf diese Weise wäre die Philosophie in Posidons Augen doch immer nur eine menschliche Erfindung geblieben; wer aber der Philosophie eine so weit reichende
Bedeutung gab wie Poseidonios, wer sie als die Mutter aller Künste,
auch der handwerksmässigen pries, als die Erfinderin aller Erfindungen, der kann sie nicht selbst wieder für eine menschliche Erfindung gehalten sondern muss in ihr einen auf Erkenntniss und Erfahrung gerichteten Grundtrieb, den Quell aller geistigen Thätigkeit
und somit etwas von Natur dem Menschen Eingepflanztes d. i. eben
ein Geschenk der Götter gesehen haben. Die Richtigkeit dieses
Schlusses bestätigt Seneca der zu Anfang des angeführten 90. Briefes
schreibt: quis dubitare, mi Lucili, potest quin deorum immortalium
munus sit quod vivimus, philosophiae quod bene vivimus? itaque
tanto plus huic nos debere quam dis, quanto majus beneficium est
bona vita quam vita, pro certo haberetur nisi ipsam philosophiam di tribuissent cujus scientiam nulli dederunt, facultatem omnibus. Aber wie sollen wir nun die ciceronischen
Worte erklären? Denn dass sie einer Erklärung bedürfen, muss ich
Corssen einräumen. Eine solche zu geben scheint mir auch ohne
Aufwand von Gelehrsamkeit möglich. Cicero bemüht sich vor Allem
die Philosophie als etwas Göttliches darzustellen: in gewissem Sinne
war sie diess auch wenn sie nur als eine Gabe der Götter galt; wie
viel mehr aber, folgerte Cicero, wird diess der Fall sein, wenn sie
von den Göttern nicht bloss gegeben sondern auch geschaffen wurde,
wie viel mehr des göttlichen Wesens ist dann auf sie übergegangen.
Die Richtigkeit dieser Folgerung zu vertreten fällt mir natürlich
nicht ein; dass aber Cicero so schliessen konnte, wird Niemand bestreiten wollen.

äusserlichen Zusammenhange in dem sie mit der Hauptdar-
stellung stehen die Voraussetzung .nicht ohne Weiteres ge-
statten dass sie aus derselben Quelle wie das Uebrige geschöpft sind. Aber auch für das erste Buch kann ich die
Berechtigung eines solchen Schlusses nicht zugeben: denn
obgleich hier die an Poseidonios erinnernde Verherrlichung
der Philosophie mitten in die übrige Darstellung eingeschaltet
ist, so gibt sie sich auch so noch als ein fremdartiger Bestandtheil zu erkennen der sich ohne Schaden für den Zusammenhang entfernen liesse.[1]) Also hat Cicero die be-

---

[1]) Nachdem Cicero die Philosophie gepriesen hat, fährt er 65
fort: prorsus haec divina mihi videtur vis quae tot res efficiat et
tantas. Jeder wird unter „haec — vis“ zunächst an die Philosophie
denken, die im Vorhergehenden in der That als eine göttliche Macht
im Leben der Menschen geschildert war. Ciceros Meinung ist diess
aber keineswegs. Die göttliche Macht ist die Kraft des menschlichen
Geistes, von der die Philosophie mit ihren Wirkungen nur eine einzelne Offenbarung ist. Die Worte „haec — vis“ weisen daher auf 61
zurück: quid? illa vis quae tandem est quae investigat occulta, quae
inventio atque excogitatio dicitur? ex hacne tibi terrena mortalique
natura et caduca concreta ea videtur? Denken wir uns sie hieran
angeschlossen so würden sie nicht den geringsten Anstoss geben. Ja
der Zusammenhang würde besser werden: denn jetzt folgt auf jene
Worte „aut qui primus, quod summae sapientiae Pythagorae visum est, omnibus rebus inposuit nomina? etc.“ und die Erklärer geben
zu dass diess an das Vorhergehende nur einen sehr losen grammatischen Anschluss hat. So entsteht die Vermuthung dass der ganze
zwischen 65 und dem Schluss von 61 inneliegende Abschnitt ein
nachträglicher Zusatz ist, nicht von einem Späteren sondern von
Cicero selber herrührend. Auch darin ist dieser Abschnitt der
übrigen Darstellung ungleich dass in ihm der Dogmatismus viel
unverhüllter hervortritt als in anderen Theilen dieser Schrift: denn
wenn (64) von der Philosophie gesagt wird „eadem ab animo tanquam ab oculis caliginem dispulit ut omnia, supera infera prima
ultima media, videremus“ so ist damit allem Skepticismus der Ab-
schied gegeben.

treffende Schrift Posidons vielleicht nur für diese einzelnen Abschnitte benutzt? Nicht einmal so viel kann ich zugeben, da es nicht nöthig ist immer eine unmittelbare Benutzung der griechischen Quelle anzunehmen und vielfach die Uebereinstimmung sich schon aus der Erinnerung an eine frühere Lektüre erklärt. Das Letztere gerade in diesem Falle anzunehmen empfiehlt sich darum weil Cicero in der Wiedergabe posidonscher Gedanken im Wesentlichen beim Allgemeinen stehen bleibt und bei Weitem nicht in das Detail geht das wir bei Seneca lesen d. i. nur so viel gibt als er von einem früheren Lesen her im Gedächtniss behalten konnte und nicht gerade abzuschreiben brauchte. Auch den Anlass aus dem er jene Schrift des Poseidonios gelesen hatte können wir vermuthungsweise noch bestimmen. Denn jene Schrift war doch wohl die Προτρεπτικοὶ betitelte, da man in einer solchen naturgemäss zuerst den Platz für eine so eingehende Lobpreisung der Philosophie sucht,[1] bei der Verehrung aber die Cicero für diesen Stoiker hegte ist es fast selbstverständlich dass als er selber einen Protreptikos schrieb er auch die Schrift Posidons über den gleichen Gegenstand zu Rathe zog.[2] Von der Zeit her also da er am Hortensius arbeitete werden Cicero jene Gedanken geläufig gewesen sein.[3] Da-

---

[1] Dieser schon von Bake geäusserten Vermuthung stimmt auch Corssen zu Diss. S. 9.

[2] Auf die Benutzung von Posidons Schrift für den Hortensius weist noch ein besonderer Umstand. Im Anschluss an Poscidonios heisst es bei Seneca a. a. O. 5: horum (sapientium) prudentia, ne quid deesset suis, providebat. Hiermit steht in auffallender Uebereinstimmung Hortensius fr. 23 Or.: Id enim est sapientis, providere; ex quo sapientia est appellata prudentia.

[3] An den Hortensius erinnert er selber III 6. — Ja man meint dem betreffenden Abschnitte noch anzumerken dass zur Zeit seiner Abfassung sich in Ciceros Geiste die Erinnerung an verschiedene protreptische Schriften mit einander vermischte. Einmal nämlich er-

gegen ist es schwer denkbar wie der Inhalt des ersten Buches
der Tusculanen aus einem Protreptikos geschöpft werden
konnte d. i. einer Schrift deren ausgesprochener Zweck war
zur Philosophie zu ermahnen; denn eine Empfehlung der
Philosophie involvirt jenes nur insofern die Philosophie es
ist die uns von der Todesfurcht befreit, spricht sie aber

---

scheint die Philosophie als die höchste Blüthe der geistigen Entwickelung des Menschengeschlechts: denn erst nachdem er die mannich-
fachen Erfindungen, die Handwerke, die Künste und die Anfänge der
Wissenschaft angeführt und daraus auf die Göttlichkeit des sie her-
vorbringenden Geistes geschlossen hat, nennt er die Philosophie in
den Worten „philosophia vero, omnium mater artium, quid est aliud
nisi ut Plato donum, ut ego inventum deorum?" und schildert sie
hierauf als die Quelle aller moralischen und höheren intellectuellen
Bildung. Allem Anschein nach wird bei dieser Auffassung der Philosophie in der Geschichte des Menschengeschlechts derselbe Platz
angewiesen den sie im Anfang der aristotelischen Metaphysik einnimmt, im wesentlichen derselbe Platz auch den Seneca a. a. O. 26 ff.
für sie in Anspruch nimmt. Der letztere Umstand ist wichtig, da
Seneca diess im Gegensatz zu Poseidonios thut. Diess macht uns auf
den Widerspruch aufmerksam in dem Cicero sich mit sich selber befindet: denn auf der einen Seite hält er sich zu den Peripatetikern
und weicht von Posidon ab wenn er das Menschengeschlecht erst
durch eine gewisse Entwickelung hindurchgehen lässt bevor es zur
Philosophie gelangt, auf der andern Seite aber spricht er gerade den
Hauptgedanken des genannten Stoikers aus dass die Philosophie die
Mutter der Künste sei und verlegt dadurch in sie den Keim der
Entwickelung als deren Frucht er sie doch eben geschildert zu haben
schien. Dass nun Cicero für den Hortensius theilweise eine peripatetische Quelle, den Protreptikos des Aristoteles, benutzt hat, ist sehr
wahrscheinlich, sobald man diese Annahme nur in den von mir (Hermes X 81 ff. 95) gezogenen Schranken hält. Dass er aber auch an
Posidon sich anschloss, kann man ausser aus dem S. 347, 2 Bemerkten
auch aus fr. 22 vermuthen: praeterea illud quoque argumentum contra philosophiam valet plurimum quo idem est usus Hortensius: „ex
eo posse intellegi philosophiam non esse sapientiam quod principium
et origo ejus appareat. Quando" inquit „philosophi esse coeperunt?

nicht geradezu aus wie doch der Protreptikos soll. Und
doch führt zu jener Annahme Corssens Meinung dass der
betreffende Abschnitt aus derselben Schrift Posidons genommen ist die Seneca benutzt hat und die kaum eine andere
als der Protreptikos dieses Philosophen gewesen sein kann
(S. 347).[1] ⠄

Thales ut opinor primus. Recens haec quidem aetas. Ubi ergo apud
antiquiores latuit amor iste investigandae veritatis?" Denn aus diesen Worten darf man doch entnehmen, dass ein Anderer die entgegengesetzte Ansicht ausgesprochen d. i. Philosophie und Weisheit
für identisch erklärt und damit jene in ein eben so frühes Alter der
Menschheit wie diese, die Weisheit oder was man so zu nennen
pflegte, versetzt hatte; dass diess aber die Ansicht Posidons ist,
lehrt Seneca. Es ist daher wohl denkbar dass Cicero in der Erinnerung die Gedanken des Aristoteles und des Poseidonios zusammen-
flossen und so den hervorgehobenen Widerspruch ergaben.

[1]) Denn wie Corssen Diss. S. 39 auch nur für möglich halten
konnte dass der Inhalt des ersten Buchs der Tusculanen aus einer
Schrift περὶ ψυχῆς geschöpft sei, begreife ich nicht. — Dass die protreptische Schrift des Poseidonios von den anderen ähnlichen Namens
wesentlich verschieden war, kann man aus der geringen Abweichung
im Titel, προτρεπτικοὶ statt προτρεπτικός (denn darauf führt doch
am Wahrscheinlichsten das zweimalige ἐν τοῖς προτρεπτικοῖς bei
Diog. VII 91 und 129, wenn man die προτρεπτικοὶ im Verzeichniss
der Schriften des Persaios bei Diog. VII 36 vergleicht, vgl. auch
Diog. VI 8. Ich bemerke diess wegen Bake Posidon. rel. S. 245, der
προτρεπτικὰ für den Titel hält), nicht schliessen, da dieselbe sich
ebenso erklärt wie der Ausdruck οἱ παραμυθητικοὶ λόγοι dessen sich
Plutarch consol. ad Apollon. c. 2 zur Bezeichnung seines παραμυθη-
τικός bedient. Und auch aus Seneca ep. 95, 61 folgt nicht dass in
der protreptischen Schrift Posidons die Consolatio mit enthalten
war: denn wenn auch Manches dafür spricht die von Seneca angeführten Aeusserungen Posidons aus jener Schrift abzuleiten, so lässt
sich doch auch Anderes dafür geltend machen dass sie der Schrift
περὶ τοῦ καθήκοντος (vgl. Seneca 45) entnommen sind, und überdiess
ob sie nun den einen oder anderen Ursprung haben so führen sie
doch nur auf Bemerkungen über die Consolatio, beweisen aber keines-

Corssen glaubt aber auch ein äusseres Zeugniss entdeckt zu haben, das auf eine Schrift des Poseidonios als die Quelle des ersten Buches der Tusculanen hinweist (Rhein. Mus. 36, 523). Dasselbe soll in folgenden Worten des heiligen Hieronymus aus dem epitaphium Nepotiani (epist. 60, 5) enthalten sein: legimus Crantorem, cujus volumen ad confovendum dolorem suum secutus est Cicero; Platonis Diogenis Clitomachi Carneadis Posidonii ad sedandos luctus opuscula percurrimus, qui diversis aetatibus diversorum luctum vel libris vel epistolis minuere sunt conati ut etiam si nostrum averet ingenium de illorum posset fontibus irrigari. Dieses Zeugniss soll zunächst freilich nur für die Consolatio gelten; mittelbar aber auch für die Tusculanen, da nach Corssen das erste Buch derselben aus derselben Quelle wie die Trostschrift geschöpft ist (S. 522). Von den Gründen mit denen Corssen letztere Behauptung stützt will ich absehen. Aber beweist denn jenes Zeugniss auch nur für die Consolatio was es beweisen soll? Zunächst muss ich bemerken dass ein Zeugniss das grobe Irrthümer enthält auch da wo es wahr sein könnte mit Vorsicht benutzt werden muss. Welch ein

---

wegs dass Poseidonios selbst, wenigstens in der Schrift der jene Aeusserungen angehören (im Uebrigen vgl. Hieronymus epist. 60, 5) eine solche ausgeführt habe. Zum besseren Verständniss des Gesagten setze ich die fraglichen Worte Senecas selber her: Posidonius non tantum praeceptionem, nihil enim nos hoc verbo uti prohibet, sed etiam suasionem et consolationem et exhortationem necessariam judicat. his adicit causarum inquisitionem, etymologiam (hierfür will Zeller III 1 S. 207 Anm. aetiologia herstellen. Vgl. indessen Cicero Acad. post. 32: verborum etiam explicatio probabatur, id est qua de causa quaeque essent ita nominata. quam ἐτυμολογίαν appellabant), quam quare dicere nos non audeamus, cum grammatici, custodes Latini sermonis, suo jure ita adpellent, non video. ait utilem futuram et descriptionem cujusque virtutis: hanc Posidonius ethologiam vocat, quidam characterismon adpellant etc.

grober Irrthum aber ist es wenn in den Worten des Kirchenvaters unter den Verfassern von Trostschriften neben Kleitomachos Karneades genannt wird! Hieronymus will eine Trostschrift desjenigen Philosophen gelesen haben von dem das Alterthum nur Briefe kannte![1]) Besser konnte in der That die unverschämte Lüge des frommen Mannes nicht entlarvt werden. Wie flüchtig muss er aber auch seine Quellenschrift gelesen haben! Denn dort konnte er natürlich nur die Bemerkung finden, dass Kleitomachos den Inhalt seiner Trostschrift theilweise oder wesentlich den Vorträgen seines Lehrers entnommen habe.[2]) Indessen mögen die Worte als glaubwürdig gelten,[3]) so lässt sich aus ihnen doch höchstens folgern dass Cicero in der Consolatio die Schriftsteller genannt hatte die denselben Gegenstand behandelt hatten. Dasselbe hatte nun Cicero auch in der Einleitung zum ersten Buch der Schrift de divinatione gethan (6). Dort hatte er nach Chrysipp, dem Babylonier Diogenes und Antipater schliesslich noch den Poseidonios genannt und weil nun dieser zuletztgenannte und jüngste zugleich derjenige ist auf den die Quellenforschung über das erste Buch der Schrift de divinatione geführt hat, so hat Corssen offenbar geschlossen dass ebenso in der Consolatio der jüngste und an letzter Stelle aufgeführte der Quellenschriftsteller gewesen sein müsse. Diess ist aber ein ganz schablonenhaftes Verfahren, wie wir

---

[1]) Vgl. Diog. IV 65 und prooem. 16.

[2]) Diess gilt von der Trostschrift, welche Kleitomachos an seine gefangenen Landsleute richtete (Cicero Tusc. III 54), auf die sich also aller Wahrscheinlichkeit nach jene Bemerkung bezog.

[3]) Die Frage mag noch aufgeworfen werden wer der von Hieronymus als Verfasser einer Trostschrift genannte Diogenes ist. Etwa der Kyniker, unter dessen angeblichen Schriften Diog. VI 80 eine περὶ θανάτου nennt? Vgl. dazu Wyttenbach Animadv. in Plut. I S. 699.

es leider in der modernen Quellenforschung öfter beobachten. Wenn Cicero in der Schrift de divinatione sich ausschliesslich an Posidon hielt und hinsichtlich der älteren Stoiker sich mit dem begnügte was dieser ihm über sie mittheilte, folgt daraus ohne Weiteres dass er auch in allen anderen Schriften es sich in derselben Weise bequem gemacht habe? Niemand wird diess behaupten wollen, und was insbesondere die Consolatio betrifft so wird hier eine solche Annahme auf das Bestimmteste widerlegt. Denn wir haben doch keinen Grund Cicero der Lüge zu verdächtigen, wenn er an Atticus schreibt (XII 14): nihil de maerore minuendo scriptum ab ullo est quod ego non domi tuae legerim (vgl. auch 21 Schl.). Also gelesen hatte er gewiss mehr als bloss Posidons Schrift. Immerhin bleibt die Annahme übrig, dass er sich schliesslich an diese, wo nicht allein, so doch vorzüglich hielt, weil ihm die Schrift des jüngsten Philosophen das Meiste zu bieten schien. Für das regelmässige Verfahren darf man aber diess keineswegs ausgeben: denn diese Behauptung umzustossen würde der Hinweis auf die Schrift de officiis genügen, in der er notorisch nicht nach jener Schablone gearbeitet sondern so weit es ging die Schrift des Panaitios und nicht diejenigen seiner Schüler Poseidonios und Hekaton zu Grunde gelegt hat. Und dass nach jenem Verfahren insbesondere die Consolatio nicht zu Stande gekommen ist, könnte abermals die Stelle eines Briefes an Atticus (XII 21 Schl.) lehren: neque tamen progredior longius quam doctissimi homines concedunt quorum scripta omnia, quaecumque sunt in eam sententiam, non legi solum quod ipsum erat fortis aegroti, sed in mea etiam scripta transtuli quod certe adflicti et fracti animi non fuit (vgl. Tusc. III 76). Da es mir aber nicht sicher scheint ob wir berechtigt sind diese Worte ausschliesslich auf die Consolatio zu beziehen, so sehe ich von ihnen ab. Dass die Consolatio nicht aus einer Schrift des Poseidonios geschöpft war, lässt sich auch dann noch zeigen. Es beweist diess einmal das Fragment das Cicero selber (Tusc. I 66) daraus mittheilt und in dem wir Folgendes lesen: nihil est in animis mixtum atque concretum aut quod ex terra natum atque fictum esse videatur, nihil ne aut humidum quidem aut flabile aut igneum. Denn der strenge Spiritualismus zu dem sich der Verfasser in diesen Worten bekennt ist mit dem geläuterten Materialismus der Stoiker und Posidons nicht zu vereinigen (vgl. Cicero Tusc. I 42), und das Fragment schlägt einen ganz bestimmten dogmatischen Ton an der nicht so wie in den Tusculanen öfter geschieht auch noch für andere Ansichten Raum lässt. In dieselbe Richtung wie dieses Fragment weist uns beim Suchen der Quelle auch die Ueberlieferung. Denn der philosophische Standpunkt den es verräth ist einer den wir uns wohl als denjenigen Krantors denken können, die berühmte Trostschrift dieses Akademikers aber soll Cicero selber als das Vorbild seiner Consolatio genannt haben. Letzteres beruht auf einer Nachricht bei Plinius n. h. praef. 22; und es gehört ein starkes Vertrauen in die untrügliche Sicherheit der eigenen Combinationen dazu um sich wie Corssen (Rh. M. 36, 522) thut über ein so bestimmtes Zeugniss mit einem verächtlichen Seitenblick hinwegzusetzen, zumal da Plinius Ciceros eigene Worte anführt.[1] Corssen zeigt sich aber hierin auch inconsequent. Denn wenn einmal Hieronymus nur sagen soll was er bei Cicero gelesen hatte, dann muss dasselbe doch auch von folgenden Worten der angeführten Stelle gelten: legimus Crantorem cujus volumen ad confovendum dolorem suum secutus est Cicero. Hieronymus hatte hiernach bei Cicero dasselbe gelesen wie Plinius. Die äusseren Zeugnisse sprechen somit nicht für sondern gegen die Ansicht Corssens

---

[1] In consolatione filiae „Crantorem" inquit „sequor".

dass die Hauptquelle der Consolatio und infolge dessen auch des ersten Buches der Tusculanen nicht Krantor sondern eine Schrift Posidons war.

Das Hauptargument von Corssen und das er selber dafür angesehen wissen will steht noch aus. Es ist diess die besondere Art Psychologie die von Cicero in Tusc. I vorgetragen wird (Rh. M. 36, 519). Das Besondere derselben beruht darin dass sie weder die gemein stoische noch die platonische Ansicht von der Seele rein darstellt sondern aus beiden gemischt ist, mit den Stoikern die Seele für ein Wesen materieller Substanz hält, mit Platon hingegen ihr sowohl Präexistenz als Unsterblichkeit zuspricht und den Ursprung der Leidenschaften und Begierden nicht aus der urtheilenden Vernunft ableitet. In der That eine Psychologie dieser Art hätte alle Wahrscheinlichkeit für sich diejenige Posidons zu sein,[1] der Nachweis daher dass sie die wissenschaftliche Ueberzeugung des von Cicero benutzten Quellenschriftstellers wiedergibt mag auch als Beweis gelten dass dieser Quellenschriftsteller kein anderer als Posidon war. Aber ist denn dieser Nachweis von Corssen wirklich geführt worden? Vor allem galt es zu zeigen dass die dogmatische Ueberzeugung welche durch die skeptische Form noch durchschimmern soll auf stoischer Grundlage ruht. Corssen Diss. S. 6 f. (vgl. S. 8 f.) zieht deshalb jenen Abschnitt herbei in

---

[1] Wenigstens in Verbindung mit anderen Spuren die mehr auf Posidon deuten. Denn sonst müsste ein vorsichtiger Forscher auch daran denken, dass in ähnlicher Weise Platonisches und Stoisches zu mischen auch zur Eigenthümlichkeit des Antiochos gehört. Und auch gegenüber jenen andern Spuren könnte man auf Tusc. III 59 verweisen; denn diese Stelle, namentlich wenn man mit ihr Plutarch ad Apollon. p. 110 vergleicht, lasse vermuthen nicht nur dass auch Antiochos eine Trostschrift verfasst hatte sondern auch dass dieselbe Cicero bei der Abfassung seiner Tusculanen vorlag.

dem Cicero die Annahme einer Fortdauer der Seelen nach
dem Tode für unabhängig erklärt von den Ansichten über
ihre Beschaffenheit und sich daher für berechtigt hält vom
Standpunkt der verschiedensten Philosophien aus eine gewisse
Unsterblichkeit zu behaupten (40 ff.). Corssen freilich weiss
zwischen den Zeilen zu lesen: er erkennt dass im Grunde
nur die stoische Ansicht von der Unsterblichkeit vertheidigt
wird und die anerkennende Erwähnung auch der anderen
Philosophen nur ein fremdartiger Zusatz ist den Cicero dem
einmal eingenommenen akademischen Standpunkt zu Liebe
gemacht hat. Zu dieser zunächst gewiss auffallenden Annahme bestimmt ihn der Umstand dass nach seiner Ansicht
die vor jenem Zusatz begonnene Argumentation nach demselben (42) wieder aufgenommen und damit auch der nur
vorübergehend verlassene stoische Standpunkt von Neuem
betreten wird. Den aus den Prämissen gezogenen Schluss
kann man füglich nicht bestreiten: es frägt sich nur ob jene
richtig sind. Wird denn wirklich die Argumentation unterbrochen? Ja, wie wird denn überhaupt argumentirt? Corssen
sagt (S. 6) „mit physischen Gründen" (rationes physicae).
Der Ausdruck ist nicht ganz klar: denn in gewissem Sinne
gehört zu dieser Art von Gründen auch der von der Selbstbewegung entnommene und doch will Corssen diesen davon
unterscheiden. Es scheint also, wir sollen unter jenen physischen Gründen solche verstehen die nur in der körperlichen materiellen Welt gelten. Mit Hilfe dieser Gründe,
das ist die Meinung von Corssen, wird bewiesen dass die
Seelen zum Himmel aufsteigen. Diese Argumentation hat
sonach zur Voraussetzung die körperliche materielle Natur
der Seele, sie ruht auf dem Grunde der stoischen oder doch
einer ihr verwandten Psychologie, jedenfalls nicht der platonischen. Und doch kündigt Cicero selber ein platonisches
Argument für die Unsterblichkeit an! Wenn er es trotzdem

23*

unterlässt ein solches hier zu geben und dasselbe erst viel
später nachbringt (53 f.), so schien sich diess nur aus der
Abhängigkeit zu erklären in der er sich von der einmal benutzten stoischen Quelle befand. Die Frage ist nur ob die
erste Prämisse dieses Schlusses wahr ist d. i. ob wirklich
bloss in physischer Weise argumentirt wird. Diess muss
verneinen wer nicht eine petitio principii begehen will. Denn
was Cicero (41) für den Fall bemerkt dass die Seele nicht
materieller Natur, feurig oder luftig sei, kann nicht aus
Gründen die nur für die materielle Welt gelten gefolgert
sein; dass diese Bemerkung aber sich nicht schon in Ciceros
Quelle vorfand soll eben erst bewiesen werden. Wir müssen
uns daher nach einem Grunde umsehen der für den einen
wie den anderen Fall Geltung hat ob wir nun die Seele für
ein materielles oder immaterielles Wesen halten. Ein solcher
Grund ist das Gesetz der Aehnlichkeit: denn dass Aehnliches
sich zu Aehnlichem gesellt, dieser Satz bewährt sich sowohl
in der geistigen wie in der körperlichen Welt. Wenigstens
gab es Philosophen die dieses Gesetz so weit ausdehnten,
und zu diesen Philosophen gehört Platon, der jenem Gesetz
die Welt der Körper unterwirft (Tim. p. 53 A. 57 B), der von
ihm auch das Verhalten der Seele abhängig macht (Tim. 90 A)
und der auf dasselbe Gesetz einen seiner Beweise für die
Unsterblichkeit gegründet hat (Phaidon 79 A ff.).[1] An den-

---

[1] Vgl. bes. 80 D: ἡ δὲ ψυχὴ ἄρα τὸ ἀειδές, τὸ εἰς τοιοῦτον τόπον ἕτερον οἰχόμενον, γενναῖον καὶ καθαρὸν καὶ ἀειδῆ, εἰς Ἅιδου
ὡς ἀληθῶς κτλ. 81 A: οὐκοῦν οὕτω μὲν ἔχουσα εἰς τὸ ὅμοιον αὐτῇ,
τὸ ἀειδές, ἀπέρχεται, τὸ θεῖόν τε καὶ ἀθάνατον καὶ φρόνιμον κτλ.
84 A. f.: (ψυχὴ ἀνδρὸς φιλοσόφου) ἑπομένη τῷ λογισμῷ καὶ ἀεὶ ἐν
τούτῳ οὖσα, τὸ ἀληθὲς καὶ τὸ θεῖον καὶ τὸ ἀδόξαστον θεωμένη καὶ
ὑπ' ἐκείνου τρεφομένη ζῆν τε οἴεται οὕτω δεῖν ἕως ἂν ζῇ καὶ ἐπειδὰν τελευτήσῃ εἰς τὸ ξυγγενὲς καὶ εἰς τὸ τοιοῦτον ἀφικομένη ἀπηλ-
λάχθαι τῶν ἀνθρωπίνων κακῶν.

selben Philosophen werden wir ferner dadurch erinnert dass
aus der Ordnung der Elemente in der Welt das Gleichgewicht derselben abgeleitet wird:[1] wenigstens soll nach
Tim. p. 52 E vor der Ordnung der chaotisch durcheinander
wogenden Elemente auch das Gleichgewicht gefehlt haben.[2]
So scheint sich bei schärferer Betrachtung die Argumentation
Ciceros aus einer stoischen, wofür sie uns Corssen und auch
Heine[3] ausgeben, in eine platonische zu verwandeln. Dass
Cicero bei dieser Auffassung des in Rede stehenden Abschnittes nun nicht mehr wortbrüchig wird, dass er ein pla-
tonisches Argument für das Fortleben der Seele nach dem
Tode wie er es mit Emphase versprochen hat nun auch
wirklich mittheilt kann in den Augen eines vorurtheilslosen
Betrachters das Resultat der Untersuchung nur bestätigen,
ganz abgesehen davon dass doch auch die gedankenlose

---

[1] 40: eam porro naturam esse quattuor omnia gignentium corporum ut, quasi partita habeant inter se ac divisa momenta,
terrena et humida suopte nutu et suo pondere ad pares angulos in
terram et in mare ferantur etc. Dem im Aether schwebenden Geiste
wird 43 ein Gleichgewicht zugeschrieben (tamquam paribus exami-
natus ponderibus); aus keinem andern Grunde sollen sich aber auch
die Seelen, wie sie der Phaidros unter dem Bilde eines Rossegespanns
schildert, in der Höhe erhalten, vgl. p. 247 B (τὰ μὲν οὖν θεῶν ὀχήματα
ἰσορρόπως εὐήνια ὄντα ῥᾳδίως πορεύεται, τὰ δὲ ἄλλα μόγις· βρίθει
γὰρ ὁ τῆς κάκης ἵππος μετέχων, ἐπὶ τὴν γῆν ῥέπων τε καὶ βαρύνων
ᾧ μὴ καλῶς ἦν τεθραμμένος τῶν ἡνιόχων). Welche Bedeutung
ausserdem Platon dem Gleichgewicht beilegte so dass er daraus das
Schweben der Erde im Mittelpunkte der Welt erklärte, ist aus Phaidon p. 108 E bekannt.

[2] Von der ungeordneten Materie heisst es: παντοδαπὴν μὲν
ἰδεῖν φαίνεσθαι, διὰ δὲ τὸ μήθ᾽ ὁμοίων δυνάμεων μήτ᾽ ἰσορρόπων
ἐμπίπλασθαι κατ᾽ οὐδὲν αὐτῆς ἰσορροπεῖν ἀλλ᾽ ἀνωμάλως πάντῃ
ταλαντουμένην σελεσθαι κτλ.

[3] In seiner Ausgabe bemerkt er zu 40 dass bis zu c. 23 stoische
Beweise folgen.

Flüchtigkeit die man Cicero zutrauen kann ihre Grenze hat
und diese Grenze überschritten zu werden scheint wenn man
ihn erst ein platonisches Argument aufs Bestimmteste an-
kündigen und dann fast im selben Athem ein stoisches vortragen lässt. Trotzdem wird jenes Resultat so lange nicht
überzeugend sein als nicht der wichtigste von Corssen für
seine Ansicht beigebrachte Grund widerlegt ist. Derselbe
liegt offenbar darin dass die Seele insofern sie körperlicher
Natur ist von feurig luftiger Substanz sein soll: denn diess
ist die bekannte stoische Ansicht, die auf eine stoische Quelle
um so mehr hinweisen würde wenn den anderen Fall dass
die Seele unkörperlicher Natur sei Cicero von sich aus ohne
den Vorgang seines griechischen Gewährsmannes gesetzt hätte.
Aber entspricht denn wirklich was Cicero über die körperliche Natur der Seele aussagt der stoischen Ansicht? Corssen
nimmt es an. Bei Cicero aber lesen wir nur Folgendes (40):
quae cum constant perspicuum debet esse animos cum e
corpore excesserint, sive illi sint animales id est spirabiles
sive ignei, sublime ferri. Diess heisst doch nach dem strengen
Verstande: die Seelen sind entweder feurig oder luftig, nicht
aber: sie sind Beides zusammen. Und doch würde nur das
Letztere der gewöhnlichen Ansicht der Stoiker entsprechen
und insbesondere derjenigen stoischen Ansicht die im Folgenden (42) adoptirt wird.[1]) Die Worte aber im strengen
Verstande zu nehmen ist zunächst gewiss die Pflicht jeder
Interpretation. Hier wird sie uns noch besonders eingeschärft
durch die Betrachtung einer ähnlichen platonischen Stelle.

---

[1]) Ungenau heisst es 19: Zenoni Stoico animus ignis videtur.
Auch hier wird indessen von dieser Ansicht die andere unterschieden
welche die Seele für luftartiger Natur (anima) erklärt. Im Uebrigen
ist es diese frühere Stelle 18—23, auf welche die spätere zurückzuweisen und zu der sie sich wie ein kürzerer Auszug zu verhalten
scheint.

Denn im Phaidon p. 96 B wird es als ein Problem bezeichnet ob das womit wir denken das Blut oder ob es Luft oder Feuer oder endlich ob es das Gehirn sei. Da nun auch von Cicero die Ansichten berücksichtigt werden, nach denen die Seele an das Blut und das Gehirn gebunden ist, so geht die Aehnlichkeit zwischen beiden Stellen weit genug um uns zu nöthigen dass wir unter denen welche nach Cicero die Seele für luftig oder feurig erklärten dieselben verstehen welche Platon hierbei im Auge hatte, also ältere Naturphilosophen wie Heraklit und Diogenes von Apollonia und keinesfalls die Stoiker.[1]) Hat Corssen es in diesem Falle mit der von Cicero gestellten Alternative zu leicht genommen so hat er eine solche in einem anderen ganz übersehen. Das Aufsteigen nämlich von Feuer und Luft wird nicht schlechthin aus einem Naturtriebe dieser Elemente abgeleitet sondern daneben die Möglichkeit gelassen dass es auf mechanischem Wege vor sich gehe und die Wirkung eines Abprallens der leichten an den schweren Körpern sei.[2]) Der erste Theil dieser Alternative, auf den Corssen wie es scheint allein geachtet hat, entspricht nun allerdings der stoischen Ansicht, aber freilich nicht bloss dieser sondern ebenso sehr der platonischen und aristotelischen.[3]) Also nicht einmal

---

[1]) In demselben Sinne sind dann auch die anderen Stellen der Tusculanen auszulegen, 65, 66 und 70.

[2]) 40: hae (duae partes una ignea altera animalis) rursum rectis lineis in caelestem locum subvolent sive ipsa natura superiora appetente sive quod a gravioribus leviora natura repellantur.

[3]) An Aristoteles erinnert insbesondere noch dass die Bewegung der schweren Körper zum Mittelpunkt unter gleichen Winkeln stattfinden soll (ad pares angulos, vgl. S. 357, 1). Denn man vergleiche aus der Schrift vom Himmel II 14 p. 296^{b} 20: ὅτι τὰ φερόμενα βάρη ἐπὶ ταύτην (τὴν γῆν) οὐ παρ᾽ ἄλληλα φέρεται ἀλλὰ πρὸς ὁμοίας γωνίας).

wenn der erste Theil der Alternative als Behauptung für
sich allein stünde, würde er den stoischen Ursprung beweisen
können. Noch weniger kann er diess in Verbindung mit
dem zweiten: denn dieser enthält die entgegengesetzte Behauptung wie sie bekanntlich (Zeller I 754, 1, III 1 S. 410, 3)
von der atomistischen Schule Demokrits und Epikurs aufgestellt worden war. Ein Stoiker konnte aber dieselbe der
eigenen Ansicht nicht als gleichberechtigt gegenüberstellen.
Wollte man trotzdem die Hypothese des stoischen Ursprungs
festhalten, so müsste man annehmen dass der Stoiker die
Ansicht der Gegner angeführt und sodann sie widerlegt,
Cicero aber die Widerlegung fortgelassen und die Anführung
so eingerichtet hätte wie sie seinem skeptischen Standpunkt
entsprach. Aber wie konnte ein Stoiker in einer Schrift der
Art wie wir uns die gesuchte Quelle vorstellen müssen Anlass finden zu einer so eingehenden Behandlung eines rein
physikalischen Problems die ihn sogar bis zur Kritik entgegen-
stehender Ansichten führte? Zu der Annahme aber, dass Cicero
selber diesen Zusatz gemacht, würden wir uns nur dann verstehen wenn derselbe etwa sich mit der übrigen Darstellung
in Widerspruch befände. Nun ist es die Absicht dieser Darstellung wie wir gesehen haben das Gesetz der Aehnlichkeit
zur Anerkennung zu bringen: bestünde daher dieses Gesetz
darin dass überall von Natur Aehnliches zum Aehnlichen
getrieben wird, so wäre durch die Anerkennung derselben
der zweite Theil der Alternative, dass auch eine bloss me-
chanisch wirkende Ursache, ein Stoss, diese Verbindung herbeiführen könne, ausgeschlossen. Es lässt sich aber dieses
Gesetz auch anders formuliren, so wie ich diess oben (S. 356)
gethan habe: hiernach beruht es darin dass Aehnliches sich
zu Aehnlichem gesellt ohne über das Wie dieser Verbindung
etwas auszusagen. Da nun in dieser allgemeineren Fassung
das Gesetz auch die Atomistiker gelten liessen, so ist der

Widerspruch, den man aus der Alternative hätte ableiten können, beseitigt und damit auch für uns das Recht geschwunden den zweiten Theil derselben für einen von Cicero selbst gemachten und nicht schon in seiner Quelle gefundenen Zusatz anzusehen. Der Skepticismus greift also doch tiefer in die ciceronische Darstellung ein als Corssen annahm. Denn wenn sie schon das platonische von der Aehnlichkeit hergenommene Argument anerkennt, so lässt sie doch innerhalb dieser Anerkennung den Gedanken freien Spielraum und gibt insbesondere die Vorstellungen über die eigenthümliche Natur der Seele frei, indem sie die letzteren einzeln aufführt. Der Faden an den sie sich dabei hält scheint der chronologische zu sein. Zuerst werden die Meinungen berücksichtigt denen zufolge die Seele feuriger oder luftiger Natur, Meinungen von denen wir schon sahen dass ihre Vertreter in den Reihen der alten Naturphilosophen zu suchen sind. Hieran schliessen sich die Ansichten des Xenokrates und Aristoteles. Diese Ansichten so verschieden sie übrigens unter sich sind haben doch das mit einander gemein dass sie in der Seele ein selbständiges Wesen erblicken. Von ihnen sind daher alle die zu trennen welche diess leugnen sei es nun dass sie die Seele mit irgend einem Theile des Körpers identificiren oder dass sie in ihr den Ausdruck für ein Verhältniss (Dikaiarchos und Aristoxenos) oder das Ergebniss einer Verbindung (die Atomistiker) materieller Theile sehen. Auch was hierüber gesagt wird stört die chronologische Folge nicht. Denn aus der Phaidonstelle (s. S. 359) sehen wir dass die welche die Seele für nichts als Gehirn oder Blut hielten [1]) ältere Naturphilosophen waren, und eben

---

[1]) Die betreffenden Worte Ciceros lauten 41: ne tam vegeta mens aut in corde cerebrove aut in Empedocleo sanguine demersa jaceat.

solche oder doch Aeltere[1]) dürfen wir auch in denen vermuthen welche sie mit dem Herz zusammenwarfen.[2]) Der
Zeitfolge entspricht es also wenn hieran die Besprechung
von Dikaiarchos' und Aristoxenos' Lehre geknüpft wird. Und
auch die erst hieran angeschlossene Erwähnung der Atomistiker widerspricht nicht, sobald wir nur nicht vorzugsweise dabei an Demokrit sondern an die Cicero und seine
Zeitgenossen mehr interessirenden Epikureer denken — eine
Annahme die sich auch dadurch empfiehlt dass unmittelbar
nach den Atomistikern von den Stoikern und namentlich
von Panaitios d. i. von zeitgenössischen Philosophen die Rede
ist. Ja doppelt passend und keineswegs willkürlich erscheint
die Erwähnung der Atomistiker gerade an dieser Stelle weil
sie darüber dass die Seele ein feuer- und luftartiges Wesen
mit den Stoikern vollkommen übereinstimmten und gewiss
nicht ohne Grund dieser Theil ihrer Ansicht von Cicero
noch besonders hervorgehoben wird.[3]) Da sonach die angebliche Zerrissenheit und Unordnung der Darstellung in

[1]) Vielleicht sollte dadurch die Volksmeinung bezeichnet werden, vgl. Heine zu Tusc. I 18.

[2]) An die Stoiker darf hier deshalb nicht gedacht werden, weil
diese zwar die Seele in das Herz verlegten, aber sie nicht für ein
und dasselbe mit ihm erklärten. Hierauf aber kommt es gerade an.
Denn die Frage nach dem Sitz der Seele behandelt Cicero als eine
offene (70). Er selber unterscheidet aber auch ausdrücklich die
stoische Ansicht d. i. die welche das Herz nur für den Sitz der Seele
erklärt von der andern nach der das Wesen der Seele von der Natur
des Herzens nicht getrennt werden kann, vgl. 18 f.

[3]) 42: illam vero funditus ejiciamus individuorum corporum le-
vium et rotundorum concursionem fortuitam; quam tamen Democritus
concalefactam et spirabilem id est animalem esse vult. Mir scheint
sogar das einschränkende „tamen" nur dann erklärlich wenn Cicero
schon die stoische Lehre im Sinne hatte, und dadurch auf das hinweisen wollte was bei aller sonstigen Verschiedenheit der atomistischen mit der stoischen Ansicht gemeinsam war.

Wirklichkeit nicht vorhanden ist, so lässt auch dieser Grund sich nicht mehr geltend machen um daraus vorwiegende Benutzung einer stoischen Quelle unterbrochen durch eigene Zuthaten Ciceros zu beweisen. Ebenso wenig darf man sich auf die Ungleichmässigkeit in der Besprechung der verschiedenen Ansichten und insbesondere darauf berufen dass weitaus am ausführlichsten die stoische Lehre erörtert wird (42 f.): denn diess würde sich leicht aus dem hervorragenden Interesse erklären das Cicero und seine Lehrer gerade an dieser Philosophie nehmen mussten. — Hiermit ist der Meinung Corssens über den Ursprung des ersten Buches insofern sie auf der Annahme beruht dass die eigenthümliche darin vorgetragene Psychologie nur die des Poseidonios sein kann ihr Fundament entzogen: denn die Psychologie des Poseidonios muss doch vor allen Dingen eine stoische sein, dass der Abschnitt aber der den Beweis für den stoischen Charakter der bei Cicero vorausgesetzten Psychologie liefern sollte in Wirklichkeit diess nicht thut hat hoffentlich die eben angestellte Erörterung gezeigt. Obgleich daher wenn ein Stoiker der Quellenschriftsteller sein müsste die ausserdem hervortretenden Platonismen uns weiter auf Poseidonios führen würden, so sind dieselben für sich allein doch nicht mehr beweiskräftig. Ja bei näherer Betrachtung stellt sich sogar heraus dass es nicht leicht, wo nicht unmöglich ist dieselben mit der sonst bekannten Lehre dieses Stoikers zu vereinigen. Dahin gehört die Annahme einer Präexistenz der Seelen, wie sie 57 gemacht wird. Corssen freilich sucht zu beweisen dass eine solche mit Poseidonios' Ansichten übereinstimme. Aber der eine aus der Schrift de divinatione hergenommene Grund, den er S. 31 anführt, ist schon von Zeller (III 1 S. 582, 1, 3. Aufl.) erschüttert worden und was den anderen betrifft den er S. 46 einer Stelle des Sextos Empeirikos entnimmt so darf ich denselben wohl durch meine früheren Erörterungen (Theil II S. 144 Anm.) als beseitigt ansehen. Auf meine eigenen Erörterungen kann ich mich auch noch in einem anderen Falle beziehen. Von Poseidonios leitet nämlich Corssen S. 40 ff. auch das platonische Argument ab welches aus der Selbstbewegung der Seele deren Ewigkeit erschliesst. Cicero hat es sich 53 f. zu Nutze gemacht. Da er aber bemerkt dass er dasselbe schon einmal, im sechsten Buche seines Werkes über den Staat, verwerthet habe, so hat Corssen mit Recht vermuthet dass es zunächst von dorther genommen sei. Dem Poseidonios entgeht Cicero freilich auch so nicht: denn auch jene Stelle des Werkes über den Staat, der Traum Scipios, soll einer Schrift dieses Stoikers entnommen sein.[1] Dabei hat sich Corssen indessen eine sehr wichtige Frage gar nicht vorgelegt: ob nämlich und wie weit überhaupt Poseidonios dieses platonische Argument sich aneignen konnte. Dieses Argument will nicht nur die Unsterblichkeit der Seele sondern ihre Ewigkeit beweisen und zwar die Ewigkeit im strengen Sinne des Wortes, da die Dauer eines Wesens das das Princip der Bewegung und des Lebens in sich selber trägt weder nach vor- noch nach rückwärts beschränkt werden kann. Nun hielt aber Poseidonios an dem stoischen Dogma von der Weltverbrennung fest (Zeller III 1 S. 575, 3, 3. Aufl.). In dem angegebenen Sinne konnte er daher das platonische Argument nicht gelten lassen da jenem Dogma zufolge alles Einzelne in der Welt, und somit auch die individuellen Seelen, so gut wie es einen Anfang der Existenz hat auch ein Ende haben muss. Wollte er also trotzdem die Uebereinstimmung mit Platon nicht aufgeben, so blieb ihm nur übrig sich mit

---

[1] Nach Corssen S. 40 würden wir hier sogar das wunderbare Schauspiel haben dass Cicero ohne es recht zu wissen und im Glauben sich selber auszuschreiben denselben Gewährsmann benutzte den er sich ohnediess für die Tusculanen gewählt hatte.

einer neuen Interpretation zu helfen. Und in der That hat
er diesen Ausweg ergriffen. Denn, worauf ich schon früher
(Th. I S. 238) hingewiesen habe, er verstand unter der Seele
deren Ewigkeit bewiesen wurde nicht die individuelle sondern die des Universums, und konnte nun glauben die platonische und stoische Lehre mit einander ausgesöhnt zu haben
da das seelische Leben im Ganzen der Welt auch durch die
Ekpyrosis der Stoiker nicht aufgehoben wurde. So verstand
Poseidonios das platonische Argument. Und wie versteht
es Cicero? Beidemal wo er sich seiner bedient bezieht er es
auf die Ewigkeit der individuellen Seele d. h. er gebraucht
es in einem Sinne gegen den Poseidonios mit seiner Erklärung eben protestiren wollte. Dieses Stück Platonismus in
Ciceros Darstellung kann daher nicht auf Poseidonios' Rechnung gesetzt werden.

Neben der eigenthümlichen Psychologie, die sich im
ersten Buche der Tusculanen finden soll, kommen andere
Gründe die Corssen zur Bestätigung seiner Ansicht beibringt
weniger in Betracht. So beruft er sich S. 6 f. darauf dass
zum Beweise eines Fortlebens nach dem Tode auch der
Volksglaube an ein solches benutzt werde.[1] Niemand wird
bestreiten dass ein Stoiker so argumentiren konnte oder
dass wirklich Stoiker so argumentirt haben. Falsch ist nur
die für die Giltigkeit des Beweises nöthige Voraussetzung
dass nicht auch andere Philosophen so argumentiren konnten.
Wissen wir doch dass in derselben Weise schon Aristoteles
im Eudemos den Glauben an die Unsterblichkeit begründet
hatte.[2] Und in derselben Weise war der Stifter der peripatetischen Schule, der überhaupt in der Volksmeinung eine

---

[1] Vgl. bes. 35: quodsi omnium consensus naturae vox est omnes-
que qui ubique sunt consentiunt esse aliquid quod ad eos pertineat
qui vita cesserint, nobis quoque idem existimandum est.

[2] Vgl. fr. 33 der akadem. Ausg. mit Tusc. I 27.

gewisse Bürgschaft der Wahrheit sah,[1]) auch sonst verfahren, namentlich auch wo es sich darum handelte die Existenz von Göttern zu beweisen.[2]) Eben hierauf hat das gleiche Argument auch Cicero angewandt (36). Aber weder in diesem noch in jenem Falle werden wir uns jetzt für genöthigt halten hierin eine Spur stoischen Einflusses zu sehen: denn wenn Aristoteles sich solcher Argumente bediente, warum sollten dasselbe nicht auch noch andere Philosophen nach seiner Zeit gethan haben ohne deshalb gerade der Stoa anzugehören? — Noch weniger als die Verwendung dieses Arguments gestattet der Gebrauch eines stoischen Kunstwortes den Schluss auf eine stoische Quelle, da die stoische Kunstsprache mit der Zeit, fast kann man sagen, die allgemeine Sprache der Philosophie geworden war. Wenn also Cicero erwähnt dass man zur Bezeichnung der platonischen Ideen sich des Wortes ἔννοιαι bediene (57), so folgt daraus nicht wie Corssen S. 25 meint[3]) dass er hier aus stoischer Quelle schöpfte: zumal da ἔννοια um einen Gedanken, eine Vorstellung zu bezeichnen gar kein specifisch stoischer Ausdruck ist und die Ueberlieferung Zenon habe die Ideen so genannt uns kein Recht gibt zu leugnen dass jemals ein Anderer sie ebenso habe nennen können.[4]) Corssen hat aber hier noch etwas Anderes

---

[1]) Vgl. bes. Eucken Die Methode der aristotelischen Forschung S. 12 ff.

[2]) Zeller II 2 S. 792 ff.

[3]) Dasselbe behaupten Tischer und Heine in den Anmerk. z. St.

[4]) Die Prolepseis, die noch. dazu ein Analogon zu den Ideen sind, nannten auch die Epikureer so (Diog. X 33). Ja es ist nicht einzusehen weshalb nicht selbst ein Platoniker sich dieses Ausdrucks bedient haben könne. Denn Platon selber hat es gethan. Im-Philebos p. 59 D. werden die auf das wirklich Seiende bezüglichen Vorstellungen, also eben die Ideen von denen auch hier die Rede ist, mit diesem Namen bezeichnet (ἐν ταῖς περὶ τὸ ὂν ὄντως ἐννοίαις), und um die Uebereinstimmung mit der ciceronischen Stelle vollends

übersehen oder doch nicht genügend beachtet. Der Beweis dass alles Wissen eine Wiedererinnerung sei zerfällt bei Cicero in zwei Theile. Der erste beruht darauf dass thatsächlich der Mensch ohne vorher unterrichtet zu sein die Kenntniss einer Menge von Dingen in sich trägt und auf dahin gerichtete Fragen zu antworten weiss.[1]) Das ist derjenige Theil der im Menon ausgeführt wird, aber auch im Phaidon (p. 73 A ff.) nicht vergessen ist. Der andere folgert dass weil die Ideen in der sinnlichen Erfahrung nicht gegeben sind der Geist sie aus einer früheren Existenz mitgebracht haben muss.[2]) Diesen Theil finden wir im Phaidon (p. 74 A ff.), angedeutet auch im Phaidros (vgl. p. 247 D f., 249 B f.,

---

durchzuführen wird im Phaidon derselbe oder das ihm stammverwandte Zeitwort (ἐννοεῖν) zur Bezeichnung eben solcher Vorstellungen gebraucht die auf der Wiedererinnerung beruhen (p. 74 A ff. 75 A ff. 76 A). Vgl. auch Sympos. p. 210 B τοῦτο δ᾽ ἐννοήσαντα wo das τοῦτο auf τὸ ἐπὶ πᾶσι τοῖς σώμασι κάλλος zurückweist. — Es braucht hiernach die Möglichkeit nicht mehr berücksichtigt zu werden die sonst und namentlich für Corssen gegeben war, dass nämlich die Worte „quas ἐννοίας vocant" nicht eine Andeutung sind über den in der griechischen Quelle gebrauchten Ausdruck sondern dem Gedanken nach bereits in dieser enthalten waren und vom Standpunkt des Platonikers aus auf die von den Stoikern beliebte Bezeichnung der Ideen hinweisen sollten.

[1]) 57: docet enim (Socrates) quemvis, qui omnium rerum rudis esse videatur, bene interroganti respondentem declarare se non tum illa discere sed reminiscendo cognoscere; nec vero fieri ullo modo posse ut a pueris tot rerum atque tantarum insitas et quasi consignatas in animis notiones, quas ἐννοίας vocant, haberemus nisi animus, antequam in corpus intravisset, in rerum cognitione viguisset.

[2]) Nach den in der letzten Anmerkung angeführten Worten fährt Cicero fort: Quumque nihil esset, ut omnibus locis a Platone disseritur, — nihil enim ille putat esse quod oriatur et intereat idque solum esse quod semper tale sit quale est: ἰδέαν appellat ille, nos speciem — non potuit animus haec in corpore inclusus adgnoscere, cognita attulit.

250 A f.), er fehlt aber im Menon. Beide Theile sind also
nicht identisch sondern haben jeder seine besondere Bedeutung vermöge deren sie einander ergänzen und dürfen daher
von uns nicht aus der Verbindung gerissen werden in die
sie Cicero und schon vor ihm Platon im Phaidon gesetzt
hat, d. h. wir sind ohne einen besonderen hinzukommenden
Grund nicht berechtigt nur den einen von ihnen der griechischen Quelle Ciceros zuzuweisen und den anderen für
einen von Cicero unmittelbar von Platon genommenen Zusatz
zu betrachten. Auch die Ansicht Corssens scheint diess
nicht zu sein oder wenigstens hat er es nicht ausgesprochen
dass nur derjenige Theil innerhalb dessen das Wort ἔννοια
zur Verwendung kommt auf Poseidonios zurückgeht. Aber
freilich die nothwendige Consequenz die sich von diesem
Standpunkt aus ergibt hat er nicht gezogen. Was nämlich
den zweiten Theil betrifft, so kann dessen Giltigkeit kein
Stoiker und auch Poseidonios nicht anerkannt haben, da er
auf dem schroffen Gegensatz der Ideen als des rein Seienden
und der Welt der Sinne als des bloss Werdenden beruht
und somit eine mit der stoischen schlechthin unvereinbare
Lehre enthält. Da nun aber an sein Schicksal auch das des
ersten Theiles geknüpft ist, so folgt dass auch dieser dem
Poseidonios abgesprochen werden muss d. h. der ganze Abschnitt nicht auf ihn zurückgeführt werden kann.

Schon diese letzte Erörterung hat uns zu solchen Einwänden geführt die sich nicht zunächst gegen die von Corssen eingehaltene Weise der Argumentation richten sondern
gegen die Behauptung selber dass der Ursprung der ciceronischen Darstellung bei Poseidonios zu suchen sei. Solcher
Einwände mache ich hier noch zwei namhaft. Der eine
gründet sich darauf dass in dieser Darstellung die gemein
stoische Ansicht von der Unsterblichkeit ausdrücklich verworfen wird. Nun wird aber diese Ansicht als diejenige

bestimmt nach welcher die Seelen zwar mit dem Tode des Leibes nicht aufhören zu existiren, aber auch nicht ewig sondern in ihrer Fortdauer durch das Weltende beschränkt sind. Die Ansicht ist also genau dieselbe die wir genöthigt sind auch für Poseidonios vorauszusetzen solange wir ihm nicht die Lehre von der Ekpyrosis absprechen. Soll daher trotzdem Cicero auch hier wo er eine Ansicht des Poseidonios bestreitet sich an denselben angeschlossen haben, so müsste dieser Anschluss doch durch die Selbständigkeit mit der Cicero das von der Quelle gebotene Material bearbeitete sehr gelockert worden sein. Denn nur die Kenntniss der stoischen Ansicht über die Unsterblichkeit könnte Cicero von Poseidonios entnommen, die Widerlegung derselben dagegen müsste er von sich aus hinzugefügt haben. Diess letztere wird indessen durch einen besonderen Umstand unwahrscheinlich. Sehen wir uns nämlich die Widerlegung näher an, so stellt sich heraus dass dieselbe sehr leicht von den Stoikern zurückgewiesen werden konnte, so leicht dass sie eigentlich gar nicht als Widerlegung gelten kann. Cicero wendet den Stoikern ein dass wenn sie einmal eine Fortdauer der Seele nach dem Tode zugäben kein Grund für sie vorhanden sei dieselbe zu beschränken und nicht ins Unendliche auszudehnen.[1]) Was die Stoiker hierauf ohne Zweifel erwidert haben würden war dass der vermisste Grund in der Ekpyrosis gegeben sei die wie sie der Existenz aller einzelnen Dinge so auch der der einzelnen Seelen ein Ende mache.

---

[1]) 78: M. Numquid igitur est caussae quin amicos nostros Stoicos dimittamus? eos dico qui ajunt animos manere cum e corpore excesserint sed non semper. A. Istos vero: qui quod tota in hac caussa difficillimum est suscipiant posse animum manere corpore vacantem; illud autem quod non modo facile ad credendum est sed eo concesso quod volunt consequens, id vero non dant ut quum diu permanserit ne intereat. A. Bene reprehendis et se isto modo res habet.

Selbst ein oberflächlicher Kenner der griechischen Philosophie musste diese Antwort voraussetzen. Um es daher
überhaupt zu erklären wie ein solcher Einwand erhoben werden konnte ist es nöthig anzunehmen dass wer diess that
auf dem Boden einer anderen Weltanschauung stand und die
Ekpyrosis der Stoiker leugnete. Poseidonios kann diess freilich nicht gewesen sein, wohl aber Panaitios auf den uns
das unmittelbar Folgende führt und so uns alles unnöthige
Rathen erspart. Denn es ist nicht bloss der Name dieses
Philosophen den es uns ins Gedächtniss ruft, sondern auch
der Zusammenhang in den es Cicero mit dem Vorhergehenden gesetzt hat findet erst unter der Annahme dass beides
die Meinung des Panaitios wiedergibt seine volle Erklärung.
Cicero fährt nämlich nachdem er in der angegebenen Weise
die stoische Unsterblichkeitslehre bestritten hat folgendermaassen fort (79): credamus igitur Panaetio a Platone suo
dissentienti? Diese Worte bilden den Uebergang zu den beiden
Gründen aus denen Panaitios sich gegen Platons Annahme
der Unvergänglichkeit der Seele erklärt hatte. Wie kann nun
Cicero den Glauben an diese Gründe, d. i. den Glauben an die
Vergänglichkeit der Seele als eine Consequenz (igitur) des Vorhergehenden d. i. der Widerlegung der stoischen Ansicht bezeichnen? Denn die Absicht der ganzen Erörterung in deren
Zusammenhang auch die Widerlegung der stoischen Ansicht
gehört geht doch, wie sich namentlich 81 herausstellt, dahin
den gewonnenen Glauben an die Unsterblichkeit noch nachträglich durch einige neue Argumente zu befestigen. Ist
also in diesem Sinne auch die Widerlegung der Stoiker gemeint und ist dieselbe wie Cicero selbst ausdrücklich einräumt („bene reprehendis" sagt er zu A. der die Widerlegung
gegeben hat „et se isto modo res habet") gelungen, so kann
die Consequenz nur die Stärkung des Glaubens an die Unsterblichkeit und nicht ein Hinneigen auf die Seite eines

Gegners sein wie doch Panaitios war. Die Frage wo denn die durch „igitur" angedeutete Consequenz liege, hat auch schon Andere beschäftigt. Unter diesen brauche ich Heine (de fontibus Tuscul. disp. S. 9) nicht zu berücksichtigen da seine Erklärung des fraglichen Wortes zur Voraussetzung hat dass Panaitios in Betreff der Unsterblichkeit mit den übrigen Stoikern übereinstimmte — eine Voraussetzung die von Zeller (III 1 S. 563, 1) genügend widerlegt worden ist und schwerlich noch von jemand gebilligt wird.[1]) Dagegen ist über Corssens Meinung (Diss. S. 3 f.) noch ein Wort zu sagen. Da es sich, meint er, hier um diejenigen handele welche Platons Ansicht von der Unsterblichkeit bekämpfen, alle die Stoiker aber welche der Seele nur eine beschränkte Dauer zugestehen bereits abgethan seien, so blieben nur noch die übrig die schlechtweg jede Fortdauer leugneten d. i. Panaitios, und die Besprechung von dessen Ansicht sei somit allerdings eine aus der vorangehenden Erörterung entspringende Consequenz.[2]) Dieser Schluss so bündig er scheint ist es doch offenbar nur dann wenn die welche Platons Ansicht

---

[1]) Die Frage „credamus igitur" etc. könnte übrigens in diesem Falle nur eine solche sein, die eine verneinende Antwort erwartet. Denn im Vorhergehenden war ja die Ansicht der Stoiker d. i. nach Heine die des Panaitios abgethan worden, Cicero konnte daher ernsthaft nicht im Zweifel sein ob er derselben zustimmen solle oder nicht. Wenn er trotzdem solche Zweifel durchblicken lässt da er ja im Folgenden die Argumente des Panaitios in verhältnissmässig eingehender Erörterung zu entkräften sucht, so beweist diess eben dass Heines Auffassung des igitur nicht richtig sein kann.

[2]) Corssens eigene Worte sind: Quid autem est cur in particula „igitur" offendamur? Nam cum de eis agatur qui Platonis de immortalitate animorum sententiam impugnent, adulescens autem eos Stoicos qui semper eos manere negent dimittendos esse censeat, restat ut de eis disputetur qui animos post mortem statim interire judicent. Ciceronis igitur interrogatio sic excipit adulescentis responsum ut particulam consecutivam adhibere necesse fuerit.

bekämpfen für Cicero hier mit den Stoikern zusammenfallen.
Diess ist aber keineswegs der Fall: denn kurz vorher (77)
nennt er ausser ihnen noch die Epikureer und besonders
Dikaiarchos als Gegner der Unsterblichkeit. Wenn daher
die Stoiker abgethan waren soweit sie eine beschränkte Fortdauer zugaben, so folgte noch nicht dass nun Panaitios an
die Reihe käme sondern insofern Cicero auch an sie bei den
Gegnern der Unsterblichkeit dachte hatten dasselbe Recht
dazu auch die Epikureer und namentlich Dikaiarchos, ja
insofern Cicero nur diese und nicht den Panaitios als Gegner
der Unsterblichkeit genannt hatte, war ihr Recht sogar das
bessere. So stellt sich näher betrachtet der scheinbar bün-
dige Schluss Corssens als ein Paralogismos dar. Wir sind
daher genöthigt uns nach einer neuen Erklärung umzusehen.
Eine solche hat eine etwas veränderte Basis, da es nach
dem vorher Bemerkten wahrscheinlich ist dass nicht erst die
Widerlegung der platonischen sondern schon die der stoischen
Ansicht von Panaitios herrührt. Hiernach wäre Panaitios in
seiner Erörterung der Unsterblichkeitsfrage über die stoische
Ansicht rasch hinweggeschritten, da die in derselben behauptete Beschränkung der Unsterblichkeit mit dem Wegfall
der Schranke selber d. i. des Weltuntergangs für ihn nicht
mehr vorhanden war, und hätte nun mit desto grösserer
Kraft sich gegen die platonische[1]) gewandt die wenn man
überhaupt eine Fortdauer der Seele annahm nach seiner
Meinung allein in Frage kommen konnte. Wer dem Panaitios in dieser Erörterung folgte, der sah allerdings nach
Beseitigung der gemein stoischen Ansicht die Consequenz als
möglich vor sich dass er nun sich zur Meinung des Panaitios
bekehren werde wofern nämlich die von diesem gegen die

---

[1]) Die platonische nennt sie übrigens nur Cicero. Ich bemerke
diess damit man mich nicht eines Widerspruchs beschuldige. Das
Nähere s. Theil II S. 886, 1.

allein noch übrige platonische Lehre vorgebrachten Argumente Stich halten würden. Die Möglichkeit dieser Consequenz ist es aber gerade die durch die Frage „credamus igitur" etc. bezeichnet zu werden scheint. — Dass die Widerlegung der gemein stoischen Ansicht nicht von Poseidonios herrühren könne, verstand sich schon vorher von selber; aber da auch die sich hieran knüpfende Vermuthung dass sie Ciceros eigenes Werk sei durch den gegebenen Nachweis mindestens erschüttert worden ist, so kehrt gewissermaassen die erste Möglichkeit zurück, natürlich nur in dem Sinne dass Poseidonios in dem von Cicero benutzten Werk die Argumentation des Panaitios, insbesondere jene Widerlegung mitgetheilt hatte. Ein Bedenken freilich regt sich von vorn herein gegen diese Annahme, weshalb nämlich Cicero zwar Panaitios' kritische Bemerkung über die stoische Lehre, aber nicht die doch bei Posidonios gewiss nicht fehlende Antwort der Stoiker darauf angiebt. Man wird sagen dass nur die Widerlegung der Stoiker und nicht deren Vertheidigung in seinem Interesse lag. Obgleich nun hierdurch sich erklären würde weshalb er unterdrückte was in seiner Quelle zu Gunsten der stoischen Ansicht gesagt war, so würde trotzdem die Annahme einer Quelle den Vorzug verdienen die kein so willkürliches Umspringen mit der griechischen Originalschrift voraussetzte. Doch diess hier weiter zu führen geht nicht an da es der späteren Untersuchung vorgreifen würde. Ob Cicero die Mittheilung und Kritik der stoischen Ansicht bei Poseidonios vorfand, diess zu entscheiden wird davon abhängen wie wir die Frage beantworten von was für einem Philosophen die gleich folgende Vertheidigung Platons gegen die Angriffe desselben Panaitios genommen ist: denn den engen logischen Zusammenhang der zwischen diesen beiden Stücken der ciceronischen Darstellung besteht hat die so eben angestellte Erörterung zur Genüge darge-

than. Hören wir nun Corssen (Diss. S. 25 ff. 31 f.) so zeigte
gerade diese Vertheidigung in deutlichen Spuren dass kein
anderer als Poseidonios ihr Urheber ist: denn erstens werde
in derselben die Nothwendigkeit betont zwischen einem höheren und niederen Theile der Seele zu unterscheiden und
ausserdem auf die Abhängigkeit hingewiesen in der die Natur des Geistes von der Beschaffenheit des Körpers steht.
Dass Beides den Ansichten des Poseidonios entspricht will
ich nicht bestreiten. Folgt aber daraus dass es gerade von
ihm genommen sein muss? Diess würde doch nur dann der
Fall sein wenn kein anderer Philosoph den man überhaupt
hier als Quellenschriftsteller in Betracht ziehen darf dieselben Ansichten getheilt oder doch sich derselben zur Vertheidigung Platons bedient haben könnte. Was nun das
erste Argument der Vertheidigung betrifft, so besteht es in
dem einfachen Hinweis auf Platons wirkliche Psychologie
und sucht mit Hilfe derselben Panaitios' Einwand auf ein
Missverständniss zurückzuführen. Wesentlich gleichartig ist
das zweite, da es ebenfalls die Vertheidigung aus Platons
eigenen Mitteln bestreitet: denn wenn vielleicht auch der
Gedanke dass die Beschaffenheit des individuellen Körpers
die Natur des Geistes bedinge sich mit diesen Worten in
den platonischen Schriften nicht ausgesprochen findet, so ergab er sich doch als Consequenz aus den zahlreichen Stellen
an denen von dem befleckenden Einfluss die Rede ist den
die Seele seit ihrem Eintritt in den Körper von diesem er-
fährt so wie aus denen welche sich auf die Unterschiede
des Temperaments bei den verschiedenen Völkern beziehen; [1]

---

[1] Insbesondere muss noch bemerkt werden dass die bei Cicero
(80) ausgesprochene Behauptung „multa e corpore existunt quae
acuant mentem, multa quae obtundant" dem Gedanken nach im Timaios wiederkehrt p. 86 B ff. 87 C ff. — Ausserdem zeigt auch die
Schilderung der beiden Seelenrosse im Phaidros p. 253 D f., nament-

von anderen als Unterschieden des Temperaments spricht aber
zunächst wenigstens auch Poseidonios nicht in den von Corssen angeführten Worten.[1]) Diese beiden Argumente weisen
daher keineswegs insbesondere auf Poseidonios, sondern konnten von Jedem und namentlich von einem Akademiker gebraucht werden dem daran gelegen war die Vertheidigung
Platons möglichst in dessen eigenem Sinne zu führen.[2]) Aber
nicht bloss dass die von Corssen beigebrachten Gründe seine
Hypothese nicht beweisen, es steht dieselbe auch mit anderen von ihm nicht beachteten Thatsachen in Widerspruch.
Worum es sich nämlich bei Cicero handelt, ist zunächst nicht
eine Widerlegung der positiven Ansicht des Panaitios sondern eine Widerlegung der Gründe mit denen er Platons
Lehre bekämpft hatte; das nächste Ergebniss derselben ist
daher auch nicht die Beseitigung von Panaitios' Ansicht sondern eine Bestätigung derjenigen Platons.   Nur aber wenn

---

lich wenn man dazu die von Stallbaum angeführten Stellen vergleicht,
dass Platon im Wesentlichen auf dem Boden der antiken Physiogno-
mik stand.   Eine gewisse Anerkennung derselben liegt doch auch
darin dass er in der Seelenwanderung nicht beliebige Seelen in beliebige Leiber eingehen lässt sondern die Seele eines Mannes in den
Körper eines Weibes oder gar einer niederen Thiergattung erst dann
wenn dieselbe bis zu einem gewissen Grade entartet ist (Tim. p. 90 E ff.).

[1]) Galen de plac. Hipp. et Plat. p. 464 K: καὶ γὰρ τῶν ζῴων
καὶ τῶν ἀνθρώπων, ὅσα μὲν εὐρύστερά τε καὶ θερμότερα, θυμικώ-
τερα πάνθ᾽ ὑπάρχειν φύσει, ὅσα δὲ πλατύσχιά τε καὶ ψυχρότερα,
δειλότερα.   Uebrigens scheinen mir die Worte καὶ τῶν ἀνθρώπων
gestrichen werden zu müssen, da man wenn sie von Anfang im Texte
standen erwarten sollte dass das Folgende lautete ὅσοι μὲν εὐρύστερ-
νοί τε κτλ. und nicht die neutralen Formen an die Stelle der mascu-
linen getreten wären.

[2]) Auch dass die Hilfe des Aristoteles in Anspruch genommen
wird (80) ist nicht gegen die Weise der späteren Platoniker obgleich
Corssen auch diesen Umstand zu Gunsten seiner Ansicht geltend gemacht hat.

man das Resultat und Ziel dieser Widerlegung in der Beseitigung von Panaitios' Ansicht erblickte konnte man wie
Corssen für ihren Urheber Poseidonios halten. Denn an der
Vertheidigung und Bestätigung der platonischen Lehre konnte
derselbe, da diese die Anfangs- oder doch wenigstens End-
losigkeit der Seelenexistenz behauptete und sonach mit der
seinigen nicht übereinstimmte, ein dogmatisches Interesse nicht
nehmen.[1]) Es bliebe daher nur die Möglichkeit dass er von

---

[1]) Die beiden Gründe welche Panaitios vorbringt konnte Poseidonios und jeder andere Stoiker wenn es ihnen lediglich um das Unsterblichkeitsdogma zu thun war ruhig gelten lassen. Denn was daraus folgt ist nur dass die individuelle Seele wie sie einmal entstanden ist auch wieder einmal vergehen wird, und das eine wie das
andere entsprach vollkommen der Ansicht des Poseidonios und der
übrigen Stoiker. Man darf auch nicht sagen, Panaitios habe durch
jene Gründe nicht überhaupt die Vergänglichkeit der Seele sondern
das Eintreten ihrer Vernichtung im Moment des Todes beweisen
wollen und dieser von den anderen Stoikern nicht getheilten Ansicht
habe Poseidonios durch die Kritik der von Panaitios beigebrachten
Gründe ihre Stütze entziehen wollen. Denn abgesehen davon dass
diese Gründe das nicht beweisen würden was sie sollten, ja dass sie
nicht einmal auch nur einen Schein von Beweiskraft hätten, so entspricht es auch nicht der Ansicht des Panaitios dass im Moment des
Todes selber die Seele vernichtet werden soll. Vielmehr wie anerkannt wird (Zeller III 1 S. 563, 1) finden wir die Ansicht dieses
Philosophen in dem ersten Glied der folgenden Alternative wieder
(42): Ita, sive dissipantur, procul a terris id evenit; sive permanent
et conservant habitum suum, hoc etiam magis necesse est ferantur
ad caelum etc. Panaitios liess hiernach die Auflösung nicht mit dem
Tode selber vor sich gehen sondern erst nachdem sie sich in höhere
Regionen erhoben hatte und wurde zu dieser Ansicht vermuthlich
dadurch geführt weil er nur in einer der Seele gleichartigen Substanz eine Auflösung derselben für möglich hielt. Seine Ansicht
unterschied sich hiernach wesentlich von der des Dikaiarchos und
Aristoxenos die wenn sie nicht inconsequent sein wollten eine Vernichtung der Seele im Moment des Todes annehmen mussten, ebenso
aber auch von der der Atomistiker (denen zufolge die Seele nach

seiner besonderen Verehrung für Platon oder von einem allgemeineren Bedürfniss nach historischer Gerechtigkeit geleitet
ihn gegen ungerechte Angriffe auch dann in Schutz nehmen
wollte, wenn er die Richtung derselben billigte und nur die
Mittel verwerflich fand. Dass indessen seine Verehrung die
doch auf dem Boden gemeinschaftlicher Ueberzeugungen erwachsen war sich auch da geäussert haben sollte wo dieser
Grund fehlte, ist wenigstens von vorn herein nicht wahrscheinlich; und das Gefühl für historische Gerechtigkeit konnte sich
doch nur bei dem zweiten Argument empören, welches offen-
kündige Aeusserungen Platons über die Verschiedenheit der
Seelentheile unberücksichtigt gelassen hatte,[1]) nicht aber bei

dem Tode nicht bloss „dissipatur", wie an unserer Stelle gesagt wird,
sondern „statim dissipatur" wenn nämlich 18 auf jene Philosophen
zu beziehen ist woran füglich nicht gezweifelt werden kann); sie berührt sich in dieser Beziehung mit der stoischen und weicht von
derselben nur darin ab dass sie das Eintreffen der Seele in den
himmlischen Regionen nicht für den Beginn eines neuen sondern für
das Ende des kurzen der Seele nach dem Tode noch verstatteten
Lebens hält. Ein Stoiker hatte also keinen Anlass über die beiden
von Panaitios gegen das platonische Unsterblichkeitsdogma vorgebrachten Gründe in den Harnisch zu gerathen, da sie den zwischen
Panaitios und seiner Schule in dieser Frage bestehenden Differenz-
punkt gar nicht berührten (diess bemerkt richtig auch Heine de fontibus Tusculan. S. 9). Es wäre diess in der That um so weniger gerechtfertigt gewesen als dieselben Gründe zu einem ähnlichen Zwecke
wie es scheint schon von einem der älteren Stoiker, von Kleanthes,
benutzt worden waren. Zwar hatte derselbe, dessen Argumentation
uns Tertullian de anima c. 5 und Nemesius de nat. hom. c. 2 p. 46
(Wachsmuth fr. phys. 19 u. 20, vgl. dazu Theil II S. 146, 1) aufbewahrt haben, zunächst daraus nur auf die Körperlichkeit der Seele
geschlossen, damit aber war die Vergänglichkeit derselben wenigstens
für Platon gegeben und das Wahrscheinlichste ist doch dass eben
gegen diesen als den namhaftesten Verfechter der immateriellen Natur der Seele sich die Argumentation des Kleanthes richtete.

[1]) Wie dieselben ein Kenner Platons wie Panaitios doch war

dem ersten das nicht gegen klare Aussprüche des Philosophen verstiess die Niemand übersehen durfte sondern nur
gegen Folgerungen aus seiner Lehre die Einer auch wenn
sie nahe genug lagen doch vergessen konnte zu ziehen.
Nachdem auch diese Möglichkeit abgeschnitten ist, muss die
Annahme aufgegeben werden dass Ciceros Vertheidigung des
platonischen Unsterblichkeitsdogmas auf Poseidonios zurückgeht. Da nun diese Vertheidigung mit der vorausgehenden
Widerlegung der gemein stoischen Ansicht im engsten Zusammenhang steht, so kommen wir auf die Vermuthung dass
der von Cicero benutzte Philosoph ein Interesse daran hatte
ebenso sehr seine gegen die Stoiker gerichtete Polemik zu
verwerthen wie die auf Platon zielenden Angriffe zurückzuweisen. Wo anders aber werden wir diesen Philosophen mit
grösserer Wahrscheinlichkeit suchen als unter den späteren
Mitgliedern der platonischen Schule, den Akademikern?

Um die Quelle einer philosophischen Darstellung zu
finden ist es vor Allem nöthig zu wissen zu welcher Philosophie der Darstellende sich bekennt. Diesem Winke zunächst zu glauben und sich von ihm leiten zu lassen ist die
erste Pflicht jeder methodischen Forschung. Sie wird des-

übersehen konnte ist mir unverständlich. Ich meine daher dass Panaitios sie nicht übersehen sondern absichtlich ignorirt hat und sich
hierzu berechtigt hielt weil er nicht im Allgemeinen Platons Unsterblichkeitslehre sondern nur die Darstellung im Phaidon bekämpfen wollte: denn dieser Darstellung ist es eigenthümlich dass sie
die Seele als ein einheitliches Wesen schildert, sie nicht wie die des
Phaidros, des Timaios und der Republik in mehrere Theile zerfällt,
und nur sie wird deshalb durch die von Panaitios gegen die Unsterblichkeit hervorgehobenen Bedenken berührt. Diese isolirte Bekämpfung des Phaidon findet aber ihre einfachste Erklärung in dem bekannten Verdammungsurtheil und die Ueberlieferung über dasselbe
statt durch unsere Stelle erschüttert zu werden wird durch dieselbe
vielmehr bestätigt. Vgl. auch S. 372, 1.

halb in der Regel gar nicht ausdrücklich anerkannt sondern
stillschweigend vorausgesetzt und befolgt. So hat bisher,
glaube ich, jeder angenommen ohne ein Wort darüber zu
verlieren dass die Quelle von Vellejus' (de natura deorum I)
und Torquatus' (de finib. I) oder von Balbus' (de nat. deor.
II) und Catos (de fin. III) Vorträgen die der einen bei einem
Epikureer die der anderen bei einem Stoiker zu suchen ist,
oder endlich dass die Kritik des Akademikers Cotta (de nat.
deor. I und III) aus dem Werke eines Skeptikers abgeleitet
werden d. h. wenigstens zunächst der Versuch dazu gemacht
werden muss. Dieser Regel entsprechend hat daher auch
die Untersuchung über die Quelle aus denen das erste Buch
der Tusculanen geschöpft ist mit der Frage zu beginnen auf
welchen philosophischen Standpunkt sich denn Cicero seinen
eigenen Worten zufolge in diesem Theil des Werkes stellt.
Diese Frage hat man ernsthaft bisher gar nicht aufgeworfen
oder vielmehr man hat die selbstverständliche Antwort darauf bei der Quellenuntersuchung nicht mit in Rechnung gezogen. Den philosophischen Standpunkt Ciceros nun erkennen wir sowohl am Inhalt seiner Lehre wie in der Form
der Mittheilung: denn der Inhalt wird nicht für wahr und
gewiss sondern nur für wahrscheinlich ausgegeben (9, 17, vgl.
auch V 11) und die Form beansprucht die sokratische zu sein
(7 f.), das Eine wie das Andere aber ist im Sinne der skeptischen Akademie.[1]) Wenn man diesen Winken nicht weiter

---

[1]) Der zweite Punkt verlangt noch ein Wort der Erläuterung.
Von der in den Tusculanen eingehaltenen Methode berichtet Cicero
a. a. O.: Ponere jubebam, de quo quis audire vellet; ad id aut sedens
aut ambulans disputabam. Itaque dierum quinque scholas, ut Graeci
appellant, in totidem libros contuli. Fiebat autem ita ut, cum is qui
audire vellet dixisset quid sibi videretur, tum ego contra dicerem.
Haec est enim ut scis vetus et Socratica ratio contra alterius opinionem disserendi; nam ita facillime quid veri simillimum esset inveniri

nachgegangen ist, sie so gut wie ignorirt hat, so rührt diess
wohl von der Beobachtung her dass Cicero in anderen seiner Schriften zwar ebenfalls als Skeptiker auftritt, trotzdem
aber den Inhalt seiner Vorträge aus nichtskeptischen Quel-

---

posse Socrates arbitrabatur. Dass die hier als sokratisch bezeichnete
Methode die in der skeptischen Akademie geübte war, ergibt sich
aus Tusc. III 54 wo mit Bezug auf eine Schrift des Kleitomachos
bemerkt wird: cum ita positum esset videri fore in aegritudine sapientem patria capta, quae Carneades contra dixerit scripta sunt.
Dasselbe bestätigt überdiess ausdrücklich Cicero de fin. II 2: quod
quidem jam fit etiam in Academia: ubi enim is qui audire volt ita
dixit „voluptas mihi videtur esse summum bonum" perpetua oratione
contra disputatur etc. Man darf in diesen Worten nicht auf das
„perpetua oratione" einen ungebührlichen Nachdruck legen, als wenn
der Unterschied zwischen der von Cicero in den Tusculanen befolgten und der akademischen Methode darin liege dass jener zunächst
die aufgestellte Behauptung in einem Dialog erschüttert und nicht
sogleich in zusammenhängendem Vortrage angreift: denn die dialogische Form herrscht doch nur in der Einleitung und fällt später
von wenigen unbedeutenden Ueberresten abgesehen ganz weg, und
Cicero kann in ihr auch um deswillen nicht das Wesen der sokratischen Methode gesehen haben weil er ganz derselben Methode auch
in den übrigen Büchern sich bedienen will in diesen aber das dialogische Element noch mehr zurücktritt. Cicero hält also — das
wird sich nicht bestreiten lassen — in den Tusculanen diejenige Methode der Erörterung, die in der Akademie üblich war und die namentlich Karneades eingeführt hatte, für die sokratische. Diess verdient auch deshalb bemerkt zu werden weil er in der Schrift de
finibus eine andere und richtigere Einsicht in die Eigenthümlichkeit
des sokratischen Verfahrens zeigt. Während dieselbe den Tusculanen zufolge in der principiellen Widerlegung jeder fremden Behauptung besteht und somit von der skeptischen Methode überhaupt nicht
weiter verschieden ist, wird in der anderen genannten Schrift als
wesentlich hervorgehoben dass Sokrates durch Fragen aus Anderen
deren wirkliche Meinung hervorzulocken suchte und dann wenn es
nöthig schien hiergegen etwas sagte (Socrates percontando atque interrogando elicere solebat eorum opiniones quibuscum disserebat ut
ad ea quae ei respondissent si quid videretur diceret). Der Gegen-

len geschöpft hat. So hat er im zweiten und dritten Buch der Schrift de finibus sich nicht wie Andere meinten an eine Schrift Philons sondern wie ich glaube nachgewiesen zu haben (Th. II S. 620 ff.) an eine des Antiochos gehalten.

satz der beiden Schriften tritt ferner darin zu Tage dass in den Tusculanen die Weise der griechischen Philosophen in zusammenhängenden Vorträgen (scholae) den von Anderen aufgestellten Behauptungen zu antworten ausdrücklich nicht bloss für sokratisch sondern auch für das Muster der vorliegenden Darstellung erklärt, in der Schrift de finibus dagegen ganz dasselbe verworfen und als eine Sitte der Sophisten bezeichnet wird über die sich bereits Sokrates und Platon lustig gemacht hätten (a. a. O.: primum deprecor ne me tamquam philosophum putetis scholam vobis aliquam explicaturum, quod ne in ipsis quidem philosophis magno opere umquam probavi. quando enim Socrates — — quicquam tale fecit? etc.). Wie sollen wir nun diesen Widerspruch schlichten? Dass Cicero in den Tusculanen wieder zu der verkehrten, von ihm selbst verworfenen, von der akademischen Schule aber gebilligten Auffassung zurückkehrt, diess wird sich am einfachsten doch daraus erklären dass er in der genannten Schrift sich an das Werk eben eines Akademikers angeschlossen und, sei es nun um sich die Bearbeitung zu erleichtern sei es weil er seine eigenen früheren Aeusserungen vergessen hatte, sich auch in der Form der Darstellung von demselben abhängig gemacht hatte. Ob er sich nun freilich zu dem andern Standpunkt, den wir ihn in der Schrift de finibus einnehmen sahen, durch eigenes Nachdenken erhoben hat, ist noch die Frage. Die Vermuthung wenigstens liegt nahe, dass er auch dort nur seinem griechischen Gewährsmann folgte: zumal wenn dieser Gewährsmann Antiochos war (s. darüber Theil II S. 637 ff.), der, je mehr die skeptischen Akademiker ihre Methode als die allein echt sokratische und platonische anpriesen, ein um so stärkeres Interesse daran haben musste die Unwahrheit dieser Behauptung darzuthun und wie diess auch in der Schrift de finibus a. a. O. geschieht (man beachte in den Worten „ut ad ea quae ei respondissent si quid videretur diceret" das „si quid videretur" das doch die Möglichkeit einer Billigung der von Anderen geäusserten Meinungen offen lässt) zu zeigen dass Sokrates nicht in dem Maasse wie die Anderen vorgaben Skeptiker war.

Dass er aber ebenso auch bei der Abfassung des ersten
Buches der Tusculanen verfahren sei, wird gerade mit Hilfe
des angeführten Beispiels durch eine nähere Betrachtung
äusserst unwahrscheinlich. Während nämlich in den genannten Büchern der Schrift de finibus Cicero sich nicht auf
dem skeptischen Standpunkt zu halten vermag sondern von
seiner Quellenschrift gezogen fortwährend in einen dogmatischen Ton verfällt und eben dadurch dem Quellenforscher
sein Geschäft überaus erleichtert hat, bleibt er in den Tusculanen sich in seinem Skepticismus consequent. Den skeptischen Zweifeln wird er vor Allem in der Anordnung der
ganzen Erörterung gerecht, da er dieselbe nicht einfach über
die Annahme der Unsterblichkeit zu der Behauptung dass
der Tod kein Uebel sei führt sondern auch die entgegengesetzte Möglichkeit, die Vernichtung der Seele im Tode, in
Erwägung zieht und unter dieser Voraussetzung das näm-
liche Resultat gewinnt. Oder sollte ihm diess, dass er beidemal zu dem gleichen Resultat geführt wird und daher schliesslich bei derselben Behauptung dass der Tod kein Uebel sei
stehen bleibt, Jemand als einen Abfall von der Skepsis zum
Vorwurf machen, deren Consequenz erfordert haben würde
dass der Behauptung der Tod sei kein Uebel die andere
gegenübergestellt wurde er sei ein Uebel? Die äusserste
Consequenz wäre diess allerdings gewesen; aber bis zu diesem äussersten Ende ist selbst Karneades nicht vorgeschrit-
ten, wenn er z. B. den Satz dass die Tugend zur Glückseligkeit sich selbst genüge gelten liess gleichviel welcher
der verschiedenen Ansichten über das höchste Gut und die
Glückseligkeit wir uns anschliessen. [1]) Dieses selbe vorsich-

[1]) Cicero Tuscul. V 83: Et quoniam videris hoc velle ut, quaecunque dissentientium philosophorum sententia sit de finibus, tamen
virtus satis habeat ad vitam beatam praesidii, quod quidem Carneadem disputare solitum accepimus etc.

tige Abwägen der verschiedenen Möglichkeiten, das ihn bei
der Eintheilung der ganzen Erörterung in zwei grosse Hälf-
ten geleitet hat, hält nun Cicero auch im Einzelnen fest.
Die für den ersten Theil seiner Erörterung nothwendige
Annahme der Unsterblichkeit beweist er mit Hilfe des Gesetzes der Aehnlichkeit (s. darüber oben S. 356 ff.) und verfährt dabei so dass dem Skepticismus innerhalb der einmal
durch die Disposition gezogenen Schranken möglichst wenig
vergeben wird. Denn solche Fragen, deren Beantwortung
nicht durch die gestellte Aufgabe gefordert wird, lässt er
unentschieden, sowohl diejenige ob das Aufsteigen der leichteren Elemente aus einem innewohnenden Naturtriebe erklärt oder als mechanische Wirkung eines Stosses aufgefasst
werden müsse (vgl. oben S. 359 ff.) wie die andere von welcher
Beschaffenheit denn näher betrachtet die Seele, ob sie kör-
perlich oder unkörperlich, ob sie in jenem Falle feurig oder
luftig oder wie die Stoiker behaupteten beides zusammen,
in diesem eine Zahl oder das geheimnissvolle fünfte Element
sei (40 ff., vgl. dazu oben S. 358 ff. 361 ff.). Die Art wie
er sich zu dieser letzteren Frage stellt ist für seinen Skepticismus noch besonders charakteristisch, da sie uns vor
Augen stellt wie besonnen und überlegt derselbe ist und
somit keineswegs die Ansicht derer begünstigt die darin nur
eine nachträglich hastig und äusserlich der Darstellung auf-
gezwungene Form erblicken. Zwei Umstände sind es auf
die man hierbei achten muss. Der eine ist, dass Cicero
jener Frage gegenüber auch noch an späteren Stellen als
der angeführten sich in der gleichen Weise äussert[1]) — eine
Uebereinstimmung und Consequenz die um so mehr bemerkt

---

[1]) 65: Ergo animus, ut ego dico, divinus est, ut Euripides dicere audet, deus; et quidem, si deus aut anima aut ignis est, idem
est animus hominis. Nam ut illa natura caelestis et terra vacat et
humore, sic utriusque harum rerum humanus animus est expers. Sin

zu werden verdient als in der ein ähnliches Thema behan-
delnden Consolatio er über diesen Punkt sich anders ausgesprochen hatte[1]) und zwar im Sinne der in dieser Schrift
von ihm benutzten Quelle, eines Werkes von Krantor,[2]) sodass der Schluss nahe liegt, auch der veränderte Standpunkt
der Tusculanen werde durch das zu Grunde liegende griechische Original bedingt gewesen sein. Zweitens kommt in
Betracht dass Cicero indem er verschiedene Ansichten über
die Natur der Seele bestehen lässt damit keineswegs einem
beliebigen Meinen über diesen Punkt Thür und Thor geöff-
net haben will sondern demselben bestimmte Schranken zieht
und deshalb der Psychologie des Dikaiarchos, Aristoxenos
und Anderer das Recht berücksichtigt zu werden abspricht.
Man wird vielleicht hierin einen Akt der Willkür, eine
petitio principii erblicken und der Meinung sein, Cicero habe
die Genannten bloſs deshalb ausgeschlossen weil sie die Unsterblichkeit leugneten. Will man aber Cicero einmal ein
etwas schärferes Nachdenken zuwenden, so wird man un-
schwer einen andern und ganz raisonnablen Grund entdecken:
denn die Genannten sind durchweg solche die auch schon
während des Lebens der Seele ein einheitliches in sich zusammenhängendes Wesen und eine selbständige Existenz absprechen (vgl. darüber S. 361 f.), es war daher methodisch
wohl zu rechtfertigen dass sie bei der Frage nach der Na-

---

autem est quinta quaedam natura, ab Aristotele inducta primum,
haec et deorum est et animorum. Vgl. auch 60.

[1]) Die Stelle gehört dem wörtlich von ihm selber mitgetheilten
(66) Bruchstück an und lautet so: nihil — est in animis mixtum atque concretum aut quod ex terra natum atque fictum esse videatur;
nihil ne aut humidum quidem aut flabile aut igneum. — — — — sin-
gularis est igitur quaedam natura atque vis animi, sejuncta ab his
usitatis notisque naturis.

[2]) S. darüber S. 353.

tur der Seele nicht weiter berücksichtigt wurden da sie ja
streng genommen nicht einmal das Vorhandensein einer Seele
zugaben.[1] Je planvoller hiernach der Skepticismus Ciceros
erscheint, desto mehr wächst die Wahrscheinlichkeit dass er
ihm nicht erst während des Schreibens entstanden sondern
der reifen Ueberlegung des griechischen von ihm benutzten
Philosophen entsprungen ist. Dem gleichen Skepticismus begegnen wir nun aber auch noch auf einem anderen, wenn
auch angrenzenden Gebiete, in der Frage nach dem Sitze
der Seele. Als eine welche nicht entschieden werden kann
wird dieselbe 50 und 67 erwähnt, und wenn sie 70 doch
eine Antwort findet so ist diess kein Widerspruch da der
Inhalt derselben nur im Glauben und nicht im Wissen beruhen soll.[2] In analoger Weise wie die Fragen welche
die Seele betreffen werden von Cicero diejenigen beantwortet
welche sich auf das Wesen und den Sitz der Gottheit beziehen: denn wie dort will er zwar die Existenz nicht in
Abrede stellen, enthält sich aber jedes bestimmten Urtheils
über die Natur der Gottheit sowie über den Ort den sie
im Weltraume einnimmt.[3] Er scheint hierbei dem allge-

---

[1] Dass diess die Ansicht des Dikaiarchos war, wird noch deutlicher als an unserer Stelle ausgesprochen 21, 24 und Aristoxenos
aus diesem Grunde mit ihm zusammen genannt 51. Vgl. auch Acad.
pr. 124.

[2] Die Worte sind: In quo igitur loco est? Credo equidem in
capite et, cur credam, afferre possum. Sed alias, ubi sit animus;
certe quidem in te est. Dass die letzten Worte dieser Stelle auf
eine ausführlichere Erörterung des griechischen Originals deuten ist
eine nahe liegende Vermuthung; dass diese Erörterung aber dogmatisch mit einem positiven Ergebniss abschloss folgt daraus keineswegs.

[3] 70: haec igitur et alia innumerabilia cum cernimus, possu-
musne dubitare quin eis praesit aliquis vel effector, si haec nata
sunt ut Platoni videtur, vel si semper fuerunt ut Aristoteli placet

meinen Grundsatz zu folgen, dass wenn auch das Dasein eines Dinges insofern es unserem natürlichen Empfinden sich aufdrängt nicht abgeleugnet werden kann doch die nähere Bestimmung seiner Verhältnisse und insbesondere seiner Qualität immer zweifelhaft bleiben muss.[1] Nun wird zwar anderwärts die Vernunft (ratio) als das Mittel bezeichnet durch das wir zur Erkenntniss der Qualitäten gelangen.[2] Zu einem Widerspruch gegen das Gesagte berechtigt diess indessen nicht, da auch sonst die Vernunft als die Quelle nicht der gewissen sondern der wahrscheinlichen Erkenntniss bezeichnet und aus diesem Grunde der Wahrheit (veritas) und dem Augenschein (perspicuum) sogar entgegengesetzt wird.[3] Man darf deshalb auch darin dass zwischen der Erkenntniss die das Dasein der Götter und der welche die Natur derselben zum Inhalt hat unterschieden wird nicht ohne Weiteres eine

---

moderator tanti operis et muneris? — — — — Illud modo videto, ut deum noris etsi ejus ignores et locum et faciem, sic animum tibi tuum notum esse oportere etiam si ignores et locum et formam. 65: et quidem, si deus aut anima aut ignis est, idem est animus hominis. Nam ut illa natura caelestis et terra vacat et humore, sic utriusque harum rerum humanus animus est expers. Sin autem est quinta quaedam natura, ab Aristotele inducta primum, haec et deorum est et animorum.

[1] Nachdem er auseinandergesetzt hat dass die Sinne nicht sowohl Organe des Geistes als vielmehr Hindernisse seiner auf die Erkenntniss gerichteten Thätigkeit sind, fährt er 47 fort: cum autem nihil erit praeter animum, nulla res objecta impediet quominus percipiat quale quidque est. Wenigstens wenn man in diesen Worten das „quale" betont, kann man darin die Anerkennung jenes allgemeinen Grundsatzes finden.

[2] 36: Sed ut deos esse natura opinamur qualesque sint ratione cognoscimus: sic permanere animos arbitramur consensu nationum omnium; qua in sede maneant qualesque sint ratione discendum est.

[3] Seneca de benef. IV 33, 2. Cicero de fin. IV 55. Vgl. dazu das Wort εὔλογος und über dasselbe Theil II S. 342 f. Anm.

Anlehnung an die Stoiker erblicken (Corssen de Posidonio Rhodio S. 5 ff.): denn wenn auch Balbus in Ciceros Schrift de natura deorum die allen Menschen angeborne Ueberzeugung vom Dasein der Götter getrennt hält von den schwankenden und abweichenden Meinungen über ihre Natur[1]) so soll mit dieser Unterscheidung des Ursprungs der beiden Erkenntnisse doch keineswegs der einen von beiden ein höherer Grad von Sicherheit zugesprochen und die andere auf die Stufe der blossen Wahrscheinlichkeit herabgedrückt werden.[2]) Von den Stoikern kann also Cicero es nicht gelernt haben verschiedene Grade der Gewissheit in der Erkenntniss anzunehmen je nachdem der Gegenstand derselben das blosse Dasein eines Dinges oder dessen eigenthümliche Natur ist. Ebenso sehr aber, scheint es, müssen wir Bedenken haben diese Unterscheidung den Skeptikern zuzutrauen, wenigstens wenn dieselbe die Anerkennung einer ganz sicheren Erkenntniss voraussetzt. Und allerdings scheint das letztere·

---

[1]) II 12: omnibus innatum est et in animo quasi insculptum esse deos. quales sint varium est, esse nemo negat. Vgl. 44 f.

[2]) Eher als mit der stoischen lässt sich die im ersten Buche der Tusculanen geäusserte Ansicht über die Götter mit derjenigen vergleichen welche der Vertreter der skeptischen Akademie, Cotta, bei Cicero de nat. deor. I 61 ff. und III 5 ff. ausspricht: denn derselbe bekennt sich zu dem Glauben an die Existenz von Göttern, nur dass er diesen nicht auf die Vernunft (ratio) und ihre Gründe sondern auf die Autorität alter Ueberlieferung stützen will und deshalb denen, die wie die Epikureer und Stoiker sich hiermit nicht zufrieden geben, diess zum Vorwurf macht. Auf der anderen Seite muss ich mich aber dagegen verwahren dass man aus etwaigen Differenzen die sich zwischen Cottas Aeusserungen und denen im ersten Buche der Tusculanen auffinden liessen den Schluss ziehe, das letztere könne nicht aus der Schrift eines Skeptikers geschöpft sein. Wer so urtheilte würde übersehen dass der akademische Skepticismus der Schrift de nat. deor. auf Kleitomachos zurückgeht, derjenige der Tusculanen aber wie sich zeigen wird einen anderen Ursprung hat.

der Fall zu sein, da Cicero die Ueberzeugung des Geistes
von seinem eigenen Dasein geradezu als ein Wissen bezeichnet.[1]) Ist unter diesem Wissen ein vollkommenes über jeden
Zweifel erhabenes gemeint, so konnte ein Skeptiker ein solches
nicht gelten lassen — das dürfen wir nicht bloss aus allgemeinen Gründen behaupten sondern können wir insbesondere
noch aus den ciceronischen Academica bestätigen wo dem
skeptischen Zweifel nicht bloss die Natur und der Ort sondern auch das Dasein des Geistes unterliegt.[2]) Sollen wir
deshalb an der Annahme dass ein Skeptiker Ciceros griechischer Gewährsmann war irre werden? Davor behüten uns,
glaub' ich, die Ergebnisse früherer Untersuchungen (vgl. oben
S. 196 ff.). Denn diese haben uns innerhalb der Akademie
Skeptiker kennen gelehrt, die zwar ein vollkommenes Wissen
in dem Sinne wie die Stoiker dieses Wort verstanden leugneten, hingegen ein annäherndes gelten liessen, dem wenn es
auch thatsächlich nur den Werth eines Wahrscheinlichen darstellte sie doch den Namen eines Wissens nicht versagen
mochten. Nehmen wir nun an dass ein Skeptiker dieser Art
Ciceros Gewährsmann war, so konnte ein solcher innerhalb
einer Polemik gegen stoische Dogmatiker, in der er bis zu
einem gewissen Grade auf den Standpunkt der bestrittenen
Philosophen treten musste und deshalb auch mit dem Namen
des Wissens den stoischen Begriff verband, die Möglichkeit eines
Wissens in Bezug auf einen bestimmten Gegenstand schlechthin verneinen, anderwärts aber in Bezug auf den gleichen
Gegenstand dieselbe zugeben weil er hier von seinem eigenen
Standpunkt aus sprach und daher auch nicht genöthigt war
sich an die Terminologie einer fremden Philosophie zu binden.

---

[1]) 53: sed si qualis sit animus, ipse animus nesciet: dic quaeso,
ne esse quidem se sciet? ne moveri quidem se?

[2]) Acad. pr. 124: tenemusne quid sit animus? ubi sit? denique
sitne an ut Dicaearcho visum est ne sit quidem ullus?

Wenn daher in den Tusculanen die Ueberzeugung des Geistes von seinem eigenen Dasein ein Wissen genannt wird so steht diess mit der Annahme dass die Schrift eines Skeptikers die von Cicero benutzte Quelle war nicht in Widerspruch: denn dieser Skeptiker falls er einer von der angegebenen Art war konnte mit jenem Wissen nur den höchsten Grad der Wahrscheinlichkeit meinen und musste daher ein anderes Mal wenn er den stoischen Begriff als Maassstab anlegte auch wieder bestreiten dass vom Dasein des Geistes ein Wissen möglich sei. Hiermit ist nun aber nicht bloss die aufgestellte Quellenhypothese gerettet sondern auch eine Spur gewonnen die uns den gesuchten Quellenschriftsteller noch genauer kennen lehrt, da der Urheber und wohl auch einzige, wenigstens uns allein bekannte Vertreter jenes Skepticismus der Akademiker Philon war. Ihn werden wir sonach für Ciceros griechischen Gewährsmann ansehen. Diesem Resultate der bisherigen Untersuchung Glauben zu versagen können wir um so weniger geneigt sein als dasselbe noch von anderer Seite her Bestätigung findet.

Unter der Voraussetzung nämlich dass der wesentliche Inhalt des ersten Buches der Tusculanen auf Philon zurückgeht haben wir nicht nöthig solche Stellen an denen das Bedürfniss und der Trieb des Menschen nach Wahrheit und Wissen sehr stark hervorgehoben wird[1]) als Zusätze zu betrachten die Cicero entweder selbständig von sich aus machte oder einer anderen Quelle entnahm. Denn wie uns frühere Betrachtungen gelehrt haben (vgl. oben S. 292 ff.) konnte

---

[1]) Vgl. bes. 44 folgendes Stück aus der Schilderung des künftigen Lebens im Jenseits: quodque nunc facimus cum laxati curis sumus ut spectare aliquid velimus et visere, id multo tum faciemus liberius totosque nos in contemplandis rebus perspiciendisque ponemus propterea quod et natura inest in mentibus nostris insatiabilis quaedam cupiditas veri videndi et orae ipsae locorum illorum, quo

Philon dieses Streben nach Wissen und Erkenntniss, von
dem die früheren Akademiker eher abmahnen mussten, in
seiner Berechtigung und Bedeutung für das menschliche Leben
vollkommen würdigen. Und auch er hatte wie Cicero diesem
Streben die Befriedigung die es während des irdischen Lebens niemals vollkommen findet für ein anderes Dasein in
Aussicht gestellt (vgl. a. a. O.). Diess leitet uns noch zu
einem anderen Punkte hinüber der abermals die Uebereinstimmung der ciceronischen mit den uns bekannt geworde-
nen Anschauungen Philons in hellem Lichte zeigt. Sich
während dieses Lebens mit dem Wahrscheinlichen begnügen,
auf die ganze Wahrheit aber verzichten zu müssen ist nach
dem Skeptiker Augustins, unter dessen Hülle wir Philon entdeckt haben (a. a. O.), gemeines Menschenloos, die gleiche
Ansicht aber ist es auf die hin auch Cicero sich bescheidet
nur Wahrscheinliches vorzutragen;[1]) nur die Kehrseite dieser
Ansicht ist es, was ebenfalls bei beiden wiederkehrt, dass
die volle Erkenntniss und Weisheit der Gottheit vorbehalten
bleibt.[2]) Da ferner der Besitz der Wahrheit auch dem Menschen nicht für alle Zeiten versagt sondern nur für ein künf-

---

pervenerimus, quo faciliorem nobis cognitionem rerum caelestium eo
majorem cognoscendi cupiditatem dabunt. Haec enim pulchritudo
etiam in terris patritam illam et avitam (ut ait Theophrastus) philosophiam cognitionis cupiditate incensam excitavit. Praecipue vero
fruentur ea qui tum etiam cum has terras incolentes circumfusi erant
caligine tamen acie mentis dispicere cupiebant.

[1]) 17: quae vis ut potero explicabo nec tamen quasi Pythius
Apollo certa ut sint et fixa quae dixero, sed ut homunculus unus e
multis, probabilia conjectura sequens. Ultra enim quo progrediar
quam ut veri similia videam non habeo; certa dicent ei qui et percipi ea posse dicunt et se sapientes esse profitentur.

[2]) Was Cicero betrifft vgl. ausser a. a. O. noch 23: harum sen-
tentiarum quae vera sit deus aliqui viderit; quae veri simillima,
magna quaestio est.

tiges Leben aufgespart ist, so folgt schon aus dieser Fähigkeit die Wahrheit in sich aufzunehmen dass der menschliche Geist göttlichen Wesens sei. Es ist daher bemerkenswerth und darf ebenfalls auf Philons Vorgang zurückgeführt werden, dass Cicero so skeptisch er sich übrigens über die Natur des Geistes äussert ihm gerade die Göttlichkeit mit einiger Zuversicht zuspricht.[1]) — Zu dieser einer Uebereinstimmung der Lehren entnommenen Bestätigung der Annahme dass eine Schrift Philons der ciceronischen Darstellung zu Grunde liegt kommt sodann eine andere die weil sie auf einer äusseren und deshalb vielleicht zufälligen Aehnlichkeit beruht von geringerem Gewicht ist. In dem skeptischen Vortrage der Academica priora, dessen Inhalt wie ich früher gezeigt habe einer Schrift Philons entlehnt ist, wird zweimal auf Panaitios Bezug genommen und beidemal seinem Urtheil ein besonderer Werth beigelegt;[2]) hierzu kommen noch die Aeusserungen der Skeptiker — und zunächst sind darunter Philons Anhänger zu verstehen — die Lucull in seinem Vortrage mittheilt (47) und die zwar im Allgemeinen die stoische Lehre erwähnen, wie aber eine schärfere Betrachtung gezeigt hat (s. oben S. 262 f. Anm.) nur die des Panaitios meinen können. Die Vermuthung dass Philon dem Panaitios vor anderen Stoikern einen Vorzug

---

[1]) Mit Bezug auf die Gedächtnisskraft des Geistes sagt er 60: Quae sit illa vis et unde sit sic intellegendum puto. Non est certe nec cordis nec cerebri nec sanguinis nec atomorum; anima sit ignisne nescio; nec me pudet ut istos fateri nescire quod nesciam; illud, si ulla alia de re obscura affirmare possem, sive anima sive ignis sit animus eum jurarem esse divinum.

[2]) 107: at it quidem perspicuum est: cum Panaetius princeps prope meo quidem judicio Stoicorum ea de re dubitare se dicat quam omnes praeter eum Stoici certissimam putant etc. 135: legimus omnes Crantoris veteris Academici de luctu; est enim non magnus verum aureolus et ut Tuberoni Panaetius praecipit ad verbum ediscendus libellus.

zugestand darf daher wohl ausgesprochen werden und zwar
um so mehr als eine solche Bevorzugung theils in dem Zeit-
verhältniss beider Männer theils in der ihnen gemeinsamen
Hinneigung zum Platonismus nicht nur sondern auch zur
Skepsis wohl ihre Erklärung finden würde. Es ist also
ein Umstand der Beachtung verdient dass im ersten Buch
der Tusculanen, einer Darstellung deren wesentlichen Inhalt
wir aus anderen Gründen Philon zuweisen konnten, abermals
Panaitios in auffallender Weise vor allen übrigen Stoikern
hervortritt (42. 79. vgl. dazu S. 370).

Freilich was würden alle diese Gründe und noch mehrere helfen, wenn Einer bei der Meinung bliebe dass der
nachgewiesene Skepticismus nur der äussere Anstrich sei den
Cicero dem aus einer dogmatischen Schrift geschöpften Inhalt gegeben habe? Aber ist man denn zu einer solchen
Meinung überhaupt berechtigt? Das Verfahren das man
Cicero in diesem Falle zutraut würde soweit unsere Kenntniss seiner philosophischen Schriftstellerei reicht einzig da-
stehen; es ginge dasselbe auch über die Grenzen der Selbstständigkeit hinaus die Cicero für sich den Griechen gegenüber in der Schrift de finibus[1]) in Anspruch nimmt, ganz
abgesehen davon dass es sich mit dem bescheidenen Urtheil
des Briefes an Atticus wonach er seine eigenen Schriften

---

[1]) I 6: quod si nos non interpretum fungimur munere sed tue-
mur ea quae dicta sunt ab eis quos probamus eisque nostrum judicium et nostrum scribendi ordinem adjungimus, quid habent cur
Graeca anteponant eis quae et splendide dicta neque sint conversa
de Graecis? Was unter „nostrum judicium" zu verstehen sei zeigen
die von Cicero nach diesen Worten angeführten Beispiele griechischer
Philosophen die angeblich in derselben Weise wie er gearbeitet
hätten. Dieselben sind durchweg Mitglieder einer und derselben
Philosophenschule, wie Diogenes Antipater u. A. die das bereits von
Chrysipp Gesagte wiederholten oder Theophrast der dieselben Gegenstände wie Aristoteles behandelte oder endlich die Epikureer die

für Abschriften erklärt nicht vereinigen liesse.[1]) Indessen wie keine Regel ohne Ausnahme ist, so könnte man auch denken dass diejenige welche Cicero gewöhnlich bei der Ausarbeitung seiner Schriften befolgte einmal durchbrochen wurde und zwar gerade durch die Tusculanen. Ich will nun keineswegs behaupten dass der ganze Inhalt des ersten Buches aus einer philonischen Schrift herübergenommen ist, sondern gebe die Möglichkeit zu, ja halte es für wahrscheinlich dass ganze Partieen darin aus einer andern Quelle stammen: nur das muss ich festhalten dass diese Quelle nicht nothwendig die Schrift eines anderen Philosophen zu sein braucht sondern ebenso gut Ciceros eigenes Gedächtniss gewesen sein kann das Manche freilich sich als ganz leer vorzustellen scheinen. Ein höheres Maass von Selbständigkeit aber als dieses Cicero im ersten Buche der Tusculanen einzuräumen, dazu scheinen mir bis jetzt die Anhaltspunkte zu fehlen. Allerdings hat Corssen Spuren davon zu entdecken geglaubt dass Cicero die zusammenhängende Darstellung eines griechischen Philosophen auseinandergerissen und diese Bruchstücke auf ganz getrennte Abschnitte seiner eigenen Darstellung vertheilt hat — Spuren die dann natürlich zu dem Schlusse führen mussten dass Cicero mit dem vom griechischen Original dargebotenen Material in der freiesten Weise umgegangen sei. Wenn nur solche Spuren vorhanden wären! Corssen (Rh. Mus. 36 S. 507 f.) weist auf den Abschnitt 102—108) hin in dem zuerst eine Anzahl Aussprüche

---

in anderer Weise immer wieder von Neuem dasselbe vortrugen was schon in den Schriften Epikurs zu lesen war. Ein Verfahren wie das für die Tusculanen angenommene d. i. das Hineintragen eines ganz fremden, ja entgegengesetzten philosophischen Standpunkts ist offenbar noch etwas Anderes.

[1]) Ad Att. XII 52: ἀπόγραφα sunt: minore labore fiunt, verba tantum adfero quibus abundo.

von Philosophen angeführt würden die der herkömmlichen
Ansicht dass die Schicksale des Körpers nach dem Tode
noch das Individuum selbst berühren widersprechen und sodann eben dieser Irrthum in mythologischen Erzählungen
und eigenthümlichen Bestattungsweisen verschiedener Völker
nachgewiesen werde. Dieser Abschnitt in sich zusammen-
hängend sei doch mit dem Vorhergehenden äusserst lose
und ungeschickt verbunden, während ähnliche Gedanken über
die Bestattung zu Anfang des Buches wo sie dazu dienen
die Allgemeinheit des Glaubens an die Unsterblichkeit zu
beweisen sich weit besser in den Zusammenhang fügten.
Corssen schliesst hieraus dass der fragliche Abschnitt erst
von Cicero aus dem ursprünglichen Zusammenhang gerissen
und an unrechter Stelle eingeschaltet worden ist. Dabei
hat er sich indessen die Consequenzen seiner Annahme nicht
ganz klar gemacht, da er sonst die Widersprüche, in die er
sich verwickelt, hätte wahrnehmen müssen. Cicero nennt
nämlich da wo er von den verschiedenen Bestattungsarten
spricht als seinen Gewährsmann den Chrysippos (108) und
schloss sich damit aller Wahrscheinlichkeit nach nur dem
Vorgange seines griechischen Quellenschriftstellers an; die
am nächsten liegende Annahme ist aber dass dieser die Notizen die er Chrysipp entnahm auch zu demselben Zwecke
wie dieser verwandte: da nun nach Corssens Meinung dieser
Zweck war die Allgemeinheit des Unsterblichkeitsglaubens
zu beweisen so würde schon Chrysipp sich denselben Zweck
vorgesetzt haben. Das ist es aber was sich mit der sonst
bekannten Lehre dieses Philosophen schwer vereinigen lässt: ·
denn hätte Chrysipp was in dem gesetzten Falle angenommen werden müsste den Unsterblichkeitsglauben für einen
allgemeinen gehalten, so wäre die Unsterblichkeit Inhalt
einer Prolepsis und bei der Bedeutung die die Prolepsis für
seine Erkenntnisstheorie besass er selber verpflichtet gewesen

denselben Glauben zu theilen, d.'i. den Glauben an die Unsterblichkeit aller Menschen; und doch wissen wir durch
Diogenes (VII 157) dass Chrysipp im Gegensatze zu Kleanthes die Unsterblichkeit nicht aller Menschen sondern nur
der Weisen behauptete. Indessen wird man um diesem Widerspruch zu entgehen vielleicht die Ausflucht ergreifen dass
Chrysipp nur den Glauben überhaupt an eine Unsterblichkeit als Inhalt der Prolepsis, die Umwandlung desselben dagegen in den Glauben an eine Unsterblichkeit aller Menschen
als eine spätere Verirrung des menschlichen Meinens angesehen habe. Aber wäre hierdurch auch der eine Widerspruch beseitigt, so bliebe immer noch der andere übrig.
Nach Corssens Ansicht und nach der jedes Unbefangenen
steht nämlich der Abschnitt, der die volksthümlichen Anschauungen über die Bestattung und alles was den todten
Körper betrifft behandelt, im engsten Zusammenhange mit
demjenigen der solche Urtheile von Philosophen aufzählt in
denen sich deren Gleichgiltigkeit gegen alles ausspricht was
dem Leichnam widerfährt. Beide bilden ein Ganzes, sodass
wenn der eine den Zweck haben soll das Vorhandensein
einer Prolepsis über die Fortdauer der Seele nach dem Tode
zu beweisen dasselbe auch von dem anderen gelten muss.
Dass nun eine Aufzählung von Urtheilen wie die angegebenen sind unmittelbar wenigstens diesem Zweck nicht nur
nicht entspricht sondern geradezu mit ihm streitet, bedarf
nur dieses Hinweises. Sehr oberflächlich würde es sein,
wollte man dem gegenüber sich auf die frühere Darstellung
berufen in der zwar ebenfalls die volksthümlichen Anschauungen nicht ohne Kritik hingehen (36 f.) trotzdem aber zu
dem angegebenen positiven Ergebniss verwandt werden. Denn
zwischen beiden Darstellungen besteht ein wesentlicher Unterschied dass nämlich in der früheren die Kritik sich eine
bestimmte Grenze zieht und das Haltbare in den Volksvor-

stellungen verschont, in der späteren dagegen dieselbe die
herrschenden Ansichten überhaupt verwirft ohne den gesunden Kern darin hervorzuheben. Erhält schon hierdurch die
Kritik an der zweiten Stelle das Uebergewicht über das po-
sitivo Element der Erörterung, so wird dieses Uebergewicht
dadurch nicht unbeträchtlich verstärkt dass nur an der zweiten
Stelle die Kritik gewissermaassen öfter wiederholt und jedesmal
an den Namen eines berühmten Philosophen geknüpft wird.
Sollte nichtsdestoweniger diese Aufzählung der Urteile des
Theodor und anderer, mit ihm über den Werth der Bestattung gleich denkenden Philosophen einer Darstellung zugerechnet werden deren Absicht war die Allgemeinheit des
Unsterblichkeitsglaubens darzuthun, so könnte diess nur unter
der Bedingung geschehen dass man darin das in den angeführten Beispielen repräsentirte Urtheil der Philosophen durch
die verbreiteten Volksvorstellungen widerlegt werden liesse:
würde diess aber nicht einen Respekt vor der Volksmeinung
voraussetzen der aus den von Chrysipp entlehnten und bei
Cicero mitgetheilten Proben derselben keineswegs durchblickt? ja würde diess nicht voraussetzen dass Cicero die
Gedanken des griechischen Originals in einem ganz anderen
Sinne verwandt habe, somit voraussetzen was eben erst bewiesen werden sollte und daher eine petitio principii sein?
In solche Schwierigkeiten führt uns die Annahme dass der
fragliche Abschnitt bei Cicero nicht seinen rechten Platz
habe und von Rechts wegen in einen früheren Theil der
Darstellung gehöre. Nachdrücklich erhebt sich daher die
Frage ob denn jene Annahme überhaupt zulässig sei. Corssen hat sie allerdings zu begründen gesucht. Er macht geltend dass beide denselben Gegenstand behandeln, wobei der
verschiedene Sinn in dem diess beide thun auf Ciceros Rechnung zu setzen wäre. Prüfen wir nun diese Behauptung
genauer, so zeigt sich dass von der Bestattung in dem frühe-

ren Abschnitt nur einmal die Rede ist (36) und aus einer
Form derselben, der Beerdigung, erklärt wird weshalb man
die Seelen der Verstorbenen sich unter der Erde fortlebend
dachte. Denn eine andere Stelle die Einer hierherziehen
könnte und an der der Gräber-Ceremonien (caeremoniae
sepulcrorum) gedacht wird (27) hat doch offenbar mit der
Bestattung nichts zu thun sondern bezieht sich auf das was
darüber hinaus liegt, den Todtencultus. Aus diesem wird
mit Recht auf den Glauben an eine Fortdauer der Seele
nach dem Tode geschlossen, jene Art der Bestattung aber
kommt nur soweit in Betracht als sich mit Hilfe derselben
die besonderen Vorstellungen über das Schicksal der fort-
dauernden Seelen ableiten lassen. Man sieht hieraus, dass
die Bestattung soweit sie überhaupt in Frage kommt in dem
früheren Abschnitt eine ganz andere Rolle spielt als in dem
späteren. Was an diesem letzteren von Bestattungsgebräuchen
verschiedener Völker namhaft gemacht wird ist nicht gerade
geeignet das Vorhandensein des Unsterblichkeitsglaubens bei
denselben zu bestätigen, wie man denn aus der Sorgfalt welche
Aegypter und Perser auf die Erhaltung der Leichname verwenden eher auf ein Verzweifeln an der Fortdauer der Seelen schliessen könnte. Dagegen lag es nahe sich durch den
Gegensatz, in dem die verschiedenen Bestattungsweisen zu
einander stehen indem die einen auf möglichst lange Con-
servirung der Körper die anderen auf deren Vernichtung
ausgehen, daran erinnern zu lassen dass überhaupt die Bestattung etwas Gleichgiltiges sei und so oder so vorgenommen werden könne. D. h. die nähere Betrachtung dessen
was über die Bestattung gesagt wird führt darauf dass dasselbe schon ursprünglich in dem Zusammenhang stand in
dem wir es bei Cicero finden und den Zweck hatte aus den
Thatsachen und der Erfahrung heraus die wegwerfenden
Urtheile zu bestätigen mit denen die Philosophen sich über

diese Dinge geäussert hatten. Bei dieser Auffassung erklärt
sich auch weshalb gerade das Widerwärtige und Lächerliche
in den Bestattungsgebräuchen hervorgekehrt wird: denn dass
nicht erst Cicero diese Auswahl getroffen hat sondern bereits Chrysipp dürfen wir doch aus folgenden Worten (108)
entnehmen „Permulta alia colligit Chrysippus ut est in omni
historia curiosus; sed ita tetra sunt quaedam ut ea fugiat
et reformidet oratio".[1]) Wenn Chrysippos auf diese Weise
das Bestatten überhaupt und den Werth den Manche darauf
legten als thöricht hinzustellen suchte, so trat er damit nur
auf den kynischen Standpunkt, den er wie wir wissen (Zeller
III 1 S. 281) auch sonst bestehenden Sitten und Gebräuchen
gegenüber eingenommen hat. Die Betrachtung der Sache
führt also zu derselben Auffassung des fraglichen Abschnittes
die auch Cicero vertritt d. i. zu einer Auffassung durch welche
die Versetzung an eine frühere Stelle unmöglich wird. Darin
also dass Cicero nicht dort schon die Dinge vorgetragen hat
die wir jetzt an späterer Stelle finden wäre derselbe gerechtfertigt. Eine andere Frage ist ob der Platz den er ihnen
angewiesen hat der rechte ist. Corssen verneint diess (Rh.

---

[1]) In dieser Hinsicht könnte man daher der Vermuthung Corssens
(Rh. M. 36 S. 514) zustimmen dass aus derselben Quelle wie die ciceronischen Notizen über die Bestattungsarten auch diejenigen bei
Sextos Pyrrh. III 226 ff. geflossen sind. Im Uebrigen aber muss ich
gegen ein Verfahren protestiren wie es in unserer Zeit nur allzu
häufig wiederkehrt, dass man nämlich aus der Uebereinstimmung
rein historischer Nachrichten schon auf gemeinschaftlichen Ursprung
schliesst: und doch liegt es auf der Hand dass derartige Nachrichten,
an deren factischem Inhalt der Einzelne nichts weiter ändern konnte
und auf die Jeder der das gleiche Thema behandelte geführt werden
musste, von den verschiedensten Schriftstellern in derselben Weise
wiederholt werden durften ohne dass man deshalb ein Recht hätte
die Mehrzahl derselben des an Einem von ihnen begangenen Plagiats
zu verdächtigen.

Mus. 36 S. 508) und zwar nur deshalb weil die Anknüpfung
des ganzen Abschnittes an das Vorhergehende ihm zu locker
und äusserlich ist.[1]) Offenbar genügt aber dieser Grund
nicht, da wenn Cicero es unterliess den engeren Zusammenhang bestimmter anzugeben derselbe darum noch nicht gänzlich zu fehlen braucht. Und in der That fehlt er auch
nicht: denn die vorhergehende Betrachtung mit der an sie
angeknüpften Ermahnung, dass man dem Tode ruhig ent-
gegengehen solle selbst auf Gefahr ins Nichts dahin zu fliessen,
liess doch noch oder konnte doch wenigstens bei Vielen den
Einwand übrig lassen dass aber doch wenn auch das Leben
mit dem Tode entfliehe noch ein Theil des menschlichen
Wesens, der Körper, übrig bleibe durch dessen Schicksale
der Mensch gewissermaassen mitbetroffen werde; die Antwort auf diesen Einwand und damit die Ergänzung des Vorhergehenden gibt der fragliche Abschnitt, dessen passender
Platz sonach da ist wo Cicero ihm denselben angewiesen hat.

Man kann hieran sogleich noch eine andere Bemerkung
knüpfen, die sich auf den Ruhm und die ihm von Cicero
gewidmete Erörterung bezieht. Zunächst verdient Beachtung
dass eine solche unmittelbar nach dem Abschnitt über die
Bestattung einsetzt (109): denn hierdurch wird wahrscheinlich dass wir den Grund weshalb dieser Abschnitt von Cicero
gerade an diese Stelle gerückt worden ist richtig bestimmt
haben, da auch der Ruhm zu den Dingen gehört die über

---

[1]) Seine Worte sind: „Die Aufzählung von Beispielen helden-
hafter Todesverachtung führt Cicero nämlich auf einen Ausspruch
des Philosophen Theodoros: Theodori quidem nihil interest humine
an sublime putescat (102). Und dieses dictum ist es, welches ihm
die Veranlassung zu der ganzen Digression gibt (cujus hoc dicto ad-
moneor, ut aliquid etiam de humatione et sepultura dicendum existimem). Eine Einführung, die wie mir scheint an gewisse Anekdoten-
erzähler erinnert.“

das Leben des Menschen hinausreichen und trotzdem sein
Interesse in Anspruch nehmen. Sodann aber ist bemerkenswerth und geeignet auf Cicero als Verfasser ein günstigeres
Licht zu werfen dass er auch den Ruhm nicht bloss im
zweiten Theile seiner Darstellung sondern auch im ersten
besprochen hat, beidemale aber dabei verschieden und so
verfahren ist wie es dem jedesmaligen Zusammenhange entsprach, also ähnlich wie wir es schon an seinen Bemerkungen über die Bestattung beobachtet haben. Im ersten Theil
wird der Ruhm als das bezeichnet was Gegenstand des Strebens für die ausgezeichnetsten Männer auf den verschiedensten Gebieten menschlicher Thätigkeit ist, ja was allein uns
für unsere Mühen zu belohnen vermag (32 ff.). Dieselben
Beispiele welche die Wahrheit dieses Gedankens bestätigen
sollen kehren zum Theil (Themistokles und Epameinondas)
auch in der späteren Erörterung wieder. Im Uebrigen aber
unterscheidet sich dieselbe von der früheren wesentlich dadurch dass in ihr der Ruhm als etwas erscheint das um
seiner selbst willen nicht erstrebt zu werden verdient und
lediglich darum Werth hat weil es der Schatten ist der der
Tugend folgt (109). Der Grund dieser Verschiedenheit ist
klar: im ersten Theil handelt es sich darum den Beweis für
die Allgemeinheit des Unsterblichkeitsglaubens zu liefern und
diesem Zweck konnte der Ruhm nur dienen wenn er als das
Ziel des Strebens gerade der besten Männer hingestellt
wurde; vom Standpunkt des zweiten Theils dagegen der die
Vernichtung des Menschen im Tode voraussetzt konnte ein
derartiges Streben nach dem Ruhm als solchem keinen Sinn
haben und derselbe nur insofern Werth besitzen als er der
stete Begleiter der Tugend ist. Hieraus ergab sich noch
eine andere Verschiedenheit, dass nämlich während im ersten
Theil vom Ruhm schlechthin die Rede ist im zweiten derselbe genauer als das Lob welches die Guten ertheilen de-

finirt wird — denn nur dieser Ruhm ist der stete Begleiter der Tugend — und dass im zweiten der Ruhm nicht so sehr als Nachruhm, als welcher er im ersten ausschliesslich gefasst wird, wie als dasjenige erscheint was dem Menschen schon bei Lebzeiten zu Theil wird und den Tugendhaften erst seiner Tugend gewiss macht — denn nur so kann vom Standpunkt des zweiten Theils aus der Ruhm leisten was er soll ein Mittel gegen die Todesfurcht zu sein. Eine Verschiedenheit die so fein und zweckentsprechend erdacht ist hat nicht das Ausschen von Cicero herzurühren sondern wird mit grösserer Wahrscheinlichkeit auf die griechische Quelle zurückgeführt: wodurch wir zu dem das Resultat der frühern Untersuchung bestätigenden Schlusse kämen dass bereits in der Quelle die Erörterung dilemmatisch war und dem entsprechend der Ruhm jedes Mal von einer anderen Seite genommen wurde. Dass Cicero in diesem Falle nicht etwa eine dogmatische Darstellung Posidons in die Formen der skeptischen Methode gezwängt habe, ist überdiess noch darum schwer glaublich weil dann doch aller Wahrscheinlichkeit nach eine der beiden Auffassungen des Ruhms diejenige Posidons repräsentiren würde. Diess gilt indessen von keiner: denn Posidon konnte nicht leugnen dass der Ruhm an sich Gegenstand unseres Strebens sei, da dieses Streben nach seiner Ansicht im Wesen der menschlichen Seele wurzelte (s. darüber Theil II S. 589), ebenso wenig aber in diesem Streben eine Prolepsis der Unsterblichkeit erblicken wenn er dasselbe doch ausschliesslich aus der Natur des mittleren Seelenvermögens ableitete (s. a. a. O.).[1]

---

[1] Dagegen verdient dass die Auffassung des Ruhms an der zweiten Stelle mit derjenigen Chrysipps übereinstimmt — wenigstens insofern als auch er leugnete dass der Ruhm um seiner selbst willen zu begehren sei (Cicero fin. III 57 s. dazu Th. II S. 252) — deshalb

Noch in einer anderen Hinsicht könnte die Darstellung
so schlecht disponirt zu sein scheinen dass man die Ordnung
lediglich auf Ciceros Rechnung setzen und nur die Gedanken
aus der griechischen Quelle ableiten möchte, wenn man nämlich auf die im ersten Theil für die Unsterblichkeit geführten Beweise blickt. Zwar was Corssen behauptet (Diss. S. 6)
die Unsterblichkeit werde 40 f. nur vorausgesetzt, nicht wie
erforderlich war bewiesen, halte ich durch eine frühere Erörterung (S. 355 ff.) für widerlegt. Aber wenn Cicero hiernach vor dem Vorwurf, er habe zu wenig oder zu spät bewiesen, geschützt ist, so scheint er damit nur dem anderen
zu verfallen dass er im Beweisen des Guten zu viel gethan
oder doch die Beweise für die Unsterblichkeit nicht in der
gehörigen Weise zusammengestellt habe. Denn nachdem 40
die Unsterblichkeit mit Hilfe des Gesetzes der Aehnlichkeit
bewiesen worden war und auf Grund dieses Beweises das
Folgende, namentlich von 43 an, mit den Zuständen der
Seele nach dem Tode sich beschäftigt hatte, wird wider alles
Erwarten der Beweis der Unsterblichkeit den das Vorhergehende als erledigt voraussetzte von 53 an aufs Neue und
zwar mit mehr und stärkeren Argumenten geführt. Sollen
wir daher annehmen dass Cicero auch hier zwar die Argumente selber seiner griechischen Quelle entnommen, deren
Ordnung aber verändert d. i. verkehrt habe? Eine schärfere
Betrachtung nöthigt uns diese Frage zu verneinen. Sehen
wir nämlich genauer zu, so stellt sich heraus dass der erste
Beweis der Unsterblichkeit zwar das Fortleben der Seele
nach dem Tode begründet, keineswegs aber die unbegrenzte
Dauer desselben in sich schliesst: denn wenn mit der Trennung vom Leibe die Seele zu den ihr verwandten Elementen

---

Beachtung weil dieser Philosoph unmittelbar vorher, wie wir gesehen
haben, in dem Abschnitt über das Bestatten genannt und benutzt
worden war.

und Regionen zurückkehren soll so ist zwar ein gewisses Fortleben der Seele dadurch gesetzt, gleichzeitig aber die Möglichkeit offen gelassen dass dieses Leben in dem Augenblick wo jene Vereinigung der Seele mit den ihr ähnlichen Elementen vollzogen ist oder auch einige Zeit nachher doch noch erlischt; weshalb auch 42 für die Ansicht des Panaitios (Ita sive dissipantur, procul a terris id evenit) Raum bleibt, was nicht der Fall gewesen wäre wenn das Vorhergehende bereits den Beweis für die Unsterblichkeit im Sinne einer unbegrenzten Fortdauer geliefert hätte. An dem Beweis bloss einer Fortdauer überhaupt lässt Cicero es sich vorläufig genügen und deutet diess dadurch an dass er auf Grund desselben die Zustände der den Leib überdauernden Seelen schildert. Erst hiernach, vielleicht gemahnt durch die Einwürfe der Gegner (50 f.), entschliesst er sich abermals einen Beweis für die Unsterblichkeit anzutreten, der aber nicht mehr bloss die Fortdauer sondern auch deren Unbegrenztheit betrifft.[1] Insofern also dieser neue Beweis eine Steigerung des früheren ist, steht er hier ganz an seinem Platze. Als eine solche gibt er sich aber auch noch darin zu erkennen dass während der frühere nur die Existenz der Seele nach dem Tode ins Auge fasste, er auch die Präexistenz berücksichtigt und somit den Beweis der Unsterblichkeit zu einem der Ewigkeit erweitert.[2] Um jeden Verdacht gegen diese Annahme als sei sie zu künstlich zu beseitigen

---

[1] Diess gilt sowohl von der Argumentation die auf die Seele als das Princip aller Bewegung hinweist wie von der hierauf folgenden die ihr eine göttliche Natur zu vindiciren sucht.

[2] Eben darum ist auch die Widerlegung der Stoiker und des Panaitios 77 ff. besser an ihrem Platze als sie etwa 42 ff. sein würde: denn obgleich hier ebenfalls von Beiden die Rede ist so steht doch hier Cicero selber noch auf dem Standpunkt dass er überhaupt nur eine Fortdauer der Seele behauptet und konnte deshalb gegen die Ansichten der Stoiker oder des Panaitios nichts einzuwenden haben.

weise ich darauf hin dass ein solches vorläufiges Ausruhen
auf einem Beweise und darauf folgendes weiteres Fortschreiten
und zwar bei Erörterung desselben Problems sein Vorbild
im platonischen Phaidon hat. Denn nachdem hier die vul-
gäre Meinung als ob die Seele mit dem Tode sich auflöse
widerlegt und bewiesen ist dass die Seele den Körper ge-
raume Zeit überdauert,[1]) verweilt Sokrates bei der Betrachtung der Schicksale welche die Seelen nach dem Tode erwarten (81 A ff.) und wird erst durch die Bedenken des
Simmias und namentlich des Kebes bestimmt einen neuen
Anlauf zu nehmen der ihn dazu führt die Ewigkeit der Seele
endgiltig festzustellen.[2]) Ob eine solche Anordnung der Ge-

---

[1]) Dass nur diess und nicht mehr das Ergebniss der vorangehenden
Untersuchung ist, kann man schon p. 80 B angedeutet finden in den
Worten: Τί οὖν; τούτων οὕτως ἐχόντων ἆρ' οὐχὶ σώματι μὲν ταχὶ
διαλύεσθαι προσήκει, ψυχῇ δὲ αὖ τὸ παράπαν ἀδιαλύτῳ εἶναι ἢ ἐγ-
γύς τι τούτου; Bestimmter ergibt es sich aus dem Einwand des
Kebes (86 E): dass man noch immer auf demselben Flecke stehe und
des Fortlebens nach dem Tode nicht gewiss sei; denn bewiesen sei
höchstens dass die Seele mehrere Körper, nicht aber dass sie alle
und gerade den gegenwärtigen überdauere.

[2]) Nicht bloss die Stufen über welche die Untersuchung aufsteigt, sondern auch die Mittel durch welche dieselben erreicht werden sind bei Cicero und Platon ähnliche. Bei Beiden kommt innerhalb der Untersuchung die sich auf die Fortdauer der Seele über die
Verbindung mit dem Körper hinaus bezieht das Gesetz der Aehnlichkeit zur Verwendung (Phaidon p. 80 D. 81 A) und nur der Unterschied
besteht dass dasselbe bei Cicero den ganzen Beweis ausfüllt während
es bei Platon nur neben einem anderen Grunde hergeht. Dieser
andere Grund ist die Einfachheit der Seele vermöge deren sie nicht
wie der zusammengesetzte Körper sich in ihre Elemente auflösen
kann. Bei Cicero wird derselbe zwar nicht besonders hervorgehoben,
scheint aber doch auch nicht gänzlich zu fehlen da 42 gegen die
Atomistiker die die Seele aus Atomen zusammensetzten protestirt
wird. Was sodann die zweite Stufe der Untersuchung betrifft, so
wird die Ewigkeit der Seele bei Platon daraus gefolgert dass von

danken in einer derartigen Untersuchung sich jedem von
selbst ergeben würde ist mir fraglich und darum wahrscheinlich dass wir es mit einer Nachbildung des Phaidon zu thun
haben wie wir sie dem Platoniker Philon wohl zutrauen
dürfen. Dass Cicero selbst den Platon in dieser Beziehung
nachgeahmt habe, ist deshalb nicht glaublich weil er dann
den bezeichneten Gedankengang in seiner Darstellung wohl
deutlicher hätte hervortreten lassen. Statt dessen trägt er
vielmehr selber die Schuld wenn derselbe bisher seinen Er-
klärern verborgen blieb: denn obgleich er die Gedanken
nach dem angegebenen Princip geordnet hat, so hat er selber
doch nicht nur nirgends dieses Princip als das maassgebende
bezeichnet, sondern es noch mehr verdunkelt wenn er einmal durch das Gesetz der Aehnlichkeit die Ewigkeit der
Seele (aeternitas 39) für bewiesen hält.

Der Gang der bisherigen Untersuchung ist der gewesen
dass wir zuerst die Ansprüche des Poseidonios als Quellenschriftsteller zu gelten zurückgewiesen, sodann diejenigen
Philons begründet und endlich es unwahrscheinlich gemacht
haben dass Cicero selbständig eine nicht-skeptische Schrift
im skeptischen Sinne verarbeitet habe. Wenn wir uns nun
nach anderen Mitteln umsehen um die gefundenen Resultate
zu befestigen so können wir dieselben nur von den folgenden Büchern der Tusculanen erwarten: denn mag auch die
Untersuchung bisweilen zu anderen Ergebnissen führen, die
nächste Annahme bleibt doch dass die einzelnen Theile eines
Werkes die denselben philosophischen Standpunkt zeigen und
verwandten Inhalt haben nicht aus verschiedenen sondern
aus derselben Quelle geschöpft sind.

---

dem Begriffe der Seele die Idee des Lebens unzertrennlich ist: zu
dem gleichen Schlusse kommt Cicero indem er in der Seele das
Princip aller Bewegung erkennt, d. h. von demselben Gedanken nur
in anderer Fassung ausgeht.

2. Das zweite Buch.

Durch die zum Schluss der letzten Abhandlung ausgesprochene Vermuthung dass die folgenden Bücher der Tusculanen aus derselben Quelle geschöpft seien wie das erste
und indem man für letzteres die Resultate der Corssenschen
Untersuchung anerkannte hat man sich in neuester Zeit ver-
leiten lassen[1]) Poseidonios als Ciceros Gewährsmann für das
zweite Buch anzusehen. Mit dieser neusten stimmen die
früheren Meinungen die die Quelle die einen in einer Schrift
des Antiochos[2]) die anderen in einer des Chrysippos[3]) suchten insofern überein als sie ebenfalls daran festhalten dass
Cicero den Inhalt seiner Darstellung einem dogmatischen
Philosophen verdanke. Lassen wir diese letztere Voraussetzung gelten, so müssen wir von vornherein geneigt sein
dem Ergebnisse der neusten Untersuchung ein grösseres Zutrauen zu schenken eben weil sie die neuste ist und nicht —
und zumal nicht in derselben Richtung, auf einen dogmatischen Philosophen hin — unternommen werden durfte wenn
ihr Urheber nicht in dem Glauben gestanden hätte an die
Stelle der nicht vollkommen befriedigenden Resultate seiner
Vorgänger endlich ein sicheres und abschliessendes setzen
zu können. Auf der anderen Seite freilich, da eben diese
Untersuchung an die Abhandlung Corssens anknüpft und
deren Ergebniss über die Quellen des ersten Buches uns
keineswegs so sicher erschienen ist um als Fundament weiterer Forschungen zu dienen, erregt sie auch wieder Zweifel

---

[1]) Poppelreuter Quae ratio intercedat inter Posidonii περὶ παθῶν πραγματείας et Tusculanas disputationes Ciceronis. Bonn. Diss.
1883.

[2]) Heinze Stoic. de affect. doctr. Berlin 1860. S. 2.

[3]) Bake Posidon. Rhod. rel. S. 196. Heine de fontib. Tusc. disp.
Zietzschmann de Tusc. disp. font.

gegen sich und fordert somit aus einem doppelten Grunde
zur näheren Prüfung auf.

Ein Umstand scheint sich der Hypothese die in einer
Schrift des Poseidonios Ciceros Quelle findet entgegenzustellen, dass nämlich zweimal Lehren vorgetragen werden
die wenigstens zunächst mit den sonst bekannten Ansichten
des Stoikers sich nicht vereinigen lassen. Die eine Lehre
ist die wonach der Affekt in Folge dessen wir dem Schmerze
zu viel nachgeben im Wesentlichen nur auf einer verkehrten
Meinung (opinio) beruht (52); gerade gegen diese Ansicht
aber hatte sich Poseidonios erklärt und zwar ebenso gegen
Chrysipps Nuancirung derselben welche den Affekt mit der
Meinung identifizirte wie gegen die Zenons wonach die Affekte
aus gewissen Meinungen entspringen (Zeller III 1 S. 580, 4).
Die andere Lehre betrifft den Begriff von Gut und Uebel,
den die Stoiker auf das Psychische und Moralische beschränkten, den aber Cicero in peripatetisch-akademischer Weise
weiter ausgedehnt hat sodass er Leibliches und Aeusseres
zu umfassen vermag (30). Halten wir uns zuerst an diesen
letzteren Widerspruch, so scheint er sich dadurch zu lösen,
dass auch Poseidonios mit den Namen Gut und Uebel es
nicht zu genau nahm und gelegentlich solche Dinge damit
bezeichnete die nach streng stoischer Vorstellung es nicht
verdienten (s. darüber Theil II S. 261 ff.). Wer hiernach
glauben wollte dass Ciceros laxere Auffassung von Gut und
Uebel keine andere als die des Poseidonios sei würde sich
indessen eines Missverständnisses schuldig machen. Während
Cicero nämlich den Unterschied von Gütern und sogenannten
Proegmena als einen begrifflichen und wesentlichen überhaupt nicht anerkannte sondern ihn nur als einen graduellen
gelten liess, hatte Poseidonios denselben keineswegs geleugnet
und war nur hin und wieder in populärer Darstellung von
der stoischen Terminologie abgewichen. Diess habe ich

früher ausführlicher nachgewiesen.' Hier genügt es daran
zu erinnern dass Cicero selber und zwar in unserem zweiten
Buche den Poseidonios sich zur gemein stoischen Lehre bekennen lässt die den Schmerz nicht etwa zu einem geringen
Uebel herabdrückte sondern gar nicht als solches anerkannte
(61). Und doch soll Cicero gleichzeitig eine Schrift dieses
Philosophen vorgelegen haben, in der dieser die Wahrheit
jener stoischen Lehre so nachdrücklich bestritten hatte! Nicht
viel besser steht es mit der Lösung des anderen Widerspruchs die man versucht hat.[1]) Derselbe, hat man gesagt,
verschwindet sobald man nur „opinio", nicht in der Bedeutung von Meinung oder Urtheil nimmt in welcher es dem
griechischen κρίσις entspricht sondern allgemeiner als Vorstellung fasst; denn dass die Affekte durch Vorstellungen
erregt werden und daher bis zu einem gewissen Grade mit
ihnen identisch sind habe Poseidonios nicht leugnen wollen.
Welcher Art diese Vorstellungen sind, sollen wir aus Cicero
de div. I 60 lernen wo wir unter anderem Folgendes lesen:
„itaque huic omnia visa obiciuntur a mente ac ratione vacua,
ut aut cum matre corpus miscere videatur aut cum quovis
alio vel homine vel deo, saepe belua, atque etiam trucidare
aliquem et impie cruentari multaque facere impure atque
taetre cum temeritate et impudentia". Dass nun Poseidonios
von derartigen Vorstellungen oder Bildern die niederen Seelenkräfte erregt werden liess, will ich nicht bestreiten wenn
auch der mich bestimmende Grund nicht die ciceronischen
Worte sondern die für Jeden offen liegende Natur der Sache
ist; bestreiten muss ich dagegen dass um solche Vorstellungen
zu bezeichnen Cicero das Wort „opinio" wählen konnte und
nicht ein Wort wie visum, imago oder ein ähnliches gesetzt
haben würde. Zwar wird wer diess zu bestreiten wagt auf

---

[1]) Poppelreuter a. a. O. S. 13 f.

Cicero de fin. II 13 und die dort sich findenden Worte
„animi sine ratione opinantis" verwiesen. Aber mit Unrecht.
Denn der Geist „sine ratione" ist keineswegs ein solcher
dem das höchste Seelenvermögen und damit auch die Ur-
theilskraft fehlt in welchem Falle allerdings das „opinari"
auf Vorstellungen bezogen werden müsste deren auch die
niederen Seelenkräfte fähig sind: sondern er ist einer dessen
höchstes Seelenvermögen entartet ist, der wohl urtheilt aber
falsch und unvernünftig urtheilt; ratio darf also nicht im
psychologischen sondern muss im moralischen Sinne genommen werden.[1]) Aber auch zugegeben dass „opinio" die angenommene Bedeutung haben könne, so wird dieselbe doch an
unserer Stelle durch den Zusammenhang ausgeschlossen, der
jeden aufmerksamen Leser lehrt dass „opinio" nicht ein von
der Einbildungskraft hervorgerufenes Bild sondern eine Meinung bedeutet der zufolge der Schmerz ein unerträgliches
Uebel ist. Der Widerspruch in dem die ciceronische Stelle
mit den sonst bekannten Ansichten Posidons steht behält

---

[1]) Dieser Hinweis auf die richtige Auffassung würde genügen,
auch für den der sich nicht die Mühe nähme die Worte in ihrem
Zusammenhang nachzulesen. Wer diess aber thut der wird erstau-
nen dass man überhaupt dieselben so missverstehen konnte. In ihrem
Zusammenhang stellen sie nämlich eine Definition der „voluptas" vor
die folgendermassen lautet: sublatio animi sine ratione opinantis se
magno bono frui. Hier wird ausdrücklich der Inhalt des „opinari"
angegeben und wir sehen daraus dass derselbe nicht in der Vorstellung eines Bildes besteht die zu erzeugen auch die niederen Seelenkräfte für sich allein im Stande sind sondern in einem Urtheil dass
diess oder jenes ein grosses Gut sei, also in etwas das nicht aus der
Einbildungskraft oder gar aus Begierden und Leidenschaften sondern
nur aus dem denkenden Theil der Seele abgeleitet werden kann.
Zur Kenntniss der eigenthümlichen Lehre Posidons durfte jene Stelle
auch darum nicht benutzt werden, weil sie vielmehr auf der entgegengesetzten chrysippischen Anschauung beruht. Diess erkennt
man wenn man de fin. III 35 vergleicht.

daher seine volle Kraft und hindert uns in Verbindung mit
dem vorher besprochenen in dem genannten Stoiker Ciceros
griechischen Gewährsmann für das zweite Buch der Tusculanen zu sehen. [1] — Ist hiermit der Anspruch Posidons
zurückgewiesen so treten gleichzeitig die der Uebrigen wieder hervor. Unter diesen muss Chrysipp gleich von der
Schwelle abgewiesen werden, da eine solche Kritik wie sie
an der stoischen Lehre vom Uebel geübt wird (30 und 42)
und die damit zusammenhängende Bevorzugung der peripa-
tetisch-akademischen Ansicht (45) methodischer Weise ebenfalls aus der griechischen Quelle abgeleitet werden muss,
diese aber dann nicht eine Schrift jenes Stoikers gewesen
sein kann. So bleibt nur noch Antiochos übrig, dessen Ansprüche durch die eben hervorgehobenen Punkte der Lehre
ebenso sehr unterstützt werden als diejenigen Chrysipps dadurch vernichtet wurden. Und allerdings wird eine Schrift
dieses Akademikers solange als die Quelle gelten müssen als
man an der Voraussetzung festhält dass diese Quelle die
Schrift eines dogmatischen Philosophen war. Was nöthigt
uns aber zu dieser letzteren Annahme?

Schon bei der Untersuchung über das erste Buch haben
wir uns durch die Winke leiten lassen die Cicero selbst über
seinen philosophischen Standpunkt gibt und hieraus auf den
philosophischen Standpunkt auch seiner Quelle geschlossen.
Verfahren wir nun nach dieser bewährten Methode auch
jetzt, so kommen wir zu dem gleichen Ergebniss dass nämlich die Quelle die Schrift eines akademischen Skeptikers

---

[1] Aus demselben Grunde kann auch Panaitios nicht als Gewährsmann Ciceros gelten und kann deshalb Zietzschmanns Vertheidigung dieser Ansicht (de Tuscul. disp. font. S. 11) zurückgewiesen
werden ohne dass es nöthig wäre auf dessen positive Argumente hier
noch besonders einzugehen, über welche übrigens zu vergleichen ist
Theil II S. 631 f.

war (1, 4. 2, 4). Ja die ausdrücklichen Hindeutungen Ciceros auf seine Quelle reichen sogar im zweiten Buche noch weiter: denn während sie im ersten nicht über die Bezeichnung eines akademischen Skeptikers hinausgingen, weisen sie im zweiten bestimmter auf Philon, auf den im ersten Buche andere Indicien nur vermittelst eines Schlusses hinführten, den aber im zweiten Cicero nicht nur bei der Verlegung der Disputationen auf die Nachmittage [1]) sondern auch bei der Einfügung von Versen in die philosophische Darstellung [2]) als seinen Vorgänger und sein Vorbild nennt. Diese Hindeutungen werden aber wie beim ersten Buche so auch diessmal durch die Beschaffenheit der Darstellung selber vollkommen bestätigt, da dieselbe in der Hauptsache den angekündigten skeptischen Standpunkt streng festhält. In echt akademischer Weise lässt Cicero zunächst eine Behauptung aufstellen um diese sodann zu bestreiten (14). Diese Behauptung ist dass der Schmerz das grösste Uebel sei. In der Bekämpfung stösst er vor Allem mit Epikur zusammen (16 ff.), den er besonders dadurch widerlegt dass er ihn eines

---

[1]) 9: Nostra autem memoria Philo quem nos frequenter audivimus instituit alio tempore rhetorum praecepta tradere alio philosophorum. Ad quam nos consuetudinem a familiaribus nostris adducti in Tusculano quod datum est temporis nobis in eo consumpsimus. Itaque cum ante meridiem dictioni operam dedissemus sicut pridie feceramus, post meridiem in Academiam descendimus.

[2]) 26: (A.) Interea unde isti versus? non enim adgnosco. M. Dicam hercle; etenim recte requiris. Videsne abundare me otio? A. Quid tum? M. Fuisti saepe, credo, cum Athenis esses, in scholis philosophorum. A. Vero ac libenter quidem. M. Animadvertebas igitur, etsi tum nemo erat admodum copiosus, verumtamen versus ab eis admisceri orationi. A. Ac multos quidem a Dionysio Stoico. M. Probe dicis. Sed is quasi dictata, nullo delectu, nulla elegantia; Philo et proprium numerum et lecta poëmata et loco adjungebat. Itaque postquam adamavi hanc quasi senilem declamationem studiose equidem utor nostris poetis etc.

Widerspruchs mit sich selber überführt (vgl. 44 f. 28): denn auch dieser Philosoph hatte zugegeben dass der Schmerz ertragen werden könne und infolge dessen unserer Glückseligkeit nicht hinderlich sei. Indem Cicero so sich von der epikurischen Moral abwendet, fällt er doch keineswegs einem Dogmatiker in die Arme sondern bewahrt sich seine skeptische Unpartheilichkeit. Dass er hierbei die strengere stoische Auffassung der Güter und Uebel als eitle Wortklauberei verwirft (29 f. 42), bringt ihn mit der Skepsis, wenigstens wie sie historisch innerhalb der Akademie einmal geworden war, nicht in Widerspruch da dasselbe Urtheil über den Unterschied der stoischen und peripatetischen Moral schon Karneades gefällt hatte (Theil II 643, 1). Aber auch von diesem letzteren Umstand abgesehen vergibt Cicero durch diese Bevorzugung der peripatetischen Moral seinem Skepticismus Nichts. Diess würde erst dann der Fall sein wenn er mit Entschiedenheit erklärt hätte dass der Schmerz ein Uebel sei. Statt dessen tadelt er an den Stoikern nicht dass sie diess leugneten — denn ob sie damit Recht oder Unrecht haben, will er unentschieden lassen[1]) — sondern

---

[1]) 42: sitne igitur malum dolere necne, Stoici viderint qui contortulis quibusdum et minutis conclusiunculis nec ad sensus permanantibus effici volunt non esse malum dolorem. Ego illud quicquid sit tantum esse quantum videatur·non puto falsaque ejus visione et specie moveri homines dico vehementius doloremque omnem esse tolerabilem. Dieselbe Meinung wird auch in folgenden Worten (46) angedeutet: volo autem dicere illud homini longe optimum esse quod ipsum sit optandum per se, a virtute profectum vel in ipsa virtute situm, sua sponte laudabile; quod quidem citius dixerim solum quam non summum bonum. Noch zum Schluss (66) bleibt er dabei zwischen der stoischen und peripatetischen Ansicht die Wahl zu lassen: debeas existimare aut non esse malum dolorem aut etiam si quicquid asperum alienumque natura sit id appellari placeat malum, tantulum tamen esse ut a virtute ita obruatur ut nusquam appareat.

dass sie überhaupt eine solche Frage aufgeworfen hätten
deren Beantwortung für die praktische Moral ganz gleichgiltig sei. [1]) Es ist ihm überhaupt nicht so sehr um die
Erforschung der Wahrheit als um die Erzielung praktischer
Resultate in der Moral zu thun [2]): dahin gehört es dass die
Nothwendigkeit den Schmerz zu ertragen aus der Unmöglichkeit anderenfalls die Tugend aufrechtzuhalten gefolgert
wird (31 f.). Was er zu zeigen versucht ist dass der Schmerz
ertragen werden müsse und wie er ertragen werden könne:
des Dogmatischen bedarf er um diesen Zweck zu erreichen
nur sehr wenig. Er spricht von Forderungen unserer Natur und erkennt dieselben an, insbesondere die welche auf
ein tugend- und ehrenhaftes Verhalten dringt (46. 58): auf
die Forderungen der Natur hatte aber auch Karneades gehört und ihre Rechtmässigkeit nicht bezweifelt, wenn er die
Frage nach dem Naturgemässen (κατὰ φύσιν) erörterte. Er
schliesst sich der in der akademisch-peripatetischen Schule
und bis in die stoische hinein verbreiteten Eintheilung der
Seele in eine vernünftige und vernunftlose an (47); vergibt
aber dadurch seinem Skepticismus um so weniger weil er
diese Eintheilung in der Hauptsache nur für eine im Interesse der praktischen Moral gemachte erklärt und deshalb
von jeder näheren Bestimmung der beiden Theile absieht. [3])

---

[1]) Von diesem Standpunkt war es daher noch besonders nicht
inconsequent, wenn er unter den moralischen Vorbildern auch Stoiker
anführte (60 f.). Eine andere Frage ist ob er auch diese Beispiele
seiner griechischen Quelle entnommen hat; was wenigstens Posidon
betrifft so wird er was er über ihn erzählt wohl aus seinem Gedächtniss genommen haben.

[2]) 28: hoc ipsum (majus esse malum dedecus quam dolorem) si
tenebis, intelleges quam sit obsistendum dolori; nec tam quaerendum
est, dolor malumne sit, quam firmandus animus ad dolorem ferendum.

[3]) A. a. O.: quamquam hoc nescio quomodo dicatur, quasi duo
simus ut alter imperet alter pareat; non inscite tamen dicitur.

Endlich setzt die verkehrte Meinung (opinio) die uns gegen
den Schmerz zu nachgiebig macht (52) zwar ein Gegentheil
voraus, dieses Gegentheil muss aber nicht eine wahre Meinung sein sondern ist zunächst nur eine solche die die ge-
wünschte moralische Wirkung hat, d. h. die Meinung dass
der Schmerz ertragen werden kann wird deshalb empfohlen
weil sie zweckentsprechend ist und uns im Ertragen von
Schmerzen stärkt, nicht weil sie als absolut und objektiv
richtig gilt.

Aus dem Gesagten ergibt sich von selber der Schluss
dass eine Schrift Philons die Quelle des zweiten Buches ist.
Erleichtert wird derselbe dadurch dass auf das enge Band
hingewiesen wird welches den Inhalt des zweiten Buches mit
dem des ersten verknüpft: denn die Verachtung des Todes
die das letztere zu begründen suchte wird für eine Wirkung
der nämlichen Tugend, der Tapferkeit, erklärt aus der auch
die Verachtung des Schmerzes entspringt (43). Eine weitere
Bestätigung dieses Resultats können wir nur von den Untersuchungen über die folgenden Bücher erwarten.

3. Das dritte Buch.

Wenn wir nach der Quelle dieses Buches fragen, so
tritt uns abermals zunächst Poseidonios entgegen weil seine
Ansprüche zuletzt einen Vertheidiger gefunden háben.[1] Aber
als wenn es gegolten hätte diesem einmal in Mode gekommenen Philosophen auch hier.einen Platz zu verschaffen, ist
diese Vertheidigung aufs Gewaltsamste und so zu Werke gegangen dass sie die Zustimmung eines unpartheiischen Rich-
ters schwerlich finden wird. Eine Schrift des Poseidonios,

---

[1] Poppelreuter Quae ratio intercedat inter Posidonii περὶ παθῶν πραγματείας et Tusculanas disputationes Ciceronis. Bonn 1883.

frägt man erstaunt, soll die Quelle einer Darstellung gewesen sein, die zum guten Theil auf dem Satze ruht dass aller Kummer (aegritudo) nicht in der Natur oder den Dingen sondern lediglich in einer gewissen Meinung (opinio) begründet ist, — einem Satze den nach Galens Mittheilungen Chrysipp aufgestellt Posidon aber aufs Heftigste bekämpft hatte? Und man wird mit der Gegenfrage abgespeist: Warum denn nicht, wenn der eine Stoiker doch unter „Meinung" etwas anderes verstand als der andere? Nun wäre es aber gewiss auffallend wenn Posidon erst die Lehre Chrysipps bekämpft und dann doch seine eigene abweichende Ansicht in dieselben Worte gefasst hätte so dass sie äusserlich betrachtet der von ihm bekämpften vollkommen gleich war, doppelt auffallend wenn er diess in einer und derselben Schrift ($\pi\epsilon\varrho\grave{\iota}$ $\pi\alpha\vartheta\tilde{\omega}\nu$) gethan hätte. Man könnte darin nur entweder eine Arroganz sehen die es verschmäht dem Leser das Verständniss irgendwie zu erleichtern oder eine pädagogische Absicht wittern die seine Aufmerksamkeit auf ein äusserstes gar nicht zu verlangendes Maass spannen möchte. Statt aber hiernach im Allgemeinen über die erwähnte Hypothese abzuurtheilen prüfen wir sie lieber etwas näher. Posidon soll sich ihr zufolge hinter Cicero verstecken: die Auffassung vom Wesen des Kummers (aegritudo $\lambda\acute{\nu}\pi\eta$ 61) die wir bei diesem finden wird daher dieselbe sein die schon der Stoiker vertreten hatte, da sie durch die ganze Darstellung festgehalten wird.[1] Alle Elemente dieser Auffassung finden wir am vollständigsten in folgender Definition zusammengefasst (25): aegritudo est opinio magni mali praesentis et quidem recens opinio talis mali ut in eo rectum videatur esse angi; id autem est ut is qui doleat oportere opinetur se dolere. Wie nun Chry-

---

[1] 2. 23 ff. 26. 61. 62. 64. 65. 28, 66. 68. 70. 28, 71. 72. 30, 73 (culpa). 31, 74. 75. 80. 82.

sipp den Kummer definirt hatte, sagt uns Galen de placit.
Hipp. et Plat. p. 416 K, nämlich als δόξα πρόσφατος τοῦ
κακὸν παρεῖναι. Gegen diese Definition hatte aber Posidon
wie uns derselbe Gewährsmann sagt polemisirt. Sollte er
nichtsdestoweniger der Urheber der aus Cicero angeführten
Definition sein, so müsste man auf den zweiten Theil derselben „talis mali ut in eo" etc. besonderes Gewicht legen
und hierin einen für Posidons Ansicht charakteristischen Zusatz erblicken; denn dieser Zusatz fehle in der von Galen
mitgetheilten Definition Chrysipps. Bestätigt könnte man
sich in dieser Vermuthung dadurch finden dass Cicero an
einer anderen Stelle (61) auf Chrysipp zunächst nur die Definition des Kummers als „opinio et judicium magni praesentis atque urgentis mali" zurückzuführen und was er sodann (62) hinzufügt „sed ad hanc opinionem magni mali
cum illa etiam opinio accessit oportere, rectum esse, ad officium pertinere ferre illud aegre quod acciderit" aus einer
anderen Quelle zu schöpfen scheint. Dass indessen diese
beiden Argumente trügerischer Schein sind und jener Zusatz
schon von Chrysipp gemacht war, lehrt deutlich folgende
Bemerkung Ciceros (76): Chrysippus caput esse censet in
consolando detrahere illam opinionem maerenti si se officio
fungi putet justo atque debito. Ciceros Definition des Kummers stimmt also mit derjenigen Chrysipps nicht bloss darin
überein dass sie beide ihn als eine blosse Meinung bezeichnen sondern auch darin dass sie den Inhalt dieser Meinung
in derselben Weise bestimmen. Daran also dass jene Definition von Posidon herrühre oder dessen Auffassung wieder-
gebe, kann hiernach nicht mehr gedacht werden. Selbst die
Ausflucht ist jetzt abgeschnitten, dass Posidon zwar nicht
das Wesen des Kummers in ein Meinen gesetzt, ihn aber
für die Wirkung oder Folge eines solchen erklärt habe:
denn die ciceronischen Worte setzen eben die Identität bei-

der voraus. Und überdies ist zu dieser Ausflucht zu greifen
schon darum nicht erlaubt weil ja Posidon mit der chrysippischen zugleich auch die Ansicht Zenons verworfen hatte
deren Eigenthümlichkeit im Gegensatz zu jener eben darin
bestand dass sie die Leidenschaften nicht mit gewissen Meinungen für identisch sondern nur als die Folgen derselben
ansah. [1]) Posidon hielt nicht die Leidenschaften für eine
Folge gewisser Meinungen sondern umgekehrt diese für eine
Wirkung jener. [2]) — Aus diesem stoischen Grunddogma, das

---

[1]) Galen de plac. Hipp. et Plat. p. 429 K: Χρύσιππος μὲν — —
— — Ζήνων δὲ οὐ τὰς κρίσεις αὐτὰς ἀλλὰ τὰς ἐπιγινομένας αὐταῖς
συστολὰς καὶ διαχύσεις ἐπάρσεις τε καὶ πτώσεις τῆς ψυχῆς ἐνόμιζεν
εἶναι τα πάθη.

[2]) Diess ergibt sich aus Galen a. a. O. p. 463 K: ὁ Ποσειδώνιος — — δεικνύναι πειρᾶται πασῶν τῶν ψευδῶν ὑπολήψεων τὰς
αἰτίας ἐν μὲν τῷ θεωρητικῷ διὰ τῆς παθητικῆς ὁλκῆς γίνεσθαι,
προηγεῖσθαι δὲ αὐτῆς τὰς ψευδεῖς δόξας ἀσθενήσαντος περὶ τὴν κρί-
σιν· τοῦ λογιστικοῦ· γεννᾶσθαι γὰρ τῷ ζῴῳ τὴν ὁρμὴν ἐνίοτε μὲν
ἐπὶ τῇ τοῦ λογιστικοῦ κρίσει, πολλάκις δὲ ἐπὶ τῇ κινήσει τοῦ παθη-
τικοῦ. Hier wird zuerst behauptet dass alle falschen Meinungen
durch den Einfluss der niederen Seelenkräfte auf das Urtheilsvermögen entstehen, danach aber auch den Meinungen ein Einfluss auf
die niederen Seelenkräfte eingeräumt. Beides steht mit einander
nicht in Widerspruch sodass wir deswegen nöthig hätten zwischen
δόξα und ὑπόληψις einen feineren technischen Unterschied anzunehmen — eine Annahme die sich überdiess mit Posidons Bestreben sich
von einer engen Terminologie möglichst frei zu machen (s. Theil II
S. 382 ff.) schwer vereinigen lässt und durch den sonst bei Galen
a. a. O. (S. 394, 9. 15. ed. Müller. 395, 2. 398, 10. Vgl. auch 435,
11. 403, 2) eingehaltenen Sprachgebrauch geradezu widerlegt wird.
Der Sinn ist vielmehr dass das urtheilende Vermögen im Menschen,
die Vernunft, zwar durch die niederen Seelenkräfte zu falschen Meinungen verführt und somit verderbt wird, dass es aber auch in dieser Verderbniss und mit diesen falschen Meinungen nicht ganz auf-
hört sein ursprüngliches Herrscherrecht an den niederen Seelenkräften auszuüben: denn, wie ausdrücklich hervorgehoben wird, bisweilen
entsteht das Streben (ὁρμή) des Menschen infolge eines Beschlusses

die Leidenschaften sei es für wesensgleich mit gewissen Meinungen sei es für eine Folge derselben erklärte und somit
auf jeden Fall in der engsten Weise von ihnen abhängig
machte, ergaben sich nun weitere Consequenzen die die
Schule nicht verfehlt hat zu ziehen. Ist die Natur der Leidenschaften nämlich die angegebene, so folgt dass dieselben
nicht dem Menschen angeboren sein und dem Keime nach
von Anfang in ihm liegen können sondern in derselben Weise
wie andere Meinungen in ihm entstanden d. h. entweder von
anderen Menschen fertig auf ihn übertragen oder aus selbst-
ständiger Betrachtung der Dinge geschöpft sein, unter allen
Umständen also von aussen stammen müssen. Diese beiden
wurden in der That als die Quellen aller Sittenverderbniss
von den Stoikern bezeichnet, [1]) und dass den Keim des Bösen

---

des urtheilenden Vermögens. Offenbar hat hierbei Posidon verderbte
Menschen im Auge, deren Leben zwar im Ganzen seine Motive aus
den niederen Seelenkräften schöpft, die aber nichtsdestoweniger im
Einzelnen oft eine grosse Selbstbeherrschung zeigen; Menschen die
zwar die Hauptziele ihres Handelns unter dem Einfluss der niederen
Seelenkräfte wählen, beim Streben dieselben zu erreichen aber sich
lediglich an das Urtheilsvermögen und seine Entscheidungen binden
und nach Maassgabe derselben die sinnlichen Neigungen und Leidenschaften oftmals unterdrücken. Dass diess der wahre Sinn der Worte
Galens ist, kann auch so nicht verkannt werden; noch deutlicher
würde derselbe freilich hervortreten wenn vor dem ἀσθενήσαντος
περὶ τὴν κρίσιν ein καὶ stünde. Diese Erklärung reinigt nicht bloss
die Ueberlieferung über Posidon von einem scheinbaren Widerspruch
sondern macht auch die fraglichen Worte zu einem klaren Zeugniss
dafür dass der genannte Stoiker die δόξα für eine Aeusserung ausschliesslich der höchsten Seelenkraft und nicht wie man behauptet
hat (vgl. S. 408 ff.) auch der niederen Vermögen hielt. Hiermit erledigen sich die Bedenken die ich selber früher (Theil II S. 591, 1)
gegen die Ueberlieferung der Galenschen Worte geäussert habe.

[1]) Diogenes L. VII 89 theilt als stoische Ansicht mit: διαστρέ-
φεσθαι δὲ τὸ λογικὸν ζῷον ποτὲ μὲν διὰ τὰς τῶν ἔξωθεν πραγμα-
τειῶν πιθανότητας ποτὲ δὲ διὰ τὴν κατήχησιν τῶν συνόντων· ἐπεὶ

der Mensch nicht von der Natur sondern erst von seiner
Umgebung empfangen hat, diesen Gedanken spricht auch
Cicero zu Anfang des uns hier interessirenden Buches sehr
nachdrücklich aus.[1]) Man muss sich recht klar machen
worin die Uebereinstimmung Ciceros mit den Stoikern beruht. Wäre sie nämlich auf die Meinung beschränkt dass
die Umgebungen eines Menschen der Sittlichkeit desselben
schaden können, so würde sie für uns bedeutungslos sein da
diess eine offenbare Wahrheit ist die keinem Philosophen
entgehen konnte und über die daher die verschiedensten
einig sein mussten. Nun erstreckt sich aber jene Uebercin-
stimmung weiter darauf dass die Ursachen der Sittenverderbniss nicht bloss bisweilen oder meistens sondern immer und
ausschliesslich ausser uns, niemals aber in der inneren ursprünglichen Natur des Menschen liegen sollen. Erst so wird
sie für die Erkenntniss eines eigenthümlichen philosophischen
Standpunktes brauchbar: denn dass die Verderbniss dem
Menschen bloss von aussen komme wollten durchaus nicht
alle Philosophen und wollte insbesondere Posidon nicht zugeben, der deshalb ebenso wie über das Grunddogma von
der Natur aller Leidenschaft so auch über diesen daraus
herfliessenden Satz gegen Chrysipp gestritten hatte.[2]) Somit hätten wir eine neue Spur gefunden die indem sie uns

---

ἡ φύσις ἀφορμὰς δίδωσιν ἀδιαστρόφους. Vgl. dazu Stobaios ecl. II 212.
Dasselbe lernen wir als Ansicht Chrysipps kennen durch Galen 462 K.

[1]) Vgl. bes. 2: Sunt enim ingeniis nostris semina innata virtutum, quae si adolescere liceret ipsa nos ad beatam vitam natura
perduceret. Nunc autem simul atque editi in lucem et suscepti sumus, in omni continuo pravitate et in summa opinionum perversitate
versamur; ut paene cum lacte nutricis errorem suxisse videamur.
Cum vero parentibus redditi dein magistris traditi sumus, tum ita
variis imbuimur erroribus ut vanitati veritas et opinioni confirmatae
natura ipsa cedat.

[2]) Bei Galen 462 K wird zunächst als Lehre Chrysipps voran-

auf Ciceros griechischen Gewährsmann leiten kann uns gleichzeitig von Posidon abführt. — Die Natur des Kummers zu
bestimmen hatte Cicero nur deshalb für wichtig gehalten
weil er hierin den einzigen Weg sah die Mittel seiner Heilung zu finden (23). Es ist daher begreiflich dass beide
einander entsprechen und dass wie der Kummer sein Wesen
in einer gewissen Meinung hat auch die Beseitigung dieser
letzteren den besten Trost bildet. Kummer ist die Meinung
dass uns ein grosses Uebel betroffen hat und dass es in der
Ordnung ist über dasselbe Schmerz zu empfinden (25), er
besteht also eigentlich aus zwei Meinungen; die dagegen vor-
geschlagenen Mittel, von denen die beiden zuerst zu nennen-
den sich vorzüglich gegen die erste das dritte gegen die

gestellt „διττὴν εἶναι τῆς διαστροφῆς τὴν αἰτίαν, ἑτέραν μὲν ἐκ κατ-
ηχήσεως τῶν πολλῶν ἀνθρώπων ἐγγινομένην, ἑτέραν δὲ ἐξ αὐτῆς
τῶν πραγμάτων τῆς φύσεως" und darauf dieser Satz folgendermaassen widerlegt: ἐγὼ δὲ ὑπὲρ ἑκατέρας αὐτῶν ἀπορῶ καὶ πρώτης
γε τῆς ἐκ τῶν πέλας γινομένης. καὶ γὰρ διὰ τί θεασάμενά τε καὶ
ἀκούσαντα παράδειγμα κακίας οὐχὶ μισεῖ τοῦτο καὶ φεύγει τῷ μηδεμίαν οἰκείωσιν ἔχειν πρὸς αὐτό, θαυμάζειν ἐπέρχεταί μοι καὶ πολὺ
δὴ μᾶλλον, ἐπειδὰν μήτε θεασάμενα μήτε ἀκούσαντα πρὸς αὐτῶν
τῶν πραγμάτων ἐξαπατηθῇ. τίς γὰρ ἀνάγκη τοὺς παῖδας ὑπὸ μὲν
τῆς ἡδονῆς ὡς ἀγαθοῦ δελεάζεσθαι μηδεμίαν οἰκείωσιν ἔχοντας πρὸς
αὐτήν, ἀποστρέφεσθαι δὲ καὶ φεύγειν τὸν πόνον εἴπερ μὴ καὶ πρὸς
τοῦτον ἠλλοτρίωνται φύσει; An einer anderen Stelle (p. 412 K) wird
über Chrysipps Meinung dass die Leidenschaften dem Menschen
durch eine fremde äussere Gewalt aufgenöthigt werden und nicht
schon ursprünglich in ihm angelegt sind Folgendes bemerkt: ὁμολογεῖ
(ὁ Χρύσιππος) βίαν τινὰ τὴν κινοῦσαν εἶναι ἐν πᾶσι τοῖς ἐμπαθέσιν
ὁρμὰς ὀρθότατα γινώσκων, πλὴν ὅτι τὴν βίαν ἔξωθεν αὐτῶν ἔφησεν
εἶναι, δέον οὐκ ἔξωθεν ἀλλὰ ἐν τοῖς ἀνθρώποις ὑπάρχειν εἰπεῖν. οὐ
γὰρ δι’ αὐτὸ λέγομεν αὐτοὺς ἑαυτῶν ἔξω καθεστηκέναι καὶ μὴ ἐν
ἑαυτοῖς εἶναι διότι τὸ βιαζόμενον αὐτοὺς ὁρμᾶν κατὰ τὸ πάθος ἔξωθέν ἐστιν ἀλλὰ ὅτι παρὰ φύσιν ἔχουσιν, εἴ γε τὸ λογικὸν τῆς ψυχῆς,
ᾧ κρατεῖν καὶ ἄρχειν τῶν ἄλλων ἦν κατὰ φύσιν, οὐ κρατεῖ νῦν ἀλλὰ
κρατεῖται καὶ ἄρχεται πρὸς τῶν ἀλόγων τῆς ψυχῆς δυνάμεων.

zweite zu richten scheint, sind theils der Hinweis auf das
gemeine Menschenschicksal (58 f.) theils die im Laufe der
Zeit sich mehr und mehr befestigende Ueberzeugung dass
· in Wahrheit kein Uebel ist was uns unter dem frischen
Eindrucke als solches erschien (54. 74) theils endlich die
allmählig uns aufgehende Einsicht dass all unser Härmen
und Klagen doch zu nichts führt (66 f.). Das ganze Heil-
verfahren oder der Trost im Kummer besteht also nach
Cicero darin dass eine unter dem ersten überwältigenden
Eindruck gefasste falsche Meinung durch die richtige ersetzt
werde. Obgleich nun die Wahl der Trostmittel nur eine
Consequenz aus der Ansicht über das Wesen des Kummers
ist und obgleich diese Ansicht auch Chrysipp theilte, so hat
derselbe doch jene Consequenz nicht gezogen da er in Worten die uns Galen aufbewahrt hat die Frage ob die Linderung des Kummers mit einem Wechsel der Meinung zu-
sammenhänge verneinend beantwortet.[1] Beiläufig ergibt sich
hieraus dass nicht wie man noch neuerdings vermuthet hat[2]
eine Schrift Chrysipps die Quelle Ciceros gewesen sein kann.
Um so mehr drängt sich infolge dessen noch einmal Posidon
hervor, wobei ich ausser Acht lassen will dass er durch das
vorher über Ciceros Auffassung der Leidenschaften bemerkte

---

[1] Galen a. a. O. 419 K: ὅτι δὲ ἐν τῷ χρόνῳ μαλάττεται τὰ
πάθη, κἂν αἱ δόξαι μένωσι τοῦ κακόν τι αὐτοῖς γεγονέναι, καὶ ὁ
Χρύσιππος ἐν τῷ δευτέρῳ περὶ παθῶν μαρτυρεῖ γράφων ὧδε· „ζη-
τῆσαι δὲ ἄν τις καὶ περὶ τῆς ἀνέσεως τῆς λύπης πῶς γίνεται, πότερον δόξης τινὸς μετακινουμένης ἢ πασῶν διαμενουσῶν, καὶ διὰ τί
τοῦτο ἔσται." εἶτα ἐπιφέρων φησί „δοκεῖ δέ μοι ἡ μὲν τοιαύτη δόξα
διαμένειν ὅτι κακὸν αὐτὸ ὃ δὴ πάρεστιν, ἐγχρονιζομένης δὲ ἀνίεσθαι
ἡ συστολὴ καὶ ὡς οἶμαι ἡ ἐπὶ τὴν συστολὴν ὁρμή. τυχὸν δὲ καὶ
ταύτης διαμενούσης οὐχ ὑπακούσεται τὰ ἑξῆς διὰ ποιὰν ἄλλην ἐπιγι-
νομένην διάθεσιν ἀσυλλόγιστον τούτων γινομένων κτλ."
[2] Zietzschmann de Tuscul. disp. font. S. 2. Heine Einl. zu s.
Ausg. der Tuscul. S. XXI.

eigentlich schon ausgeschlossen ist. Und allerdings hat man
geglaubt unzweideutige Zeugnisse in den Händen zu haben
dass dieser Stoiker für die Linderung des Kummers dieselben
Mittel vorschlug wie Cicero, und zwar sollen diess die Macht
der Zeit und der Gewöhnung gewesen sein. [1]) Dass nun diese
beiden von Posidon und Cicero übereinstimmend als Linderungsmittel anerkannt wurden will ich und kann ich nicht
leugnen, bestreiten muss ich nur das Recht aus dieser
Uebereinstimmung auf Posidon als Ciceros Gewährsmann zu
schliessen. Denn in dem einen wie in dem anderen Falle
betrifft dieselbe eine noch von mehreren getheilte Ueberzeugung. Namentlich die Zeit wird so allgemein als ein
Linderungsmittel im Kummer betrachtet dass Cicero über
den vereinzelten Widerspruch der Epikureer (32. 35) hin-
weggehen und jenen Satz als eine feststehende Thatsache
behandeln kann [2]), über die Stoiker und Peripatetiker (73 f.)
und unter den Stoikern Chrysipp und Posidon einig waren. [3])
Erst bei der Frage, wie man sich nun die geheimnissvolle
Macht der Zeit zu erklären habe, gingen die Ansichten auseinander. Nicht anders steht es mit der Gewöhnung. Denn
auch diess ist noch ein sehr unbestimmter Begriff, der zunächst nur so viel besagt dass jedes längere Zusammensein
mit etwas uns für das Widrige an demselben weniger em-
pfindlich macht und daher immer noch die Frage offen lässt
welche besonderen Momente es im Einzelnen sind die diese
Minderung der Empfindlichkeit herbeiführen. Beispielsweise
setzt Cicero den Werth der Gewöhnung in die durch sie
uns aufgehende Erkenntniss dass etwas was Anfangs ein
Uebel schien in Wahrheit keines ist; [4]) nach seiner Auffassung

---

[1]) Poppelreuter a. a. O. S. 26 f.

[2]) 74: cum constet aegritudinem vetustate tolli.

[3]) Vgl. über Chrysipp die S. 421, 1 angeführten Worte Galens.

[4]) 54: sensim enim et pedetentim progrediens extenuatur dolor;

ist also die Gewöhnung eine Art von Belehrung während
Posidon indem er mehr ihren Einfluss auf die niederen
Seelenkräfte ins Auge fasst sie der Belehrung gerade entgegensetzt.[1]) Alles kommt also darauf an in welcher Weise
näher betrachtet Posidon sich die Wirkung der Zeit und
der Gewohnheit vorgestellt hat und ob er auch hierin mit
Cicero zusammentrifft was zum Theil schon durch die zu-
letzt erwähnte Differenz verneint wird. Genauer sagt uns
Galen dass nach Posidons Ansicht die im Laufe der Zeit
eintretende Linderung des Kummers auf einem doppelten
Wege vor sich geht, nämlich theils durch eine Art von Sättigung theils durch eine Ermattung des leidenschaftlichen
Vermögens der Seele.[2]) Hier ist nun zunächst bemerkens-
werth dass gerade das was Cicero für die Linderung des
Kummers besonders wichtig findet bei Posidon mit keiner
Silbe erwähnt wird: es ist diess der beständige Gedanke
daran dass das Uebel das uns betroffen zu haben scheint in
Wahrheit diesen Namen nicht verdient.[3]) Diess für Zufall

non quo ipsa res immutari soleat aut possit sed id quod ratio de-
buerat usus docet minora esse ea quae sint visa majora.

[1]) Galen 467 K: ἐν γὰρ ταῖς ἀλόγοις τῆς ψυχῆς δυνάμεσιν ἐπιστήμας οὐκ ἐγγίνεσθαι καθάπερ οὐδὲ ἐν τοῖς ἵπποις, ἀλλὰ τούτοις
μὲν τὴν οἰκείαν ἀρετὴν ἐξ ἐθισμοῦ τινος ἀλόγου παραγίνεσθαι τοῖς
δὲ ἡνιόχοις ἐκ διδασκαλίας λογικῆς.

[2]) Galen 475 K: τὸ τοίνυν παθητικὸν τῆς ψυχῆς ἐν τῷ χρόνῳ
τοῦτο μὲν ἐμπίπλαται τῶν οἰκείων ἐπιθυμιῶν τοῦτο δὲ κάμνει ταῖς
πολυχρονίοις κινήσεσιν ὥστε δι' ἄμφω καθησυχάσαντος αὐτοῦ καὶ
μέτρια κινουμένου κρατεῖν ὁ λογισμὸς ἤδη δύναται, ὥσπερ καὶ εἰ
ἵππου τινὸς ἐκφόρου τὸν ἐπιβάτην ἐξενεγκόντος βιαίως εἶτα κάμνον-
τός τε ἅμα τῷ δρόμῳ καὶ προσέτι καὶ ἐμπλησθέντος ὦν ἐπεθύμησεν
αὖθις ὁ ἡνίοχος ἐγκρατὴς κατασταίη. φαίνεται γὰρ τοῦτο πολλάκις
γινόμενον καὶ οἵ γε παιδεύοντες τὰ νέα τῶν ζῴων ἐπιτρέψαντες αὐτοῖς κάμνειν τε ἅμα καὶ ἐμπλησθῆναι κατὰ τὰς ἐκφόρους κινήσεις
ὕστερον ἐπιτίθενται.

[3]) 74: Sed nimirum hoc maximum est experimentum, cum con-

zu halten sind wir um so weniger berechtigt als das von
Cicero empfohlene Heilmittel in einer Meinungsänderung besteht[1]) Posidon aber gerade es als eine Thatsache betrachtet
dass eine Linderung des Kummers auch bei unveränderter
Meinung stattfinden kann.[2]) Ebenso wie bei Poseidonios

stet aegritudinem vetustate tolli, hanc vim non esse in die positam
sed in cogitatione diuturna. Nam si et eadem res est et idem est
homo: qui potest quicquam de dolore mutari si neque de eo propter
quod dolet quicquam est mutatum neque de eo qui dolet? Cogitatio
igitur diuturna nihil esse in re mali dolori medetur, non ipsa diuturnitas. Freilich meint Poppelreuter a. a. O. S. 28 dass derselbe Gedanke auch in folgenden Worten Posidons, die er deshalb als parallele neben die ciceronischen stellt, enthalten sei (Galen 399 K): δυοῖν
τε τὴν αὐτὴν ἀσθένειαν ἐχόντων καὶ τὴν ὁμοίαν λαμβανόντων
φαντασίαν ἀγαθοῦ ἢ κακοῦ ὁ μὲν ἐν πάθει γίνεται ὁ δ' οὒ καὶ
ὁ μὲν ἧττον ὁ δὲ μᾶλλον καὶ ἐνίοτε ὁ ἀσθενέστερος μεῖζον ὑπολαμ-
βάνων τὸ προσπεπτωκὸς οὐ κινεῖται καὶ ὁ αὐτὸς ἐπὶ τοῖς αὐτοῖς ὀτὲ
μὲν ἐν πάθει γίνεται ἔστιν ὀτὲ δὲ οὒ καὶ ὀτὲ μὲν μᾶλλον ὀτὲ δὲ
ἧττον. οἱ γοῦν ἀήθεις μᾶλλον πάσχουσιν ἐν φόβοις ἐν λύπαις ἐν
ἐπιθυμίαις ἐν ἡδοναῖς καὶ οἱ κακώτεροι συναρπάζονται ταχέως ὑπὸ
τῶν παθῶν. Aber das Uebereinstimmende zwischen beiden beschränkt sich auch hier darauf dass beide die Macht der Gewohnheit
anerkennen. Ausserdem aber besteht zwischen beiden der bedeutende
Unterschied, dass während Posidon die Macht der Gewohnheit von
der hinzukommenden Vorstellung eines Gutes oder Uebels (φαντασία
ἀγαθοῦ ἢ κακοῦ) unabhängig macht Cicero umgekehrt was man gewöhnlich bloss für die Wirkung der Zeit hält für die Folge einer
gewissen Vorstellung erklärt.

[1]) Der anfänglichen Meinung vom Dasein eines Uebels, welche
die Schmerzempfindung hervorrief, soll die andere welche diess leugnet gegenübergestellt und durch anhaltendes Denken befestigt werden. Der Heilungsprocess ist also ein siegreicher Kampf der besseren gegen die verkehrte Meinung.

[2]) Galen 426 K: αἱ δὲ λογικαὶ γνώσεις τε καὶ κρίσεις καὶ ὅλως
ἐπιστῆμαι πᾶσαι καὶ τέχναι διὰ τὸν χρόνον αὐτὸν μόνον ψιλὸν οὔτε
δύσλυτοι φαίνονται γίνεσθαι καθάπερ οἱ κατὰ πάθος ἐθισμοὶ οὔτε
μετατίθεσθαί τε καὶ παύεσθαι καθάπερ ἡ λύπη καὶ ἄλλα πάθη. τίς
γὰρ τοῦ τὰ δὶς δύο τέσσαρα εἶναι διὰ τὸν χρόνον ἐμπλησθεὶς ἀπέστη

etwas fehlt was wir bei Cicero finden, so hat nun aber auch
das Umgekehrte statt dass die beiden von Posidon bezeichneten Ursachen der Linderung des Kummers von Cicero nicht
erwähnt werden. Was die zuerst genannte, die Sättigung
der Begierden, betrifft, so wird Niemand in Frage stellen
dass von derselben in den Tusculanen nicht die Rede ist.
Dagegen könnten in betreff der zweiten, d. i. der Ermüdung,
sich Zweifel erheben, da derselben einmal wenigstens auch
Cicero gedenkt.[1]) Aber schon dass diess nur einmal geschieht muss uns stutzig machen und daran erinnern dass
auf den Gebrauch eines und desselben Wortes nicht zu viel
gebaut werden darf sondern auch dessen Bedeutung zu berücksichtigen ist wie sie durch den Zusammenhang näher
bestimmt wird. Posidon versteht unter Ermüdung ($\varkappa\acute{\alpha}\mu\nu\varepsilon\iota\nu$)
das auf die zu lange Anspannung der niederen Seelenver-
mögen folgende Nachlassen von deren Thätigkeit. Einen
Unterschied von Cicero macht diess schon darum weil derselbe die Ermüdung sich als einen Zustand des ganzen Menschen und nicht bloss einzelner Seelenvermögen denkt. Sodann aber wenn wir das bei Cicero Vorausgehende betrachten, erscheint die Ermüdung als die Ursache der Geduld
mit der manche Menschen ihr Unglück tragen, die Geduld
aber soll als Beweis dafür dienen (idque indicatur eorum
patientia) dass der Kummer lediglich im freien Willen und
Denken des Menschen seinen Ursprung hat: so dass also die
Ermüdung eine Art von Meinung sein müsste, und zwar

$\varkappa\alpha\grave{\iota}\ \mu\varepsilon\tau\varepsilon\delta\acute{o}\xi\alpha\sigma\varepsilon\nu; \ \mathring{\eta}\ \tau\acute{\iota}\varsigma\ \tauο\tilde{\upsilon}\ \pi\acute{\alpha}\sigma\alpha\varsigma\ \mathring{\iota}\sigma\alpha\varsigma\ \varepsilon\mathring{\iota}\nu\alpha\iota\ \tau\grave{\alpha}\varsigma\ \mathring{\varepsilon}\varkappa\ \tauο\tilde{\upsilon}\ \varkappa\acute{\varepsilon}\nu\tau\rho ο\upsilon\ \tauο\tilde{\upsilon}$
$\varkappa\acute{\upsilon}\varkappa\lambda ο\upsilon; \ \varkappa\alpha\vartheta'\ \mathring{\varepsilon}\varkappa\alpha\sigma\tau\acute{ο}\nu\ \tau\varepsilon\ \tau\tilde{\omega}\nu\ \mathring{\alpha}\lambda\lambda\omega\nu\ \vartheta\varepsilon\omega\rho\eta\mu\acute{\alpha}\tau\omega\nu\ ο\mathring{\upsilon}\delta\varepsilon\acute{\iota}\varsigma\ \mathring{\varepsilon}\sigma\tau\iota\nu\ \mathring{ο}\sigma\tau\iota\varsigma$
$\mathring{\varepsilon}\mu\pi\lambda\eta\sigma\vartheta\varepsilon\grave{\iota}\varsigma\ \mathring{\alpha}\pi\acute{\varepsilon}\vartheta\varepsilon\tauο\ \tau\grave{\eta}\nu\ \pi\alpha\lambda\alpha\iota\grave{\alpha}\nu\ \delta\acute{ο}\xi\alpha\nu\ \mathring{\omega}\sigma\pi\varepsilon\rho\ \mathring{\alpha}\pi ο\tau\acute{\iota}\vartheta\varepsilon\tau\alpha\iota\ \tau\grave{ο}\ \varkappa\lambda\alpha\acute{\iota}\varepsilon\iota\nu$
$\tau\varepsilon\ \varkappa\alpha\grave{\iota}\ \lambda\upsilon\pi\varepsilon\tilde{\iota}\sigma\vartheta\alpha\iota\ \varkappa\alpha\grave{\iota}\ \sigma\tau\acute{\varepsilon}\nu\varepsilon\iota\nu\ ο\mathring{\iota}\mu\acute{\omega}\zeta\varepsilon\iota\nu\ \tau\varepsilon\ \varkappa\alpha\grave{\iota}\ \vartheta\rho\eta\nu\varepsilon\tilde{\iota}\nu\ \mathring{ο}\sigma\alpha\ \tau\varepsilon\ \mathring{\alpha}\lambda\lambda\alpha$
$\tauο\iota\alpha\tilde{\upsilon}\tau\alpha, \ \varkappa\mathring{\alpha}\nu\ \alpha\mathring{\iota}\ \pi\varepsilon\rho\grave{\iota}\ \tau\tilde{\omega}\nu\ \gamma\varepsilon\gamma\varepsilon\nu\eta\mu\acute{\varepsilon}\nu\omega\nu\ \mathring{\omega}\varsigma\ \varkappa\alpha\varkappa\tilde{\omega}\nu\ \mathring{ο}\mu ο\iota\alpha\iota\ \delta\iota\alpha\mu\acute{\varepsilon}\nu\omega\sigma\iota\nu$
$\mathring{\upsilon}\pi ο\lambda\acute{\eta}\psi\varepsilon\iota\varsigma.$

[1]) 67: defetigatio igitur miseriarum aegritudines cum faciat leniores etc.

könnte es nach dem Zusammenhang nur die Erkenntniss
sein dass aller Kummer doch vergeblich ist.[1]) An Stelle
der angeblichen Uebereinstimmung zwischen Cicero und Posidon ist daher vielmehr ein Gegensatz anzuerkennen, der
es weiter auch erklärt dass die Ermüdung, deren Bedeutung
für die Linderung des Kummers von beiden zugegeben wird,
doch bei beiden ganz verschiedenen Absichten dient, bei
Posidon zur Widerlegung der Annahme dass das Wesen des
Kummers in einer gewissen Meinung bestehe, bei Cicero zur
Bestätigung derselben. — Nur eine Stütze scheint noch zu
stehen durch welche die Vermuthung dass Posidon von Cicero benutzt worden ist gehalten werden könnte, und diese
besteht in der Art wie beide die innere Vorbereitung auf
ein künftiges oder mögliches Uebel, das Sich darauf gefasst
machen für ein wesentliches Mittel zur Linderung des Kummers erklären und darin dass sie diess theilweise mit Berufung auf dieselben Beispiele und Dichterworte thun (Galen
418 K und Cicero 29). Halten wir uns zunächst an diesen

---

[1]) Zur Controle setze ich die ganze ciceronische Stelle (66 f.)
her: Quid est autem quod plus valeat ad ponendum dolorem, quam
cum est intellectum nihil profici et frustra esse susceptum? Si igitur
deponi potest, etiam non suscipi potest. Voluntate igitur et judicio
suscipi aegritudinem confitendum est. Idque indicatur eorum patientia qui, cum multa sint saepe perpessi, facilius ferunt quicquid ac-
cidit obduruisseque jam sese contra fortunam arbitrantur ut ille apud
Euripidem:

> Si mihi nunc tristis primum illuxisset dies
> Nec tam aerumnoso navigavissem salo, .
> Esset dolendi caussa, ut injecto equulei
> Freno repente tactu exagitantur novo;
> Sed jam subactus miseriis obtorpui.

Defetigatio igitur miseriarum aegritudines cum faciat leniores, intellegi necesse est non rem ipsam caussam atque fontem esse mae-
roris.

letzteren Umstand, so ist klar dass er für sich allein nichts beweisen kann, da derartige Citate aus der Geschichte oder aus Dichtungen zum Inventar eines rhetorischen oder philosophischen Themas gehörten und deshalb auch in solchen Abhandlungen desselben die von einander unabhängig waren gleichmässig wiederkehren konnten: wenn daher Cicero und Posidon beide auf Anaxagoras hingewiesen und ausserdem beide in. Versen des Euripides eine Anspielung auf ihn gefunden hatten, so folgt daraus noch keineswegs dass der Eine vom Andern d. h. in diesem Falle Cicero von Posidon abgeschrieben hatte, da dieselben Citate auch Chrysipp und noch viele Andere für ihre Zwecke benutzt haben können. Von einigen dieser öfter wiederkehrenden Dichterstellen ist es gewiss nicht zu viel behauptet, wenn man sagt dass es geflügelte Worte waren und dass sie daher zwar die Abhängigkeit des Einzelnen von seiner Zeit und der ihr eigenen Literaturkenntniss, aber nicht die Abhängigkeit von einem einzelnen Literaturwerk beweisen. Indess eine bestätigende Kraft kommt der Wiederkehr solcher Citate allerdings zu, sobald sich in anderer Beziehung eine Uebereinstimmung zweier Schriftsteller nachweisen lässt. Diess scheint nun hier der Fall zu sein, da Posidon sowohl als Cicero sich jener Citate bedienen um den Nutzen zu beweisen den es bringt sich auf ein künftiges Uebel gefasst zu halten und beide auf diese besondere Erörterung geführt werden durch die allgemeine über die Linderung des Kummers überhaupt. Ich will nun davon für jetzt absehen dass man die Stelle Galens, aus welcher sich eine solche Uebereinstimmung Posidons mit Cicero ergeben würde, mit triftigen Gründen vielmehr auf Chrysipp bezogen hat[1]) und die jüngst wieder unternommene Vertheidigung des überlieferten Textes gelten

---

[1]) So Valckenaer und Bake, s. Poppelreuter a. a. O. S. 30.

lassen, so ist doch auch dann die Uebereinstimmung nicht
so rein als man geglaubt hat sondern wird durch eine er-
hebliche Differenz getrübt. Der Zusammenhang der Gedanken ist nämlich in diesem Falle bei Galen folgender:
Posidon, wird gesagt, richtet an Chrysipp die Frage was
denn die Ursache sei -dass der Kummer nicht bloss überhaupt die Meinung vom Dasein eines Uebels sondern insbesondere die noch frische Meinung (πρόσφατος δόξα) sei,
und da Chrysipp ihm hierauf die Antwort schuldig bleibt
beantwortet er selber die Frage dahin dass eben alles Un-
geheure [1]) und Fremdartige das uns plötzlich (ἀθρόως) betrifft uns aus der Fassung bringe und in Leidenschaft ver-
setze während hingegen das worauf wir vorbereitet und woran
wir gewöhnt sind uns ruhig lasse.[2]) Dass es nun nicht richtig
ist so wie Posidon in dieser Antwort thun würde die frische
Meinung oder überhaupt jeden frischen Eindruck unter die
plötzlichen neuen zu subsumiren während doch offenbar auch

---

[1]) Ἀμέτρητον steht im Griechischen. Vielleicht bezeichnet dieses aber nicht das sehr Grosse sondern dasjenige dessen Grösse sich
nicht gleich übersehen oder messen lässt. So zählt Cicero 52 zu den
Gründen, weshalb alles Plötzliche auf uns einen stärkeren Eindruck
macht, auch den „quod quanta sint quae accidunt considerandi spatium non datur".

[2]) Galen 417 K: ἐρωτᾷ (sc. ὁ Ποσειδώνιος) τὴν αἰτίαν διὰ ἣν
οὐχ ἡ τῆς τοῦ κακοῦ παρουσίας δόξα τὴν λύπην ἀλλ᾽ ἡ πρόσφατος
ἐργάζεται μόνη. καὶ φησι διότι πᾶν τὸ ἀμέτρητον καὶ ξένον ἀθρόως
προσπῖπτον ἐκπλήττει τε καὶ τῶν παλαιῶν ἐξίστησι κρίσεων, ἀσκη-
θὲν δὲ καὶ συνεθισθὲν καὶ χρονίσαν ἢ οὐδὲ ὅλως ἐξίστησιν ὡς κατὰ
πάθος κινεῖν ἢ ἐπὶ μικρὸν κομιδῇ· διὸ καὶ προενδημεῖν δεῖν φησι
τοῖς πράγμασι μήπω τε παροῦσιν οἷον παροῦσι χρῆσθαι. — Die
Worte καὶ φησι vor διότι als die Bezeichnung der Antwort zu fassen
welche sodann in den folgenden Worten enthalten sein würde gibt
insbesondere eine andere Stelle Galens das Recht (425 K) wo wir
lesen: τὴν αἰτίαν ἐρωτᾷ κἀνταῦθα ὁ Ποσειδώνιος δι᾽ ἣν πολλοὶ μὴ
βουλόμενοι κτλ. γίνεσθαι δέ φησι διὰ τὰς παθητικὰς κινήσεις.

ein lange erwarteter Eindruck nachdem er wirklich eingetreten ist eine Zeit hindurch ein frischer bleibt, will ich
nicht weiter betonen da man erwidern könnte Posidon habe
hierdurch andeuten wollen dass ein frischer Eindruck nur
dann den Kummer oder überhaupt die Leidenschaft errege
wenn er zugleich ein plötzlicher sei: in welchem Falle allerdings Galens Ausdrucksweise von dem Vorwurf grosser Dun-
kelheit nicht befreit werden könnte. Aber mag nun Posidon
den plötzlichen Eindruck mit dem frischen verwechselt oder
auch nur behufs ihrer Wirkung die Verbindung beider zur
Bedingung gemacht haben, so befindet er sich weder in dem
einen noch in dem anderen Falle mit Cicero in Einklang.
Die Ansicht welche Posidon bei Galen verfechten soll ist
nämlich keine andere als die welche bei Cicero die Cyre-
naiker vertreten denen zufolge nicht aus jedem Uebel sondern nur aus dem überraschend und wider Erwarten eintretenden der Kummer entspringt, und so kehren denn auch
gerade in diesem Zusammenhange bei Cicero das Beispiel
des Anaxagoras und dieselben Verse des Euripides wieder
(28 f.); diese Ansicht wird aber von Cicero bekämpft so dass
er in dem Ueberraschenden des Eindrucks zwar ein Moment
erblickt welches den Kummer erhöht aber nicht eines das
ihn eigentlich hervorbringt welches letztere dagegen von der
Frische des Eindrucks gilt. [1]) Immer noch unter der Voraus-

---

[1]) Schon 28 hatte er mit Bezug auf das „insperatum et neco-
pinatum malum" den Kyrenaikern eingeräumt: „est id quidem non
mediocre ad aegritudinem augendam; videntur enim omnia repentina
graviora". Aehnlich 30. Deutlicher und ausführlicher polemisirt er
gegen sie 52: Cyrenaicorum restat sententia qui tum aegritudinem
censent exsistere, si necopinato quid evenerit. Est id quidem magnum ut supra dixi; etiam Chrysippo ita videri scio, quod provisum
ante non sit id ferire vehementius; sed non sunt in hoc omnia.
Quamquam hostium repens adventus magis aliquanto conturbat quam
exspectatus et maris subita tempestas quam ante provisa terret na-

setzung dass Posidons Ansicht in den fraglichen Worten
Galens vorliegt so ist es nicht dieser mit dem Cicero übereinstimmt sondern Chrysippos indem der letztere ebenfalls zu den
wesentlichen Erfordernissen des Eindrucks der uns Kummer
bereiten soll die Frische rechnet, der Plötzlichkeit dagegen

vigantes vehementius et ejusmodi sunt pleraque. Sed cum diligenter
necopinatorum naturam consideres, nihil aliud reperias nisi omnia
videri subita majora et quidem ob duas caussas: primum quod quanta
sint quae accidunt considerandi spatium non datur, deinde, cum videtur praecaveri potuisse si provisum esset, quasi culpa contractum
malum aegritudinem acriorem facit. Diese letzten Worte in denen
in doppelter Weise zu erklären versucht wird weshalb alles Unvermuthete uns härter trifft müssen uns noch besonders abhalten in
Poseidonios den Urheber der ciceronischen Argumentation zu erblicken, da es gewiss nicht im Sinne dieses Philosophen ist so wie
hier geschieht das Plötzliche des Eindrucks auch bloss als ein den
Kummer steigerndes Moment nur insofern gelten zu lassen als gewisse Meinungen sich damit verknüpfen und auf diese Weise seinem
Gegner Chrysippos in die Hände zu arbeiten. Ausserdem fasst Cicero den Unterschied seiner von der kyrenaischen Ansicht (55) auch
in folgenden Worten zusammen: Ergo ista necopinata non habent
tantam vim ut aegritudo ex eis omnis oriatur; feriunt enim fortasse
gravius; non id efficiunt ut ea quae accidant majora videantur; majora videntur quia recentia sunt, non quia repentina. So lautet wenigstens die Ueberlieferung, die aber wie schon Andere erkannt
haben unhaltbar ist: dafür etwas Sicheres vorzuschlagen bin ich
nicht im Stande, doch ist mir nicht unwahrscheinlich dass „mala“
statt „majora“ zu schreiben und die letzten in den besten Handschriften fehlenden Worte von majora videntur quia an zu streichen
seien. Denselben Gedanken übrigens wie in diesen Worten spricht
Cicero noch 59 aus: Hoc igitur efficitur ut ex illo necopinato plaga
major sit, non ut illi putant ut cum duobus pares casus evenerint is
modo aegritudine afficiatur cui ille necopinato casus evenerit. —
Dass zu den wesentlichen Eigenschaften der den Kummer bewirkenden Eindrücke von denen den angeführten Stellen zufolge die Plötzlichkeit ausgeschlossen ist die Frische gerechnet wird, ergibt sich
theils aus der Definition des Kummers die 25 aufgestellt wird (vgl.

nur eine steigernde Wirkung beimisst. [1]) Dieser letztere
Umstand kann uns gleichzeitig daran erinnern dass die Voraussetzung auf der wir bisher fussten keineswegs ganz fest
steht.   Denn wenn dieser zufolge die fraglichen Worte Galens (vgl. S. 428, 2) die Ansicht Posidons aussprechen, so
haben wir eben gesehen dass der Kerngedanke derselben
oder die Bedeutung welche dem Ueberraschenden eines Eindrucks für die Erregung unserer Leidenschaften zugeschrieben wird auch Chrysipp nicht fremd ist.   Ist es also nicht
vielleicht die Ansicht dieses Stoikers die wir in jenen Worten
finden?   Freilich könnten die Worte in diesem Falle nicht
die Antwort auf die von Posidon gestellte Frage sein, in
der vielmehr offenbar vorausgesetzt wird dass Chrysipp eine
solche Antwort nicht gegeben hatte.   Anzunehmen aber dass
die Worte keine Antwort auf die vorausgehende Frage sind
fällt uns darum nicht schwer weil wie ich schon früher an-

S. 415) theils und besonders aus dem Nachdruck mit dem Cicero gerade dieses Merkmal 75 heraushebt wo er sagt: additur ad hanc definitionem a Zenone recte ut illa opinio praesentis mali sit recens.
Hoc autem verbum sic interpretantur ut non tantum illud recens esse
velint quod paullo ante acciderit sed quam diu in illo opinato malo
vis quaedam insit, ut vigeat et habeat quandam viriditatem, tam diu
appelletur recens etc.

[1]) Nicht mehr als diess liegt in den folgenden bereits S. 429, 1
angeführten Worten ausgesprochen (52): Cyrenaicorum restat sententia qui tum aegritudinem censent existere si necopinato quid evenerit.
Est id quidem magnum ut supra dixi; etiam Chrysippo ita videri scio, quod provisum ante non sit id ferire vehementius; sed non sunt in hoc omnia. Die in „etiam" angedeutete Uebereinstimmung Chrysipps bezieht sich nicht nothwendig auf die kyrenaische Ansicht sondern kann sich auch auf die in „est id quidem
etc." ausgesprochene Ciceros beziehen, oder, wenn sie sich doch auf
die kyrenaische beziehen sollte so geht sie hier nicht über das Allgemeine hinaus dass Alles was uns unvermuthet trifft einen stärkeren
Eindruck macht.

gedeutet habe (S. 428 f.) der Inhalt der Worte durchaus nicht
so ist wie wir ihn von einer solchen Antwort verlangen
sollten. Dagegen steht derselbe nicht im Wege wenn wir
die Worte als die von dem Vorhergehenden unabhängige
Mittheilung einer neuen Ansicht Chrysipps fassen und ebenso
wenig hindert uns an dieser Auffassung der sprachliche Ausdruck da διότι wie in diesem Falle nöthig ist in der Bedeutung des einfachen ὅτι genommen werden kann. Diese
neue Ansicht Chrysipps würde dann diejenige sein auf welche
Cicero in den angeführten Worten (S. 431, 1) hinweist. Dafür dass wir bei Galen Chrysipps Ansicht vor uns haben
spricht auch die Phrase „ἐξίστησι τῶν κρίσεων" von der
ausdrücklich bezeugt wird dass jener Stoiker sich ihrer oft
bedient hat (Galen 388, 13 Müller. 389, 1. 390, 12. vgl. 380,
16. 381, 9. 382, 4 u. 7. 388, 6) und die daher wahrscheinlicher ihm als wegen der Inconsequenz die man in ihrem
Gebrauch vom Standpunkt der chrysippischen Theorie aus
finden wollte einem anderen Philosophen zugeschrieben wird.
Auch noch aus einem andern Grunde vermag ich mich nicht
darein zu finden dass die fraglichen Worte einem anderen
Philosophen und insbesondere Posidon gehören sollen. Denn
dann müssten sie doch eine Widerlegung von Chrysipps Ansicht sein. Es ist aber kaum denkbar dass wer eine solche
Absicht hatte sich einer sprachlichen Wendung wie die eben
erwähnte bediente in der sich gerade die Abhängigkeit der
einzelnen Leidenschaften von bestimmten Urtheilen ausspricht
und die somit den Widerlegenden in den Verdacht bringen
musste dieselbe Ansicht zu theilen die er bestreiten wollte.[1]

---

[1] Folgende Aeusserung Galens 426 K dürfen wir ihrem Inhalt
nach ebenfalls auf Posidon zurückführen: καθ᾽ ἕκαστόν τε τῶν ἄλλων θεωρημάτων οὐδείς ἐστιν ὅστις ἐμπλησθεὶς ἀπέθετο τὴν πα-
λαιὰν δόξαν ὥσπερ ἀποτίθεται τὸ κλαίειν τε καὶ λυπεῖσθαι καὶ στέ-
νειν οἰμώζειν τε καὶ θρηνεῖν ὅσα τε ἄλλα τοιαῦτα κἂν αἱ περὶ τῶν

Das Gleiche was von dieser einzelnen Wendung gilt aber auch von allem Uebrigen was nach der neuesten Auffassung zu der Widerlegung Chrysipps durch Posidon gerechnet wird. Denn wenn ich auch nicht leugnen will dass Posidon die Gedanken äussern konnte die wir jetzt bei Galen lesen, so ist doch äusserst unwahrscheinlich dass er dieselben gelegentlich einer Widerlegung Chrysipps vorgetragen habe, da das Beispiel des Anaxagoras und die euripideischen Verse sowie die dadurch illustrirte Wichtigkeit des Vorherbedenkens eines Uebels für die Linderung des letzteren doch mindestens ebenso gut benutzt werden können um die Ansicht zu unterstützen welche die Leidenschaften des Menschen lediglich von seinem Denken und Meinen abhängig macht und wie Cicero (58) lehrt thatsächlich so benutzt worden sind.[1] Dem Schlusse, zu dem wir durch das Bemerkte gedrängt werden dass Galens Worte eine neue Ansicht Chrysipps mittheilen und nicht die Widerlegung einer schon angeführten dieses Philosophen durch Posidon, setzen sich eigentlich nur die Worte entgegen die wir nach den S. 428, 2 bereits ausgeschriebenen lesen: βούλεται δὲ τὸ προενδημεῖν ῥῆμα τῷ Ποσειδωνίῳ τὸ οἷον· προαναπλάττειν τε καὶ προτυποῦν τὸ πρᾶγμα παρ᾽ ἑαυτῷ τὸ μέλλον γενήσεσθαι καὶ ὡς πρὸς ἤδη γενόμενον ἐθισμόν τινα ποιεῖσθαι κατὰ βραχύ· Hiernach scheint es zunächst dass das Subjekt zu den beiden

γεγενημένων ὡς κακῶν ὅμοιαι διαμένωσιν ὑπολήψεις. Ist es nun wahrscheinlich dass ein Philosoph der so dachte unsere Leidenschaften ableitete aus einem ἐξίστασθαι τῶν παλαιῶν κρίσεων?

[1] Wie der wirkliche Posidon Chrysipp widerlegt hat, scheint mir in der Frage angedeutet ob denn die frische Meinung allein (μόνη) den Kummer erzeuge: denn hiernach erwartet man den Hinweis auf solche Fälle in denen ein vor langer Zeit eingetretenes Unglück noch mit der Gewalt eines gegenwärtigen oder kürzlich vergangenen auf uns wirkt, also einen Einwurf wie er bei Cicero 75 bereits berücksichtigt scheint.

vorhergehenden φησὶ Posidon sein müsse. Indessen ist dieser Zwang nicht der Art dass wir uns von ihm nicht frei
machen könnten. Entweder nämlich woran schon früher gedacht worden ist wir bezweifeln die Treue der Ueberlieferung und nehmen an dass τῷ Ποσειδωνίῳ wenn nicht einfach gestrichen so doch in τῷ Χρυσίππῳ verwandelt werden
müsse oder aber wir bestreiten die Richtigkeit der gewöhnlichen Erklärung. Im letzteren Falle eröffnen sich uns zwei
Wege: nehmen wir an dass Galen die Erläuterung des Wortes προενδημεῖν von sich aus gab, so würde allerdings προενδημεῖν als ein Wort Posidons bezeichnet werden, als solches
konnte aber dem Galen wenigstens bei flüchtigem Schreiben
allenfalls auch das Wort eines anderen Philosophen gelten
weil er es nur aus der Mittheilung Posidons kannte; oder
wenn uns dieser Ausweg nicht zusagt, so bleibt noch die
andere Möglichkeit dass die Redensart βούλεται τῷ Ποσειδωνίῳ sich nicht auf den Sinn bezieht den Posidon mit einem
von ihm selber gebrauchten Wort verband sondern auf die
Erklärung die er von dem Wort eines andern Philosophen,
des Chrysipp, gab, denn dass er seinen Citaten gelegentlich
die Erklärung einzelner Worte hinzufügte sehen wir z. B.
aus Galen 391, 11 Müller. Alles in Allem also ist es wahrscheinlicher dass die besprochenen Worte Galens gar nicht
die Gedanken Posidons sondern Chrysipps wiedergeben, und
dann zerfällt selbstverständlich jeder Schluss der aus der
Uebereinstimmung mit ihnen auf Posidon als Quelle Ciceros
gezogen werden könnte; oder wenn wir daran festhalten in
Galens Worten ein Zeugniss für Posidons eigene Meinung
zu sehen so hat die frühere Untersuchung gezeigt, dass diese
Meinung von derjenigen Ciceros wesentlich abweicht. — Hat
die schärfere Betrachtung uns so eben ein scheinbar für
Posidon sprechendes Argument in sein Gegentheil verwandelt, so leistet sie dasselbe auch noch in einem anderen

Falle. Um Chrysipps Ansicht dass der Grund aller Leidenschaften in gewissen Meinungen vom Dasein eines grossen
Gutes oder eines grossen Uebels zu suchen ist zu widerlegen
hatte Posidon darauf hingewiesen, dass dann gerade die
Weisen und Fortschreitenden von der heftigsten Leidenschaft
ergriffen werden müssten, die Einen infolge der Ueberzeugung
dass ihnen das höchste Gut zu Theil geworden sei, die Anderen weil sie sich bewusst wären mit dem grössten Uebel
behaftet zu sein. [1]) Eine Spur dieses Gedankens und damit
ein Zeichen dass Posidon von Cicero benutzt worden ist erblickt man [2]) nun in folgenden Worten des Letzteren (68):
philosophi summi nequedum tamen sapientiam consecuti nonne
intellegunt in summo se malo esse? Sunt enim insipientes
neque insipientia ullum majus malum est, neque tamen lu-

---

[1]) Galen 397 K: τοιούτων δὲ ὑπὸ τοῦ Χρυσίππου λεγομένων
διαπορήσειεν ἄν τις πρῶτον μέν, πῶς οἱ σοφοὶ μέγιστα καὶ ἀνυπέρβλητα νομίζοντες εἶναι ἀγαθὰ τὰ καλὰ πάντα οὐκ ἐμπαθῶς κινοῦν-
ται ὑπ' αὐτῶν ἐπιθυμοῦντές τε ὧν ὀρέγονται καὶ περιχαρεῖς γενό-
μενοι ἐπὶ τοῖς αὐτοῖς ὅταν τύχωσιν αὐτῶν. εἰ γὰρ τὸ μέγεθος τῶν
φαινομένων ἀγαθῶν ἢ κακῶν κινεῖ τὸ νομίζειν καθῆκον καὶ κατ'
ἀξίαν εἶναι παρόντων αὐτῶν ἢ παραγινομένων μηδένα λόγον προσ-
ίεσθαι περὶ τοῦ ἄλλως δεῖν ὑπ' αὐτῶν κινεῖσθαι, τοὺς ἀνυπέρβλητα
νομίζοντας εἶναι τὰ περὶ αὐτοὺς τοῦτο ἔδει πάσχειν, ὅπερ οὐχ ὁρᾶ-
ται γινόμενον. ὁμοίως δὲ καὶ τοὺς προκόπτοντας μεγάλας βλάβας
ὑπὸ τῆς κακίας ὑπολαμβάνοντας παρεῖναι ἔδει καὶ ὑποφέρεσθαι φόβοις καὶ λύπαις περιπίπτειν μὴ μετρίαις, ὅπερ οὐδὲ αὐτὸ συμβαί-
νει. 417 K: οἱ μὲν γὰρ (sc. οἱ σοφοί) ἐν μεγίστοις ἀγαθοῖς, οἱ δὲ
(sc. οἱ προκόπτοντες) ἐν μεγίστοις κακοῖς ἑαυτοὺς ὑπολαμβάνοντες
εἶναι ὅμως οὐ γίνονται διὰ τοῦτο ἐν πάθει. Während diese Thatsache der Theorie Chrysipps widerspricht, so zeigt dagegen Posidon
dass sie in seiner Anschauungsweise ihre Erklärung findet bei Galen
474 K: καὶ μὴν οἱ προκόπτοντες μεγάλα κακὰ δοκοῦντες ἑαυτοῖς
παρεῖναι ἢ ἐπιφέρεσθαι οὐ λυποῦνται· φέρονται γὰρ οὐ κατὰ τὸ
ἄλογον τῆς ψυχῆς οὕτως ἀλλὰ κατὰ τὸ λογικόν.

[2]) Poppelreuter a. a. O. S. 20.

gent. Aber statt hierdurch zu beweisen was man will lehrt man nur durch ein neues Beispiel wie leicht über dem Wunsch überall nur Aehnliches zu entdecken die daneben obwaltenden und bisweilen überwiegenden Unterschiede unbeachtet bleiben. Auch hier rächt es sich dass man eine Aeusserung isolirt und ohne Rücksicht auf den Zusammenhang der ihr erst die volle Bedeutung gibt betrachtet hat. Denn sonst würde man erkannt haben dass dieser allerdings sowohl bei Cicero wie bei Posidon erscheinende Einwurf gegen Chrysipps Theorie doch nur von Letzterem als giltig anerkannt von jenem dagegen verworfen wird. Nach den angeführten Worten fügt nämlich Cicero Folgendes hinzu: Quid ita? Quia huic generi malorum non affingitur illa opinio rectum esse et aequum et ad officium pertinere aegre ferre quod sapiens non sit, quod idem affingimus huic aegritudini in qua luctus inest quae omnium maxima est. — — — — Quid? ex ceteris philosophis (Aristoteles und Theophrast waren vorher genannt) nonne optimus et gravissimus quisque confitetur multa se ignorare et multa sibi etiam atque etiam esse discenda? neque tamen, cum se in media stultitia, qua nihil est pejus, haerere intellegant, aegritudine premuntur. Nulla enim admiscetur opinio officiosi doloris.[1]) Freilich, so dürfen wir Ciceros Worte erläutern, empfinden es gerade die besten unter den Philosophen als ein Unglück dass sie nicht bis zur vollkommenen Weisheit gelangt sind und haben insofern die Meinung von einem sehr grossen

---

[1]) Hiermit steht nicht in Widerspruch 77 f., obgleich hier die Möglichkeit eines Kummers der aus dem Bewusstsein geistiger Unvollkommenheit entspringt zugegeben wird; denn diese Unvollkommenheit ist eine die nur eben zur Einsicht ihrer selbst gekommen ist ohne schon die eigentliche Wendung zum Besseren genommen zu haben, jene dagegen eignet auch den grössten Philosophen sofern sie noch nicht die Stufe vollendeter Weisheit erreicht haben.

ihnen beiwohnenden Uebel: wenn nun trotzdem ihr Kummer
darüber nicht so heftig ist dass sie in lautes Klagen aus-
brechen, so wird hierdurch Chrysipps Theorie des Kummers
nicht widerlegt, da dieselbe für einen heftigen Kummer
ausser der Vorstellung eines grossen Uebels auch noch die
Meinung von der Pflichtmässigkeit des Schmerzes und der
Klage erforderte,[1] diese letztere Bedingung aber von den
Philosophen eben nicht erfüllt wird.[2] So führt die genauere
Vergleichung der ciceronischen Stelle mit Posidons Worten
zu dem entgegengesetzten Resultat als das ist das man aus
der oberflächlichen entnommen hatte, dass nämlich die Benutzung Posidons durch Cicero dadurch nicht bewiesen sondern ausgeschlossen wird. Zwar dass Cicero indem er den
gegen die Stoiker gerichteten Einwurf zurückweist Posidon
persönlich im Sinne hat will ich nicht behaupten; vielmehr
ist mir wahrscheinlich dass er an ältere Gegner der Stoa
denkt und insbesondere darf man vermuthen dass diess die
Peripatetiker sind wofür nicht bloss die Wahl des Aristoteles und Theophrast zu Beispielen sondern auch die Polemik

---

[1] 25: aegritudo est opinio magni mali praesentis et quidem
recens opinio talis mali, ut in eo rectum videatur esse angi id autem est ut is qui doleat oportere opinetur se dolore. 61: ex quo
ipsam aegritudinem λύπην Chrysippus quasi solutionem totius hominis
appellatam putat. — — — est enim (sc. aegritudo) nulla alia nisi
opinio et judicium magni praesentis atque urgentis mali. — — Sed
ad hanc opinionem magni mali cum illa etiam opinio accessit oportere, rectum esse, ad officium pertinere ferre illud aegre quod acciderit, tum denique efficitur illa gravis aegritudinis perturbatio.
76: Chrysippus caput esse censet in consolando detrahere illam opinionem maerenti, si se officio fungi putet justo atque debito.

[2] Wie wenig Cicero gemeint ist die chrysippische Theorie um
jenes Einwurfs willen preis zu geben, zeigt sich auch darin, dass er
bald nach den im Text angeführten Worten und im Fluss derselben
Erörterung sie noch einmal nachdrücklich ausspricht (71): ex quo
intelligitur non in natura sed in opinione esse aegritudinem.

spricht die er gleich nachher (71 ff.) gegen diese Philosophenschule führt.

In der bisherigen Untersuchung ist wiederholt auf die
bei Cicero hervortretende Ansicht, dass alle Leidenschaft in
einer gewissen Meinung beruht, hingewiesen worden. Aber
nicht bloss um die Ansprüche Posidons sondern auch um
diejenigen seines Lehrers Panaitios zu vernichten kann uns
jene nützlich sein, da dieser in ganz ähnlicher Weise die
sinnlichen und leidenschaftlichen Regungen des Menschen
nicht für eine blosse Ausartung des Intellects ansah sondern
die Anlage dazu schon in der ursprünglichen Natur des
Menschen fand. Insbesondere beobachten wir zwischen ihm
und Cicero folgende Widersprüche: dass während Panaitios
auch eine naturgemässe Lust anerkennt (Theil II S. 438 ff.)
Cicero die Lust schlechthin weil durchweg auf einer falschen
Meinung beruhend als unnatürlich verwirft (24), und dass
während Cicero aufs Entschiedenste die peripatetische Mässigung der Leidenschaften bestreitet und für die strengere
Lehre der Stoiker eintritt (22. 74) Panaitios umgekehrt sich
gerade gegen die Apathie der letzteren gewandt hatte
(Theil II S. 452 ff.).

Gegen die bisher genannten Philosophen ist was das
Recht für Ciceros Gewährsmann zu gelten betrifft Antiochos
schon darum im Vortheil weil er einmal ausdrücklich als
solcher citirt wird. „Quocirca" sagt Cicero (59) „Carneades,
ut video nostrum scribere Antiochum, reprendere Chrysippum
solebat laudantem Euripideum carmen illud" etc. Dass der
Weg den uns dieser Hinweis zeigt wirklich zu Ciceros Quelle
führt, scheint sich dann sofort durch andere in derselben
Richtung leitende Spuren zu bestätigen. In welchem Um-
fange der genannte Philosoph sich die Lehren der Stoa angeeignet hatte, ist bekannt: es würde daher mit seinem
sonstigen Verfahren nicht in Widerspruch stehen wenn er

auch in stoischer Weise die Leidenschaften nicht von eigenthümlichen Vermögen der Seele hergeleitet sondern auf verkehrte Meinungen und Urtheile zurückgeführt hätte; vielmehr
würde diess besonders gut dazu passen dass dem Antiochos
der engste Anschluss gerade an Chrysipp zum Vorwurf gemacht wird (a Chrysippo pedem numquam Cicero Acad. pr. 143),
dieser Stoiker es aber namentlich war der jene Theorie der
Leidenschaften ausgebildet hatte. Beruhte in diesem Falle
die Uebereinstimmung der Lehre des Antiochos mit derjenigen welche Cicero vorträgt nur auf einer Vermutung, so
ist dieselbe dagegen in einem anderen nicht unwichtigen
Punkte auf sichere Ueberlieferung gegründet; denn dass Antiochos ebenso wie diess Cicero (22) thut die peripatetische
Mässigung der Leidenschaften missbilligte und statt dessen
nach stoischer Weise ihre gänzliche Ausrottung forderte,
erfahren wir durch Cicero Acad. pr. 135.[1]) Zu diesen Haupt-
stützen kommt nun noch Einzelnes das uns ebenfalls in der
Ueberzeugung dass eine Schrift des Antiochos die Quelle
war befestigen könnte. So wird von Cicero die Auffassung
der Freundschaft verworfen, nach der wir den Freund mehr
als uns selber lieben sollen[2]), und, da hiermit unverholen die
Selbstliebe des Menschen als dessen stärkster Trieb bezeichnet
ist, einer Ansicht das Wort geredet die auch Antiochos ver-

---

[1]) Hierzu kommt dass dieselbe Ansicht im zweiten Buch der
Schrift de finibus (27) wiederkehrt, und ich habe diesen Umstand
schon früher (Theil II S. 641) benutzt um die Abhängigkeit dieses
Buches von Antiochos zu bestätigen.

[2]) 72 f.: Quasi fieri ullo modo possit quod in amatorio sermone
dici solet ut quisquam plus alterum diligat quam se. Praeclarum
illud est et, si quaeris, rectum quoque et verum ut eos qui nobis
carissimi esse debeant aeque ac nosmet ipsos amemus; ut vero plus,
fieri nullo pacto potest. Ne optandum quidem est in amicitia ut me
ille plus quam se, ego illum plus quam me; perturbatio vitae, si ita
sit, atque officiorum omnium consequatur.

theidigt hatte (de fin. V 30 ff. vgl. II 33 f.). Und ferner
wenn wir schon hier die Wahrscheinlichkeit die sich auch
Andern aufgedrängt hat dass nämlich die sämmtlichen Bücher
der Tusculanen einer und derselben Quelle entstammen anticipiren dürfen, so fällt es für Antiochos und dessen zum
dritten Buche angenommenes Verhältniss ins Gewicht dass
gewisse Aeusserungen des ersten Buches ähnlich im fünften
der Schrift de finibus wiederkehren,[1]) also von Antiochos
gethan worden sind. Indessen da wir bei der Quellenuntersuchung des ersten Buches bereits auf eine andere Fährte gekommen sind so müssen wir gegen die Triftigkeit eines Grundes der uns davon wieder ablenken würde bedenklich werden
und können wenn diess einmal der Fall ist nicht verkennen
dass zur Erklärung jener Uebereinstimmung uns ein doppelter
Weg offen steht, entweder nämlich die Annahme dass Cicero
sich bei Abfassung der Tusculanen an seine eigene der Zeit
nach kurz voraus gehende Darstellung im fünften Buche de
finibus erinnerte oder die Vermuthung dass dieselben Aeusserungen da sie in unseren Augen durch Nichts ausschliess-

---

[1]) Tusc. I 52 wird von dem delphischen Spruche „Erkenne dich
selbst" gesagt dass derselbe um seiner Göttlichkeit Willen auf eine
Gottheit zurückgeführt worden sei. Dass diese Ansicht die auch de
fin. V 44 (und de legib. I 58 f.) ausgesprochen wird, nicht die allgemeine war lehrt Bernays Die Dialoge des Aristoteles S. 96: denn
dieser erwähnt zwei Variationen die eine welche jenen Spruch dem
Chilon die andere welche ihn dem pythischen Gotte zuweist, und
zwischen diesen beiden Extremen würde die Ansicht der Tusculanen
und des Antiochos die Mitte halten da sie bei Annahme eines menschlichen Ursprungs doch auch die Ableitung von einem göttlichen Urheber zu erklären sucht. — Ausserdem berührt sich Tusc. I 92 mit
de fin. V 54 f., weil an beiden Stellen davon die Rede ist dass die
Scheu des Menschen vorm Tode bleibt auch wenn er sich diesen als
einen Schlaf vorstellt und beidemal der Schlaf an dem mythischen
Bilde des Endymion zur Anschauung gebracht wird.

lich an Antiochos geknüpft sind auch noch von anderen
Philosophen gethan worden sind. Das Gleiche gilt nun aber
auch gegen die anderen zu Gunsten des Antiochos hervorgehobenen Gründe soweit sie der Uebereinstimmung gewisser
Ansichten entnommen sind: dass sie unserem Vermuthen
immer noch einen gewissen Spielraum lassen und uns keineswegs mit positiver Bestimmtheit auf Antiochos leiten. Nur
das eine noch übrige Argument das in dem namentlichen
Citat besteht scheint nicht in dieser Weise bemängelt werden
zu können. Aber wenn wir noch einmal über die eigentlichen Grenzen dieser Untersuchung hinausblicken dürfen,
so finden wir dass im fünften Buche ebenfalls auf Schriften
des Antiochos Bezug genommen wird (22) und zwar dort
um gegen die darin enthaltenen Ansichten zu polemisiren:
wie also dort das Citat entweder aus Ciceros eigener selbst-
ständiger Kenntniss oder doch jedenfalls nicht aus einer
Schrift des Antiochos sondern aus der eines anderen Philosophen hineingekommen ist so ist dieselbe Alternative auch
Angesichts der Stelle des dritten Buches möglich und wird
in dem Augenblicke nothwendig wo eine weitere Betrachtung
den Gedanken dass Antiochos Ciceros Gewährsmann war
ausschliesst. Das thut sie aber sobald wir sie auf folgende
Punkte hinlenken. Da Antiochos vielfach sich an die Stoiker
angeschlossen hat, in manchen Stücken aber doch auch von
ihnen abgewichen ist, so ist es zwar möglich dass er auch
die Theorie der Leidenschaften von ihnen entnahm und so
wie Cicero thut das Wesen der letzteren in eine gewisse
Meinung setzte, darum aber noch nicht wahrscheinlich sondern bedarf um diess zu werden einer genaueren Untersuchung die vielmehr zu dem entgegengesetzten Resultat
führt: denn hätte er in dieser Hinsicht die stoischen Anschauungen getheilt so würden wir ihnen doch auch in der
auf ihn zurückgehenden (vgl. Theil II S. 638 ff.) Darstellung

des zweiten Buches de finibus begegnen, wo er sich statt
dessen damit begnügt die Lust (voluptas) als eine ange-
nehme sinnliche Bewegung (jucundus motus in sensu) zu definiren (75) und ebenso wie im fünften Buche (45) noch in
Zweifel ist ob er sie nicht doch zum ersten Naturgemässen
rechnen soll (34) wovon er sie die stoische Theorie bei ihm
vorausgesetzt aufs entschiedenste ausschliessen müsste.[1]) Ferner ist die Lehre des Antiochos der stoischen gegenüber
hauptsächlich durch den Satz charakterisirt dass es neben
dem moralischen Uebel noch andere gibt, gerade dieses
Hauptcharakteristicum fehlt aber in den Tusculanen die sich
im Gegentheil vorwiegend auf den streng stoischen Standpunkt stellen;[2]) und wenn dieselben auch der milderen peripatetischen Güterlehre nicht alle Berechtigung abstreiten
wollen so ist doch das Verhältniss in das dieselbe auf·diese
Weise zur stoischen gebracht wird ein ganz anderes als wie
es Antiochos festzusetzen liebte.[3]) Endlich muss allen denen

[1]) Man bedenke die Auffassung der voluptas in den Tusculanen
wie sie sich theils in der Bemerkung II 52 theils in den Definitionen
III 23 f. oder in den Eintheilungen IV 20 kund gibt. Vgl. auch den
Stoiker bei Cicero de fin. III 17. 35.

[2]) Unter anderen Trostmitteln des Menschen wird 34 angeführt:
quod videt malum nullum esse nisi culpam. In Worten die sich an
Epikur richten lesen wir 37: obliviscor etiam malorum ut jubes eoque facilius quod ea ne in malis. quidem ponenda censeo. 74: cogitatio igitur diuturna nihil esse in re mali dolori medetur, non ipsa
diuturnitas.

[3]) In den Tusculanen lesen wir 77: erit igitur in consolationi-
bus prima medicina, docere aut nullum malum esse aut admodum
parvum. 80: cui (sc. sapienti) aut malum videri nullum potest quod
vacet turpitudine aut ita parvum malum ut id obruatur sapientia
vixque appareat. Während hier nicht bloss die Wahl zwischen der
stoischen und peripatetischen Ansicht gelassen sondern auch die Bevorzugung der stoischen angedeutet ist und die peripatetische nur
durch eine Art von Concession an zweiter Stelle Erwähnung gefun-

welche wissen dass Antiochos die wesentliche Uebereinstimmung der peripatetischen akademischen und stoischen Philosophie behauptete auffallen dass nichtsdestoweniger in einer Darstellung die auf ihn zurückgehen soll gewisse Ansichten der Peripatetiker so entschieden bekämpft werden, wie diess bei Erörterung der Frage geschieht ob der Keim zu den Leidenschaften schon von Natur in uns liegt oder sie nur die Folge einer falschen Meinung sind, ob sie also nur gemässigt oder gänzlich ausgerottet werden sollen (22. 71—75). Unsere Verwunderung über diese Polemik wird noch gesteigert da wir sehen dass von derselben auch ein angesehenes Mitglied der alten Akademie, Krantor, betroffen wird (12. 71), also derjenigen Schule deren Erneuerung Antiochos sich ganz eigentlich zur Aufgabe gemacht hatte. Wollte man dieses Bedenken durch die Bemerkung heben dass in dem fraglichen Falle die Differenz zwischen der akademisch-peripatetischen Richtung einer- und der stoischen andererseits zu bedeutend sei als dass selbst Antiochos vermögend gewesen wäre sie zu verdecken so wäre zu erwidern dass im zweiten Buche de finibus thatsächlich ein solcher Ausgleichsversuch gemacht wird und zwar dort zu Gunsten Epikurs um dessen Lehre mit der eigenen in Einklang zu bringen,[1]) dass ein solcher also noch viel eher zu Gunsten

den zu haben scheint was noch mehr hervortritt wenn wir bedenken dass erst gegen den Schluss seiner Darstellung wo er überhaupt den verschiedenen Philosophen gegenüber sich liberaler zeigt Cicero der peripatetischen Güterlehre gedenkt (76) und sodann sie neben der stoischen bis zu einem gewissen Grade gelten lässt — hat Antiochos dagegen wo er die beiden Moralen einander gegenüber stellt sich stets so weit ich sehe mit voller Entschiedenheit auf die Seite der peripatetischen gestellt und der stoischen neben ihr nicht einmal so viel Raum gelassen als Cicero neben dieser der peripatetischen. Vgl. de fin. IV 57. V 71 f. 90. 91 ff.

[1]) 27: equidem illud ipsum non nimium probo et tantum patior,

der Peripatetiker und Akademiker von Antiochos zu erwarten
war.[1]) Und dass wirklich Antiochos so verfahren ist, dass
er indem er die stoische Lehre von der Ausrottung der Leidenschaften billigte der akademisch-peripatetischen Schule
nicht untreu zu werden glaubte und nicht etwa wie in den
Tusculanen geschieht polemisirend die weite Kluft zwischen
den beiden Schulen erst recht vor Augen gestellt habe,
müssen wir wohl daraus schliessen dass Cicero sonst nicht
nöthig gehabt hätte wie er Acad. pr. 135 thut[2]) ihm jene

philosophum loqui de cupiditatibus finiendis. an potest cupiditas
finiri? tollenda est atque extrahenda radicitus. quis est enim in
quo sit cupiditas, quin recte cupidus dici possit? ergo et avarus erit
sed finite, et adulter verum habebit modum, et luxuriosus eodem
modo. qualis ista philosophia est quae non interitum adferat pravi-
tatis sed sit contenta mediocritate vitiorum? quamquam in hac divi-
sione rem ipsam prorsus probo, elegantiam desidero. appellet haec
desideria naturae: cupiditatis nomen servet alio, ut eam cum de avaritia cum de intemperantia cum de maximis vitiis loquetur tamquam
capitis accuset. Vgl. auch Tuscul. V 93.

[1]) Einen Anlauf über jenen Gegensatz der stoischen und peripatetischen Schule hinwegzukommen macht freilich auch das dritte
Buch der Tusculanen 83: Hoc detracto quod totum est voluntarium
aegritudo erit sublata illa maerens; morsus tamen et contractiuncu-
lae quaedam animi relinquentur. Hanc dicant sane naturalem, dum
aegritudinis nomen absit grave taetrum funestum quod cum sapientia
esse atque ut ita dicam habitare nullo modo possit. Aber eben dass
es bei einem blossen Anlauf sein Bewenden hat und die eingeschlagene Richtung nicht weiter verfolgt wird zeigt dass wer immer Ciceros Gewährsmann war kein Interesse hatte diess zu thun, dass also
Antiochos bei dem wie wir wissen ein solches Interesse vorhanden
war jener nicht gewesen sein kann.

[2]) Sed quaero quando ista fuerint ab Academia vetere decreta
ut animum sapientis commoveri et conturbari negarent? mediocri-
tates illi probabant et in omni permotione naturalem volebant esse
quendam modum. legimus omnes Crantoris, veteris Academici, de
luctu; est enim non magnus verum aureolus et ut Tuberoni Panaetius praecipit ad verbum ediscendus libellus. atque illi quidem etiam

zwischen beiden Schulen bestehende Differenz erst noch vor-
zuhalten und ihn auf Grund derselben eines Widerspruchs
mit sich selber zu zeihen.

Da von den Dogmatikern soweit sie überhaupt in Frage
kommen sich keiner hergibt Ciceros Gewährsmann zu sein,
müssen wir uns wohl bei den Skeptikern umsehen und werden da durch die Untersuchungen über die beiden vorangehenden Bücher natürlich zuerst auf Philon geführt. Die
Form der Darstellung bestätigt diess, indem sie diejenige
einer Polemik ist die sich gegen eine auf Verlangen ausgesprochene Behauptung richtet (7. 12) und daher mit derjenigen übereinstimmt die uns schon früher als die der skeptischen Akademie vorgekommen ist (vgl. S. 379, 1. 411 f.); auch
erinnert uns Cicero gelegentlich an seinen philosophischen
Standpunkt wie durch das „verisimile" 14 und 16 und dadurch dass er wenigstens 77 und 80 es unterlässt sich in
dogmatischer Weise für eine der beiden zur Wahl gestellten
Moralen die stoische oder die peripatetische zu entscheiden.
Zu den formalen Elementen der Darstellung gehört ferner
der Schmuck der Dichtercitate der auch über dieses Buch
reichlich ausgestreut ist, ein Schmuck den zwar auch andere
Philosophen nicht verschmähten, den anzubringen aber Cicero nach seinem eigenen Geständniss (vgl. S. 411, 1) durch
Philons Vorgang veranlasst worden war. Aber freilich mit
solchen von der Oberfläche geschöpften Argumenten dürfen
wir nicht hoffen die fest gewurzelte Ansicht auszurotten dass
eine dogmatische Schrift Ciceros Quelle war. Im Kampfe
mit derselben macht sich namentlich ein Uebelstand geltend

---

utiliter a natura dicebant permotiones istas animis nostris datas, me-
tum cavendi causa, misericordiam aegritudinemque clementiae; ipsam
iracundiam fortitudinis quasi cotem esse dicebant: recte secusne alias
viderimus, atrocitas quidem ista tua quomodo in veterem Academiam
inruperit nescio.

dass wir über Philons Theorie so wenig durch ausdrückliche Ueberlieferung erfahren. Denn in Folge dessen wird man es für unmöglich erklären dass ein Skeptiker welches doch Philon gewesen sein soll sich in so nachdrücklicher Weise wie Cicero thut zu Gunsten der stoischen Moral ausgesprochen habe. Wenn nur nicht der Skepticismus auch innerhalb der Akademie sehr verschiedene Formen angenommen hätte! Zur Eigenthümlichkeit des philonischen Skepticismus gehörte aber eine starke Hinneigung zum Stoicismus. Dass man ihm diese zum Vorwurf machte hat eine frühere Untersuchung gelehrt (vgl. oben S. 236 ff.) und zugleich angedeutet auf welche Punkte man etwa dabei geachtet habe, insbesondere auch darauf hingewiesen dass an die Benutzung stoischer Definitionen zu denken sei.[1]) So könnten also mit anderen auch die stoischen Definitionen der Leidenschaften die wir in den Tusculanen finden zu Philon gekommen sein. Indessen ist es mit diesen Definitionen nicht wie mit anderen die gewisse Thatsachen oder Objekte rein darstellen und deshalb gleichviel wer ihr Urheber ist von den verschiedensten Philosophen benutzt werden können: vielmehr haben sie ein subjektives Gepräge und geben ein Objekt in der besonderen Auffassung wieder die ihr Urheber davon hatte und die jeder theilen muss der sich ihrer bedienen will. Es frägt sich daher ob zu den Letzteren Philon gehörte. Diess könnte man auf Grund seines Platonismus leugnen wollen, wie es ja gerade der Platonismus war dem der Stoiker Poseidonios die Mittel entnahm um jene stoische, insbesondere chrysippische Theorie der Leidenschaften zu bekämpfen. Aber was Posidon un-

---

[1]) Nachträglich kann auf die Anerkennung hingewiesen werden welche der zenonischen Definition des Wissens unter der Voraussetzung dass dieser Begriff streng zu nehmen sei Cicero zu Theil werden lässt Acad. pr. 113.

vereinbar fand, den Platonismus der ein vernünftiges und ein
unvernünftiges Seelenvermögen unterscheidet und die stoische
Auffassung der Leidenschaften, muss nicht auch Anderen und
braucht insbesondere nicht Philon so erschienen zu sein.
Denn warum kann ich nicht die Leidenschaft in geschärftem
Ausdruck als eine Meinung bezeichnen wenn ich darunter
auch nur die Wirkung einer solchen verstehe, wie das die
ebenfalls von Posidon bestrittene Ansicht Zenons gewesen
war? Und bin ich einmal so weit, warum soll ich dann
nicht auch die Meinung und die Leidenschaft, als deren Wirkung und somit von ihr verschieden, jede einem besonderen
Seelentheil zuweisen, die eine dem vernünftigen die andere
dem unvernünftigen? Dass er eine solche Vorstellung von
der Seele in seiner Ausdrucksweise durchschimmern lasse,
hatte ja eben Posidon dem Chrysipp zum Vorwurf gemacht.
Wir haben daher nicht nöthig es als einen erst von Cicero
in die Darstellung hineingetragenen Widerspruch zu betrachten wenn in derselben nicht bloss die Ursache sondern geradezu das Wesen der Leidenschaft in einer Meinung gesucht
(24 f.) und dann doch in einer erläuternden Bemerkung jene
auf eine Widerspänstigkeit des niederen Seelenvermögens
gegenüber der Vernunft zurückgeführt wird,[1]) sondern kön-

---

[1]) 24: Nam cum omnis perturbatio sit animi motus vel rationis
expers vel rationem adspernans vel rationi non obediens isque motus
aut boni aut mali opinione citetur etc. Hiermit steht was die zu
Grunde liegende Psychologie betrifft im Einklange 11: Itaque nihil
melius quam quod est in consuetudine sermonis Latini cum exisse ex
potestate dicimus eos qui effrenati feruntur aut libidine aut iracundia; quamquam ipsa iracundia libidinis est pars. Sic enim definitur:
iracundia ulciscendi libido. Qui igitur exisse ex potestate dicuntur
idcirco dicuntur, quia non sint in potestate mentis cui regnum totius
animi a natura tributum est. Mit diesen letzten Worten stimmt
überein was Galen a. a. O. p. 413 K in der aus Posidon geschöpften
Widerlegung Chrysipps bemerkt: οὐ γὰρ δι᾽ αὐτὸ λέγομεν αὐτούς·

nen diesen Widerspruch schon Philon zutrauen der indem
er sich, durch den Vorgang der Stoiker selber dazu aufge-
muntert, über ihn hinwegsetzte obenein noch den Vortheil
hatte die stoischen Definitionen der Leidenschaften ohne
Weiteres für sich verwerthen zu können. [1]) — Konnten wir
in diesem Falle nur bis zu dem Nachweis gelangen dass
eine bei Cicero vertretene Theorie mit dem sonst bekannten
philosophischen Standpunkt Philons nicht in Widerspruch
steht, so haben wir in einem anderen eine Art von Ueberlieferung auf unserer Seite dass die von Cicero vorgetragene
Lehre schon von Philon getheilt wurde: wodurch dann da
diese Lehre wie sich zeigen wird mit der eben besprochenen Theorie aufs Engste zusammenhängt auch die Zurückführung dieser auf Philon als richtig bestätigt wird. Die
Lehre um die es sich handelt ist der Satz dass die Leidenschaften ausgerottet werden müssen; Cicero spricht ihn 22
aus um ihn den Peripatetikern die sich mit einer Mässigung
der Leidenschaften begnügten entgegenzuhalten. Da nun die
Ausrottung der Leidenschaften nur gefordert werden kann
wenn man dieselben als etwas ansieht das von Aussen in
den Menschen hineingekommen ist und daher auch wieder

ἑαυτῶν ἔξω καθεστηκέναι καὶ μὴ ἐν ἑαυτοῖς εἶναι διότι τὸ βιαζόμενον αὐτοὺς ὁρμᾶν κατὰ τὸ πάθος ἔξωθέν ἐστιν ἀλλ' ὅτι παρὰ φύσιν ἔχουσιν εἴγε τὸ λογικὸν τῆς· ψυχῆς, ᾧ κρατεῖν καὶ ἄρχειν τῶν
ἄλλων ἦν κατὰ φύσιν, οὐ κρατεῖ νῦν ἀλλὰ κρατεῖται καὶ ἄρχεται
πρὸς τῶν ἀλόγων τῆς ψυχῆς δυνάμεων. Da aber diese Uebereinstimmung eine platonische Lehre betrifft so kann sie ebenso gut wie
dadurch dass Posidon für die Quelle der ciceronischen Worte angesehen wird auch durch die Annahme erklärt werden dass Cicero
einen anderen Platoniker, eben Philon, benutzt habe.

[1]) Damit man in der Philon zugeschriebenen Eintheilung der
Seele in einen vernünftigen und einen unvernünftigen Seelentheil
nicht einen Verstoss gegen dessen Skepticismus erblicke, ist die Bemerkung S. 413 zu vergleichen.

beseitigt werden kann, nicht aber als etwas das mit der
menschlichen Natur selber gegeben ist, so zeigt sich wie eng
diese stoische Forderung mit der Auffassung der Leidenschaften als blosser Meinungen zusammenhängt und dass
wenn sich wahrscheinlich machen liesse Philon habe die peripatetische Mässigung der Leidenschaften verworfen diess den
Schluss erlauben würde er habe die stoische Theorie derselben gebilligt. Wie aber Philon über jenen Punkt urtheilte,
darüber empfangen wir durch Cicero Academ. pr. 135 einen
Wink. Denn nachdem er dort es Antiochos vorgehalten hat
dass derselbe zwar sich zur alten Akademie rechne trotzdem
aber die Ausrottung der Leidenschaften fordere und nicht die
Mässigung, fügt er hinzu dass er damit die peripatetisch-
akademische Ansicht keineswegs als die richtige empfehlen
wolle.[1] Dass wir Ciceros Urtheil welches sich in diesen
Worten ausspricht mit demjenigen Philons bis auf Weiteres
identifiziren dürfen haben frühere Untersuchungen (vgl. oben
S. 288 ff.) gelehrt. Welches dieses Urtheil war, das zu bestimmen hängt von der Beantwortung der Frage ab ob Cicero es für nöthig befunden haben würde sich gegen die
Meinung als billige er die peripatetische Mässigung ausdrücklich zu verwahren wenn er dieselbe wirklich gebilligt
hätte.[2] Ich glaube nicht dass Jemand diese Frage bejahen

---

[1] Siehe S. 444, 2.

[2] Man darf nicht sagen, er habe dadurch den skeptischen
Standpunkt wahren wollen. Denn sonst hätte er eine ähnliche Bemerkung wohl schon vorher gemacht wo er die entgegengesetzte Ansicht Zenons zwar hart findet, aber um ihrer Folgerichtigkeit willen
rühmt (durum, sed Zenoni necessarium), und überdiess verstand es
sich ja von selber dass er als Skeptiker nicht die Absicht haben
konnte etwas als absolut gewisse Wahrheit hinzustellen zumal er
sich unmittelbar vorher hierüber ausdrücklich erklärt hatte (illa in
quibus consentiunt num pro veris probare possumus?). Vielmehr
spricht der Zusammenhang (age, haec probabilia sint etc.) dafür dass

wird. Doch ist es wenn diess trotzdem der Fall sein sollte gut, dass wir noch von einer anderen Seite her zu demselben Resultat gelangen können. Dass nämlich Philon das Ausrotten der Leidenschaften forderte ergibt sich sobald wir aus sonst bekannten seiner Lehren die Consequenz ziehen. Ich denke hierbei an die Lehre dass ausser der Tugend es kein Gut, wenigstens im strengen Sinne dieses Wortes, gibt. Dass er dieser Ansicht war, kann man zunächst aus seiner Billigung der stoischen Paradoxa folgern,[1] nicht bloss weil sich

---

er der Lehre Zenons die grössere Probabilität zugestand und dass er sonach in demselben Sinne die Leidenschaften für ausrottbar erklärte wie Karneades (Tusc. V 83) behauptet hatte dass die Tugend zur Glückseligkeit genüge.

[1] Und dass er die stoischen Paradoxa billigte wird mindestens äusserst wahrscheinlich dadurch dass Cicero diess thut in seiner wie sich früher gezeigt hat (vgl. oben S. 288 ff.) einer philonischen Schrift entnommenen Polemik gegen Antiochos Acad. pr. 136. Die betreffenden Worte sind folgende: illa vero ferre non possum, non quo mihi displiceant — sunt enim Socratica pleraque mirabilia Stoicorum quae παράδοξα nominantur — sed ubi Xenocrates ubi Aristoteles ista tetigit? hos enim quasi eosdem esse voltis. illi umquam dicerent sapientis solos reges solos divites solos formosos? Omnia quae ubique essent sapientis esse? neminem consulem praetorem imperatorem nescio an ne quinquevirum quidem quemquam nisi sapientem? postremo solum civem solum liberum? insipientis omnis peregrinos exsules servos furiosos? denique scripta Lycurgi Solonis duodecim tabulas nostras non esse leges? ne urbis quidem aut civitates nisi quae essent sapientium? haec tibi Luculle, si es adsensus Antiocho familiari tuo, tam sunt defendenda quam moenia; mihi autem bono modo,. tantum quantum videbitur. In den letzten Wörten ist nur ausgesprochen dass Cicero die Paradoxa nicht in dem Maasse für sicher und wahr hält als diess Antiochos und die Stoiker thun; keineswegs wird aber durch dieselben ausgeschlossen dass er ihnen die auch dem Akademiker gestattete und von Cicero ausdrücklich zu Anfang zugestandene Billigung ertheilte. Bemerkenswerth ist ferner dass die Paradoxa um den Beifall des Akademikers zu ver-

hierin im Allgemeinen eine Hinneigung zur schroffen und
einseitigen Ethik der Stoiker verräth sondern vorzüglich weil
zu diesen Paradoxen auch der Satz gehört ὅτι μόνον τὸ
καλὸν ἀγαθὸν dieser aber wie Philon selber durch Ciceros
Mund erklärt[1]) die Consequenz nach sich zieht dass in der
Seele des Weisen keine Spur einer Leidenschaft übrig bleibt.
Wollte man aber hiergegen einwenden dass jene Billigung
sich zunächst nur auf diejenigen Paradoxa beziehe die
dem Weisen ein bestimmtes Prädicat wie dass er schön
reich u. s. w. sei beilegen, so wäre zu erwidern dass alle
diese Paradoxen ohne die Tugend als das einzige Gut anzuerkennen nicht denkbar sind. Ueberdiess lässt sich dass
Philon in der Güterlehre auf Seiten der Stoiker stand auch
dadurch wahrscheinlich machen dass in derselben Hinsicht
es auch Platon zu thun schien (Theil II 336 ff.) und dass
der gleichen strengeren Ansicht auch die Akademiker der

---

dienen aus stoischen in sokratische verwandelt werden: denn da dasselbe im dritten Buch der Tusculanen geschieht (10, vgl. 8) und auch
den paradoxen Meinungen, oder wenigstens einer derselben, aber
einer besonders hervorstechenden (omnes insipientes insanos esse),
hier dieselbe Anerkennung gezollt wird, so ist diess wieder ein Beispiel der Uebereinstimmung die zwischen den Ansichten dieses Buches
und den philonischen besteht. Indem übrigens Philon diese Paradoxa
billigte und als sokratische anerkannte bezeugte er nur von Neuem
seine Abhängigkeit von Platon, da dieser bereits gegen den Schluss
des Phaidros p. 279 C den Sokrates beten lässt: πλούσιον νομίζοιμι
τὸν σοφόν.

[1]) Acad. pr. 135: age, haec probabilia sane sint (sc. sapientis
animum numquam nec cupiditate moveri nec laetitia ecferri): num
etiam illa, numquam timere numquam dolere? sapiensne non timeat
ne patria deleatur? non doleat si deleta sit? durum sed Zenoni
necessarium cui praeter honestum nihil est in bonis, tibi vero Antioche minime cui praeter honestatem multa bona praeter turpitudi-
nem multa mala videntur quae et venientia metuat sapiens necesse
est et venisse doleat.

Kaiserzeit huldigten in denen wir früher Nachfolger Philons erkannt haben (vgl. S. 243 f.). — Es ist nun selbstverständlich dass solche Behauptungen wie dass die Tugend allein ein Gut sei in Philons Munde nur etwas Wahrscheinliches aussprechen wollen und es daher kein Hinüberschwanken in den Dogmatismus ist, wenn Cicero im dritten Buche der Tusculanen sich zu derselben Ansicht bekennt. Der letztere hat überdiess dadurch dass er gegen den Schluss seiner Darstellung wiederholt (77. 80) die Berechtigung der peripatetischen Güterlehre neben der stoischen hervorhebt jeden Anlass eines Missverständnisses im angegebenen Sinne beseitigt und damit gleichzeitig die Uebereinstimmung zwischen den Tusculanen und Philons Ansichten in ein neues und helleres Licht gesetzt. Denn noch mehr tritt hierdurch hervor dass Cicero nicht jeder beliebigen Ethik die gleiche Geltung zugesteht sondern aus allen möglichen nur zwischen den genannten zwei die Wahl lässt, und diess wiederum ist derselbe Gedanke den Cicero als Vertreter Philons Acad. pr. 134 ausspricht.[1]) Aber ist die Vorliebe für die stoische Ansicht in den Tusculanen nicht grösser als in den Academica? Dass ihr der stärkere Ausdruck geliehen wird kann man zugeben. An der Sache wird dadurch nichts geändert: denn wenn in den Academica 134 die stoische Güterlehre als eine göttliche bezeichnet wird[2]) so bedeutet diess in gewöhnliche Prosa übertragen eine die an den Menschen ausserordentlich hohe, vielleicht zu hohe Anforderungen stellt (vgl. auch das „durum sed Zenoni necessarium" 135), nichts an-

---

[1]) Nachdem er der zenonischen sowie der theophrastischen Güterlehre gedacht und beider Werth gegen einander abgewogen hat fährt er fort: distrahor: tum hoc mihi probabilius tum illud videtur et tamen nisi alterutrum sit virtutem jacere plane puto.

[2]) Zeno in una virtute positam beatam vitam putat. — — deus ille qui nihil censuit deesse virtuti.

deres aber besagt es wenn in den Tusculanen der stoischen
Ansicht das Prädicat der tapfersten und männlichsten ertheilt wird;[1] und was den Tadel betrifft den die Academica
in das Bedenken kleiden ob nicht die stoische Theorie der
Tugend mehr zumuthe als die Natur vertrage (sed ille vereor
ne virtuti plus tribuat quam natura patiatur) so wird ein
solcher in den Tusculanen zwar nicht ausgesprochen ist aber
auch durch das ihr gespendete Lob nicht ausgeschlossen da
etwas zwar tapfer und männlich gedacht trotzdem aber un-
ausführbar sein kann. — Mit der Bevorzugung der stoischen
Ansicht vergibt Cicero seiner Skepsis um so weniger etwas
als jene ihren Grund nicht in einer vermeintlichen grösseren
Uebereinstimmung mit den Verhältnissen der Wirklichkeit
und damit in einer grösseren Annäherung an die Wahrheit
hat sondern allem Anschein nach hervorgerufen ist durch
die Erwägung dass man die sittlichen Forderungen über das
dem Menschen mögliche hinausspannen muss wenn auch nur
dieses erreicht werden soll. Es ist wahrscheinlich nicht so
sehr der innere theoretische Werth als die äussere praktische
Brauchbarkeit gewesen die Cicero veranlasste die stoische
Lehre auf Kosten der peripatetischen so stark hervorzuheben.[2] Diesen Gesichtspunkt festgehalten sind wir im
Stande einen Einwand zu beseitigen den man gegen die
Ableitung des dritten Buches von Philon deshalb erheben
könnte weil eine solche sich mit der Ansicht dass derselbe
Ciceros Gewährsmann im zweiten gewesen sei nicht zu

---

[1] 22: sententiis tamen utendum eorum potissimum qui maxime
forti et ut ita dicam virili utuntur ratione atque sententia (sc. Stoicorum).

[2] Dieselbe Rücksicht veranlasst ihn 76 ff. und 79 die Frage
welches Trostmittel man wählen solle unentschieden zu lassen und
ihre Beantwortung im einzelnen Falle von Zeit und Personen abhängig zu machen.

vertragen scheint. Denn ebenso wie im dritten der stoischen wird im zweiten der peripatetischen Schule, wenigstens was die Güterlehre betrifft, der Vorzug gegeben.[1]) Dieser scheinbare Widerspruch löst sich jetzt dadurch dass es sich im zweiten Buche um das Ertragen körperlichen Schmerzes handelt, dieser aber derselbe bleibt auch wenn wir ihn für kein Uebel halten;[2]) ferner dadurch dass der Nachweis den das zweite Buch beabsichtigt der Schmerz könne ertragen werden um so bündiger ist wenn er auch den schlimmsten Fall dass der Schmerz ein Uebel ist in Rechnung zieht. Dass übrigens eine wesentliche theoretische Differenz zwischen den beiden Büchern nicht besteht ergibt sich aus den S. 412, 1 angeführten Stellen des zweiten an denen gerade so wie im dritten zwischen der peripatetischen und stoischen Güterlehre die Wahl gelassen ist. — Was sich ausser. dem Gesagten zur Beantwortung der uns hier beschäftigenden Frage theils an Einwänden beseitigen theils an bestätigenden Momenten vorbringen lässt ist zwar verglichen mit ihm von untergeordnetem Werthe, soll indessen hier doch noch eine Stätte finden. So könnte man gegen die Vermuthung dass Philon Ciceros Quelle war darum Bedenken hegen weil Cicero behufs einer Aeusserung des Karneades zunächst Antiochos als Gewährsmann anführt (59) und sodann gegen jene Aeusserung polemisirt:[3]) welches beides man mit Phi-

---

[1]) 29 f. bes. die Worte: Nihil bonum nisi quod honestum; nihil malum nisi quod turpe. Optare hoc quidem est, non docere. Illud et melius et verius: omnia quae natura aspernetur in malis esse; quae adsciscat, in bonis. Vgl. noch 42.

[2]) A. a. O.: definis tu mihi, non tollis dolorem, cum dicis asperum, contra naturam, vix quod ferri tolerarique possit; nec mentiris; sed re succumbere non oportebat verbis gloriantem.

[3]) Die Schärfe dieser Polemik wird übrigens durch eine spätere Aeusserung (79) gemildert, welche zugesteht dass der von Karneades getadelte Trostgrund nur nicht immer und für Alle .passend sei.

lons Verhältniss zu Karneades unvereinbar finden könnte.
Aber um abzusehen von der Möglichkeit dass Cicero hier
etwas aus eigener Lektüre eingeschaltet habe (vgl. S. 441)
so könnte was den ersten Punkt betrifft Philon den Antiochos citirt haben nicht um durch ihn die Aeusserung des
Karneades als echt beglaubigen zu lassen sondern um ihn
dessen Ansicht mit der des Karneades übereinstimmen mochte
ebenfalls seines Irrthums zu überführen; noch weniger hat
der zweite Punkt zu bedeuten, da die Möglichkeit einer
Polemik Philons gegen Karneades in einem einzelnen Falle
theils durch seine Stellung in der Entwickelung der akademischen Skepsis nicht ausgeschlossen ist theils insbesondere
noch aus Cicero Acad. pr. 137 und 139 erhellt. Zu den
bestätigenden Momenten rechne ich den Wunsch welchen
Cicero äussert widerlegt zu werden (cupio refelli 46) womit
ausser im zweiten Buche 4 zu vergleichen ist das S. 223, 1
Bemerkte, ferner die Zusammenstellung von Pythagoras Sokrates und Platon (vgl. dazu S. 243), sodann wenn ich an
Cicero nat. deor. III 59 denke das Lob das 38 dem Epikureer Zenon ertheilt wird, und endlich dass die Darstellung
ebenso wie der skeptische Vortrag in den Academica hinsichtlich der Methode in zwei Theile geschieden wird den
ersten in dem sie nach stoischer Weise dialektisch straff angezogen sein und den zweiten in dem sie sich in breiterem
Flusse ergehen soll. [1])

---

[1]) Tusc. 13: et primo si placet Stoicorum more agamus qui bre-
viter adstringere solent argumenta; deinde nostro instituto vagabi-
mur. 22: Haec sic dicuntur a Stoicis conclundunturque contortius.
Sed latius aliquanto dicenda sunt et diffusius; sententiis tamen utendum eorum potissimum qui maxime forti et ut ita dicam virili utuntur ratione atque sententia. Nam Peripatetici etc. Hiermit vergleiche
man Acad. pr. 112: Ac mihi videor nimis etiam agere jejune; cum
sit enim campus in quo exsultare possit oratio, cur eam tantas in

4. Das vierte Buch.

Durch das Ergebniss der Untersuchungen über das dritte
Buch ist auch die Quellenfrage in Bezug auf das vierte beantwortet, da beide Bücher in einem unzerreissbaren Zusammenhange stehen der fast nothwendig auf Einheit der
Quelle hinweist. Dieser Zusammenhang beruht zunächst darauf dass in beiden Büchern derselbe Gegenstand behandelt
wird: denn in beiden ist von den Leidenschaften ($\pi\acute\alpha\vartheta\eta$, perturbationes) die Rede und nur der Unterschied besteht dass
im dritten eine einzelne, besonders interessirende, der Kummer (aegritudo) herausgegriffen ist während im vierten die
ganze Masse der übrigen zu mehr oder minder ausführlicher
Erörterung kommt;[1] und Cicero selbst gibt, indem er im
dritten Buch bei Beginn der Erörterung über den Kummer
verspricht sich nicht auf die Besprechung dieser Leidenschaft
beschränken sondern auch die übrigen behandeln zu wollen,[2]
uns einen deutlichen Wink dass die auf zwei Bücher ver-
theilte Darstellung im Grunde eine einheitliche Reihe bildet.
Ausser durch dieses innerliche Band das die Identität des
Gegenstandes knüpft werden die beiden Bücher aber auch
äusserlich durch die übereinstimmende Form zusammengehalten, da wir im vierten dieselbe Anhäufung von poetischen
Citaten bemerken die uns schon im dritten auffiel und ein

---

angustias et Stoicorum in dumeta conpellimus? si enim mihi cum
Peripatetico res esset etc. Auf denselben Wechsel in der Methode
der Darstellung deutet auch Tusc. IV 9.

[1] Das vierte Buch trägt die Ueberschrift de reliquis animi perturbationibus. Von den „perturbationes" im Allgemeinen war aber
auch schon im dritten Buch 7 ff. die Rede.

[2] 13: Et progrediar quidem longius: non enim de aegritudine
solum quamquam id quidem primum, sed de omni animi ut ego po-
sui perturbatione (morbo ut Graeci volunt) explicabo.

Kennzeichen des philonischen Ursprungs war. Hierzu kommt dass auch in diesem Buche Cicero an verschiedenen Orten mehr oder minder deutlich uns seinen akademischen Skepticismus zu verstehen gibt[1]) und was die Methode der Darstellung betrifft auf den in stoische Dialektik eingeschnürten Theil einen anderen bequemer sich ausbreitenden folgen lässt.[2]) Diese theilweise Verwendung der stoischen Dialektik ist ein Zeugniss der hohen Anerkennung, die der Verfasser in diesem Buche so wenig als im dritten den Stoikern versagen kann.[3]) Daher macht er sich die stoischen Definitionen der Leidenschaften zu Nutze, obschon er gleichzeitig an der pla-

---

[1]) 7: Sed defendat quod quisque sentit; sunt enim judicia libera; nos institutum tenebimus nullisque unius disciplinae legibus adstricti, quibus in philosophia necessario pareamus, quid sit in quaque re maxime probabile semper exquiremus. 47: Videsne quanta fuerit apud Academicos verecundia? Plane enim dicunt quod ad rem pertineat. Peripateticis respondetur a Stoicis. Digladientur illi per me licet cui nihil est necesse nisi ubi sit illud quod veri simillimum videatur anquirere. Quid est igitur quod occurrat in hac quaestione, quo possit attingi aliquid veri simile? quo longius mens humana progredi non potest. 53: Quamvis licet insectemur istos (die Stoiker) ut Carneades solebat etc. 82: cognitis quoad possunt ab homine cognosci bonorum et malorum finibus.

[2]) Darauf macht er uns selber aufmerksam 9 und 33. Zu diesem Wechsel der Methode ist schon früher (S. 455, 1) eine Stelle aus den Academica verglichen worden. Erläuternd mag hier noch bemerkt werden dass wie in den Tusculanen dem ersten Theil die Verwendung stoischer Definitionen eigenthümlich ist auch in den Academica derselbe die stoische Begriffsbestimmung des Wissens zur Voraussetzung hat. Vgl. oben S. 311.

[3]) Quamvis licet insectemur istos (die Stoiker) ut Carneades solebat, metuo ne soli philosophi sint. Quae enim istarum definitionum (die angeführten des Sphairos und Chrysipp) non aperit notionem nostram, quam habemus omnes de fortitudine tectam atque involutam?

tonischen Psychologie festhält,[1]) und beantwortet die Frage
wie der Schmerz eines Menschen über moralische ihm an-
haftende Uebel zu beurtheilen und zu beseitigen sei in einem
Sinne der ihr die gegen die Stoiker gerichtete Spitze ab-
bricht, wie ebenfalls schon im dritten Buch geschehen war.[2])
Hat er sich schon hierin als einen Anhänger Chrysipps gezeigt,[3]) so tritt dasselbe auch noch da hervor wo er für
eine Ansicht dieses Stoikers gegenüber Karneades in derselben Weise in die Schranken tritt die wir schon aus dem
vorangehenden Buche kennen.[4]) Es ist hiernach fast selbstverständlich dass auch im vierten Buch die Polemik gegen
die Peripatetiker und deren auf Mässigung der Leidenschaften dringende Lehre wiederkehrt;[5]) nur dass dieselbe hier
noch mehr ausgeführt und vielleicht noch heftiger ist, noch
weniger also was beiläufig mit bemerkt werden mag auf
Antiochos zurückgeführt werden kann.[6]) Dabei weiss Cicero
den Dogmatismus im Einzelnen zu nutzen ohne ihm im
Ganzen anheim zu fallen und erreicht diess auch hier wie
schon im dritten Buche unter anderem dadurch dass er den

---

[1]) 10 f. (vgl. S. 447 f.). 77 ff. (vgl. S. 447, 1).

[2]) Vgl. 61 mit 59 f. dazu III 68 und S. 435 f.

[3]) Und zwar im Gegensatz zu Kleanthes wie sich aus einer Vergleichung der in vor. Anmkg. angeführten Stellen mit III 76 ergibt.
Auch über die Tragweite des von Chrysipp empfohlenen Trostmittels
gibt er sich keiner Täuschung hin, so wenig als das vierte Buch, ja
so wenig als Chrysipp selber, vgl. 63 und III 79.

[4]) 63, vgl. III 59.

[5]) 38 ff.

[6]) Vgl. bes. 48: Quid ad has definitiones (des Stoikers Zenon)
possint dicere? Atque haec pleraque sunt prudenter acuteque disse-
rentium; illa quidem ex rhetorum pompa: „ardores animorum cotes-
que virtutum“. Letzteres geht auf 43 mitgetheilte Aeusserungen der
Peripatetiker. Gegen die 44 angeführten richtet sich 55: Libidinem
vero laudare cujus est libidinis! Vgl. dazu S. 444.

Vorzug den er gewissen Ansichten gibt nicht so wohl auf ihre theoretische Wahrheit als auf die praktische Brauchbarkeit gründet. [1])

Folgt nun aus dieser Uebereinstimmung dass Philon als der Gewährsmann Ciceros auch für das vierte Buch zu gelten hat, so wird dieses Resultat bestätigt durch die Verbindung in der Pythagoras und Platon erscheinen als die beiden Autoritäten nach deren Vorgang zwei Theile in der Seele geschieden werden. [2]) Zu Philon passt sodann die stoische Güterlehre der wir auch im vierten Buche wieder begegnen, da sie wie früher (S. 451) bemerkt wurde von der platonischen nicht wesentlich differirt. [3]) Da ferner die Art wie Cicero die Heilung der Leidenschaften von jeder besonderen Philosophie unabhängig zu machen sucht in offenbarer Parallele ist zu der Gleichgiltigkeit mit der Karneades bei Er-

---

[1]) 14: sed omnes perturbationes judicio censent fieri et opinione. Itaque eas definiunt pressius ut intellegatur non modo quam vitiosae sed etiam quam in nostra sint potestate. Est ergo aegritudo opinio recens etc. 59: est etiam in omnibus quatuor perturbationibus illa distinctio — — — — ut si quis aegre ferat se pauperem esse idne disputes paupertatem malum non esse an hominem aegre ferre nihil oportere. Nimirum hoc melius, ne si forte de paupertate non persuaseris sit aegritudini concedendum. 60: Illa autem altera ratio et oratio quae simul et opinionem falsam tollit et aegritudinem detrahit est ea quidem utilior sed raro proficit neque est ad vulgus adhibenda. Vgl. dazu S. 453 f.

[2]) 10. Vgl. S. 455. Dass Posidon nach Galen de plac. Hipp. et Plat. p. 425 K dieselbe Ansicht ausgesprochen hatte, schliesst natürlich nicht aus dass nicht schon vor ihm Andere und insbesondere Philon das Gleiche gethan hatten.

[3]) An die λεγόμενα ἀγαθά Platons erinnert 66: sint sane ista bona quae putantur, honores divitiae voluptates cetera. Dadurch dass Cicero ebenda die stoische Güterlehre nicht schlechthin als die wahre hinstellt sondern nur bezeichnet als die „ratio quae maxime probatur de bonis et malis" salvirt er sein skeptisches Gewissen.

örterung der Frage ob die Tugend zur Glückseligkeit genüge
die Unterschiede der einzelnen Philosophien behandelte,[1]) so
werden wir von Neuem darauf hingewiesen Ciceros Gewährsmann bei den skeptischen Akademikern zu suchen unter denen
dann neben Philon kein Anderer das Recht hat berücksichtigt zu werden. Dagegen kann der Tadel der 71 Platon
trifft weil er die Liebe verherrlicht habe uns ebenso wenig
abhalten Ciceros Darstellung auf Philon zurückzuführen als
er uns abhalten würde an Posidon oder Antiochos zu denken; denn da derselbe im Grunde sich auf den Zweifel beschränkt ob es eine hohe und reine Liebe wie die welche
Platon verherrlicht hatte überhaupt gebe,[2]) also sehr leicht
ist,[3]) so lässt er sich auch einem Anhänger und Verehrer

---

[1]) 62: Quare omnium philosophorum ut ante dixi una ratio est
medendi, ut nihil quale sit illud quod perturbet animum sed de ipsa
sit perturbatione dicendum. Itaque primum in ipsa cupiditate, cum
id solum agitur ut ea tollatur, non est quaerendum, bonum illud
necne sit quod libidinem moveat, sed libido ipsa tollenda est ut, sive
quod honestum est id sit summum bonum sive voluptas sive horum
utrumque conjunctum sive tria illa genera bonorum, tamen etiam si
virtutis ipsius vehementior appetitus sit eadem sit omnibus ad deter-
rendum adhibenda oratio. Hiermit vgl. V 83: Et quoniam videris
hoc velle ut, quaecumque dissentientium philosophorum sententia sit
de finibus, tamen virtus satis habeat ad vitam beatam praesidii, quod
quidem Carneadem disputare solitum accepimus.

[2]) 71: philosophi sumus exorti (et auctore quidem nostro Platone
quem non injuria Dicaearchus accusat) qui amori auctoritatem tribueremus. — — Qui (sc. amor) si quis est in rerum natura sine solli-
citudine sine desiderio sine cura sine suspirio, sit sane; vacat enim
omni libidine; haec autem de libidine oratio est. In diesen Worten
ist „rerum natura" zu verstehen nach Maassgabe von V 4 wo es dem
„error noster" entgegengesetzt ist. Die Bemerkung Th. II S. 403, 1
beruht also auf einem Missverständniss.

[3]) Man kann diess auch daraus schliessen dass Cicero, indem
er sagt sumus und tribueremus, sich selbst mit zu denen rechnet die
von jenem Tadel betroffen werden.

des attischen Philosophen zutrauen.[1]) Noch weniger darf man
endlich gegen Philon geltend machen dass Cicero wenn er
gelegentlich von dem Weisen spricht dem „alle Ewigkeit und
der ganzen Welt Umfang bekannt sei"[2]) ein anderes als das
skeptische Menschenideal im Sinne habe. Stichhaltig würde
dieser Einwand nur sein wenn es sicher wäre, dass mit dem
Wort „bekannt" (nota) Cicero genau den griechischen Ausdruck wiedergegeben hat, und nicht ebenso leicht denkbar
dass derselbe an die Stelle einer Wendung des Originals getreten ist wodurch die Ewigkeit und die Grösse des Universums als Gegenstand der Betrachtung für den Weisen bezeichnet wurden. Letztere Vermuthung wird dadurch empfohlen, weil bei ihrer Annahme die Stelle der Tusculanen
denselben Gedanken enthält den wir auch Acad. pr. 127
finden insofern beide Mal die Betrachtung der grossen Verhältnisse des Weltganzen als geeignetes Mittel anerkannt wird
um uns über die niederen irdischen Leiden und Freuden em-
porzuheben (vgl. oben S. 293 ff.).

Suchen wir dieses für Philon günstige Ergebniss noch
weiter dadurch zu befestigen dass wir die Ansprüche seiner
beiden Rivalen Poseidonios und Antiochos — denn nur diese
Beiden können ernsthaft in Frage kommen — als unbegründete darthun.

Mit Poseidonios' Ansprüchen ist es auch in diesem Buche
nicht besser bestellt als im vorhergehenden, da dieselben
wiederum durch die Ableitung der Leidenschaften von ge-

---

[1]) In dieser Hinsicht ist es interessant auch Panaitios' Urtheil
über die Liebe zu vergleichen von dem Th. II S. 311 die Rede war.

[2]) 37: — — is est sapiens quem quaerimus, is est beatus; cui
nihil humanarum rerum aut intolerabile ad demittendum animum aut
nimis laetabile ad efferendum videri potest. Quid enim videatur ei
magnum in rebus humanis cui aeternitas omnis totiusque mundi nota
sit magnitudo?

wissen Meinungen zerstört werden (7, 14 f. 65. 76. 79 f.
81 ff.)[1]) und auch die Definition der Weisheit die wir 57

---

[1]) Um Posidons Auffassung der Leidenschaften mit der die wir
im vierten Buche finden in Uebereinstimmung zu bringen hat es
sich Poppelreuter Quae ratio intercedat inter Posidonii περὶ παϑῶν
πραγματείας et Tusculanas disputationes Ciceronis doch etwas zu
leicht gemacht wenn er S. 14 f. Folgendes sagt: „Galenus e Posidonii sententia contra Chrysippum hoc defendit 369, 10 ἀρρωστήματα γίνεσϑαι κατὰ τὴν ψυχὴν . . . . . ἁπλῶς τῷ ψευδῶς ὑπειληφέναι
περί τινων ὡς ἀγαϑῶν ἢ κακῶν . . . v. 12 ἀρρώστημα τὴν περὶ
τῶν χρημάτων εἶναι δόξαν ὡς ἀγαϑῶν. Cf. Cic. IV 26: est autem
avaritia opinatio vehemens de pecunia quasi valde expetenda sit in-
haerens et penitus insita". Durch diese Zusammenstellung kann nur
getäuscht werden wer sich der Mühe überhebt Galens Worte selbst
nachzusehen. Galen nämlich oder wie wir sagen dürfen Posidon hat
daraus dass Chrysipp eine Leidenschaft als μανία bezeichnet den
Schluss gezogen dass er dieselbe aus dem vernunftlosen Seelentheil hervorgehen lasse (p. 396 K). Hierauf macht er sich selber
folgenden Einwand: ἀλλὰ νὴ Δία ἴσως ἄν τις φήσειε τὸ μανιῶδες
οὐ διὰ τὴν ἄλογον γίνεσϑαι δύναμιν ἀλλὰ διὰ τὸ ἐπὶ πλέον ἢ προσ-
ῆκεν ἐξῆχϑαι τήν τε κρίσιν καὶ τὴν δόξαν, ὡς εἰ καὶ οὕτως ἔλεγεν ἀρρωστήματα γίνεσϑαι κατὰ τὴν ψυχὴν οὐχ ἁπλῶς τῷ ψευδῶς ὑπειληφέναι περί τινων ὡς ἀγαϑῶν ἢ κακῶν ἀλλὰ τῷ
μέγιστα νομίζειν αὐτά· μηδέπω γὰρ ἀρρώστημα τὴν περὶ τῶν
χρημάτων εἶναι δόξαν ὡς ἀγαϑῶν ἀλλ' ἐπειδάν τις αὐτὰ μέγιστον
ἀγαϑὸν εἶναι νομίζῃ καὶ μηδὲ ζῆν ἄξιον ὑπολαμβάνῃ τῷ στερηϑέντι
χρημάτων κτλ. Daraus dass in diesen Worten der Ansicht Chrysipps
welche den Ursprung der Leidenschaft aus der Vorstellung eines sehr
grossen Gutes oder Uebels ableitet die andere entgegengesetzt wird
welche nur die Vorstellung eines Gutes oder Uebels überhaupt für
erforderlich hält, hat Poppelreuter offenbar geschlossen dass die letztere die Ansicht Posidons sein müsse. Der Schluss beruht darauf
dass weil Posidons Ansicht derjenigen Chrysipps entgegengesetzt war
nun jede einer chrysippischen entgegengesetzte Ansicht jenem Stoiker
zu gehören schien. Dass dieser Schluss nicht bündig, vielmehr ein
Paralogismos ist, liegt auf der Hand. Hier lehrt überdiess der Zusammenhang wie jener Gegensatz zu verstehen ist. Der Einwand
der im Sinne eines Anhängers der chrysippischen Lehre vorgetragen

finden[1]) obschon sie von ihm gebilligt wurde doch ihm nicht
ausschliesslich angehört, also auch nicht nöthigt an ihn zu
denken. Ja wenn man bedenkt dass ein gegen Posidon sprechendes Argument zwar schon im dritten Buche angedeutet
ist, in voller Stärke aber erst im vierten hervortritt, so
möchte man sagen dass an die Autorschaft dieses Stoikers
zu denken im vierten Buche noch weniger erlaubt ist als
im vorhergehenden. Zu den Dingen nämlich welche Posidon
dem Chrysipp zum Vorwurf machte gehört auch die Vergleichung die der letztere nicht nur zwischen der Krankheit
des Körpers und des Geistes sondern auch zwischen der
Gesundheit beider angestellt hatte: denn nach Posidon sollte
die Gesundheit des Geistes dadurch wesentlich von der
des Körpers unterschieden sein dass sie nicht wie diese
die Disposition zur Krankheit in sich trägt (Galen a. a. O.
p. 432 ff. K.). Hierauf, dass zwar Chrysipp, aber nicht Posidon die Gesundheit des Geistes zu der des Körpers in

---

wird will dieselbe näher erläutern: wenn Chrysipp gewöhnlich die
Vorstellung eines Gutes oder Uebels als die Ursache der Leidenschaft
bezeichne so sei nicht an die Vorstellung eines Gutes oder Uebels
schlechthin zu denken (οὐχ ἁπλῶς) sondern an die Vorstellung eines
sehr grossen Gutes oder Uebels. Es wird also von Galen nicht Chrysipps Ansicht einer fremden sondern der ungenau ausgedrückten Ansicht Chrysipps die schärfer gefasste entgegengesetzt. — Aber auch
wenn Poppelreuters Auffassung der Worte Galens die richtige wäre
so würde keineswegs folgen dass Posidon Ciceros Quelle war. Denn
nach dieser Auffassung bliebe als die Chrysipp eigenthümliche und
von Posidon bestrittene Ansicht diejenige übrig welche zur Erregung
der Leidenschaft die Vorstellung eines grossen Gutes oder Uebels
erfordert, diess entspricht aber Ciceros Ueberzeugung wie sich dieselbe theils in den von Poppelreuter angeführten Worten (valde expetenda, nicht expetenda) theils in zahlreichen anderen Stellen des
III. und IV. Buches (opinio magni boni, mali) ausspricht.

[1]) Sapientiam esse rerum divinarum et humanarum scientiam
cognitionemque quae cujusque rei caussa sit.

Parallele stellte, beruht beider Differenz. [1]) Die Frage ist
also auf wessen Seite sich Cicero stellt, oder eigentlich es
kann keine Frage sein da er ebenso wie die Krankheiten
des Körpers und des Geistes auch die gesunden Zustände
beider mit einander vergleicht. [2]) Davon dass Cicero ebenso

---

[1]) Diess hat Poppelreuter a. a. O. S. 16 übersehen wenn er
daraus dass Cicero die Leidenschaften mit Krankheiten des Körpers
vergleicht eine Benutzung Posidons erschliesst. Denn diess ist gerade der Punkt über den zwischen Posidon und Chrysipp die voll-
kommenste Uebereinstimmung herrschte (Galen 433 K). Ja nicht einmal diess begründet eine Eigenthümlichkeit Posidons dass dieser
die Krankheiten des Geistes nicht direkt mit Krankheiten des Körpers sondern nur mit der Disposition zu gewissen Krankheiten verglichen hatte. Poppelreuter a. a. O. legt zwar hierauf Gewicht und
schliesst daraus dass die Vergleichung in derselben Weise von Cicero
vollzogen wird auf Posidon als dessen Gewährsmann. Wie sehr er
indessen damit Unrecht hat lehren folgende Worte Galens 433 K:
οὔκουν ὀρθῶς εἰκάζεσθαί φησιν ὑπὸ τοῦ Χρυσίππου τὴν μὲν ὑγίειαν
τῆς ψυχῆς τῇ τοῦ σώματος ὑγιείᾳ, τὴν δὲ νόσον τῇ ῥᾳδίως εἰς
νόσημα ἐμπιπτούσῃ καταστάσει · τοῦ σώματος. Dieselben
zeigen dass der gleichen Ansicht schon Chrysipp huldigte. — Noch
in einem anderen Falle begreift man kaum wie Poppelreuter eine
ciceronische Aeusserung mit Chrysipps Ansichten nicht in Uebereinstimmung finden konnte. A. a. O. S. 17 sagt er nämlich: Similiter
Cicero animi sanitatem adesse dicit IV 30 „cum ejus judicia opinionesque concordant“. Certe nihil simile Chrysippus scripserat. Wenn
nun aber etwas der Art Chrysipp nicht geschrieben hatte, warum
hätte sich dann Galen oder Posidon so viel Mühe gegeben die Ansicht Chrysipps zu widerlegen dass alle Leidenschaft aus einem Streit
der Meinungen unter sich herrühre? Und doch thut er dies p. 456 f. K:
εἴπερ γὰρ ἐν τῷ μάχεσθαι δύο κρίσεις ἀλλήλαις ἡ τῶν παθῶν ἐστὶ
γένεσις, ἀνάγκη τῶν δύο τούτων κρίσεων ἤτοι τὴν ἑτέραν μὲν ὑπάρχειν ἀληθῆ τὴν ἑτέραν δὲ ψευδῆ ἢ ἀμφοτέρας ψευδεῖς, εἴ τις καὶ
τοῦτο συγχωρήσειεν, ἔχει γάρ τινα ζήτησιν λογικήν. εἴτε δὲ ἀμφοτέρας ψευδεῖς εἴτε τὴν ἑτέραν αὐτῶν ἀληθῆ φαίημεν ὑπάρχειν, οὐ-
δαμῶς ἡ μάχη τῶν κρίσεων ἔσται τὸ πάθος κτλ. Vgl. noch 457 f.

[2]) 30: Ut enim corporis temperatio cum ea congruunt inter se,

wie Posidon diese Vergleichung verworfen habe, kann hiernach nicht mehr die Rede sein und die Stelle in der man trotzdem diesen Gedanken hat finden wollen kann nicht als eine Verwerfung derselben wie sie Posidon ausgesprochen hatte betrachtet werden sondern nur als eine Einschränkung derselben die etwaigen Missverständnissen und verkehrten Folgerungen vorbeugen sollte.[1]) Nicht anders aber als im vierten hatte Cicero die Aehnlichkeit von geistiger und körperlicher Gesundheit schon im dritten Buche beurtheilt,[2]) so dass schon hierdurch für beide Bücher die Vermuthung eine Schrift Posidons sei die Quelle gewesen ausgeschlossen ist.[3])

Um zu zeigen dass der Inhalt des vierten Buches nicht

---

e quibus constamus, sanitas sic animi dicitur cum ejus judicia opinionesque concordant eaque est animi virtus etc. 23: Quemadmodum, cum sanguis corruptus est aut pituita redundat aut bilis, in corpore morbi aegrotationesque nascuntur sic pravarum opinionum conturbatio et ipsarum inter se repugnantia sanitate spoliat animum morbisque perturbat.

[1]) Nach der wie auch ich glaube richtigen handschriftlichen Ueberlieferung sagt Cicero 31: Illud animorum corporumque dissimile quod animi valentes morbo temptari non possunt, corpora possunt. Auf denselben Gedanken beruft sich auch Posidon bei Galen 433 K. Der Unterschied zwischen beiden ist nur dass sie von dem gleichen Gedanken eine verschiedene im Texte näher bezeichnete Anwendung machen. Vgl. dazu Poppelreuter S. 15.

[2]) 10: Ita fit ut sapientia sanitas sit animi etc. Vgl. 9: Sanitatem enim animorum positam in tranquillitate quadam constantiaque censebant. 22: nam ut corpus etiam si mediocriter aegrum est sanum non est, sic in animo ista mediocritas caret sanitate.

[3]) An Philon aber zu denken hindert nicht nur nichts da in diesem Protest gegen die Vergleichung körperlicher und geistiger Gesundheit Posidon nicht einmal Galen auf seiner Seite hat (p. 434) und also damit allein gestanden zu haben scheint, sondern im Gegentheil spricht für ihn schon der Umstand dass derselben Vergleichung sich bereits Platon bedient hatte und vollends beseitigt jeden vernünftigen Zweifel das Excerpt bei Stobaios ecl. II p. 42 f.

von Antiochos genommen sein kann bedürfen wir nur der
Voraussetzung dass die Ansichten dieses Philosophen im
fünften Buch de finibus wiedergegeben sind, eine Voraussetzung zu der man sich die Erlaubniss nicht erst zu er-
bitten braucht (vgl. Theil II S. 691 ff.). Nun lesen wir im
fünften Buch de finibus 48 ff. Folgendes: quid vero? qui in-
genuis studiis atque artibus delectantur nonne videmus eos
nec valetudinis nec rei familiaris habere rationem omniaque
perpeti ipsa cognitione et scientia captos et cum maximis
curis et laboribus compensare eam quam ex discendo ca-
piant voluptatem? mihi quidem Homerus hujus modi quiddam vidisse videtur in eis quae de Sirenum cantibus finxit;
neque enim vocum suavitate videntur aut novitate quadam
et varietate cantandi revocare eos solitae qui praetervehe-
bantur sed quia multa se scire profitebantur ut homines ad
earum saxa discendi cupiditate adhaerescerent. ita enim
invitant Ulixem — ' — — — — — vidit Homerus probari
fabulam non posse si cantiunculis tantus vir inretitus tene-
retur: scientiam pollicentur quam non erat mirum sapientiae cupido patria cariorem esse. atque omnia quidem scire
cujuscumque modi sint cupere curiosorum, duci vero majorum rerum contemplatione ad cupiditatem scientiae sum-
morum virorum est putandum. quem enim ardorem studii
censetis fuisse in Archimede qui, dum in pulvere quaedam
describit attentius, ne patriam quidem captam esse senserit?
quantum Aristoxeni ingenium consumptum videmus in musi-
cis? quo studio Aristophanem putamus aetatem in litteris
duxisse? quid de Pythagora? quid de Platone aut De-
mocrito loquar? a quibus propter discendi cupiditatem videmus ultimas terras esse peragratas. Hiermit vergleiche man aus dem vierten Buche der Tusculanen
44: Nec vero solum hanc libidinem laudant — — sed ipsum
illud genus vel libidinis vel cupiditatis ad summam utilita-

tem esse dicunt a natura datum; nihil enim quemquam nisi quod libeat praeclare facere posse. Noctu ambulabat in publico Themistocles — — — — Cui non sunt auditae Demosthenis vigiliae? — — — — — — — Philosophiae denique ipsius principes numquam in suis studiis tantos progressus sine flagranti cupiditate facere potuissent. Ultimas terras lustrasse Pythagoram Democritum Platonem accepimus; ubi enim quicquid esset quod disci posset eo veniendum judicaverunt. Num putamus haec fieri sine summo cupiditatis ardore potuisse? Die Vergleichung beider Stellen ergibt ohne Weiteres die vollkommene Uebereinstimmung hinsichtlich der darin ausgesprochenen Anschauungsweise; und diesem Ergebniss dürfen wir um so mehr trauen als Cicero in den Tusculanen nur die Ansicht der Peripatetiker referiren will, auf peripatetischen Ursprung aber auch de finibus die bald nach den angeführten Worten folgende Benutzung einer aristotelischen Vorstellung (53) sowie die Erwähnung des Demetrios von Phaleron und des Theophrast (54) deutet. Diese peripatetische Ansicht aber die im vierten Buch der Tusculanen vorgetragen wird ist keineswegs diejenige des Verfassers der vielmehr wie die peripatetische Lehre überhaupt so besonders diesen Punkt derselben in den folgenden Worten aufs Heftigste angreift (55): Libidinem vero laudare cujus est libidinis! Themistoclem mihi et Demosthenem profertis, additis Pythagoram Democritum Platonem. Quid? vos studia libidinem vocatis? quae vel optimarum rerum ut ea sunt quae profertis sedata tamen et tranquilla esse debent.[1]) Von Antiochos kann nach dem Bemerkten diese Polemik nicht herrühren, da dieselbe aber mit der übrigen

---

[1]) Vgl. 62: etiam si virtutis ipsius vehementior appetitus sit etc. Dass diess der stoischen Lehre entspricht, zeigt zum Ueberfluss noch Horaz epist. I 6, 15 f.

Polemik gegen die Peripatetiker im engsten Zusammenhange steht und diese wiederum den Hauptinhalt des ganzen Buches bildet so kann er überhaupt für dieses als Quellenschriftsteller nicht mehr in Frage kommen.

Ist somit noch mit besonderen Gründen nachgewiesen worden dass Posidons· und Antiochos' Ansprüche für das vierte Buch keine Geltung haben, so ist damit zugleich eine Bestätigung der für das dritte Buch gefundenen Resultate gewonnen insofern dazu die aus anderen Umständen abgeleitete Unmöglichkeit gehörte in den genannten beiden Philosophen Ciceros Gewährsmänner zu erblicken.

5. Das fünfte Buch.

Den Inhalt dieses Buches hat man aus nicht weniger als drei verschiedenen Quellen abgeleitet. Den ersten Theil c. 5—26 hat man auf Posidon, den zweiten c. 29—31 auf Antiochos, den dritten endlich von 88 an auf einen späteren Epikureer zurückgeführt.[1] Was zunächst den letzten Punkt betrifft, so könnte man gegen die Benutzung einer epikureischen Quelle Einspruch erheben auf Grund von 118 wo die wörtliche Uebereinstimmung Epikurs mit Hieronymos constatirt wird[2] — eine Bemerkung die sich schwerlich in der Schrift eines Epikureers· fand, andererseits aber auch nicht das Ansehen trägt Ciceros· eigenem Urtheil zu entstammen. Auch den für Posidon sprechenden Gründen lassen sich andere gegenüber stellen die von ihm abrathen. Für ihn spricht dass Cicero in dem fraglichen Theil seiner Darstellung die schroffe Ethik der Stoiker vertritt: ob aber bereits Posidon diess' gethan habe um damit wie bei Cicero

---

[1] Zietzschmann S. 51.
[2] Haec eadem quae Epicurus totidem verbis dicit Hieronymus.

geschieht (vgl. bes. 22) gegen Antiochos zu polemisiren ist
wenigstens nirgends überliefert und muss daher dahingestellt
bleiben. Dass Posidon den Anschluss an Platon gesucht hat,
ist bekannt und es ist daher insofern in seinem Sinne wenn
Cicero die stoische Moral auch bei Platon wiederfindet (34 f.):
da indessen Posidon der doch immer Stoiker war und bleiben
wollte hierin unmöglich so weit gegangen sein kann dass er
neben der Autorität Platons diejenige Zenons gänzlich ver-
schwinden liess[1] so müssten wenigstens die Worte in denen
letzteres geschieht Ciceros eigener Zusatz sein. Wollte man
endlich auf das Lob der Philosophie verweisen das nach
Corssens Nachweis von Posidon genommen sei, so wäre zu
wiederholen was schon früher (S. 344 f.) erwidert worden ist,
dass jenes Lob dem Proömium angehört, diese Proömien
aber da sie bekanntlich mit der eigentlichen Darstellung in
sehr lockerem Zusammenhange stehen auch bei der Quellenforschung von derselben getrennt zu halten sind. Dass man
schliesslich auch noch auf Antiochos verfallen ist und dass
man ihm gerade den angegebenen Theil als Eigenthum zugewiesen hat, darüber darf man sich billig wundern: denn
dieser Theil steht unter der Herrschaft des karneadeischen
Satzes dass welches auch immer die Ansicht über das höchste
Gut sei die Tugend auf jeden Fall zur Glückseligkeit genüge,[2] und unter dem Schutze desselben findet sogar die

---

[1] 34: Et si Zeno Citieus, advena quidam et ignobilis verborum
opifex, insinuasse se in antiquam philosophiam videtur, hujus sententiae gravitas a Platonis auctoritate repetatur. 37: ex hoc igitur Platonis quasi quodam sancto augustoque fonte nostra omnis manabit
oratio.

[2] 83: Et quoniam videris hoc velle ut quaecumque dissentientium philosophorum sententia sit de finibus tamen virtus satis habeat
ad vitam beatam praesidii quod quidem Carneadem disputare solitum
accepimus.

epikureische Doctrin eine gewisse Anerkennung.[1]) Von einer
solchen wenn auch nur bedingten Anerkennung ist aber Antiochos weit entfernt wie wir aus de finibus V ersehen
wo nach einer ähnlichen Aufzählung der verschiedenen Ansichten über das höchste Gut, wie sie die Tusculanen (84 ff.)
bieten, diejenigen des Epikur Hieronymos und Karneades als
unvereinbar mit der Sittlichkeit (und was wir im Sinne des
Antiochos hinzufügen dürfen, daher mit der Glückseligkeit)
von vornherein bei Seite geschoben werden.[2]) Diese Stelle
aus de finibus weist uns noch auf einen andern Punkt hin
der sich mit der Annahme von Antiochos' Urheberschaft
nicht verträgt: dass nämlich in den Tusculanen die stoische
von der peripatetischen Ansicht streng geschieden wird und
die letztere eigentlich nur nachträglich Berücksichtigung
findet; während in der Schrift de finibus die peripatetische
Lehre in den Vordergrund gerückt, die stoische dagegen
kaum erwähnt und eine nähere Besprechung derselben für
überflüssig erklärt wird.[3])

---

[1]) 87: reliqui habere se videntur angustius; enatant tamen: Epicurus Hieronymus et si qui sunt qui desertum illud Carneadeum curent defendere.

[2]) 21: sed quoniam non possunt omnia simul dici, haec in prae-
sentia nota esse debebunt voluptatem removendam esse, quando ad
majora quaedam ut jam adparebit nati sumus; de vacuitate doloris
eadem fere dici solent quae de voluptate; nec vero alia sunt quaerenda contra Carneadeam illam sententiam. Quocumque enim modo
summum bonum sic exponitur ut id vacet honestate, nec officia nec
virtutes in ea ratione nec amicitiae constare possunt. Conjunctio autem cum honestate vel voluptatis vel non dolendi id ipsum honestum,
quod amplecti volt, id efficit turpe: ad eas enim res referre quae
agas, quarum una si quis malo careat in summo eum bono dicat
esse, altera versatur in levissima parte naturae, obscurantis est
omnem splendorem honestatis, ne dicam inquinantis.

[3]) Tusc. 83: Si enim Stoici fines bonorum recte posuerunt, confecta res est: necesse est semper beatum esse sapientem. Sed quae-

Aber auch abgesehen von den Bedenken die sich gegen
jede einzelne dieser Annahmen erheben wird man sich zu
der allen dreien zu Grunde liegenden Voraussetzung · dass
Cicero im Laufe derselben Darstellung von der stoischen
Lehre deren Standpunkt er zuerst einnahm zu derjenigen
des Antiochos und schliesslich zur epikureischen hinüberge-
schwankt sei nur dann entschliessen wenn es ganz unmöglich
ist in dem allerdings etwas bunten Inhalt seiner Darstellung
den zusammenhängenden Faden einer consequent entwickelten philosophischen Ueberzeugung zu erkennen. Warum wir·
aber einen solchen nicht anerkennen sollen sehe ich nicht
ein. Wenn Cicero sich zunächst auf den Standpunkt der
stoischen Lehre stellt so geschieht diess keineswegs weil er
denselben als den wahren zu verfechten dächte sondern weil
auf demselben die ethische Theorie deren er für die Praxis
bedarf[1]) dass die Tugend zur Glückseligkeit genüge allein

---

ramus unamquamque reliquorum sententiam etc. 85: Hi quid possint
obtinere videamus omissis Stoicis quorum satis videor defendisse sententiam. Dagegen beschränkt sich de fin. V 22 was über die Lehre
der Stoiker gesagt wird auf Folgendes: restant Stoici qui, cum a Peripateticis et Academicis omnia transtulissent, nominibus aliis easdem
res secuti sunt. Vielleicht darf auch darauf noch hingewiesen werden dass in den Tusculanen nicht die gänzliche Identität der peripatetischen und akademischen Lehre behauptet sondern nach Erwähnung der peripatetischen Ansicht (85) nur hinzugefügt wird: nec
multo veteres Academici secus. Diess klingt doch anders als was
wir de fin. 21 lesen: antiquis quos eosdem Academicos et Peripateticos nominamus.

[1]) Diess setze ich deshalb hinzu weil man sonst einwenden
könnte dass das Lob der Consequenz von Cicero auch der theophrastischen Theorie ertheilt werde (24). Da er aber diese letztere zur
Praxis untauglich findet und sie infolge dessen sogar von der Anerkennung ausnimmt die er doch nicht bloss derjenigen der übrigen
Peripatetiker sondern selbst der epikureischen nicht versagt (85:
praeter Theophrastum et si qui illum secuti imbecillius horrent do-

consequent entwickelt ist.[1]) Er musste daher natürlich den
Wunsch hegen diesen Satz der ihm für die Praxis der Moral
unentbehrlich schien auf ein festeres Fundament zu stellen
als derselbe dadurch besass dass er bei strenger Consequenz
allein aus der stoischen Güterlehre sich ableiten liess: denn
die Wahrheit dieser Güterlehre selber war es ja die noch
im Zweifel stand. Diess ist der Grund weshalb er sich bemüht das Genügen der Tugend zur Glückseligkeit als etwas
zu erweisen das sobald man nur die Bande der Dialektik
nicht zu straff anzieht und es mit der Consequenz nicht allzu genau nimmt sich mit jeder ethischen Theorie oder Lehre
vom höchsten Gut verträgt ob diess nun die peripatetisch-
akademische oder gar die epikureische ist.[2]) Sonach erscheint jener Satz als etwas das inmitten des sonstigen
Schwankens der ethischen Theorien beharrt und davon unabhängig ist, mithin als eine Thatsache die auch ein Skeptiker anerkennen konnte ohne sich selber untreu zu werden

lorem et reformidant, reliquis quidem licet facere id quod fere faciunt ut gravitatem dignitatemque virtutis exaggerent) so ist durch
den obigen Zusatz jenem Einwand die Spitze abgebrochen.

[1]) Vgl. bes. 33: verum tamen quoniam de constantia paullo ante
diximus, non ego hoc loco id quaerendum puto, verumne sit quod
Zenoni placuerit quodque ejus auditori Aristoni bonum esse solum
quod honestum esset, sed si ita esset tum ut totum hoc beate vivere
in una virtute poneret.

[2]) 75: Me quidem auctore etiam Peripatetici veteresque Academici balbutire aliquando desinant aperteque et clara voce audeant
dicere beatam vitam in Phalaridis taurum descensuram. Sint enim
tria genera bonorum (ut jam a laqueis Stoicorum, quibus usum me
pluribus quam soleo intellego, recedamus) sint sane illa genera bonorum, dum corporis et externa jaccant humi et tantummodo quia
sumenda sint appellentur bona, alia autem illa divina longe lateque
se pandant caelumque contingant ut ea qui adeptus sit cur eum beatum modo et non beatissimum etiam dixerim? Das Urtheil über die
Epikureer vgl. S. 470, 1.

und die wirklich als solche auch Karneades anerkannt zu
haben scheint (vgl. die betreffenden Worte S. 469, 2); und
die bald stoisch bald peripatetisch bald epikureisch gefärbten
Theile der Darstellung sind aus Zeugnissen, die Ciceros Un-
beständigkeit sei es nun in der philosophischen Ueberzeugung
sei es in der Benutzung der Quellen zu beweisen schienen,
zu ebenso viel Stadien seines Skepticismus geworden die die
Schrift eines Philosophen derselben Richtung als die Hauptquelle des Ganzen vermuthen lassen.

Welches dieser Skeptiker war darüber hat uns Cicero
selbst einen Wink gegeben, wenn er eingesteht zwar im Allgemeinen das gleiche Verfahren wie Karneades aber nicht
ganz in demselben Sinne anzuwenden, d. h. es nicht wie
dieser vorzugsweise gegen die Stoiker zu kehren.[1] Die auch
hier sich nicht verleugnende Vorliebe gerade für diese Philosophenschule charakterisirt aber wie wir schon öfter gesehen haben den Skeptiker auf den uns schon die Quellen-
forschungen über die früheren Bücher geführt haben und
die Bemerkung Ciceros ist daher ein erster Hinweis dass
wir auch hier wieder in Philon seinen griechischen Gewährsmann erkennen sollen. Aber nicht bloss insofern als die
Stoiker bevorzugt werden und neben ihnen besonders die
Peripatetiker in Betracht kommen[2] besteht zwischen dem
fünften und den früheren Büchern Uebereinstimmung sondern dieselbe erstreckt sich auch auf die Methode, da ebenso

---

[1] Nach den S. 469, 2 angeführten Worten heisst es nämlich:
sed is ut contra Stoicos quos studiosissime semper refellebat et contra quorum disciplinam ingenium ejus exarserat; nos illud idem cum
pace agemus. Si enim Stoici etc. (vgl. S. 470, 3).

[2] 119: Quod si ei philosophi, quorum ea sententia est ut virtus
per se ipsa nihil valeat omneque quod honestum nos et laudabile
esse dicamus id illi cassum quiddam et inani vocis sono decoratum
esse dicant, tamen semper beatum censent esse sapientem: quid tan-

wie wir diess früher beobachtet haben (S. 455. 457) auch
im fünften Buche ein Uebergang von der streng begriffs-
mässigen Weise der Stoiker zu der mehr populären der
Peripatetiker stattfindet,[1]) und gibt uns so, weil das gleiche
Verfahren auch in den Academica innerhalb einer auf Philon
zurückgehenden Darstellung gehandhabt wird (S. 455), ein
neues Kennzeichen des philonischen Ursprungs. Hierzu könnte
man noch Kleinigkeiten fügen die dasselbe bestätigen,[2]) wenn
es nicht wichtiger wäre auch einen Einwand nicht zu ver-
schweigen der sich gegen die Ableitung von Philon erheben
lässt und hergenommen ist von der Uebersicht die 68 ff.
von dem Inbegriff der Weisheit gegeben wird.[3]) Derselbe

---

dem a Socrate et Platone profectis philosophis faciendum putas?
quorum alii tantam praestantiam in bonis animi esse dicunt ut ab
eis corporis et externa obscurentur; alii autem haec ne bona quidem
ducunt, in animo reponunt omnia.

[1]) 75 (vgl. S. 472, 2).

[2]) Dazu gehört die Concordanz die zwischen der stoischen und
platonischen Ethik hergestellt oder richtiger die Weise wie Zenon
eliminirt und Platon an seine Stelle gesetzt wird 34 (S. 469, 1), 37
(a. a. O.). Ferner die Berufung auf Pythagoras Sokrates und Platon
30, womit vgl. S. 459, 2. Auch die früher (S. 459, 1) besprochene
Rücksicht auf das Practische als das allein auch bei der Wahl der
Theorie Entscheidende macht sich wieder geltend nicht bloss in der
Verwerfung von Theophrasts Ethik (S. 471, 1) sondern auch in der
Anerkennung die 82 der stoischen Lehre mit folgenden Worten zu
Theil wird: habes quae fortissime de beata vita dici putem et quo
modo mens est nisi quid tu melius attuleris etiam verissime. In diesen Worten könnte selbst das „verissime" auf Philon zurückgehen,
wenn derselbe nämlich gesagt hätte dass die tapferste Theorie bis
auf Weiteres so lange sie nicht durch eine andere in dieser Hinsicht übertroffen würde auch als die wahre zu gelten habe.

[3]) Ex quo (aus den vorher dem Weisen zugesprochenen Eigenschaften) triplex ille animi fetus exsistet: unus in cognitione rerum
positus et in explicatione naturae; alter in descriptione expetenda-
rum fugiendarumve rerum arteque bene vivendi; tertius in judicando

könnte den Schein erregen als ob unter der Weisheit ein
System der dogmatischen Wissenschaft verstanden werde.[1]
Ich will nun von der Möglichkeit absehen dass Cicero recht
wohl aus der Erinnerung etwas Dogmatisches eingeschaltet
haben könnte das in den Zusammenhang des aus seiner der-
maligen Quelle Geschöpften nicht recht passte: so lässt sich
doch immer denken dass Cicero auch für diesen Theil seiner
Darstellung den Anlass bei Philon fand und nur die zu
starke dogmatische Betonung die er hin und wieder den
Gedanken gegeben hat auf seine Rechnung kommt.[2] Denn
als das Resultat früherer Untersuchungen (vgl. S. 196 ff.)
hat sich uns ergeben dass auch Philon eine Wissenschaft im
laxeren Sinne dieses Wortes gelten liess, und dass er dann

---

quid cuique rei sit consequens quid repugnans, in quo inest omnis
cum subtilitas disserendi tum veritas judicandi. Dieser Entwurf wird
sodann im Folgenden noch mehr ins Einzelne ausgeführt.

[1]) Insbesondere wenn man bedenkt dass der Dialektik zugeschrieben wird „omnis cum subtilitas disserendi tum veritas judicandi“ und damit aus dem skeptischen Theil der Academica priora
141 die Worte „praesertim cum judicia ista dialecticae nulla sint“
vergleicht.

[2]) So in dem Urtheil über die Dialektik. Dass aber irgend eine
Theorie der Dialektik auch Philon anerkannte, muss schon daraus
angenommen werden weil er bei der Kritik der Philosophien auf
deren Consequenz so viel Werth legte (vgl. noch Tusc. V 24. 26. 28.
31 f. 33) diess aber ein Punkt ist über den zu entscheiden der Dialektik zufällt und über den die Entscheidung auch Cicero a. a. O. ihr
übertragen hat. Man vergleiche auch was früher über die im skeptischen Theil der Academica an der Dialektik geübte Kritik bemerkt
worden ist, oben S. 303 ff. — Dogmatisch klingt es ferner wenn 70
von der Naturphilosophie gesagt wird: rerum caussas — — — videt. So lange er sich dagegen darauf beschränkt von einer „indagatio“ oder „cogitatio“ zu sprechen lässt sich was er über diese Disciplin sagt ganz wohl vereinigen mit dem was wir Acad. pr. 127 f.
lesen. Was die Bemerkung über die Gottverwandtschaft des menschlichen Geistes (70) betrifft so vgl. S. 390 f.

bei der Eintheilung derselben sich an die im Alterthum Platon zugeschriebene Dreitheilung in Physik Ethik und Dialektik hielt ist eine kaum zu umgehende Annahme.[1]) Indessen mag es sich hiermit verhalten wie es wolle so wird dieser gegen Philon sprechende Einwand zum Schweigen gebracht durch die stärkeren Argumente welche noch ausser den vorgebrachten zu seinen Gunsten in die Waagschale fallen.

Denn die Uebereinstimmung der Tusculanen mit der skeptischen Darstellung der Academica auf die wir uns schon für die früheren Bücher beziehen konnten tritt doch in diesem noch mehr hervor: denn es ist nicht bloss im Allgemeinen das den Stoikern um ihrer Consequenz Willen ertheilte Lob worin dieselbe zur Erscheinung kommt sondern auch die Identität der Lehre auf die sich jenes Lob zunächst bezieht sowie der Umstand dass dem Lob an beiden Stellen der gleiche Tadel gegen Antiochos gegenübersteht.[2]) Bestätigend und ergänzend kommt hierzu die Kritik welche

---

[1]) Bemerkenswerth ist auch dass die Reihenfolge in der die Disciplinen in den Tusculanen vorgeführt werden dieselbe ist in der sie auch in den Acad. pr. 116 ff. zur Erörterung kommen, nach der Physik die Ethik und zuletzt die Dialektik.

[2]) Die „constantia" Zenons wird bes. 32 f. erwähnt; die Lehre des Antiochos wird 22 f. kritisirt. Was an letzterer Stelle über Antiochos' Lehre bemerkt wird „non constantissime dici mihi videntur" entspricht genau dem Urtheil das Acad. pr. 134 über sie gefällt wird: et hic (Antiochos) metuo ne vix sibi constet qui cum dicat esse quaedam et corporis et fortunae mala, tamen eum qui in his omnibus sit beatum fore censeat si sapiens sit. Nun wird allerdings in dem was diesen Worten in den Academica vorausgeht auf die schwache Seite auch der stoischen Ansicht hingewiesen: deus ille (Zenon) qui nihil censuit deesse virtuti, homuncio hic (Antiochos) qui multa putat praeter virtutem homini partim cara esse partim etiam necessaria. sed ille vereor ne virtuti plus tribuat quam natura patiatur, praesertim Theophrasto multa diserte copioseque contra dicente. Ein solcher Tadel wird unmittelbar in

Cicero im letzten Buche de finibus am Vortrage Pisos d. i.
an der Lehre des Antiochos übt: denn dass wir diese Kritik
nicht als eine anzusehen haben behufs deren Cicero sich
willkürlich auf den stoischen Standpunkt gestellt hat sondern dass er dabei auf akademischem und bestimmter philo-
nischem Grunde steht, dass also diese Kritik auch zur Kenntniss der philonischen Ansichten benutzt werden darf, lehrt
deutlich was er dort 76 zur Erkenntnisstheorie bemerkt „non
est ita, Piso, magna dissensio: nihil est enim aliud quam ob
rem mihi percipi nihil posse videatur nisi quod percipiendi
vis ita definitur a Stoicis ut negent quicquam posse percipi
nisi tale verum quale falsum esse non possit. itaque haec
cum illis est dissensio, cum Peripateticis nulla sane.“[1]) Be-

den angeführten Stellen der Tusculanen nicht ausgesprochen, leicht
aber kann man ihn mittelbar angedeutet finden da doch nur die
Consequenz der zenonischen Theorie und keineswegs die vollkommene
Sicherheit der Prämisse auf der sie ruht behauptet wird, diese Prämisse aber eben der in den Academica angefochtene Satz ist dass
der Mensch die sogenannten äusseren und leiblichen Güter zu seiner
Glückseligkeit nicht nöthig habe. Noch näher kommt dagegen Cicero
dem in den Academica gegen die stoische Lehre erhobenen Bedenken im Proömium des fünften Buches 2 ff. wenn er nach Erwähnung
der Ansicht dass die Tugend zur Glückseligkeit genüge fortfährt:
Equidem eos casus, in quibus me fortuna vehementer exercuit, me-
cum ipse considerans huic incipio sententiae diffidere interdum et
humani generis imbecillitatem fragilitatemque extimescere. Vereor
enim ne natura, cum corpora nobis infirma dedisset eisque et morbos
insanabiles et dolores intolerabiles adjunxisset, animos quoque dederit
et corporum doloribus congruentes et separatim suis angoribus et
molestiis implicatos. Von solchen Worten eines ciceronischen Pro-
ömiums bei der Quellenforschung über die nachfolgende Darstellung
auszugehen würde freilich verkehrt sein (vgl. S. 469), erlaubt aber
ist es sie zur Bestätigung schon anderweit wahrscheinlicher Resultate zu benutzen.

[1]) Man vgl. hierzu aus den früheren Untersuchungen S. 196 ff.
und S. 288 f.

stätigend ist diese Kritik nun insofern als sie dieselben
Punkte wie die Academica berührt, die dann auch in den
Tusculanen wiederkehren: denn ebenso wie wir es dort schon
gefunden haben wird auch hier hinsichtlich der Auffassung
des höchsten Gutes den Stoikern die Consequenz nachgerühmt,[1] das Gegentheil davon an Antiochos getadelt.[2]
Ferner aber liefert diese Kritik auch eine Ergänzung, weil
sie Punkte zur Sprache bringt die in den Academica übergangen sind in den Tusculanen dagegen sich finden. Hierzu
rechne ich das Urtheil über Theophrast der in den Academica nur beiläufig erwähnt wird an dessen Theorie aber
Cicero in der Schrift de finibus die Folgerichtigkeit ebenso
anerkennt[3] wie in den Tusculanen während er doch an

---

[1] Cicero sagt de fin. V 79: „respondebo me non quaerere“, inquam, „hoc tempore quid virtus efficere possit sed quid constanter dicatur, quid ipsum a se dissentiat“. „Quo‘ inquit (Piso) „modo“. „Quia
cum a Zenone“ inquam „hoc magnifice tamquam ex oraculo editur:
‚virtus ad beate vivendum se ipsa contenta est‘. qua re? inquit, respondet: ‚quia nisi quod honestum est nullum est aliud bonum‘. non
quaero jam verumne sit: illud dico ea quae dicat praeclare inter
se cohaerere.“ Die Uebereinstimmung dieser Worte mit Tusc. V 33
(S. 472, 1) wird noch auffallender wenn man auch das Vorhergehende
Tusc. 32 so wie die Bemerkung über Epikur 31 mit de fin. 78 und 80
vergleicht. — Von der Consequenz der stoischen Lehre und dass ihr
dieselbe zugestanden werden müsse auch wenn man an ihrer Wahrheit Zweifel habe ist ausserdem noch 83 f. mehrfach die Rede.

[2] Vgl. 77. 80 f. 84. 85 an welcher letzteren Stelle Cicero sagt:
si ad prudentis (sc. me vocas), alterum fortasse dubitabunt sitne tantum in virtute ut ea praediti vel in Phalaridis tauro beati sint, alterum non dubitabunt quin et Stoici convenientia sibi dicant et vos
repugnantia.

[3] 77: quod nisi ita efficitur (sc. sapientis omnis semper esse
beatos), quae Theophrastus de fortuna de dolore de cruciatu corporis
dixit cum quibus conjungi vitam beatam nullo modo posse putavit
vereor ne vera sint. nam illud vehementer repugnat eundem beatum
esse et multis malis oppressum. haec quo modo conveniant non sane

beiden Stellen sie für die Praxis unbrauchbar findet.[1]) Ausserdem wird in den Tusculanen hervorgehoben und gegen Antiochos geltend gemácht dass die Glückseligkeit einer weiteren Steigerung nicht fähig und daher die Unterscheidung die dieser Philosoph zwischen einem glücklichen und dem glücklichsten Leben (beata und beatissima vita) machte nicht zulässig sei.[2]) Diesen selben Gedanken der in den Academica fehlt treffen wir aber auch in der Schrift de finibus wieder.[3])

Diess sind die Gründe die mich bestimmen das Wesentliche auch im Inhalt des fünften Buches aus einer Schrift Philons abzuleiten.

6. Endergebniss.

Die Untersuchungen über die verschiedenen Bücher der Tusculanen sind, in der Hauptsache unabhängig von einauder, in dem einen Ergebniss zusammengetroffen dass eine Schrift Philons die Quelle sein müsse. Welches diese Schrift

---

intellego. Hiermit vgl. man Tusc. 24 f. Ebenso wie an dieser letzteren Stelle wird auch de fin. 85 eine Aeusserung welche Theophrast in der Schrift „Vom glückseligen Leben" gethan hatte gegen die Angriffe anderer Philosophen vertheidigt.

[1]) In der Schrift de finibus geschieht diess zwar nicht direkt, kann aber daraus entnommen werden dass Cicero nach einer durch seine Aeusserungen über Theophrast hervorgerufenen Bemerkung Pisos sagt (77): ego vero volo in virtute vim esse quam maximam.

[2]) Gegen Antiochos wird 23 eingewandt: nam et qui beatus est non intellego quid requirat ut sit beatior (si est enim quod desit ne beatus quidem est) — —. Aehnlich 50.

[3]) 81: scio ab Antiocho nostro dici sic solere (sc. sapientem esse ad beatissime vivendum parum esse, ad beate satis); sed quid minus probandum quam esse aliquem beatum nec satis beatum? quod autem satis est eo quicquid accesserit nimium est; et nemo nimium beatus est; ergo nemo beato beatior. Vgl. dazu 83 und 84.

sei und ob es überhaupt eine einzige, ist damit freilich noch
nicht beantwortet. Dass indessen die zweite Frage zu bejahen sei wird theils dadurch wahrscheinlich dass die einzelnen Bücher nicht bloss im Inhalt sondern auch in der Methode so viel Gemeinschaftliches zeigen als nur verschiedenen Theilen eines und desselben Werkes zuzukommen pflegt
theils dadurch dass Cicero selbst auf einen solchen Zusammenhang hinzudeuten scheint wenn er neben der Befreiung
von der Gewalt der Leidenschaften, also dem was den Inhalt der vier ersten Bücher bildet, die Erkenntniss des höchsten Gutes d. i. was den Inhalt des fünften Buches ausmacht als die Hauptaufgabe der Philosophie bezeichnet[1])

---

[1]) Gegen den Schluss des vierten Buches sagt er die bisherigen
Erörterungen zusammenfassend 82: sed cognita jam caussa perturba-
tionum, quae omnes oriuntur ex judiciis opinionum et voluntatibus,
sit jam hujus disputationis modus. Scire autem nos oportet, cognitis quoad possunt ab homine cognosci bonorum et malorum finibus nihil a philosophia posse aut majus aut utilius optari quam haec
quae a nobis hoc quatriduo disputata sunt. Auf die hervorgehobenen
Worte kommt es an. Diesen legen die neueren Erklärer die Bedeutung unter dass sie auf Ciceros vor den Tusculanen herausgegebene
Schrift über diesen Gegenstand hinweisen sollen. Aber davon dass
er über diesen Gegenstand geschrieben sagt Cicero hier kein Wort,
obgleich er doch sonst wenn er auf seine Leistungen zu sprechen
kommt die Worte nicht zu sparen pflegt und sich keineswegs mit
blossen Anspielungen begnügt. Statt dessen wird hier nur im Allgemeinen der Wichtigkeit gedacht die dieser Gegenstand für den Menschen besitzt, nicht aber der besonderen Beziehungen die ihn mit
Ciceros Persönlichkeit verknüpfen und des Verdienstes das dieser
durch die Erörterung desselben in lateinischer Sprache sich um das
Seelenheil seiner Landsleute erworben hatte. Viel natürlicher ist es
daher die Hervorhebung der Wichtigkeit dieses Gegenstandes als
eine vorläufige Rechtfertigung anzusehen weshalb demselben das folgende Buch gewidmet ist. Die absoluten Ablative (cognitis — finibus)
brauchen uns an dieser Auffassung nicht zu hindern: denn es ist
nicht nöthig dieselben zu erklären durch „nachdem erkannt sind",

und ein andermal den Satz dass die Tugend zur Glückseligkeit genüge als die reife Frucht behandelt die schon aus den
vorangehenden Erörterungen uns von selber zufallen sollte.[1]
Freilich die in den Academica priora benutzte Schrift kann
es nicht gewesen sein da dieselbe mehr theoretischer Natur
war und ausserdem eine polemische Absicht gegen den Dogmatismus, insbesondere in der Gestalt die ihm Antiochos
gegeben, verfolgte, während umgekehrt gerade aus der prak-
tisch-ethischen Tendenz des den Tusculanen zu Grunde liegenden Originals sich vielleicht der etwas stärkere dogmatische Ton erklärt den man in dieser Schrift verglichen mit
den Academica bemerken kann. Es bleibt sonach bei der
Dürftigkeit unserer Ueberlieferung über Philon nur noch
ein Werk dieses Philosophen übrig mit dem wir den Versuch machen könnten, das ist der bei Stobaios ecl. eth. 40 ff.
excerpirte λόγος κατὰ φιλοσοφίαν, und dieser nimmt schon
darum für sich ein weil er ebenso wie die Tusculanen nur
die Sittlichkeit und die hierauf gebaute Glückseligkeit des
Menschen im Auge hat. Wichtiger aber als diese Uebereinstimmung in der allgemeinen Tendenz ist diejenige welche
in Bezug auf den Inhalt beider im Einzelnen uns entgegentritt. Wie ein Buch der Tusculanen sich mit der Frage

---

vielmehr können sie auch bedeuten „wenn erkannt sind“; dann aber
sprechen sie nur aus dass wenn die in der Erkenntniss des höchsten
Gutes bestehende Aufgabe der Philosophie erfüllt sei die andere noch
übrig bleibende die wichtigste sei, keineswegs aber dass jene Aufgabe schon wirklich erfüllt sei.

[1] V 15: M. Sed quaero utrum aliquid actum superioribus die-
bus an nihil arbitremur? A. Actum vero et aliquantum quidem.
M. Atqui, si ita est, profligata jam haec et paene ad exitum adducta
quaestio est. A. Quo tandem modo? Die Antwort auf diese Frage
ist die nähere Ausführung in wie fern die für das fünfte Buch vorgenommene Erörterung eigentlich durch diejenigen der früheren
Bücher schon erledigt sei.

nach dem höchsten Gut beschäftigt, so war der Erörterung
desselben Problems auch in Philons Schrift ein besonderer
Abschnitt gewidmet;[1]) und zwar war dieser Abschnitt der
letzte des allgemeinen Theils während die folgenden es mit
den speziellen Lebensregeln zu thun hatten,[2]) woran erinnern könnte dass bei Cicero jene Erörterung am Schluss des
ganzen Werkes steht. Nun beschäftigen sich aber die Tusculanen ihrem grössten Theile nach mit den menschlichen
Leidenschaften, während doch ein Abschnitt, wenigstens dieses
Titels (περὶ παθῶν), sich in der Inhaltsangabe des Stobaios
nicht findet. Hier kommt uns indessen eine andere Beobachtung zu Hilfe, dass nämlich sämmtliche vier auf die Befreiung von den Leidenschaften gerichtete Bücher der Tusculanen ebenso sehr auf die Beseitigung gewisser falscher
Meinungen ausgehen in denen nach der in dieser ciceronischen Schrift durchweg festgehaltenen Auffassung alle Leidenschaften wurzeln, und die Beseitigung falscher Meinungen
bildete den Inhalt eines besonderen Abschnittes auch der
philonischen Schrift.[3]) Ehe wir aber die Inhaltsgleichheit
dieses Abschnittes mit den vier Büchern der Tusculanen
proclamiren, müssen wir uns noch die Frage vorlegen was

---

[1]) Der dritte, wie Stob. 42 bemerkt wird. καὶ γὰρ τῇ ἰατρικῇ,
heisst es dann weiter, σπουδὴ πᾶσα περὶ τὸ τέλος, τοῦτο δ᾽ ἦν ὑγίεια,
καὶ τῇ φιλοσοφίᾳ περὶ τὴν εὐδαιμονίαν.

[2]) Stob. 44 nach den in der letzten Anmerkung citirten Worten:
συνάπτεται δὲ τῷ περὶ τελῶν λόγῳ λόγος περὶ βίων. ἐπὶ γάρ τε
τῆς ἰατρικῆς οὐκ ἀρκεῖ τὴν ὑγίειαν ἐμποιῆσαι, χρεία δὲ καὶ τοῦ παρα-
σχεῖν παραγγέλματα περὶ τῆς ὑγιείας, οἷς προσέχοντες τὸν νοῦν τὴν
εὐεξίαν τοῦ σώματος διαφυλάξουσι, καὶ δὴ κἀπὶ τοῦ βίου θεωρημάτων τινῶν ἐστι χρεία δι᾽ ὧν ἡ φυλακὴ γενήσεται τοῦ τέλους.

[3]) Von den beiden Abschnitten des zweiten Haupttheils oder
der Therapeutik (τὰ θεραπευτικά) wird nämlich der erste bezeichnet
(42) als τὸ ὑπερξαιρετικὸν τῶν ψευδῶν γεγενημένων δοξῶν δι᾽ ἃς
τὰ κριτήρια νοσοποιεῖται τῆς ψυχῆς.

denn unter jenen falschen Meinungen bei Philon zu verstehen sei: denn an sich könnte man darunter auch an die
abweichenden Meinungen anderer Philosophen denken deren
Widerlegung Philon für erforderlich gehalten hätte, und in
diesem Falle würde gerade das charakteristische Kennzeichen
fehlen das uns ein Recht gab jene Identification vorzuneh-
men. Nun lehrt eine nur etwas geschärfte Betrachtung einmal dass von Meinungen in dem eben bezeichneten Sinne
Philon nicht spreche da eine Beseitigung solcher nicht auf
den fraglichen Theil seiner Schrift beschränkt sein konnte
sondern ebenso gut in den übrigen wie namentlich in dem
über das so viel umstrittene höchste Gut ($\pi \varepsilon \varrho \grave{\iota}$ $\tau \acute{\varepsilon} \lambda o v \varsigma$) wiederkehren musste, sodann aber dass doch irgendwo eine die
Ethik nach allen Richtungen behandelnde Schrift wie diejenige Philons war auch auf das Capitel von den Leidenschaften eingehen musste und dass dann hierfür nur der
therapeutische Theil den geeigneten Platz bot da dieser
Name auch sonst dazu diente um Schriften zu bezeichnen
deren Gegenstand die Heilung der Leidenschaften war (Galen
de plac. Hipp. et Plat. p. 493 K); da aber eben dieser Theil
sich mit der Beseitigung falscher Meinungen beschäftigte, so
lässt sich diese Thatsache mit jener Forderung nur durch
die Annahme in Einklang bringen dass Philon in falschen
Meinungen den Ursprung aller Leidenschaften sah und ihm
deshalb die Beseitigung von jenen mit der Heilung von diesen
zusammenfiel. [1]) Je charakteristischer aber gerade die Auffassung der Leidenschaften für die Tusculanen ist, [2]) desto

---

[1]) Was sich hieraus von selbst ergibt dass Philon als Gegenstand jener Meinungen das Gute und Uebele ansah gerade wie Cicero
in den Tusculanen, das wird überdiess noch durch Stobaios bestätigt,
der (42) den gesammten therapeutischen Theil, also auch den Abschnitt von den falschen Meinungen, zusammenfasst unter dem Titel
$\acute{o}$ $\pi \varepsilon \varrho \grave{\iota}$ $\mathring{\alpha} \gamma \alpha \vartheta \widetilde{\omega} \nu$ $\varkappa \alpha \grave{\iota}$ $\varkappa \alpha \varkappa \widetilde{\omega} \nu$ $\tau \acute{o} \pi o \varsigma$.

[2]) Wird sie doch nicht bloss in den früheren Büchern fest-

mehr gibt uns die hierin mit ihnen statt habende Uebereinstimmung der philonischen Schrift eine Gewähr dafür dass wir Recht haben diese für die Hauptquelle des ciceronischen Werkes zu erklären.

Von dem so gewonnenen festen Punkte aus erübrigt es nun durch Streifzüge in das bereits eroberte Land dessen Besitz noch mehr zu sichern. Zunächst mag noch ein Rückblick auf die eben constatirte Uebereinstimmung geworfen werden, da vor einem solchen dieselbe sich noch weiter ausdehnt, nämlich über den Inhalt und die Verbindung beider Theile in einem und demselben Werke auch auf die Ordnung derselben: denn wie in den Tusculanen den Büchern von den Leidenschaften dasjenige folgt welches die Selbstgenügsamkeit der Tugend erörtert so geht auch bei Philon der therapeutische Abschnitt dem über das höchste Gut voraus. Freilich scheint diese neue Bestätigung des gefundenen Resultates durch einen neuen Einwand wieder wett gemacht zu werden, da in den Tusculanen der Abschnitt vom höchsten Gut sich unmittelbar an den von den Leidenschaften anschliesst, bei Philon dagegen zwischen beide sich noch derjenige einschiebt der nach Ausrottung der falschen die richtigen Meinungen in die Seele pflanzt (42 τὸ τῶν ὑγιῶς ἐχουσῶν δοξῶν ἐνθετικόν). Indessen lässt sich diesem Einwand leicht durch die Vermuthung begegnen dass Cicero als er Philons Schrift für die Tusculanen benutzte es vorziehen mochte den zwischen den beiden Capiteln von den Leidenschaften und dem höchsten Gut in der Mitte liegenden Abschnitt zu überspringen, und wir werden ein solches

---

gehalten sondern taucht selbst noch im fünften gelegentlich auf wie 43: Atque cum perturbationes animi miseriam, sedationes autem vitam efficiant beatam duplexque ratio perturbationis sit quod aegritudo et metus in malis opinatis, in bonorum autem errore laetitia gestiens libidoque versetur etc.

Verfahren um so wahrscheinlicher finden je sicherer wir
noch im Stande sind das Interesse nachzuweisen das ihn
dabei leiten mochte. Denn wenn man bedenkt dass doch
bei Erörterung der falschen die Leidenschaften erregenden
Meinungen über das Gute und Uebele öfter auch auf die
richtigen Rücksicht genommen wird[1]) und weiter dass die
Glückseligkeit als die Summe aller Güter erscheint,[2]) so begreift man dass durch die beiden Theile seines Werkes
Cicero auch den dritten den er noch in seiner griechischen
Quelle fand[3]) für erledigt halten konnte. — Was aber den
negativen Abschnitt des therapeutischen Theils, die Beseitigung der falschen Meinungen betrifft, so hat Cicero in ihm
sich auch darin an Philon angeschlossen dass er die aus
jenen entspringenden Leidenschaften als Krankheiten der

---

[1]) Vgl. solche Stellen wie III 80: cui (sc. sapienti) aut malum
videri nullum potest quod vacet turpitudine aut ita parvum malum
ut id obruatur sapientia vixque adpareat. 77 f. IV 62. 66 u. ö.

[2]) V 29.

[3]) Dass diess der Fall war, davon gibt er uns vielleicht noch
V 19 eine Andeutung, wenn er bemerkt dass die Fragen nach dem
„honestum" und dem „summum bonum" eigentlich zusammenfallen,
nichtsdestoweniger aber von den griechischen Philosophen getrennt
behandelt werden. — Obgleich Cicero hier das honestum und summum bonum begrifflich auseinander hält so wirft er doch anderwärts
beide zusammen (V 67: hac [sc. virtute] beatam vitam contineri necesse est), was da sie in der Wirklichkeit unzertrennlich sind ganz
verzeihlich ist. Ich hebe diess deshalb hervor weil in ähnlicher
Weise Cicero die Tugend zwar öfter als das höchste, ja einzige Gut
behandelt, dann aber doch wieder sie von den eigentlichen Gütern
des Geistes (worunter die einzelnen Aeusserungen der Tugend, die
pulchra honesta praeclara a. a. O., und die sie begleitenden Stimmungen, gaudia, zu verstehen sind) als deren Quell und Ursprung
unterscheidet; aus letzterem aber sich ergibt dass die begriffliche
Scheidung der Tugend von den Gütern die wir früher bei Philon
fanden (vgl. S. 247, 1) auch ihm nicht fremd ist.

Seele behandelt — eine Uebereinstimmung die besonders auffallend hervortritt wenn man bei Stob. 42 liest τῶν ψευδῶς γεγενημένων δοξῶν δι᾽ ἃς τὰ κριτήρια νοσοποιεῖται τῆς ψυχῆς, und damit vergleicht Tusc. III 1 „ita fit (nämlich wenn der Mensch von Leidenschaften befangen ist) ut animus de se ipse tum judicet cum id ipsum quo judicatur (d. i. das κριτήριον) aegrotet"; denn da falsche Meinungen und Leidenschaften hier dasselbe bedeuten, so wird beidemal die Krankheit des urtheilenden Vermögens aus der gleichen Ursache abgeleitet. Hiermit nicht zufrieden hatte Philon die Vergleichung des Körpers und des Geistes auch auf die gesunden Zustände beider ausgedehnt [1] und damit einen Punkt berührt, über den wie wir sahen (S. 463 ff.) nicht alle Philosophen einverstanden waren, hinsichtlich dessen aber der Verfasser der Tusculanen abermals denselben Standpunkt einnimmt wie Philon. Nur ein weiterer Schritt in dieser Richtung war es sodann wenn auch die einzelnen Aufgaben und Geschäfte der Philosophie insofern dieselbe die geistige Gesundheit des Menschen herstellen wollte zu denen der Heilkunst in genaue Parallele gesetzt wurden. Eine solche hat Philon gegeben und darauf sogar die Disposition seiner ganzen Schrift gebaut; dieselbe tritt uns aber auch bei Cicero so oft entgegen [2] dass wir kaum

---

[1] Stob. 42 f. (S. 482, 1 und 2).

[2] II 11: nam efficit hoc philosophia: medetur animis. 43. 45. III 1 ff.: quidnam esse, Brute, caussae putem cur, cum constemus ex animo et corpore, corporis curandi tuendique caussa quaesita sit ars — —, animi autem medicina nec tam desiderata sit — —? An quod corporis gravitatem et dolorem animo judicamus, animi morbum corpore non sentimus? Ita fit ut animus de se ipse tum judicet cum id ipsum quo judicatur aegrotet. — — — — — Quid? qui pecuniae cupiditate, qui voluptatum libidine feruntur quorumque ita perturbantur animi ut non multum absint ab insania quod insipientibus contingit omnibus, eis nullane est adhibenda curatio? utrum quod minus

anders können als die Anregung dazu dem griechischen
Original zuzuschreiben, ja zum Theil lässt uns der Grad der
Uebereinstimmung ohne Weiteres auf Entlehnung von Philon
schliessen.[1])

Die letzte Bestätigung einer Hypothese ist die, dass sie
ausser der Frage um deretwillen man sie aufgestellt hat
auch solche beantwortet die nicht eigentlich an sie gerichtet
waren. Und auch der Vermuthung die in Philons genannter
Schrift die Quelle der Tusculanen sieht fehlt jene nicht.
Auffallend musste es nämlich schon immer sein dass Cicero,
der doch bei der Eile mit der er bestrebt war seinen Römern ein lesbares Compendium der Philosophie herzustellen
keinen Anlass hatte dieselbe Materie öfter zu behandeln,
trotzdem er in dem ersten Buch der Tusculanen einen schon

---

noceant animi aegrotationes quam corporis? etc. etc. Est profecto
animi medicina, philosophia etc. 23: ut medici caussa morbi inventa curationem esse inventam putant sic nos caussa aegritudinis
reperta medendi facultatem reperiemus. 40. 81 (remedia). 82: ut medici toto corpore curando minimae etiam parti si condoluit medentur,
sic philosophia etc. IV 9. 58. Ob auch andere Philosophen die Vergleichung der Philosophie mit der Heilkunst so bis ins Einzelne
durchführten wie diess an den angeführten Stellen geschieht und
dass speciell Chrysipp diess gethan habe wie Heine Einl. zu den
Tusc. S. XXI meint, ergibt sich aus Galen de plac. Hipp. et Plat.
p. 437 K noch nicht. Dass Philon dagegen es gethan hatte, sehen
wir aus Stobaios.

[1]) Denn wenn III 84 als Vorbedingung damit die Philosophie
an uns ihre Wirkung thun könne erfordert wird dass wir ihre Heilung nicht zurückweisen sondern annehmen (sed tamen id se effectu-
ram philosophia profitetur; nos modo curationem ojus recipia-
mus) so erinnert diess doch daran dass auch bei Stobaios als erste
Aufgabe des Arztes und analog dazu auch des Philosophen bezeichnet wird den Kranken zu überreden dass er die Kur über sich ergehen lasse (πεῖσαι τὸν κάμνοντα παραδέξασθαι τὴν θεραπείαν).

in der Consolatio traktirten Stoff und ebenso im fünften das
bereits in der Schrift de finibus erschöpfte Thema wieder
vorgenommen hat; denn wenn man auch jenes dadurch rechtfertigen mochte dass die Trostschrift noch nicht eigentlich
zur Reihe der Schriften gehörte die bestimmt waren die
Römer in die Philosophie einzuführen so blieb doch das
zweite Bedenken in seiner vollen Kraft bestehen. Jetzt aber
hat auch dieses, und auch das erste wie ich denke auf be-
friedigende Weise, seine Lösung dadurch gefunden dass
Cicero nachdem er einmal um das Capitel von den Leidenschaften zu erledigen die Schrift Philons zur Hand genommen hatte in der Benutzung derselben weiter geführt wurde
als seinem ursprünglichen Plane entsprach und daher nicht
bloss die tröstenden Betrachtungen über den Tod sondern
auch die Erörterungen über das höchste Gut seinen römischen Lesern noch einmal zumuthete. Er selber mochte
hierbei um so weniger etwas Arges finden als er in den
beiden früheren Werken einen wesentlich anderen Standpunkt
eingenommen hatte, wie wir wenigstens noch an der Schrift
de finibus beobachten können in der neben Epikureern Stoikern und Antiochos Philon kaum, nämlich nur in der im
fünften Buche an Pisos Vortrage geübten Kritik, also in ver-
schwindendem Maasse zu Worte kommt. — Ausser dieser
gibt uns aber die neue Hypothese noch eine andere von ihr
nicht verlangte Aufklärung. Wie kommt es — hätte man
sich wenigstens von jeher fragen sollen — dass Cicero der
doch in der Periode da er den Cyclus seiner philosophischen
Schriften verfasste ein erklärter Anhänger Philons war[1])

---

[1]) Ueber diesen Punkt mag hier noch eine kurze Bemerkung
stehen. Cicero ist nicht immer ein Anhänger Philons gewesen. Nachdem er in früher Jugend dessen Unterricht genossen, hat er während
seines ersten athenischen Aufenthalts (79) unter Antiochos' Leitung
das Studium der Philosophie wieder aufgenommen. So erzählt er

trotzdem zwar zahlreiche Schriften anderer Philosophen aber
keine einzige seines Lehrers oder doch — wenn wir das
Resultat unserer eigenen Untersuchungen anticipiren wollen
— nur für den skeptischen Theil der Academica eine er-

---

selbst im Brutus 315 und Plutarchs Behauptung (Cic. 4) er habe
sich damals nur mit Rhetorik abgegeben kann hiergegen nicht in
Betracht. kommen. Von dieser Zeit an scheint er Antiochos treu
geblieben zu sein bis er sich anschickte die Früchte seiner philosophischen Bestrebungen in einer grösseren Reihe von Schriften seinen
Landsleuten vorzusetzen. Damals kehrte er zu Philons Standpunkt
zurück. In der Verwunderung die er selbst hierüber den Varro
äussern lässt (Acad. post. 13 sed de te ipso quid est quod audio?
— — relictam a te veterem Academiam — tractari autem novam)
ist deutlich bezeugt dass er zu Beginn seiner philosophischen Schriftstellerei bei seinen Bekannten als Antiocheer galt. Dass diese Ansicht für die vorangehenden Jahre vollkommen berechtigt war, ersehen wir noch aus seinen Briefen, wenn er an Atticus (V 10) im
Jahre 51 schreibt dass er damals in Athen philosophischen Verkehr
mit Aristos dem Bruder des Antiochos unterhalten habe und in einem
Schreiben an Cato vom folgenden Jahre (ad fam XV 4, 16) sich zur
„philosophia vera et antiqua" bekennt unter welcher kaum an eine
andere als die des Antiochos gedacht werden kann. Doch muss schon
damals ein gewisses Schwanken in ihm gewesen sein, worauf eine
Spur in der Schrift von den Gesetzen leitet. Dort gesteht er nämlich (I 39) zwar die Lehren der neuen Akademie nicht berücksichtigen zu wollen, da er fürchtet ihre Skepsis könne das kunstreiche
Gebäude seiner Gesetzgebung zerstören, ist also noch keineswegs ein
Anhänger derselben, auf der anderen Seite lässt er ihr aber doch
zum Schluss durch die Worte „quam quidem ego placare cupio, sub-
movere non audeo" eine halb widerwillige Anerkennung zu Theil
werden: so dass sich in dieser, aller Wahrscheinlichkeit nach dem
Jahre 52 oder 51 angehörenden, Aeusserung schon die spätere Bekehrung zur akademischen Skepsis ankündigt. Dass er diese Skepsis
wesentlich nach dem Vorgange Philons betrieb, ist schon bemerkt
worden und bekannt; doch hat uns eine frühere Betrachtung (vgl.
S. 289. 339. 341) gelehrt dass er auch damals keineswegs gewillt war
seinem Lehrer durch Dick und Dünn zu folgen.

kenntnisstheoretische benutzt hat? Wie kommt es dass er
gerade diejenige ignorirt hat die ihm ihrer ganzen Tendenz
nach am nächsten lag da sie ähnlich wie er es mit den Römern vorhatte die Philosophie nicht bloss darstellen sondern
zugleich zu ihr anleiten und für sie gewinnen wollte? Zumal da diese Schrift wenn diess daraus dass sie bei Stobaios
eines Excerpts gewürdigt wird geschlossen werden darf die
berühmteste des Philosophen war. Auch diese Frage hat
jetzt ihre Antwort gefunden oder richtiger sie ist gegenstandslos geworden seit wir erkannt haben dass allerdings
wie man erwarten musste Cicero jene Schrift und zwar für
die Tusculanen benutzt hat. Vollkommen freilich wird die
Erwartung dass jene Schrift Philons einen weitgreifenden
Einfluss auf Ciceros philosophische Schriftstellerei geübt habe
erst dann befriedigt wenn wir bedenken einmal dass Cicero
mit den Tusculanen den Hortensius in Verbindung setzt und
ein Protreptikos wie ihn dieser vorstellte auch in den Plan
des philonischen Werkes eingeschlossen war,[1] sodann aber
dass auch der Schlusstheil von Philons Schrift der die spe-
ciellen Lebensregeln enthielt in den Büchern de officiis sein

---

[1] Auf einen Zusammenhang zwischen den Tusculanen und dem
Hortensius deuten ausser den protreptischen Einleitungen der einzelnen Bücher die ausdrücklichen Erwähnungen der letzteren Schrift
II 4 (nos autem universae philosophiae vituperatoribus respondimus
in Hortensio) und III 6 (Est profecto animi medicina, philosophia,
cujus auxilium non ut in corporis morbis petendum est foris; omni-
busque opibus viribus, ut nosmet .ipsi nobis mederi possimus, elabo-
randum .est. Quamquam de universa philosophia, quanto opere et
expetenda esset et colenda, satis ut arbitror dictum est in Hortensio).
Hierzu vgl. Stob. 40: ἐοικέναι δέ φησι (sc. ὁ Φίλων) τὸν φιλόσοφον
ἰατρῷ. καθάπερ οὖν ἔργον ἰατροῖ πρῶτον μὲν πεῖσαι τὸν κάμνοντα
παραδέξασθαι τὴν θεραπείαν, δεύτερον δὲ τοὺς τῶν ἀντισυμβου-
λευόντων λόγους ὑφελέσθαι, οὕτως καὶ τοῦ φιλοσόφου. κεῖται
τοίνυν ἑκάτερον τούτων ἐν τᾷ προσαγορευομένῳ προτρεπτικῷ λόγῳ·

Gegenbild hatte:[1]) denn da wir so die früheste und die späteste Schrift Ciceros an den ersten und letzten Theil des philonischen Werkes, die zeitlich zwischen beiden liegenden Tusculanen aber an den mittleren geknüpft sehen, so drängt sich von selber die Vermuthung auf dass Cicero mit der Folge in der er diejenigen seiner philosophischen Schriften in denen er selber in längerem Vortrage positive Ansichten entwickelte — und diess gilt von den drei genannten, aber z. B. nicht von de finibus — den Gang nachahmen wollte den Philon in seiner Schrift eingehalten und für die sittliche Wirkung der Philosophie als geeignetsten empfohlen hatte.

Fällt hiernach durch die zwischen Philons Schrift und den Tusculanen entdeckte Beziehung ein neues Licht auf Cicero und seine Schriften, so kommt dieselbe in etwas doch auch Philon und seiner Schrift zu Gute. Davon ist schon öfter gelegentlich die Rede gewesen. Hier mag nur noch darauf hingewiesen werden dass wir jetzt mit Hilfe der Tusculanen uns auch ein Bild der Methode machen können die Philon in seiner Schrift befolgt hatte. Dass dieselbe nämlich in ähnlicher Weise wie die ciceronische in einzelne gegen eine bestimmte Behauptung gehaltene Vorträge zerfiel und dem entsprechend auch in Bücher eingetheilt war, dürfen wir doch wohl schliessen aus Tusc. III 81: Tractatum est

---

ἔστι γὰρ ὁ προτρεπτικὸς ὁ παρορμῶν ἐπὶ τὴν ἀρετήν. τούτου δ' ὁ μὲν ἐνδείκνυται τὸ μεγαλωφελὲς αὐτῆς ὁ δὲ τοὺς ἀνασκευάζοντας ἢ κατηγοροῦντας ἤ πως ἄλλως κακοηθιζομένους τὴν φιλοσοφίαν (philosophiae vituperatores) ἀπελέγχει.

[1]) Dass Cicero in dieser Schrift aus stoischen Quellen geschöpft hat kann gegen eine Annahme wie die im Text behauptete um so weniger etwas beweisen als in der Beantwortung solcher Detailfragen der praktischen Ethik zwischen einem platonisirenden Stoiker wie bekanntlich Panaitios war und einem stoisirenden Platoniker als den wir Philon erkannt haben schwerlich ein grosser Unterschied bestand.

autem a nobis id genus aegritudinis quod unum est omnium maximum ut eo sublato reliquorum remedia ne magno opere quaerenda arbitraremur. Sunt enim certa quae de paupertate, certa quae de vita inhonorata et ingloria dici soleant; separatim certae scholae sunt de exsilio de interitu patriae de servitute de debilitate de caecitate de omni casu in quo nomen poni solet calamitatis. Haec Graeci in singulas scholas et in singulos libros dispertiunt; opus enim quaerunt; quamquam plenae disputationes delectationis sunt. Denn das Nächste scheint mir doch diese Worte auf die Cicero eben vorliegende griechische Schrift zu beziehen. Dann aber geben sie uns auch einen Aufschluss über den Inhalt derselben, der hiernach worauf auch II 58 und 60 deuten könnte sehr tief ins Einzelne gegangen zu sein scheint.

Excurs I

(zu S. 79, 2).

Diesen Philosophen mit Sicherheit zu bestimmen bin ich nicht im Stande. Es eröffnen sich hier zwei Wege, von denen der eine zu Poseidonios der andere zu Antiochos führt. Denn beide werden von Sextos als Gewährsmänner genannt, und zwar Posidon noch in dem Abschnitt um den es sich hier handelt und der die Geschichte der Erkenntnisstheorie bei den Naturphilosophen gibt (93), Antiochos erst später (162 und 201), aber doch ebenfalls noch in der historischen Darstellung. Die Erkenntnisstheorie beider ist der Art dass sie ein Interesse haben konnten den λόγος als Princip der Erkenntniss schon von den älteren Philosophen anerkannt zu sehen (über Posidon vgl. Theil II S. 532. über Antiochos vgl. Zeller 603, 6). Wären wir nun zu der Annahme genöthigt, dass die gesammte historische Darstellung aus einer Quelle geflossen ist, dann könnten wir dieselbe nur in einer Schrift des Antiochos suchen. Diese Schrift würden die 201 genannten κανονικὰ sein, von denen dort das zweite Buch citirt wird. Wenn in einer solchen Schrift auch die Ansichten der älteren Philosophen über das Kriterium besprochen wurden, so kann man diess nur sachgemäss finden. Ja was wir über die Weise des Antiochos in wissenschaftlichen Untersuchungen zu verfahren wissen, dass er nämlich um seine Darstellung der Lehre vom höchsten Gut einzuleiten alle aufgestellten und aufstellbaren An-

sichten aufgeführt hatte (Cicero fin. V 16), macht es noch
besonders wahrscheinlich, dass gerade in einer von ihm verfassten Schrift eine solche historische Darstellung nicht gefehlt haben wird. Hiergegen streitet nicht der Umstand, dass
in dieser Darstellung Posidon citirt wird; denn nach dem
Altersverhältniss beider Männer ist es wohl möglich, dass
auch Antiochos auf ihn sich beziehen konnte. Dagegen kann
Poseidonios nicht als der Urheber der gesammten Darstellung
gelten, da wir in diesem Falle von ihm auch die Polemik
gegen die Stoiker (227 ff.) ableiten müssten. Diess ist aber
aus einem einfachen Grunde unmöglich. Denn wenn auch
Poseidonios, zugegeben dass er den λόγος als Kriterium aufgestellt hatte, von der Lehre anderer Stoiker abwich und
daher gegen dieselbe streiten konnte, so konnte er doch
diese Polemik nicht gegen die Stoiker insgesammt richten,
da ja nach seiner eigenen bei Diogenes 54 (über die Zuverlässigkeit dieser Mittheilung des Diogenes s. Theil II S. 11 ff.
194 f.) vorliegenden Angabe ältere Stoiker ebenfalls den λόγος
als Kriterium anerkannt hatten. Nun polemisirt aber Sextos
gegen die Stoiker überhaupt und scheint von älteren, die
etwas anderes als die καταληπτικὴ φαντασία als Kriterium
aufgestellt hatten, nichts zu wissen (227: ἀπολειπομένης δ᾽
ἔτι τῆς στωικῆς δόξης παρακειμένως καὶ περὶ ταύτης λέγωμεν. κριτήριον τοίνυν φασὶν ἀληθείας εἶναι οἱ ἄνδρες οὗτοι
τὴν καταληπτικὴν φαντασίαν.. 253: ἀλλὰ γὰρ οἱ μὲν ἀρ-
χαιότεροι τῶν στωικῶν κριτήριόν φασιν εἶναι τῆς ἀληθείας
τὴν καταληπτικὴν ταύτην φαντασίαν, οἱ δὲ νεώτεροι προσ-
ετίθεσαν καὶ τὸ μηδὲν ἔχουσαν ἔνστημα). Er kann daher die
Grundlage dieser Polemik, die Kenntniss der stoischen Lehre,
nicht aus einer Schrift Posidons geschöpft haben.[1]) Gegen Po-

---

[1]) Ich muss daher meine Theil II S. 16 geäusserte, noch nicht
auf genauere Untersuchung gestützte Vermuthung zurücknehmen.

sidon spricht ausserdem, dass von seinen Schriften doch hier
nur die allein citirte Erklärung des platonischen Timaios (93)
in Betracht kommen kann. Denn wollen wir nicht annehmen
dass diese Erklärung alle ihr von der Sache gezogenen Grenzen
überschritt, so ist nur glaublich dass sie aus Anlass der platonischen Erkenntnisstheorie die dieselbe vorbereitenden Ansichten seiner Vorgänger besprach, nicht aber dass sie auch
die erst nach Plato hervorgetretenen Lehren berücksichtigte.
Es ist daher möglich, dass der ein selbständiges Ganze bil-
dende die Naturphilosophie behandelnde Abschnitt (89—141)
auf Posidon zurückgeht. Dafür dass das Folgende Antiochos
gehört, lassen sich noch positive Gründe beibringen, zuerst
der welcher in der Art besteht wie Antiochos citirt wird.
Diess geschieht zuerst in der Erläuterung von Karneades'
Theorie (162) und zwar bei einem Nebengedanken (ὅϑεν
καὶ φαντασίαν ῥητέον εἶναι πάϑος τι περὶ τὸ ζῷον ἑαυτοῦ τε καὶ τοῦ ἑτέρου παραστατικόν. οἷον προσβλέψαντές
τινι, φησὶν ὁ Ἀντίοχος, διατιϑέμεϑά πως τὴν ὄψιν, καὶ οὐχ
οὕτως αὐτὴν διακειμένην ἴσχομεν ὡς πρὶν τοῦ βλέψαι διακειμένην εἴχομεν). Dass aber Jemand nur für diesen einen
Punkt eine Schrift des Antiochos zu Rathe gezogen haben
sollte ist kaum denkbar, sehr wahrscheinlich daher dass
die ganze Karneades betreffende Darstellung auf ihn zurückgeht und dass Sextos selber sie aus einer seiner Schriften
genommen hat. Denn Poseidonios wenigstens kann sie nicht
vermittelt haben, da ein Gelehrter wie dieser seine Kenntniss des Karneades sich mehr an der Quelle und nicht erst
bei seinem Zeitgenossen Antiochos geholt haben würde. Zu
demselben Ergebniss führt die Betrachtung der zweiten Stelle,
an der Antiochos citirt wird (201).[1]) Denn Poseidonios hatte

---

[1]) Οὐκ ἄποϑεν δὲ τῆς τούτων (der Kyrenaiker) δόξης ἐοίκασιν
εἶναι καὶ οἱ ἀποφαινόμενοι κριτήριον ὑπάρχειν τῆς ἀληϑείας τὰς

nicht erst nöthig, wenn er die Lehre seines Zeitgenossen
Asklepiades kennen lernen wollte, sich mit der Erklärung
dunkeler Worte des Antiochos abzumühen. Diese Stelle beweist aber ausserdem, dass Sextos von Antiochos nicht bloss
das betreffende Citat genommen hat. Hiergegen spricht der
Charakter dieses Citates. Denn diese Worte, die an sich
dunkel sind und erst vermittelst einer anderwärts gewonnenen Kenntniss auf Asklepiades sich beziehen liessen, können
doch unmöglich der Zweck gewesen sein um dessentwillen
Sextos oder wenn man will sein Gewährsmann die Kanonik
des Antiochos nachgeschlagen hatte. Für Sextos können
wir diess um so weniger annehmen, da er über Asklepiades
in seinen medizinischen Schriften ausführlich gehandelt hatte [1]
und daher eine genauere Kenntniss von ihm besitzen musste
als sie die dunkeln Worte des Antiochos gewähren konnten.
Wenn er also dieselben trotzdem benutzt um mit ihrer Hilfe
die Ansicht des Asklepiades in seiner historischen Darstellung einzuführen, so ist diess nur unter der Annahme erklärlich dass er von dem einmal gewählten Führer, dem er
bisher in seiner Darstellung gefolgt war, auch in diesem
Fall nicht lassen wollte. Der zweite für Antiochos als den
Urheber der historischen Darstellung sprechende Grund liegt

αἰσθήσεις. ὅτι γὰρ ἐγένοντό τινες τὸ τοιοῦτο ἀξιοῦντες, πρόϋπτον
πεποίηκεν Ἀντίοχος ὁ ἀπὸ τῆς Ἀκαδημίας, ἐν δευτέρῳ τῶν κανονι-
κῶν ῥητῶς γράψας ταῦτα „ἄλλος δέ τις, ἐν ἰατρικῇ μὲν οὐδενὸς δεύ-
τερος, ἁπτόμενος δὲ καὶ φιλοσοφίας, ἐπείθετο τὰς μὲν αἰσθήσεις
ὄντως καὶ ἀληθῶς ἀντιλήψεις εἶναι, λόγῳ δὲ μηδὲν ὅλως ἡμᾶς καταλαμβάνειν". ἔοικε γὰρ διὰ τούτων ὁ Ἀντίοχος τὴν προειρημένην
τιθέναι στάσιν καὶ Ἀσκληπιάδην τὸν ἰατρὸν αἰνίττεσθαι, ἀναιροῦντα
μὲν τὸ ἡγεμονικόν, κατὰ δὲ τὸν αὐτὸν χρόνον αὐτῷ γενόμενον.

[1] Wie er selber im Anschluss an die in der vorigen Anmerkung angeführten Worte sagt: ἀλλὰ περὶ μὲν τῆς τούτου φορᾶς ποικιλώτερον καὶ κατ᾽ ἰδίαν ἐν τοῖς ἰατρικοῖς ὑπομνήμασι διεξήλθομεν,
ὥστε μὴ ἔχειν ἀνάγκην παλινῳδεῖν.

darin, dass dessen eigenthümliche Erkenntnisstheorie auch in diesem historischen Abschnitt zum Vorschein kommt. Für Antiochos nun ist charakteristisch, dass nach demselben eine Erkenntniss nur vermittelst der Sinne möglich, die Wahrheit aber noch nicht in den Sinneseindrücken gegeben ist sondern nur vermittelst des Geistes oder der Vernunft, des Logos, daraus gewonnen werden kann[1]) und dass zweitens diese wesentlich stoische Theorie von ihm für die platonisch-aristotelische ausgegeben wurde. Es wird sich daher vor Allem fragen, ob die Darstellung, die bei Sextos von der platonischen und aristotelischen Lehre gegeben wird mit dieser Theorie des Antiochos übereinstimmt.

Als das Wesentliche der platonischen Erkenntnisstheorie wird nun bei Sextos 141 ff. bezeichnet, dass die Entscheidung über die Wahrheit von den Sinnen abhängt ohne doch in ihnen schon gegeben zu sein: δεῖ τὸν λόγον ἐν τῷ κρίνειν τὴν ἀλήθειαν ἀπὸ τῆς ἐναργείας ὁρμᾶσθαι, εἴπερ δι᾽ ἐναργῶν ἡ κρίσις γίνεται τῶν ἀληθῶν. ἀλλ᾽ ἥ τε ἐνάργεια οὐκ ἔστιν αὐτάρκης πρὸς γνῶσιν ἀληθοῦς· οὐ γὰρ εἴ τι κατ᾽ ἐνάργειαν φαίνεται, τοῦτο καὶ κατ᾽ ἀλήθειαν ὑπάρχει· ἀλλὰ δεῖ παρεῖναι τὸ κρῖνον τί τε φαίνεται μόνον καὶ τί σὺν τῷ φαίνεσθαι ἔτι καὶ κατ᾽ ἀλήθειαν ὑπόκειται, τουτέστι τὸν λόγον. ἀμφότερα τοίνυν συνελθεῖν δεήσει, τήν τε ἐνάργειαν, ὡς ἂν ἀφετήριον οὖσαν τῷ λόγῳ πρὸς τὴν κρίσιν τῆς ἀληθείας, καὶ αὐτὸν τὸν λόγον πρὸς διάκρισιν τῆς ἐναργείας. εἰς μέντοι τὸ ἐπιβάλλειν τῇ ἐναργείᾳ καὶ τὸ ἐν ταύτῃ ἀληθὲς διακρίνειν πάλιν συνεργοῦ δεῖται ὁ λόγος τῆς αἰσθήσεως· διὰ ταύτης γὰρ τὴν φαντασίαν παραδεχόμενος ποιεῖται τὴν νόησιν καὶ τὴν ἐπιστήμην τἀληθοῦς.

---

[1]) Antiochos unterschied sich durch diese Theorie auch von Posidon, da derselbe, wie ich Theil II S. 532 zu beweisen gesucht habe, auch eine Erkenntniss, die sich nur aus dem Logos ableitete, für möglich hielt.

Die Uebereinstimmung mit Antiochos ist offenbar. Ich habe
auch die letzten Worte von εἰς μέντοι an hinzugefügt, weil
aus ihnen namentlich erhellt, dass wir hier nicht die echt
platonische Theorie vor uns haben. Denn liesse sich mit
dieser auch die Ansicht vereinigen, wonach unser Denken
von der sinnlichen Wahrnehmung ausgeht, so widerspricht
ihr doch die in den angeführten Worten enthaltene, dass
unser Geist auch die Fähigkeit die Sinneseindrücke zu beurtheilen nur den Sinnen verdanken oder dass das Denken
aus der sinnlichen Wahrnehmung stammen solle. Diess ist
also eine Entstellung der platonischen Lehre und zwar eine
solche, die wir nicht auf Poseidonios zurückführen können;
denn dieser, wie ich (Theil II S. 532) gezeigt habe, nahm
ein Wirken des Geistes an, das nicht von der sinnlichen
Wahrnehmung abhängen sollte. Dagegen können wir eine
solche Entstellung von Antiochos erwarten, da durch dieselbe die platonische Lehre seiner eigenen gleich wurde.
Denn nach Antiochos ist ein Denken ohne Begriffe nicht
möglich, diese selber aber sind sämmtlich aus der sinnlichen
Wahrnehmung geschöpft.[1]) Was wir hieraus schliessen können, dass ebenso, wie die Lehre Platons von Sextos dargestellt wird, sie auch von Antiochos aufgefasst wurde, wird
uns unmittelbar vor Augen geführt durch Cicero, wenn der-

---

[1]) Cicero Acad. pr. 21 (nachdem er von den Vorstellungen Urtheilen und Schlüssen gesprochen hat, die sich aus der sinnlichen
Wahrnehmung entwickeln) quo e genere nobis notitiae rerum inpri-
muntur, sine quibus nec intellegi quicquam nec quaeri disputarive
potest. · Vgl. 26 f. 30 f. Antiochos' Auffassung des Logos scheint dieselbe gewesen zu sein, die wir durch Galen de plac. Hipp. et Plat.
S. 439 ff. K als chrysippisch kennen und nach der er eine Summe von
Begriffen und Vorstellungen (ἐννοιῶν τέ τινων καὶ προλήψεων ἄθροι-
σμα) ist (vgl. auch Cicero Acad. pr. 30). Das a Chrysippo pedem
nusquam machten aber nach Cicero Acad. pr. 142 dem Antiochos
seine Gegner zum Vorwurf.

selbe (Acad. post. 30) im Sinne des Antiochos Folgendes
als akademisch-peripatetische d. h. platonische[1]) Lehre gibt:
quamquam oreretur a sensibus, tamen non esse judicium
veritatis in sensibus; mentem volebant esse rerum judicem.[2])

---

[1]) Cicero a. a. O. 17: Platonis autem auctoritate, qui varius et
multiplex et copiosus fuit, una et consentiens duobus vocabulis philosophiae forma instituta est, Academicorum et Peripateticorum, qui
rebus congruentes nominibus differebant.

[2]) Die hierauf folgenden Worte lauten: solam censebant ido-
neam cui crederetur, quia sola cerneret id quod semper esset sim-
plex et unius modi et tale quale esset. hanc illi ἰδέαν appellant,
jam a Platone ita nominatam, nos recte speciem possumus dicere.
Man darf diese Worte nicht als Anzeichen einer zwischen Cicero
und Sextos bestehenden Verschiedenheit benutzen, da bei letzterem
von den Ideen nicht die Rede sei. Denn wenn dieselben auch nicht
genannt werden, so sind sie doch in den von Sextos (142) aus dem
Timaios citirten Worten τὸ ὂν ἀεὶ γένεσιν δὲ οὐκ ἔχον gemeint. Da
sich nun auf diese Timaiosstelle die ganze bei Sextos folgende Erklärung bezieht, so kann auch unter dem ἀληθές· ἀλήθεια, κατ' ἀλήθειαν ὑπάρχον, das den Gegenstand des λόγος, der νόησις und ἐπιστήμη bildet, nur die Idee gemeint sein. Wenn auf der anderen Seite
als Gegenstand der Sinnesempfindung und der Meinung (δόξα) von
Sextos das γιγνόμενον μέν, ὂν δὲ οὐδέποτε bezeichnet und hervorgehoben wird dass die Sinne ungenügend sind .zur Erkenntniss der
Wahrheit (ἡ ἐνάργεια οὐκ ἔστιν αὐτάρκης πρὸς γνῶσιν ἀληθοῦς), so
stimmt hiermit überein was wir bei Cicero in den auf das Angeführte
folgenden Worten lesen: sensus autem omnis hebetes et tardos esse
arbitrabantur, nec percipi ullo modo res ullas, quae subjectae sensibus viderentur, quod aut ita essent parvae, ut sub sensum cadere
non possent, aut ita mobiles et concitatae, ut nihil umquam unum
esset et constans, ne idem quidem, quia continenter laberentur et
fluerent omnia. itaque hanc omnem partem rerum opinabilem appellabant. Da ich bisher angenommen habe, dass die platonische
Lehre, wie sie Antiochos auffasste, die eigene Lehre des Antiochos
war, so könnte man nun einwenden, dass derselbe aber doch die
Ideenlehre habe fallen lassen. Das Letztere ist wenigstens die Ansicht von Zeller (604, 1). Ich muss indessen bestreiten, dass dieselbe
durch Cicero Acad. post. 30 und 33 genügend begründet ist. Cicero

Endlich mag noch auf die Bedeutung hingewiesen werden, die

---

will 30 ff. Platons Lehre geben. Diess liegt deutlich ausgesprochen
in den auf diese Darstellung bezüglichen Worten (33): haec erat illis-
forma a Platone tradita, cujus quas acceperim dissupationes, si voltis
exponam. Es ist ein ungenauer Ausdruck, wenn er trotzdem jene
Darstellung mit den Worten einleitet: tertia deinde philosophiae
pars, quae erat in ratione et in disserendo, sic tractabatur ab utrisque. Denn unter „beiden" können wir nach dem Vorhergehenden
nur an Akademiker und Peripatetiker denken, nun sagt er selbst
aber (33), dass einen Theil jener Darstellung, die Ideenlehre, Aristoteles erschüttert habe (labefactavit): Akademiker und Peripatetiker
können also nicht die Vertreter der in jener Darstellung vorgetragenen Lehre sein. Auffallend ist ferner dass Cicero sich darin treu
bleibt die Vertreter der angeblich nur platonischen Lehre stets in
der Mehrzahl zu bezeichnen (mentem volebant — censebant — appellant u. s. w.). Hierfür liefert aber die Erklärung was wir 33 f.
über die Schüler Platons lesen. Davon werden zwei Classen unterschieden: solche die wenn auch im Wesentlichen mit Platon übereinstimmend doch in Nebenpunkten von ihm abwichen, die Peripatetiker, namentlich Aristoteles Theophrast und Strabo, und Andere,
die streng an der überlieferten Lehre festhielten. Das sind die älteren Akademiker, die deshalb mit folgenden Worten den Peripatetikern entgegengesetzt werden: Speusippus autem et Xenocrates, qui
primi Platonis rationem auctoritatemque susceperant, et post eos
Polemo et Crates unaque Crantor, in Academia congregati, diligenter ea, quae a superioribus acceperant, tuebantur.
Deutlicher kann doch nicht ausgesprochen werden, dass die vorher
als platonisch bezeichnete Lehre die der alten Akademiker war.
Mit Rücksicht hierauf hat Cicero die Mehrzahl in der Bezeichnung
der Vertreter dieser Lehre festgehalten. Und die scheinbare Ungenauigkeit des Ausdrucks in den Eingangsworten (ab utrisque) erklärt
sich jetzt vielleicht dadurch, dass Cicero im Vorhergehenden sich
gewöhnt hatte Akademiker und Peripatetiker in Bezug auf die Lehre
immer zusammenzuwerfen. Vielleicht aber ist der Ausdruck doch
richtig, und Cicero hatte ausser der nächsten auch die von 33 an
folgende Darstellung im Sinne, in der neben den Akademikern auch
die Peripatetiker berücksichtigt werden. Daran dass hiernach die
Peripatetiker Aristoteles an der Spitze von Antiochos zu den dissen-

in dem Platon betreffenden Abschnitte des Sextos das Offen-

---

tirenden Philosophen gezählt wurden, braucht man keinen Anstoss
zu nehmen. Denn dass Antiochos den Akademikern näher stand als
den Peripatetikern liegt auch darin, dass er sich der akademischen
und nicht der peripatetischen Schule zuzählte, und zwischen den
Peripatetikern und Stoikern blieb hinsichtlich der Abweichung von
der Akademie immer noch eine solche Verschiedenheit des Grades,
dass man Peripatetiker und Akademiker als unter sich übereinstimmende Philosophen den Stoikern gegenüberstellen konnte. Ist diese
Auffassung der ciceronischen Stelle richtig, so folgt daraus, dass die
alten Akademiker und dann auch Antiochos die Ideenlehre festhielten. Die transcendentale Existenz der Ideen freilich mussten sie
aufgeben. Darum konnten sie aber doch in dem Glauben stehen von
Platon sich nicht zu entfernen, sobald sie sich in der Auffassung
der Ideenlehre durch solche Werke wie den Philebos und die Gesetze leiten liessen. Es ist ganz wohl denkbar, dass die Akademiker
und auch Antiochos, je mehr sie von der echt platonischen Ideenlehre abwichen, desto ängstlicher sich an den Namen ἰδέαι klam-
merten. Wenn Zeller ausserdem seine Behauptung, dass Antiochos
die Ideenlehre habe fallen lassen, durch Hinweis auf Cicero Acad.
pr. 142 (Plato autem omne judicium veritatis veritatemque ipsam,
abductam ab opinionibus et a sensibus, cogitationis ipsius et mentis
esse voluit. numquid horum probat noster Antiochus? ille vero ne
majorum quidem suorum, ubi enim aut Xenocratem sequitur . . . aut
ipsum Aristotelem ..? a Chrysippo pedem nusquam) zu stützen meint,
so verwechselt er was eine gegnerische Kritik des Verhältnisses ist,
in dem Antiochos zu Platon stand, mit der Auffassung, die Antiochos
selber von diesem Verhältniss hatte (vgl. S. 511, 2). Dafür dass in der
durch Antiochos reformirten alten Akademie die Ideenlehre, wenn
auch beschnitten und entstellt, doch noch ein gewisses Dasein fristete,
spricht auch ein sehr auffallender und doch noch gar nicht beachteter
Umstand. Wie uns nämlich Augustin De civ. dei VII 28 berichtet, hatte
Varro, als er in seiner Umdeutung der Götter der Volksreligion auf
die samothrakischen Mysterien zu sprechen kam, den Jupiter auf
den Himmel, die Juno auf die Erde und die Minerva auf die Ideen
bezogen und zwar, worauf Augustin noch besonders hinweist, auf die
Ideen im platonischen Sinn. Vom stoischen oder gar kynischen
Standpunkt aus kann er diess nicht gethan haben: es bleibt also

bare (ἐναργές) hat, insofern es mit dem in der sinnlichen
Wahrnehmung Gegebenen zusammenfällt. Bei Platon finden

nur Varro der Anhänger der alten Akademie übrig, derselbe Varro,
der bei Cicero das Wort führt. — Dagegen scheint allerdings die
Identificirung der platonischen mit der Lehre des Antiochos verboten
zu werden durch Acad. pr. 19 ff. Die Lobsprüche, die hier den
Sinnen als Mitteln des Erkennens ertheilt werden, ihre Klarheit und
Sicherheit die gerühmt und namentlich dass ein „sensibus percipi"
(21) überhaupt anerkannt wird, scheint mit dem was Acad. post. 31
als platonische Lehre angeführt wird „sensus omnis hebetes et tardos esse nec percipi ullo modo res ullas quae subjectae sensibus
viderentur" sich nicht zu vertragen. Dieser Widerspruch erweist
sich aber als ein blosser Schein durch das was wir Acad. pr. 30 als
Lehre des Antiochos lesen: mens ipsa, quae sensuum fons est atque
etiam ipse sensus est (Sext. dogm. I 305), naturalem vim habet quam
intendit ad ea, quibus movetur. Hieraus dürfen wir schliessen, dass
nach Antiochos die Sinne die Fähigkeit etwas zu erkennen nur durch
Mitwirken des Geistes haben. Nur unter dieser Voraussetzung wird
daher auch das Lob gelten, das ihnen 19 f. ertheilt wird. Besonders
deutlich zeigt sich diess darin, dass dieses Lob auch auf das was
Künstler durch sie leisten gegründet wird: adhibita vero exercita-
tione et arte quis est quin cernat quanta vis sit in sensibus? quam
multa vident pictores in umbris et in eminentia, quae nos non videmus! quam multa quae nos fugiunt in cantu, exaudiunt in eo genere
exercitati! qui primo inflatu tibicinis Antiopem esse ajunt aut Andro-
macham, cum id nos ne suspicemur quidem. nihil necesse est de gustatu
et odoratu loqui, in quibus intellegentia, etsi vilior, est quaedam tamen.
Schon dass den Sinnen hier eine intellegentia zugeschrieben wird,
lässt auf ein Mitwirken des Geistes schliessen. Ausserdem wird, dass
Antiochos an ein solches hierbei dachte, ausdrücklich ausgesprochen
31, wenn es von dem Geiste heisst: quocirca et sensibus utitur et
artis efficit, quasi sensus alteros. Der Betrachtung der Sinne und der
Schätzung ihres Werthes boten sich aber zwei Seiten dar. Entweder
man sah in ihnen nur die Werkzeuge des Geistes, und dann mussten
sie für unsere Erkenntniss höchst werthvoll erscheinen, oder man
betrachtete sie isolirt von der Thätigkeit des Geistes, insofern sie nur
die die äusseren Eindrücke aufnehmenden Organe sind, dann mussten
sie, wie jedes Werkzeug in einem ähnlichen Falle, stumpf und un-

wir diese Bedeutung noch nicht; [1]) und von den späteren

---

brauchbar werden. Dieser letztere Gesichtspunkt ist in dem über
Platons Lehre gegebenen Bericht angelegt worden, und musste angelegt
werden da es hier nicht so sehr darauf ankam überhaupt die Möglichkeit und den Weg des Erkennens gegenüber den Zweifeln der
Skeptiker nachzuweisen als vielmehr das Maass dessen was der Geist
und was die Sinne jeder für sich dazu beitragen festzustellen. Es
ist daher kein Widerspruch mehr, wenn in diesem Falle den Sinnen
das „percipere" gänzlich abgesprochen wird, das ihnen der anderen
Darstellung zufolge doch in so hohem Grade eigen ist. So wird auch
bei Cicero de fin. II 36, an einer Stelle die wir auf Antiochos zurückführen dürfen (vgl. Th. II S. 655 f.), die Bedeutung der Sinne für die
Erkenntniss dahin eingeschränkt dass sie den Urtheilen und Schlüssen
des vernünftigen Geistes das Material liefern: quod ait (Epikur) sensibus ipsis judicari voluptatem bonum esse, dolorem malum, plus tri-
buit sensibusm, qua nobis leges permittunt, cum privatarum litium
judices sumus; nihil enim possumus judicare nisi quod est nostri judicii . . . . . quid judicant sensus? dulce amarum, leve asperum, prope
longe, stare movere, quadratum rotundum. aequam igitur pronuntia-
bit sententiam ratio etc. — Antiochos entfernte sich hiernach von
Platon darin dass er eine Transcendenz der Ideen nicht zugab. Nur
auf diese gründet sich aber bei Platon die zweite höhere Art der
Erkenntniss, die aus der Anschauung der Ideen entspringt. Eine
solche zweite höhere Erkenntniss, die von den Sinnen unabhängig ist,
konnte daher Antiochos nicht annehmen, so dass in seinem Sinne
der Tadel ist der gegen Platon bei Cicero de fin. IV 42 ausgesprochen wird: ut quidam philosophi, cum a sensibus profecti majora
quaedam et diviniora vidissent, sensus reliquerunt, sic isti, cum ex
adpetitione rerum virtutis pulchritudinem aspexissent, omnia, quae
praeter virtutem ipsam viderant, abjecerunt, obliti naturam omnem
adpetendarum rerum ita late patere, ut a principiis permanaret ad
finis, neque intellegunt se rerum illarum pulchrarum atque admira-
bilium fundamenta subducere. Denn dass die Worte „quidam philosophi" auf Platon deuten, lehrt Acad. post. 30 ff., besonders wenn
man 33 vergleicht: quas (die Ideen) mirifice Plato erat amplexatus
ut in eis quiddam divinum esse diceret.

[1]) Die Ansicht derer, die die Eigenschaft der ἐνάργεια den
Sinneseindrücken beilegen, gehört zu denen, die sich bei näherer

Philosophen haben die Epikureer die ἐνάργεια ausser den
Sinneseindrücken auch den προλήψεις zugesprochen (Diog.
X 33), die Stoiker dagegen, wie ihre Schilderung der καταληπτικὴ φαντασία (z. B. bei Diog. VII 46) voraussetzen
lässt, nur dieser und nicht jeder aus den Sinnen entspringenden Vorstellung.[1]) Ausserdem wird von den Stoikern so-

---

Prüfung nicht bewähren. Die Vertreter derselben werden im Theaitet.
p. 179 C genannt οἱ φάσκοντες αὐτὰς (sc. τὰς αἰσθήσεις) ἐναργεῖς τε
εἶναι καὶ ἐπιστήμας. Wie Platons Auffassung der ἐνάργεια sich von
der seines Auslegers bei Sextos unterscheidet, tritt namentlich hervor Phaid. p. 83 C. Hier wird von Sokrates als Gegenstand der Erwägung für die Seele des ächten Philosophen (ἡ τοῦ ὡς ἀληθῶς φιλοσόφου ψυχή) bezeichnet, ὅτι, ἐπειδάν τις σφόδρα ἡσθῇ ἢ φοβηθῇ
ἢ λυπηθῇ ἢ ἐπιθυμήσῃ, οὐδὲν τοσοῦτον κακὸν ἔπαθεν ἀπ’ αὐτῶν,
ὅσον ἄν τις οἰηθείη, οἷον ἢ νοσήσας ἤ τι ἀναλώσας διὰ τὰς ἐπιθυ-
μίας, ἀλλ’ ὃ πάντων μέγιστόν τε κακὸν καὶ ἔσχατόν ἐστι, τοῦτο
πάσχει καὶ οὐ λογίζεται αὐτό. Τί τοῦτο, ὦ Σώκρατες; ἔφη ὁ Κέβης.
Ὅτι ψυχὴ παντὸς ἀνθρώπου ἀναγκάζεται ἅμα τε ἡσθῆναι ἢ λυπη-
θῆναι σφόδρα ἐπί τῳ καὶ ἡγεῖται, περὶ ὃ ἂν μάλιστα τοῦτο πάσχῃ,
τοῦτο ἐναργέστατόν τε εἶναι καὶ ἀληθέστατον, οὐχ οὕτως ἔχον. ταῦτα
δὲ μάλιστα τὰ ὁρατά. In diesen Worten ist bemerkenswerth erstens,
dass diejenige Ansicht, welche den Sinneseindrücken (denn was zunächst nur von den Eindrücken des edelsten Sinnes, den ὁρατά, gesagt wird, dürfen wir auf die übrigen übertragen) ἐνάργεια beilegt,
als ein Erzeugniss der körperlichen Begierden und Leidenschaften
hingestellt, und ausserdem das ἐναργὲς als ein halbes Synonymum
von ἀληθὲς oder doch als Eigenschaft eines und desselben Dinges
behandelt wird. In der Darstellung, die Sextos von Platons Lehre
gibt, werden ἐνάργεια und ἀλήθεια streng getrennt gehalten und
jene der sinnlichen Erscheinung diese dem zu Grunde liegenden
Realen zugesprochen.

[1]) Dass die Stoiker der καταληπτικὴ φαντασία die ἐνάργεια beilegten, ergibt sich auch aus Cicero Acad. pr. 17: sed quod nos facere
nunc ingredimur, ut contra Academicos disseramus, id quidam e philosophis, et ei quidem non mediocres, faciundum omnino non puta-
bant; nec vero esse ullam rationem disputare cum eis qui nihil pro-
barent; Antipatrumque Stoicum, qui multus in eo fuisset, reprehen-

wohl als den Epikureern die ἐνάργεια mit der ἀλήθεια verknüpft, die eine reicht so weit als die andere und von einer
Trennung beider, wie sie bei Sextos vollzogen wird,[1]) ist
nicht die Rede. Dagegen wird in der auf Antiochos zurückgehenden ciceronischen Darstellung (Acad. pr. 19 ff.) die
Augenscheinlichkeit (ἐνάργεια) nicht bloss den Sinneseindrücken
zugesprochen sondern auf sie eingeschränkt. Dass Cicero
die ἐνάργεια der griechischen Quelle mit perspicuitas oder
evidentia wiedergibt, hat er uns (17) selber gesagt. Nun
wird aber bei Cicero a. a. O. 18 f. diese perspicuitas (46
auch die evidentia) den Sinneseindrücken beigelegt und zwar
so als wenn diese Eigenschaft ihnen allein zukäme, für sie
charakteristisch wäre; denn nur unter dieser Voraussetzung
dass ein anderes Augenscheinliches nicht anerkannt wurde,
erklärt es sich, dass mit perspicua und perspicuitas schlechthin die Sinneseindrücke bezeichnet werden.[2]) Was ferner

---

debant, nec definiri ajebant necesse esse, quid esset cognitio aut per-
ceptio aut, si verbum e verbo volumus, conprehensio, quam κατάληψιν illi vocant; eosque, qui persuadere vellent, esse aliquid quod
conprehendi et percipi posset, inscienter facere dicebant, propterea
quod nihil esset clarius ἐναργείᾳ, ut Graeci, perspicuitatem aut evidentiam nos, si placet, nominemus etc. Denn bei diesen non mediocres philosophi, die Antipater tadelten, können wir füglich nur an
Stoiker denken.

    [1]) Vgl. bes. 143: οὐ γὰρ εἴ τι κατ᾽ ἐνάργειαν φαίνεται, τοῦτο
καὶ κατ᾽ ἀλήθειαν ὑπάρχει.

    [2]) Wie diess doch offenbar 41 geschieht in den Worten „ad-
versatur enim primum quod parum defigunt animos et intendunt in
ea, quae perspicua sunt, ut quanta luce ea circumfusa sint, possint
agnoscere" und „oportet igitur et ea, quae pro perspicuitate respon-
deri possunt, in promptu habere, de quibus jam diximus". Mit diesen letzten Worten bezieht sich Cicero auf 19 ff. und ebendarauf bezieht sich auch (45) perspicuitas illa quam diximus, dort ist aber
von der Augenscheinlichkeit der Sinneseindrücke (ordiamur igitur a
sensibus quorum ita clara judicia et certa sunt) die Rede, wodurch

für die Darstellung des Sextos charakteristisch war, dass ihr
zufolge zwischen dem Augenscheinlichen und dem Wahren
unterschieden werden muss, das scheint allerdings in der
Lehre des Antiochos zu fehlen. Wenigstens lässt Cicero

---

dieselben geeignet werden die Grundlage alles Wissens und Erkennens zu bilden. Wir werden daher nur eine ungenaue Ausdrucksweise Ciceros annehmen, wenn wir 44 lesen: cumque ipsa natura
accuratae orationis hoc profiteatur, se aliquid patefacturam, quod non
adpareat et, quo id facilius adsequatur, adhibituram et sensus et
ea quae perspicua sint, qualis est istorum oratio, qui omnia non
tam esse quam videri volunt? Denn streng genommen würde aus den
hervorgehobenen Worten allerdings folgen, dass neben dem welches
die Sinne darbieten noch ein anderes Augenscheinliches anerkannt
wurde. Dasselbe lässt sich von 34 sagen: ita neque color neque corpus nec veritas nec argumentum nec sensus neque perspicuum ullum
relinquitur. Aber wer wird Cicero beim Worte nehmen? Höchstens
könnte man vermuthen, Antiochos habe neben dem ursprünglichen
und eigentlichen Augenscheinlichen, das in den Sinneseindrücken enthalten ist, noch ein Abgeleitetes anerkannt und die Augenscheinlichkeit in diesem Sinne den Begriffen zugesprochen. Davon aber, dass
er ein gleich ursprüngliches nur auf geistigen Vorstellungen Beruhen-
des habe gelten lassen, kann nicht die Rede sein. Diese Annahme
wird schon durch die Erkenntnisstheorie, wie sie 19 ff. auseinander
gesetzt ist, ausgeschlossen, da in derselben für ein solches Augenscheinliches kein Raum bleibt. Ausserdem wird dieser Annahme aber
auch ausdrücklich widersprochen. Denn 48 werden zwar rein geistige
nicht durch Sinneseindrücke veranlasste Vorstellungen anerkannt
(cum mens moveatur ipsa per sese, ut et ea declarant, quae cogitatione depingimus, et ea, quae vel dormientibus vel furiosis videntur
non numquam) ihre Augenscheinlichkeit aber wird 51 auf das Bestimmteste geleugnet: omnium deinde inanium visorum una depulsio
est, sive illa cogitatione informantur, quod fieri solere concedimus,
sive in quiete sive per vinum sive per insaniam; nam ab omnibus
ejusmodi visis perspicuitatem, quam mordicus tenere debemus, abesse
dicemus. quis enim, cum sibi fingit aliquid et cogitatione depingit,
non, simul ac se ipse commovit atque ad se revocavit, sentit quid
intersit inter perspicua et inania?

seinen Antiocheer von einer Wahrheit der Sinnescindrücke
sprechen, die mehr oder minder gross ist je nach den Um-·
ständen unter denen wir diese Eindrücke empfangen.[1] Abgesehen davon dass wir es hier mit Worten Ciceros zu thun
haben, so tritt doch auch in seiner Darstellung der Unterschied von Epikur hervor. Denn während dieser jeden Sinneseindruck für wahr erklärte und die sogenannten Sinnes-
täuschungen aus einem Irrthum nicht der Sinne sondern des
menschlichen Meinens ableitete, so lässt der Antiocheer nur
die Eindrücke solcher Sinne für wahr gelten, die gesund
und in ihrer Function nicht irgendwie gehindert sind.[2]
Und doch scheint der Antiocheer die Augenscheinlichkeit
den Sinneseindrücken schlechthin zuzusprechen! Die Wahrheit dagegen soll ihnen nur zukommen unter Bedingungen,
die ohne das Mitwirken des Geistes nicht denkbar sind.
Aus derselben ciceronischen Stelle erhellt aber auch, in wie-

---

[1] Acad. pr. 19: meo autem judicio ita est maxima in sensibus
veritas, si et sani sunt ac valentes et omnia removentur, quae obstant et inpediunt.

[2] Nachdem er die Klarheit und Zuverlässigkeit der Sinne gerühmt hat, fährt Cicero a. a. O. fort: nec vero hoc loco exspectandum est, dum de remo inflexo aut de collo columbae respondeam;
non enim is sum, qui quicquid videtur tale dicam esse quale videatur: Epicurus hoc viderit et alia multa. meo autem judicio ita est
maxima in sensibus veritas, si et sani sunt ac valentes et omnia
removentur, quae obstant et inpediunt. itaque et lumen mutari saepe
volumus et situs earum rerum, quas intuemur, et intervalla aut contrahimus aut diducimus, multaque facimus usque eo dum aspectus
ipse fidem faciat sui judicii. Hiermit vergleiche man was ohne Nennung Epikurs von ihm gesagt wird 45: nam qui voluit subvenire
erroribus eis qui videntur conturbare veri cognitionem, dixitque sapientis esse opinionem a perspicuitate sejungere, nihil fecit. Dieselbe von Epikur abweichende Ansicht spricht sich auch de fin. II 36
aus, welche Stelle wir ein Recht haben als den Ausdruck von Antiochos' Meinung zu behandeln (Theil II S. 655 f.).

fern Antiochos' Lehre von der der Stoiker verschieden ist.
Denn während den Epikureern gegenüber beide darin über-
einstimmten, dass sie nicht jede sinnliche Wahrnehmung als
solche schon für wahr hielten, so trennten sich doch ihre
Ansichten, weil die Stoiker, wenn sie wirklich nur den κατα-
ληπτικαὶ φαντασίαι die ἐνάργεια zusprachen, in demselben
Maasse wie die Wahrheit auch die Augenscheinlichkeit der
Sinneseindrücke beschränkten, die nach Antiochos jedem
Sinneseindruck als solchem zukam. So entspricht auch der
Gebrauch, den Sextos von dem Wort ἐναργὴς macht, ganz
der Weise des Antiochos und bestätigt sich von Neuem dass
er der Urheber der betreffenden Darstellung ist. Wenn daher
Sextos sich auf Platoniker beruft, die jene Erklärung der
platonischen Lehre gegeben hätten,[1] so sind wir berechtigt
darunter an Antiochos und seine Anhänger zu denken.

Da nun aber Antiochos seine eigene Lehre nicht bloss
mit der platonischen identifizirte sondern sie für wesentlich
übereinstimmend auch mit der aristotelischen hielt, so dürfen
wir erwarten wenn wirklich Sextos aus einer Schrift des Antiochos geschöpft hat, dass auch die Darstellung der aristotelischen Erkenntnisstheorie im Wesentlichen nur diejenige
des Antiochos wiedergibt. Indessen scheint gleich der Anfang des betreffenden Abschnittes dieser Erwartung zu widersprechen, da hier dem eben festgestellten Gebrauch des Antiochos zuwider die Augenscheinlichkeit ebenso an eine Thätigkeit des Geistes wie der Sinne geknüpft wird.[2] Dieser
Widerspruch wird aber durch den weiteren Verlauf der Darstellung fast wieder aufgehoben. Denn hier ist von einer

---

[1] 143: περιληπτικὸν δὲ καλεῖσθαί φασι λόγον παρ᾽ αὐτῷ οἱ
Πλατωνικοὶ τὸν κοινὸν τῆς ἐναργείας καὶ τῆς ἀληθείας.

[2] 218: διττὸν καὶ αὐτοὶ τὸ κριτήριον ἀπολείπουσιν, αἴσθησιν
μὲν τῶν αἰσθητῶν, νόησιν δὲ τῶν νοητῶν, κοινὸν δὲ ἀμφοτέρων, ὡς
ἔλεγεν ὁ Θεόφραστος, τὸ ἐναργές.

auch den rein geistigen Vorstellungen anhaftenden Augenscheinlichkeit nicht mehr die Rede[1]) und wird eine solche nur den Eindrücken der Sinne zugesprochen.[2]) Diese Darstellung hat ferner das Eigenthümliche, dass sie die gesammte geistige Thätigkeit an die Sinne knüpft, indem sie das Wirken des νοῦς in ein Erzeugen von Phantasiebildern setzt, das Zustandekommen dieser Bilder aber nur unter Voraussetzung der Sinneseindrücke für möglich hält,[3]) und alle Wissenschaft und Erkenntniss nur als eine Sammlung solcher Phantasiebilder und eine Verallgemeinerung der Ein-

---

[1]) Ausser 222 wo überliefert ist: οἱ περιπατητικοὶ τῶν φιλοσόφων διάνοιάν τε καὶ νοῦν ὀνομάζουσι, κατὰ μὲν τὸ δύνασθαι διάνοιαν, κατὰ δὲ ἐνάργειαν νοῦν. Hier hat man aber längst das durch den Zusammenhang geforderte ἐνέργειαν hergestellt.

[2]) 219: ἀπὸ μὲν γὰρ τῶν αἰσθητῶν κινεῖται ἡ αἴσθησις, ἀπὸ δὲ τῆς κατὰ ἐνάργειαν περὶ τὴν αἴσθησιν κινήσεως ἐπιγίνεταί τι κατὰ ψυχὴν κίνημα τοῖς κρείττοσι καὶ ἐξ αὐτῶν δυναμένοις κινεῖσθαι ζῴοις. 221: ὅταν τις προσπεσόντος κατ' ἐνάργειαν Δίωνος πάθῃ πως τὴν αἴσθησιν καὶ τραπῇ, ὑπὸ δὲ τοῦ περὶ τὴν αἴσθησιν πάθους ἐγγένηταί τις αὐτοῦ τῇ ψυχῇ φαντασία.

[3]) 221: τοῦτο δὲ πάλιν τὸ κίνημα (das eine von den Sinnen sich in die Seele fortpflanzende Wirkung äusserer Eindrücke ist), ὅπερ μνήμη τε καὶ φαντασία καλεῖται, εἶχεν ἐν ἑαυτῷ τρίτον ἐπιγινόμενον ἄλλο κίνημα τὸ τῆς λογικῆς φαντασίας, κατὰ κρίσιν λοιπὸν καὶ προαίρεσιν τὴν ἡμετέραν συμβαῖνον, ὅπερ κίνημα διάνοιά τε καὶ νοῦς προσαγορεύεται, οἷον ὅταν τις προσπεσόντος κατ' ἐνάργειαν Δίωνος πάθῃ πως τὴν αἴσθησιν καὶ τραπῇ, ὑπὸ δὲ τοῦ περὶ τὴν αἴσθησιν πάθους ἐγγένηταί τις αὐτοῦ τῇ ψυχῇ φαντασία, ἣν καὶ μνήμην πρότερον ἐλέγομεν καὶ ἴχει παραπλήσιον ὑπάρχειν, ἀπὸ δὲ ταύτης τῆς φαντασίας ἑκουσίως ἀναζωγραφῇ αὐτῷ καὶ ἀναπλάσσῃ φάντασμα καθάπερ τὸν γενικὸν ἄνθρωπον. τὸ γὰρ δὴ τοιοῦτο κίνημα τῆς ψυχῆς κατὰ διαφόρους ἐπιβολὰς οἱ περιπατητικοὶ τῶν φιλοσόφων διάνοιάν τε καὶ νοῦν ὀνομάζουσι, κατὰ μὲν τὸ δύνασθαι διάνοιαν, κατὰ δὲ ἐνέργειαν νοῦν· ὅταν μὲν γὰρ δύνηται τοῦτον ποιεῖσθαι τὸν ἀναπλασμὸν ψυχή, τουτέστιν ὅταν πεφύκῃ, διάνοια καλεῖται, ὅταν δὲ ἐνεργητικῶς ἤδη ποιῇ, νοῦς ὀνομάζεται.

zelvorstellungen fasst. [1]) Dem entsprechend wird zum Schluss
das Verhältniss der beiden Kriterien, der Sinne und des
Geistes, durch eine Vergleichung erläutert, die die Sinne als
das Werkzeug, den Geist als den dasselbe benutzenden Künstler bezeichnet. [2]) In dieser Darstellung ist ebenso auffallend
das Fehlen einer für die aristotelische Erkenntnisstheorie
wichtigen Bestimmung, wonach der νοῦς einer unmittelbaren
Erkenntniss fähig, ein intuitives Vermögen ist, als die Uebereinstimmung mit der platonischen Lehre, wie sie bei Sextos
aufgefasst wird. Dass beides für die Ableitung von Antiochos
spricht, versteht sich von selber. [3]) Der hiermit streitende
Anfang, in dem die echt aristotelische Theorie erhalten zu
sein und eine doppelte Anschauung, der Sinne und des Geistes,
unterschieden zu werden scheint, lässt zwei Erklärungen zu.
Entweder wir nehmen an, dass das ἐναργές auch das bezeichnet dessen Evidenz eine abgeleitete ist wie die der
wissenschaftlichen Erkenntniss von der der sinnlichen Wahrnehmung, oder wir legen Gewicht darauf, dass für die Ansicht, wonach das ἐναργές dem Geiste mit den Sinnen ge-

---

[1]) 224: ἀλλ' ὁ μὲν ἀθροισμὸς τῶν τοιούτων τοῦ νοῦ φαντασμά-
των καὶ ἡ συγκεφαλαίωσις τῶν ἐπὶ μέρους εἰς τὸ καθόλου ἔννοια
καλεῖται, ἐν δὲ τῷ ἀθροισμῷ τούτῳ καὶ τῇ συγκεφαλαιώσει τελευταῖον ὑφίσταται ἥ τε ἐπιστήμη καὶ τέχνη.

[2]) 226: φαίνεται οὖν ἐκ τῶν εἰρημένων πρῶτα κριτήρια τῆς
τῶν πραγμάτων γνώσεως ἥ τε αἴσθησις καὶ ὁ νοῦς, ἡ μὲν ὀργάνου
τρόπον ἔχουσα ὁ δὲ τεχνίτου. ὥσπερ γὰρ ἡμεῖς οὐ δυνάμεθα χωρὶς
ζυγοῦ τὴν τῶν βαρέων καὶ κούφων ἐξέτασιν ποιεῖσθαι, οὐδὲ ἄτερ
κανόνος τὴν τῶν εὐθέων καὶ στρεβλῶν διαφορὰν λαβεῖν, οὕτως οὐδὲ
ὁ νοῦς χωρὶς αἰσθήσεως δοκιμάσαι πέφυκε τὰ πράγματα.

[3]) Wenn Antiochos den intuitiven Nus des Aristoteles in ein
von den Sinnen abhängiges, nur einer mittelbaren Erkenntniss fähiges
Vermögen verwandelte, so war diess dasselbe Verfahren, wie wenn
er die Ideen von Objecten der Anschauung zu Ergebnissen der Re-
flexion herabdrückte, die durch Bearbeitung der sinnlichen Erfahrung
gewonnen werden.

meinsam ist, als Gewährsmann nur Theophrast genannt wird.
In dem ersten Falle würden wir eine Verwendung des Wortes
ἐναργὲς annehmen, die dem Antiochos zuzusprechen uns
schon früher (S. 506 Anm.) eine Stelle Ciceros Anlass gab.
Im zweiten müssten wir uns daran erinnern, dass Antiochos
auch in der Ethik Theophrast keineswegs für einen durchaus
treuen und zuverlässigen Interpreten der aristotelischen Lehre
hielt,[1] und könnten vermuthen, dass eine in der Originalschrift des Antiochos auch gegen die Erkenntnisstheorie dieses
Peripatetikers gerichtete Polemik von Sextos oder, wer nun
der Excerptor sein mag, unterdrückt worden ist.

Aber wenn auch die Auffassung der platonischen und
aristotelischen Lehre, die wir bei Sextos fanden, der Annahme günstig ist, dass der zweite Theil von Sextos' historischer Darstellung auf Antiochos zurückgeht, so scheint sich
dafür die Behandlung, die 227 ff. der stoischen Erkenntnisstheorie zu Theil wird, mit dieser Annahme um so weniger
zu vertragen. Denn dass sich Antiochos in der Erkenntnisstheorie an die Stoiker anschloss, unterliegt keinem Zweifel,[2]
und ebenso wenig, dass er diess auch da that wo er selber glaubte nicht von der akademischen Lehre sondern nur

---

[1] Cicero de fin. V 12. 75.
[2] Zeller S. 603 beruft sich dafür auf Cicero Acad. pr. 143: num
quid horum probat noster Antiochus? ille vero ne majorum quidem
suorum: ubi enim aut Xenocratem sequitur — — — — aut Aristotelem — —? a Chrysippo pedem nusquam. Das sind aber Worte
eines Gegners, der das Thatsächliche übertrieben haben kann. Dieses Thatsächliche beschränkt sich vielleicht darauf, dass Antiochos
in dem Theile seiner erkenntnisstheoretischen Darstellung, welcher
die Angriffe der Skeptiker zurückwies, und das war möglicherweise
ein sehr umfangreicher, die dialektischen Schriften des genannten
Stoikers benutzt hatte. Denn da es sich um die Bestreitung des
damaligen Skepticismus handelte, so hätte er die Mittel dazu weder
bei Platon noch bei Aristoteles finden können.

von der akademischen Ausdrucksweise abzuweichen.[1]) Für
uns ist wichtig, dass er insbesondere die „greifbare Vorstellung"[2]) zum Grund alles Erkennens machte und ihr so dieselbe Bedeutung gab, die sie auch bei den Stoikern hatte.
Denn gerade gegen diesen Punkt der stoischen Erkenntnisstheorie scheint bei Sextos polemisirt zu werden.[3]) Denn

---

[1]) So erkennt sein Vertreter Lucullus bei Cicero Acad. pr. 37
die Bedeutung der Zustimmung ($\sigma v \gamma \varkappa \alpha \tau \acute{\alpha} \vartheta \varepsilon \sigma \iota \varsigma$) an, durch welche die
Wahrnehmung erst zur Wahrnehmung wird. Die Zustimmung wird
aber Acad. post. 40 f. als Bestandtheil der zenonischen Lehre genannt, und zwar an einem Orte, an dem nicht die gesammte Theorie
des Stoikers sondern nur was er an der akademisch-peripatetischen
geneuert hatte, zusammengestellt werden sollte.

[2]) Denn diess ist nach dem, was ich Th. II S. 185 f. ausgeführt
habe, die richtige Uebersetzung von $\varkappa \alpha \tau \alpha \lambda \eta \pi \tau \iota \varkappa \grave{\eta}$ $\varphi \alpha \nu \tau \alpha \sigma \acute{\iota} \alpha$.

[3]) Dass Antiochos wenigstens im Wesentlichen der greifbaren
Vorstellung dieselbe Bedeutung zuerkannte wie die Stoiker lässt sich
nicht bezweifeln, da sein Vertreter Lucullus bei Cicero Acad. pr. 18
in diejenige Vorstellung, die die Stoiker mit dem Namen des $\varkappa \alpha \tau \alpha$-
$\lambda \eta \pi \tau \grave{o} \nu$ bezeichneten, ausdrücklich den Anfang aller Erkenntniss setzt.
Vgl. auch a. a. O. 31. Nur darüber kann man streiten, ob Antiochos
zugleich mit dem Wesen auch den Namen der $\varkappa \alpha \tau \alpha \lambda \eta \pi \tau \iota \varkappa \grave{\eta}$ $\varphi \alpha \nu \tau \alpha \sigma \acute{\iota} \alpha$
festgehalten hat. Aus 18 folgt es nicht, sondern nur dass er eine
Vorstellung der Art wie die von den Stoikern $\varkappa \alpha \tau \alpha \lambda \eta \pi \tau \grave{o} \nu$ oder $\varkappa \alpha$-
$\tau \alpha \lambda \eta \pi \tau \iota \varkappa \grave{\eta}$ $\varphi \alpha \nu \tau \alpha \sigma \acute{\iota} \alpha$ genannt war (ein visum inpressum effictumque
ex eo unde esset, quale esse non posset ex eo unde non esset) als
Grund der Erkenntniss annahm. Dagegen ist auffallend, dass 19 wo
von dem was das Wesen der greifbaren Vorstellung ausmacht die
Rede ist diese in einer Weise bezeichnet wird, die nicht auf ein
$\varkappa \alpha \tau \alpha \lambda \eta \pi \tau \grave{o} \nu$ oder $\varkappa \alpha \tau \alpha \lambda \eta \pi \tau \iota \varkappa$ $\varphi \alpha \nu \tau \alpha \sigma \acute{\iota} \alpha$ sondern auf ein $\acute{\varepsilon} \nu \alpha \varrho \gamma \grave{\varepsilon} \varsigma$ oder
$\acute{\varepsilon} \nu \acute{\alpha} \varrho \gamma \varepsilon \iota \alpha$ im griechischen Original schliessen lässt. Dasselbe gilt von
37 f., namentlich wenn man diese Stelle mit Acad. post. 40 f. ver-
gleicht. Man kann freilich einwenden, dass gerade an dieser Stelle
ein „conprehendi sensibus" begegnet dem ein $\varkappa \alpha \tau \alpha \lambda \alpha \mu \beta \acute{\alpha} \nu \varepsilon \sigma \vartheta \alpha \iota$ des
griechischen Originals entsprechen würde. Hier muss man sich aber
darüber klar werden dass wenn die Worte $\varkappa \alpha \tau \alpha \lambda \eta \pi \tau \acute{o} \nu$, $\varkappa \alpha \tau \alpha \lambda \eta \pi \tau \iota \varkappa \grave{\eta}$
$\varphi \alpha \nu \tau \alpha \sigma \acute{\iota} \alpha$ und $\varkappa \alpha \tau \acute{\alpha} \lambda \eta \psi \iota \varsigma$ (Acad. pr. 145) als eigenthümliche erst von

227—242 wird der Nachweis versucht, dass die Definition, welche Zenon von der φαντασία gab und wonach sie eine τύπωσις ἐν ψυχῇ ist, weder durch die Erklärungen von Kleanthes und Chrysipp noch durch das von Anderen zur Vertheidigung vorgebrachte gegen die Einwürfe der Gegner sicher gestellt worden ist. Hieraus wird der Schluss gezogen, dass schwer zu sagen ist was die Stoiker eigentlich unter der Phantasia verstanden (241: ἀλλ' ἡ μὲν φαντασία κατα τοὺς ἀπὸ τῆς στοᾶς οὕτω δυσαπόδοτός ἐστι). Von einem Stoiker wie Posidon kann eine Kritik in dieser Form natürlich nicht herrühren. Aber auch Sextos selber kann nicht ihr Urheber sein, da dieser was er gegen die Erkenntnisstheorie der Stoiker und überhaupt der Dogmatiker einzu-

---

Zenon gebildete Ausdrücke bezeichnet werden sich diess nur auf die engere Bedeutung beziehen kann die er diesen Worten gab. Nicht aber kann die Eigenthümlichkeit Zenons darin bestanden haben, dass er die ursprüngliche Bedeutung von καταλαμβάνειν als einen bildlichen Ausdruck zur Bezeichnung des Wahrnehmens benutzte. Denn in dieser Weise hat das Wort schon Platon Phaidr. 250 D übertragen. Nicht mehr aber als dass er das Wort in dieser Weise übertragen hat, lässt sich so viel ich sehe für Antiochos nachweisen. Darauf weist, dass Acad. pr. 21 die animo conprehensa von den sensibus c. unterschieden werden, dass ebenda von einer quasi expleta rerum conprehensio die Rede ist; und auch was 31 über die κατάληψις gesagt wird lässt sich aus dieser allgemeinen Bedeutung erklären. Es ist bemerkenswerth, dass auch bei Sextos dogm. I 144 das Wort καταληπτικός in dieser Bedeutung erscheint: διὰ ᾽ταύτης (τῆς αἰσθήσεως) γὰρ τὴν φαντασίαν παραδεχόμενος ποιεῖται τὴν νόησιν καὶ τὴν ἐπιστήμην τἀληθοῦς, ὥστε περιληπτικὸν αὐτὸν ὑπάρχειν τῆς τε ἐναργείας καὶ τῆς ἀληθείας, ὅπερ ἴσον ἐστὶ τῷ καταληπτικόν. Dadurch scheint die schon mit anderen Gründen unterstützte Vermuthung, dass der Abschnitt dem die angeführten Worte angehören auf Antiochos zurückgeht, von Neuem bestätigt zu werden, und zwar um so mehr als das Wesen des καταληπτικὸν darein gesetzt zu werden· scheint dass es nicht bloss die Sinneseindrücke sondern auch das darüber Hinausliegende umfasst. Denn hierdurch scheint die

wenden hat erst von 261 an vorbringen will.[1]) Es bleibt
also nichts übrig als die Polemik auf die von Sextos benutzte
Quelle zurückzuführen. Man könnte nun dieselbe in der
Schrift eines Skeptikers suchen. Dem widerspricht aber die
Polemik die im Zusammenhang mit der weiteren Darlegung
der stoischen Ansicht gegen die Skeptiker 259 f. geführt
wird.[2]) Hiernach muss der Verfasser der Quellenschrift ein

engere Bedeutung welche die Stoiker dem Worte gaben geradezu
ausgeschlossen zu werden. Diess zu bemerken ist aber wichtig, da
der Umstand, dass das Wort auch in der allgemeinen Bedeutung gebraucht wird, für sich allein noch nicht gegen stoischen Ursprung
beweisen würde, wenn man wenigstens aus den verdorbenen Worten
bei Diog. VII 45 schliessen darf.

[1]) Er sagt hier: τοιοῦτο μὲν καὶ τὸ τῶν στωικῶν ἐστὶ δόγμα·
πάσης δὲ σχεδὸν τῆς περὶ κριτηρίου διαφωνίας ὑπ' ὄψιν κειμένης
καιρὸς ἂν εἴη τῆς ἀντιρρήσεως ἐφάπτεσθαι καὶ ἐπὶ τὸ κριτήριον
ἐπανάγειν. ·

[2]) Nachdem Sextos bemerkt hat, dass eine greifbare Vorstellung
gegen die sich kein Einwand erheben lässt (καταληπτικὴ φαντασία
μηδὲν ἔχουσα ἔνστημα) die Bürgschaft der Zuverlässigkeit (τὴν τῆς
καταλήψεως πίστιν) in sich trägt, fährt er a. a. O. der handschriftlichen Ueberlieferung zufolge fort: καὶ γὰρ ἄλλως τοὐναντίον ἀδύνατόν ἐστι λέγειν, κατ' ἀνάγκην τὸν ἀφιστάμενον τοῦ ἀξιοῦν ὅτι
φαντασία κριτήριόν ἐστι, καθ' ἑτέρας φαντασίας ὑπόστασιν τοῦτο
πάσχοντα βεβαιοῦν τὸ φαντασίαν εἶναι κριτήριον, τῆς φύσεως
οἱονεὶ φέγγος ἡμῖν πρὸς ἐπίγνωσιν τῆς ἀληθείας τὴν αἰσθητικὴν δύναμιν ἀναδούσης καὶ τὴν δι' αὐτῆς γινομένην φαντασίαν. ἄτοπον
οὖν ἐστὶ τοσαύτην δύναμιν ἀθετεῖν καὶ τὸ ὥσπερ φῶς αὐτῶν ἀφαιρεῖσθαι. Dass diese Stelle sich gegen die Skeptiker richtet, wird
namentlich durch die Schlussworte ausser Zweifel gesetzt. Doch wird
diese richtige Auffassung durch die Ueberlieferung erschwert. Schon
Bekker erkannte, dass dieselbe fehlerhaft sei und wollte statt κατ'
ἀνάγκην schreiben ἀλλ' ἀνάγκη. Einfacher scheint mir aber καὶ
ἀνάγκη. In diesem Falle würde der Sinn sein, dass sowohl aus anderen Gründen es unmöglich ist das Gegentheil (nämlich von der
aufgestellten Behauptung dass in den Sinnen und der auf sie gegründeten Phantasia das Kriterion gegeben sei) zu sagen und ausserdem

dogmatischer Philosoph gewesen sein, der die greifbare Vorstellung namentlich diejenige gegen die sich nichts einwenden lässt (καταληπτικὴ 'φαντασία μηδὲν ἔχουσα ἔνστημα) als Kriterion anerkannte. Ein solcher Philosoph war aber

(und das ist der besondere Grund) wer diess thut genöthigt ist u. s. w. Was hierauf in der Ueberlieferung folgt ist ein baarer Widerspruch. Der Gedanke ist klar: wer von der ausgesprochenen Meinung dass die Phantasia ein Kriterion ist abgeht kann nur auf Grund einer anderen Phantasia zu dieser Ansicht (denn so verstehe ich 'nach einem bekannten Sprachgebrauch späterer Philosophen πάσχοντα) und Behauptung kommen; da also seine Bestreitung der Phantasia diese selber voraussetzt, so hebt sie sich selber auf. Nach der Ueberlieferung aber würde wer von jener Meinung dass die Phantasia ein Kriterion ist abgeht auf Grund einer andern Phantasia zu der Ansicht und Behauptung kommen dass die Phantasia ein Kriterion ist. Das ist offenbarer Unsinn und daher klar dass die Worte τὸ φαντασίαν εἶναι κριτήριον zu streichen sind. Man könnte sie erhalten wollen, indem man μὴ vor εἶναι einsetzte. Dann wäre zwar der Widerspruch gehoben aber ein müssiger Zusatz geschaffen, da die Rückbeziehung des τοῦτο auf den in ἀφιστάμενον τοῦ ἀξιοῦν liegenden Gedanken zur Genüge klar ist. Dass Sextos denselben Gedanken aussprechen wollte, den ich eben in seine Worte gelegt habe, ergibt sich auch aus dem was auf die angeführte Stelle folgt: ὃν γὰρ τρόπον ὁ χρώματα μὲν ἀπολείπων καὶ τὰς ἐν τούτοις διαφοράς, τὴν δὲ ὅρασιν ἀναιρῶν ὡς ἀνύπαρκτον ἢ ἄπιστον, καὶ φωνὰς μὲν εἶναι λέγων, ἀκοὴν δὲ μὴ ὑπάρχειν ἀξιῶν, σφόδρα ἐστὶν ἄτοπος (δι᾽ ὧν γὰρ ἐνοήσαμεν χρώματα καὶ φωνάς, ἐκείνων ἀπόντων οὐδὲ χρῆσθαι δυνατοὶ χρώμασιν ἢ φωναῖς), οὕτω καὶ τὰ πράγματα μὲν ὁμολογῶν, τὴν δὲ φαντασίαν τῆς αἰσθήσεως, δι᾽ ἧς τῶν πραγμάτων ἀντιλαμβάνεται, διαβάλλων τελέως ἐστὶν ἐμβρόντητος,. καὶ τοῖς ἀψύχοις ἴσον αὑτὸν ποιῶν. Denn man wird die Worte τὰ πράγματα μὲν ὁμολογῶν nicht missverstehen. Unter πράγματα kann nach dem Zusammenhang nur an den Satz gedacht werden dass die Phantasie das Kriterion ist, der ein πρᾶγμα genannt werden kann insofern er Gegenstand des Denkens ist. Diesen Satz geben die Ungenannten zu (ὁμολογῶν), wenigstens thatsächlich, obgleich sie im Gegentheil behaupten dass die Phantasia kein Kriterion sei; denn eben dass sie etwas behaupten und eine positive Meinung aussprechen, setzt eine

33*

Antiochos.[1]) Es frägt sich daher, ob nicht bei näherer Betrachtung die bei Sextos an dem stoischen Kriterion geübte
Kritik sich als eine herausstellt die auch die Billigung des
Antiochos finden konnte. Hier ist nun zu beachten, dass
diese Kritik den logischen Werth der greifbaren Vorstellung
nicht im Geringsten antastet. Nirgends wird bestritten, dass
von einem Realen ausgehende und demselben entsprechende
Vorstellungen solcher Art wie sie von einem Nicht-Realen
nicht ausgehen würden d. h. solche Vorstellungen wie nach
der Lehre der Stoiker die greifbaren sein sollten (Sextos
248: καταληπτικὴ δέ ἐστιν ἡ ἀπὸ ὑπάρχοντος καὶ κατ᾿
αὐτὸ τὸ ὑπάρχον ἐναπομεμαγμένη καὶ ἐναπεσφραγισμένη,
ὁποία οὐκ ἂν γένοιτο ἀπὸ μὴ ὑπάρχοντος) in Wahrheit

Phantasia als Grund voraus. — Man kann übrigens noch Sext. dogm.
II 360 vergleichen, wo die hier vertheidigte Ansicht, dass die Thatsachen der Phantasia das sicherste Kriterion abgeben und dass ein
dieselben bestreitendes Denken sich selber zerstört, ausdrücklich den
Dogmatikern zugeschrieben wird: ἀλλὰ τὰ φαινόμενα, φασὶν οἱ δογματικοί, πάντως δεῖ τιθέναι, πρῶτον ὅτι οὐδὲν ἔχομεν πιστότερον αὐτῶν, εἶθ᾿ ὅτι ὁ κινῶν αὐτὰ λόγος αὐτὸς ὑφ᾿ ἑαυτοῦ περιτρέπεται.

[1]) Bei Sextos wird, nachdem im Sinne jüngerer Stoiker die
greifbare Vorstellung, gegen die sich nichts einwenden lässt, als
Kriterion bezeichnet worden ist, hieraus erklärt, dass die Menschen
alles thun um solche Einwände zu beseitigen; denn da solche Einwände sich darauf gründen können dass wir um etwas genau zu erkennen zu weit entfernt oder dass unsere Sinnesorgane getrübt sind,
so treten die Menschen dem Gegenstand der Wahrnehmung näher
oder reiben sich die Augen (p. 258: διὸ δὴ καὶ πᾶς ἄνθρωπος, ὅταν
τι σπουδάζῃ μετὰ ἀκριβείας καταλαμβάνεσθαι, τὴν τοιαύτην φαντασίαν ἐξ ἑαυτοῦ μεταδιώκειν φαίνεται, οἷον ἐπὶ τῶν ὁρατῶν, ὅταν
ἀμυδρὰν λαμβάνῃ τοῦ ὑποκειμένου φαντασίαν. ἐντείνει γὰρ τὴν ὄψιν
καὶ σύνεγγυς ἔρχεται τοῦ ὁρωμένου ὡς τέλεον μὴ πλανᾶσθαι, παρα-
τρίβει γὰρ τοὺς ὀφθαλμούς, καὶ καθόλου πάντα ποιεῖ μέχρις ἂν τρα-
νὴν καὶ πληκτικὴν σπάσῃ τοῦ κρινομένου φαντασίαν, ὡς ἐν ταύτῃ
κειμένην θεωρῶν τὴν τῆς καταλήψεως πίστιν). Dass wir aber, ehe
wir einem Sinneseindruck volles Vertrauen schenken, erst alle die

existiren oder das Kriterion sind. Die Bestreitung richtet
sich nicht gegen die Bedeutung, die diesen Vorstellungen für
die Erkenntnisstheorie sondern gegen diejenige die ihnen für
die Psychologie zukommt, und es werden nur solche stoische
Definitionen berücksichtigt, die von der Wahrheit oder Unwahrheit dieser Vorstellungen absehen und ihr Wesen lediglich bezeichnen insofern sie Vorgänge unseres Seelenlebens
sind. Daher werden bestritten die zenonische Definition,
wonach die Phantasia ein Abdruck in der Seele ($\tau \acute{v} \pi \omega \sigma \iota \varsigma$
$\grave{\epsilon} \nu \ \psi v \chi \tilde{\eta}$) ist und die verschiedenen Erklärungen, die hiervon die Späteren, insbesondere Kleanthes und Chrysipp, ge-
geben hatten. Nichts nöthigt uns zu der Annahme, dass
Antiochos das Wesen der Phantasia in derselben Weise aufgefasst habe; daraus dass er den Werth derselben für die
Erkenntniss ebenso hoch schätzte wie die Stoiker ergibt es
sich noch nicht. Viel näher liegt die Annahme, dass Antiochos sich auch hier an die akademisch-peripatetische
Schule angeschlossen habe. Die Definition, welche Aristoteles von der Phantasia gibt, lautet in der Schrift von der

---

Hindernisse beseitigen die sich seiner Reinheit möglicherweise entgegenstellen, forderte auch Antiochos nach Cicero Acad. pr. 19: meo
autem judicio ita est maxima in sensibus veritas, si et sani sunt ac
valentes et omnia removentur, quae obstant et inpediunt. itaque et
lumen mutari saepe volumus et situs earum rerum, quas intuemur,
et intervalla aut contrahimus aut diducimus, multaque facimus usque
eo dum aspectus ipse fidem faciat sui judicii ($\mu \acute{\epsilon} \chi \varrho \iota \varsigma \ \mathring{a} \nu \ \tau \varrho a \nu \grave{\eta} \nu \ \varkappa a \grave{\iota}$
$\pi \lambda \eta \varkappa \tau \iota \varkappa \grave{\eta} \nu \ \sigma \pi \acute{a} \sigma \eta \ \tau o \tilde{v} \ \varkappa \varrho \iota \nu o \mu \acute{\epsilon} \nu o v \ \varphi a \nu \tau a \sigma \acute{\iota} a \nu$). 46: quamobrem cum
duae causae perspicuis et evidentibus rebus adversentur, auxilia to-
tidem sunt contra conparanda. adversatur enim primum, quod parum
defigunt animos et intendunt in ea quae perspicua sunt ($\grave{\epsilon} \nu \tau \epsilon \acute{\iota} \nu \epsilon \iota \ \tau \grave{\eta} \nu$
$\mathring{o} \psi \iota \nu$), ut, quanta luce ea circumfusa sint, possint agnoscere. — Auch
was wir bei Sextos 257 als Ansicht jüngerer Stoiker lesen, dass die
greifbare keinen Einwand zulassende Vorstellung sich die Zustim-
mung ($\sigma v \gamma \varkappa a \tau \acute{a} \vartheta \epsilon \sigma \iota \varsigma$) erzwingt, kehrt als Ansicht des Antiochos bei
Cicero Acad. pr. 38 wieder.

Seele (III 4 p. 429ᵃ 1): ἡ φαντασία ἂν εἴη κίνησις ὑπὸ τῆς
αἰσθήσεως τῆς κατ᾽ ἐνέργειαν γιγνομένης. Hiermit stimmt
die Auffassung der Phantasia, die Sextos den Peripatetikern
zuschreibt, überein. [1]) Vortheilhaft unterscheidet sich diese
von der stoischen dadurch dass sie von den bei Sextos erwähnten Einwürfen nicht betroffen wird. Hinsichtlich der
von Chrysipp gegen Kleanthes gerichteten versteht es sich
von selbst, da dieselben die Körperlichkeit der Vorstellungen
zur Voraussetzung haben (229 f.). Sie leidet aber auch nicht
an der Unbestimmtheit, die man sowohl der ursprünglichen
Definition Chrysipps wie der modificirten zum Vorwurf
machen konnte. [2]) Vom Standpunkt dieser Definition aus
konnte daher Antiochos recht wohl mit der Kritik einverstanden sein, wie sie bei Sextos an der stoischen Auffassung
der Phantasia geübt wird. Legt man darauf Gewicht (wie
diess Zeller II 2 S. 546 Anm. thut), dass die Phantasia eine
Bewegung (κίνησις, κίνημα) sei, so kann man die Vermuthung,

---

[1]) A. a. O. 219: ἀπὸ μὲν γὰρ τῶν αἰσθητῶν κινεῖται ἡ ⸂αἴσθη-
σις, ἀπὸ δὲ τῆς κατὰ ἐνάργειαν περὶ τὴν αἴσθησιν κινήσεως ἐπιγίνεταί τι κατὰ ψυχὴν κίνημα . . . . ὅπερ μνήμη τε καὶ φαντασία καλεῖται παρ᾽ αὐτοῖς.

[2]) Die modificirte Definition Chrysipps lautet (236), dass die
Phantasia sei ἑτεροίωσις περὶ τὸ ἡγεμονικόν. Dieselbe Definition,
sagten die Gegner, würde auch auf ὁρμή, συγκατάθεσις und κατάληψις passen. Fassen wir nun mit den Peripatetikern bei Sextos die
Phantasia als eine Seelenbewegung, die zwar von der sinnlichen
Wahrnehmung ausgeht aber nicht die Sinnesaffection als solche darstellt sondern den Gegenstand durch den dieselbe hervorgerufen worden ist (Sextos 219: μνήμη μὲν τοῦ περὶ τὴν αἴσθησιν πάθους, φαντασία δὲ τοῦ ἐμποιήσαντος τῇ αἰσθήσει τὸ πάθος αἰσθητοῦ, vgl. dazu
161 ff.), so können die drei genannten Seelenvorgänge nicht mehr mit
ihr verwechselt werden. Diese Definition ist auch gegen den Einwurf geschützt, den man gegen Chrysipps ursprüngliche Definition
geltend machen konnte, dass ihr zufolge jede Verletzung des Fingers
oder ein Jucken an der Hand schon eine Phantasia hervorrufe (232).

dass Antiochos in der Auffassung der Phantasia auf Aristoteles und nicht auf die Stoiker zurückgegangen sei, auch
durch Stellen wie Cicero Acad. pr. 30. 34. 48 bestätigen, in
denen das einzelne Phantasiebild (visum) aus einer Bewegung
(moveri) des Geistes abgeleitet wird.[1]) Ein sehr nahe liegender Einwand ist noch zurückzuweisen. Da wo Lucullus im Namen des Antiochos die stoische Definition der
greifbaren Vorstellung billigt (Cicero Acad. pr. 18) definirt
er dieselbe als visum inpressum effictumque ex eo etc. Hieraus scheint zu folgen, dass Antiochos ebenso wie die Stoiker
die Phantasia als eine τύπωσις fasste. Uebereilt würde es
aber sein, wollte man daraus schliessen, dass Antiochos das
Wesen der Phantasia anders bestimmt habe als Aristoteles;
denn auch dieser hat die Phantasiebilder den Abdrücken
verglichen die das Siegel im Wachs macht (de mem. 1
p. 450ᵃ 27 ff.) und im Grunde dasselbe thun die Peripatetiker bei Sextos, wenn sie das Phantasiebild eine von der
sinnlichen Wahrnehmung in der Seele zurückgelassene Spur
(ἴχνος) nennen (220).

Dass der philosophische Standpunkt dessen von dem
Sextos seine historische Darstellung genommen hat, so weit
wir ihn noch erkennen können, kein anderer ist als derjenige
auf den die Ueberlieferung Antiochos stellt, ist durch das
Gesagte bewiesen. · Dieses Resultat wird dadurch bestätigt
dass in einem einzelnen Falle auch die Form in der die
Polemik gegen die Skeptiker geführt wird dieselbe ist bei
Sextos und bei Cicero. Bei Sextos heisst es (260) von dem
Skeptiker der die greifbare keinem Einwand ausgesetzte Vor-
stellung nicht als Kriterion gelten lassen will: τὰ πράγματα

---

[1]) Bei Sextos 162 scheint freilich Antiochos die Phantasia für
ἀλλοίωσις zu erklären. Es darf aber nicht übersehen werden, dass
Antiochos dort zunächst nur Referent über die Lehre des Karneades ist.

μὲν ὁμολογῶν τὴν δὲ φαντασίαν τῆς αἰσθήσεως, δι᾽ ἧς
τῶν πραγμάτων ἀντιλαμβάνεται, διαβάλλων τελέως ἐστὶν
ἐμβρόντητος, καὶ τοῖς ἀψύχοις ἴσον αὐτὸν ποιῶν (vgl.
160). Gegen dieselben Skeptiker bemerkt Lucullus bei Cicero Acad. pr. 31 Folgendes: ergo ei qui negant quicquam
posse conprehendi, haec ipsa eripiunt vel instrumenta vel
ornamenta vitae, vel potius etiam totam vitam evertunt funditus ipsumque animal orbant animo, ut difficile sit de
temeritate eorum perinde ut causa postulat dicere (vgl. 38).
Bemerkenswerth ist ferner dass in dem gleichen gegen die
Skeptiker polemisirenden Abschnitt bei Sextos die greifbare
Vorstellung dem Lichte verglichen wird,[1] dieselbe Vergleichung aber in einem früheren Abschnitt wiederkehrt, für
den als Gewährsmann Antiochos ausdrücklich genannt wird.[2]

Soll aber einmal eine Schrift des Antiochos die Quelle
sein, dann kann auch keine andere in Betracht kommen als
die *Κανονικὰ* betitelte, da diess die einzige ist, die von
Sextos genannt wird (201). Auf dieselbe Schrift scheint

---

[1] 259: *καὶ γὰρ ἄλλως τοὐναντίον ἀδύνατόν ἐστι λέγειν καὶ
ἀνάγκη* (über diese Schreibart st. des überlieferten *κατ᾽ ἀνάγκην* s.
S. 514, 2 *τὸν ἀφιστάμενον τοῦ ἀξιοῦν, ὅτι φαντασία κριτήριόν ἐστι,
καθ᾽ ἑτέρας φαντασίας ὑπόστασιν τοῦτο πάσχοντα βεβαιοῦν* (darüber
dass die hierauf folgenden Worte *τὸ φαντασίαν εἶναι κριτήριον* zu
streichen sind, s. o.), *τῆς φύσεως οἱονεὶ φέγγος ἡμῖν πρὸς ἐπίγνωσιν τῆς ἀληθείας τὴν αἰσθητικὴν δύναμιν ἀναδούσης καὶ τὴν δι᾽ αὐτῆς γινομένην φαντασίαν. ἄτοπον οὖν ἐστι τοσαύτην δύναμιν ἀθετεῖν καὶ τὸ ὥσπερ φῶς αὐτῶν ἀφαιρεῖσθαι.*

[2] 163: *ὥσπερ οὖν τὸ φῶς ἑαυτό τε δείκνυσι καὶ πάντα τὰ ἐν
αὐτῷ, οὕτω καὶ ἡ φαντασία, ἀρχηγὸς οὖσα τῆς περὶ τὸ ζῷον εἰδήσεως, φωτὸς δίκην ἑαυτήν τε ἐμφανίζειν ὀφείλει καὶ τοῦ ποιήσαντος
αὐτὴν ἐναργοῦς ἐνδεικτικὴ καθεστάναι.* Auch hier darf man aber
nicht vergessen, worauf ich schon S. 519, 1 hingewiesen habe, dass
Antiochos zunächst nur als Referent über die Lehre des Karneades
citirt wird.

auch der Ausdruck *κανονίζεσθαι*[1]) und die Vergleichung der
sinnlichen Wahrnehmung als des Kriterions mit dem *κανὼν*[2])
zu deuten. Es ist bemerkenswerth, dass des entsprechenden
lateinischen Wortes regula sich der Antiocheer bei Cicero
mehrmals[3]) bedient. —

Wollte man aus der historischen Darstellung des Sextos
einen Abschnitt für Ainesidemos retten, so könnte diess nur
derjenige sein, der die älteren Philosophen aufzählt, welche
das Vorhandensein eines Kriterions leugneten d. h. die Vorläufer der späteren Skeptiker (47—89). Dass der Urheber
dessen was dieser Abschnitt enthält ein anderer ist als der
dem die Geschichte der dogmatischen Philosophen gehört,
habe ich schon angedeutet, als ich (S. 77 ff.) auf die verschiedene Auslegung hinwies, die dieselben Verse des Xenophanes in den beiden Abschnitten finden. Die Auslegung
des zweiten auf einen Dogmatiker zurückgehenden Abschnittes weiss dem eleatischen Philosophen das Geständniss ab-
zupressen, dass wenn auch nicht der Logos so doch eine

---

[1]) 175: *ιῷ ὡς ἐπὶ τὸ πολὺ τάς τε κρίσεις καὶ τὰς πράξεις κανονίζεσθαι συμβέβηκεν,* vgl. 158.

[2]) 226 wird erst das Verhältniss zwischen Sinneswahrnehmung
und Vernunft (*νοῦς*) dem zwischen *ὄργανον* und *τεχνίτης* gleichgestellt
und dann so fortgefahren: *ὥσπερ γὰρ ἡμεῖς οὐ δυνάμεθα χωρὶς ζυγοῦ τὴν τῶν βαρέων καὶ κούφων ἐξέτασιν ποιεῖσθαι, οὐδὲ ἄτερ κανόνος τὴν τῶν εὐθέων καὶ στρεβλῶν διαφορὰν λαβεῖν, οὕτως οὐδὲ
ὁ νοῦς χωρὶς αἰσθήσεως δοκιμάσαι πέφυκε τὰ πράγματα.* Vgl. hiermit 29 ff. und bes. 36; ausserdem II 3.

[3]) Acad. pr. 29. 32. 33. Namentlich die zweite dieser Stellen
muss beachtet werden: volunt enim probabile aliquid esse et quasi
veri simile, eaque se uti regula et in agenda vita et in quaerendo
ac disserendo. Bedenken wir dass die skeptischen Akademiker gemeint sind, so ist frappant die Uebereinstimmung der ciceronischen
Worte mit den ebenfalls auf die Akademiker bezüglichen bei Sextos
175: *τῷ γὰρ ὡς ἐπὶ τὸ πολὺ* (das probabile) *τάς τε κρίσεις καὶ τὰς
πράξεις κανονίζεσθαι συμβέβηκεν.*

Art von Logos (δοξαστὸς λόγος) das Kriterion sei, dass
nicht jedes Erfassen der Wahrheit sondern nur das wissenschaftliche unmöglich sei (φαίνεται μὴ πᾶσαν κατάληψιν
ἀναιρεῖν ἀλλὰ τὴν ἐπιστημονικήν τε καὶ ἀδιάπτωτον); im
ersten dagegen wird er den Skeptikern beigezählt, denen
die jedes Erfassen der Wahrheit, nicht bloss das wissenschaftliche für unmöglich erklärten. Da nun wie wir aus
Diog. IX 72 ersehen die Pyrrhoneer Xenophanes unter ihre
Vorgänger rechneten, so liegt die Vermuthung nahe dass der
erste Abschnitt des Sextos von einem Skeptiker dieser Richtung stamme, also von Ainesidem. Ehe wir aber diesen
Schluss wirklich ziehen, wird es gut sein die ganze bezüg-
liche Stelle herzusetzen und näher zu prüfen (49 ff.): ὦν
(diejenigen die jedes Kriterion aufhoben sind gemeint) Ξενοφάνης μὲν κατά τινας εἰπὼν πάντα ἀκατάληπτα ἐπὶ
ταύτης ἐστὶ τῆς φορᾶς, ἐν οἷς γράφει

καὶ τὸ μὲν οὖν σαφὲς οὔ τις ἀνὴρ ἴδεν οὐδέ τις ἔσται
εἰδὼς ἀμφὶ θεῶν τε καὶ ἄσσα λέγω περὶ πάντων·
εἰ γὰρ καὶ τὰ μάλιστα τύχοι τετελεσμένον εἰπών,
αὐτὸς ὅμως οὐκ οἶδε, δόκος δ᾽ ἐπὶ πᾶσι τέτυκται.

διὰ τούτων γὰρ σαφὲς μὲν ἔοικε λέγειν τἀληθὲς καὶ τὸ
γνώριμον, καθὸ καὶ λέγεται

ἁπλοῦς ὁ μῦθος τῆς ἀληθείας ἔφυ,

ἄνδρα δὲ τὸν ἄνθρωπον, τῷ εἰδικῷ καταχρώμενος ἀντὶ
τοῦ γένους· εἶδος γὰρ ἀνθρώπου καθέστηκεν ὁ ἀνήρ. σύν-
ηθες δ᾽ ἔστι τούτῳ χρῆσθαι τῷ τρόπῳ τῆς φράσεως καὶ
Ἱπποκράτει, ὅταν λέγῃ „γυνὴ ἀμφιδέξιος οὐ γίνεται“, τουτέστι θήλεια ἐν τοῖς δεξιοῖς μέρεσι τῆς μήτρας οὐ συνί-
σταται. ἀμφὶ θεῶν δὲ ὑποδειγματικῶς περί τινος τῶν ἀδήλων, δόκον δὲ τὴν δόκησιν καὶ τὴν δόξαν. ὥστε τοιοῦτον
εἶναι κατὰ ἐξάπλωσιν τὸ ὑπ᾽ αὐτοῦ λεγόμενον „τὸ μὲν οὖν

ἀληθὲς καὶ γνώριμον οὐδεὶς ἄνθρωπος οἶδε, τό γε ἐν τοῖς
ἀδήλοις πράγμασιν· κἂν γὰρ ἐκ τύχης ἐπιβάλλῃ τούτῳ,
ὅμως οὐκ οἶδεν ὅτι ἐπιβέβληκεν αὐτῷ, ἀλλ᾽ οἴεται καὶ δοκεῖ.“ ὥσπερ γὰρ εἰ ἐν ζοφερῷ οἰκήματι καὶ πολλὰ ἔχοντι
κειμήλια ὑποθοίμεθά τινας χρυσὸν ζητοῦντας, ὑποπεσεῖται
διότι ἕκαστος μὲν τούτων λαβόμενός τινος τῶν ἐν τῷ οἰκήματι κειμένων οἰήσεται τοῦ χρυσοῦ δεδράχθαι, οὐδεὶς
δὲ αὐτῶν ἔσται πεπεισμένος ὅτι τῷ χρυσῷ περιέπεσε, κἂν
μάλιστα τύχῃ τούτῳ περιπεπτωκώς, ὧδε καὶ εἰς τουτονὶ
τὸν κόσμον ὥσπερ τινὰ μέγαν οἶκον παρῆλθε πλῆθος φιλοσόφων ἐπὶ τὴν τῆς ἀληθείας ζήτησιν, ἧς τὸν λαβόμενον
εἰκός ἐστιν ἀπιστεῖν ὅτι εὐστόχησεν. Diese Worte zeigen
bei näherer Betrachtung dass man den Stifter der eleatischen Schule zum Vertreter nicht des Skepticismus überhaupt sondern einer besondern Art desselben machte. Ich
habe früher (S. 29, 1) von dem Unterschied der akademischen und pyrrhonischen Skepsis gesprochen und denselben darein gesetzt, dass die Akademiker es überhaupt
für unmöglich erklärten die Wahrheit zu finden, die Pyrrhoneer nur bestritten dass sie bis jetzt gefunden sei. Hält
man nun diesen Unterschied fest, so erscheint Xenophanes
in der angeführten Stelle als ein Vertreter nicht der pyrrhonischen sondern der akademischen Skepsis. Denn, was
die letztere charakterisirt, die absolute Leugnung der Möglichkeit jedes Wissens wird ihm hier zugeschrieben, und es
wird diese Leugnung auf die Ununterscheidbarkeit der wahren und falschen Vorstellungen[1] d. h. auf den Grund gestützt, dessen sich die Akademiker vorzüglich bedienten.[2]
Wir werden daher Sextos' Gewährsmann nicht bei den Pyr-

---

[1] Denn auf diese bezieht sich doch 52 ὥσπερ γὰρ εἰ ἐν ζοφερῷ οἰκήματι κτλ.

[2] Sext. dogm. I 164. 252. 402 ff.

rhoneern sondern bei den Akademikern suchen, und denken
in diesem Falle natürlich an Kleitomachos (vgl. dogm. III
1. 182. math. II 20).[1])

---

[1]) Dieser Excurs war schon niedergeschrieben als Natorps Abhandlung über Ainesidem (Rhein. Mus. 1883 S. 28 ff.) erschien. Hiernach wäre der Quellenschriftsteller den wir suchten nicht Antiochos
sondern der genannte Pyrrhoneer gewesen. Nach der ausführlichen
Begründung meiner eigenen Ansicht brauche ich mich auf eine
Widerlegung dieser abweichenden nicht noch einzulassen. Nur zwei
Punkte will ich hervorheben. Der eine ist dass Natorp selber sich
zu wesentlichen Einschränkungen seiner Hypothese genöthigt sieht
(S. 133, 1); der andere dass das Fundament seiner Untersuchung die
vorausgesetzte Identität der von Ainesidem bei Photios berücksichtigten theilweise stoisirenden Akademiker mit Antiochos bildet, dieses Fundament aber durch meine frühere Erörterung (S. 230 ff.) zerstört worden ist.

Excurs II

(zu S. 214, 1).

Um Philon die Lehre vom Augenscheinlichen zuzuweisen und insbesondere auch um dessen Inhalt genauer zu bestimmen hat Zeller sich auf Cicero berufen, der ein Schüler Philons war und bei dem das unmittelbare Wissen eine so grosse Rolle spiele. Zeller hat von letzterem insbesondere S. 659 f. gehandelt. Aber ist denn durch das was er dort bemerkt wirklich bewiesen, dass Cicero ein solches Wissen angenommen habe wie kein anderer Philosoph, Philon ausgenommen, vor ihm? Das unmittelbare Wissen Ciceros, sagt Zeller, sei ein angebornes und ein solches hätten weder Platon und Aristoteles noch Epikur und Zenon behauptet. Nun ist es richtig, die platonischen Ideen sind dem Menschen nicht von Anfang an mit voller Klarheit gegenwärtig, vielmehr muss die Erinnerung daran erst durch methodisches Studium geweckt werden: insofern kann also mit Bezug auf sie von einem angebornen Wissen nicht gesprochen werden, sondern nur von angebornen Keimen des Wissens die erst entwickelt werden müssen. Ist es aber mit dem angebornen Wissen Ciceros etwa anders? Dass auch dieses nicht schon in sich vollendet ist, dass es noch nicht auf den Namen eines Wissens im strengen Sinne Anspruch hat, zeigt vielmehr deutlich eine Stelle auf die auch Zeller einen besonderen Werth zu legen scheint, de fin. V 59: (natura homini) dedit talem mentem, quae omnem virtutem

accipere posset, ingenuitque sine doctrina notitias
parvas rerum maximarum et quasi instituit docere et
induxit in ea quae inerant tanquam elementa virtutis. Hätte
Cicero sich die sittlichen Grundbegriffe als vollkommen klare,
als ein Wissen gedacht, so würde er sie nicht notitias parvas genannt haben: denn darin liegt ausgesprochen dass sie
nur die Anfänge von Begriffen sind, nicht schon selbst eine
volle Erkenntniss enthalten. War Ciceros Gedanke, nur wenige sittliche Grundbegriffe habe die Natur in unsere Seele
gepflanzt, diese aber mit vollkommner Klarheit, so hätte er
sagen müssen notitias paucas. Man sieht also dass in
dieser Hinsicht der Unterschied zwischen dem angebornen
Wissen Ciceros und den platonischen Ideen doch nicht so
bedeutend ist. Aber freilich in anderer Hinsicht ist ein
solcher nicht zu verkennen: denn während die Ideen nicht
so sehr der Anfang als das Ziel aller Forschung sind, verhält es sich mit dem unmittelbaren Wissen Ciceros gerade
umgekehrt. Es ist dies diejenige Seite des ciceronischen
Wissens auf der seine Aehnlichkeit mit der epikureisch-stoi-
schen Prolepsis uns entgegentritt (s. über diese Cicero nat.
deor. I 43. Sext. math. I 57. Clemens Alex. Strom. II 157 Sylb.
Diog. VII 54). Beide aber deshalb mit einander zu identificiren verbietet uns Zeller, der zwischen ihnen den wesentlichen Unterschied findet dass das Wissen Ciceros uns angeboren sein soll die Prolepsis dagegen erst aus der Erfahrung abstrahirt ist. Sehen wir zu ob dieser Unterschied
wirklich besteht. Das ist richtig, die Prolepseis sind keine
angebornen Vorstellungen. Aber sind es diejenigen um deretwillen Zeller Cicero die Lehre vom angebornen Wissen zuschreibt? Zu dieser Annahme ist er geführt worden durch
Stellen wie Tusc. III 2: sunt enim ingeniis nostris semina
innata virtutum. Dass indessen innatus immer die Bedeutung von „angeboren" haben müsse, ist von Schoemann zu

Cicero nat. deor. I 44 bestritten worden. Nach ihm könnte
es auch bloss die naturgemässe Entstehung in der Seele bezeichnen. In diesem Falle würde aber was Zeller das angeborne Wissen nannte sich von der Prolepsis nicht mehr
unterscheiden; denn das Eigenthümliche der letzteren beruht
ja gerade darauf dass sie nicht wie andere Vorstellungen
künstlich hervorgebracht wird sondern auf natürlichem Wege,
uns unbewusst in der Seele entsteht ($\check{\epsilon}\nu\nu o\iota\alpha$ $\varphi\nu\sigma\iota\varkappa\grave{\eta}$ $\tau\tilde{\omega}\nu$
$\varkappa\alpha\vartheta\acute{o}\lambda o\nu$ wird sie bei Diog. VII 54 definirt. Plutarch. plac.
IV 11 = Diels doxogr. S. 400, 17 ff.). In derselben Weise
liesse sich dann auch das „ingenuit" in den schon angeführten Worten de fin. V 59 fassen. Ich will aber die Unzu-
lässigkeit dieser Erklärung zugeben, so bleibt die Möglichkeit eines Missverständnisses auf die bereits Madvig zu de
fin. I 31 hingedeutet hat. Cicero konnte einen griechischen
Autor, der von Vorstellungen sprach die die Natur selber
uns eingepflanzt habe und darunter solche meinte die auf
natürlichem Wege entstanden seien, dahin missverstehen als
ob er angeborne Vorstellungen gemeint habe und also an
die Stelle der natürlichen Vorstellungen überhaupt eine besondere Art derselben setzen. Die Annahme eines solchen
Missverständnisses ist doch wohl so schwierig nicht, und wir
werden sie immer noch lieber machen ehe wir Cicero eine
so absonderliche Lehre wie die vom angebornen Wissen
sein würde zutrauen. Hat doch Zeller selber (III 1 S. 389, 2)
Cicero ein Missverständniss dieser Art Schuld gegeben! Um
so leichter ist ein solches denkbar, wenn wir uns des grie-
chischen Ausdrucks $\check{\epsilon}\mu\varphi\nu\tau o\varsigma$ erinnern der gebraucht wurde
um natürliche aber darum noch nicht angeborne Vorstel-
lungen (die $\pi\rho o\lambda\acute{\eta}\psi\epsilon\iota\varsigma$ nannte Chrysipp so nach Plut. de rep.
Stoic. c. 17 p. 1041 E) zu bezeichnen und den es doch sehr
nahe lag durch innatus wiederzugeben. Mag es sich aber
hiermit verhalten wie es will, wir bedürfen dieser Erörte-

rung nicht. Denn auch ohne sie ist es eine Thatsache dass
Cicero gelegentlich von angebornen Vorstellungen zu sprechen
scheint und dabei doch nichts weiter als die Prolepseis im
Sinne hat. Diess sehen wir deutlich nat. deor. I 44: cum
enim non instituto aliquo aut more aut lege sit opinio con-
stituta maneatque ad unum omnium firma consensio, intellegi necesse est esse deos, quoniam insitas eorum vel potins
innatas cognitiones habemus. Dass unter den innatae cognitiones die Prolepseis zu verstehen sind, lehrt der Zusammenhang in dem die angeführten Worte stehen. Ausserdem hat
Schömann noch auf II 12 hingewiesen wo mit Bezug auf die
stoische Prolepsis gesagt wird: omnibus innatum est et in
animo quasi insculptum esse deos. Was kann uns nun noch
hindern in Ciceros angebornem Wissen die Prolepsis zu erkennen? In der schon angeführten Stelle de fin. V 59 wird
hervorgehoben dass es sine doctrina entstanden sei; ebenso
sagten aber die Stoiker von der Prolepsis dass sie ἄνεν διδασκαλίας zu Stande komme wie wir aus Plut. plac. IV 11
(= Diels doxogr. S. 400, 17 ff.: τῶν δὲ ἐννοιῶν αἱ μὲν φυσικῶς γίνονται κατὰ τοὺς εἰρημένους τρόπους καὶ ἀνεπι-
τεχνήτως, αἱ δὲ ἤδη δι᾽ ἡμετέρας διδασκαλίας καὶ ἐπιμε-
λείας. αὗται μὲν οὖν ἔννοιαι καλοῦνται μόνον, ἐκεῖναι δὲ
καὶ προλήψεις) entnehmen können. Der einzige Einwand,
der sich hiernach noch gegen die Identificirung des angebornen Wissens und der Prolepsis erheben liesse, wäre der dass
beide ihrem Inhalte nach nicht übereinstimmten. Zum Inhalte des angebornen Wissens gehören nun nach Zeller die
sittlichen Grundbegriffe, wie dies aus Tusc. III 1 (sunt enim
ingeniis nostris semina innata virtutum; quae si adolescere
liceret, ipsa nos ad beatam vitam natura perduceret) und
legg. I 33 (atque hoc in omni disputatione sic intellegi volo,
jus quod dicam natura esse, tantam autem esse corruptelam
malae consuetudinis, ut ab ea tanquam igniculi exstinguan-

tur a natura dati exorianturque et confirmentur vitia contraria) erhellen soll. Aber auch die Prolepsis der Stoiker umfasste die Vorstellungen von dem was gut und was gerecht ist (Diog. L. VII 53: φυσικῶς δὲ νοεῖται δίκαιόν τι καὶ ἀγαθόν, vgl. dazu die Definition der Prolepsis 54: ἔννοια φυσικὴ τῶν καθόλου), und mit den Worten aus der Schrift von den Gesetzen (jus quod dicam natura esse) lässt sich insbesondere noch vergleichen Diog. VII 128: φύσει τὸ δίκαιον εἶναι καὶ μὴ θέσει. Weiter ist uns nach Cicero der Glaube an ein göttliches Wesen angeboren. Diess beweist Zeller, indem er sich auf de legg. I 24 und Tusc. I 30 und 36 beruft. Allerdings spricht an diesen Stellen Cicero selber, und das ist wohl der Grund weshalb Zeller sie gerade ausgewählt hat. Denn ganz dieselbe Ansicht äussert auch der Stoiker Balbus an der schon angeführten Stelle nat. deor. II 12 (vgl. auch 5: naturae judicia) und umschreibt damit wie schon bemerkt nur was die Griechen Prolepsis nannten. Nun gehört aber zu diesen angeborenen Wahrheiten nach Cicero auch die Fortdauer der Seele nach dem Tode, vgl. Tusc. I 30 u. 36, von den Stoikern dagegen wird meines Wissens nirgends überliefert dass sie sich zum Beweise einer solchen Fortdauer auf einen von Natur uns innewohnenden und deshalb bei allen Völkern wiederkehrenden Glauben daran berufen hätten. Sonach scheint doch zwischen der stoischen Prolepsis und Ciceros angeborenem Wissen ein Unterschied zu bestehen, indem dieses sich weiter erstreckte als jene. Indessen ist diess wohl nur ein Schein mit dem die mangelhafte Ueberlieferung uns täuschen möchte. Wie viel wissen wir denn überhaupt von der stoischen Lehre? In der Regel sind es doch nur die fertigen Dogmen, während unser Fragen nach den Gründen unbeantwortet bleibt. So wissen wir auch dass die Stoiker zwar an eine persönliche Fortdauer der Seele glaubten, worauf sie aber diesen Glauben stützten erfahren wir nicht da die Gottverwandtschaft des menschlichen Geistes hierfür nicht ausreicht. Diese offenbare Lücke zu ergänzen bietet sich eben Ciceros Ansicht dar. Und in der That wer einmal wie die Stoiker den allgemeinen Glauben der Menschen an Götter zum Beweise ihrer Existenz benutzt hatte, für den lag es nahe genug auch die Unsterblichkeit aus der überall verbreiteten Ueberzeugung davon zu erschliessen. Ungesucht musste sich diese Analogie darbieten, wie sie denn auch Cicero an den beiden angeführten Stellen hervorgehoben hat. Auch dieses Hinderniss das sich unserem Versuche das angeborene Wissen Ciceros auf die stoische Prolepsis zurückzuführen entgegensetzen wollte, ist hiermit beseitigt. Und es ist diess eigentlich das letzte Hinderniss. Denn was Zeller ausserdem zur Bestätigung seiner Meinung beibringt, steht doch nur in einem losen Zusammenhang mit ihr. Um nämlich zu zeigen wie charakteristisch es für Cicero ist die Philosophie sowohl als die Sittlichkeit auf das unmittelbare Bewusstsein zu gründen, weist er zum Schluss noch darauf hin dass die Freiheit des Willens von Cicero einfach als innere Thatsache vorausgesetzt werde. Und allerdings thut diess Cicero de fato c. 14, welche Stelle Zeller angeführt hat: denn er billigt hier die gegen den stoischen Determinismus gerichtete Schlussfolgerung des Karneades, diese aber hat ihren Angelpunkt in dem Satze „est aliquid in nostra potestate". Für Ciceros eigenthümliche Ansicht charakteristisch ist aber diese Voraussetzung keineswegs. Vielmehr sehen wir aus der gleichen Schrift dass auch Chrysipp dieselbe vollkommen anerkannte, vgl. 18, 41: Chrysippus autem cum et necessitatem inprobaret et nihil vellet sine praepositis causis evenire, causarum genera distinguit, ut et necessitatem effugiat et retineat fatum. „causarum enim", inquit, aliae sunt perfectae et principales, aliae adjuvantes et pro-

ximae; quam ob rem cum dicimus omnia fato fieri cansis
antecedentibus, non hoc intellegi volumus, causis perfectis et
principalibus, sed cansis adjuvantibus et proximis." itaque
illi rationi, quam paulo ante conclusi, sic occurrit, si omnia
fato fiant, sequi illud quidem, ut omnia cansis fiant ante-.
positis, verum non principalibus causis et perfectis sed adjuvantibus et proximis. quae si ipsae non sunt in nostra potestate, non sequitur ut ne adpetitus quidem
·sit in nostra potestate: at hoc sequeretur, si omnia
perfectis et principalibus causis fieri diceremus,
ut, cum eae causae non essent in nostra potestate,
ne ille quidem esset in nostra potestate. quam ob
rem qui ita fatum introducunt, ut necessitatem adjungant,
in eos valebit illa conclusio; qui autem causas antecedentis
non dicent perfectas neque principalis, in eos nihil valebit.
Nur deshalb, wie jeder sieht, giebt sich Chrysipp so viel
Mühe mit der Unterscheidung verschiedener Arten von Ursachen, weil auch er von der Voraussetzung ausgeht dass
gewisse Dinge in unserer Macht stehen (in nostra potestate
sunt) und dass dazu insbesondere unsere Triebe und Willens-
regungen gehören. Wenn also auch Cicero derselben Meinung war, so sprach er damit keineswegs eine ihm eigenthümlich gehörende oder nur mit Philon gemeinsame Ansicht
aus sondern befand sich in voller Uebereinstimmung mit
Karneades sowohl als Chrysippos. — Das Gesagte genügt
um das Dogma vom angeborenen Wissen in Zukunft von
Darstellungen der philonischen und ciceronischen Lehre fern
zu halten, wenigstens von solchen die nur das Eigenthümliche und für die genannten Männer Charakteristische her-
ausheben wollen. Trotzdem scheint es mir am Platze noch
gegen die Art und Weise Einspruch zu erheben, mit der
Zeller in diesem Falle sich die Mittel des Beweises verschafft
hat. Um Ciceros eigenthümliche Ansicht festzustellen beruft

34*

er sich zum Theil auf solche Stellen, in denen wie in den aus den Tusculanen und der Schrift über die Gesetze genommenen Cicero im eigenen Namen spricht. Auch aus diesen Stellen ergab sich indessen nur so viel, was Cicero damals, als er die betreffende Schrift verfasste, für seine Ueberzeugung angesehen wissen wollte; dass es originale Gedanken oder diejenigen Philons waren, liess sich doch erst dann behaupten wenn einigermaassen festgestellt war aus welcher griechischen Quelle die betreffende Darstellung geflossen ist und bis zu welchem Grade sie von ihr abhängt. Denn wenn sich etwa alles Uebrige als stoisch erweisen sollte, so ist es doch sehr unwahrscheinlich dass mitten darin vereinzelte Orginalgedanken Ciceros oder Philons ausgesprochen werden wenn dieselben nicht ausdrücklich als solche bezeichnet sind. Doch will ich hierauf nicht so viel Gewicht legen. Aber wie kann Zeller zur Erkenntniss von Ciceros und Philons eigenthümlicher Lehre das fünfte Buch der Schrift de finibus benutzen, wie er doch S. 659, 4 thut? Denn hier ist es nicht Cicero der spricht sondern Piso, mit dem jener sich durchaus nicht einverstanden zeigt (75 ff.), und ausserdem ist notorisch die ganze Darstellung von Antiochos entnommen.

Ausführliches Inhaltsverzeichniss
zu allen drei Bänden.

Zum I. Band.

De Natura Deorum.

Zum II. Band.

teles 277, Epikureer und Skeptiker — 279, Chrysipp zieht der
Wirklichkeit des Weisen engere Grenzen — 281, Spätere wie Posei-
donios leugnen sie ganz — 293, dass hierauf die veränderten Zeiten
einwirkten zeigt Epiktets Verhalten zu der Frage — 298; bestätigt
wird letzteres noch durch die Aufnahme die dieses Ideal bei den
Römern fand — 308. — Die Auffassung des Weisen-Ideals war von
Einfluss auf die Entwicklung der stoischen Moral, welche so lange
jenes Ideal als realisirbar galt einfach blieb, dann aber in zwei
Arten zerfiel deren eine nur für den Weisen, die andere für die
Nichtweisen galt — 311, diess wird nachgewiesen an den Vorschriften
über die Liebe — 314, über die Wohlthaten — 315, darin dass von
der Selbstgenügsamkeit der Tugend für die Nicht-Weisen etwas nach-
gelassen wird — 317, dass bei Seneca zwei Arten von Wohlthaten,
des χαλόν, von weisen und guten Menschen unterschieden werden
— 319; Aehnlichkeit dieser Auffassung der Moral mit der Lehre
Herills — 320; dieselbe Auffassung kehrt aber auch bei Cicero wieder — 325, Zurückführung derselben auf Posidon — 327; dieselbe
ist auch bei Panaitios vorauszusetzen — 330. — Von dem so gewonnenen Standpunkt aus wird abermals die Nachricht über Posidons
und Panaitios' Güterlehre gerechtfertigt — 331.

Derselben Rechtfertigung dient auch die Parallele die sobald
jene Nachricht als wahr angesehen wird sich zwischen Posidons
Güterlehre und seiner Psychologie ergiebt — 335.

Bestätigt wird dieselbe ferner durch die Uebereinstimmung mit
Platon bei dem die gleiche Grundanschauung einer doppelten Moral
sich nach verschiedenen Richtungen zu verfolgen lässt — 348, wobei
noch besonders seine Schätzung der Tapferkeit in Betracht kommt
— 350.

Endlich spricht zu Gunsten jener Nachricht noch ein anderer
Grund aus dem es nicht unwahrscheinlich wird dass Panaitios und
Poseidonios es vermieden sich des Wortes προηγμένον zu bedienen
— 351; dass eine Terminologie in die griechische Philosophie zuerst
von Aristoteles eingeführt und sodann von den Stoikern weiter ausgebildet worden ist, hängt damit zusammen dass die Mehrzahl der
Stoiker ebenso wie Aristoteles nicht rein griechischen Ursprungs
waren — 353, es ist daher wohl kein Zufall dass die Beiden, die
sich unter ihnen auch durch die sprachliche Darstellung auszeich-
neten, Kleanthes und Panaitios in jener Hinsicht eine Ausnahme
machten — 354; Panaitios' Abneigung gegen jede Art von kynischer
Rücksichtslosigkeit, auch gegen die welche um Reinheit und Schön-

thümlich ist auf Grund einer Stelle des Stobaios erheben könnte
wird dadurch entkräftet dass dieselbe einem Abschnitt angehört der
einen späteren Stoiker zum Verfasser hat: der Umfang dieses Abschnittes wird festgestellt — 477; Ansichten des Kleanthes, Chrysipp
und Hekaton über die Scheidung der Tugenden in Erkenntnisse
und Fertigkeiten — 485, von diesen stimmt nur Hekaton mit Stobaios überein — 492; obgleich an Stobaios auch Diogenes Laertius
erinnert so muss die Quelle beider Darstellungen doch eine verschiedene sein — 495; so gut wie Hekaton scheinen aber auch Panaitios und Posidon als Quelle gelten zu können — 497, denn beide
unterschieden ebenfalls eine theoretische und eine praktische Tugend
— 503, trotzdem kann Posidon jene Quelle nicht gewesen sein — 504,
dagegen lassen sich Panaitios' Ansprüche noch weiter bestätigen — 510,
müssen jedoch ebenfalls aufgegeben werden — 514; sodass nur Hekaton übrig bleibt — 514.

Die hierdurch dem Panaitios vindicirte Definition des höchsten Guts bezeichnet eine besondere Stufe in der nach einem bestimmten Gesetz verlaufenden Entwicklung der stoischen Ethik — 516;
eine weitere ist durch diejenige Posidons repräsentirt — 517, dessen
Ansicht von der Chrysipps ebenso abweicht wie seine Tugendlehre
von der dieses Stoikers — 531, und ausserdem auf eine Verschiedenheit der Erkenntnisstheorie hinweist — 534; durch diese Definition
ist Posidon der Vater des späteren Stoicismus geworden — 535.

Eine Umbildung der Lehren ohne dass wir im Stande wären sie
an die Namen bestimmter Urheber zu knüpfen lässt sich ferner an
der verschiedenen Art beobachten mit der in verschiedenen Abschnit-
ten des Stobaios das Verhältniss zwischen $\alpha i \varrho \varepsilon \tau \grave{o} \nu$ und $\alpha i \varrho \varepsilon$-
$\tau \acute{\varepsilon} o \nu$ gefasst wird — 542, zur Bestätigung dient die Vergleichung
eines Briefes von Seneca — 547, dieselbe führt noch weiter zu der
wahrscheinlichen Vermuthung dass der von früheren Stoikern gesetzte
Unterschied zwischen jenen beiden Begriffen in späterer Zeit wieder
aufgehoben wurde — 550; verwandt ist die Unterscheidung zwischen
$\varepsilon \dot{v} \delta \alpha \iota \mu o \nu \acute{\iota} \alpha$ und $\varepsilon \dot{v} \delta \alpha \iota \mu o \nu \varepsilon \tilde{\iota} \nu$ die wiederum mit der von $\tau \acute{\varepsilon} \lambda o \varsigma$
und $\sigma \varkappa o \pi \grave{o} \varsigma$ zusammenhängt — 554, welche letztere auf Panaitios
zurückgeht — 557; dass die Stoiker Inhalt und Umfang der $\dot{\alpha} \delta \iota \acute{\alpha} \varphi o \varrho \alpha$
verschieden bestimmten, lehrt der von diesen handelnde Abschnitt
des Stobaios — 562 dessen letzter (wohl von Hekaton abzuleitender)
Theil ausserdem zeigt wie jüngere Mitglieder der Schule bestrebt
waren die unter sich abweichenden Ansichten früherer auszugleichen
und zusammenzufassen — 566.

Dass Cicero bei der Darstellung der epikureischen Lehre nicht selbständig verfahren ist, wird wahrscheinlich durch die angemessene Ordnung der Gedanken die hervortritt sobald wir einen polemischen Zweck voraussetzen — 682, ferner durch die ängstliche Treue mit der Cicero in einem einzelnen Falle sich an den Wortlaut des griechischen Originals gebunden hat — 687; diese Quelle war die Schrift eines späteren Epikureers, des Zenon oder wahrscheinlicher des Philodemos — 690.

Dass Cicero sich in der peripatetischen Darstellung an Antiochos angeschlossen hat, steht durch sein eigenes Geständniss fest und nicht einmal so viel kann zugegeben werden dass wenigstens der Anfang, bis zum sechsten Kapitel, der Schrift eines älteren Peripatetikers entnommen ist — 693.

Mit der Darstellung Ciceros hat man diejenige der peripatetischen Ethik bei Stobaios verglichen und daraus geschlossen dass die letztere mittelbar oder unmittelbar ebenfalls von Antiochos entlehnt sei — 694; da nun aber diese Darstellung so beschaffen ist dass sie nicht aus einer und derselben Quelle geflossen sein kann, so müsste sie aus mehreren Schriften des Antiochos abgeleitet werden — 703; hiermit lässt sich indessen der Umstand nicht vereinigen dass über denselben Gegenstand verschiedene Meinungen vorgetragen werden — 712; die Darstellung muss daher als eine Verbindung von Excerpten aus den Schriften verschiedener Peripatetiker angesehen werden — 713; zu denen aber Antiochos nicht gehört haben kann — 717; wie der letztere trotz seiner von der Nikomachischen Ethik abweichenden Theorie sich zu den Ansichten des Aristoteles bekennen konnte, wird erklärt — 720.

Ansichten Anderer über die Quellen — 722; der Inhalt des ersten Buches ist seinem grössten und wesentlichen Theile nach von Panaitios entlehnt und nur der Schluss stammt ven Posidon — 724; ähnlich steht es im zweiten Buche dessen grösserer Theil ebenfalls auf Panaitios zurückgeht, während der Schluss einem anderen Philosophen, entweder dem Antipater von Tyros oder dem Athenodorus Calvus, angehört — 725; für das dritte Buch kann Posidon nicht die Hauptquelle gewesen sein — 726, dagegen liesse sich an Hekaton denken — 731, wofür man sogar die Selbständigkeit der

Zum III. Band.

Schon in den Anfängen des Pyrrhonismus treten unter seinen Bekennern Verschiedenheiten hervor, die sich aber nicht über das Aeussere erstrecken — 40, denn der angebliche Dogmatiker Numenios beruht auf einem Irrthum — 45; dagegen tritt im Gegensatz zu Späteren uns bei Timon noch ein Rest von Dogmatismus entgegen, da derselbe wenigstens eine Wahrheit anerkannte — 49, und diese zum Maassstab der unser Handeln bestimmenden Vorstellungen machte — 50, die Mittheilung dieser Vorstellungen bildete den Inhalt der Ἰνδαλμοί — 60; Timon hierdurch nicht mit sich selber in Widerspruch — 62; nicht in der Anwendung jenes Maassstabes, wohl aber in der Auffassung unterschied er sich von den späteren Pyrrhoneern — 64; berührt sich mit Arkesilaos — 64.

Ainesidemos ist charakterisirt besonders durch die Verbindung die er zwischen der Pyrrhonischen Skepsis und der Lehre Heraklits herzustellen suchte — 65; diese Verbindung ist mit Unrecht von Neueren geleugnet worden — 68; Citirweise καθ᾽ Ἡράκλειτον bei Sextos Empeirikos — 70; Sextos' Bericht über Heraklit stammt nicht von Ainesidem — 73, sondern von einem Dogmatiker — 79; unter wahren Vorstellungen verstand Ainesidem die bei Allen geltenden — 83; Verhältniss des Sextos Empeirikos zu seinen Quellen — 86; in Widerspruch mit dem strengen Pyrrhonismus redet Ainesidem von einem τέλος — 90; die Verbindung von Heraklitismus und Pyrrhonismus bei Ainesidem ist nicht successiv als eine Folge verschiedener Stufen in der Entwickelung des Philosophen zu erklären — 93; die scheinbar dogmatischen Aeusserungen sollen nur allgemein geltende Phainomena aussprechen — 96; das Vorhandensein solcher wurde von den Skeptikern anerkannt und auf sie nicht nur das Wahre sondern auch das Gute zurückgeführt — 101; da auch Heraklit nach Ainesidems Auffassung seine Ansichten für allgemein geltende Vorstellungen ausgab, so konnte Ainesidem sich für berechtigt halten sie als Phainomena zu vertreten — 105; die Citirweise καθ᾽ Ἡράκλειτον erhält so eine eigenthümliche Bedeutung — 107; in ähnlicher Weise suchte Ainesidem den Pyrrhonismus auch mit der Lehre der Kyrenaiker auszugleichen — 110; Verhältniss zwischen Ainesidems und Timons Skepticismus — 111.

Die Eigenthümlichkeiten der späteren Pyrrhoneer gegenüber Ainesidem treten auch in der Aufstellung und Anordnung der Tropen hervor — 112; solche Tropen hatte schon Pyrrhon aufgestellt,

Lakydes hält an den Ansichten seines Lehrers Arkesilaos fest — 162.

Ueber Karneades liegen zwei verschiedene Berichte vor — 162, von denen der des Kleitomachos ihn als einen Vertreter des strengeren, der des Metrodoros als einen des milderen Skepticismus erscheinen lässt — 170; die Wahrscheinlichkeit spricht für den Bericht Metrodors — 179; auf jeden Fall hat Karneades durch die Einführung des πιϑανὸν den ersten Schritt auf der Bahn des Dogmatismus gethan — 180; dagegen ist er in der Behandlung der Frage nach dem höchsten Gut nicht in dem Grade Dogmatiker gewesen als man angenommen hat — 190.

Unter den Schülern des Karneades stehen sich die welche sich an Kleitomachos und die welche sich an Metrodor anschlossen gegenüber — 195, zu den letzteren gehört Philon dessen philosophische Eigenthümlichkeit am Meisten in der Auffassung des καταληπτὸν hervortritt — 200, diese Beurtheilung Philons wird gegen Hermann — 205, und gegen Zeller vertheidigt — 214; die angebliche dogmatische Geheimlehre Philons erweist sich als ein Irrthum — 219, der sich daher erklärt dass Philon es vermied die wahrscheinlichen Ergebnisse seiner Forschung geradezu auszusprechen — 229; zur Characteristik Philons dient ausserdem die richtige Beziehung der bei Photius erhaltenen Polemik Ainesidems, indem sie auf eine stoisirende Richtung hindeutet — 237, bestätigt wird dieselbe durch die ebenfalls stoisirende Richtung der späteren Platoniker, insbesondere des Areios Didymos und Eudoros, da diese nicht an Antiochos sondern an Philon sich anschlossen — 250.

Derselbe bildet in der Hauptsache ein wohl disponirtes Ganzes — 254; Anstoss geben nur die eingeschalteten Erwiderungen der Skeptiker — 262; dadurch wird wahrscheinlich dass das zu Grunde liegende Original ein Dialog war — 264, und weiter dass der Sosos des Antiochos dialogische Form hatte — 268; über den Gang dieses Dialogs — 269; den Titel — 275.

Antiochos verleugnete auch als Dogmatiker nicht den ehemaligen Anhänger des Karneades und blieb in gewisser Hinsicht immer Skeptiker — 279.

Die Ansichten Anderer über die Quellen werden zurückgewie-

sen — 282; die Schrift eines Skeptikers muss, aber eine des Kleitomachos kann nicht die Quelle gewesen sein — 287; es finden sich
Spuren von Philons eigenthümlicher Lehre — 292, dazu gehört die
Bedeutung die dem Wahrscheinlichen beigelegt wird — 301 und die
hiermit verbundene Schätzung der Naturphilosophie — 303 sowie das
Urtheil über die Dialektik — 306, gegen das hieraus entspringende
Resultat dass der Schlussabschnitt auf Philon zurückzuführen ist erhebt sich ein Einwand der aber beseitigt wird — 308; auch den
ersten Abschnitt aus Philons Schrift abzuleiten hindert nichts — 314
vielmehr wird es durch eine Reihe von Gründen empfohlen — 318,
nur ein Stück ist einer Schrift des Kleitomachos entnommen — 319;
die benutzte Schrift Philons kann nicht eine Antwort auf den Sosos
des Antiochos gewesen sein — 321, dagegen wird aus dem Verhältniss von Ciceros Erwiderung zu Luculls Vortrage wahrscheinlich
dass es dieselbe ist gegen die Antiochos in jener Schrift polemisirt
hatte — 337, dasselbe Resultat wird noch mit anderen Gründen bestätigt — 341.

     Die Ansicht Corssens dass eine Schrift Posidons die Quelle sei
wird zurückgewiesen — 378; der consequent durchgeführte Skepticismus lässt uns einen Philosophen dieser Richtung als Gewährsmann
vermuthen — 388; die besondere Art des Skepticismus weist auf
Philon — 389, dieses Resultat wird noch durch andere Gründe bestätigt — 392; die Meinung, als ob Cicero in den Tusculanen seiner
griechischen Quelle mit grösserer Selbständigkeit gegenüberstehe und
deshalb wohl auch eine nicht-skeptische Schrift im skeptischen Sinne
habe ausnützen können, wird widerlegt — 405.

     Eine Schrift des Poseidonios kann die Quelle nicht gewesen
sein — 410 auch nicht eine Chrysipps — 410, überhaupt nöthigt
nichts an einen Dogmatiker zu denken, vielmehr werden wir auch
hier auf einen akademischen Skeptiker und insbesondere auf Philon
geführt — 414.

     Weder eine Schrift Posidons — 438, noch des Panaitios — 438,
noch des Antiochos war die Quelle — 445; es bleibt also nur die
eines Skeptikers übrig und dass dieser Skeptiker Philon war bestätigt sich von verschiedenen Seiten — 455.

Verzeichniss der behandelten Stellen antiker Schriftsteller.

---

[1] A. a. O. ist 152 in 153 zu corrigiren.

Cicero

Tuscul. disp. I 79 — II 378 f.
Anm. 886, 1.
- - I 102 ff. — III 393 ff.
- - III 55 — III 430 Anm.
- - IV 30 f. — III 483 f.
487, 3.
- - - 82 — - 480, 1.

Clemens Alexandrinus

Stromat. II 157 Sylb. — III 210
Anm.
- - 179 Sylb. — II 233, 3.
244, 1 u. 2. 695 Anm.
- V 255 f. (Worte Hera-
klits) — III 145, 1.

Diogenes Laertius

I 16 — II 295 Anm.
II 64 — - 363, 1.
- 96 — - 678, 2.
IV 51 — - 60, 2.
VII 40 — II 175.
- 42 — - 797, 1.
- 45 — - 795, 1. 796, 2.
- 46 — - 790, 1. 800, 2.
- 50 — - 791 Anm.
- 54 — - 11 ff. 221, 1.
- 85 — - 439. 444, 1.
- 87 — - 106 ff. 242, 1.
- 90 — - 332.
- 91 — - 349, 3.
- 92 — - 100, 1.
- 101 — - 81, 1.
- 102 — - 89, 3. 458 f.
- 103 — - 261 ff. 350 ff. 425.
- 107 — - 55.
- 116 — - 145 f. Anm.
- 125 — - 492, 1.
- 126 — - 494 f.
- 128 — - 261 ff. 350 ff. 425.
- 134 — - 756, 1.

Diogenes Laertius

VII 137 f. — II 760 ff.
- 138 f. — - 202, 1.
- 139 — - 200, 1.
- 149 — - 444. 445, 1.
- 178 — - 179, 2.
IX 47 — I 128 ff.
- 90 ff. — III 137 ff.
- 102 — - 40 ff.
- 113 — - 19 Anm.
- 115 — - 2 Anm.
- 115 f. — - 133 ff.
- 119 — - 41.
X 8 — I 108, 2. 244.
- 25 — - 180 f.
- 37 — - 125, 1.
- 38 — - 125, 2.

Dionysius Halicarn.

de admir. vi dic. in Dem. c. 23
— II 377, 2.
de Dinarcho c. 8 — II 380 Anm.

Eudemus

Ethica s. Aristoteles.

Eusebius

Praep. ev. XIV 8, 2 — III 45, 1
- - - 18, 8 — - 113 f.
Anm.
Praep. ev. XV 15, 1 ff. — II 766, 1.
- - - 20 — II 145, 1.

Galenus

de plac. Hipp. et Plat. S. 417 K
— III 428 ff.
de plac. Hipp. et Plat. S. 462 K
— II 589, 1.
de plac. Hipp. et Plat. S. 463 K
— II 591, 1. III 417, 2.
de plac. Hipp. et Plat. S. 464 K
— III 375, 1.
de plac. Hipp. et Plat. S. 470 f. K
— II 241 ff.

Namen- und Sachregister.

tische, bleiben von der sinnlichen Wahrnehmung abhängig
III 10.

Nausiphanes
Anhänger Pyrrhons III 43. Leh-
rer Epikurs I 108 f. 244. Der
Τρίπους 132, 1.

Nikomachische Ethik dem Aristoteles abgesprochen II 718.

νόος Bedeutung des Wortes bei
Demokrit I 159, 1.

Numenios
der angebliche Pyrrhoneer III 40 ff.

O.

Ὠδείου πύλαι, Philosophen da-
nach benannt I 106 Anm. (nach
Hermipp bei Diog. VII 184 scheint
Chrysipp gemeint zu sein, vgl.
Strabo IX 1, 17 p. 396).

Odysseus
Unterscheidung eines doppelten
II 877 Anm.

ὠφέλημα untersch. ὠφέλιμον II
537, 1. zu den Gütern gerechnet 548. 552.

ὀρέγεσθαι, ὄρεξις in weiterem
Sinne gebraucht II 383 f. 387, 2.
stoische Definition 383, 1.

ὄρουσις II 383, 1.

ὀρθὸς λόγος als Kriterion II 11 ff.
196 ff. 534. 799.

P.

παλαιοί s. ἀρχαῖοι.

πᾶν s. ὅλον.

Panaitios
Lehre: Einfluss des Karneades
I 240 ff. Platonismus 242 f. 335 f.
II 507, 1. 514 Anm. 522, 1. 598 f.

Anm. 894 f. 912. — Zweifel am
Weltbrand I 225 ff. an der Man-
tik 240 f. II 882, 1. III 262 f.
Anm. an den Göttern II 883, 1.
an der Unsterblichkeit I 231.
III 376, 1. Abhängigkeit der
Natur des Menschen von der
des Landes II 893 ff. — Güterlehre II 261 ff. Gebrauch des
Wortes προηγμένον 419. Bestimmung des höchsten Gutes
430 ff. 467 f. 514 f. Unterschied
zwischen τέλος und σκοπὸς 554 ff.
über die Lust 438 ff. die ἀπάθεια 452 ff. zwei Arten der Tugend, Herabsetzung der Tapferkeit 348 ff. Definition der letzteren 507, 1. der Weisheit 512, 1.
vier Cardinaltugenden 498, 1.
616 f. Die Tugend verschieden
nach der individuellen Natur des
Menschen 434, 1. 912. theoretische und praktische T. 448 f.
496. 504 ff. 522 f. unterschied
sich hierbei von Posidon 508 ff.
stimmt mit ihm überein 510 ff.
psychologische Ableitung der
Tugenden 506 f. Der Werth des
Wissens 522 f. 529. Doppelte
Moral die für den Weisen und
die für die Masse der Menschen
geltende 311 f. 317. 327 ff. Von
den Pflichten: die Fälle in denen
der Mensch über seine Pflicht
im Zweifel sein kann 320 ff. Das
καθῆκον 412 ff. Anschluss an
Antipater in der Schätzung des
Ruhms 252, 1 sowie darin dass
er es verschmähte Vorschriften
über den Gelderwerb zu geben

253, 1. 429 in der gesammten grossherzigeren Lebensauffassung 598, 1. tritt durch seine humanere Ansicht über die Behandlung der Sklaven in Gegensatz zu Hekaton 601 ff. über die Liebe 311 f. 317. 330. 402. 403, 1 und 2. leugnete die Wirklichkeit des Weisen 307. 330. unterschied von dem vollkommenen einen Weisen zweiter Ordnung 434, 1. — Urtheil über die Kyniker 354 f.

Philologisch-historische Kritik folgt dem Vorgange des Persaios II 78, 1. schloss sich an Krates, nicht an Aristarch an 257, 2. achtet auf dialektische Eigenthümlichkeiten 261 Anm. 376, 2. über Sokrates und Aristophanes I 234 f. II 886 f. Beschäftigung mit den Werken der Sokratiker 359 ff. Kritik an denselben und deren Gründe 360 ff. erklärt den platonischen Phaidon für unecht I 232 ff. II 361. 886, 1. III 378 Anm. Idealbild des sokratischen Gesprächs II 364. 368, 1. 373, 2. über den εἴρων 365 ff. ist Atticist 375 ff. über Aristipp 360 Anm. Biographische Forschung 377, 1. Urtheil über Demosthenes 328, 1. 380 Anm. 383. über die altattische Komödie 369 ff. über die Rhetorik 381 Anm.

Darstellung: lockert die Terminologie und bedient sich einer gemeinverständlichen Ausdrucksweise II 267 ff. 338 f. 354. sein Vorbild die Sokratiker 357 ff.

insbesondere Platon 377, 2. 555 f. strebt nach Reinheit der Sprache 378 ff. 402. 412 f. 415. 440. 554 f.

Schriften: Περὶ προνοίας Ciceros Quelle im zweiten Buche de nat. deor. I 194 ff. bes. 197 ff. 211 f. Fragment dieser Schrift II 893, 1. Περὶ εὐθυμίας 250 Anm. 307. Περὶ τοῦ καθήκοντος 267. 267, 1. 323. 329 Anm. 340, 2. 369, 1. 380 Anm. 411, 1. 412, 1. 414, 1. 433 f. Περὶ Σωκράτους 377, 1.

Zur Gesammtcharakteristik II 257. 354. 599 Anm. 884 f.

Parmenides Der zweite Theil seines Gedichts III 12. 52.

πάθος Stoische Definitionen II 461 ff. 464, 2.

πέρας unterschieden von τέλος II 664, 1.

Pergamenische Bibliothek. Verhältniss zu den Stoikern II 41 Anm.

Pergamenische Schule Beschäftigung mit den Dialekten II 260 f. Anm. Einfluss der Stoa 904 f. Streit mit den Alexandrinern 906 Anm.

περιέχον als Bezeichnung der Luft III 72 f.

Peripatetiker, spätere, über die Liebe II 391, 2.

Peripatetische Schule Verschiedene Ansichten über die Glückseligkeit II 715 ff.

Persaios Lehre: II 59 ff. Historisch-philologische Interessen 77 f.

Willensfreiheit Problem der, im Zeitalter des Sokrates I 163, 1. Chrysipps Ansicht III 530 ff.

X.

Xenophon identifizirt den καλὸς κἀγαϑὸς mit dem σοφός II 83, 2. Verhältniss zum Kynismus 85 Anm.

Z.

Zenon von Kittion Anschluss an die Kyniker II 3 ff. 117. 523, 1. sah in dem ὀρϑὸς λόγος das Kriterium 14 ff. Definition des λόγος 23, 2. Anschluss insbes. an Antisthenes 23 ff. 84, 2. Formalismus der Logik 27 f. οἰκεῖοι λόγοι 31. Gleichnisse 31. weicht von Antisthenes in der Beurtheilung des Eros ab 36 f. Heraklitische Naturphilosophie durch den λόγος vermittelt 38 ff. Sein Pantheismus ist von dem des Kleanthes zu unterscheiden 213. stimmt andererseits mit demselben überein 220. über Entstehen und Vergehen der Welt 132. Psychologie 154, 1. — Bestimmung des höchsten Gutes 105 f. 111. 112 f. Die ἀδιάφορα 45, 1. Ueber die προηγμένα 34, 1. 44, 1. 52 f. 91 Anm. In wie fern er der Erste war der das καϑῆκον einführte 405 ff. Die κατά-

ληψις III 513 Anm. über den Werth des Wissens als solchen II 523, 1. Verhältniss der Physik zur Ethik 173, 2. Ueber die Trunkenheit 70 Anm. Ueber die Unfehlbarkeit des Weisen 56 f. Rhetorik 800.

Polemik gegen Platon II 24. Wandelung in seinen Ansichten 34, 1.

Schriften: Πολιτεία II 22 Anm. 25. 33. 34, 1. 35 ff. 67, 1. Ηερὶ λόγου 40. Διατριβαί 41 Anm. Ἀπομνημονεύματα 41 Anm. 65, 1. 84, 1. Ἐρωτικὴ τέχνη 41 Anm. Ηερὶ τοῦ καϑήκοντος 44, 1. Verzeichniss seiner Schriften bei Diogenes 40, 2.

Allgemeine Characteristik II 42 f. 216 ff. 220, 1.

Zenon von Sidon, der Epikureer. Eine seiner Schriften Ciceros Quelle im ersten Buche de natur. deor. I 27 ff. vielleicht auch im ersten Buch de finibus II 690. Characteristik als Schriftsteller und Philosoph a. a. O. in seinen Ansichten über die Götter und in der Dialektik durch Karneades beeinflusst I 175 ff.

Zenon von Tarsos. Zweifel am Weltbrand I 242, 1. Eintheilung der Philosophie II 169 f.

ζωή s. βίος.

ζῷον II 217 f.

Druck von Pöschel & Trepte in Leipzig.

Lightning Source UK Ltd.
Milton Keynes UK
UKHW020131220119
335965UK00009B/618/P